U0943060

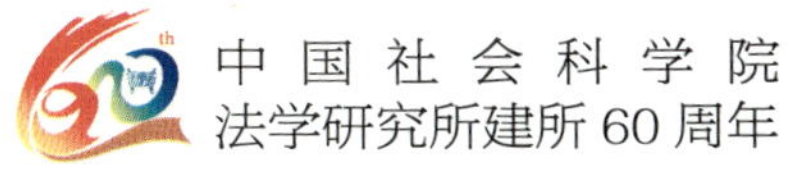

法学所60年学术精品选萃

丛书主编／李　林　陈　甦

经济法学的现代转型

席月民 / 主编

Modern Transformation of Economic Law Science

社会科学文献出版社
SOCIAL SCIENCES ACADEMIC PRESS (CHINA)

总 序

“辉煌一甲子，迈进双百年。”这是我在法学所成立60周年所庆纪念徽标上写的一句话，意在表达我对法学所60年历程的敬意与感激，以及对法学所未来的期待与信心。“辉煌一甲子”，是指法学所建所60年来，法学所人孜孜以求法学繁荣，倾力奉献法治事业，作出了学界称道、社会认可的突出贡献，履行了求真务实、守正出新的学术责任，其专业成就以“辉煌”形容恰如其分。“迈进双百年”，是指在新时代实现“两个一百年”奋斗目标的历史征程中，法学所人再整行装，重新出发，尊重法治规律，恪守学术正道，为人民追求法治的美好生活向往而尽学者职责，为社会实现公平正义的法治机制需求而致专业能力，以期再创佳绩、再铸辉煌，其奋发态势以“迈进”摹状差强人意。

60年，是一个回思过往、细数家珍的好时刻。法学所60年来，几代学人在法治理念更新、法学理论创新、法治实践对策、法学教育树人等方面，创举纷呈，佳作迭出，建树卓著，学界共瞩。但每当回顾成就之时，只能有所例举而难以齐全。说到理论创新，常以为例的是，法学所及其专家学者在改革开放初期法治建设重启之时，率先组织人治与法治大讨论，确立法治的正当性与目标性；在社会主义市场经济体制甫一确立，即提出构建社会主义市场经济法律体系的规划性建议；随着我国法治事业的蓬勃发展，又适时率先提出依法治国、建设社会主义法治国家的方略性倡议。说到社会影响，常以为例的是，改革开放以来，法学所学者有5人次担任中南海法制讲座主讲人，4人次担任中央政治局集体学习主讲人；法学所连年获得中国社会科学院优秀对策信息组织奖；法治蓝皮书连年获得皮书系列排名第一。说到人才培养，常以为例的是，改革开放以来，法学所有

7 人当选中国社会科学院学部委员、7 人当选荣誉学部委员，有 74 人享受国务院政府特殊津贴，有 3 人入选国家百千万人才工程，有 6 人被评为十大青年法学家。当然，这远不是编制只有 120 人的法学所的全部，而只是法学所 60 年来各项成就中代表的代表。编辑“法学所 60 年学术精品选萃”系列，目的在于更全面更系统更有时空感地反映法学所学者的学术贡献。

“法学所 60 年学术精品选萃”系列持以下编辑原则：以法学所各研究室为编辑主体，个别的以学科为编辑主体，各编一本文集，以集约反映法学所各研究室各学科的重要学术贡献，并呈现法学所科研团队的布局结构及其系统效能。将各室或各学科学者在不同时期不同领域最有创新性或代表性的论文予以精选汇集，以反映每一学者在其专业领域的主要学术贡献；原则上一个学者选一篇论文，如果该学者在不同学科不同时期学术建树较多，亦可多选；各室或各学科学者有人事关系变动的，亦将其在法学所工作期间发表的论文选萃收录。各室或各学科文集中均有“导论”一篇，阐释相关学科沿革及团队变动，特别是不同时期不同领域不同事件中学术创作的社会背景、科研因应、选题意义、论文价值及学术影响，由此，“法学所 60 年学术精品选萃”系列不仅具有纪念文集属性，而且具有当代法学研究学术史叙述的意涵，从而增进读者的阅读体验并更多地引发其掩卷沉思。

以今天的法学知识体系和科研学术训练形塑的法律人看来，“法学所 60 年学术精品选萃”系列所选的论文中有一些已经“过时”。诸如，论文选题因时过境迁而发生意义变化，随着社会变迁、体制转型与法治发展，甚至个别选题已无专业价值；有些论文中的观点已经化为常识，甚至还有些许错误或者已被弃用；知识来源不那么丰富，甚至没有引用外文资料；研究方法也过于简陋，甚至看来不那么科学或者讲究；学术上也不那么规范，甚至一篇论文连个脚注都没有。如果脱离选文形成的时空背景，形成这些评议实属自然。但是，如果读者迁移一下阅读参照系，将阅读语境由主体思考所在时空迁移到客体形成所在时空，就会发现平静书桌之上雷鸣电闪。如今看似平常的一段论述、一个建议、一句话语甚或一个概念，在当时或使阅读者眼前一亮，或使聆听者振聋发聩，或使思考者茅塞顿开。那种创新的理论阐释与首倡的对策建议不仅功在当时，其因何得以创新与首倡的缘由、机制、经验与精神亦利在当今。更何况在制度形成范畴，创新与首倡不易，正当其时而又恰如其分的创新与首倡尤为不易。60 年来尤其是改革开放以来，法学所的学术前辈如何做到正当其时而又恰如其分的创新与首倡，是我们更为珍贵的历史经验和学术财富。尽管时光不会倒流（其实未必），主体不能穿越（其实也未必），“法学所60年学术精品选萃”系列传达的一些经验提炼与价值判断于今依然有益。那就是：见识比知识更重要，智慧比聪明更重要，胆略比勇气更重要，坚持比技能更重要，还有，信念比权衡更重要，境界比本事更重要，等等。如果读者在阅读时能够体会到这些，编辑“法学所60年学术精品选萃”系列也就很值了。

经过60年的变迁，中国的法治环境发生了巨大变化，与此相应，中国的法学境遇也发生了巨大变化，居于其中的法学所亦因之变化。法学所因时在变，那是要顺应历史、伴行时代、因应挑战；法学所有所不变，这是要坚持信念、恪守本分、维护特质。法学所当然是一个机构的存在，作为中国社会科学院下设的一个法学科研机构，要实现“三个定位”目标，即建成马克思主义法学和中国特色社会主义法治理论的坚强阵地、法学基础理论与法治重大现实问题研究的最高学术殿堂、党和国家在民主法治人权领域的高端思想库和智囊团。“法学所60年学术精品选萃”系列在相当程度上，可以佐证法学所人为此所作的努力及成效。法学所还是一个学术类群的存在，“法学所60年学术精品选萃”系列入选论文的作者们，有的一进法学所就沉浸其中直至退休，有的则入所后工作一段时间又华丽转身投向更为精彩的人生舞台。无论作者们人生规划的演绎场合选在哪里，法学所都深深珍惜那些正在或曾在的人生交集，“法学所60年学术精品选萃”系列的编辑正欲为此引发回忆与敬意。法学所还是一个气质润染而致精神聚合的存在，尽管法学所人为法治进步法学繁荣选择的专业领域、努力方式、科研理念以及学术风格各有不同，但其深层气质均内化有“正直精邃”即“心正、行直、学精、思邃”的因子，“法学所60年学术精品选萃”系列一定是彰显法学所人精神气质的优模良范。

致：所有与法学所有关的人，所有关心支持法学所的人，所有与法学所一起为法治进步法学繁荣努力的人。

陈甦

2018年10月18日

于北京市东城区沙滩北街15号

目录

Contents

二　宏观调控法研究

三　竞争法学

四　财税金融法学

五　企业法制

六 法经济学研究

导　论

中国经济法是在改革开放中崛起的新兴法律部门。改革开放40年来，经济法学研究可谓百花竞放，生生不息。坐落于北京市沙滩北街15号的中国社会科学院法学研究所，在沉静内敛中声名远播。以王家福、马骧聪、王存学、谢怀栻、梁慧星、王保树、崔勤之、王晓晔、陈甦等为代表的一代代享誉盛名的法学家，心系法治，不忘初心，勇于担当，守护公义，他们在民商经济法领域笔耕不辍，著书立说，宣扬法治，提携后人，他们以宝贵的学术遗产，垒砌出经济法学成长发展的“社科”轨迹，向世人展示了中国经济法学的现代转型。

一　学科分化与代际传承

“社科”经济法学在40年的历史演进中历经了由合到分、由大及小的不同阶段，其发展轨迹与中国经济法学的成长一脉相承。从1978年的民法研究室到1981年改名后的民法经济法研究室，从民法经济法研究室到1988年分立后的民法研究室、经济法研究室，从经济法研究室到1992年改名后的商法经济法研究室，从商法经济法研究室再到2002年分立后的商法研究室、经济法研究室，经济法学科建设是在逐步廓清民法与经济法、商法与经济法的学科边界基础上逐步完成“分离”后成长起来的。换言之，2002年以前，中国社会科学院经济法学科依托于法学研究所的研究室建设，经过“两次分离”，在学科分化中逐步赢得了独立地位。随着社会法研究和生态法研究的逐步深入，2006年经济法研究室又分离出了社会法研究室，2017年再次分离出生态法研究室，这“两次分离”则分别标志着经济法学科在接连发生的“形塑”过程中持续完成了社会法与生态法两个学科的孕育，最终迎来了经济法学自身体系的合理化、科学化与系统化，更加适应社会主义市场经济体系建设和法治改革要求。正是这种由合到分、由大及小的不断分离所形成的学科分立格局，使经济法学科在反复经历“分娩”的阵痛后，最终完成了自己的学科建设使命与学术代际传承。其中每一次的辉煌兴旺与短暂沉寂，无不伴随研究团队的结构性调整，同时人才输出或流失所造成的学科损失虽然令人不胜遗憾或唏嘘，但新人的加入又让研究团队焕发了新的生机，“社科”经济法学术史上所留下的几多傲骄甚或是几番叹息反被赋予了沉淀后努力成长的“不惑”韵味。现如今，经过岁月洗礼后，“社科”经济法学科的核心团队成员正满怀信心，齐心协力，再次扬帆起航。在中国特色社会主义新时代的感召下，“社科”经济法学科重新迎来法学研究所几代经济法学人所期许的学科勃兴与新生。

回溯全国性经济法学术团体的发展历程，我们不难发现，“社科”经济法学科所经历的上述历史阵痛其实是必然的，只是这些“分离”与“分立”的前瞻性和创新性令世人印象深刻。因为从某种程度上说，正是法学研究所引领和推动了中国经济法学的发展变革与中国法学会的学术组织创新，法学研究所在我国社会主义法治实践中所表现出来的超凡洞察力、创新力和影响力令人赞叹不已。

20 世纪 80 年代中期，是我国经济法学大发展、大繁荣的重要阶段。1984 年 8 月成立的中国经济法研究会，① 标志着第一个全国性经济法学学术团体的问世。这一里程碑事件，开启了经济法学蓬勃兴起的新篇章，推动了经济法学的横向交流。② 1985 年 4 月成立的中国法学会民法学经济法

---

① 中共中央书记处书记、国务委员谷牧被推举为名誉会长，国务院经济法规研究中心负责人顾明当选为会长。参见《中国经济法研究会成立》，《政治与法律》1984 年第 5 期；谷牧《在中国经济法研究会成立大会上的讲话（摘要）》，《法学评论》1984 年第 4 期。

② 该研究会成立后，与国务院经济法规研究中心联合组织了一系列研讨活动。如在 1985 年举办的全国经济立法和经济法理论研究工作座谈会上，形成了《1985 年经济立法规划（草案）》和《1985 年经济法研究课题（初步汇总草案）》。在 1986 年举办的《经济法纲要（起草大纲）》研讨会上，提出了中国经济法体系和经济法学体系的框架，起草了《中华人民共和国经济法纲要（起草大纲）》。该研究会在 1985 年 2 月还创办了《经济法制》专业杂志，从而为进一步讨论和研究经济法的重大问题搭建了平台。20 世纪 90 年代初期，该研究会因一些原因实际停止了活动，始于 1993 年的“全国经济法理论研讨会”部分取代了其地位和功能。参见经济法网（http://www.cel.cn）研究会在线栏目介绍。

学研究会，则集中了高等院校和科研院所的学术资源。这两个学术团体虽然背景不同，但使命一致，成员交叉，因而并肩成为组织经济法学交流与合作的重要学术组织。其中，具有官方背景的中国经济法研究会的研讨活动主要有：1985 年 5 月全国经济立法和经济法理论研究工作座谈会；1985 年 12 月第二届全国经济法理论工作会议；1986 年 2 月《经济法纲要（起草大纲）》研讨会；1987 年 11 月经济法规体系研讨会；1989 年 9 月当前经济法理论研究中的几个问题座谈会。① 中国法学会民法经济法研究会则自成立之年起，每年举办年会，议题广泛涉及公司法、票据法、证券法、破产法、全民所有制工业企业法、税法、竞争法、宏观调控法、经济合同法、经济法体系等重大理论和实践问题。1986 年《民法通则》颁行前后，我国民法学界与经济法学界所展开的激烈交锋与论争，事实上都是在同一个学术组织的主持下“闭门”进行的，参与论战的双方对民法、经济法都不乏学术热情。从法学研究所来看，“社科”经济法学依托于当时的民法经济法研究室，对民法、经济法两个学科的共同关注和交叉研究构成了当时民法经济法研究室的重要特色，而且也与当时的两个全国性学术团体形成了良好互动。后来被贴上民法学者标签的王家福研究员、谢怀栻研究员、梁慧星研究员等当时都发表了不少经济法论著，他们为“社科”经济法学科的繁荣发展都作出了不可磨灭的历史贡献。

进入 20 世纪 90 年代后，进一步厘清商法与经济法的关系成为民法与经济法分离后的重要任务。从全国范围看，社会主义市场经济体制的建立使民法的基础性地位获得了全面肯定，中国经济法学会在 1992 年后的研讨活动有所减少，后来基本停止。值得庆幸的是，全国性的经济法理论研讨活动并未因此中断。1993 年 4 月，由北京市经济法学会承办的首届社会主义市场经济与经济法理论问题研讨会在北京成功举行，会议主题是社会主义市场经济条件下的经济法基础理论构建，获得了良好的预期效果。此后该研讨会每年一届，会议主题广泛涉及经济法基础理论、现代企业制度、市场规制法、经济法学专业建设与教学改革、西部大开发等重大理论和实

① 除此之外，中国经济法研究会或其分会举办的会议还有：自 1985 年起每年一次北京等九省市经济法研究会联席会议；1986 年 6 月的国际投资贸易法律研讨会；1987 年 6 月的外商投资法律问题研讨会；1987 年 8 月的全国高等工科院校经济法研究会年会；以及 1987 年 10 月的十三省市区经济法研究会联系会议；等等。

践问题。从第六届开始，会议不但明确了届次，而且将会议名称确定为“全国经济法理论研讨会”。[①] 有学者评价指出，全国经济法理论研讨会，不仅填补了因中国经济法研究会活动减少以至停止而造成的全国性经济法学专门研讨活动的机构组织者的空缺，而且还实际上替代了全国性经济法学学术组织的部分职能，为推进中国经济法学研究朝着健康的方向发展作出了重要贡献。[②] 与此同时，中国法学会民法学经济法学研究会则坚持在每届年会中，深入研讨国有企业改革、债权担保、土地制度、金融风险防范、公司法、证券法、加入 WTO 对中国经济法的影响等重要理论和制度建设问题，进一步从不同角度深化对经济法学的研究。在这些学术交流中，民法学者、商法学者和经济法学者都未缺席，民法与商法、民法与经济法、商法与经济法之间的可区分性研究一直开展得如火如荼，有关学科体系和具体制度的研究均获得了跨学科的支持。在法学研究所内部，“商经不分”的局面在商法经济法研究室里有着最好演绎，王保树研究员、崔勤之研究员、陈甦研究员等都属于粉丝无数的“跨界”明星，他们在商法和经济法两个领域都取得了骄人成绩。

自 2001 年起，中国法学会民法学经济法学研究会逐步一分为三，分别独立出来了中国法学会商法学研究会和中国法学会经济法学研究会。2002 年 10 月 26 日，中国法学会经济法学研究会在湖南长沙宣告成立，著名经济法学家吴志攀教授担任首任会长。[③] 正是在这一年，法学研究所商法经济法研究室一分为二，商法研究室、经济法研究室自此一墙之隔，与之前独立的民法研究室比肩成为一母同胞、门户独立的“仨兄弟”。应该说，在中国社会科学院，20 世纪 90 年代的民法研究室、商法经济法研究室是中国民法学经济法学研究会存续期间的主力军之一，2002 年后虽然开始各有依归，分别在各自的学术团体组织下展开学术研究交流，但在法学研究

---

① 截至 2002 年底，全国经济法理论研讨会共连续举办了 10 届会议。自 2003 年起，全国经济法理论研讨会与新成立的中国法学会经济法学研究会的年会合并在一起举办，成为走进理性繁荣阶段后每年经济法学界规模最大的年度盛会。

② 参见肖江平《中国经济法学史研究》，人民法院出版社，2002，第 113 页。

③ 该会是入世后中国法学会新成立的专门从事经济法学研究的全国性学术团体。其宗旨是，广泛团结和组织全国经济法界的法学、法律工作者，加强同国内外相关学科的学术交流与合作，坚持四项基本原则，立足中国国情开展经济法学研究，为推进依法治国、完善社会主义市场经济体制提供理论支持。2008 年该会改选时，吴志攀会长顺利连任。2016 年改选时，张守文教授当选为新任会长。

所内部组织的学术合作却从未中断。始于2012年的中国社会科学院创新工程项目团队的组建即给出了明证，民法项目组和商法项目组中总能看到经济法研究人员的身影。

2006年9月，中国法学会社会法学研究会宣告成立。而在2005年，社会法研究室就已在法学研究所诞生。这个从经济法研究室分离出来的新室，专门研究社会法、劳动法和社会保障法。这次机构调整，一方面吸收了关于经济法体系研究的最新“瘦身”成果，另一方面，也适应了社会法这一新兴法律部门争取独立化的趋势。2017年，为适应十八大以来改革发展和生态建设的新形势，法学研究所生态法研究室挂牌成立。这个从经济法研究室再次分出的新研究室，立足于环境法研究，突出环境法与能源法、产业法、生态法的关系，全身心致力于美丽中国建设。如果稍加注意便不难发现，2018年国务院生态环境部的成立即从一个侧面再次说明了法学研究所决策者在这一领域的先见之明，这在全国高校和科研单位的内部机构改革方面产生了积极的示范意义。

中国法学会经济法学研究会成立以来，相继在北京（2003年）、广州（2004年）、南昌（2005年）、兰州（2006年）、厦门（2007年）、上海（2008年、2011年、2016年）、南京（2009年）、长沙（2010年）、重庆（2012年）、沈阳（2013年）、太原（2014年）、保定（2015年）、武汉（2017年）等地举办了年会，这些年会与全国经济法理论研讨会合并举行，不仅活动内容丰富，而且研究成果丰硕。每届年会，王晓晔研究员和席月民副研究员都带领法学研究所经济法研究室青年才俊参加研讨，并提交会议论文进行交流，展示了“社科”经济法学的整体实力。

可以说，“社科”经济法学在40年的发展中很好地融入了全国经济法学术大家庭。纵向观察中国经济法学的发展轨迹，“分立”与“分化”是重要的关键词。“社科”经济法学科所表现出的同频共振性，为中国经济法学的成熟与繁荣输送了学术营养。以马骧聪研究员、王存学研究员、王晓晔研究员等老一代经济法学家为代表的学术坚守，以及以王家福研究员、梁慧星研究员、王保树研究员、崔勤之研究员和陈甦研究员为代表的民商经济法学家的热情互动，为“社科”经济法学的发展繁荣奠定了良好基础，他们的名字以及作品都已经载入法学研究所经济法学科建设的光辉史册。如今，几个年轻人再次扛起了“社科”经济法学科的大旗，他们继续秉持“正直精邃”的所训，怀揣梦想，牢记初心，风雨兼程，与全国所有有志于经济法学研究的老中青学者们一起，正共同推动我国经济法学在中国特色社会主义法治新时代的理性发展与繁荣。

二 历史分期与学术交流

众所周知，历史分期是历史研究中常用的重要方法之一，其于量变与质变的关系研究中，便于我们深刻认识和把握历史演变的轨迹和规律。中国经济法学史的分期标准在学界并未统一，我们认为需要考虑改革开放以来我国经济体制改革的历次重大决定、经济法学的理论转型以及全国性经济法学术团体的演化节点等重要因素。这里，我们以 1992 年为界，将之前的历史分为 1979—1984 年的蓬勃兴起阶段和 1985—1991 年的初步发展阶段，之后的历史分为 1992—2001 年的走向成熟阶段和 2002—2017 年的理性繁荣阶段。①

（一）蓬勃兴起阶段（1979—1984 年）

中国经济法学产生于中国的改革开放，目前已成为学界不争的一个事实。健全社会主义法制，加强经济立法，是党的十一届三中全会作出的重大决策。1979 年，“经济法”作为国家立法的一个类别得到确认，经济立法开始提速，一批涉外经济立法率先出台。这为中国经济法学的产生创造了直接条件。从 1978 年到 1984 年，我国在社会主义公有制基础上实行计划经济。② 1984 年 10 月，党的十二届三中全会通过了《关于经济体制改革的决定》，国家对市场机制的重要性有了更加深刻的认识，由此开始，我国经济体制改革进入了过渡时期。

1979 年 7 月 8 日，法学研究所召开了民法与经济法学术讨论会。参加

---

① 陈甦主编《当代中国法学研究》，中国社会科学出版社，2009，第 171 页。这种分期方法保持了肖江平在《中国经济法学史研究》中的分期特色，但又增加了 2002 年后的理性繁荣阶段。

② 1982 年《宪法》第 15 条明确规定：“国家在社会主义公有制基础上实行计划经济。国家通过经济计划的综合平衡和市场调节的辅助作用，保证国民经济按比例地协调发展。禁止任何组织或者个人扰乱社会经济秩序，破坏国家经济计划。”

会议的有北京的政法类院、校、系和财贸学院及政法部门的代表共50余人。与会同志遵照百家争鸣方针，就民法的重要性、制定什么样的民法、民法和经济法是否要划分以及如何划分，提出了种种方案和设想，并展开了争论。一个月后，即8月7—8日，法学研究所在北京召开了民法经济法问题学术座谈会。王家福研究员、王保树研究员等民商经济法学者在会上纷纷就经济法的有关问题发表观点。会议认为，为了适应社会主义现代化建设的需要，民法和经济法应该分为两个独立的法律部门，经济法与民法在调整对象、主体、调整原则、司法权限上有很大区别，因此建议制定经济法典和民法典。① 综合考察各种史实，这次座谈会应是中国经济法学形成史上极为重要的标志性事件之一。1983年12月，法学研究所组织召开了全国经济法理论讨论会。会议重点讨论了经济法的调整对象和范围，经济法的主体，经济法和经济法学的体系，以及经济法与民法的关系，等等。在前述中国经济法研究会成立之前的几年里，一系列重要经济法理论研讨会和工作会议相继召开，各种理论观点异彩纷呈，营造出了浓郁的学术氛围。②

在这一时期，法学研究所向学界充分展示了自己的国际视野和学术底蕴。通过国际学术交流报告和翻译作品，“社科”经济法学科积极引介国外经济法制经验。1979年9月，以加藤一郎③为团长的日本人类环境问题访华团一行18人，来北京等地访问座谈。王存学研究员整理了这次日本法学家访华期间关于日本民法、经济法和环境保护法的主要介绍。其中就经济法而言，他引用日本学者的观点指出，日本经济法与中国有所不同，日本经济法包括独占禁止法（反垄断法）、银行法、经济统制法、消费者保障法和百货店法等，是介乎“私法”与“公法”之间的一种法律，具有社

① 复刊不久的《法学研究》以《关于民法、经济法的学术座谈》为题，刊发了部分与会学者关于经济立法、民事立法、经济法与民法的关系、经济法的部门法地位等文章或观点摘要。参见《法学研究》1979年第5期。

② 其中颇具代表性的会议有：（1）1980年6月23日北京市法学会举办的民法、经济法学术讨论会；（2）1980年9月在郑州举行的《经济法学》教材研讨会；（3）1983年10月24—30日国务院经济法规研究中心在沈阳召开的全国经济法理论研究工作会议；（4）1983年12月2—7日中国社会科学院法学研究所主办的经济法研讨会；（5）1984年8月20—27日国务院经济法规研究中心在杭州召开的全国经济法制工作会议；等等。

③ 加藤一郎原为日本东京大学校长，当年访华时系东京大学法学部研究员，任日本人类环境问题研究会会长职务。

会性和公共性。[①] 1982 年 10 月 2 日至 11 月 29 日，由王家福研究员带领的考察团应邀访问了西德、法国和英国，他们总结了当时这些资本主义国家的经济法治特点和法律调整手段，如经济法治观念比较牢固、经济立法比较完备、法制机构比较健全以及注意法治人才的培养和使用，在具体手段上包括民事、经济行政、劳动、社会、专利和刑事法律形式等，研究了这些国家在管理国有企业方面的法律制度，强调“国有化而不国家化”，把国有企业分为公用服务性和竞争性两大类型，并采取了不同的考核方法。他们注意到，在对经济生活的法律监督方面，这些国家主要运用了行政监督、财政监督和司法监督。他们认为，西德、法国和英国的经济法治，是资产阶级经济法治，从根本上说，它是为资产阶级攫取最大利润的精巧工具，但是，从这三个国家的资产阶级如何巧妙地、审时度势地利用自己的法制，调节阶级矛盾，安定社会秩序，鼓励科学技术进步，促进经济发展方面来看，则有一些有益经验，仍值得我们研究和借鉴。[②] 罗马尼亚和匈牙利是社会主义国家，两国在经济领域里建立起了比较完备的经济法制，在运用法律为经济建设服务方面创造了一些有益经验。王家福研究员在其 1984 年发表的《罗马尼亚、匈牙利经济法制考察》中，突出了这两个国家的经济立法特色，强调其不仅适应调整经济生活的各种需要，解决经济建设中提出的新问题，而且适应不断变化的实际情况，适时对经济法律法规进行修改完善。这两个国家在经济立法工作方面的计划性、科学性和民主性，值得我国借鉴。但同时，他指出我国也要注意防止在实践中夸大经济法规的作用，防止过分强调部门利益和地方利益，另外提出企业主管部门需要相信企业的首创精神。[③] 1981 年 11 月，王保树研究员访问了日本；1982 年 4 月，王存学研究员则到南斯拉夫进修了两年；1982 年 10 月，王保树研究员访问了法国和英国；1983 年 11 月，王家福研究员访问了匈牙利和罗马尼亚；1984 年 12 月，谢怀栻和徐炳研究员访问了我国香港地区。在引进和推介国外经济法制方面，法学研究所编译了《马克思、恩格斯、

---

① 王存学：《日本法学家介绍日本民法、经济法和环境保护法》，《法学研究》1980 年第 2 期，第 61—64 页。

② 参见王家福、杨洪、王保树、王金中《西德、法国、英国经济法考察》，《法学研究》1983 年第 4 期，第 61—72 页。

③ 参见王家福《罗马尼亚、匈牙利经济法制考察》，《国外法学》1984 年第 4 期，第 76—81 页。

列宁、斯大林、毛泽东关于社会主义民法、经济法问题的论述》，于 1980 年进行了内部出版。马骧聪研究员于 1979 年摘译了苏维埃法学中的经济法问题，[①] 他还翻译了一些苏联的经济法成果，如社会主义经济管理体制中的经济合同等。[②] 所有这些努力，从一开始就为中国经济法学的蓬勃兴起奠定了比较法基础，使我国的经济立法获得了来自域外的知识和经验支持。

这一阶段，借助有限的理论资源，有关经济法的调整对象、概念、体系、特征等基本属性问题引起了学界的普遍重视。法学研究所民法经济法研究室编写了上述《马克思、恩格斯、列宁、斯大林、毛泽东关于社会主义民法、经济法问题的论述》（1980 年）、《外国投资法》（1981 年）、《外国仲裁法》（1982 年）、《经济建设中的法律问题》（1982 年）、《我国经济法理论资料类编》（1984 年）等，翻译出版了《捷克斯洛伐克社会主义共和国经济法典》（1981 年）和《苏联民法（上）》（1984 年）等。“社科”经济法学中出现了谢怀栻研究员的“计划关系论”，[③] 该论成为当时“经济关系性质论”学派中的一个代表。虽然其他几种理论学说尚在孕育中，但难能可贵的是，“社科”经济法学已经表现出了突出的国际化视野和学术活动组织才能，对英、法、德、日等发达资本主义国家经济法制的考察分析以及对苏联、罗马尼亚、匈牙利等社会主义国家经济法制的考察译介，直接开阔了当时学界的学术视野，在比较分析中培养了自身的本土意识和主导意识。

（二）初步发展阶段（1985—1991 年）

从 1985 年到 1991 年，我国经济立法速度明显加快，经济法学研究在此前蓬勃兴起的基础上转入初步发展阶段。在这一阶段，我国实行了新的经济运行机制，强调“国家调节市场，市场引导企业”，强调把计划经济

---

① 参见马骧聪《苏维埃法学中的经济法问题》，《法学译丛》（即《环球法律评论》）1979 年第 6 期，第 12—18 页。

② 参见 M. 勃拉金斯基、马骧聪《社会主义经济管理体制中的经济合同》，《国外社会科学》1979 年第 2 期，第 43—50 页；B. B. 拉普捷夫、马骧聪《完善经济体制的法律基础》，《法学译丛》（即《环球法律评论》）1979 年第 2 期，第 33—39 页；M. 皮斯科金、马骧聪《论社会主义国家管理的客体和内容》，《国外社会科学》1981 年第 10 期，第 15—19 页；等等。

③ 谢怀栻：《从经济法的形成看我国的经济法》，《法学研究》1984 年第 2 期。

与市场调节相结合。在中国法学会民法学经济法学研究会和中国经济法研究会的组织下，经济法学的学术交流活动十分活跃，研讨范围从此前的经济法总论开始扩展至经济法分论，并出版了一系列学术著作和教材。[①]“社科”经济法学在民法经济法大论战中，提出了一些很有影响力的理论主张。

从1985年5月25日到6月11日，中国社会科学院经济法考察团对日本进行了考察访问。他们拜访了日本的国家机关、银行、工业企业、大学、研究机构、律师事务所、经济团体，分别同政府官员、法官、律师、法学研究人员、银行家、工业家等各方面人士举行了20多次座谈，就日本战后经济法律制度的发展情况以及主要问题进行了调研。王家福研究员等人合作发表的《关于日本经济法律制度的考察报告》指出，日本的经济法体系与民商法体系相互配合，相互补充，组成了适合于混合经济体制的比较完善的经济法律制度。日本的经济法律制度，既不同于两次世界大战和1929—1933年大危机期间资本主义国家曾经实行的、侧重于依靠“国家之手”直接干预经济的经济统制法体制，也不同于资本主义自由放任时期单纯依靠“看不见的手”调节经济的传统民商法体制，这是一种民商法和经济法并重，采用多种法律手段对国民经济进行综合法律调整的体制。在该报告中，他们重点对日本第二次世界大战后经济法律制度概况、日本的竞争法体系、日本的公司法和破产法、日本的物价管理法、日本的消费者保护法等进行了深入介绍和分析，从之前的“引进来”到这次的“走出去”，“社科”经济法学科关于日本经济法律制度的了解更加系统，更加深入。[②]

1985年5月8日，法学研究所组织了中国经济法高级培训班。培养目标是为国家机关和企事业单位培养精通业务、懂法律的综合型高级法律人才，为造就一批高级法律顾问和律师打下坚实基础。在这一时期，经济法在国家经济建设中发挥着重要作用，是国家组织、领导和管理经济的重要

---

① 其中，法学研究所的成果主要有：中国社会科学院法学研究所民法经济法室编《经济法理论学术论文集》，群众出版社，1985；梁慧星、王利明：《经济法的理论问题》，中国政法大学出版社，1986；《中国经济法诸论》编写组编《中国经济法诸论》，法律出版社，1987；王家福主编《经济法要义》，中国财政经济出版社，1988；王保树：《经济法》，四川人民出版社，1988；王保树、崔勤之：《经济法学研究综述》，天津教育出版社，1989；王保树、崔勤之：《经营法学》，法律出版社，1990；梁慧星：《中国民法经济法诸问题》，法律出版社，1991；等等。

② 参见王家福、王保树、梁慧星、崔勤之、李薇《关于日本经济法律制度的考察报告》，《法学研究》1986年第3期，第80—91页。

工具。学习经济法，执行经济法，是当时各级经济管理部门和企业领导干部搞好工作的必备条件。为帮助大家学习，法学研究所王存学、梁慧星、夏淑华、朱锡森、王家福、袁长春、史探径、马骧聪、王保树等学者以讲座形式积极宣讲经济法知识，这些讲座内容被以“经济法基本知识讲座”为题连续9期刊载于《经济管理》杂志上，成为当时领导干部学习经济法的重要参考资料。[①]“纵横统一说”理论当时影响十分广泛，其中王存学研究员在其《第一讲经济法概论》中阐释经济法调整对象时采纳的就是该理论观点，他特别指出，经济法的调整对象分为纵向经济关系和横向经济关系两大类。同年，《法学研究》组织评选了优秀理论文章，共有10篇论文获奖，其中王家福和王保树两人合写的《论加强社会主义经济法制建设》[②]榜上有名。

1988年9月12日，法学研究所针对当时经济生活出现的乱象治理，邀请首都部分政法院系的民法、经济法学专家及政法实际工作部门的一些同志，通过座谈会形式，讨论了建立社会主义商品经济新秩序的法律问题。不少同志对当时经济生活的无序状况深表担忧，并认真分析了出现这种状况的原因。与会同志一致认为，建立社会主义商品经济新秩序的核心问题是法制问题，包括加强民商经济立法和司法。[③]

1988年12月，法学研究所设立中国经济技术法律咨询服务部。其主要任务是，为国内外厂商提供有关经济技术方面的法律咨询；接受国内外厂商的委托，草拟、审定经济技术合同；开展国际、国内重大经济技术合

---

① 这九讲分别是：王存学的《第一讲经济法概论》，《经济管理》1985年第10期，第62—66页；梁慧星的《第二讲合同法》，《经济管理》1985年第11期，第60—64页；夏淑华的《第三讲专利法对促进我国经济发展和技术进步的作用》，《经济管理》1985年第12期，第59—62页；朱锡森的《第四讲商标法》，《经济管理》1986年第1期，第70—73、69页；王家福、袁长春的《第五讲财产法》，《经济管理》1986年第2期，第60—64页；史探径的《第六讲劳动法》，《经济管理》1986年第3期，第64—68页；马骧聪的《第七讲环境保护法》，《经济管理》1986年第4期，第68—73页；王保树的《第八讲工业经济活动中的法律监督》，《经济管理》1986年第5期，第61—65页；王存学的《第九讲怎样解决企业之间的经济纠纷》，《经济管理》1986年第6期，第56—61、18页。

② 王家福、王保树：《论加强社会主义经济法制建设》，《法学研究》1983年第1期，第18—25页。

③ 《建立社会主义商品经济新秩序的关键是法制建设》，参与笔谈的专家学者有佟柔、王利明、袁建国、杨振山、徐学鹿、王保树、刘海年、王家福，《法学研究》1988年第6期，第1—9页。

作项目的法律论证；承担经济技术法律重大软课题项目的研究；代理诉讼及有关事宜；承担各种法律、法规的起草工作；承担大公司、机关、企业的法律顾问。

在引进和推介国外经济法制方面，这一阶段的成果主要集中在南斯拉夫和德国的经济立法上。1985 年，王存学研究员翻译了《南斯拉夫经济联合会经济贸易仲裁规则》。[①] 1986 年，他又翻译了南斯拉夫的防止不正当竞争和垄断协议法。[②] 1987 年，他研究了南斯拉夫的破产立法。[③] 1990 年，他对南斯拉夫防止不正当竞争和垄断协议法的修改又进行了译介。[④] 谢怀栻研究员则在 1989 年翻译介绍了德国的经济稳定与增长促进法。[⑤] 当时这些成果帮助学界及时了解了南斯拉夫和德国经济立法的新进展。遗憾的是，东欧剧变后，1992 年南斯拉夫解体，对南斯拉夫经济法的研究因此而告终结。谢怀栻研究员的译作则在后来的宏观调控法研究中备受重视，被很多作品反复引用，显示了极其重要的学术价值。另外，法学研究所民法经济法研究室继续翻译出版了《苏联民法（下）》（1986 年）。

这一阶段，“社科”经济法学对经济法本质的认识取得了新的突破。在探索和争鸣中，王家福研究员提出了“综合经济法说”，[⑥] 梁慧星研究员则提出了“经济行政法说”[⑦] 等不同理论主张。由于这些主张对经济法的定位从根本上否定了经济法的独立法律部门地位，因而在当时的民法经济法大论战中，这些理论并非经济法学界的“立论工具”，相反是作为民法学界的重要“攻击工具”而产生了重大影响。王保树研究员和崔勤之研究

---

① 参见王存学《南斯拉夫经济联合会经济贸易仲裁规则》，《法学译丛》（即《环球法律评论》）1985 年第 4 期，第 73—80 页。

② 参见王存学《〔南斯拉夫〕防止不正当竞争和垄断协议法》，《法学译丛》（即《环球法律评论》）1986 年第 3 期，第 68—73 页。

③ 参见王存学《南斯拉夫的破产立法》，《法学研究》1987 年第 6 期，第 82—88 页。

④ 参见王存学《关于修改和补充防止不正当竞争和垄断协议法的法令》，《法学译丛》（即《环球法律评论》）1990 年第 2 期，第 73—74 页。

⑤ 参见谢怀栻《〔联邦德国〕经济稳定与增长促进法》，《法学译丛》（即《环球法律评论》）1989 年第 1 期，第 70—75 页。

⑥ 王家福：《综合经济法论》，载《中国经济法诸论》编写组编《中国经济法诸论》，法律出版社，1987，第 1—3 页。

⑦ 梁慧星等：《经济行政法论》，载《中国经济法诸论》编写组编《中国经济法诸论》，法律出版社，1987，第 129—194 页。另参见梁慧星《经济法的理论问题》（合著，1986）和《中国民法经济法诸问题》（1991）。

员都认为，在经济法学中应建立经济法基础理论、经济管理法学和经营法学三个基本分支学科，[①] 他们在国企改革和国有企业财产权争论中也提出了系统的学术观点。[②] 在当时，对经济法的域外考察和分析仍在不断深化中，有关环境法、企业法等领域的研究逐步取得了明显优势。

（三）走向成熟阶段（1992—2001 年）

在改革开放的历史上，1992 年是一个特别年份，同时也是一个重要的时间节点。以 1992 年邓小平同志南方谈话和中共十四大为标志，我国进入了建立社会主义市场经济的新阶段。这一年，党的十四大明确提出，我国经济体制改革的目标是建立社会主义市场经济体制，以利于进一步解放和发展生产力。[③] 翌年，中共中央作出《关于建立社会主义市场经济体制若干问题的决定》，把党的十四大确定的经济体制改革目标和基本原则系统化、具体化，成为我国建立社会主义市场经济体制的总体规划和进行经济体制改革的行动纲领。在新的历史条件下，我国改革开放进入了推进最快的时期，形成了总体开放新格局，经济法学面临着整体的学科反思和重构任务，开始重新思考政府与市场、政府与企业的关系，呼唤民主、科学、自由基础上的理论理性和实践理性。

1992 年，邓小平南方谈话发表后，法学研究所召集本所部分研究人员座谈邓小平同志南方重要谈话的精神，就如何进一步解放思想，繁荣法学研究这一题目各抒己见。应该说，当时法学界最深刻的变化莫过于从计划到市场的“观念”改变。这是思想意识和理论基础上的一种深层次的变化，是推动法学研究和法制建设发展的一种巨大精神力量。[④]

---

① 参见王保树《经济法》，四川人民出版社，1988；王保树、崔勤之《经营法学》，法律出版社，1990。

② 参见王保树、崔勤之《企业法论》，工人出版社，1988。

③ 1992 年 10 月 12 日，江泽民在中国共产党第十四次全国代表大会上的报告中指出：“我们要建立的社会主义市场经济体制，就是要使市场在社会主义国家宏观调控下对资源配置起基础性作用，使经济活动遵循价值规律的要求，适应供求关系的变化；通过价格杠杆和竞争机制的功能，把资源配置到效益较好的环节中去，并给企业以压力和动力，实现优胜劣汰；运用市场对各种经济信号反应比较灵敏的优点，促进生产和需求的及时协调。同时也要看到市场有其自身的弱点和消极方面，必须加强和改善国家对经济的宏观调控。”

④ 参见陈春龙、张庆福、王保树、梁慧星、崔庆森、欧阳涛《进一步解放思想，繁荣法学研究——法学所部分研究人员座谈邓小平南巡谈话》，《法学研究》1992 年第 5 期，第 1—7 页。

1992年11月16日，法学研究所和《法学研究》编辑部共同召开了“市场经济与法制现代化理论座谈会”。会议指出，党的十四大报告所概括的有中国特色社会主义理论和确立的建立社会主义市场经济体制的目标，在科学社会主义史上是理论与实践的重大突破。[①] 与此同时，人们提出了“社会主义市场经济应是法治经济”的命题。法学研究所课题组发表在《法学研究》1993年第6期上的《建立社会主义市场经济法律体系的理论思考和对策建议》一文，直接提出必须区分公法和私法，区分作为公权者的国家和作为所有者的国家，主张抛弃拉普捷夫的经济法理论和观念以及把计划法作为经济法基本法的观念，同时对经济法的概念、性质和体系作出新的回答。该文成为新时期经济法研究范式转变的纲领性文章，[②] 也促使“社科”经济法学研究走向了深入，形成了自身特色与独立主张。

1993年9月14—18日，法学研究所主办了海峡两岸市场经济法学研讨会。与会代表有39人，其中来自我国台港地区的台湾大学、辅仁大学、东吴大学、台湾政治大学等单位的专家学者14人，来自法学研究所、福建社科院、中国人民大学、中国政法大学、北京大学、武汉大学、吉林大学、对外经济贸易大学、烟台大学、最高人民法院、中国人民保险公司、国家工商局等单位的专家学者25人。会议的主要议题包括：市场经济与法律的关系；建立适应市场经济的各种法律制度及其经验与问题；市场经济法治发展的趋势；两岸经贸关系中各种问题及解决途径。会议由王家福、刘海年、王保树、柯泽东、王泽鉴、赖源河轮流主持。

1994年，王家福研究员指出社会主义市场经济是严格的法治经济，发展社会主义市场经济必须健全法治。[③]“社科”经济法学科在这一“严格”法治观指导下，对经济法的性质、原则、特点等问题有了新的提炼概括，对经济法本质的认识较之前更加深刻。自成一派的“社科”经济法学重要代表性人物王保树研究员，专门撰文并明确主张抛弃苏联拉普捷夫的观点。1999年，他在社会科学文献出版社出版的教材《经济法原理》一书

---

① 《市场经济与法制现代化——座谈会发言摘要》，《法学研究》1992年第6期，第1—13页。

② 参见王伦刚《论中国经济法学史分期标准和界点》，《成都理工大学学报》（社会科学版）2004年第3期。

③ 王家福：《发展社会主义市场经济必须健全法治》，《求是》1994年第5期，第31—34页。

中，系统阐述了其“社会公共性经济管理说”① 的思想，从而在肯定经济法是独立法律部门的诸种学说中占据了一席之地。

同年，王晓晔研究员从德国马普所毕业回国。其博士学位论文《美国和德国卡特尔法企业合并控制比较研究》，被视为德国马普所和中国社会科学院双边合作项目的重要成果，并在德国 J. C. B. Mohr 出版社出版。另外，她还译介了德国的经济法，强调经济法是经济秩序法。② 也正是这一年，她开启了毕生热爱的反垄断法研究事业的新征程，并在这一研究领域最终取得了骄人成绩，赢得了“国内反垄断法第一人”的美誉。

1997 年党的十五大将“依法治国”确立为治国基本方略，将“建设社会主义法治国家”确定为社会主义现代化的重要目标，并提出了建设中国特色社会主义法律体系的重大任务。依法治国思想是法学研究所集体智慧的结晶，王家福研究员领衔的研究团队是国家实施依法治国基本方略的最初倡导者和重要推动者。1998 年，王家福研究员应邀为全国人大常委会作了法制讲座，题目是《社会主义市场经济法律制度建设有关问题》。他指出，建立社会主义市场经济法律制度是一场深刻的法制改革，需要抛弃适应计划经济需要而由国家直接管理经济的旧法制基础，建立适应社会主义市场需要的新法制基础，包括确认市场主体资格制度，充分尊重和保护财产权制度，维护合同自由制度，国家对市场的适度干预制度，以及完善社会保障制度。他提出，确立新的社会主义市场经济法律制度的基本原则包括十种，即财产所有权一体保护原则、合同自由原则、自己责任原则、公平竞争原则、经济民主原则、诚实信用原则、保护弱者原则、维护社会正义原则、违法行为法定原则以及适当合理地兼顾国家、集体、个人利益

---

① 该说认为，经济法的调整对象是以具有社会公共性为根本特征的经济管理关系，包括市场管理关系和宏观经济管理关系。该说强调，社会公共性体现为社会普遍性、公有性、公益性和国家干预性，是经济法的核心范畴，决定并表现在经济法的产生、价值、主体、权利义务、属性等各个方面。社会公共性所体现的经济自由、经济民主和经济秩序以及社会公益是经济法价值之所在。经济法是一个独立的法律部门，是确认和实行社会整体调节机制的重要法律部门。经济法的体系由市场管理法、宏观经济管理法、对外经济法和经济监督法四部分组成。经济法的基本原则包括：经济上的公平与公正、违法行为法定原则、经济管理权限和程序法定原则。

② 参见 E. J. 梅斯特梅克尔、王晓晔《经济法》，《比较法研究》1994 年第 1 期，第 86—94 页。

并兼顾不同地区利益的原则。他认为，社会主义市场经济法律秩序的本质特征有市场的统一性、市场的自由性、市场的竞争性、市场从国家和社会整体利益出发的可控性，这五方面的特征是社会主义计划经济法律秩序所根本不可能有的。①

2000年前后，“社科”经济法学的研究成果中许多涉及中国“入世”的法律问题。比如2001年，王家福研究员在《中国法学》发表了《WTO与中国社会主义市场法律制度建设问题》。他指出，世界贸易组织规则及各种协议、协定是国际经济贸易法的重要组成部分，中国现行的经济法律，如市场主体法律制度、物权法律制度、合同法律制度、社会保障制度等，与世界贸易组织的规则是相通的，但是对于与国际经贸规则接轨、国民待遇、公平竞争、法律透明度及法制统一等理念还要进一步深化到经济立法中去。②

这一阶段，“社科”经济法学在经济法基础理论方面形成了重大创新，王保树研究员提出了成熟的具有代表性的经济法理论学说和主张。与前一阶段所不同的是，这一理论主张突出了经济法调整对象的社会公共性特征，承认了经济法的独立法律部门地位，对经济法基础理论有着系统的阐述、分析和论证，因而其社会影响力较之前其他学说要更大一些。另外，“社科”经济法学在竞争法、国企改革、统一合同法、涉外经济法等方面不断发声，相关成果在经济法学界产生了广泛影响。

（四）理性繁荣阶段（2002—2017年）

迈入21世纪，我国进入全面建设小康社会的新阶段，经济法学研究随着经济法治建设的继续向前推进又翻开了新的一页。2002年党的十六大将社会主义民主更加完善，社会主义法制更加完备，依法治国基本方略得到全面落实，作为全面建设小康社会的重要目标。2003年党的十六届三中全会通过了《中共中央关于完善社会主义市场经济体制若干问题的决定》，

---

① 王家福：《社会主义市场经济法律制度建设有关问题——全国人大常委会法制讲座讲稿摘登》，《人大工作通讯》1998年第24期，第14—17页。

② 参见王家福《WTO与中国社会主义市场法律制度建设问题》，《中国法学》2001年第1期，第3—10页。

进一步明确了完善社会主义市场经济体制的目标和任务，[①] 提出了坚持以人为本，树立全面、协调和可持续的新发展观。经济法学研究面对“入世”带来的新变化、新挑战，开始更加关注新一轮的经济体制改革和经济法治建设，经济法治助推经济发展质量被提上重要议程。

我国自 2001 年底加入世界贸易组织后，明显加快了反垄断立法的步伐。2002 年，王晓晔研究员应邀为第九届全国人大常委会作了第 27 次法制讲座，题目是《反垄断法律制度》。2005 年，她再次受邀为第十届全国人大常委会作了第 17 次法制讲座，题目是《反垄断法是维护市场经济国家秩序的基本法律制度》。

在竞争法领域，法学研究所前后共组织了七届竞争法与竞争政策国际研讨会。尤其是 2007 年《反垄断法》出台前夕，5 月 11 日至 12 日举办的第五届竞争法与竞争政策国际研讨会影响重大，成效显著。该次会议确定了八个议题，涉及反垄断法的地位、垄断协议、合并控制、市场支配地位、行政垄断、执法机构、法律救济以及经济全球化、区域化与竞争政策。会议紧紧围绕《中华人民共和国反垄断法（草案）》的修改与完善进行了深入讨论，来自美国、德国、日本、澳大利亚、中国香港、欧盟、OECD 等国家和地区以及国际组织的 20 余位政府官员和竞争法专家，以及全国人大财经委和法工委、商务部、国家发改委、国家工商行政管理总局公平贸易局等政府部门的有关领导应邀出席，参加会议的还有国内高校和科研机构的 40 余位专家学者以及微软、索尼等企业代表。三个月后，这部法律在十届全国人大常委会第 29 次会议上获得通过，并自 2008 年 1 月 1 日起生效。

此后的两届竞争法会议也非常有意义。2009 年 7 月 3 日至 4 日，第六届竞争法与竞争政策国际研讨会成功举行。会后，社会科学文献出版社出版了论文集《反垄断法实施中的重大问题》。2011 年 6 月 3 日至 4 日，第

---

① 即按照统筹城乡发展、统筹区域发展、统筹经济社会发展、统筹人与自然和谐发展、统筹国内发展和对外开放的要求，更大程度地发挥市场在资源配置中的基础性作用，增强企业活力和竞争力，健全国家宏观调控，完善政府社会管理和公共服务职能，为全面建设小康社会提供强有力的体制保障。主要任务是：完善公有制为主体、多种所有制经济共同发展的基本经济制度；建立有利于逐步改变城乡二元经济结构的体制；形成促进区域经济协调发展的机制；建设统一开放竞争有序的现代市场体系；完善宏观调控体系、行政管理体制和经济法律制度；健全就业、收入分配和社会保障制度；建立促进经济社会可持续发展的机制。

七届竞争法与竞争政策国际研讨会暨亚洲竞争论坛成功举行。会议历时两天，分为变化中的竞争政策、合并控制、垄断协议、反垄断法的私人实施、市场支配地位、与知识产权相关的反垄断法问题、国家援助与出口卡特尔、新兴国家与地区实施竞争法的经验八个单元。会议不但引入了国外反垄断立法与执法的最新进展，而且深入讨论了中国反垄断立法与执法中的突出问题。

2010 年 9 月 27 日，奇虎 360 发布了其新开发的“隐私保护器”，专门搜集腾讯 QQ 软件是否侵犯用户隐私。随后，QQ 立即指出 360 浏览器涉嫌借黄色网站推广。11 月 3 日，腾讯宣布在装有 360 软件的电脑上停止运行 QQ 软件，用户必须卸载 360 软件才可登录 QQ，强迫用户“二选一”。这一事件社会影响极其恶劣，被学界称为“3Q”大战。经过一天的紧张筹备，“竞争法视野下 QQ 与 360 之争”学术研讨会于 2010 年 11 月 5 日上午在法学研究所成功召开，学界代表和监管部门均受邀参加了交流。陈甦研究员在会上指出，举办本次研讨会并不在于评判两个企业的行为之对错、得失，而是要从竞争法律制度层面上分析市场经济运行过程中如何实现有序合法竞争，以及国家相关市场监管制度应当如何完善。与会学者分别从企业行为的定性、消费者权益保护、市场竞争秩序维护、社会利益和公共安全等方面详细阐释了各自的观点和建议。陈甦研究员总结时提出的“四个期望”发人深省。这“四个期望”分别是，期望有关市场经济的法律更有力量，期望政府管理部门更有力量，期望市场经济中的资本力量有所节制，期望行业发展真正做到用户至上。

除了竞争法方面的研讨会之外，“社科”经济法学科还将目光投向了市场经济法治创新这一崭新主题。2013 年 3 月 2 日，首届“中国市场经济法治建设创新论坛”在京举行。会议围绕市场经济法治建设的理念、重点和趋势，以及政府与市场关系的法治化、政府与企业关系的法治化、经济法研究的要点与走向等问题展开了深入讨论。会议不仅汇聚了理论界与实务界的专家，更促进了经济法与民法、商法、宪法、社会法等专业的跨学科研讨，视野开阔，妙论纷呈。其中许多新观点、新理念、新思路具有重要的学术价值和实践意义。会议论文集《法律与经济——中国市场经济法治建设的反思与创新》（2013 年第 1 卷）由中国社会科学出版社 2014 年出版发行。2014 年 12 月 6 日，第二届“中国市场经济法治建设创新论坛”

在河南大学成功举行。该届论坛旨在深入贯彻落实党的十八届四中全会通过的《中共中央关于全面推进依法治国若干重大问题的决定》精神，进一步推进我国市场经济法治建设的理论创新、制度创新和实践创新，进一步完善社会主义市场经济法律制度。会议历时一天，取得了圆满成功。会后，中国社会科学出版社出版发行了论文集《法律与经济——中国市场经济法治建设的反思与创新》（2014 年第 2 卷）。

此外，2013 年 9 月 21 日，“社科”经济法学科在法学研究所还成功举办了“中国税制改革与优化学术研讨会”。会议积极探讨了我国当前税制改革与优化设计中遇到的新情况、新问题，集中交流了税收法治建设创新方面的新思想、新观点、新建议。财税法学家刘剑文教授、徐孟洲教授、陈少英教授等悉数到场，围绕“税制改革与优化理论与新理念”、“实体税法完善与税制结构优化”、“程序税法修改与制度完善”三个议题，进行了深入而卓有成效的研讨。

党的十八大提出了全面建成小康社会的奋斗目标，十八届三中全会对全面深化改革作出了顶层设计，十八届四中全会又对全面推进依法治国作出了战略部署。基于改革、法治、发展这三个维度，党中央分别作出了影响深远的新时期“三大决定”，以全面深化改革、依法治国和小康社会建设，系统解决经济、社会、政治、法律、文化等领域的问题。针对“改革难点”、“法治重点”和“发展要点”的关联与交叠，“社科”经济法学科研究人员积极参与了各种研讨活动，并通过发表论文和撰写文章，对党和国家的重大战略部署进行了积极回应和贯彻落实。

这一阶段，“社科”经济法学科在接连“瘦身”后日益成熟起来，不但在竞争法方面建立了明显的学术优势，而且在财税金融法领域也实现了一定突破。在经济法基础理论研究方面投入越来越多，一系列研讨会选题新颖，其成功举办都达到了预期效果，引领了学术研究的新方向。在国际学术交流中，陈甦、王晓晔、邱本、席月民、金善明、丁一、吴峻等人出访了俄罗斯、美国、加拿大、德国、匈牙利、波兰、荷兰、澳大利亚、丹麦、芬兰、印度、越南、印度尼西亚、韩国、日本、意大利、西班牙等国，有关译著①相继出版发行，与国际同行之间建立并保持了密切联系和交往。

---

① 如〔美〕维克多·瑟仁伊《比较税法》，丁一译，北京大学出版社，2006。

三 研究选题与创新工程

无论是早期浑然一体的民商经济法学还是后期迈向独立的经济法学，“社科”经济法的学科建设一直伴随着不同阶段研究室的分化而展开，但这种分化所代表的“形式理性”，并未冲淡和抹杀经济法学自身发展中的“实质理性”，因而始终呈现出“形散而神不散”的典型特征。这一特征，通过不同阶段的观点表达而呈现出来，其穿透了“组织分化”本身，注重理论框架与经验材料的相互结合，在强化基础、拓展应用、聚焦前沿、引领发展中，反复叩问经济法创新发展中的实质正义和本土特色，不断追求经济法在社会整体利益调整机制中的良法善治，因而真正推动了“社科”经济法学的科学化进程以及经济法学的现代转型。

（一）选题分布和最新变化

从 1979 年到 2017 年，“社科”经济法学的研究成果在不同发展阶段呈现出了相应的阶段性特征。我们提取了中国知网所收集的“社科”经济法学的 383 篇论文和文章，[①] 从这些论文和文章的题目（包括主标题和副标题）入手进行了文本分析。从其选题看，这些成果分别契合了我国改革开放以来不同发展时期的经济法治需求，其理论观点的形成与各项经济立法的推进保持了同步节奏；有些选题高度集中，表明部分学者研究领域高度专业化，或者不同学者对同一问题有着相同的研究志趣。这里，我们先对收集的文本进行了分词，然后对分词结果作了人工筛选，重点剔除了如“问题”、“研究”等通用名词、“考察”、“分析”等动词以及无特殊指向意义的数词和介词，另外也剔除了那些意义不明确的通用单字，最后选择了 220 个词汇进行分析，各个词汇出现频次的结果通过词云可视化图的方

① 需要说明的是，这里统计的论文和文章数量主要依据中国知网数据库资料获得。其中，社会法学和生态法学两个独立学科单独出书，故为避免重复，“社科”经济法学科在各阶段有关劳动法、社会法、环境法的大量成果不再收录（经济法研究室现有人员的个别成果例外）；已经调离中国社会科学院法学研究所的刘俊海、钱弘道、邱本等人，只统计了其在所工作期间的经济法学成果；姚佳、钟瑞华等未在经济法研究室工作的两所在岗人员，其经济法学成果已被统计在内。虽然个别统计数字可能存在出入，但基于大数法则，不会影响“社科”经济法学科发展的整体判断。

式予以呈现。详见图 1。

图 1 “社科”经济法学论文和文章题目主题词云可视化（1979—2017 年）

图 1 清晰直观地呈现出了过去 40 年间“社科”经济法学论文和文章题目的主题分布状态。其中，“中国”一词出现频次最高（85 次），这充分体现出了经济法学理论研究中的中国问题意识和本土化研究取向；“法律”、“经济法”以及“法学”、“经济法学”等高频词，则体现了本学科的专业品质、部门法属性特征以及学科归类；“经济”、“市场”、“市场经济”等词汇在图 1 中的位置也非常突出，说明经济法学所研究的问题与市场经济发展高度关联，经济法的经济性特征极其突出，经济法是经济与法律两种社会现象的有机结合；“改革”、“发展”、“制度”、“法治”、“规制”、“完善”、“创新”、“建设”、“社会主义”、“经济体制”等词汇则反映了经济法学的自身发展与我国社会主义市场经济体制的建立完善之间一直保持着互动关系，体现了经济法学理论发展和制度建构所追求的核心目标；经济法的主体结构体系及其权义安排是经济法学研究中经常采用的研究视角和分析框架，因此，“责任”、“保护”、“政府”、“社会”、“国家”、“消费者”、“企业”、“公司”、“权利”、“地方”等词汇也占据了相对重要的位置；“反垄断法”、“竞争”、“反垄断”、“垄断”、“竞争政策”、“合并”、“控制”、“行政垄断”等词汇是反垄断法研究中的具体问题，体现了“社科”经济法学在竞争法研究领域的研究投入与学术优势；“税收”、“银行”、“信托业”、“监管”等词汇高度反映了在财政税收法和金融法领

域“社科”经济法学的集中发力；“合同”、“经济合同”、“合同法”、“知识产权”、“农村”等词汇表现出“社科”经济法学在20世纪八九十年代发展过程中曾经出现过的研究热点；“WTO”、“国际”、“德国”、“日本”、“英国”、“欧盟”等词汇出现的频次也较高，说明“社科”经济法学的发展一直保持了自身的国际化视野。“立法”、“管理”、“基本”、“关系”、“基础”、“地位”、“规范”、“理论”、“体系”、“适用”、“行政”等属于总论范畴的词汇，出现频次也较高，说明研究中一直坚持对经济法基础理论的探究和思考，较好地保留了“社科”经济法学重视经济法基础理论研究的学术传统。考虑到机器编码和人工筛选依然可能存在偏误，以及题目与主题之间可能存在差异，我们不能仅依靠词云可视化图来代表“社科”经济法学的学术研究主题分布，还需要依据论文和文章的内容进行更为细致的划分。

参照经济法教科书的常见章节分类以及本文对标题的词云统计，我们将论文和文章的主题分成了15个大类：经济法基础理论、经济法制与经济法治、国外经济法理论、经济法史研究、方法论与研究方法、市场规制法、竞争法、消费者法、宏观调控法、财政税收法、金融法、规划法与产业政策法、国企改革与公司企业法、经济合同法与统一合同法、社会法。需要说明的是，其中的经济法制与经济法治、国外经济法理论、经济法史研究以及方法论与研究方法，严格讲来，均属于经济法基础理论的内容，这里为了突出这些主题的重要性，我们故意将其从经济法基础理论中摘取出来进行统计，以便更细致地展示这些主题的研究状况。然后，我们对所有论文和文章逐一考察与分类，统计出了每一主题在四个发展阶段的文本数量及其所占该阶段成果总数的百分比，其结果如表1所示。

表1 “社科”经济法学论文和文章主题的阶段统计分析（1979—2017年）

单位：篇，%

主题 \ 阶段	第一阶段 1979—1984年	第二阶段 1985—1991年	第三阶段 1992—2001年	第四阶段 2002—2017年
经济法基础理论	4	4	9	6
	11.43	8.00	9.78	2.91
经济法制与经济法治	4	3	10	9
	11.43	6.00	10.87	4.37

续表

主题 \ 阶段	第一阶段 1979—1984 年	第二阶段 1985—1991 年	第三阶段 1992—2001 年	第四阶段 2002—2017 年
国外经济法理论	8	16	16	6
	22.86	32.00	17.39	2.91
经济法史研究	1	3	5	6
	2.86	6.00	5.43	2.91
方法论与研究方法	0	0	1	7
	0.00	0.00	1.09	3.40
市场规制法	0	1	3	7
	0.00	2.00	3.26	3.40
竞争法	0	4	16	87
	0.00	8.00	17.39	42.23
消费者法	0	1	3	4
	0.00	2.00	3.26	1.94
宏观调控法	0	0	1	7
	0.00	0.00	1.09	3.40
财政税收法	0	0	2	25
	0.00	0.00	2.17	12.14
金融法	0	0	2	24
	0.00	0.00	2.17	11.65
规划法与产业政策法	3	1	0	7
	8.57	2.00	0.00	3.40
国企改革与公司企业法	3	5	16	6
	8.57	10.00	17.39	2.91
经济合同法与统一合同法	11	11	7	0
	31.43	22.00	7.61	0.00
社会法	1	1	1	5
	2.86	2.00	1.09	2.43
合计（383）	35	50	92	206
	100	100	100	100

从表1可以看出，“社科”经济法学科研成果在论文和文章的总量上呈明显的阶段性递增趋势，由第一阶段的35篇持续增长到了第四阶段的206篇。这一方面归功于第四阶段持续的时间最长，另一方面也与科研手段的改进直接相关。随着个人电脑的普及和网络应用的便利化，科研效率较此前三个阶段有明显提升。在第一阶段占比最高的主题是经济合同法与统一合同法，其次是国外经济法理论，而经济法基础理论、经济法制与经济法治并列第三位。这一统计结果说明，在我国经济法学蓬勃兴起阶段，学习、引介并借鉴外国经济法理论和制度是“社科”经济法学科发展的逻辑起点，构建经济法基础理论体系并为经济法制和经济法治提供理论支持是当时的首要任务。第二阶段排前三位的主题分别是国外经济法理论、经济合同法与统一合同法以及国企改革与公司企业法，说明前一阶段的经济法基础理论研究已经取得实质进展，研究中仍以消化和吸收国外经济法理论为主，但中国本土的经济法问题意识不断增强。实践中，经济合同问题与国企改革问题在该阶段变得非常突出，《经济合同法》与《全民所有者工业企业法》的制定与实施引起了研究人员的高度关注。第三阶段，国外经济法理论与竞争法、国企改革与公司企业法并列第一位，这显示出“社科”经济法学科建设自1992年开始，对改革开放新形势和经济转型新变化作出了快速反应，抓住了社会主义市场经济体制建立和发展初期的关键问题，并在继续吸收外国经验的同时，通过竞争法研究为《反不正当竞争法》的制定实施以及《反垄断法》的制定提供理论储备，同时通过公司企业法研究为依法确立不同市场主体的法律地位提供了学理根据。第四阶段，竞争法主题占比遥遥领先，达到了42.23%，财政税收法与金融法分列第二、第三位，但二者差距并不大。这说明，该阶段的竞争法研究最终确立了自身的明显优势，财政税收法和金融法在新人加入后研究力量得到了明显加强，适应了新阶段国家财税改革和金融改革的发展需求。有意思的是，经济合同法与统一合同法在第四阶段已经淡出经济法学的研究视野，相比之下，方法论和研究方法开始受到更多关注。值得一提的是，与前三个阶段相比，第四阶段所涉猎的主题最为广泛，覆盖了表中所列的各个研究领域。上述结论在图2所示的四个阶段论文和文章主题集中度比例对比中表现得更为直接。

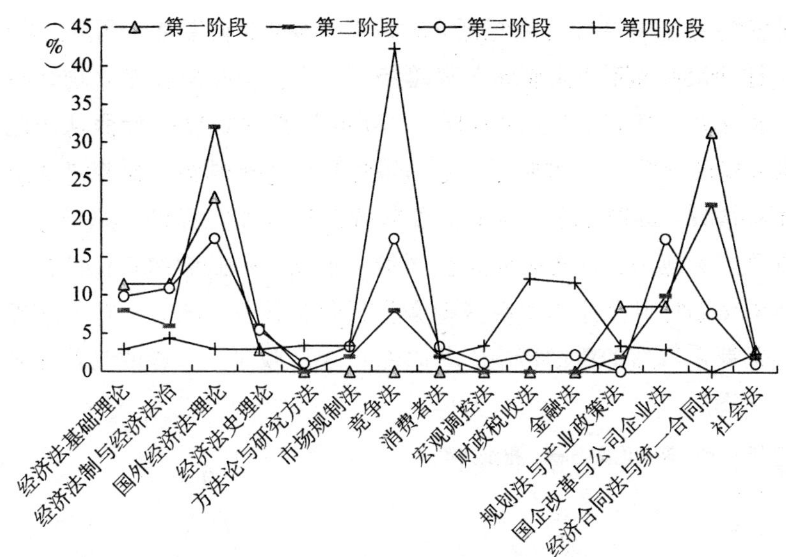

图 2 “社科”经济法学论文和文章主题集中度比例对比（1979—2017 年）

图 2 四个阶段研究主题的曲线变化，反映了不同研究主题之间的对比关系，以及同一主题在不同阶段的受重视程度。经济法基础理论、经济法制与经济法治的研究在四个阶段的变化并不大，而竞争法研究则在四个阶段中实现了数量上的显著增长，经济合同法与统一合同法则刚好相反，呈现出了显著降低的变化结果。通过对比发现，就现阶段“社科”经济法学而言，竞争法、财政税收法和金融法三大领域有着较为明显的研究优势，方法论与研究方法、市场规制法、宏观调控法等也比前三个阶段有所提升，经济法基础理论、经济法制与经济法治、国外经济法理论、经济法史理论、规划法与产业政策法、国企改革与公司企业法等研究领域虽然都有涉猎，但都需要不断补充研究力量，增加更多的研究投入。

（二）创新工程与研究倾向

这里，我们把 2002 年经济法室独立后的第四阶段成果按年度统计作了进一步分析，将其分为期刊论文和报纸文章并进行了对比分析。如图 3 所示，二者在 16 年中均呈现出一定幅度的波浪形特征。其中，期刊论文在 2012 年实施创新工程后增幅明显，数量最高的年份出现在 2014 年，2017 年与 2008 年持平并列处于第二位，最低年份为 2010 年；报纸论文在 2007 年时达到顶峰，2012 年和 2014 年持平并列处于第二位，2004 年数量最少。

值得注意的是，2014 年以来报纸文章数量呈逐年下降趋势。另外，从 2012 年起，期刊论文和报纸文章呈分离趋势，二者的数量对比较之前年份明显拉大。这表明，在实施创新工程后，“社科”经济法学开始服从于院所两级量化考核目标要求，对期刊论文的重视程度越来越高，对报纸文章的重视程度在降低。这种变化，对学科发展而言并不是正面的、积极的，两类成果在学术影响力上应该是相得益彰的，报纸历来是学术宣传的高地，其受众人数远超期刊读者，放弃报纸文章不利于学科影响力的广泛传播，因此今后需要采取新的激励措施，及时纠正这一倾向。二者的具体数量对比关系详见图 3。

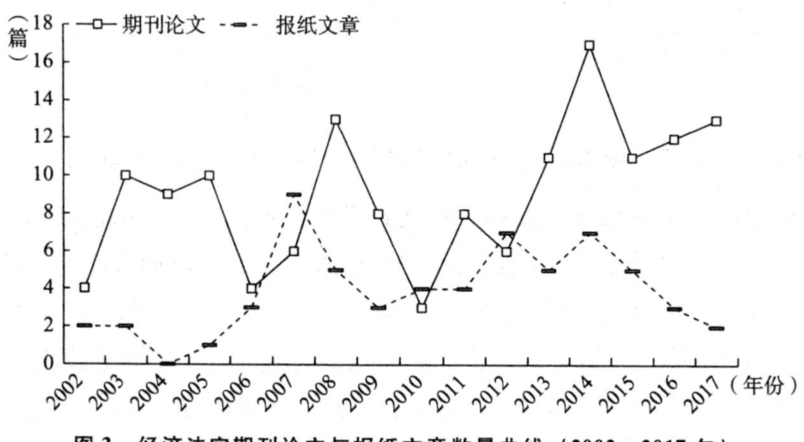

图 3　经济法室期刊论文与报纸文章数量曲线（2002—2017 年）

四　历任主任及其主要著作

（一）王家福（1982—1987 年）

王家福，男，1931 年生，四川南充人，研究员，博士生导师，我国著名民法学家，现为中国社会科学院学部委员。1982—1988 年，先后任法学研究所民法研究室主任和民法经济法研究室主任，1988 年起任法学研究所所长。曾任第八届全国人大法律委员会委员、第九届全国人大常务委员会委员、国务院学位委员会法学评审组成员、中国法学会副会长、中国民法经济法研究会会长、中国国际经济贸易仲裁委员会副主任、中国海事仲裁委员会顾问。兼任中国社会科学院人权研究中心主任、中国法学会学术委员会主任、中国民法学会名誉会长、全国总工会法律顾问、北京市人大常委会法制顾问、中国国际经济贸易仲裁委员会顾问。长期从事法学研究和法学教育工作，积极参与立法与法律实践活动。其主要成果有：《经济建设中的法律问题》(1982年)、《合同法》(1986年)、《民法债权》(1991年)、《工业经济法》(1986年)、《经济法教程》(1986年)、《经济法》(1988年)、《经济法要义》(1988年)、《经济法律知识手册》(1988年)、《经济社会管理知识全书(经济立法)》(合编，1988年)、《乡镇企业经济法律知识电视讲座》(1988年)、《中国专利法》(1987年)、《中国土地法理论与实践问题》(1991年)、《社会主义商品经济法律制度研究》(1992年)、《社会主义市场经济法律制度建设问题》(1995年)、《依法治国，建设社会主义法治国家的理论与实践问题》(1996年)等。2009年被评为“十大法治人物”。2012年，被中国法学会评为“全国杰出资深法学家”，同时在“影响中国法治进程的百位法学家”评选中，获得“全国杰出资深法学家”荣誉称号，是“两次走进中南海最高法律讲堂的依法治国理论与实践的推动者”。

(二) 王保树 (1988—1993年)

王保树，男，1941年生，河北任丘人，教授，博士生导师，2015年在清华大学逝世，享年74岁。1979年1月起，在法学研究所从事民商法学、经济法学研究，1982—1988年任法学研究所民法经济法研究室副主任，1988—1992年任民法经济法研究室主任，1992—1998年任法学研究所副所长，并曾任《法学研究》主编，1998年调任清华大学法学院院长。兼任中国法学会理事、中国法学会民法学经济法研究会常务副会长、全国工商联(中国民间商会)执行委员，1997年被授予“国家级中青年有突出贡献”的专家。他毕生潜心学问，笔耕不辍，先后出版了《工业企业法论纲》(1985年)、《基本建设法简论》(合著，1985年)、《合同法》(合著，1986年)、《中国经济法诸论——综合经济法》(合著，1987年)、《经济法律知识手册》(合编，1988年)、《经济法》(1988年)、《企业法论》(合著，1988年)、《经济社会管理知识全书(经济立法)》(合编，1988年)、《经济法学研究综述》(合著，1989年)、《经营法学》(合著，1990年)、《中国企业法论》(合著，1992年，日本)、《中国公司法》(合著，

1995年)、《中国商事法》(1996年)、《市场经济法律导论》(1996年)、《经济法原理》(1999年)等著作，为推动我国经济法学的发展作出了开创性贡献。

(三) 马骧聪 (1993—1994年)

马骧聪，男，1934年生，河南博爱人，研究员，博士生导师，现为中国社会科学院荣誉学部委员。1993—1994年，任法学研究所商法经济法研究室主任。兼任国务院环境保护委员会科学顾问、国家环境保护局法律顾问、国土资源法研究会副理事长、国家环境咨询委员会委员、中国环境科学学会环境法学分会名誉会长等社会职务。先后出版专著《环境保护法基本问题》(1983年)、《环境保护法》(1988年)、《苏联东欧国家环境保护法》(1990年)，合著《中国环境法制通论》(1990年)、《生态法学》(2000年)，主编《国际环境法导论》(1994年)、《环境资源法》(1999年)，译著《国家与法的理论》、《国际法理论问题》、《外国环境保护法规选编》、《苏俄婚姻和家庭法典》、《苏俄民法典》、《国家制度和无政府状态》、《俄罗斯联邦行政违法行为法典》7部①；参著《中国环境法制》、《经济法要义》(1988年)、《经济法》(1988年)、《社会主义商品经济法律制度研究》(1992年)、《中国可持续发展研究》(2001年)等著作，参编《中国大百科全书》(环境科学卷)(1983年)、《环境科学大辞典》(1991年)、《经济法律大辞典》(1992年)、《中国资源科学百科全书》(2000年)等大型重要辞书，并担任《中国资源科学百科全书》资源法学分编委副主任，《环境科学大辞典》、《经济法律大辞典》编委。2009年，被《当代中国法学名家》编委会评选为中国法学名家。2012年，在"影响中国法治进程的百位法学家"评选中，被评为"有突出贡献的法学家"，是"我国环境资源法学的开拓者和环境资源法治的积极推动者"。

(四) 王存学 (1994—1996年)

王存学，男，1936年生，山东梁山人，研究员。1960年从中国人民大

---

① 文中所列译著未能确认其确切年份。

学法律系本科毕业后，成为法学研究所第一批研究生之一。1964 年 1 月，其进入法学研究所从事经济法学研究，在经济仲裁与经济诉讼、农业法和竞争法研究等领域，具有深厚的学术造诣，是对农业法进行开拓性研究的少数专家之一。1994—1996 年，任法学研究所商法经济法研究室主任。曾兼任中国农业经济法研究会理事、中国横向经济研究会理事和中国农业经济法研究会常务理事与学术研究部主任，并参与《工厂法》、《破产法》等起草讨论工作。主编《怎样解决经济合同纠纷》（1978 年）、《经济仲裁与经济司法》（1987 年）、《中国经济仲裁和诉讼实用手册》（1993 年）、《竞争法与市场经济》（1995 年）、《新编中国经济仲裁和诉讼实用手册》（1997 年）、《中国农村经济法律基本问题》（1998 年）等，合著《经济法》（1988 年）、《经济法要义》（1988 年）、《社会主义商品经济法律制度研究》（1992 年）、《经济法律概论》（1997 年），参编《中国企业管理百科全书》（1990 年）、《现代管理百科全书》（1991 年）、《经济法律大辞典》（1992 年）、《现代中国经济大事典》（1993 年）、《最新经济法律实务手册》（1997 年）等工具书。

（五）崔勤之（1996—1999 年）

崔勤之，女，1944 年生，北京人，研究员，博士生导师。1982 年进入法学研究所，长期从事商法学和经济法学研究，在公司企业法和经济法基础理论研究方面有着广泛的学术影响力，是最早提出运用经济法律手段间接调节国家经济生活主张的专家之一，也是对经营法学进行开创性研究的知名学者。1994—1996 年，任法学研究所商法经济法研究室副主任，1996—1999 年，任法学研究所商法经济法研究室主任。兼任中国法学会民法经济法学研究会理事和北京市经济法学研究会副会长等职。先后出版合著《工业企业法论纲》（1985 年）、《经济法要义》（1988 年）、《企业法论》（1988 年）、《经济法学研究综述》（1989 年）、《经营法学》（1990 年）、《公司法律问答》（1990 年）、《全民所有制工业企业法通论》（1990 年）、《社会主义商品经济法律制度研究》（1992 年）、《社会主义市场经济管理制度研究》（1993 年）、《中国公司法》（1995 年）、《市场经济法律导论》（1996 年）、《经济法律概论》（1997 年）、《现代日本法》（1998 年），参著《中国商事法》（1996 年）、《经济法原理》（1999 年）、《社会保障法研究》（2000 年）、《中国商法的发展研究》（2008 年），日文合作出版《中国企业法论》（1992 年）、《中国公司法论》（1998 年）等。

（六）陈甦（1999—2002 年）

陈甦，男，1957 年生，辽宁大连人，研究员，博士生导师，现任中国社会科学院学部委员、法学研究所所长，兼任国际法研究所代所长和《法学研究》主编。1988 年，进入法学研究所从事民商法研究，曾任商法经济法室副主任、主任，法学研究所副所长，法学研究所国际法研究所联合党委书记等职。其中，1996—1999 年任商法经济法室副主任，1999—2002 年任商法经济法室主任。主要社会兼职有：国务院学位委员会第七届学科评议组（法学组）成员，中国法学会常务理事，中国商法学研究会副会长，北京市法学会副会长、学术委员会副主任，最高人民法院案例指导工作专家委员会委员，国务院国有资产管理委员会法律顾问，北京市人民政府立法工作法律专家委员会委员。出版专著《法意探微》（2007 年），主编《证券法专题研究》（2006 年）、《当代中国法学研究》（2009 年）、《民法总则评注》（2017 年）等。2012 年，在“影响中国法治进程的百位法学家”评选中，被评为“有突出贡献的法学家”，并以“站在民商法研究前沿”为题进行了专门介绍。

（七）王晓晔（2002—2011 年）

王晓晔，女，1948 年生，河北保定人，研究员，博士生导师。2002—2011 年，任法学研究所经济法研究室主任，曾被聘为商务部（多哈议程）贸易与竞争政策专家咨询组组长、国务院反垄断立法顾问、全国人大反垄断立法顾问，长期担任中国法学会经济法学研究会副会长。1993 年在德国出版博士论文《美国和德国卡特尔法企业合并控制比较研究》，出版的专著有《企业合并中的反垄断问题》（1996 年）①、《竞争法研究》（1999 年）、《欧共体竞争法》（2001 年）②、《竞争法学》（2007 年）③、《王晓晔

① 2008 年荣获钱端升法学研究成果二等奖。

② 2004 年荣获中国社会科学院优秀成果二等奖。

③ 2004 年荣获司法部优秀成果一等奖。

论反垄断法》（2010 年）和《反垄断法》（2011 年），合著 *Competition law in China*（2011 年），主编《反垄断法与市场经济》（1998 年）、《竞争法与经济发展》（2003 年）、《经济全球化下竞争法的新发展》（2005 年）、《经济法学》（2005 年）、《反垄断立法热点问题》（2007 年）、《中华人民共和国反垄断法详解》（2008 年）、《经济法学科的新发展》（2008 年）、《反垄断法实施中的重大问题》（2010 年）、《竞争执法能力建设》（2012 年）等。2012 年，在“影响中国法治进程的百位法学家”评选中，被评为“有突出贡献的法学家”，是“中国影响最大的竞争法学者”。

（八）席月民（2012 年至今）

席月民，男，1969 年生，河南灵宝市人，副研究员，法学博士，2008—2012 年任法学研究所经济法室副主任，2012 年起任法学研究所经济法研究室主任，兼中国社会科学院研究生院法学系副主任和法硕办主任。2005 年进入法学研究所，专门从事经济法学研究。先后担任 2012 年创新工程“改善和保障民生的民事权利机制研究”项目执行研究员和 2013 年创新工程“市场经济法治问题研究”项目首席研究员，2014 年起任创新工程基础研究学者，研究方向为经济法基础理论、财税金融法、国有资产法和司法制度。目前社会兼职主要有中国经济法学研究会理事、中国银行法学研究会常务理事和学术委员、北京市经济法学会副会长、北京市网络法学会副会长以及中国法律咨询中心专家委员会委员。已出版专著《国有资产信托法研究》（2008 年）、《中国信托业法研究》（2016 年），主编《法律与经济——中国市场经济法治建设的反思与创新》（2013 年第 1 卷）（2013 年）、《金融法学的新发展》（2013 年）、《法律与经济——中国市场经济法治建设的反思与创新》（2014 年第 2 卷）（2015 年），合著《信托法》（2006 年）、《中国税收执法基本问题》（2006 年）、《房地产法研究》（2007 年）、《金融监管法研究》（2008 年）、《中国法治 30 年》（2008 年）、《经济法学新发展》（2008 年）、《经济法教程》（2008 年）、《当代中国法学研究》（2009 年）、《全球化背景下的中国法治建设》（2010 年）、《中国法治建设 60 年》（2010 年）、《中国信托业发展报告》（2009 年、2010 年、2011 年、2012 年）、《中国法律制度》（2014 年）、《中国依法治国二十年（1997 - 2017）》（2017 年）等。

五 学者风采与观点集锦

本书共收录自改革开放以来公开发表的“社科”经济法学期刊论文33篇，并分为六大版块，即经济法总论、宏观调控法研究、竞争法学、财税金融法学、企业法制和法经济学研究。其中，已经调离法学研究所的刘俊海和钱弘道两位教授各采用了1篇，现在商法研究室的邹海林研究员与《环球法律评论》编辑部的姚佳副编审也各采用了1篇，曾在民法经济法研究室、商法经济法研究室和经济法研究室工作且经济法成果较多的已故人员、离退休人员、调离和调岗人员每人选用了1—2篇，经济法研究室目前在编在岗人员每人选用了2篇。下面，针对不同主题在各个阶段的论文成果，择重要观点介绍如下。

（一）经济法总论研究

经济法是否构成独立法律部门，如何认识经济法的调整对象并廓清经济法的边界，是经济法学在蓬勃兴起和初步发展阶段的重要命题。1981年，王保树教授提出，从我国实际情况看，只能依靠民法和若干行政性的经济法规，两者互相配合，共同担负调整社会主义经济关系的任务。从这个意义上说，社会主义的经济法只能是各种经济法律的总称，而不可能是一个独立的法律部门。[①] 1984年，他修正了自己的观点，指出调整国民经济的法律规范可以分为三类，即经济行政法律规范、民事法律规范和其他法律规范。这三类法律规范相互结合、相互渗透，共同担负调整经济关系的任务。他强调，我们在研究经济法时，既不可不注意构成对国民经济进行调整的法律规范的多样性，也不可不注意调整社会主义经济关系的各种法律规范的相互渗透，而是必须把两者联系起来研究。[②] 他指出，《邓小平文选》是建设具有中国特色的社会主义的大纲，是我国在各个方面进行社会主义建设的指针，其中包括经济立法和经济法研究工作。他认为，尽管

① 参见王保树《社会主义经济和经济立法》，《东岳论丛》1981年第1期，第30—34页。

② 参见王保树《论对国民经济法律调整的规范构成》，《中国法学》1984年第2期，第51—60页。

《邓小平文选》当中没有一篇专门论述经济法，但有关经济建设和经济体制改革的论著中，都涉及经济法的问题。①

史探径研究员于1979年调入法学研究所工作，长期从事劳动法、社会保障法和社会法研究。他在20世纪80年代初期对经济法也作了一些研究。1983年，史探径研究员探讨了经济法的基本理论问题。他指出，经济法调整对象可以分为三个方面，即基于国家计划管理而产生的经济关系，社会主义企业、事业单位之间以及一方为社会主义企业、事业单位而另一方为个体经济之间在生产、交换、流通和分配中发生的计划经济制度下的横向经济关系，社会主义企业的地位和权利以及企业内部经济关系。他认为，经济法有其独立的调整对象和一些特殊的调整方法，几个不同法律部门规范的混合交叉应用以及某些独特行为规则的逐步形成，是它的最大特点。他认为，经济立法、经济法、经济法规三个概念不能混同，不管经济法能否独立成为一个法律部门，从学理上划分，经济法学总是可以同民法学、刑法学等一样，成为一门独立的法律科学。他认为当时的各种有关经济法的争论，是好事不是坏事。开展经济法研究，必须从实际出发。②

1984年，梁慧星研究员将其研究聚焦于西方经济法与国家干预经济。他从考察西方国家经济理论和经济政策的发展过程入手，研究了西方经济法的发展历史和现状。他指出，西方国家先后以重商主义、亚当·斯密的自由主义和凯恩斯主义作为制定经济政策的理论依据，因此作为实现经济政策的法律手段的经济法，也相应地经历了三个阶段。他认为，当代资本主义世界对经济理论的重新评价和各国经济政策的调整，将对西方经济法的前途产生重大影响。③

1986年，梁慧星研究员合作发表了《苏联立法机关为什么不采纳部门经济法主张》一文。文章指出，社会主义国家对国民经济实行法律调整，不外乎两种法律调整体制。其中，第一种是苏联、匈牙利、南斯拉夫、波兰、保加利亚、罗马尼亚等国所实行的，运用民法、经济行政法、劳动法等多种法律部门和多种法律手段实行综合法律调整的体制；第二种则是采

---

① 参见王保树《经济法研究的重要指针——学习〈邓小平文选〉的体会》，《东岳论丛》1984年第2期，第35—38页。

② 参见史探径《试论经济法》，《法学研究》1983年第3期，第44—51页。

③ 参见梁慧星《西方经济法与国家干预经济》，《法学研究》1984年第1期，第89—96页。

用对作为一个独立法律部门的经济法实行单独法律调整的体制。文章强调，后一种调整体制在一个长时期内只是作为一种理论主张而存在，直到1964年捷克斯洛伐克制定了第一部经济法典，才成为现实的法律调整体制。文章认为，苏联立法者自始至终坚持对国民经济的综合法律调整体制，一再拒绝采纳部门经济法主张关于制定经济法典的建议，应当着重从部门经济法主张产生的历史背景、社会根源和理论依据，以及这一主张符合当时经济管理体制的程度，尤其是与经济体制改革的实践和改革的基本方向是否一致，寻求问题的解答。文章指出，部门经济法主张由于忽视或否认商品货币关系和经济组织的独立性，因而与苏联经济体制不一致，与苏联经济体制改革的实践不一致，就其基本方面而言，不过是苏联理论界教条主义的保守倾向在法学上的反映，而这正是苏联立法机关为什么不采纳部门经济法主张的正确答案。①

已故当代法学名家谢怀栻研究员，从1979年起在法学研究所民法经济法研究室工作，曾出版《工业经济法》（合编，1986年）、《经济法要义》（合著，1988年）、《台湾经济法》（1993年）等经济法著作。2002年被聘为法学研究所终身研究员，2003年在京去世，享年84岁。1984年，谢怀栻研究员对世界不同类型国家经济法的出现并逐渐形成一个独立的法律部门的过程进行了探讨。他认为，从我国国民经济法律调整的需要和经济立法实际情况看，需要建立经济法这个新的法律部门来调整计划经济关系。他对经济法的定义表述为：我国的经济法是调整我国社会主义经济中建立在计划经济基础上，不通过商品货币关系，直接通过计划关系而形成的各种经济关系的法律规范的总和。② 他的这一观点，呼应了当时的经济体制，把经济法的调整对象锁定为计划关系。

1990年，王保树教授对经济法体系进行了理论构建，并提出了建立经营法学的观点。他认为，经济法学经过高速发展，已经进入稳定发展时期，其主要任务不再是论证自己存在的价值，而是要研究自身的充实、提高，特别是解决如何理顺内部关系的问题。他提出，可以考虑在经济法学

---

① 参见梁慧星、王利明《苏联立法机关为什么不采纳部门经济法主张》，《法学评论》1986年第6期，第29—34页。

② 参见谢怀栻《从经济法的形成看我国的经济法》，《法学研究》1984年第2期，第16—23页。

下建立经济管理法学和经营法学两个基本的分支学科，然后再细分为若干一般分支学科。他主张，经营法学是研究调整企业经营关系的法律规范的产生、发展和发生作用规律的学科，具有边缘性、综合性和实用性三大特征。经营法学可采用如下体系，即经营主体论、经营环境论、经营决策论、经营活动论以及经营责任论。① 他的这一观点得到了崔勤之研究员的赞同，二人合作出版了《经营法学》一书，详细阐述了其理论主张。②

1992 年，为廓清经济法与行政法的边界，王保树教授对经济法与行政法的关系进行了深入考察。他认为，从经济法与行政法的联系看，行政法是经济法形成中的一个渗透因素，经济法具有行政法的某些性质，经济管理规范是构成经济法的基本部分之一；从经济法与行政法的区别看，且不说经济法整体的综合性、规范构成和调整方法的多样性，都是行政法所不具有的，即使经济管理法律规范本身，也同行政法规范有着显而易见的区别。一是经济管理法律规范注入了某些“平等”因素；二是注意对被管理者的权利保护；三是体现了社会主义经济民主。他指出，经济管理法律规范所确认的社会机制，是以社会主体为主体，社会利益为动因的机制。③

经济法与民法并非截然对立，二者之间存在相辅相成的关系。1993 年，谢怀栻研究员探讨了建立适应社会主义市场经济的民法经济法体系问题。他认为，“加强宏观经济管理”，正是经济法的任务，而“规范微观经济行为”则是民法的任务。他指出，社会主义市场经济要形成、存在和发展，就要建立一系列的具体制度，并把这些制度用法律固定下来，这样的法律就是民法和经济法。具体说来，具体制度和法律包括：企业制度与企业法、产权制度与有关法律、合同制度和合同法、资金融通和融资法、证券制度与证券法、投资制度与投资法、竞争制度和竞争法。他认为，国家的宏观调控和微观管理是相互结合的。微观管理所直接涉及的是各个或多数经济主体的利益，主要从经济主体方面着眼；宏观调控所直接涉及的是国家和社会的整体利益，主要从国家和社会方面着眼。二者是相辅相成，

---

① 参见王保树《关于建立经营法学的一些思考》，《中国法学》1990 年第 1 期，第 84—89 页。

② 王保树、崔勤之：《经营法学》，法律出版社，1990。

③ 参见王保树《关于经济法与行政法关系的考察——从行政法律规范到经济管理法律规范》，《法学研究》1992 年第 2 期，第 56—62 页。

相得益彰的。[①]

1993年，面对建立社会主义市场经济体制所带来的新机遇，王保树教授专门研究了市场经济与经济法学的发展机遇问题。他认为，我国经济法学发展中的第一个机遇，是1984年《中共中央关于经济体制改革的决定》的发表。经济法学发展的第二个机遇，是1986年《民法通则》的制定。他指出，党的十四大决定，我国的经济体制改革目标是建立社会主义市场经济体制，毫无疑问，这将意味着我国彻底抛弃高度集中的计划经济体制。因此，经济法的根本任务也将从维护计划经济秩序转变为建立与维护自由、公平的社会主义市场竞争秩序。这一任务的提出，为经济法学的发展创造了最好的机遇。只要抓住这次机遇，经济法学就会发生质的飞跃。他提出，必须彻底抛弃拉普捷夫的经济法理论和与此相适应的观念，认真转变计划法是经济法龙头的观念，重新认识经济管理关系的本质特征。在他看来，对于经济法所调整的经济管理关系的本质特征的概括，应该从行政性转变为社会公共性。[②] 他强调，建立与发展社会主义市场经济体制必须有完备的市场经济法律体系。为此，他具体分析了如何建立和完善构成市场经济法律体系的民法规范、商法规范和经济法规范，并指出应着重推进民法学和经济法学从意思自治原则、社会公平正义原则、市场经营主体、实现主体的形式及所有权理论的发展等方面深入研究，还要加强对市场竞争和竞争秩序、证券交易、房地产市场等热点问题的研究。[③]

1993年，经济体制改革迅速往前推进，经济立法迎来崭新考验，谢怀栻研究员为此专门研究了建立和发展社会主义市场经济的经济立法问题。他认为，要在我国建立和发展社会主义市场经济，就应该加强经济立法工作。一方面要把原有的一些不适应市场经济的法律和法规加以修改（例如经济合同法），另一方面要制定一些市场经济所必需的法律（如公司法、票据法、证券法等）。这两个方面任务都是急迫而繁重的。对于这两方面的工作，既不能回避，也不能拖延。他指出，我们所要建立的市场经济是

---

① 参见谢怀栻《论建立适应社会主义市场经济的民法经济法体系》，《法学研究》1993年第1期，第12—20页。

② 参见王保树《市场经济与经济法学的发展机遇》，《法学研究》1993年第2期，第3—12页。

③ 参见王保树《社会主义市场经济与民法学经济法学研究》，《中国法学》1993年第3期，第20—27页。

一个全国的统一的市场经济，因此在经济立法中是坚持统一立法还是分散立法非常重要。①

1994年，市场经济呼唤更多的经济自由，王保树教授专门研究了市场经济条件下的经济民主问题。他认为，经济民主是法治经济之本义所在，也是经济体制改革的必然要求。他指出，确立经济民主结构的依据有两个：一是利益归属原则；二是一定的经济民主所反映的社会关系的特性。他提出，完善经济民主结构也应包括两个方面：一是经济民主的层次完善；二是经济民主结构的内部协调。他还指出，经济法追求的经济民主目标的核心是社会公正。但是，社会公正不是经济法追求的唯一目标，经济法还应着眼于自由竞争与效率。②

1997年，王保树教授深刻反思了我国经济法学的历史发展和理论变迁，并明确指出，社会主义市场经济的发展使经济法进入了一个向现代化发展的新时期，经济法学的学科建设在成熟方向的发展中有了实质性的进展和变化。一是拉普捷夫经济法学理论的不良影响得到清除；二是从研究国家干预经济生活与法律调整的关系上把握经济法学；三是在经济法现象的净化中把握经济法学。他将经济法明确界定为确认和规范国家适度干预经济的法律形式，其调整对象是以社会公共性为根本特征的经济管理关系，经济法采用社会整体调节机制，经济法中的效率与公平、违法行为法定原则和政府经济管理权程序法定原则的实施是市场经济成为法治经济的关键。③ 他在《经济体制转变中的经济法与经济法学的转变》一文中，提出经济体制转变中的经济法，并不是简单的容纳计划经济条件下的经济法和市场经济条件下的经济法两种因素的混合经济法，而是在明确社会市场经济体制目标后，有强烈市场取向的经济法。他认为，经济法是以社会公共性的经济管理关系为调整对象的法律部门，经济法的本质是确认和规范国家干预经济之法。他指出，在经济法的研究中，有三个领域需要进一步强化，即经济法的基础理论、以竞争法为主的市场管理法的一般理论以及

---

① 参见谢怀栻《是统一立法还是地方分散立法》，《中国法学》1993年第5期，第26—27页；另参见谢怀栻《市场经济与经济立法》，《群言》1993年第10期，第21—22、43页。

② 参见王保树《市场经济与经济民主》，《中国法学》1994年第2期，第41—49页。

③ 参见王保树《在建立社会主义市场经济体制中商事法学和经济法学的大发展》，《中国法学》1997年第5期，第15—16页。

宏观经济管理法的一般理论。[①]

1998 年，王家福研究员为全国人大常委会作了法制讲座，题目是《社会主义市场经济法律制度建设有关问题》。他指出，建立社会主义市场经济法律制度是一场深刻的法制改革，需要抛弃社会主义计划经济法律制度的为适应计划经济需要由国家直接管理经济的旧法制基础，建立适应社会主义市场需要的新法制基础，包括确认市场主体资格制度，充分尊重和保护财产权制度，维护合同自由制度，国家对市场的适度干预制度，以及完善社会保障制度。他提出，确立新的社会主义市场经济法律制度的基本原则包括十种，即财产所有权一体保护原则、合同自由原则、自己责任原则、公平竞争原则、经济民主原则、诚实信用原则、保护弱者原则、维护社会正义原则、违法行为法定原则以及适当合理地兼顾国家和集体及个人利益并兼顾不同地区利益的原则。他认为，社会主义市场经济法律秩序的本质特征有市场的统一性、市场的自由性、市场的竞争性、市场从国家和社会整体利益出发的可控性，这四方面的特征是社会主义计划经济法律秩序所根本不可能有的。[②]

2001 年，针对入世引发的法制变革，王家福研究员在《中国法学》发表了《WTO 与中国社会主义市场法律制度建设问题》。他在文中指出，世界贸易组织规则及各种协议、协定是国际经济贸易法的重要组成部分，中国现行的经济法律，如市场主体法律制度、物权法律制度、合同法律制度、社会保障制度等，与世界贸易组织的规则是相通的，但是对于国际经贸规则接轨、国民待遇、公平竞争、法律透明度及法制统一等理念还要进一步深化到经济立法中去。同时，要加紧制定民法典，加强电子商务等促进知识经济发展的立法，进一步完善商事法律体系，改进行政执法和司法。[③]

刘俊海教授曾在法学研究所商法经济法研究室、商法研究室和社会法研究室工作过多年，并曾担任过社会法研究室第一任主任。2001 年，他研究了加入 WTO 后政府干预市场经济的法治化问题，提出政府干预市场经

---

① 参见王保树《经济体制转变中的经济法与经济法学的转变》，《法律科学》1997 年第 6 期，第 24—29 页。

② 王家福：《社会主义市场经济法律制度建设有关问题——全国人大常委会法制讲座讲稿摘登》，《人大工作通讯》1998 年第 24 期，第 14—17 页。

③ 参见王家福《WTO 与中国社会主义市场法律制度建设问题》，《中国法学》2001 年第 1 期，第 3—10 页。

济走向法治化势在必行。他认为，梳理经济行政法治观念是政府行为走向法治化的前提，要严格区分政府的双重法律角色，禁止行政权力侵害民事权利，政府干预市场经济应限制在五种法律层次上，即尊重市场主体自治原则和诚实信用原则、保护企业公平竞争与维持公正交易应有秩序、对国民经济进行宏观调控、促成企业享受法定权利和利益以及向企业提供某种经济利益。他主张，经济行政权的行使要遵循法定、效率、公平、人权尊重、透明度和司法审查六原则。①

2001 年，崔勤之研究员同样将目光聚焦于政府的经济干预行为，她重点论述了市场机制对资源配置的基础性作用，以及政府对宏观经济适度干预的重要意义。她指出，政府在对宏观经济进行干预时，必须依法进行。② 2002 年，她对入世后政府干预经济的法治化问题也展开了研究。她指出，我国加入 WTO，就要保证 WTO 的协议和规则在我国得到统一的实施，这是 WTO 成员的一项基本义务。这必然对我国经济法制建设产生重要的影响。其中，完善政府干预经济方面的法律，使政府干预经济严格法治化，则是我国适应“入世”要求，健全社会主义经济法治急需进行的一项工作。③

市场竞争法是经济法的重要组成部分，在经济法体系中占据重要地位。2003 年，时任经济法研究室副主任的邱本教授，专门研究了市场竞争法的基础问题，他后来在 2012 年调离法学研究所。他指出，市场竞争法有深广的基础。它根源于人的本性，是人的自我意识、经济人和自由等本性的必然要求，由人的生存环境所决定，已成为市场环境的主题和主词。市场竞争法具有特定对象、时代性、国家干预性和社会公共性等特征。它的调整方法是一种中合、否定和综合的方法。它具有促进经济发展、实现政治民主和弘扬人类文明等功能。它由反垄断法和反不正当竞争法构成。④同年，邱本教授提出，市场主体是随着社会发展而不断演进的，大致说来，经历了个人→家庭→合伙→法人→社会经济团体等演进形态。为此，

---

① 参见刘俊海《加入 WTO 后政府干预市场经济走向法治化势在必行》，《中国工商管理研究》2001 年第 12 期，第 38—48 页。

② 参见崔勤之《论政府干预经济与宏观经济立法》，《法学杂志》2001 年第 3 期，第 18—20 页。

③ 参见崔勤之《加入 WTO 与政府干预经济的法治化》，《安徽大学法律评论》2002 年第 1 期，第 10 页。

④ 参见邱本《论市场竞争法的基础》，《中国法学》2003 年第 4 期，第 96—108 页。

他专门研究了社会经济团体与政府适度干预问题。[①] 另外，他也关注了宏观调控法治化问题。他认为，宏观调控是政府干预市场的手段，为防止政府宏观调控失灵，需要宏观调控法治化。宏观调控法治化主要包括依法划清宏观调控范围，界定宏观调控职权，规范宏观调控行为，强化宏观调控程序，规定宏观调控方法，明确宏观调控责任等内容。[②]

2004 年，邱本教授则研究了经济法的基础。他指出，经济法有其社会、经济和政治基础，这种基础集中表现为各种思想主张和制度安排。就其社会基础而言，核心是个人自由与社会秩序；就其经济基础而言，核心是市场调节与国家干预；就其政治基础而言，核心是契约自由与人权保障，而上述三者又可进一步归结为自由竞争与秩序调控。在这些基础上形成一种特定的社会关系，即市场竞争关系和宏观调控关系，它由经济法调整，进而构成经济法的基础。[③] 同年，邱本教授研究了商土中国问题。他认为，法律以社会为基础，法治建设深受特定社会性质的制约，有什么样的社会就有什么样的法治建设。因此，他提出，进行法治建设应当首先具体分析和科学认识其所依存的社会的性质。当代中国的法治建设亦然。他通过对转型时期中国社会的性质进行论证界定，提出了商土中国的概念，并以此概念为中心，对中国法治建设的社会基础及可资利用的资源进行了深入的讨论。[④] 关于经济法的基本原则，他认为经济法基本原则是经济法的精神实质和实践纲领。构成经济法基本原则的主要有两个原则：一个是市场竞争原则；一个是宏观调控原则。[⑤]

2005 年，邱本教授将研究目光转移到了我国经济法学的学术史。他指出，中国经济法学在发展历程中，经历了经济法的表面繁荣到相对沉寂。从各种学说林立、众说纷纭，到渐趋一致、基本赞同经济法调整市场竞争关系和宏观调控关系；从单纯关注经济法基础理论到注重实用性研究；从

① 参见邱本《社会经济团体与政府适度干预》，载杨紫烜主编《经济法研究》第 3 卷，北京大学出版社，2003，第 138—156 页。

② 参见邱本《简论宏观调控法治化》，《中国社会科学院院报》2003 年 8 月 19 日，第 3 版。

③ 参见邱本《再论经济法的基础》，《吉林大学社会科学学报》2004 年第 4 期，第 103—115 页。

④ 参见邱本《商土中国及其法治建设》，《法制与社会发展》2004 年第 4 期，第 16—34 页。

⑤ 参见邱本《再论经济法的基本原则》，载李昌麒主编《经济法论坛》第 2 卷，群众出版社，2004，第 36—51 页。

以苏联为蓝本创建体系到立足中国市场体制和中国实践提出新的学说理论。但是在演进过程中，仍然存在一些危及经济法发展的倾向，如务实变成了唯实，厌恶甚至否弃经济法基础理论的研究；盛行引经据典之风反而销蚀了独立思考的能力；不规范的学术批评损害了经济法学术共同体的建立；固执和偏见阻碍经济法学科的建设；被补充的智识、被援引的方法和被转换的视角与经济法学本体结合不紧，还没有真正彻底地经济法学化。他认为，经济法具有突出的国别性和本土化特性，因此经济法研究应立足本国，自主创新，中国的本土资源能够促成中国经济法（学）自主发展。①

2009 年，席月民副研究员对苏联经济法理论对中国经济法的影响展开了研究。他指出，对于新中国经济法学的学术史而言，改革开放前的 30 年是需要认真总结的一段历史。当时苏联经济法理论的起兴与嬗变，并未直接促就中国经济法学的产生。改革开放后，苏联经济法理论成为中国经济法学“纵横统一论”形成的重要理论资源，对中国经济法治实践产生了深远影响。他在简要分析苏联经济法理论的起兴与嬗变基础上，从史学角度，重点检讨和论证了中华人民共和国成立后中国经济法学形成前的法学学术及其症结。②

2011 年，邱本教授探讨了经济法的改革问题。他认为，经济法的现状必须改革，改变片面地追求实用、简单地照抄照搬和无限地标新立异等问题，并以拓宽知识基础、提高思想理论、开拓学科创新为路径完成经济法的改革。在他看来，果真如此，经济法一定能够得到发展和完善。③

2011 年，席月民副研究员对中国经济法基础理论的变革与创新进行了深入分析。他分上、下两篇展开研究，其中上篇为从蓬勃兴起到初步发展，分别从部门经济法地位之确立、早期经济法诸学说之理论争鸣以及初步发展时期经济法诸学说之统合展开；下篇为从走向成熟到理性繁荣，分别论证了社会主义市场经济体制下经济法学之重构与反思、新时期经济法代表性学说之考辨以及经济基础理论共识之析出。他认为，作为法学领域

---

① 参见邱本《在变革中发展深化的中国经济法学》，《政法论坛》2005 年第 6 期，第 32—43 页。

② 参见席月民《前苏联经济法理论的起兴嬗变与中国经济法学之省思》，《成人高教学刊》2009 年第 6 期，第 34—37、46 页。

③ 参见邱本《论经济法改革》，《国家检察官学院学报》2011 年第 6 期，第 111—116 页。

里的一个新兴学科，经济法学因应国家改革开放而迅速崛起，并在与经济立法、经济执法以及经济司法的互动中不断实现理论突破和创新，30 多年来的诸多经济法理论命题与制度建构，契合了中国经济社会发展的需要，推动了中国经济转型和社会发展，促进了中国法学事业的发展和繁荣。他指出，中国经济法学 30 多年发展的历史经验表明，经济法学者必须求同存异，共同致力于推动经济社会的可持续发展，通过各种方式和平台，整合学术资源和力量，从研究范式和研究方法上不断创新，并牢牢抓住新时代发展的主题，在与时俱进中实现经济法学关怀经济社会和民生福祉的理想和抱负，促进社会主义市场经济体制的进一步改革、发展与完善。①

2012 年，继研究市场竞争法和经济法的基础之后，邱本教授又研究了市场监管法的基础。他认为，市场监管的必要性是由人的本性决定的，是社会公益的需要，是市场主体享有自由的前提和保障，也是大众智慧之所能，实践证明监管是必需的。市场监管法的特征表现为四个方面，即微观性，针对具体的市场主体和市场行为；强制性，监管是强制性的，不是软约束；标准化，没有标准，市场监管就无法可依；直接性，直接针对存在问题的市场主体和违法市场行为。市场监管法的构成主要是竞争法、产品质量法、广告法、消费者权益保护法。同时，他指出市场监管法的体系是开放的。②

2012 年，席月民副研究员作为法学研究所“改善和保障民生的民事权利机制研究”创新项目课题组成员，在陕西省法院系统调研后发现，当前我国法院等司法部门遇到了一些比较重大的涉及民生保障的司法工作难题。其中，信访活动严重干扰法院司法的问题，“嫁城女”等特殊人群在农村集体经济组织中的地位问题，以及劳动纠纷中劳动者诉权实现不畅的问题尤其值得关注，课题组对这些问题的解决提出了初步建议，引起了学界和司法实务界的广泛关注。③

2013 年，金善明副研究员立足于经济法治，探讨了政府与市场的规范

① 参见席月民《中国经济法基础理论的变革与创新》，载李昌麒、岳彩申主编《经济法论坛》（第 8 卷），群众出版社，2011，第 3—24 页。

② 参见邱本《论市场监管法的基本问题》，《社会科学战线》2012 年第 3 期，第 70—76 页。

③ 参见席月民、孙宪忠《当前司法遇到的三个突出民生问题》，《法学》2012 年第 12 期，第 30—34 页。

逻辑。他指出，“中国特色社会主义法律体系已初步形成”并不意味着我国已确立经济法治。正处于转型之中的中国市场经济，仍在一定程度上受到人治思维的束缚，从而影响了其应有的活力与效率。因而，科学合理地处理好“有形之手”与“无形之手”间的关系，对于深化我国经济体制改革、推进我国市场经济可持续发展具有至关重要的作用。对此，他认为，亟须重新考量并有效厘清政府与市场、权力与权利、党与政府之间的关系，运用法治思维和法治方式对权力予以控制，对权利予以保障和救济，以进一步摆脱“人治”思维；同时，依靠依法治国理念处理和协调好党、政府、市场以及企业之间的关系，综合利用公法和私法，构建和营造能够确保市场经济良性发展的法治框架和秩序环境。①

政府与企业、政府与市场的关系，不仅是商法关心的核心问题，也是经济法研究的核心问题。2014 年，陈甦研究员指出“使市场在资源配置中起决定性作用和更好发挥政府作用”这一改革理念的确立，决定了其体制发生由“限定市场、余外政府”模式向“限定政府、余外市场”模式的结构翻转，也决定了今后商法建构中处理政府与市场关系的原则、思路与重点。他认为，应当根据市场经济体制的运行需要、政府与市场的应有能力、商法宗旨及实现机制，确定商法机制中政府与市场的功能定位。他强调，政府在商法机制中应实现职能转型，识别功能上政府由监护转向服务，选择功能上政府由主导转向辅助，规制功能上政府由管制转向治理，调控功能上政府由直接转向间接。② 同年，他在谈到构建改革和法治互动的新常态时，指出在当代中国的社会实践与历史进程中，改革与法治是两大时代主题，全面深化改革与全面推进依法治国是正在进行的两大社会系统工程。改革如何进行，法治如何建设，不仅是在其各自领域需要持续性地提出与解决的理论与实践问题，也是在改革与法治之间必须联系性地提出与解决的理论与实践问题。改革与法治之间存在本质上的系统关联和实践上的机制互动。③

---

① 参见金善明《经济法治：政府与市场的规范逻辑》，《江海学刊》2013 年第 5 期，第 204—209 页。

② 参见陈甦《商法机制中政府与市场的功能定位》，《中国法学》2014 年第 5 期，第 41—59 页。

③ 参见陈甦《构建法治引领和规范改革的新常态》，《法学研究》2014 年第 6 期，第 35—41 页。

2014年，在市场经济法治问题上，邹海林研究员指出，经过三十多年的改革与发展，我国在建立和健全市场经济法治环境方面，取得了一定的成绩，但是距离完善的市场经济法治仍然有相当的距离，其不足主要表现为：政府和市场的关系缺乏规矩，不同所有制的经济成分在参与市场的资源配置活动和分享市场的资源配置成果时的地位不平等。为此，我国市场经济法治环境的首要问题，是要改革和改善政府和市场的关系问题。要解决政府和市场的关系问题，在意识形态和制度层面应当全面落实“法无明文禁止即可为”的原则，政府要参与市场的资源配置并发挥作用，应当有法律的明文规定和具体规定。法治国家的基本标准是要限制政府参与市场资源配置的方式与强度，政府行为能否有效地退出市场的资源配置领域应当成为衡量我国市场经济法治环境完善程度的最为重要的参数。构建平等对待非国有经济发展的法治环境，则是一个更深层次的基础问题。平等对待非国有经济发展的法治环境，应当逐步消除我国现行法律中普遍存在的区分不同所有制经济成分而实行的各种差别制度，提升我国农村集体经济（农民）参与市场资源配置的地位，赋予非国有经济更广的生存和发展空间。①

2014年，席月民副研究员研究了中国市场经济法治创新问题。他提出，中国当前的市场经济法治创新必须以科学建构体系化的善法为最终目标，坚持以消费者为本、以市场导向为用、以法律伦理为纲、以本土法律资源为体、以公平和效率兼顾为目的原则。加强对消费经济、消费者、消费权及其相关问题的研究，以此为起点构筑市场经济法治框架成为市场经济法治创新重要的着力点。新一轮市场经济法治创新，需要重点考量消费者及其消费权的倾斜保护。他认为，在发展消费经济的过程中，市场经济法治创新仍将受到多重因素的制约和挑战，其中包括消费体制和消费环境问题、消费能力问题、消费教育问题、法治现代化问题以及研究范式的转型问题等。②

2014年，肖京博士探讨了西部经济发展与经济法之间的契合问题。他认为，西部经济发展不仅是一个重要的经济问题，同时也是十分重大的政治问题和法律问题。在当前依法治国的背景下，法律制度对西部经济发展

---

① 参见邹海林《完善我国市场经济法治环境的两个基本点》，《环球法律评论》2014年第1期，第50—52页。

② 参见席月民《中国市场经济法治创新的着力点与挑战》，载张守文主编《经济法研究》（第13卷），北京大学出版社，2014，第81—97页。

起着非常重要的促进和保障作用。其中，经济法对西部经济发展的促进尤其值得关注。他从经济法基本功能、公平分配、经济发展与环境保护的关系、西部市场建设等不同视角出发，提出西部经济发展与经济法之间都存在高度的契合。他指出，经济法中的财税法、金融法等具体法律制度，都为西部经济发展提供了有力保障。①

2015 年，席月民副研究员也对宏观调控法治化问题展开了研究。他强调，坚持并弘扬依法调控经济的理念，不但有利于实现国家宏观调控行为的制度化、规范化和程序化，而且有利于促进国家治理体系和治理能力的现代化。从多年来的经济调控实践看，他认为，我国在宏观调控的决策和实施方面“重政策、轻法律”的现象仍比较突出，有关宏观调控的程序和责任保障仍显薄弱和滞后，进一步完善社会主义市场经济宏观调控法律体系，需要通过制定一部《宏观调控基本法》，重点加强对宏观调控的程序和责任立法及其保障。他提出，依法调控的基本原则包括合理原则、间接原则、有限原则、效率原则和协调原则。就宏观调控程序的法定化而言，德国和美国的立法经验值得借鉴。在宏观调控法律体系完善过程中，需要把握好“三对”责任，即调控主体责任和受控主体责任、传统法律责任和新型法律责任、机构责任和个人责任。②

2016 年，金善明副研究员探讨了私人自治的困境及其出路问题。他认为，传统私法将私人自治作为其基础和核心，并依此设计相应的规范体系来实现意思表示之自由，但因私人自治天然缺乏自我矫正的能力而时常致其自身陷入无法自治或对他人造成不公的困境。而且，由于私法为强调个体之间的形式平等和自由而在其制度构建中人为追求标准化和统一性，抹杀了个体特性、缺乏人文关怀，造成平等和自由在经济社会中被一般化和抽象化，继而使得私法难以通过既有规范体系和机制来消解私人自治之困境、无法确保私人自治的可持续性。他指出，私人自治的有效维护，已溢出私法保障的边界，需进行自反性现代化反思。有鉴于此，他提出，私人自治的保护和维系应突破传统私法思维，将其纳入基于宪法理念而型构的

---

① 参见肖京《试论西部经济发展与经济法之间的契合》，《西部学刊》2014 年第 2 期，第 8—10、26 页。

② 参见席月民《依法调控经济的程序与责任保障》，《中国法律评论》2015 年第 3 期，第 207—213 页。

法治国家范畴之内予以展开和推进。①

2017 年，肖京博士提出了经济转型、经济创新与经济法的“刚柔并济”观点。他指出，在当前的经济新常态下，经济转型与经济创新是我国经济发展的核心问题。经济转型与经济创新对经济法理论与实践提出了更高的新要求。面对经济转型和经济创新中新情况与新问题的挑战，经济法必须在理论与实践层面进行有效回应。他认为，经济法具有“刚”与“柔”两个属性，通过对经济法相关理论的分析和现实生活中具体实例的验证可以发现，经济法的“刚柔并济”的差异性适用理论能够较好地回应经济转型与经济创新中所出现的各种问题。构建经济法的“刚柔并济”的差异性适用长效机制需要从理论体系、立法层面、执法层面和司法层面等方面着手。②

2017 年，在宏观调控法治化问题上，席月民副研究员进一步指出，科学的宏观调控和有效的政府治理，既是不断深化我国经济体制改革的内在要求，也是全面推进依法治国和依宪治国的重点内容。从经济新常态到调控新常态，我国宏观调控体制改革与调控立法模式创新需要坚持依法调控理念，通过制定《宏观调控基本法》，在增量式改革创新基础上，重构新的“总分结合”式调控立法模式，系统构建宏观调控基础性法律制度，包括调控目标决策制度、调控权力配置制度、调控工具搭配制度、调控程序法定制度以及调控责任追究制度。利用有效制度供给，消除“分散式”调控立法模式下不同调控法律之间的现实冲突，矫正当前宏观调控法律体系结构性缺陷，真正实现宏观调控的法治化。③

同年，席月民副研究员系统总结了 2016 年度的经济法理论前沿问题。他指出，2016 年我国经济法学科取得了一系列丰硕成果，但不难发现，当前研究仍存在一些需要解决的问题：一是研究主题过于集中；二是与其他部门法学相比，经济法学的论文数量和质量仍存在巨大的提升空间；三是经济法的学术传承和学术共识还有待强化。他认为，在今后研究中，经济

---

① 参见金善明《私人自治的困境及其出路》，《首都师范大学学报》（社会科学版）2016 年第 5 期，第 58—65 页。

② 参见肖京《经济转型、经济创新与经济法的“刚柔并济”》，《法学论坛》2017 年第 1 期，第 90—98 页。

③ 参见席月民《宏观调控新常态中的法治考量》，《上海财经大学学报》2017 年第 2 期，第 86—99 页。

法学人需以推进供给侧结构性改革为主线，把中国特色法学体系与中国特色法治体系有机结合，继续加强经济法总论和分论各领域的研究。[①]

在经济法总论研究方面，这些年来“社科”经济法学一直没有停下自己的脚步。相关学者在经济法学发展过程中，知难而上，推陈出新，使经济法基础理论的深化不断适应经济社会的转型发展需要，有效指导了不同历史阶段的经济法治实践和制度创新。

（二）竞争法研究

竞争法是经济法中市场规制法的核心内容，主要包括反不正当竞争法和反垄断法。1991 年，王保树教授指出，中国法学界对反垄断法的研究起步较晚，从一定意义上说，它是落后于社会经济实践的。他认为，中国法学界对反垄断法研究时间不长，当时仍处在起步阶段，反垄断法研究与反垄断立法同步，具有鲜明的对策性特征。有关反垄断法的地位、反垄断法的利益保护结构、制止行政性垄断是当务之急，经济垄断的潜在威胁不可低估等，学界已经达成基本共识，此外反垄断法适用排除、反垄断执法机关的设置等研究也取得了某些进展。他提出，反垄断法研究需要向广度和深度发展，配合反垄断立法，使研究从不系统走向系统化。[②]

1993 年 1 月 1 日，欧共体实现内部统一大市场。王晓晔研究员针对欧共体竞争法中的主要实体法规范、执法机构和程序等问题展开了研究，向国内引介了欧共体的竞争法及其新发展。[③] 1994 年，梁慧星研究员明确强调，要认真领会《反不正当竞争法》的条文精神。[④] 针对《反不正当竞争法》颁行后学术界关于制定反垄断法的条件是否成熟的争论，王存学研究员特别指出，反不正当竞争法与反垄断关系的密切性决定了加快反垄断立法步伐的必要性，经济水平高低不是制定反垄断法条件是否成熟的客观标

---

① 参见席月民、刘志远《学科综述：2016 年度经济法理论前沿问题》，载张守文主编《经济法研究》（第 18 卷），北京大学出版社，2017，第 289—327 页。

② 参见王保树《中国反垄断法研究的现状及其展望》，《法学评论》1991 年第 6 期，第 1—5 页。

③ 参见王晓晔《欧洲共同体竞争法及其新发展》，《外国法译评》（即《环球法律评论》）1993 年第 3 期，第 43—49 页。

④ 参见梁慧星《要认真领会〈反不正当竞争法〉的条文精神》，《工商行政管理》1994 年第 Z1 期。

准和唯一依据，中国行政性垄断的普遍性、严重性和危害性决定了反垄断立法的紧迫性，经济垄断的现实性及其进一步发展的潜在危害性要求反垄断立法的适时性和超前性。[①]

在竞争法研究方面，王晓晔研究员的成果可谓独树一帜。1990 年，她研究了美国对企业合并的控制及新动向[②]、联邦德国对企业合并的控制[③]，译介了欧洲共同体市场的竞争政策和工业政策中的兼并控制。[④] 1995 年，她研究了反垄断国际统一立法的现状和前景、反垄断法与国际经济贸易问题，她对德国社会市场经济秩序的译介以及对德国竞争法中的卡特尔制度的研究，引起了国内经济法学界对德国竞争法的关注。[⑤]

1996 年，王晓晔研究员发表了《社会主义市场经济条件下的反垄断法》一文，她指出，建立和完善保护公平竞争的法律制度，是社会主义市场经济发展的客观要求。我国正处于由计划经济体制向市场经济体制过渡的阶段，在社会经济生活中不可避免地出现了一定程度的行政垄断和经济垄断现象。尽管政府部门作出了不少旨在禁止各种垄断行为的规定，但是，由于经济体制改革尚未完成，以及这些规定本身比较零散、缺乏权威性等原因，禁止垄断行为的努力至今收效甚微。她提出，根据我国的具体情况，借鉴外国的经验，制定、颁布并实施《中华人民共和国反垄断法》，是一项十分迫切的任务。她认为，我国的反垄断法应当作出禁止行政垄断、禁止滥用市场优势行为和保护有效竞争的市场结构的规定，其主管机构必须具有高度的权威性和独立性。她强调，禁止垄断行为与推行规模经济实际上并不矛盾，在我国制定、颁布、实施反垄断法与优化企业规模的

---

① 王存学：《试论我国制定反垄断法的必要性和紧迫性》，《现代法学》1994 年第 4 期，第 63—66 页。

② 参见王晓晔《美国对企业合并的控制及新动向》，《中国法学》1990 年第 5 期，第 67—73 页。

③ 参见王晓晔《联邦德国对企业合并的控制》，《法学研究》1990 年第 3 期，第 84—90 页。

④ 参见 E. J. 梅斯特梅克尔、王晓晔《欧洲共同体市场的竞争政策和工业政策中的兼并控制》，《法学译丛》（即《环球法律评论》）1990 年第 1—2 期，第 71—76、49—54 页。

⑤ 这一年中，王晓晔研究员相继发表了 4 篇论文，分别是：《反垄断国际统一立法的现状和前景》，《外国法译评》1995 年第 1 期，第 95—102 页；《反垄断法与国际经济贸易》，《国际贸易问题》1995 年第 8 期，第 2—9 页；〔德〕克里斯蒂安·瓦特林：《德国的社会市场经济秩序》，王晓晔译，《外国法译评》1995 年第 3 期，第 37—44 页；《德国竞争法中的卡特尔制度》，《法学家》1995 年第 4 期，第 86—92 页。

目标并不是对立的。[①] 同年，她提出了我国反垄断法的立法框架，并指出我国的反垄断法应当既反对经济垄断，也反对行政垄断。在实体法上，她主张应当由禁止行政垄断、禁止卡特尔、控制企业合并、禁止滥用市场优势地位四个方面组成。在反垄断法执行机构和制裁方面，她认为我国可以借鉴美国和德国经验，也应当建立一个有权威性和高度独立性的反垄断主管机构，它相当于美国的联邦贸易委员会或者德国的联邦卡特尔局，名称可以使用“国家公平交易局”或者“国家反垄断委员会”。具体到法律制裁方式，则可以采取发布禁令、行政罚款、民事损害赔偿以及行政损害赔偿。[②] 另外，这一年王晓晔研究员还向国内译介了美国企业横向合并指南。[③]

1997 年，王晓晔研究员提出，规范公用企业的市场行为需要反垄断法，反垄断法的颁布和实施必定会促进我国政府部门职能的转化，从而成为深化我国经济体制改革和加速政治体制改革的催化剂。[④] 1998 年，她提出应当依法规范行政性限制竞争行为，[⑤] 并强调有效竞争是我国竞争政策的目标模式，有效竞争呼唤反垄断法。[⑥]

在反垄断法问题上，王保树教授的研究也非常有价值。1998 年，他分析了反垄断法对行政垄断的规制，论述了行政垄断的内容、形态和产生的背景，比较了行政垄断与经济垄断的异同，指出了规制行政垄断对反垄断立法的特殊需求，并阐释了反垄断法规制行政垄断的价值理念。他认为，发展中国家和经济体制转轨国家也亟须制定反垄断法，反垄断法与规模经营没有矛盾，规模经营和效率只能在有效的竞争中才能实现。[⑦]

1998 年，王存学研究员针对中国市场经济条件下的价格卡特尔及其法

---

① 王晓晔：《社会主义市场经济条件下的反垄断法》，《中国社会科学》1996 年第 1 期，第 72—85 页。

② 王晓晔：《我国反垄断立法的框架》，《法学研究》1996 年第 4 期，第 3—21 页。

③ 参见王晓晔《美国企业横向合并指南（续）——1992 年 4 月 2 日发布》，《外国法译评》1996 年第 3 期，第 100—112 页。

④ 参见王晓晔《规范公用企业的市场行为需要反垄断法》，《法学研究》1997 年第 5 期，第 92—102 页。

⑤ 参见王晓晔《依法规范行政性限制竞争行为》，《法学研究》1998 年第 3 期，第 89—97 页。

⑥ 参见王晓晔《有效竞争——我国竞争政策和反垄断法的目标模式》，《法学家》1998 年第 2 期，第 37—45 页。

⑦ 参见王保树《论反垄断法对行政垄断的规制》，《中国社会科学院研究生院学报》1998 年第 5 期，第 49—61 页。

律规制进行了深入研究，他在阐述了价格的本质和作用基础上，重点分析了价格卡特尔的成因及其表现，指出了价格卡特尔的危害。他认为，价格卡特尔作为市场主体实施的一种市场行为，是市场经济的腐蚀剂，因此必须依法规制。他提出，我国必须吸收和借鉴国外经验，通过健全规制价格垄断的法律制度，对价格卡特尔行为规定严格的禁止措施，对价格卡特尔责任者规定严格的法律责任。①

入世后，中国政府越来越注重竞争政策和竞争法问题，以应对越来越激烈的国内市场竞争和国际市场竞争。2003 年，王晓晔研究员评价指出，中国当时的反垄断法规范尚未形成一个系统和完整的反垄断体系，对滥用行政权力限制竞争的行为制裁不力，缺乏独立的和权威的反垄断执法机关。她认为，2002 年 2 月的反垄断法草案在滥用市场支配地位、企业合并、行政垄断和反垄断执法机关和程序的规定方面存在缺陷。她强调，虽然中国制定反垄断法存在压力，但是制定反垄断法有利于提高中国企业的竞争力，遏制跨国公司的垄断势力和改善国家的财政和宏观调控。② 2003 年 9 月，WTO 成员方在墨西哥召开 WTO 第 5 届部长级会议，会上就制定一个有益于推动国际贸易和发展的竞争政策多边协议进行谈判。为此，王晓晔研究员与陶正华研究员在《中国社会科学》上合作发表论文，论述了竞争政策与国际经贸活动的关系，评析了竞争政策领域到当时为止的双边合作和多边合作，阐述了 WTO 成员方特别是欧盟、美国以及发展中国家关于竞争政策多边协议的立场，并提出中国应有的立场和对策。她认为，中国应当积极参加 WTO 关于竞争政策多边协议的谈判，并在这个大背景下，抓紧制定反垄断法。③ 王晓晔研究员高度关注 WTO 竞争政策议题及其对我国的影响，并鲜明表达了其个人在我国应有谈判立场方面的具体看法。④ 另外，她也组织了竞争法与经济发展的笔谈，⑤ 探讨了我国

① 王存学：《中国市场经济条件下的价格卡特尔及其法律规制》，《现代法学》1998 年第 2 期，第 64—68 页。

② 参见王晓晔《入世与中国反垄断法的制定》，《法学研究》2003 年第 2 期，第 122—134 页。

③ 参见王晓晔、陶正华《WTO 的竞争政策及其对中国的影响——兼论制定反垄断法的意义》，《中国社会科学》2003 年第 5 期，第 49—60、202 页。

④ 参见王晓晔《WTO 竞争政策议题及其对我国的影响——兼论我国在坎昆会议上应采取的立场》，《WTO 经济导刊》2003 年第 6 期，第 38—42 页。

⑤ 参见王晓晔《竞争法与经济发展》，《环球法律评论》2003 年第 1 期，第 5—6 页。

在制定反垄断法中遇到的几种阻力及其克服方法。[①]

2004年，王晓晔研究员研究了竞争法的基础理论问题[②]和知识产权滥用行为的反垄断法规制，[③] 在《国际贸易》上就相关市场界定、适用合理原则的卡特尔、知识产权权利耗尽原则的适用及发展、反不正当竞争法与相邻法的关系等进行了深入阐述和分析。值得一提的是，她与陶正华研究员合作发表的《WTO竞争政策及其对中国的影响》一文被《中国社会科学》以英文版形式再次发表，在国际上产生了广泛影响。[④]

2005年，国务院发布了《关于鼓励支持和引导个体私营等非公有制经济发展的若干意见》，明确提出了放宽非公有制经济市场准入限制，加大对非公有制经济的财税金融支持等鼓励、支持和引导非公有制经济发展的七大政策措施。王晓晔研究员针对这一政策，专门研究了非公有制经济的市场准入与反垄断法问题，[⑤] 以及公用企业滥用优势地位行为的法律管制[⑥]等。2005年，崔勤之研究员则研究了市场公平竞争环境问题。她认为，市场公平竞争环境是经营者开展有效竞争，实现市场对社会资源优化配置的前提和条件。她从市场结构的竞争性和经营者行为的合法性，论述了市场公平竞争环境的宏观基础和微观保障，她指出国家应依法行使职权，并运用法律手段对市场经济进行适度干预，从而创建竞争性市场结构并促进经营者行为合法化，国家是市场公平竞争环境的缔造者和维护者。[⑦]

2006年，王晓晔研究员研究了竞争法在市场经济法律体系中的地位问题，强调维护市场经济秩序的竞争法是经济法的核心，竞争法对私人所有权制度和合同自由制度具有重要影响，对国家产业政策的制定和执行有显

---

① 参见王晓晔《中国反垄断立法中的几个问题》，《首都师范大学学报》（社会科学版）2003年第2期，第42—47页。

② 参见王晓晔《竞争法的基础理论问题》，载李昌麒主编《经济法论坛》（第2卷），群众出版社，2004，第258—291页。

③ 参见王晓晔《知识产权滥用行为的反垄断法规制》，《法学》2004年第3期，第100—106页。

④ 参见王晓晔、陶正华《WTO竞争政策及其对中国的影响》（英文），《中国社会科学》（英文版）2004年第1期，第43—53页。

⑤ 参见王晓晔《非公有制经济的市场准入与反垄断法》，《法学家》2005年第3期，第28—32页。

⑥ 参见王晓晔《公用企业滥用优势地位行为的法律管制》，《法学杂志》2005年第1期，第29—31页。

⑦ 参见崔勤之《简论市场公平竞争环境》，《甘肃社会科学》2005年第4期，第64—67页。

著影响，竞争法也应规制行政垄断行为。[①]

2007 年，王晓晔研究员就滥用知识产权限制竞争的法律问题进行强调，滥用知识产权排除或严重限制竞争的行为不能从反垄断法得到豁免，[②]知识产权的行使应当受到反垄断法的制约，解决知识产权与反垄断法冲突的方式是衡量知识产权给权利人带来的经济利益和限制竞争对社会的影响。为此，她再次呼吁中国应尽快出台反垄断法，并尽快制定与知识产权相关的反垄断指南。[③] 针对最新版的反垄断法草案，她指出了其中存在的几个主要问题，如企业合并申报标准可能导致我国反垄断法在企业合并方面管辖过度，反垄断行政执法机构的多元化会降低该机构的地位且不利于中国市场化方向的改革，被监管行业竞争案件的管辖权被交给监管者，以及行政垄断案件的管辖权被交给政府上级机构，这些规定将令人怀疑反垄断法能否在这些领域得到公正和有效的执行。[④]

2007 年，席月民副研究员研究了我国银行业反垄断执法问题。他指出，我国银行业的市场化改革肩负着反垄断的神圣使命，《反垄断法》的出台为银行业反垄断提供了重要的法律依据和可靠的法律保障。他首先结合实例，就当时我国银行业垄断行为的表现及其危害进行了客观剖析，然后探究了银行业垄断行为产生的原因，最后就银行业反垄断执法难题及其化解展开了重点论证，并提出了自己的执法建议。[⑤]

在 2008 年的一次反垄断执法国际研讨会上，王家福研究员指出，中国把社会主义跟市场经济结合起来是史无前例的伟大创举，要准确理解、有效执行，使《反垄断法》成为刚性的法。[⑥] 2008 年，王晓晔研究员对新出

---

① 参见王晓晔《论竞争法在市场经济法律体系中的地位》，《中南大学学报》（社会科学版）2006 年第 1 期，第 30—35 页。

② 参见王晓晔《滥用知识产权限制竞争的法律问题》，《中国社会科学》2007 年第 4 期，第 13—144、207 页。

③ 参见王晓晔《知识产权强制许可中的反垄断法》，《现代法学》2007 年第 4 期，第 91—96 页。

④ 参见王晓晔《我国最新反垄断法草案中的若干问题》，《上海交通大学学报》（哲学社会科学版）2007 年第 1 期，第 13—18 页。

⑤ 参见席月民《我国银行业反垄断执法难题》，《法学杂志》2008 年第 1 期，第 11—14 页；另参见席月民《我国银行业反垄断执法难题及其化解》，《上海财经大学学报》2008 年第 2 期，第 33—39 页。

⑥ 参见王家福《准确理解　有效执行　使反垄断法成为刚性的法》，《工商行政管理》2008 年第 2 期，第 26—27 页。

台的《反垄断法》展开系列深入评析。她强调，我国反垄断法规定了禁止垄断协议、禁止滥用市场支配地位、控制经营者集中、反对行政垄断等制度，但我国经济体制转型尚未彻底完成，反垄断法也存在很多不足。她指出，颁布反垄断法只是反垄断立法的第一步，反垄断执法初期在立法目的、执法机关、反对行政垄断、处理反垄断执法与行业监管的关系方面会遇到严峻挑战。[①] 她除了专门撰文对该法中的经营者集中作了评析[②]之外，她在《中国商界》中连续十期开辟专栏对《反垄断法》的具体内容进行了释义。针对该法中的域外适用规定，她指出，为避免和减少管辖权的冲突和法律冲突，我国反垄断法域外适用应当考虑国际法上被广泛认可的一般原则，特别是“直接、重大和合理预见的效果”原则与“国际礼让”原则。[③] 在知识产权强制许可问题上，王晓晔研究员从技术标准的视角，以德国的 *Spundfass* 和美国的 *N－date* 两个案件为例，说明作为技术标准的知识产权有可能被强制许可的情况。她指出，知识产权的行使须受竞争法的制约，解决知识产权与竞争法二者冲突的方法是衡量限制竞争的影响。她认为，我国反垄断法第 55 条对滥用知识产权限制竞争的行为作出了禁止性规定，但为了使这个规定具有可操作性，她建议我国应在这方面尽快制定相关的实施细则或者指南。[④] 此外，她还专门阐释了反垄断立法的宗旨，[⑤] 并在《中国社会科学》（英文版）发表了《知识产权强制许可中的反垄断法》（英文）。[⑥]

2013 年，金善明副研究员将其研究重点放在了反垄断法实施中的解释问题上。他提出，《反垄断法》颁布后，其文本的制度供给与垄断规制的法治需求之间的紧张关系需要通过解释予以缓解和消弭，解释是反垄断法

---

① 参见王晓晔《〈中华人民共和国反垄断法〉析评》，《法学研究》2008 年第 4 期，第 68—82 页。

② 参见王晓晔《〈中华人民共和国反垄断法〉中经营者集中的评析》，《法学杂志》2008 年第 1 期，第 2—7 页。

③ 王晓晔：《我国反垄断法的域外适用》，《上海财经大学学报》2008 年第 1 期，第 30—37 页。

④ 参见王晓晔《与技术标准相关的知识产权强制许可》，《当代法学》2008 年第 5 期，第 14—20 页。

⑤ 参见王晓晔《我国反垄断立法的宗旨》，《华东政法大学学报》2008 年第 2 期，第 98—102 页。

⑥ 王晓晔：《知识产权强制许可中的反垄断法》（英文），《中国社会科学》（英文版）2008 年第 1 期，第 88—98 页。

实施的逻辑前提。囿于我国法律解释体制和实践，我国理论上虽有立法、司法和行政解释之分，实践中却仅有反垄断司法解释和行政解释。他认为，由于我国反垄断司法解释和行政解释呈现为以解释代立法的普遍性规范，易导致权力集中和滥权且不利于当事人的权利救济，因而亟须从解释思维、解释目标和解释逻辑等方面推进反垄断法解释的合理化。[①] 就反垄断法的司法解释而言，他认为反垄断司法解释是反垄断法实施的逻辑前提，亦是重要组成部分，我国《反垄断法》因借鉴域外经验并采取简约型立法模式而更需解释。囿于现行法律解释体制和市场经济现状，法院通常依据自身解决问题的逻辑需要而对《反垄断法》作出先验性的解释规范。这虽在一定程度上缓解了文本与市场间的紧张关系，但因我国市场经济体制不成熟、法治程度不高和竞争文化传统缺失等客观因素而实际并未达到司法解释的原初目的，即未明确文本规范的内涵与法律意义。同时，在具体操作中面临场景缺位、目标错位以及解释权越位等现实问题，反垄断司法解释更多地体现为法院的“立法式”解释活动，有违现代法治理念。因此，他提出，目前亟须在对我国反垄断司法解释所处的场域进行考量的基础上，明确解释范畴，转变解释思维并重塑解释目标，以期多维度优化反垄断司法解释，保障反垄断法得以有效实施。[②]

2014 年，金善明副研究员进一步研究了我国反垄断法的行政解释问题。行政解释是我国反垄断执法机构适用《反垄断法》的逻辑前提和工具选择，承载着消弭文本规范与垄断规制间紧张状态的功能。但由于我国现行法律解释体制束缚和反垄断执法经验不足，实际操作中反垄断执法机构通常以原文照搬、语词替换等方式简单处理，进而诱发解释规范低效或无效、同一条文解释不统一、效力位阶不明确等问题，致使行政解释规范虚化或泛化，难以发挥其预期效用。他提出，为矫正行政解释中存在的问题、提高行政解释规范的质量，结合我国当前反垄断执法水平和市场经济现状，需要从积极重塑解释机制、转变解释方式、增设解释监督机制等方面着手，优化我国反垄断行政解释机制和体制、增强解释规范的自洽性和

---

① 参见金善明《反垄断法实施的逻辑前期：解释及其反思》，《法学评论》2013 年第 5 期，第 16—24 页。

② 参见金善明《反垄断司法解释的范式与路径》，《环球法律评论》2013 年第 4 期，第 112—124 页。

合理性。[①]

2015 年，王晓晔研究员对标准必要专利反垄断诉讼问题进行了研究。她指出，专利一旦成为广泛应用的标准必要专利，权利人一般得向标准化组织承诺以公平、合理和无歧视的 FRAND 条件实施许可。尽管 FRAND 许可条件是对专利权人的约束，但因这个承诺没有可操作性，现在有越来越多涉及标准必要专利的案件进入了反垄断执法机构和法院。华为诉 IDC 一案说明，标准必要专利与一般专利相比具有特殊性，必要专利权人在其专利许可市场占支配地位，权利人收取过高的专利许可费或者请求法院制止专利侵权的行为可能被视为滥用市场支配地位。涉及标准必要专利许可的案件凸显知识产权法和反垄断法交叉领域的很多热点问题，从而也带给了我们很多思考，例如我国《反垄断法》第 55 条第 1 句的规定是否具有合理性。[②]

2015 年，金善明副研究员则继续探讨了反垄断法解释权的规制问题。他强调，解释是反垄断法实施中缓解和消弭静态文本的规范供给与动态规制的法治需求之间紧张关系的制度性工具。既有的反垄断法解释生成于执法逻辑的需要，虽在反垄断实践中确实发挥了积极作用，但因其权力依据缺乏相应的理论证成与制度支撑，其结果不仅扰乱了公权力配置秩序、侵蚀了私权利，更有悖现代法治精神。因此，他认为，对反垄断法解释权的规制应立足解释权配置现状，从应然和实然两个层面对解释权的理论型构和制度构建作重整性思考，从重塑运行体制、改进操作路径和完善监督机制等方面来对反垄断法解释权进行定位和规范，以增强反垄断法文本的张力、实现文本与市场之间的契合。[③] 同年，他对反垄断法的“经济宪法”地位进行了反思。他认为，经济宪法致力于构建维护竞争自由、发挥竞争效用的整体性制度框架和秩序政策，而反垄断法是市场经济国家打击垄断、维护竞争的有效工具。尽管反垄断法与经济宪法有契合之处，但仅在市场经济条件下竞争受到垄断侵害后方有用武之地。因此，他认为，对当下中国市场经济建设来说，不仅要推进反垄断法的有效实施，更要积极塑造切合自身发展的竞争秩序及与之相适应的秩序政策和制度框架，以促进

---

① 参见金善明《反垄断行政解释的反思与完善》，《法律科学》2014 年第 1 期，第 80—88 页。

② 参见王晓晔《标准必要专利反垄断诉讼问题研究》，《中国法学》2015 年第 6 期，第 217—238 页。

③ 参见金善明《论反垄断法解释权的规制》，《法商研究》2015 年第 6 期，第 13—23 页。

经济体制改革的深化和国民经济的健康发展。①

2015 年，吴峻副研究员研究了网络中立理论及其对世界贸易组织架构下互联网政策的影响。他指出，网络中立理论源于竞争法中的核心设施理论，其目的是确保互联网的开放性。目前，美国和欧盟已经在争议声中开始确立网络中立制度，这不仅对其各自的互联网产业的发展产生了重大影响，也波及国际贸易法领域相关议题的发展。互联网的全球架构及网络中立的开放网络理念，使网络中立与世界贸易组织法律制度中的贸易自由原则产生了相当程度的契合。而世界贸易组织《服务贸易总协定》中关于竞争法义务的规定及《电信服务协议》确定的不得限制竞争及互联互通义务，在条件成熟时，都会为网络中立在国际贸易法领域的进一步适用提供必要的法律基础。他认为，这将对我国的互联网监管制度产生实质性影响。②

2016 年，王晓晔研究员研究了滥用“相对优势地位”的法律规制问题。她认为，在市场交易中，一方较另一方在经济上占优势地位是普遍存在的现象。如果法律禁止滥用相对优势地位，至少需要对“相对优势地位”和“滥用相对优势地位”作出法律解释。世界各国禁止滥用相对优势地位的立法主要有反垄断法、民法以及针对个别行业的行政规制。鉴于“相对优势地位”和“滥用相对优势地位”存在很多不确定因素，期待一部法律包括反不正当竞争法进行全面规制的难度比较大。③

2016 年，吴峻副研究员针对反不正当竞争法的修改，专门研究了反不正当竞争法的一般条款问题。他指出，一般条款为司法机关发展和充实反不正当竞争法体系提供了重要的法律依据。在我国司法机关适用反不正当竞争法第 2 条的实践中，可以总结出三种案例类型。在独立适用第 2 条的情形下，对于立足于权益保护还是直接适用一般条款所表述的原则来确立相关权益或原则，以最高人民法院为代表的司法机关在实践中显示出了某种摇摆不定，这直接导致一般条款适用模式的缺乏，影响着整个反不正当竞争法体系的确定性。他总结我国司法实践，回归“海带配额案”确立的

---

① 参见金善明《反垄断法的“经济宪法”定位之反思》，《江西社会科学》2015 年第 11 期，第 170—176 页。

② 参见吴峻《网络中立理论及其对世界贸易组织架构下互联网政策的影响》，《国际法研究》2015 年第 6 期，第 93—113 页。

③ 参见王晓晔《论滥用“相对优势地位”的法律规制》，《现代法学》2016 年第 5 期，第 79—92 页。

第 2 条独立适用的三个条件，基于法律所保护权益来确定反不正当竞争法一般条款的三步走适用模式，明确了一般条款适用的二元化结构，确保当事人的合理预期。他认为，这将为反不正当竞争法的修订及其进一步发展，提供坚实的司法实践基础。①

2017 年，王晓晔研究员分析了我国反垄断法中的经营者集中控制的成就与挑战。她指出，我国反垄断法中的经营者集中控制已经实施 8 年，成果显著。这不仅表现为相关执法机关审理了很多案件，其中不乏国际上有影响的大案，而且通过案件审理积累了相当多的实践经验，并在这些经验的基础上完善了我国反垄断法。她认为，我国反垄断法在这方面的执法还存在很多问题，例如集中审查中的非竞争因素和执法机关的独立性不足。此外，反垄断法本身还存在很多问题，如“控制权”的概念有待进一步厘清。她强调，我国改革开放近 40 年的经验证明，要维护市场的竞争性，就应当防止过度的经济集中。反垄断法中的经营者集中控制有助于提高国家的经济活力，也有助于提高企业的生产效率和消费者的社会福利。②

2017 年，金善明副研究员对中国反垄断法研究进路进行了反思。他认为，反垄断法研究在中国反垄断法的制度构建和规范适用中发挥着不容忽视的作用，通过比较分析方法将域外制度与经验传递至中国，为中国反垄断法制度体系的构建提供了有益启示。但这一研究进路在文本固定后却未能得以及时更新，而仍纠缠于中国文本规范及其适用是否契合域外之“标准做法”，并以立法中心主义的思维强调对《中华人民共和国反垄断法》文本的改造，忽视了垄断规制及其问题的本土性，从而使得相应的研究重走老路、创新不足、贡献不大。因此，推动中国反垄断法研究进路转型，成为必然。这就意味着，要积极探究中国反垄断法研究的新思维、新范式、新论题，为《中华人民共和国反垄断法》文本的优化和规范的适用提供更多更好的理论指引和知识支持。③ 该文被部分转载于《社会科学文摘》2017 年第 10 期（第 74—76 页）上，题目更改为《反垄断法研究进路的转

---

① 参见吴峻《反不正当竞争法一般条款的司法适用模式》，《法学研究》2016 年第 2 期，第 134—153 页。

② 参见王晓晔《我国反垄断法中的经营者集中控制：成就与挑战》，《法学评论》2017 年第 2 期，第 11—25 页。

③ 参见金善明《中国反垄断法研究进路的反思与转型》，《法商研究》2017 年第 4 期，第 71—80 页。

型》。同年，他研究了垄断行为入罪化的限度问题。他认为，反垄断法是垄断行为规制的制度性工具，其实施效果取决于责任体系的合理设置；《反垄断法》针对垄断行为已经设置民事和行政责任但并没有刑事责任的规定，因而是否应将垄断行为入罪化，一直是中国反垄断立法和执法中的争议点，责任设置应与法益保护需求相适应；通过对《反垄断法》责任机制进行评估发现，既有的责任规范能够形成有效的威慑力，并对垄断行为予以有效规制，因而没有必要导入刑事责任制度。[①]

对竞争法的深入研究，构成了"社科"经济法学的重要特色。尤其是对反垄断法的研究，不仅成果数量多，而且很多论文发表在法学核心期刊以及权威期刊上，这些成果观点对反垄断立法、执法和司法实践均产生了重大影响。

（三）消费者法

消费者是经济法的重要主体之一，其主体地位和权利保护一直是经济法中市场规制法的重要内容。2000 年，梁慧星研究员研究了中国的消费者政策和消费者立法，[②] 并对消费者及消费者法完善提出了自己的看法。[③] 他认为，中国的消费者政策已经朝着积极的消费者政策转化，不仅是补救市场经济的消极面和救济受害消费者的保护政策，而且作为国家经济政策的一个重要环节，发挥其引导消费、促进消费、扩大内需、推动经济增长的重大作用。他提出，我国需要完善消费者政策法，制定消费者政策法，尽快制定反垄断法，完善消费者合同法，完善产品责任法。

2003 年，刘俊海教授在《消费者权益保护法》颁布 10 周年之际，提出要积极推进消费者权益保护事业，旗帜鲜明地保护消费者权利，同时要扩张保护消费者权利，鼓励消费者维权，并创新执法手段，加强监管力度，拓宽消费者协会的维权职能。[④] 同年，他在谈到整顿和规范市场经济秩序时，指出其实质就是建立公开、公平、公正和诚信的市场经济法律新秩

---

① 参见金善明《论垄断行为入罪化的限度》，《北京工业大学学报》（社会科学版）2017 年第 6 期，第 68—74 页。

② 参见梁慧星《中国的消费者政策与消费者立法》，《法学》2000 年第 5 期，第 20—26 页。

③ 参见梁慧星《消费者法及其完善》，《工商行政管理》2000 年第 21 期，第 13—15 页。

④ 参见刘俊海《积极推进消费者权益保护事业——纪念消法颁布十周年》，《北京工商》2003 年第 12 期，第 4—7 页。

序，并应依法梳理市场经济主体之间发生的法律关系，明确和落实各方主体权利、义务和责任，构建一个各方主体诚信行事、各得其所的法律环境。①

2009 年，钟瑞华博士关注了消费者对安全食品的权利，探讨了其中的"绝对权利观"和"风险管理观"的争论。她通过对美国法的这一争论的梳理和分析，提出我国在风险社会背景下需要建构科学理性的食品安全规制体制。②

2014 年，席月民副研究员指出，社会主义市场经济法律体系形成后，私权与公权的法律博弈并未止步，市场经济法治正呼唤着新一轮的理念和制度创新。他认为，市场经济法治创新需要扬弃传统，实现自我超越。全世界范围日益高涨的消费者运动与各国消费者权益保护法的出台，使消费者在市场经济发展中的重要地位被反复凸显，在消费经济时代消费者成为推动经济发展和社会进步的根本动力。他提出，新一轮市场经济法治创新需要重点考量消费者及其消费权的倾斜保护，提供解决纠纷的法权主义程序安排，经由分配正义和校正正义实现社会公义，同时经由立法与个案的昭示，逐步规导矛盾重重的社会使其趋于理性、和平、循序与守法，营造自由而祥和的经社世态。③

2016 年，钟瑞华博士研究了消费者保护规制的理据问题，提出消费者保护的经济性理据和理论性理据及二者的关系值得反思。她认为，消费者保护法及其实施，一方面应该更多地利用成本收益分析来提高效率，另一方面应该更多地关注培育共同体价值，促进社会正义、缩小贫富差距等非功利性目标。④

在消费者法问题上，"社科"经济法学的成果虽然相比较而言不是很多，但是相关研究成果对深化消费者理论、推动消费者保护仍具有重要的学术价值，体现了"社科"经济法学研究中"以人为本"、以消费者保护

---

① 参见刘俊海《整顿和规范市场经济秩序的法律思考》，《中国工商管理研究》2003 年第 7 期，第 4—8 页。

② 参见钟瑞华《从绝对权利到风险管理——美国的德莱尼条款之争及其启示》，《中外法学》2009 年第 4 期，第 574—588 页。

③ 参见席月民《市场经济法治：创新与挑战——以消费者保护为例》，《上海财经大学学报》2014 年第 1 期，第 38—45 页。

④ 参见钟瑞华《论消费者保护规制的理据——在经济和伦理之间》，《行政法学研究》2016 年第 5 期，第 41—49 页。

为宗旨的经济法理念。

（四）财税法研究

“社科”经济法学在财税法研究领域起步较晚。2004 年，丁一博士就宪治下我国纳税人权利保护机制的设计发表了个人看法,① 2005 年她研究了宪治、农民与纳税人权利问题,② 2006 又探讨了全球化与税收竞争对发展中国家的含义。③ 2007 年，席月民副研究员研究了个人所得税法，提出了完善我国个人所得税法的建议。④ 同时，他就新制定的《企业所得税法》进行了深入解读。

2008 年，丁一博士分析了国外税收征管的最新趋势。⑤ 她认为，近 20 年来，税务行政理念从强制到服务发生了重大变迁。伴随着税务行政理念的变迁，各国税务机关对内进行结构重组，对外致力于对纳税人服务的改善和加强。她通过对上述国际税收征管的最新趋势予以择要评介，具体分析了加入 WTO 后我国改进和加强税收征管所得到的有益启示。

2009 年，姚佳副编审研究了可再生能源的政府补贴政策问题。发展可再生能源是人类所共同面临的课题，我国在发展可再生能源方面也给予了一系列的政策倾斜，采取各种形式的经济激励机制。她从政府补贴入手，讨论了对可再生能源进行政府补贴的必要性，介绍了国外的实践情况，并提出了应进一步完善现行法律体系，以必要、适度以及适当为立法原则，构建立体化的经济激励措施体系。⑥

2010 年，席月民副研究员研究了环境税立法应注意的法律问题。他认为，我国要开征的环境税实为狭义上的环境税，即对污染和破坏环境的特

---

① 参见丁一《宪治下我国纳税人权利保护机制之设计》，载刘剑文主编《财税法论丛》（第 5 卷），法律出版社，2004，第 378—408 页。

② 参见丁一《宪治、农民与纳税人权利》，载刘剑文主编《财税法论丛》（第 6 卷），法律出版社，2005，第 30—85、8—9 页。

③ 参见〔美〕Reuven S. Avi - Yonah、丁一《全球化与税收竞争：对发展中国家的含义》，载刘剑文主编《财税法论丛》（第 8 卷），法律出版社，2006，第 322—333 页。

④ 参见席月民《关于完善我国个人所得税法的建议》，《中国经贸导刊》2007 年第 6 期，第 40—41 页。

⑤ 参见丁一《国外税收征管的最新趋势》，《税务研究》2008 年第 2 期，第 92—96 页。

⑥ 参见姚佳《可再生能源政府补贴政策之法治化思路》，《理论月刊》2009 年第 12 期，第 24—26 页。

定行为而课征的专门性税种，其目的在于筹集资金，专项用于环境污染防治，减少和防止环境污染，净化生态环境。他指出，环境税应纳入中央和地方共享税体系中，综合运用各种税收优惠手段激励企业采取措施保护环境、治理污染，以提高税收优惠措施的实施效果。立法时，名称以“中华人民共和国环境污染税法”为宜，如果单纯地冠以“环境税法”，则会使人误以为包括环境消费税、环境资源税等在内。作为行为税的一个特别税种，他认为应将其纳税人限定在直接向环境排放污染物的单位和个人。他强调，环境税以特定行为为征税对象，任何单位和个人只要具有造成环境污染和公害的行为，就应该依法缴纳该税。从排污收费转向环境税，目的在于充分发挥税收刚性作用，因此在税率设计方面应更加注重公平和效率，仍应采用差额税率和从量定额的方法来征收。①

2011 年，席月民副研究员研究了房产税问题。他指出，在全面修订《房产税暂行条例》的过程中，不能只简单评估试点城市房产税税收规模的高低和房价变化的大小，而应当充分考虑全国各地房地产业的发展现状和趋势，使课税要素安排更加贴近社会公众的居住需要和投资需要，进一步保护地方政府有限的税收立法权，将房产税改革及其试点全面纳入税法的系统控制之中。他认为，上海和重庆的房产税改革试点，已然构成税收立法权纵向分配的积极探索。虽然两地只针对部分个人住房，但在征税对象、计税依据、税率、税收减免、收入使用等方面则作出了不同规定，这种因地制宜的税制安排，反映出地方税收立法中不同的价值取向，有利于两地政府合理利用税收手段调控本地房地产市场发展。他提出，一味坚持名义上的税收集权模式并不现实，对地方税而言，应当依法赋予地方政府适当的税收立法权，使地方享有合理的财政自主权。②

2013 年丁一博士进一步分析了国际税务行政的发展动态与创新，③ 同时探究了德国税收授权立法之学理与实务。④ 她指出，近 10 年来，全球化趋势进一步增强，各国税务机关要有效实施税务行政，不仅需要自我反

① 参见席月民《环境税立法应注意的法律问题》，《中国经贸导刊》2010 年第 17 期，第 31—32 页。

② 参见席月民《房产税改革应纳入税法控制》，《检察风云》2011 年第 16 期，第 58—59 页。

③ 参见丁一《国际税务行政的发展动态与创新》，《国际税收》2013 年第 7 期，第 21—25 页。

④ 参见丁一《德国税收授权立法之学理与实务》，《税务研究》2013 年第 6 期，第 64—69 页。

思，而且要学习先进，而比较信息能为此提供便捷有效的参考。她根据OECD“税务行政论坛”当时发布的国际比较信息报告《税务行政2013》，对税务机关的职责与监管、内部结构重组与优化、税务中介的管理、电子纳税服务以及税务行政的法定运行框架五个方面的发展动态与创新进行了分析，反映了国际税务行政的最新发展趋势，并提出这对中国税务行政改革具有重要启示。为了回应“税收立法权收归人大”议案，丁一博士对德国比较成熟的税收授权立法制度从学理与实务两方面进行了梳理。她指出，德国学界和判例均肯定授权立法的必然与必要，但真正应当关注的是法治原则与民主原则对授权立法同时提出的“授权明确性”要求，以及德国司法因之所积累发展的“明确性”审查标准。面对“税收授权立法”，依民主原则所导出之税收领域必须坚持重要税收构成要件要素实行国会保留，且不得转授。

2014年，席月民副研究员研究了营业税改增值税后的地方税权保障问题。他认为，营业税改征增值税是我国当前结构性减税的一项重要内容。这一改革举措在现行分税制下无疑需重构中央与地方的利益格局，营业税改征增值税后地方税权如何获得保障亟待顶层设计。[①] 同年，他还研究了地方政府债券问题，他提出，科学建构我国地方政府债券法律制度体系仍面临诸多挑战，相应的立法跟进需要尽快提速。[②] 丁一博士在这一年则考察总结了税收法定主义发展的三个阶段。她认为，从近代到现代，税收法定主义大致经历了从保障国民主权的形式法定主义到关注税收正义的实质法定主义的升华。在当代，税收法定主义继续迈向税的收支一并贯通、全面保障纳税者基本权的更高阶段。[③]

2015年，肖京博士研究了国家治理视角下的财政预算法治化问题。他认为，预算法具有经济法与宪法的双重法律属性，两方面的属性统一于当前的国家治理现代化进程之中。充分认识并把握预算法的这种双重法律属性，对于科学构建预算法理论体系、合理安排我国预算法中的相关制度、

---

① 参见席月民《营业税改增值税后的地方税权保障》，载张守文主编《经济法研究》（第14卷），北京大学出版社，2014，第21—26页。

② 参见席月民《我国地方政府债券的发展及其立法跟进》，《中国法律评论》2014年第3期，第233—240页。

③ 参见丁一《税收法定主义发展之三阶段》，《国际税收》2014年第5期，第14—19页。

妥善解决预算法实际运行中的各种实践问题，具有十分重要的意义。基于预算法的双重法律属性，他提出，财政预算法治化就是要分别在宪法层面和经济法层面加强财政预算法律制度完善。从立法的角度来看，在宪法和经济法的框架体系之内，探索国家治理现代化的财政预算法治化路径，应当是我国今后财政立法工作的努力方向。①

2015 年，在环境税立法问题上，肖京博士提出，新税种的名称应确定为“环境税”，而不宜定为“绿税”、“环境保护税”等。环境税收的性质应定位为目的税，以突出环境税收立法在环境保护方面的功能，化解当前环境保护资金短缺的问题。新税种的征收管理机关应明确为国税部门，以保障税款的足额、及时征收；同时，要强调环境保护部门与税务部门的协同、配合。环境税应为中央与地方共享税，中央的环境税收入用于治理跨地区、跨流域污染，地方的环境税收入用于治理区域性污染。② 他认为，环境税具有财政收入和宏观调控的二元功能，这种二元功能并非在任何时候都完全一致，也会存在一定冲突，因此在环境税立法中须充分考虑并保证其平衡。③

2016 年，丁一博士针对 OECD 报告《税务行政 2015》第 9 章“税务行政的法律框架”，选取了其中 9 个主题的 7 个，包括纳税人权利和义务、税收裁定、纳税人登记和识别制度、行政复议、欠税强制征收、信息与获取权力、税收违法行为以及自愿披露政策予以介绍和分析，为中国税收征管改革提供了镜鉴。④

2016 年，肖京博士研究了国家经济安全与国家战略物资储备问题。他指出，国家经济安全是国家安全的重要内容，国家战略物资储备是国家经济安全尤其是对外经济安全的重要保障。在当前全面深化改革、全面推进依法治国的背景下，实现我国战略物资储备法治化尤为必要。国际政治格

① 参见肖京《国家治理视角下的财政预算法治化》，《法学论坛》2015 年第 6 期，第 118—124 页。

② 参见肖京《我国环境税收立法的若干基本问题探析》，《中州学刊》2015 年第 8 期，第 55—59 页。

③ 参见肖京《环境税收立法与环境税收二元功能之平衡》，《中国市场》2015 年第 48 期，第 64—68 页。

④ 参见丁一《OECD：税务行政之法律框架（2015）》，《国际税收》2016 年第 2 期，第 6—11 页。

局的变化和国际竞争的加剧也要求实现国家战略物资储备法治化。我国战略物资储备立法存在制度缺失、立法层次不高、立法内容陈旧且存在冲突等问题。他提出，推进我国战略物资储备法治化，需要制定一部具有基本法性质的国家战略物资储备法来规范战略物资储备的基本问题，并对粮食、石油、矿产等若干重要战略物资的储备进行专门立法。[①]

虽然“社科”经济法学在财税法研究方面起步较晚，但进步比较明显，相关成果对推进我国税制改革和公共财政的法治化产生了积极影响。

（五）金融法研究

金融法和竞争法、财税法一样，一直是经济法学的研究热点。从构成看，金融法包含了金融组织法、金融业务法、金融调控法和金融监管法四方面内容。自中央银行诞生以来，便面临着如何处理好与政府关系的问题。1996 年，王家福研究员研究了中央银行独立性的发展演变、赞成派与反对派的争辩、衡量独立性的标准、独立性现象的实证分析、国外中央银行独立性的四种典型模式，分析了《中国人民银行法》关于我国中央银行独立性的法律规定，在对现行法律设计与现实运作状况进行反思的基础上，提出了增强我国中央银行独立性的若干建议，如改善中国人民银行与国务院的关系，妥善处理中国人民银行与财政部门的关系，加强全国人大及其常委会对货币政策的监督，以及采取措施排除地方政府的不合理干预，克服中央银行分支机构地方化的倾向，等等。[②]

钱弘道教授曾在法学研究所法理研究室工作过，对金融法、法律经济学等有一定研究。2000 年，钱弘道教授提出了中国金融法律体系如何适应 WTO 规则问题。他指出，中国金融法律体系与 WTO 规则存在诸多脱节，中国金融立法任务更加艰巨、繁重。建立和完善现代金融法律体系是中国面临的一个重大课题，中国金融业在融入国际金融主流中能否经得起考验，关键要看中国金融法治化的实现程度。[③]

---

① 参见肖京《国家安全视角下的战略物资储备立法完善》，《中州学刊》2016 年第 11 期，第 51—55 页。

② 王家福、陈晓、刘静：《关于中央银行与政府之间关系的研究》，《中国社会科学院研究生院学报》1996 年第 4 期，第 46—54 页。

③ 参见钱弘道《中国金融法律体系如何适应 WTO 规则》，《现代法学》2000 年第 6 期，第 131—135 页。

2003 年崔勤之研究员分析了商业银行信贷安全问题，并强调指出，严格贷款调查、审查制度，建立强制贷款担保制度和强化贷款监督制度，是防范风险、保障信贷安全的重要措施。[①] 2007 年，席月民副研究员探讨了金融机构的分类及其社会责任，强调金融机构应负担起相应的社会责任，在股东利益与金融机构社会责任之间实现平衡与协调。[②] 2008 年，席月民副研究员提出，我国应制定一部国有资产信托法。[③]

2009 年，邱本教授针对 2008 年金融危机研究了金融危机对经济法的启示。他认为，这次金融危机充分说明了欧美制度的真相，也应增强我们的民族自信心，世界上并没有最优制度，适合自己国情的制度就是最好的制度。他强调，此次金融危机对于私有化的崇拜是一服很好的清醒剂，公有制也未必尽恶，公有制有利于遏制人的贪婪性，并且为国家宏观调控和市场监管提供坚实的基础和有效的杠杆。中国的国情决定了中国是经济法发展的最好土壤，就法律部门来说，中国的经济法理论是最具自主知识产权的理论，只要我们立足中国，了解国情，以我为主，合理借鉴，中国经济法就能够为世界法制文明作出自己独特的贡献，并成为其他各国学习借鉴的榜样。他坚信，经过这次危机的考验和洗礼，人们对经济法的认识会更加正确，对经济法的重要地位和重大价值会更加坚信不疑。[④]

2009 年，席月民副研究员回顾总结了我国金融法治化的历史进程。他按照改革开放前的计划经济、改革开放后的计划经济、有计划的商品经济、社会主义市场经济的建立、社会主义市场经济的完善五个不同发展阶段的历史轨迹，分析考察了我国金融法治化发展进程中在金融体制改革、金融市场发展、金融对外开放、金融法律体系建设等方面所取得的伟大成就，进而集中展示了改革开放以来以市场化为取向的我国当代金融业的发

---

① 参见崔勤之《保障商业银行信贷安全的几项措施》，《法学杂志》2003 年第 4 期，第 14—15 页。

② 参见席月民《金融机构的分类及其社会责任探析》，《成人高教学刊》2007 年第 2 期，第 50—54 页。

③ 参见席月民《我国应制定一部国有资产信托法》，《中国经贸导刊》2008 年第 20 期，第 17—18 页。

④ 参见邱本《金融危机对经济法的启示》，载李明发主编《安徽大学法律评论》2009 年第 2 辑，安徽大学出版社，2010，第 1—7 页。

展史及其演变规律，归纳总结了我国实施金融法治化的历史经验。[①] 同年，他就金融安全保障问题发表了个人看法。他认为，代币券在我国结算领域的泛滥成灾和银行卡诈骗犯罪的防不胜防，以及诸多金融机构的欺诈和不正当竞争案件等，从一个个侧面凸显了维护金融安全的重要性，反复警示着我们要牢固树立并坚持金融安全观，加强金融法制建设。[②] 他提出，在金融危机背景下，我国金融法治化的重点在于：一要夯实金融法律基础，促进金融法制现代化；二要坚持金融安全理念，正确处理金融安全与金融效率的关系；三要与积极财政政策相配合，认真贯彻适度宽松的货币政策；四要理性对待金融创新，重点加强金融衍生品监管；五要进一步推进人民币汇率改革，完善有管理的浮动汇率制度；六要依法维护金融业的自由、公平竞争，确保金融稳定。[③]

2010 年，席月民副研究员研究了我国信托业监管的法律困境与出路问题。他指出，金融服务的多元化和综合化日益凸显出信托业监管改革与创新的重要性。他从监管政策竞争中无序发展的信托业入手，揭示和剖析了以金融理财市场为依托的信托业监管现状及法律困境，然后在全面检讨现行监管制度的基础上，从统一监管理念确立、功能监管目标定位以及《信托业法》制定三个方面，重点论证和探讨了如何有机整合大信托时代信托监管法律规则，实现有效监管的终极目标。[④]

2011 年，席月民副研究员研究了信托业监管改革问题。他认为，我国信托业已经成为从事营业信托业务的所有金融机构的总和或相应业务的市场总和，信托业监管对象绝不限于信托公司及其业务。对于混业经营的信托业而言，统一监管理念的确立至关重要。转变观念，改多头监管为统一监管，改机构监管为功能监管，尽快制定《信托业法》，并确保司法权的适度介入，是当前我国信托业监管制度改革和创新的必然选择。[⑤] 同年，

---

① 参见席月民《我国金融法治化的历史进程——纪念中华人民共和国建国六十周年》，《法学杂志》2009 年第 12 期，第 6—9 页。

② 参见席月民《金融安全保障三题》，《检察风云》2009 年第 16 期，第 40—41 页。

③ 参见徐孟洲、席月民《金融危机背景下我国金融法治化的基本对策》，载王卫国主编《金融法学家》（第 1 辑），中国政法大学出版社，2010，第 8—14 页。

④ 参见席月民《我国当前信托业监管的法律困境与出路》，载王卫国主编《金融法学家》（第 2 辑），中国政法大学出版社，2011，第 363—376 页。

⑤ 参见席月民《我国信托业监管改革的重要问题》，《上海财经大学学报》2011 年第 1 期，第 34—40 页。

他还研究了民间借贷的法律规制问题。他指出，2011 年发生的民间借贷信用危机表明，加强民间借贷的法律规制已经刻不容缓。[①]

2012 年，席月民副研究员对我国民间借贷的特点、问题及其法律对策展开了研究。他指出，我国当前民间借贷市场已经进入高级阶段，资金供需两旺，并具有迅速走红网络经济的发展趋势。然而，民间借贷相关立法滞后，市场监管缺位，司法主导突出，整个市场呈现出产生发展的内生化、投资主体的多元化、交易形式的电子化、法律规则的零散化、法律地位的尴尬化以及裁判结果依赖指导性解释等特征。民间借贷组织的主体地位问题、民间借贷合同的效力认定问题、民间借贷利率的法律管制问题、网络借贷平台的风险控制问题以及民间借贷交易的信息监测问题等日益突出，他认为，加强监管立法和监管机构主动执法，依法规范民间借贷行为，严厉打击高利贷，已成为金融生态建设中民间借贷法律规制的必然选择。[②] 同年，他还研究了《信托业法》的制定问题。他认为，制定我国的《信托业法》，必须要有国际视野，在坚持统一立法的前提下，兼容并蓄，与国际金融监管标准和周边国家与地区的信托业监管立法相协调；要在立法中明确界定信托业的经营资格，将兼营信托业务的金融机构也纳入其中；要考虑实践中出现的新型商业信托，在信托财产范围的扩大以及信托的利用形态方面，合理借鉴日本经验，增订相关内容，厘清法律适用上的疑义，防止信托制度遭到滥用；要改多头监管为统一监管，改机构监管为功能监管，将信托业监管权整合集中授予中国银监会，并以《信托业法》的名义固定下来；要依营业信托的特性不断扩充现有交易规则，解决市场信息不对称问题，规范信息成本和交易成本，控制受托人的道德风险，尽量用强制性规定去补充和完善商业信托合同。[③] 同年，他对银行客户商业特许经营权的研究颇具价值。他认为，基于商业特许经营合同所形成的商业特许经营权，固然是一种财产权，然而在本质属性上应归于经营权范畴。商业特许经营系统的控制力以及市场交易信息的不对称性，导致单纯

---

① 参见席月民《我国民间借贷的法律规制》，载王卫国主编《金融法学家》（第 3 辑），中国政法大学出版社，2012，第 197—211 页。

② 参见席月民《我国当前民间借贷的特点、问题及其法律对策》，《政法论丛》2012 年第 3 期，第 61—68 页。

③ 参见席月民《我国信托业法的制定》，《广东社会科学》2012 年第 5 期，第 233—237 页。

的合同法调整模式力不从心，在对商业特许经营权的保护方面，经济法的作用日益显著。经济法通过一系列具体制度的确立，从法定义务的角度为商业特许经营权的横向边界和纵向边界的确定提供了依据，借以明确特许双方各自的责任区间，并兼顾特许双方以外的不特定的消费者利益。①

2017 年，席月民副研究员研究了海峡两岸信托业行业协会自律问题。他认为，行业协会作为自律组织，学理上认为可以发挥纠正市场失灵和政府失灵的“润滑剂”作用。利用中国信托业协会和我国台湾地区信托业商业同业公会官网的数据资料，比较研究作为制度、过程与事业的自律职能及其实现的现实图景，考察评价“活的自律”总体状况，对我国大陆地区信托行业协会自律职能的充分实现以及转型回归“受人之托、代人理财”信托本源业务的大陆信托业稳健发展具有重要意义。比较发现，为促进我国大陆地区信托行业协会自律职能的充分实现，需要着力于行业协会内部运行机制的进一步健全以及外部生存发展环境的有效改善。②

2017 年，席月民副研究员研究了《信托业法》的部门法属性特征问题。他认为，我国的信托法制建设融政治性、理论性以及实践性为一体，日益关注中国经济社会发展的本土化需要，注重回应和解决现实法律问题。《信托业法》是金融法的有机组成部分，是规范和保护我国信托业健康持续发展的重要保障，在承认信托的跨业经营与消除分业监管壁垒方面担负重任。制定我国《信托业法》，需要在理论上厘清其部门法属性及其法律特征，拓展信托法学研究中的逻辑认知。具体说来，《信托业法》应当属于公法与私法调整机制的耦合法，属于实体法与程序法的有机结合，虽然该法包含有商法成分，但实质上应当属于我国经济法的体系范畴。③

2017 年，姚佳副编审就“金融消费者”这一概念进行了检讨分析。她指出，以理论与实践双重坐标系检验，消费者法、金融业规范性文件、金融业发展与金融消费者概念创设等几者并不匹配。回归到解释论，金融领域消费者属于消费者的子概念，意欲另外创设一个特定的“金融消费者”

① 参见席月民《论银行客户的商业特许经营权及其权利边界》，载王卫国主编《金融法学家》（第 4 辑），中国政法大学出版社，2013，第 36—43 页。

② 参见席月民、刘志远《“活的自律”：两岸信托业行业协会自律职能实证研究》，《海峡法学》2017 年第 1 期，第 44—53 页。

③ 参见席月民《论信托业法的部门法属性特征》，载《人大法律评论》2017 年第 2 辑，法律出版社，2017，第 61—73 页。

概念似乎意义并不显著，忽视消费者法自身教义学体系，只会造成概念之间界限不清晰以及增加思维负担，对学术研究和制度发展无益。她认为，金融消费者在中国法体系内能且仅能被视为一种基于解释论而产生的笼统称谓。①

有关金融法的研究，同样构成“社科”经济法学的新的学术增长点。相关研究成果既涉及了金融法的一般理论问题，也涉及银行法、信托法等专业领域问题，诸多观点对推进我国金融体制改革和金融法治建设发挥了重要作用。

（六）企业法研究与国企改革问题

企业作为经营者的重要表现形式，是经济法主体的核心所在，因此企业法研究是经济法主体研究中必不可少的内容。在企业制度研究方面，1992 年，崔勤之研究员对城镇与乡村集体企业的法律特征进行了比较研究。② 1993 年，她开始研究企业法人股的持有与转让问题③以及企业走向市场的条件及其法律保障。她认为，企业走向市场是市场经济体制得以建立和发展的关键。企业走向市场的条件是多方面的，但从法学的角度讲，就绝大多数企业自身而言，最重要的一点就在于：企业必须首先取得法律意义上的主体资格，即企业必须是拥有自己的独立财产，并对该财产享有所有权的真正的法人。④

国企改革一直是中国经济改革中的重要内容。1995 年，王保树教授研究了国有企业走向公司的难点及其法理问题，⑤ 提出国有企业改革需要抓住本质。⑥ 他还从全面保护股东权利着眼，并在总结了国内外有关公司法

---

① 参见姚佳《“金融消费者”概念检讨——基于理论与实践的双重坐标》，《法学》2017 年第 10 期，第 179—192 页。

② 参见崔勤之《城镇与乡村集体企业法律特征之比较》，《法学评论》1992 年第 6 期，第 70—72 页。

③ 参见崔勤之《企业法人股的持有与转让》，《法学研究》1993 年第 4 期，第 16—22 页。

④ 参见陈世荣、崔勤之《论企业走向市场的条件及其法律保障》，《宁夏社会科学》1993 年第 3 期，第 82—86 页。

⑤ 参见王保树《国有企业走向公司的难点及其法理思考》，《法学研究》1995 年第 1 期，第 56—63 页。

⑥ 参见王保树《国有企业改制要抓住本质》，《社科信息文萃》1995 年第 11 期，第 11 页；《国有企业改制要抓住本质》，《决策咨询通讯》1995 年第 3 期，第 99—100 页。

的实施经验基础上，对股东大会的组成、地位、运作原则、运作过程和方法进行了探讨，并着重提出了股东大会地位的“两重性”，分析了“资本多数决定原则”的利弊，对完善我国公司法也提出了一些有益的建议。[①]1996年，王保树教授的英文版《国有企业走向公司的难点及其法理问题》被发表在《中国社会科学》（英文版）第3期。[②]

1996年，刘俊海教授提出，国有企业公司制改革亟待解决四个问题。一是关于国有企业公司制改革中的国有资产投资主体的确定问题；二是关于应否将国有独资公司作为国有企业改建的主要方向的问题；三是关于严格按照《公司法》规范改建公司机关体系的问题；四是关于顺应国有企业公司制改革工作，推动政府机构配套改革的问题。[③]

2000年，崔勤之研究员研究了企业在经济法中的主体地位。她认为，企业是市场经济的参加者，它的存在是市场经济发生的首要条件，同时也是经济法规制的主要对象。她从法理角度分析指出，企业具有经济权利能力和经济行为能力，并以自己的名义参加到具体的经济法律关系中去享受经济权利、履行经济义务，因而是经济法律关系的主体。非法人企业虽然不具有法人资格，但却具有主体地位，并且是与自然人和法人并列的第三类主体。[④] 在国有企业改革方面，2000年她强调指出，国企改革需要法律规范、引导、推动和保障，我国需要抓好经济行政法规的立、改、废工作。[⑤]

2005年，刘俊海教授研究了企业国有产权转让中的几个法律问题，包括应当纳入评估范围的资产未履行评估程序的企业国有产权转让合同的效力；以职工安置作为交易条件的合同条款的效力问题；以债务承担作为受让企业国有产权对价的行为的效力；检察机关可否代表国家就企业国有产权转让纠纷提起民事诉讼；以及审理企业国有产权转让纠纷案件应当树立

---

① 参见王保树《股东大会的地位及其运营的法理》，《中国社会科学院研究生院学报》1995年第1期，第11—20页。

② 该文英文名称为 Difficulties in the Corporatization of State - owned Enterprises and Legal Considerations，参见《中国社会科学》1996年第3期，第78—84 + 192页。

③ 参见刘俊海《国有企业公司制改革中亟待解决的四个法律问题》，《法学》1996年第3期，第39—42页。

④ 参见崔勤之《论企业在经济法中的主体地位》，《法学论坛》2000年第3期，第33—40页。

⑤ 参见崔勤之《深化国企改革的法律思考》，《法学杂志》2000年第2期，第5—6页。

的司法理念。[①]

2005年，席月民副研究员提出国有资产信托合同是国家调控经济的重要手段之一。他从国有资产信托合同的性质入手，分析了无效国有资产信托合同以及国有资产信托合同的法律适用等问题，并重点就建立国有资产信托合同登记备案制度提出了自己的观点和建议。[②] 2006年他又研究了国有资产信托监管问题。他认为，加强对国有资产信托的监管既是有效防范信用风险的需要，也是信托投资公司稳健经营的需要。他从我国国有资产信托监管的现状和未来出发，重点研究了我国国有资产信托监管的监管主体体系架构和监管重心转移问题，并就监管配套制度建设提出了自己的看法。[③]

2012年，席月民副研究员指出，国有资产形态转换是现代市场经济条件下巩固和发展国有经济的必然选择。设立在国有资产之上的不但有权利，而且还有权力。国有资产的市场交易与国有资产动态管理密不可分，但国有资产流失不应成为国有企业在市场交易中任意毁约的借口。诚实守信是国有资产形态转换中最根本的品质要求，国有资产转让应当遵循等价有偿和公开、公平、公正的原则。他认为，国有企业需要维护诚实守信的法治环境，不能因为自身的“权利 + 权力”的双重性而破坏制度环境，在我们长期艰难维护的诚信长城中，国有企业和国有资产管理部门必须承担责任。[④]

有关国企改革和国有资产管理的研究，在我国经济法研究中一直未引起足够关注和投入。“社科”经济法学在这一领域的研究成果虽然不多，但一直保持了相应的关注，并具有一定的学术影响力。

（七）三农法律问题

三农问题一直是我国经济发展的突出问题，“社科”经济法学在这一方面也有所涉猎。1996年，第八届全国人大四次会议批准了《国民经济和

---

① 参见刘俊海《企业国有产权转让中的法律问题研究》，《人民司法》2005年第6期，第11—13页。

② 参见席月民《论国有资产信托合同及其登记备案制度》，《成人高教学刊》2005年第5期，第8—11页。

③ 参见席月民《我国国有资产信托监管制度研究》，《法学杂志》2006年第2期，第70—72页。

④ 席月民：《国有企业需要诚信品质》，《北大商业评论》2012年第8期，第56页。

社会发展“九五”计划和2010年远景目标纲要》，强调要求“把加强农业放在发展国民经济的首位”，“健全国家对农业的支持和保护体系，并使之制度化、法律化”。显然，这给加强农业立法，建立和健全农业法律体系提出了历史性的任务和具有重要意义的课题。鉴于加强农业法律体系建设对于确立和巩固农业在国民经济中的基础地位的极端重要性，王存学、马骧聪等研究员合作撰文就农业法律体系建设基本问题进行了初步探讨，从而引起了社会各界对此问题的普遍关注。[①] 1999年，王存学研究员分析了我国农业和农村法制建设的状况及存在的问题，并结合我国的实际情况提出了加强农村法制建设的任务，如要加强关于农业投入、农业承包制、保护农业资源、保护农民权益等方面的立法工作。[②]

2001年，刘翠霄研究员研究了中国农民的社会保障问题。她指出，中国农民应该获得社会保障的保护。这是因为，获得社会保障是宪法赋予农民的一项权利；农民在民主革命时期和社会主义建设事业中作出过重大的牺牲和贡献；农民为我国的经济体制改革和精神文明建设作出过重大的贡献。她认为，我国农民的社会保障状况堪忧，必须尽快予以改变。改变的办法是建立具有真正“社会”性质的农民社会保障制度。[③]

2010年，席月民副研究员围绕新农村法治建设问题，赴河南西部三门峡市进行了调研。从调研情况看，近年来经过大规模的普法教育，农村基层干部和广大农民已经学到了一些法律知识，法制观念和法律意识有了一定程度的提高，农村的社会治安状况总体保持良好和稳定。他指出，目前新农村法治建设中仍存在一些比较突出的问题，如农村离婚案件呈上升趋势、农村案件送达难问题突出、保护农民权益的法律机制欠完善等。他认为，“三农”问题始终是关系党和人民事业发展的全局性和根本性问题，推进新农村建设必须以强化法治建设作为根本保障，“社会法庭”须理性回归人民法庭，并将能动司法理念落到实处。[④]

---

① 王存学、马骧聪、黄明川、李生：《农业法律体系建设基本问题》，《法学研究》1996年第6期，第66—77页。

② 参见王存学《农业和农村法律建设基本问题》，《中国农村观察》1999年第4期，第46—51+56页。

③ 参见刘翠霄《中国农民的社会保障问题》，《法学研究》2001年第6期，第67—83页。

④ 参见席月民《新农村法治建设遇到的新问题》，《学习时报》2011年1月10日，第5版；席月民《“社会法庭”须理性回归人民法庭》，《检察风云》2010年第16期，第24—25页。

（八）涉外经济法制

有关涉外经济法制同样是经济法学的研究内容。1992 年，谢怀栻研究员提出了完善我国涉外经济法制应注意和改进的四个问题，即法律和法规的关系、授权立法、执行法律时对法律的解释以及工商统一税问题。他认为，首先在地位和作用两方面，法律为主，法规为辅；不能使法规居于主要地位，更不能使之凌驾于法律之上。其次，授权立法是一种非常的立法形式，应该有所限制。再次，行政机关在执行法律中解释法律时必须严格遵守法律，不应该改变或违反法律。最后，我国工商统一税亟须整理修订。①

（九）研究方法

在研究方法方面，“社科”经济法学也有一定的研究成果。2002 年，钱弘道教授分析了法律经济学的理论基础。他认为，法律制度能够引起经济学研究高度重视的关键就在于人类经济发展的历史充分证明，对经济增长起决定作用的是制度性因素而非技术性因素。从凡勃伦传统到康芒斯的交易概念，再到科斯的交易成本和科斯定理，法律经济学奠定了雄厚的理论基础。他强调，康芒斯把经济关系的本质归结为所有权转移的交易，是经济学发展史上的一个重要转变。科斯的交易成本理论架起了制度和交易成本、新古典理论和法律经济学之间的桥梁。科斯定理提供了根据效率原理理解法律制度的一把钥匙，也为朝着实现效率最大化的方向改革法律制度提供了理论依据。② 他预测，法律经济学在中国的发展必将改变中国传统法学固有结构，促进中国的法律改革。③

2004 年，钱弘道教授专门研究了法律的经济分析工具。他指出，法律市场假设是经济分析的前提，法律运行中的弊端通常就产生于法律市场的交易中。供给与需求、成本与收益分析是法律经济分析的重要工具。政府既能供给市场经济以法律制度基础，也可能破坏和掠夺这一基础。法律需

---

① 参见谢怀栻《完善我国涉外经济法制的几个问题》，《中国法学》1992 年第 1 期，第 46—52 页。

② 参见钱弘道《法律经济学的理论基础》，《法学研究》2002 年第 4 期，第 3—17 页。

③ 参见钱弘道《法律经济学和中国法律改革、未来中国法学》，《法律科学》2002 年第 4 期，第 3—10 页。

求是公共选择的过程，具有不确定性，可能被人为夸大，也可能被人为低估。政府对市场过于敏感，对干预市场的法律法规过于自信，会导致“非市场”需求的扭曲。法律成本不确定，使得人们难以发现、选择最符合效率原则的立法执法机制。①他在进一步研究后指出，法律的经济分析应当包括宏观和微观、规范和实证的分析。对法律的经济分析有三个角度：从经济决定论角度，从市场经济的制度基础角度，以及从微观经济分析角度。他强调，广义的经济分析法学应当将上述三个角度的分析都纳入其中。经济决定法律是马克思主义法理学的精髓和基石，法治是市场经济的制度基础，效率是法律改革的目标，三者有机统一可以构成法律的经济分析的宏观和微观样式。②

2005年，钱弘道教授强调，交易成本、最大化、均衡、效率是法律的经济分析中涉及的最基本的概念。③他在评判法律的经济分析方法时，指出其新颖之处就在于经济方法对传统法律方法的替代。法律的经济分析方法与马克思主义的经济分析法虽然研究风格迥异，但在价值观上存在一致性。作为一种强有力的分析工具，经济方法已经对法学、政治学等诸多领域产生了划时代的革命性的影响，具有不可替代的优势。但法律的经济分析方法存在不足，它不会也不可能完全代替传统的法律方法。法律的经济分析具有广大的包容力和发展潜力。法律的经济分析的发展将可能更注重价值多样化、更关注动态的法律发展过程。④

2015年，肖京博士对经济法学研究中相关学科方法的运用作了梳理和分析。他认为，对经济法学研究方法的反思，不仅有助于优化现有的研究方法，提高理论研究的效能，同时还有助于增强经济法理论研究成果对现实的解释力，提升相关研究成果的实用价值。对经济法学研究方法的研究可以从多个角度展开。在诸多相关学科中，经济学、社会学、政治学等相关学科的研究方法在当前经济法研究中的运用非常普遍，因此很有必要对

---

① 参见钱弘道《法律的经济分析工具》，《法学研究》2004年第4期，第134—147页。

② 参见钱弘道《关于对法律进行经济分析的三个角度》，《法制与社会发展》2004年第3期，第69—76页。

③ 参见钱弘道《经济分析法学的几个基本概念阐释》，《同济大学学报》（社会科学版）2005年第2期，第91—102页。

④ 参见钱弘道《法律的经济分析方法评判》，《法制与社会发展》2005年第3期，第116—123页。

其进行总结和思考。这些相关学科研究方法在经济法学研究中的广泛运用，对经济法学的研究产生了积极和消极的双重作用。在看到其积极作用的同时，也应当注意到，这些研究方法在经济法学研究中的过度使用，也会产生一定的消极作用。其他相关学科的研究方法只能作为经济法学研究方法的有益补充，而不能替代经济法学研究方法中的法学方法。[①]

结 语

在纪念改革开放 40 周年之际，我们重温“社科”经济法学的这段历史有着特别的意义。今年是法学研究所建所 60 周年，我们通过梳理不同历史阶段“社科”经济法学对中国经济法学的学术发展贡献，为的就是不忘初心，不断坚定我们对社会主义市场经济法治的信心。考察“社科”经济法学的成长变迁历程，有两点发现值得肯定：一是各个时期的科研骨干不计较个人得失，无怨无悔，潜心学术，有的放矢，他们具有强烈的社会责任感和历史使命感，始终放眼国际，勇立潮头，思想观念与时俱进，研究主题随着时代发展不断拓新，注重突出中国经济法学的本土性、实用性与学术性；二是学术氛围浓厚，学科整体实力强，不浮躁，不钻营，有反思精神和创新精神，追求真理，精益求精，研究中理论联系实际，注重理论框架与经验材料的相互结合。在法学研究所，一直以来榜样的力量是无穷的。“社科”经济法学一代代学人，心系法治大业，孜孜矻矻，不骄不躁，脚踏实地，始终坚守着“正直精邃”的治所精神，正是这种精神挺起了法学研究所的脊梁，并为这个伟大时代的发展变革供给了专业学识和智慧。

诚如习近平主席所言：“历史，总是在一些特殊年份给人们以汲取智慧、继续前行的力量。”[②] 我们深知，坚持和发展中国特色社会主义，坚持法治国家、法治政府、法治社会一体建设，全面推进依法治国，仍然长路漫漫，任重道远。陈甦研究员指出，尽管我国的法学研究已经取得了巨大的成就，但是法学研究的学术机制仍需不断改进，以更好地发挥法学研究

---

① 参见肖京《经济法学研究中相关学科方法的运用》，载张守文主编《经济法研究》（第 15 卷），北京大学出版社，2015，第 67—73 页。

② 2018 年 4 月 10 日，国家主席习近平出席博鳌亚洲论坛 2018 年年会开幕式并发表题为《开放共创繁荣创新引领未来》的主旨演讲。

在繁荣法学和推进法治方面的作用。为此，应当处理好法学研究的创新性与有效性之间的关系，法学知识的外源性与学术人格的自主性之间的关系，以及关于法治问题的分科研究与综合解决之间的关系。[①] 我们期待，未来的“社科”经济法学能够妥善处理好这三对关系，进一步增强理论自觉，塑造好自身的学术品格，真正推动中国经济法学的现代转型与理性发展，为社会主义市场经济的发展完善、为国家治理体系和治理能力现代化贡献出更多“社科”智慧！

席月民

① 陈甦：《当代中国法学研究的研究》，《中国社会科学评价》2015 年第 3 期，第 27—38、125 页。

一　经济法总论

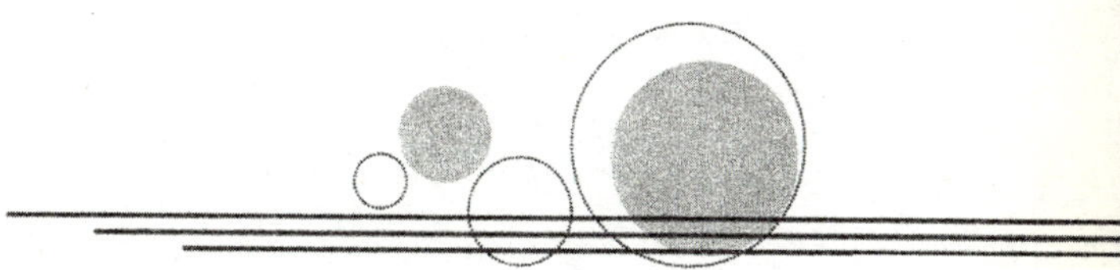

苏维埃法学中的经济法问题*

马骧聪**

在我国经济生活领域所产生的各种关系，从下述意义上说实质上是同一类型的，即它们都属于同一个社会主义社会关系类型。同时，就其具体内容、等级、参加者的成分、参加者的行为目的和性质来说，这些社会关系彼此的差别是很大的。因此，在调整这些关系时，不可能有一种预先定好的模式。在这种情况下，立法者在调整各种经济关系时，使用了许多各种不同的方式、方法和模式。

苏维埃社会主义国家用以调整经济关系的法律规范的法律本质究竟如何？对于这个问题，苏维埃法学在其不同的历史发展阶段上远没有作出相同的答复。

如果稍微回顾一下我国法律思想半个多世纪的发展史，便不能不看到，经济生活的法律调整问题，早已引起了我国学术界的极大注意，我国学术界提出了一系列独创的并在不同程度上适应经济立法实际发展水平的法律理论。现在我们来看一看其中的五种："两种成分法"理论；战前的经济法理论；战后的（或现代的）经济法理论；"综合性部门"理论；"经济行政法"理论。

"两种成分法"理论，是П. И. 斯图奇卡在20年代末提出来的。斯图奇卡把民法和经济行政法作为调整当时的不同经济成分的部门法加以区

---

* 本文是В. П. 格里巴诺夫教授和О. А. 克拉萨夫奇科夫教授主编的《经济法》教科书（苏联法律书籍出版社，1977）的第一章第二节和第三节的摘译。

** 马骧聪，男，1934年生，河南博爱人，现为中国社会科学院荣誉学部委员，中国社会科学院法学研究所研究员，博士生导师，研究方向为经济法和环境法。

别。根据这种理论，经济行政法调整的是社会主义经济成分中在社会主义组织之间产生的各种关系。这种关系的特点是计划性和从属性。至于说民法，则它的使命是调整建立在无计划性的、“无政府主义”原则上的另一种关系。这种关系包括私营成分的财产关系，以及许多公私成分之间的关系。

正如我国立法和法律思想的发展史所证明的那样，“两种成分法”理论的主要缺点在于，它对民法和经济行政法之间的相互联系性质作了错误的论断，而这是因为这个理论的主张者对于社会经济联系本身的发展的认识不正确。他们认为，在民法和经济行政法之间存在对抗性斗争，因为在这两个部门法里体现着不可调和的阶级矛盾。最为错误的是这个理论的出发点，根据这种出发点，民法的基础是私有制，因此也否定了苏维埃民法的社会主义实质。

另外的一些主张，特别是 Л. Я. 金茨布尔格和 Е. Б. 帕舒卡尼斯在 30 年代中期提出的战前经济法理论，取代了错误的“两种成分法”理论。他们批判了“两种成分法”理论。在他们看来，经济法是“无产阶级国家组织经济管理和组织经济联系的政策的一种特殊形式”。① 金茨布尔格和帕舒卡尼斯在竭力克服“两种成分法”理论的“对抗性”时，跑到了另一个极端。他们不仅把社会主义组织之间的关系，而且把公民之间的关系，都纳入了经济法的范围。结果，把公民（在我们所叙述的理论里称作“私人”）降低成了消费者。

同时，这种观点也有其积极的方面。这种观点所提出的必须研究计划工作、经济核算和经济合同的法律问题的主张，后来在民法专家的研究中得到了发展。但是，这种理论的缺点是严重的，因此它没有得到多少拥护者。

战后的经济法理论，是在 50 年代末 60 年代初提出的（В. В. 拉普捷夫、В. К. 马穆托夫等）。

可以把这种理论的实质简要地叙述如下：经济法是（苏维埃法统一体系中的）一个独立部门，它有着专门的法律调整对象（经济关系），具有它所固有的特殊的法律调整方法。

---

① 《苏维埃经济法教程》（第 1 卷），苏联法律出版社，1935，第 21 页。

现代的经济法理论注意到了战前的经济法观点的缺点，它的优点是指出了调整社会主义组织之间的相互经济关系的各种规范和制度的相互作用。

然而，在我们看来，这种观点也存在许多严重缺点。

我们认为，对于国民经济中所产生的各种关系的相互联系的性质的错误解释，是我们上边所叙述的经济法理论的主要缺点。这种观点的拥护者是以正确的思想为出发点的，依照这种思想，社会主义经济中的组织关系和财产关系构成了一个统一的社会主义经营管理领域。谁也不否认这一点。但是，认为经济法是一个独立部门法的拥护者的进一步论断，则引起了不同的意见。问题在于他们对于上述关系的相互联系性质的解释办法，是在组织关系和财产关系之间画等号。由于混淆了不同的社会联系，也就混淆了应当科学地体现出相应关系（一方面是财产关系，另一方面是组织关系）的科学范畴。这是由认为上述关系是同一个理论范畴“管束着”这一点得出的。B. B. 拉普捷夫写道：“在社会主义经营管理领域，经济法只调整一种关系范畴，即领导和进行经济活动方面的关系，这就是经济关系。”①

我们认为，上述经济法理论的拥护者，对于社会主义经营管理领域的共同性概念的解释，是错误的。问题在于共同性并不是等同，而是不同事物的本质联系；如果没有这种本质联系，没有不同事物，也就没有了共同性，也就没有了谈论是否存在共同性的根据。上面所说的这一切，既适用于社会主义经营管理领域的共同性，也适用于这个社会领域范围以外的任何其他现实存在的共同性。

同样，不能把组织联系和财产联系等同起来，它们不是同类的、相同的联系。组织关系和财产关系之间的根本区别是由下述事实决定的：如果说上述社会联系中的后一种是在物质财富生产和分配过程本身中直接产生的话，那么，前一种联系则是在组织这一过程的领域内产生的。组织关系和财产关系的紧密联系，并不能使它们成为同一的或相同的关系。

在不久之前，这种理论的拥护者开始不仅把经济关系的“共同性”，而且把这种关系的同类性提到了首位。② 但是，这种“变换”逻辑术语的

---

① B. B. 拉普捷夫：《经济法的对象和体系》，苏联法律书籍出版社，1969，第 24 页。

② 参见《经济法理论问题》，苏联科学出版社，1975，第 20、25、26、28 等页。

办法，并不能改变提出和解决经济关系问题的实质。其中他们认为："构成部门法调整对象的各种社会关系的共同性或同类性的程度，可以是各不相同的。从这个意义上讲，经济法所调整的关系的共同性，要比民法所调整的关系的共同性大得多。所有这些关系，都是在进行经济活动和领导经济活动的社会主义经营管理过程中产生的，它们全都既包含有计划和组织因素，也包含有财产因素。"① 如果说社会联系的同类性就是它们的共同性（反之一样，如果说"共同性就是同类性"），那么，将完全不明白"纵的"和"横的"经济关系的"几何学差别"究竟是从哪里产生的。假如某种关系是同类的（或者是像作者们所写的那样，是相同的），那么，就应当把它们列入财产关系，或者列入组织关系。第三种办法是不存在的。

在我们看来，经济法不是苏维埃社会主义法的一个部门，因为经济法的规范没有统一的调整对象。这种调整对象，是社会主义经营管理领域里产生的各种社会关系的某种总和。因此，经济法没有一个（独特的）法律调整方法。根据这种理由，上述理论也是不能接受的。

最初提出基本部门和综合性部门理论的时候，本来与讨论经济法问题并无关系。早在 1947 年，В. К. 拉伊赫尔在分析保险问题时就曾提出，在苏维埃社会主义法的体系范围内，应当区分两种部门——基本部门和综合性部门。后来，这种主张得到了 О. С. 约菲、М. Д. 沙尔戈罗茨基和Ю. К. 托尔斯托伊的支持。

关于综合性部门问题，Ю. К. 托尔斯托伊讲得最详细。他认为在基本部门和综合性部门之间有下列不同之点：第一，他认为每一个基本的（独立的）部门法都有对象上的共同性，而综合性的部门法则没有这种共同性，因为它调整的是不同的关系；第二，基本的部门法不可能包括别的部门法的规范，相反，综合性的部门法则是由别的（基本的）部门法规范组成的；第三，每一个基本的部门法都有其独特的调整方法，而对于综合性部门法来说则是另一种情景，在综合性部门法里使用的是从各个基本部门法里汲取过来的各种法律调整方法；第四，基本的部门法在法的体系中占有一定的位置，相反，综合性的部门法在法的体系中则没有任何位置，只是在对法进行分类时（根据分类整理的目的），才给予它们一种相对的

① 《经济法理论问题》，苏联科学出版社，1975，第 28 页。

位置。

看来，托尔斯托伊把“部门”这个术语用于不是部门的现象，是没有根据的。术语“部门”的两种含义，造成了一种错误的概念，造成了一种错觉，即综合性的部门虽然不是基本的（独立的）部门，但它毕竟还是一个部门，尽管是综合性的部门。同时，把经济法算作综合性的部门，即按照纯粹主观的标准或意愿“制造”出来的一个部门，便排除了在任何程度上探求经济法规范相互作用的任何共同性的一切可能。综合性部门理论的这个缺点，在60年代前半期已经看出来了。

C. H. 勃拉图西和C. C. 阿列克谢耶夫在1963年提出的“经济行政法”理论，是对战后经济法理论的拥护者和“综合性部门”理论代表的意见的一种独特的法律思想反映。对于上述后一种观点，勃拉图西和阿列克谢耶夫指出：“把法律规范分为部门，不是从研究经济关系的法律调整合适和方便的考虑决定的，而是由法及其内容客观存在的差别所决定的。”①

至于说对现代经济法理论的态度，则勃拉图西和阿列克谢耶夫认为，它的出现在很大程度上是由下述情况造成的：“在行政法研究范围内进行的科学分析，往往停留在实际上它恰恰是应当展开的地方，它局限于一些关于组织经济管理机构及其活动的原则等一般问题，没有深入到社会主义经济领域中各种关系的行政法律调整问题。在这方面，在科学研究和法律院校的法律课程教学中，形成了一个‘死角’。”②

作者们为了从已经形成的状况寻找出路，建议选择什么样的途径呢？勃拉图西和阿列克谢耶夫写道：“经验证明，科学研究中的转变，只有在它以一定的组织前提为依靠的时候才能达到。”③ 他们认为，建立一个单独的法律分支学科——经济行政法，可以成为这种组织前提。④

这种观点提出以后，已经过去了好多年。但是，行政法学科的人士在

---

① C. H. 勃拉图西、C. C. 阿列克谢耶夫：《关于国民经济管理的法律问题的研究》，《法学》1963年第4期，第45页。

② C. H. 勃拉图西、C. C. 阿列克谢耶夫：《关于国民经济管理的法律问题的研究》，《法学》1963年第4期，第45页。

③ C. H. 勃拉图西、C. C. 阿列克谢耶夫：《关于国民经济管理的法律问题的研究》，《法学》1963年第4期，第45页。

④ C. H. 勃拉图西、C. C. 阿列克谢耶夫：《关于国民经济管理的法律问题的研究》，《法学》1963年第4期，第46页。

发展“经济行政法”研究方面，并没有发生任何重大的变化。他们更多地注意了国民经济的管理问题，但在实际上并没有接受“经济行政法”理论。

在这方面，大概是下述情况起了作用，即经济问题（供应、基本建设、货物运送和其他经济劳务方面的关系）本身，甚至是行政性很强的问题，都没有进入行政法理论思想的学术兴趣范围。也不排除，勃拉图西所说的下述情况也起了一定的作用：“计划调节机关拨给国营企业固定资产和流动资金，处分国家财产，但不是以自己的名义，而是以国家的名义，因此，在这里不是在这个机关和企业之间，而是在整个国家和企业之间发生财产关系。”① 如果同意上述论断，那么便不明白：假如行政法不调整上级机关和企业之间的财产关系，那么，整个行政法和它的分支部门经济行政法所调整的究竟是什么样的经济关系呢？既然在勃拉图西的上述论断里财产关系是发生在整个国家和企业之间，而不是发生在主管的国家管理机关和企业之间，那么，行政法形式就是多余的了，它应当让位于苏维埃国家法规范所规定的形式。

总之，对苏维埃法律科学在不同时期所提出的各种经济法理论的简要论述表明，在科学中，至今没有研究出解决这个问题的一致办法。

在社会主义经营管理领域所产生的社会关系，是多方面的和多种多样的，就像我们社会主义社会的经济生活范畴本身那样复杂和多方面。

既然这里讲的是社会主义社会经营管理过程中的关系领域，那么，诸如在职工家庭副业中、集体农户等范围内形成的财产关系，就不在这个领域范围之内。简言之，在我们所说的社会主义经营领域所发生的关系中，没有公民参加，这种社会关系的主体只是社会主义组织：国家管理机关、生产企业、联合公司等等。

计划性是社会主义经营管理一个不可分离的特点。根据五年计划并为了执行五年计划，开展着大量的组织工作，以保证适当地组织社会主义的扩大再生产。在这种工作过程中，产生着各种各样的、性质不同的各级组织关系。

组织关系，是为了使其他社会关系正常化（整顿、建立等），为了协

① C. H. 勃拉图西：《苏维埃民法的对象和体系》，苏联法律书籍出版社，1963，第43页。

调这些关系的参加者的行为或者为了建立（以及改组或撤销）一定的社会组织（企业、机关等）而发生的社会关系。

在分析研究社会主义经营管理的实践时，不能不看到，国家机关在国民经济领域里的组织工作并不是目的本身。问题在于，上述组织工作和计划工作的对象，是在社会主义企业之间、企业和国家管理机关之间，以及在国家管理机关本身之间所发生和实现的数量众多的财产关系。

财产关系，是在一定的法人（管理机关、企业、联合公司等）之间，就占有、使用和处分生产资料和消费品而发生的具体的社会经济关系。

在这些关系中间，可以列出我们的企业之间关于产品的供应、运输的经济联系，关于基本建设、信贷等关系。在这里应当提到国家管理机关和它们的所属企业之间的财产关系，例如在拨给企业固定资产和流动资金时发生的财产关系。

从组织关系和财产关系属于这种或那种结构类型的观点来说，必须根据管理机关、企业、联合公司等组织的相应组织关系或财产关系的结构所赖以建立的原则，分成两种联系类型。

第一种结构类型（从属的类型）的特点是，有关的组织关系或财产关系的参加者，处于按从属（“命令和服从”）原则确定的相互关系之中。

第二种结构类型（协调性的类型）的特点是，有关的组织关系或财产关系的主体，处于按协调（非从属的，平等的）原则确定的相互关系之中。

根据组织关系和财产关系结构上的不同，在国民经济中所产生的各种联系的整个体系中，可以区分四种不同的但同时又相互联系的社会关系。

第一种是按从属原则建立的组织关系。例如，在一方是部门管理机关（各部，各总管理局）另一方是它们的下属企业（联合公司，其他经济组织）之间，在联合公司和加入联合公司的企业等之间，发生的就是这种组织关系。一方是本部门外的管理机关、监督和统计机关（如财政机关、国家监督机关等）同另一方是企业之间的各种关系，就其结构性质（虽然在内容上是特殊的）来说，是类似的。

第二种是按对关系参加者进行协调的（非从属的，平等的）原则建立的组织关系。在这种关系中，可以指出在整个国家机关体系中通常在同一级的各种经济管理机关之间建立的组织联系。例如，两个不同的部之间、同一个部的两个总管理局之间、国家监督机关和财政机关之间、统计局机关和国家银行机关等之间的相互组织联系，就是这样的关系。

在经济改革的当前发展阶段，企业本身的组织工作也是迫切需要的。为了更好地执行计划和取得最大的经济效果，企业不仅实施财产（经济）行为，而且实施组织行为，发生按协调原则建立的相应组织关系。当然，不能把这种关系与上述关系混为一谈（因为它们是在社会主义经营管理体系的另一级上发生的），但尽管如此，它们也是组织关系。在这种关系中，可以举出企业（联合公司）之间在签订供应、基本建设包工、汽车货运等合同过程中所发生的联系。

第三种是按从属原则建立的财产关系。这种关系的范围相对来说不大。属于这种关系的有上级机关和从属于它的企业之间关于分配流动资金的财产关系，财政机关与企业之间关于征税、对各种基金征税、给企业分配固定资产，以及将固定资产收回和交给其他企业和组织的财产关系。

这种财产关系的特点在于，它不是纯粹形式的商品货币关系，虽然实现这种关系是与对交付（索取）的固定资产和流动资金的货币估价相关。

第四种关系是按协调（平等）原则建立的财产关系。这种关系就其内容和内部种类来说，数量最多。它包括生产和技术用途的产品以及日用消费品的供应关系，这些产品的运送（铁路的、空运的、海运的等等）关系，工业项目、文化和生活性项目及其他项目的基本建设关系，以及许多其他关系。这些都是流通领域（交换活动结果）的关系。

上述关于在社会主义经营管理领域发生的组织关系和财产关系的内部区别的论述，使得必然要提出如下问题：是否存在一个包罗万象的法律形式，能够把社会发展进程中这些为数众多的和内容多种多样的关系体现出来呢？

总的说来，苏维埃法律科学对这个问题的回答是否定的。只有战后经济法理论的拥护者认为，这种形式是经济法律关系形式。我们认为这种包罗万象的法律形式是不存在的，而且，由于上面所指出的经济法律调整对象的多样性，它也不可能存在。

在调整经济关系方面，立法者运用了大量法律手段，确立了广泛的规范性规定，这些规定具有各种各样的部门法属性。因此，对于社会主义经济领域所发生的组织关系和财产关系，是由行政法和民法、财政法和土地法，以及许多其他法律部门的规范调整的。正因为如此，在苏维埃社会主义法的总体系中，并不存在经济法这样一个独立的法律部门。下述情况证明了这一事实：在调整社会主义经济领域的组织关系和财产关系时，立法者使用了为苏维埃社会主义法的各个部门所固有的各种不同的法律调整方法。

在分析研究其规范是调整经济关系的苏维埃现行立法时，不能不注意到：在就其内容来说属于一定的部门法的文件中，往往“夹杂”有，而有时是按“平等的原则”列入有其他部门法的规范。比如说，没有疑问，生产和技术用途产品供应条例是属于苏维埃民法的渊源范围，因为它的大部分规范的确是民事法律规范。但是，条例也包括了另外一部分规范，其规定属于别的部门，特别是行政法部门。

从这个角度来看，苏联部长会议 1965 年 10 月 4 日决议所批准的社会主义国营生产企业条例，更为特别。对条例内容的分析表明，条例里包括了行政法、民法和财政法规范。

骤然看来好像是，立法者在一个规范性文件里包括不同部门法规范，纯粹是出于“实际”考虑（便于使用法律、决议、条例的条文等等）。

在我们看来，在一个规范性文件里把不同部门法规范结合在一起的必要性，是由下述事实决定的：有关的组织关系和财产关系，在一定程度上，是相互联系和相互作用的。

组织关系和财产关系的功能性相互联系，是由下列因素决定的：社会领域——社会主义国民经济领域的统一性，上述社会关系的社会主义经济基础（即生产工具和生产资料的社会主义所有制）的统一性，我们社会主义国家经济组织职能的统一性。

在社会主义经济中所形成的组织关系和财产关系的上述相互联系，在立法里以一定的方式得到了某种体现。如前文指出的那样，法律调整对象的关系的功能性相互联系，反映在某一个规范性文件里包括属于法的体系、有时是立法体系的不同部门的规范。这是在个别规范性文件水平上的功能性相互作用。但是，上述相互作用还包括更高的规范水平，即立法的整个制度和分支部门，在调整国民经济领域中产生的财产关系和组织关系时，都在功能上相互作用。

苏维埃立法和苏维埃法的各个部门的规范和制度的上述相互作用的特点是什么呢？

第一，它像组织关系和财产关系（它们是苏维埃社会主义法的调整对象）的相互作用一样，具有功能性质。这些或那些部门法的规范，在相互作用的过程中并不丧失其部门属性，也不融合成某种与它们开始相互作用前根本不同的新整体。

第二，我们所探讨的法律规范和制度的相互作用，并不局限于某一个独立部门，或者说像民法和行政法这样两个部门的范围。经济关系的逻辑把苏维埃社会主义法的许多部门（财政法、土地法等）的规范，都纳入了上述相互作用的轨道。在这里，刑法、民事诉讼法（仲裁程序）的规范，也占有一定的位置。因此，应当把我们所探讨的法律规范和制度的相互作用，看作跨部门的。

就是这些在功能上相互作用的属于苏维埃法和苏维埃立法各个不同部门的法律规范和制度，我们有条件地称之为经济法。

所以，经济法是在调整经济活动时在功能上相互作用的苏维埃社会主义法的各种不同部门的规范和制度的某种总和。

（本文原载于《环球法律评论》1979 年第 6 期）

试论经济法

史探径*

一

一定的经济基础形成一定的社会关系。社会关系包括许多方面性质不同却又相互联系、相互协调、相互制约的内容，需要分别用不同的法律规范去调整，这就形成了不同的法律部门。因此，社会关系是划分法律部门的客观标准。经济关系是社会关系中的一个重要方面。调整经济关系的法律部门首先是民法。我们一般都这样说，我国民法是调整一定范围财产关系和人身非财产关系的法律规范的总称。这里所说的"财产关系"，也就是"经济关系"。[①] 民法调整的"一定范围"以外的经济关系，主要应该是由经济法来调整。经济关系由于其内容错综复杂，范围很难划得很明确，难免还有经济法调整不了而需要由行政法等别的法律部门来调整的一些部分。经济关系直接反映了经济基础的要求。社会主义经济关系和资本主义经济关系分别建立在社会主义公有制和资本主义私有制两种根本对立的经济基础之上，因此，作为我国社会主义法律体系统一体中一个重要部分的经济法，同资本主义国家的经济法相比较，虽然许多经济法规的名称和形式相同或相近，本质却是完全不同的。

---

* 史探径，男，1925 年生，2005 年去世，江苏溧阳人，生前为中国社会科学院法学研究所研究员，研究方向为经济法和社会法。

① 参见杨志淮《生产关系・经济关系・财产关系》，《法学研究》1983 年第 1 期。

经济法的概念首先出现于资本主义国家。我们有必要先考察一下资本主义国家经济法的产生及其作用。资本主义国家的经济法产生于垄断资本主义阶段，它的最大特点表现在它的干预作用。所以可以说，资本主义经济法是资本主义发展到垄断强化阶段的干预经济的产物。

我们不是一般地说历史上任何一个政府对社会经济在实行一般的调节管理以外必要时采取一些干预的政策就必然产生经济法，而只是说垄断的资本主义实行干预经济时才产生了经济法。对社会经济进行必要的干预的政策并非始于资产阶级，用法律办法来实现管理和干预经济的目的，也是古已有之。中国和外国的历史上均不乏其例。我国汉武帝时大司农桑弘羊推行的经济政策，除规定盐、铁、酒三种日用品由国家专卖外，对其他日用品的交易，则用均输法和平准法来控制和调节物价，使私商无大利可获，而国家则可得到商业上的大部分利益，借以充实府库。北宋王安石施行的新法如均衡法、青苗法及市易法，虽然没有成功，却也不失为积极干预经济的尝试。元世祖时对海外贸易实行统制。其办法是，禁止私人用自己的资本去经营海外贸易，而由公家供给船只和本钱，选私商经营，获利七成归官，三成归商。在西欧历史上，16 世纪西班牙和葡萄牙禁止金银输出的办法，17 世纪英国利用制定航海条例鼓励从事海运事业和厉行殖民地贸易独占的办法，都是对经济进行干预的例子。① 这些法规就其对经济实现干预的目的来说，同近几十年来出现的经济法十分相似。不过这种法规数量少，在当时整个社会经济生活中起的作用并不十分重要，所以不能说有了这些法规，就出现了经济法。

进入资本主义社会以后，生产力得到空前发展。马克思、恩格斯在 1848 年发表的《共产党宣言》中说道：“资产阶级在它的不到一百年的阶级统治中所创造的生产力，比过去一切世代创造的全部生产力还要多，还要大。”② 在《共产党宣言》发表以后的一百多年来，生产力发展更为迅速，生产的社会化程度更为提高，生产部门与生产部门之间，地区与地区之间，甚至资本主义国家相互之间，在经济上的联系协作和互相依赖更为紧密。有时表现为仅仅是局部的问题，而实质上却是资本主义基本矛盾的

① 参见李权时《统制经济研究》，商务印书馆，1937，第 3—5 页。

② 《马克思恩格斯选集》第 1 卷，第 256 页。

反映，它可能在全国甚至整个资本主义世界引起轩然大波，甚或触发严重的经济危机。资本的急剧集中和经济的高度垄断，生产社会性与生产资料私人占有性之间的矛盾更趋尖锐激烈。资产阶级为了维护其阶级统治，不得不对社会经济进行积极的干预。制定和颁布经济法规，利用法律手段来调整经济关系，是实现干预的重要方面。资产阶级国家的经济法，是在资本主义经济无政府状态下，社会各种利益集团之间，包括垄断资本家与中小资本家之间、企业主与社会消费者之间，互相斗争、互相制约、互相平衡的结果。经济法的概念于20世纪初首先在德国出现，当然是适应了当时德国经济政策的需要。而从垄断资本主义经济发展的必要趋势来说，这一概念如果不首先在德国出现，也可能首先在其他国家出现。经济法的产生是必然的。

资产阶级的民法是以自动调节形成的一般秩序为基础，而经济法则是从现实条件出发，进行主动调节，因此表现为干预。资产阶级的经济法终究是以自由经济为基础，因此它的干预较多是反垄断的。有时则又表现为保护垄断的，不过这种被保护的垄断常常是以国家垄断的形式出现的。经济法的主动调节作用一开始主要表现在克服经济危机和适应战时、战后经济困难局面的需要，显示出强有力的统制的功能，这种情况下的经济也被称为统制经济。如德国、日本等就曾对重要物资的价格和分配等作过种种规定。后来，某些资产阶级经济学家倡导资本主义组织化、计划化的理论，主张对经济发展作出某种程度的规划。资产阶级依据这样的理论，从他们阶级利益的“长治久安”出发，利用国家权力，对整个社会生产加强干预，实行一定程度的计划调节，使资本主义取得一定程度的发展。经济法在计划调节中的作用是不容忽视的。例如日本，在结束了第二次世界大战后最初十年的恢复时期以后，从20世纪50年代中期起，开始进入高速发展时期。从1955年起，日本先后编制了九个中长期计划，目前正在执行新经济社会七年计划。日本历届政府为适应计划调节的需要，先后制定了多种经济法律和法令。如1956年制定的《机械工业振兴临时措施法》和1957年制定的《电子工业振兴临时措施法》，对机械工业和电子工业的发展起了积极促进作用。日本在战后进行农地改革，生产力获得解放。1961年又制定了《农业基本法》，解决农地改革后分散经营的自耕农生产关系阻碍农业生产力发展的矛盾，加速了农业发展进程。此外，在调整大中小企业的关系、发展职业技术教育、促进出口贸易、节约能源以及在70年代中期经济危机以后为稳定不景气产业等方面，都颁布过许多重要法律。作为战胜国之一的法国，同样遭受了战争的严重破坏。为恢复和发展国民经济，法国从1947年至今，已经连续制定和执行七个中期经济计划。这两个国家的经济在战后得到迅速恢复和发展，诚然有其特定的历史条件，但是，没有国家计划的指导与调节，要取得这么大的成绩是不可能的。资本主义国家实施计划调节不是单纯依靠行政手段，而是主要依靠经济手段和法律手段，充分发挥经济法规的作用，这些经验是值得我们注意的。①

当然，我们也不能把资本主义国家经济法的作用夸大到不适当的程度。资本主义生产的目的是谋求利润，国民经济主要还是依靠价值规律的调节自发地发展，资本主义经济也要按比例地发展，但这种比例是在不断波动和破坏中自发地恢复的。资产阶级只能在一定条件下和有限范围内发挥经济法的作用。马克思、恩格斯在论述资产阶级用什么办法克服危机时说过："这不过是资产阶级准备更全面更猛烈的危机的办法，不过是使防止危机的手段愈来愈少的办法。"②

同资产阶级国家利用经济法干预社会生产的性质截然相反，我们社会主义国家本身即具有管理整个社会经济的职能，当然要利用经济法这一手段来实现自己的职能。我国社会主义经济制度的基础是生产资料的社会主义公有制，即全民所有制和劳动群众集体所有制。在法律规定范围内的城乡劳动者个体经济，是社会主义公有制的必要和有益的补充。它们所占比重很小，在社会经济生活中不起决定性作用。在我们国家里，已经彻底消除了生产无政府状态的私有制根源，可以有计划按比例地来组织管理和发展国民经济。国家管理经济的职能是基于国家的两种身份发生的。一方面，国家代表全体人民的意志和利益，具有社会经济组织者的身份；另一方面，国家又作为全民所有制的代表，具有财产所有者的身份。国家为了实现自己管理经济的职能，除了利用经济办法和行政办法外，同时十分重视采用法律办法，充分发挥经济法规的作用。经济法调整的对象可以分为

① 参见金明善《战后日本的经济立法》，《法学研究》1981年第2期；罗元铮《西方市场经济的"计划调节"》，《世界经济导报》1982年5月31日。

② 《马克思恩格斯选集》第1卷，第257页。

三个方面。首先，国家按照不同所有制经济的情况，采用指令性计划、指导性计划以及在政策法律规定范围内利用市场调节等不同形式，来组织计划和管理整个社会生产。基于国家计划管理而产生的经济活动，具有行政隶属和上下级服从的特征。这些经济活动中所产生的法律关系，既不同于平等、等价、有偿原则为基础的民事法律关系，也不同于不具有经济内容的行政法律关系。调整这种法律关系的法规就是经济法规。其次，社会主义企业、事业单位之间，以及一方为社会主义企业、事业单位而另一方为个体经济之间，在生产、交换、流通、分配中发生的计划经济制度下的横向法律关系，有些需要由民事法规来调整，有些则需要由经济法规来调整。最后，社会主义企业的地位和权利以及企业内部的经济活动制度，诸如民主管理制度、经济责任制度等，也需要由经济法规来加以规定。法律规范中还可以包含企业生产中必备的技术规范，技术规范是法律义务的具体内容。就是说，经济法规可以把遵守和完成技术规范作为某些人必须遵守和完成的任务，并可规定不遵守技术规范的法律责任。我国经济法所调整的对象，大体上就是上述三个方面的经济关系。

二

经济法能否成为一个独立的法律部门，是我国法学界近几年热烈讨论的课题之一。针锋相对的意见有两种：一种是主张经济法应该独立成为一个法律部门，认为这是社会经济发展的客观需要；一种是否定经济法是一个独立的法律部门，主要理由是，经济法没有本身独立应用的法律规范，它应用的是民法、行政法等规范。此外，还有主张成立一个包括民法在内的大经济法等观点。我国法学界的讨论情况同苏联法学界几十年来的讨论情况相比，有某些相似之处。苏联有些法学家认为："经济法是苏维埃法统一体系中的一个独立的部门，它具有特定的法律调整对象（经济关系）和特殊的法律规定方式。"有些学者则不同意，认为经济法是"苏维埃社会主义法的不同部门的、在调整经济活动中起职能上相互配合作用的规范和制度的一定总和"，因此经济法不是一个基本法律部门，而是一个法的综合部门。还有人提出"经济—行政法"的主张，认为它"调整那些形成于社会主义经济成分中各社会主义组织之间的关系。这些关系的特点是计划性和隶属性”。①

法律是上层建筑，建立在一定的社会基础之上。它反映经济基础的要求，又反作用于经济基础，促使经济基础的巩固和发展。法的这一本质特征，在经济法规里表现得尤为直接和明显，因为经济法规直接反映了经济关系的要求，直接服务于经济关系的需要。我国实行的是以社会主义公有制为基础的计划经济，以计划经济为主，市场调节为辅。我国还要大力发展商品生产和商品交换。多层次的经济结构产生了错综复杂的经济关系。纯粹属于公民个人之间的财产关系和人身非财产关系以及其他一切以等价有偿原则为基础的经济关系，都要由民法来调整。我们根据调整各种不同经济关系的实际需要，制定各种单行的经济法规。这些经济法规里既应用了民法规范、行政法规范和刑法规范，又应用了一些不属于上述各种法律规范的或者与上述某种法律规范相似而含义相异的独特的行为规则。这些行为规则能否和有无必要归纳提炼成为若干稳定的法律规范，这正是经济法研究中需要探索的问题。

经济法与民法的关系十分密切，有人就说经济法是由民法分离出来的，或者说经济法可以包括在民法之内。我们分析一下经济法和民法的联系与区别，对于了解经济法的特点和研究经济法在我国法律体系中的地位等问题，是十分必要的。

民法是商品经济一般要求在法律上的表现。民法的许多概念，例如法律体系、法律行为、权利主体和客体、代理、时效等等，是在历史上逐步形成的，其内涵稳定而明确，已为人们所公认。经济法产生于民法之后，袭用这些概念，是历史条件所决定的，也是有利而无弊的。然而我们也应该看到，经济法应用的概念与民法应用的概念，有一些虽然名称相同，其内涵却常常在许多方面并不完全一致。例如，所有权制度、合同制度、违反法律的责任承担制度等，在经济法里应用时，其含义是有许多特点的。

所有权是所有人对物的占有、使用、收益和处分的权能，是物权的一种。所有权排除他人的干涉和侵犯。以上是传统的民法的概念，在经济法里，这个概念也是适用的。然而在国营企业财产权利的问题上，传统的所

---

① 参见〔苏〕国立莫斯科大学、斯维尔德洛夫法学院合编《经济法》（中译本），中国人民大学出版社，1980，第10、11、22页。

有权概念却遇到了挑战。国营企业本身是国家所有权的客体，国家有权设置这个企业，也有权按照需要加以关、停、并、转。但是作为本身是一个有活力的社会主义公有制经济的基层组织，它应该拥有哪些财产权利，才能保证其在进行生产经营活动时发挥主动性和积极性呢？近几年来我国关于国营企业扩大自主权的试点实践以及推行各种形式经济责任制的试点实践，提出了许多法律问题，需要从理论上进行探索和作出回答。国营企业财产权利问题就是其中之一。法学界有人认为国营企业对本企业财产拥有占有权，有人说拥有财产用益权（也可称财产经营权），有人则主张企业应该有更多的自主权利，拥有相对所有权。意见各异，有一点则是共同的，即都认为国营企业应该拥有相当的财产权利，其中包括对多余固定资产的处理权和部分利润的处分权以及在生产经营上相对独立的主动权利。《苏俄民法典》第 94 条规定除强调“国家是一切国家财产的唯一所有人”之外，同时指出，“固定给各个国家组织的国家财产，由这些组织经营管理。它们在法律规定的范围内，根据其活动的目的、计划任务和财产的用途，行使占有、使用和处分财产的权利”。然而我们知道，苏联的国家经济组织依据经营管理权所拥有的所谓“占有、使用和处分财产的权利”是十分有限的。我们目前在试点实践中国营企业实际拥有的占有、使用和处分财产的权利，已经远远超出了传统的经营管理权的概念范围，而这正是我国的经济体制改革初步取得很大成效并因此国民经济呈现一派生机勃勃的兴旺景象的重要原因之一。那么我国国营企业所享有的这种财产权利是不是所有权性质的权利呢？这同国家对国营企业所享有的所有权的排他性质是不是相抵触呢？传统的民法理论恐怕很难对此作出圆满回答。

经济合同是社会主义经济流通中的重要法律形式，经济合同法是一项重要的经济法规。一般来说，民事合同的特征是平等、等价和有偿，即双方当事人的地位是平等的，合同的订立是自愿的，合同所指向的权利和义务对于双方是对等的，如属财产性质，则是等价和有偿的。经济合同既要反映价值规律的要求，贯彻平等、等价、有偿原则，也要充分发挥其在经济流通中的联系纽带作用，在这方面，它与民事合同的要求是一致的；但它又必须反映社会主义基本经济规律和有计划按比例发展规律的要求，这又决定它与民事合同在性质上许多地方有所不同。以合同自由原则来说，双方当事人可以自愿签订或不签订某项民事合同，可以自愿地选择成立合同的对象，在不违反法律规定和公序良俗的前提下，可以自愿地协商决定合同内容和合同成立方式。在资本主义国家，把合同自由原则视为私法的重要原则之一。排除合同自由原则而采用强制原则的情况也是有的。例如在公共运输事业、旅舍业、饮食业等方面，基于公共利益的要求，业主就不能自由选择合同对象——旅客和顾客。为防止对生活必需品的投机操纵和保护经济上的弱者，有些资本主义国家也往往对合同内容进行限制干涉或就合同缔结作出强制规定。在我国的社会实际生活中，民事合同的一项基本原则是自由平等，强制原则只不过是例外。经济合同的情况就大不一样。很多经济合同特别是在国计民生中较为重要的或标的物价值额较大的经济合同，都是依据国家计划签订的。经济合同是执行国家计划的手段，同时又是制定计划的依据，并能在市场调节中起到国家计划补充的作用，经济合同的当事人常常不是双方互相自由选择的伙伴，而是国家计划直接或间接地起着红线媒介作用，从中包办或撮合而成的对象。当然，这也是要求双方当事人在签订合同时认真考虑自己的生产经营条件，进行充分协商，必要时甚至可以依据一定程序，实事求是地对国家落实的计划提出修正。今后，在搞活经济的方针指导下，可以容许企业在某些方面的生产和交换中获得较为完全的签订经济合同的自由权利。然而，这仍然不能脱离国家计划的指导、约束和影响。计划原则在不同情况下具有不同程度的强制性质。计划原则是经济合同制度的一项基本原则，合同自由原则仅仅是计划原则的补充和例外。

等价有偿原则在经济合同和民事合同中的运用也有不同。经济合同的标的物的价格，一般都是由国家规定或在政策规定范围内协商议定，这样做，就是符合经济合同法关于等价有偿原则规定的。而民事合同，标的物的价格一般都是由当事人双方议定的，当然，这种议定也不能脱离政策和法律的指导和影响。我国在社会主义建设中要发挥价值规律的作用，就是说，制订计划时必须有价值观念，要讲求经济效益，计划要以合理价格为基础。国家规定价格从总体上和长远来说，要逐步尽量使之符合价值。但从实践情况来看，价格和价值偏离的现象则常常存在，有时甚至还要把这种偏离作为对经济进行调整的政策指导手段加以利用。可以说，经济合同的等价有偿原则仅仅是从遵守法律和政策规定这一点上来加以体现；而民事合同的等价有偿原则则较多地在价值规律的自发作用下来得到体现。

经济合同的主体在一般情况下双方都是法人，有时则至少有一方是法人，其订立都是为了实现一定的经济目的，这也是与民事合同有所不同的地方。至于某些非财产性质的经济合同，例如年、季、月度等一定期间的运输计划合同，只是起组织联系作用，真正的运输合同要到托运时才成立，托运单就是运输合同的形式。这种组织联系性质的合同，当然更不同于发生在公民个人之间的民事合同。可见，经济合同与民事合同既有相同之处又有不同之处，经济合同是有着本身很多特点的。

从违反法律的责任承担来说，在民法规范中是赔偿损失；在经济法规中除了采用赔偿损失这一主要方式以外，还要应用行政制裁、经济制裁和刑事制裁。其中经济制裁就是经济法规里特有的一种常用方法。经济制裁包括罚款、追回非法所得的财物、收归国库等方式。例如，我国《森林法（试行）》规定，违反森林法，情节轻微的，“责令赔偿损失，或者处以罚款，并追回非法所得的财物”（第 39 条），情节严重的，还要追究刑事责任。《经济合同法》规定：“违反国家利益或社会公共利益的合同，如果双方都是故意的，应追缴双方已经取得或者约定取得的财产，收归国库所有。如果只有一方是故意的……非故意的一方已经从对方取得或约定取得的财产，应收归国库所有。”（第 16 条）当经济合同不能履行时，“对由于失职、渎职或其他违法行为造成重大事故或严重损失的直接责任者个人，应追究经济、行政责任直至刑事责任”。（第 32 条）从上可知，经济法对于责任承担的规定，是有其特点的。

总之，经济法有其独立的调整对象和一些特殊的调整方法，几个不同法律部门规范的混合交叉应用以及某些独特行为规则的逐步形成，是它的最大特点。然而这些特点能否构成经济法独立的必要条件，却还是个疑问。我们对经济法的研究刚刚开始，对许多问题因认识很不深透，还难以从理论上作出确切说明。今天既不宜断言民法对经济法可以囊而括之，也不能臆测经济法对民法将要取而代之。经济法在法律体系中的地位问题，将是一个值得长期深入探讨的问题。

三

经济法规和经济立法的重要性，开展经济法学研究的重要性，已得到立法和政府部门、法学界和经济法学界等各方面一致公认。有些同志从法律部门划分上不承认经济法是一个独立的法律部门，但绝无贬低经济法学和经济法规重要性的意思，当然更不会存在什么担心民法因经济法之独立而将无用武之地的杞人之忧。我们积累了三十多年特别是近几年经济立法的经验，有了一大批经济法规，为开展经济法学研究提供了必要的素材和条件。经济法学研究工作的开展，是健全经济法制的重要方面，是开创社会现代化建设新局面所必需的。

关于经济法的研究，目前呈现出百家争鸣的热烈气氛。意见分歧是不少的。除了前面提到的经济法能否成为独立的法律部门这一主要问题以及经济法的调整对象和范围等问题以外，关于一些概念，也有着不同的理解。有些同志认为，经济法是调整经济关系的法规的总称。这种表述没有确切地揭示经济法这一概念的外延和内涵，因此是不妥当的。从外延来说，民法是调整经济关系的法律，而民法是不能包括在经济法之内的。从内涵上说，“法规的总称”并不能说明调整对象的本质属性的总和。法规是体现法律规范的形式。法律规范是由国家制定或认可的体现统治阶级意志的以国家强制力保证实施的行为规则。调整不同性质的社会关系需要用不同的行为规则，也就是不同的法律规范。同一性质的许多规范，构成一个法律部门。我们说，民法是调整一定范围财产关系和人身非财产关系的法律规范的总称，刑法是关于犯罪和刑罚的法律规范的总称，商法是调整商业活动的法律规范的总称，那么，袭用这种表述概念的方法，是否也可以说，经济法是调整一定范围经济关系的法律规范的总称。这里所说的一定范围，当然是指纯粹由民法调整的范围以外的部分，即前文所说的三个方面的经济关系。经济法的规范综合包括了几个部门的法律规范和本身的独特行为规则，这是它与民法、刑法、商法等不同的地方。有人认为这正是经济法的特点，有人据此否认经济法是独立的法律部门。个人认为如上表述经济法的概念是比较确切的，至于从这一概念可能得出怎样的见仁见智的不同结论，这一点在表述概念时可以撇开不论。经济法不是经济法典。我们现在没有将来也不一定会制定出一部经济法典，但并不是没有经济法，正好像没有制定出民法典并不是没有民法一样。经济法规是体现调整一定范围经济关系的法律规范的形式。经济法规可以是指一个个单独的经济法规，也可以是指众多的经济法规的通称。至于经济立法，则是指关于经济法规的起草、拟定、颁布和修改等工作，是指立法活动。有些同志认为经济立法既指立法活动，同时更多的是指调整经济关系的法律、法令、条例和章程，认为经济立法就是经济法。如果这样，经济立法、经济法、经济法规这三个概念就混同了。我认为这是不妥当的。这样的解释或许是从外文翻译中引起的误会。例如英语中 Legislation 一词，既指立法，也指法规。可是在汉语中，从学理上来划分，经济法学总是可以同民法学、刑法学等一样，成为一门独立的法律科学。经济法规、经济法律现象和经济立法等是经济法学的研究对象。从大量的经济法规和繁杂的经济法律现象的研究中，总结得与失的经验教训，找出立法规律，无疑将能大大提高经济立法工作的自觉性和预见性，更好地为调整经济关系服务。经济法学来源于实践，反过来又为实践服务。

目前在经济法的研究中有许多争论，这是好事而不是坏事。我们不必忧心忡忡，发出呼吁团结、停止争论的口号。在坚持四项基本原则的前提下，学术上自由讨论的热烈开展，说明党历来提倡的“双百”方针正在得到深入贯彻。毛泽东同志说过，“各种不同意见辩论的结果，就能使真理发展”;[①] 又说，“科学上不同的学派可以自由争论”；“艺术和科学中的是非问题，应当通过艺术界的自由讨论去解决，通过艺术和科学的实践去解决，而不应当采取简单的方法去解决”。[②] 十一届三中全会以来，党更是多次申明，“双百”方针不是权宜之计，而是一个长期的基本方针。经济法理论的研究，必将在上述方针指导下健康地发展。在学术讨论中，各抒己见，择善而从，说不上谁胜谁负，也无所谓求同存异。争论的过程，是互相质疑、互相启发、互相促进、互相补充、互相吸收的过程，是共同推进学术繁荣发展的过程。

开展经济法研究，必须从实际出发。就是说，我们必须致力于研究我国社会主义现代化建设中出现的法学理论问题和实际问题，探索客观规律，推动经济立法的开展。有的同志认为只有明确了经济法的调整对象和调整范围，才能确定制定哪些经济法规。我认为这种说法是不恰当的。经济法规是依据实际需要产生的，有什么需要，并且具备了必要条件，就制

---

① 《毛泽东选集》第5卷，第416页。

② 《毛泽东选集》第5卷，第388页。

定什么法规。中华人民共和国成立30多年来的经济立法道路就是这样走过来的，应该承认是取得了很大成绩。经济法规制定得多了，经济法学的研究素材就会更加丰富。我们面临着开创社会主义现代化建设新局面的伟大任务，经济立法任务十分繁重。适应新形势新任务的需要，从调查研究入手，解决实际问题，是当前经济法学研究的努力重点之一。

我们要研究国民经济贯彻执行“调整、改革、整顿、提高”方针中的法律问题，要研究改进国民经济计划管理和经济流通、改进企业管理等方面的法律问题。为了在20世纪末，在提高经济效益的前提下，达到工农业总产值翻两番的目标，必须充分发展和应用科学技术。有关技术开发、智力成果的运用和推广、科技部门与生产部门的协作配合、科技咨询服务的开展等，除了必须采用一定的经济措施来推动这些工作的开展外，还要运用相应的法律手段。这是经济立法的新领域，是经济法研究的新课题。实行农业生产责任制是党长期不变的政策。既要彻底根除“大呼隆生产”、“一拉平分配”等极左的做法，切实贯彻按劳分配原则，发挥农民的生产积极性，也要保护土地集体所有制，在农业经济中贯彻计划经济为主的原则，坚持社会主义方向。既要坚决执行党的方针政策，在当前稳定家庭承包责任制，避免政策多变，以稳定人心；也要根据情况引导农民在自愿的基础上在某些生产项目或生产环节进行新的联合，促使生产责任制的形式进一步发展，以适应生产力发展的需要。如何从经济立法上作出规定，保证上述要求的贯彻，也是待研究的问题。

一个国家有一个国家的经济法，一个国家有一个国家的经济立法，不存在什么一般的抽象的经济法和经济立法。因此，我国的经济立法和经济法研究只能立足于我国的社会主义实际，不能照抄照搬外国经验。当然，他山之石，可以攻玉，借鉴是必要的，开展经济法比较法学的研究，对于完善经济法制建设和繁荣经济法学，是有很大好处的。

（本文原载于《法学研究》1983年第3期）

经济法理论与实践的若干问题

王家福*

一　经济法学是前途宽阔的新兴学科

经济法学，作为一门前途极其广阔的新兴法律学科，是科学技术突飞猛进、社会生产巨大发展、各国法律日益“经济化”的产物，是世界法学园地里破土而出、茁壮成长的一株新苗。

经济法学与经济法是两个既彼此联系又各自不同的概念。前者是以经济法为研究对象的理论科学，而后者则为具有经济内容的法规的总称，从历史上看，先有经济法，后有经济法学。经济法的出现先于经济法学，这是事物发展的辩证法，有一种观点认为，经济法是垄断资本主义的产物，于19世纪末20世纪初才问世，这显然将经济法与经济法学混淆了。实际上经济法的出现要早得多，因为经济是社会的基础，任何统治阶级为了保护有利于自己的经济制度，维持其政治统治，都必须用有经济内容的法规来调整社会生产、流通、分配和消费，古代历史上就有经济法。例如汉穆拉比法典就有近二分之一的条文属于有经济内容的法律规范。我国秦律中属于经济法规的规定也很多，有的还规定得非常具体。即使是在自由资本主义时期，也有许多经济法规，比如工厂法、粮食限价法、矿业法、关税法、国家银行法、契约劳工法等。

---

* 王家福，男，1931年生，四川南充人，现为中国社会科学院学部委员，中国社会科学院法学研究所研究员，博士生导师，研究方向为民商法和经济法。

我们说历史上很早就出现经济法，是从这些法规的实质上说的。由于经济法学还没有产生，还没有人对这类以经济为内容的法规进行专门研究，这类法规还没有被称为经济法规或经济法。从法学的意义上提出并使用经济法这一概念的历史并不久。现在普遍认为，德国人怀特在1906年首先使用经济法概念。其实，法国的空想共产主义者摩莱里和德萨米早在此151年和63年之前就分别在《自然法典》（1755年）和《公有法典》（1843年）中使用过经济法这个概念（前者是从分配上讲的经济法，后者是从节约意义上说的经济法）。19世纪中叶，蒲鲁东也讲过经济法律关系问题。可见，经济法这一概念的发明权并不属于德国人怀特。

经济法学以专著形式出现是20世纪20年代的事情。1922年，德国的鲁姆夫撰写了《经济法的概念》；阿努斯鲍姆撰写了《德国新经济法》；杰·海德曼撰写了《经济法基础》。1923年，德国还出版了一本《帝国经济法》，作者是汉·哥特施密特。1924年苏联出版的第一部经济法专著，是阿·格·哥依赫巴尔格著的《经济法》。这个作者，在1927年还撰写了一本《经济法概论》。

经济法学的产生，从根本上讲是社会生产发展的结果。由于经济在社会生活中的地位越来越重要，经济法对社会经济的作用越来越大，这就从客观上决定了以经济法规为研究对象的经济法学势必产生，尽管经济法学的出现在有的国家与第一次世界大战期间实行战时经济政策有关，但它并非世界大战的直接产物。比如苏联的经济法学则是在全国步入新经济政策时期才出现的。虽然，社会主义国家经济法学的产生往往同社会主义计划经济紧密相连，但这并不意味着后者的确定势必导致前者的马上问世。例如像匈牙利这样的国家至今还没有经济法学。我国的经济法学也是20世纪70年代末期即社会主义计划经济已经建立近30年之后才出现的。

马克思主义经济法学在中国的兴起不是偶然的，它的产生和发展同我国社会主义现代化经济建设的胜利进程分不开。党和国家工作重点转移的实现，大规模社会主义经济建设的展开，使它应运而生。切实贯彻十二大有关对外开放、对内搞活经济的路线、方针、政策的需要；进一步巩固和发展经济体制改革成果，保护和发展生产力的需要；按照客观规律办事，促进技术进步，提高经济效益，保障十二大提出的宏伟战略目标得以实现的需要；健全经济领域法制，用体现人民意志，反映客观规律的经济法规指导和管理经济，更好地实施国家组织和领导经济职能的需要，从客观上推动它向前发展，使之很快地成为为社会所公认、具有旺盛生命力的新兴法律学科。

二 经济法制建设任重道远

经济法学从一定意义上讲，也是研究建立和巩固经济法制的一门新兴学科。所谓经济法制，是指运用体现统治阶级意志，反映客观经济规律要求的经济法规管理经济。经济法制是资本主义的产物，是资产阶级的创造。资本主义以前的奴隶社会和封建社会，盛行超经济的奴隶主特权和封建主特权，虽然也有经济法规，但没有经济法制。资产阶级取得政权以后，不仅在政治上主张法制，而且在经济上强调法制，运用经济法制维护自由竞争，保障资本主义经济秩序，促进资本主义经济发展，攫取超额利润，资产阶级比较重视法制，并不断完善法制。从 19 世纪初至 19 世纪末，随着法国拿破仑法典的制定，英国法制改革的完成，德国民商法典编纂工作的结束，主要资本主义国家比较完整的经济法制体系业已形成。可是，20 世纪以来，特别是第二次世界大战以来，它们还千方百计为适应新的经济形势的需要，及时采取各种各样改良措施，把它们的经济法制提高到了一个新的发展水平。这无疑对资本主义经济的发展和稳定起了推动和保证作用。

资产阶级运用法制管理经济，我们无产阶级是不是也需要这样做呢？无产阶级在经过国内战争夺取政权，建立了自己的国家之后，是否也需要运用体现人民意志、反映社会主义经济规律要求的经济法规管理经济呢？这个问题在过去是不很明确的。我国社会主义经济建设 30 多年的经验，其中包括十年动乱同林彪、江青反革命集团斗争的经验，使我们终于认识到无产阶级在取得政权以后，必须运用自己的法制来管理经济。按照人民的法律管理经济，社会主义经济就发展，反之就遭到破坏。这是从我国社会主义经济建设中总结出来的一条规律。实践表明，不重视运用法律管理经济，不注意在经济领域内建立法制，势必产生恶果：（1）个人凭心血来潮，随意瞎指挥，人为地造成经济大起大落，挫伤国力；（2）产需脱节，计划失误，酿成大浪费，而责任者无法追究，常败将军照样升迁；（3）公民和企业的合法经济权益得不到保障，干好干坏一个样，各方面的积极性调动不起来，社会主义制度的优越性不能充分发挥出来。

必须健全经济法制，运用经济法律管理经济，这是由我们国家的社会主义性质和社会主义经济的客观规律决定的，而并非是哪个人主观臆想出来的。我们的国家是人民民主专政的社会主义国家。如若没有完备的经济立法明确规定人们从事经济活动的准则，国家组织经济的职能就难以实现。我国的经济是社会主义计划经济。没有一整套法律制度反映计划经济的要求，体现商品生产的需要，整个国民经济也就无法沿着有计划的轨道持续地、高效益地增长。我们的经济建设是按客观经济规律发展的，而我们的法律是反映客观规律要求的，用法律管理经济，实际上就是按照客观规律发展经济、从事经济建设。加强经济法制建设，运用法律管理经济，是我国的基本国策之一。

十一届三中全会以来，我们已经制定了两百多个经济法规，建立了经济司法机构，开展了经济司法工作，经济法制建设取得了巨大成绩，出现了30多年以来前所未有的大好形势。但是，应该看到，我们的经济法制还很不完备，与社会主义经济建设的要求相距还远。（1）一些基本经济法规（诸如计划法、基本建设法、民法、土地法、矿产资源法、对外经济贸易合同法等）尚未制定出来，无法可依的情况还没有完全解决。（2）法制观念淡薄，以言代法、以私徇法等有法不依的情况还严重存在。相当一部分人，特别是一些做经济领导工作的同志，脑子里还根本没有依法办经济的观念。这种状况，当然极不适应我们社会主义现代化建设的需要，也不符合我们党一再强调要用经济法规管理经济，把经济建设纳入法制轨道的精神。因此，加强经济法制建设，的确是我们所面临的一项很迫切的任务。而加强经济法学的研究本身就是为加强经济法制服务。

那么，怎样才能加强经济法制建设呢?

完善经济立法是加强经济法制建设的基础。没有完备的经济法规，没有为经济生活制定各种准则，做到事事有法可依，就谈不上经济法制建设，就谈不上把经济建设纳入法制轨道。现在看来，我们在经济立法工作方面已经取得了很大的成绩，但还远远赶不上实际需要。因此，还要进一步加强这方面的工作。在起草法规的指导思想上，有几点是很重要的。一是制定经济法规一定要贯彻党的十二大所规定的正确的路线、方针、政策，不能有任何偏离，左的或右的偏离都不行。只有切实贯彻十二大的路线、方针和政策，坚持改革，才能使经济立法符合经济生活的需要。二是要坚持全国一盘棋的思想，保证经济立法的统一性。现在有个问题，就是一些起草经济法规的单位往往把本部门的权利写得极其充分，而对自己应该承担的义务则不写或写得很少。这是一种争权利、把自己的权限范围扩大的倾向。我们的经济立法，一定要坚持全国一盘棋思想，保证法规的统一性。制定经济法规应该从全国的利益出发，而不应该从一个部门、一个地区的利益出发。只有这样做，对全国经济生活才有利，对社会主义经济建设才有利。三是要坚持从实际出发的原则。这一点很重要。对外国的经验当然要借鉴，但是我们搞的毕竟是中国的经济法规，它必须与中国的实际情况相符合，能够适合中国的需要，有利于中国的经济建设。四是要坚持改革的精神，保证我们的经济立法适应改革的需要。我们要有这个思想。法律是以社会为基础的，社会生活变化了，它就得变。法律不可能一成不变。有些法规，带有基本性质，可以比较稳定。比如公司的组织形式，也许多少年后还是这样。但有些法规，带有政策性，是经济政策的具体化，如果经济形势、经济政策变了，这些法规也要变化。这样才能适应发展的需要，所以我觉得一定要有改革的精神。五是要健全法制机关，改善立法技术，保证经济立法的质量和数量。我们的最高立法机关，当然是人民代表大会和人大常委。做具体法制工作的有人大常委法制工作委员会、国务院的法制局、各部委的法规局或法规处，有的组织法规的起草工作，有的负责法规审查工作。这些机构应该健全，并提高它们的工作效率和工作质量，成为好的工作班子。里面不仅要有做实际工作的专家，而且要有做法律工作的专家。使之成为真正的工作班子，对我国立法有好处。法制机构如果健全，各方面的人员搭配适当，它就能及时提出方案，能够很快地起草或审查法规，工作起来很方便。我们党和国家的领导同志很重视经济立法，具体的工作班子需要健全和加强，还有一个问题，立法技术需要改善。例如起草小组与审查机关之间的关系要更密切，要在起草时就让审查机关了解情况，送审时要随同草案提交起草理由书或起草报告，对起草经过，每个条文有哪几种意见，最后为什么这样写，都要说明。要借鉴别的国家的立法经验。另外，对起草权限、送审程序、送审要求，要有规定，这样才能保证立法工作的质量和进度，更好地适应经济建设的需要。

三　经济法理论研究大有可为

经济法学，从根本上讲是从理论上研究经济法规的新兴法律学科。经济法理论的研究同经济领域的法制建设的实践有着十分密切的关系。这不仅表现在丰富多彩的经济立法实践为经济法理论研究提供了大量的课题，而且也表现在经济法理论研究应该对这些课题从理论的高度给予科学的回答，提出对经济立法实践有指导意义的建议。因此，加强经济法理论研究具有十分重要的意义。

经济法理论的现状究竟如何呢？

20 世纪以来，各国的法律都日益“经济化”了。这个形象性提法并不确切。它的真实含义无非是指法律里面有关经济的内容越来越多。例如宪法，过去的宪法规定政治生活比较多，但是20 世纪初，从德国的魏玛宪法开始，宪法中规定经济方面的条文日益增多。这种现象被有的学者称为宪法的“经济化”。刑法也是这样，规定经济犯罪的条文越来越多。所谓法律“经济化”最突出的证据，是经济法规的增多和经济法理论的出现。我们应该看到，几十年来经济法理论有较大发展，有了不少专著，但经济法理论还不完备，或者说没有完全成熟。拿德国来说吧，它是经济法理论提出最早的国家，或者说最早的国家之一。但它的经济法理论也是没有完全形成。现在联邦德国已有几十本经济法著作，有林克、梅斯特麦克、麦尔登、里特内尔、斯金道尔夫等经济法学家，但是经济法理论在联邦德国国内还争论得很厉害。从事经济法研究的人员不多，与传统的刑法、民法学者相比较，人数要少得多。1971 年、1972 年在大多数州根据高教和考试改革的规定取消了以经济法作为考核科目的地位。法国也是大陆法国家，目前最重视国家干预经济。但法国的经济法理论研究，与德国相差甚远。大学里很少开经济法课程。不少教授只是在讲民法、行政法时附带讲一讲，很多人主张经济公法与经济私法的提法。就是被法国人称为经济法理论创始人之一的让·戴特，除 1966 年发表的论文以外，还没有撰写出有代表性的经济法专著。在西欧其他国家里，也有一些法学家（如奥地利的弗吕勃尔、文格尔，比利时的赛里克基、盖恩特，瑞士的施吕波、吉基，荷兰的波阿特、德姜格等）对经济法进行研究，但也没有形成统一、完备的理论。再看英国，经济法对英国来说是陌生的。英国并没有什么人在搞这方面的研究，找了半天，找到一位斯密特托夫教授，这位学者还是在1966年为巴黎召开的一次经济法讨论会撰写了一篇有关经济法的学术论文。另外，还有一位叫坦金瑟的法学家，也写过这方面的文章。美国也没有经济法的概念。美国现在比较发达的学说，叫“法经济分析学”。它实际上类似西欧国家的经济法。不过它着重于对法律进行经济分析。美国加利福尼亚大学魏·赫尔钦教授撰写的《法律与经济》就是这种系统的代表著作之一。我们再看日本，日本的经济法学比较繁荣，可以同联邦德国并驾齐驱。它有20多本经济法专著，也有一套理论。但是专门研究经济法理论的法学家也并不多，著名的有金泽良雄、江上勲等学者。日本有个经济法研究会，据说会员也不到100人。另外，日本也不是所有大学都开设经济法课。日本的经济法理论也处于建设阶段。

我们再回过头来看看苏联、东欧的情况。苏联在公有制国家里研究经济法是比较早的。从1924年就有经济法课，就有专著，但发展很曲折。1938年经济法学派的代表人物巴苏凯尼斯、金茨布尔格等被当作暗害分子、人民公敌枪毙了。罪名是他们否定公民和企业的权利，“宣传把人变成经济‘单位’”。[①] 此后，经济法在苏联沉寂了近20年。斯大林逝世后，20世纪50年代末以来，特别是六七十年代，出了很多经济法论文。现在看起来，苏联的经济法专著，除已翻译过来的两本，最近出的《经济法》、《经济法与经济效益》等几本以外，还没有看见更多的。从研究力量来看，拉普捷夫所在的苏联科学院国家和法研究所经济法研究室，只有七个人。他们的观点为苏联立法者和绝大多数法学家所不接受。从讲课的情况看，苏联不是所有大学法律系都有这门课。捷克的立法者制定了经济法典，经济法理论应运而兴。但是至今也未完全建立起堪称科学的理论体系。波兰的立法体系与捷克不同，尽管也有斯皮西亚克等法学家主张经济法理论，但是他们又往往不承认经济法是一个独立的法律部门。南斯拉夫贝尔格莱德大学一位叫安东列耶维奇的教授写了一本经济法教科书，1981年出了第

---

① 〔苏〕安·扬·维辛斯基：《国家和法的理论问题》，法律出版社，1955，第78、119页。

11版。他在第11版序言中讲到，现在南斯拉夫已有了联合劳动法，有的人主张经济法可以不讲。现在南斯拉夫有些学校的经济法课已取消了，只部分学校还保留这门课。罗马尼亚虽然有一本斯托内斯库、康斯坦丁内斯库撰写的经济法专著，然而罗马尼亚法学界对经济法仍在讨论之中，多数法学家对此持有异议。匈牙利50年代和60年代中后期曾有过经济法的争论，可是除沙莫、巴甫洛夫等个别法学家承认经济法以外，它的立法者和绝大多数法学家则完全拒绝这一概念。

现在看来，经济法学最繁荣的应该是中国。经济法学在我国的历史虽然很短，但几年来，已经撰写了一些专著和论文，编写了一批教材。当然也毋庸讳言，在我国，不少经济法的基本理论问题还没有深入研究，经济法理论研究也还处于初创阶段。

（一）要科学地回答经济法的基本理论问题

我们知道，对经济法的基本理论问题如若不能科学解答，堪称科学的经济法理论体系是无法建立起来的。有哪些基本理论问题需要给以科学的回答呢？

1. 什么是经济法？它的调整对象是什么？

这是世界经济法理论界尚未真正解决的问题。对于这一问题，资本主义国家的学者有以下几种回答。一曰商法论。认为经济法乃商法也，调整商事关系。这种观点显然失之过窄。二曰企业法论。认为经济法就是企业法，调整企业和国家、企业和企业、企业和职工之间的关系，协调全局与企业、企业与职工、企业股东与管理人员之间的利益。这是法国的汉门帕夫德、联邦德国的柏契尔特的主张。这种看法把经济法仅仅限于企业的范围，也显得过窄。三曰经济公法论和经济私法论。认为没有统一的经济法，只有调整建立在国家权力基础上的经济关系的经济公法和调整建立在当事人平等原则基础上的经济关系的经济私法。这是法国巴黎第一大学教授们的观点，联邦德国法兰克福大学一位教授也持这种主张。其实，这种看法是对经济法的否定，仅仅是从一个特殊角度阐明行政法和民法而已。四曰国家干预经济法论。认为经济法是国家干预经济生活的法规，调整因国家干预或指导、鼓励、控制经济而产生的经济关系。持这种主张的人比较多，如法国的让·戴特、沙文，联邦德国的梅斯特麦克、林克、麦尔登，英国的斯密特托夫均是这一观点。但是，这种主张把经济法仅限于经济行政法，其实资本主义经济生活是由许多法律部门综合调整的，因而不能不显得偏颇。五曰国家指导调整经济法。认为经济法乃国家指导调整经济生活的法规，既包括公法，也包括私法，区分民法和经济法在实践上没有任何意义。联邦德国的斯金道尔夫和贾尼克两位教授持这种主张。这种观点尽管比较接近资本主义社会对经济进行法律调整的实际，但又失之于过分泛泛，缺乏应有的特点。

苏联和东欧一些国家的学者对于经济法的概念和调整对象也有好几种不同看法，一是经济行政法看法。认为经济法就是经济行政法，调整由国家组织管理社会主义经济而产生的经济组织关系。持这一观点的，有30年代的斯图契卡和现在的勃拉图西。但是，这种主张把经济法仅仅限于行政管理，并不符合经济生活法律调整的实际。二是领导和进行经济活动法看法。认为经济法乃是国家领导和进行经济活动的法，调整因国家领导和从事经济活动而产生的纵的经济关系和横的经济关系。这是拉普捷夫和马穆托夫的观点。由于这一主张过分强调这些纵横经济关系在社会主义企业经营管理中是紧密结合的连带性，就是在苏联高度集中的经济体制中也不尽适用。三是综合部门法看法。认为经济法是综合部门法，调整性质不同的各种经济关系。苏联和罗马尼亚相当一部分学者持这种看法。然而，这种主张并未形成自己的理论特征。四是商法看法。认为经济法是商法。它规定着企业的法律地位和经济活动。这种观点只在主张社会所有制，实行社会自治的南斯拉夫为部分法学家所拥护。

我国法学界和经济法学者对这个问题也有各式各样的意见。一是纵横经济法论。现各个学校的教科书大多采取这个观点，认为经济法是经济法规的总和，调整纵的经济关系和横的经济关系，包括国家管理经济的经济组织关系、经济组织之间平等的经济协作关系和企业内部的经济关系。其特征是纵横两种经济关系的互相联系、彼此统一、不可分割以及管理因素和财产因素的结合。但是，从整个社会经济生活来看，把经济法调整范围仅仅限于经济组织关系和经济协作关系显然是不够的；同时，过分强调纵横两种性质不同的经济关系的不可分割的统一性也容易为沿用单纯依靠行政手段管理经济的老办法提供依据，与经济体制改革的趋势不尽相符。二是国家意志经济法论。这是《中国社会科学》一篇文章中提出来的，主张经济法调整的是带有行政因素和财产因素的意志经济关系。这个提法很拗口，很抽象，但实际上与拉普捷夫的观点差不多。只是改变了说法，更理论化了。然而，对这种理论已有文章提出不同认识。首先，法律的调整对象应该是社会关系，说经济法调整意志关系不恰当。其次，即使我们所讲的意志经济关系，是指具体的经济活动要通过人的意志活动。那么，民法所调整的经济关系或财产关系，应该说也是意志经济关系。因为法律不能调整一般的生产关系，它必须调整人与人之间的具体的经济关系，人与人之间的经济关系都是通过意志的。也许有同志会说，这篇文章讲的意志是国家意志，民法调整的是个人意志，是个人可以选择的。但能不能说民法里面国家干预一点也没有呢？国家对民事活动的认可和规定也是一种干预嘛！国家指导经济生活有两种形式：一种是直接的，通过国家的行政命令来实现；一种是间接的，通过运用经济调节手段创造或改变经济条件和环境以影响企业自主从事经济活动来实现。再次，如果把经济法调整对象理解为国家意志经济关系，是不是说我国经济生活中，每一个行为都通过国家，由国家作决定呢？随着我国经济改革的发展，逐步扩大企业权利，经济单位真正成了经济实体。它作为独立的权利主体进行经济活动，并非每一个行为都要由国家具体地决定。三是纵向经济法论。认为经济法是国家运用行政权力管理经济的法律规范的总和，调整国家在组织管理经济中产生的纵向经济关系。这种理论尽管有利于把经济法与其他法律部门划分开来，但是其调整范围过窄，同经济生活实际和经济立法实际都相距较远。四是计划经济法论。认为经济法是调整计划经济的法律部门，调整社会主义计划经济里的各种关系。这一理论也具有易于把经济法从其他相近法律部门中独立出来的优点，可是在我们社会主义国家如何能把计划经济与市场调节截然分开，分别由经济法和民法调整呢？五是综合经济法论。认为经济法是综合法律部门，以不同性质的法律手段调整着不同性质的经济关系。正如顾明同志所指出，经济法是一种综合性的法规，它的优点就在于经济、行政、民事、刑事等诸种法律手段同时并用，综合治理，才能行之有效。但是，这种理论如何解决经济法与其他部门法的划分问题，避免经济法成为一个“大杂烩”，仍然需要进一步探索。六是学科经济法论。认为经济法不是一个独立的法律部门，而只是一个重要学科。但是，这种理论所坚持的划分部门法的标准是否科学，否定经济法为独立法律部门的理由是否充足？对此似乎也应进一步进行论证、推敲。

2. 经济法是独立的法律部门，还是综合性的法律部门，或者说，不是独立的法律部门？

经济法如果说是独立的法律部门，往往会遇到一个法律部门中包含着不同类型的调整对象和不同性质的调整方法的困难。是不是也可以打破常规，承认具有不同类型调整对象和不同性质调整方法的独立法律部门？当然如果把经济法称之为综合法律部门，问题似乎可以较好地解决。既然经济法拥有经济组织关系、经济协作关系、经济劳动关系、经济犯罪关系，那么理所当然也可以由经济行政法、经济民法、经济劳动法、经济刑法手段加以调整。这是从法律上划分。如果从学科上划分。经济法是独立的学科，还是综合性学科，或者说是边缘性学科？我们认为，经济法既是一个独立的法律学科，因为它有自己独特的内容和体系；又是一个边缘学科，因为它是通过对经济学、民法学、行政法学、劳动法学、刑法学的综合研究，以促进国民经济的发展。

3. 关于经济法主体问题

经济法主体怎么讲才合适？一些著作讲经济法主体，一般讲企业，经济组织或法人。经济合同法规定“法人之间”，也是这样。我想，经济法主体是否应包括这样两类：一类是经济管理主体，比如我们的国家机关，有一种机关负有管理经济的职能，它们有国家法律赋予的管理经济的一定权限和职责，必须按照法定权限从事管理；另一类是经济活动主体，比如法人，依法能独立进行经营活动的非法人经济组织、个体工商户、专业户、重点户以及公民。至于法人内部组织能否作为经济法主体，尚有不同看法，需要进一步研究。

4. 经济法的原则

经济法的基本原则到底是哪些？经济法的原则与经济的原则是否有不同之处？经济的原则是否就是经济法的原则？例如按劳分配原则，在经济法里是否要变变样子？原封不动地搬过来作为经济法原则是否合适？这些问题也需要认真分析研究。

5. 经济法的体系，怎样安排才合适？

综观各国经济法专著大体有以下几种。一是民法体系。1927 年苏联莫斯科大学函授部的经济法教学大纲，给经济法下了个定义："经济法乃所谓民法。"其内容包括：经济法概念；权利主体和客体；法律行为和时效；物权法；债权法基础；财产租赁、买卖、借贷；承揽、委托、信托、代理；损害赔偿和继承法。与民法没有什么区别。二是商法体系。南斯拉夫安东尼耶维奇的经济法教科书就分债权法、票据法、自治组织法、社会保险法几篇讲，基本上类似于西方国家的商法。三是国家干预经济法体系。比如联邦德国讲经济法，主要讲经济宪法（稳定法）、企业法、反不正当竞争法、反垄断法、保护消费者利益法等。四是经济组织和经济活动法体系。比如金泽良雄 1980 年出了一本《经济法》。这本书共分三编，第一编是经济法总论，讲了经济法的意义、本质、地位、经济法的历史沿革和经济行政机构；第二编讲经济组织法，是从经济主体方面来讲的，有企业法、合理化法、竞争政策法；第三编讲经济活动法，里面包括资金和金融管理法、物资管理法、物价管理法、对外经济管理法、资源管理法、消费者政策法等。五是经济职能活动和经济部门法体系。

我国的经济法学著作的体系有三种情况。（1）分总则和分则。总则讲经济法概念、主体、基本原则；分则则基本上按主要经济法规分章论述。（2）分总论；基本经济法，包括国民经济计划法，经济合同法，基本建设法，中外合资经营企业法；若干部门经济法（含工业法、商业法、交通运输法等）；企业内部法；经济诉讼法几个部分讲。（3）按总论、职能经济法、部门经济法三大块论述。但是，无论哪一种说法都缺乏自己的范畴，存在总论、分论两层皮的现象，正像有人形容的那样，提起来一本本，放下来一摊摊，没有体系感。因此，怎样从现有为数众多的经济法规中抽出带有规律性的东西，加以科学概括，形成具有中国特色的经济法理论体系，是我们必须认真研究解决的一个重要问题。

（二）社会主义现代化经济建设实践提出的大量经济法理论问题和实际问题，需要我们去研究，那么，实践究竟为我们提出了哪些问题呢？

其一，经济法制与经济体制改革的关系问题。这是摆在经济法学面前的一个头等重要的研究课题。目前正在加紧进行的经济体制改革是实现党的总任务、总目标，尽快振兴我国经济的关键。但是，应该指出，我国旧的经济体制早已为与之相适应的旧的法律所固定。改革旧的经济体制除了需排除左的思想干扰以外，还必须冲破旧的法律制度的束缚，因此，从这个意义上讲，经济体制改革成了经济法律制度改革的原动力，只有以改革精神对经济法制进行一次大的改革（包括废、立、改），才能适应经济体制改革的迫切需要。同时，由于我国经济体制改革是在国家统一领导下，由上而下进行的，经济法制反过来又是健康有序地推行经济体制改革的重要手段。因此，我们应该认真研究以下问题。（1）如何把法律作为进行改革的统一章法。我国是一个社会主义的大国，为了防止不必要的混乱和反复，改革工作应该在总结试点经验的基础上把改革的具体要求和做法用法律形式明确规定作为章法，然后再依此向全国推行。我国去年进行的税代利的第一步改革就是这样做的，实践证明效果很好。（2）如何把法律作为巩固改革成果的有效手段，要认真研究改革中的新情况、新问题，及时地把成熟的经验上升为法律。巩固改革所取得的成果，并为坚持改革提供法律保障。（3）如何把法律作为推进改革的重要工具。社会在前进，经济在发展，改革是没有止境的。我们一方面要使业已实行的改革保持相对稳定，另一方面又要根据形势的要求不断完善具体的法律制度，以推动、促进经济体制改革的进一步发展。（4）如何把法律作为保障改革顺利进行的锐利武器。改革是一场革命。它不可能不遭到来自左的或右的方面的干扰或破坏。因此，在利用法律推行改革的同时，也必须更好地运用法律武器与改革中可能产生的消极现象作坚决的斗争。

其二，关于经济责任制的法律问题。目前正以迅猛之势由农村向城市推行的各种经济责任制，是我国人民在社会主义现代化建设中的伟大创造。如果说建立社会主义公有制，消灭人剥削人的现象，是我国生产关系中一次根本变革，那么在社会主义公有制内建立各种形式的经济责任制，把责、权、利有机地、具体地结合起来，铲除吃“大锅饭”的平均主义现象，则是我国生产关系中另一次根本变革。将社会主义所有制同经济责任制结合起来，这不仅是马克思主义关于生产关系理论的重大突破，也是马克思主义法学理论的巨大发展。一是发展了马克思主义的所有权理论。过去有关所有权的理论已不能完全概括实行经济责任制后产生的新情况。企业的财产权大大增加了，经营管理权、使用权、收益权均具有了相对独立的物权性质。二是发展了合同法理论。各种经济责任承包合同的出现，使合同超越了媒介商品生产和商品交换的传统范围，这种新型合同同传统的合同相比具有诸多不同的法律特征。过去主要是一方承担义务的命令与服从的关系，变成基于物质利益关系的权利与义务统一的双方协商平等的关系，这就从根本上拆了大锅饭的台，能够充分发挥企业和劳动者的创造性和积极性。三是发展了经济联合理论。鉴于随着各种经济责任制的建立，社会主义所有权同经营管理权分离的进程加剧，企业和承包人的经营管理权的独立性、自主权越来越大。企业完全可以按自愿互利的原则，通过合营、联营、补偿贸易等合同形式向企业外投资，这有利于把资金用活，而且也大大冲破了由上级主管机关“拉郎配”的经济联合传统观念。

其三，如何运用法制促进新的技术革命的问题。科学技术，就是生产力，就是速度，就是效益。目前一场以微电子技术为中心的新的技术革命正在全世界范围内兴起。我国经济面临严重的挑战。因此，采取正确的对策，迎接新的技术革命，不失时机地赶上世界先进水平，这是关系国家兴衰、现代化建设成败的大事。不言而喻，研究如何运用法律武器推动新的技术革命则不能不是摆在经济法学面前的一项极其重要的紧迫任务。我们应该切实探索以什么样的法律形式促进新技术的引进、研制开发、推广应用，千方百计地使我国经济在这一起跑线上，尽快装上新的先进技术的翅膀向前奋飞。我们必须认真寻找必要的法律措施，从扩大资金、下放权限等方面保证企业能有计划有步骤地进行技术改造，限制土建，鼓励采用先进技术设备，特别是运用新的电子计算机技术，尽快把我国的工业、农业、交通运输业用先进技术武装起来，为新的技术革命提供坚实的基础。我们还应该仔细研究怎样从法律上提交对工业产品质量的要求。要从立法上保证积极采用国际标准，不断修改提高国家标准、部颁标准，禁止几十年一贯地复制“古董”。要认真实行优质优价、选购等法律制度，取消对落后产品的保护，追究生产不合标准、不符合质量的产品的责任者的经济责任、行政责任乃至刑事责任，以法律制度上的高标准、严要求，促进新的技术革命的开展。我们还必须努力探索保护技术成果的法律途径。要不折不扣地实施专利法，切实保障发明创造的产权；认真实行发明专利、实用新型专利以及其他技术成果的有偿转让；推行科研有偿合同制，制裁吃技术大锅饭的懒汉和无偿占有他人创造性劳动成果的剽窃者。使科学技术“面向”经济、经济“依靠”科学技术建筑在内在动力和外部压力之上，为繁荣创造发明事业，促进新的技术革命开拓广阔的道路，要对在科学技术进步中作出重大贡献的科技人员实行重赏，造成成千上万的爱迪生式的中国发明家。

其四，关于促进提高经济效益的立法问题。提高经济效益，以尽量少的活劳动消耗和物质消耗，生产出更多符合社会需要的产品，是我们组织一切经济工作的出发点，这个问题解决得好坏，直接关系到我国90年代的经济能否振兴，关系到党的十二大确定的宏伟目标能否实现和四化建设的成败。因此，这就为经济法学提出了研究有关提高经济效益的法律问题的紧迫任务，我们应该认真研究如何修改税法，合理地设置税种和税章，把国家与企业的分配关系以法律形式固定下来，使企业摆脱条条或块块的行政束缚，获得更大的自主权。在大体相同的条件下开展竞争，能从提高经济效益中得到更多的好处，我们必须切实探索怎样以改革精神将价格、劳动工资、信贷等经济调节手段制度化、法律化，逐步改变价格与价值脱离的现象，克服分配上的平均主义弊端，以提高企业素质，促进企业结构和产品结构合理化，提高经济效益的内在动力和外部压力。我们还应该仔细研究以什么样的法律形式促进企业提高产品质量，开发新产品，调动改进技术的积极性和主动精神，从法律上造成一种非改革技术企业就生存不下去的客观势态，把追求技术进步变成企业的自觉行动。再者，我们还必须认真探讨有关进一步开放天津、上海、大连等14个沿海大、中港口城市的各种法律问题，为尽可能快地吸收国外资金，引进先进技术，开拓我国科学技术新领域，提高经济效益，加速实现四化而服务。

其五，关于国营企业领导机构的法律形式。这个问题30多年来都有不同意见，近年来，我国相继颁布了四个条例，实行党委集体领导，厂长行政指挥，职工民主管理的党委领导下的厂长负责制。实践证明，这种党委拍板、厂长负责、职工监督“三驾马车”式的领导体制，容易造成指挥不灵，无人负责的状态，很不适应社会主义现代化建设的需要。因此，最近中央决定逐步在我国国营企业内实行厂长负责制。这样，我们责无旁贷的任务，就是应该认真探讨设置什么样的领导机构（管理委员会、厂务会、厂长会、董事会等）才能保证厂长负责制得以贯彻？这个机构的性质应该是什么？决策性的，咨询性的还是办事情的？如果是决策机构，那么一旦遇到厂长与多数人意思不一致的情况如何办？应该采取什么制度才能既保证厂长能独立负责作决定，又能使其行为受到制约？这个机构应该包括哪些成员呢？我们觉得应该包括：（1）厂长；（2）党委书记；（3）职工代表；（4）主要消费者（买主）的代表。这样，即可通过不同利益的代表者充分反映各方面的需要，以帮助厂长作出正确的决策。这不仅可以把国家、企业、职工和消费者的利益有机地结合起来，而且也便于这些决定贯彻执行。同时，实行厂长负责制以后，职工代表大会、工会的权限应该是什么，如何更好地实行民主管理，怎样防止和制裁厂长滥用职权，等等。这些也是必须认真加以研究的问题。

其六，还有一个破产程序问题。西方国家早就有这种制度。胡乔木同志在1978年的《按客观规律办事，加速四个现代化早日实现》这篇文章中提到这个问题。这在我国能否实行？当然，现在资本主义国家也不轻易宣告破产。它有一个新发展，叫重整制度，就是当企业发生财政困难时，可以请求法院重新整理。这样可以主动和债权人达成协议，进行企业改组。重新整理，这在西方比较普遍，它的作用在于维持企业，不要随便宣告破产，以免造成社会问题。但也有一些企业，特别是小型企业，不适应需要，或者产品落后没有销路，它的存在不合理，不需要重整而直接听任其破产的。另外，资本主义国家的国营企业往往是根据议会通过的特别法建立的，它们不适用破产程序，也常常造成吃大锅饭的局面，亏损严重，给财政增加沉重的负担，我们的国营企业是社会主义性质的，属于全民所有。我们也有一部分国营企业长期亏损，对它们应该怎么办呢？当然现在我们有关、停、并、转的办法。但这只是行政程序，法律程序上怎么搞？关，从实际结果看就是倒闭，但我们的企业关了以后没有破产制度，没有清偿问题，债权债务不了了之。这样行不行？当然不行。既然国营企业是一个相对独立的经济实体，就应该自负盈亏，严格责任，对于长期经营不善，多年亏损，产品落后，没有前途的企业应当宣告破产。这样一可以减少国家的财政补贴；二可以鞭打落后，淘汰落后；三可以打破大锅饭，制裁懒汉；四有利于加强国际经济交往，更好地贯彻对外开放政策。我们应该研究这一法律制度，以适应经济体制改革和对外开放的需要。

其七，如何保护消费者的利益。在实行责任制和以税代利之后，逐步取消了大锅饭，砸破了铁饭碗，调动了企业和职工的生产积极性，促进企业改善经营管理，提高经济效益，使国家多收，企业多留，个人多得，企业和职工的利益得到了保证。但是，现在生活中侵犯消费者利益的现象屡见不鲜。如以次充好，以假冒真，克斤扣两，变相抬高物价等时有发生。因此，如何保证消费者利益不受侵犯，是值得研究的大问题。资本主义社会在60年代中期搞了个消费者运动。日本有保护消费者的基本法，各主要资本主义国家都有这方面的法律。我们社会主义国家中，国家利益、企业利益和人民利益在根本上是一致的，但是实际生活中也会有矛盾。我们更应该切实保护消费者利益，使企业、集体、个人能通过合法的正当途径去提高经济效益，而不是相反。

最后，经济立法与精神文明建设的关系，也需要研究。任何事物都有两面性。我们搞经济改革，是为了取消大锅饭，发挥社会主义制度的优越性，增加企业内部的活力和外部的压力。但是，我们克服这种弊病的同时，也必须旗帜鲜明地反对可能出现的消极东西，我们是社会主义国家，应明确地、毫不含糊地规定，不允许任何人在社会主义经济生活中用非正当手段牟取暴利。

（三）经济法有许多带开拓性的理论问题，需要我们去探索

经济法理论不是固定不变的，也不应仅是对现有法规的注释或解释。它要求我们在一定程度上走在实践的前面，寻求带有开拓性也就是带有储备性的研究。例如为经济立法提供储备性的资料和意见等。我们现在还没能做到这一点。我国农村现在实行生产责任制，92%的生产队搞了联产计酬责任制，其中78%搞了家庭承包制。过去以生产队为劳动单位，现在以家庭为单位。在坚持集体所有制的前提下，生产活动主要以家庭为单位。这种形式要有一个相对稳定的阶段。搞新的联合要有一个过程。但是，有个问题，随着农村生产力的不断提高，光靠一家一户行不行？机械化程度高了，怎样使生产力和生产的社会性更加提高，值得我们研究。我想，我们应在农村发展各式各样的合作组织，开辟多种渠道。现在除国营商业和供销合作社以外，还有个体商贩，允许个体商贩长途贩运。但光靠这些渠道不够。例如农民生产的产品，光靠个人出卖不行，是否可以组织销售公司，便于将产品推销出去。再如使用机器，可办购置、使用农机合作组（社），几十户联合共同购买大型农机具。城市工厂和商户，可与农户订立合同，使农户按工业和商业的需要生产。我觉得这样可能使农业生产的社会化程度、商品率更加提高。我们应该研究用什么样的法律形式，才能够

促进商品生产的发展，推动生产的进一步社会化，使经济法理论更好地为社会主义经济建设服务。

从以上看来，经济法理论是大有作为的，值得我们去探索，去开拓。

如何才能搞好经济法学的理论研究？

第一条，要坚持马列主义基本原则。我们搞经济法理论，不能从抽象的概念出发，而要用马列主义的立场、观点、方法从实际里面去探索。经济法与经济基础联系密切，不同社会经济制度有不同的经济法。不同社会的经济法有不同的本质和特点，应该有不同的理论，当然有些可以借鉴。但总有自己的特点，这一条很重要。

第二条，应该从整个国民经济的高度来研究经济法。我们研究经济法理论，要站得高一点，要从国民经济的全局来研究。例如我们如何看待资本主义国家的经济干预。实际上资本主义国家调整经济生活的法律，不仅仅是国家干预经济的法规，如反垄断法、卡特尔法、保护消费者法。不仅是这些，他们也认为国家对经济生活是运用不同的法律手段来调整的。资本主义经济生活的运转主要还是靠民法和商法，另外也有经济法。对于一些全局性的问题，由市场经济反映出来的弊端，是民法和商法解决不了的。国家从全局、从资产阶级整体利益考虑，用经济行政法手段即国家干预经济的法规加以调整，使经济生活不至于冲击整个国民经济，不至于违背整个资产阶级的利益。另外，劳动法在资本主义社会中对经济发展也起到很大作用。例如关于工资问题的法规，工人参加管理问题的规定，共同参与决定法，在某种意义上讲也起到缓和劳资关系的作用。再如对社会福利、社会保险方面规定了比较完整的体系。西德每年拿出国民收入的29%—30%用在这方面。英国、法国大体也是这样。英国每年用于失业者身上的费用就达30亿英镑，相当于北海油田的全年收益。这尽管给社会生产带来沉重负担，却可以缓和阶级矛盾，使社会暂时不会有很大的动乱，暂时不会引起社会革命，动摇和推翻整个资产阶级的统治，以延缓其必然灭亡的命运。资产阶级正是运用不同手段和方式来调整经济。我们国家对国民经济的调整，也应运用不同的法律手段。我们国家是社会主义的计划经济，国家有组织经济的职能，必然应当有组织领导经济的法规，运用经济行政法手段来调整经济，如计划法。资本主义社会叫国家干预，我们讲经济行政法规。同时，我们的经济也是社会主义的商品经济，因此，要有民法这样的法律手段，调整平等有偿的经济关系。在资本主义国家，自由市场经济的弊端使社会经济生活冲击资产阶级的整体利益，因此国家要用行政管理办法予以抑制。而在我国，由于过去所实行的经济管理体制，行政管理方面的法规较多，而民法调整手段较少。我们今天正在进行的经济体制改革，在很多方面是把原来的行政手段，变成用平等的协商的办法调整。这是必要的，因为不这样不行。另外，经济法也规定了刑事责任，运用刑法手段调整。我们研究经济法理论，要从整个经济全局考虑，不要想得太窄。怎样与民法划分？我们是从国民经济整体利益出发研究民法手段对经济调整中的问题，而不是像民法只从一个侧面研究法律对社会经济关系的调整。

第三条，坚持从中国的实际出发。现在世界上主要有两种经济法理论，一种是国家干预说，资本主义国家是这样；另一种是苏联的国家领导经济和实现经济活动论。这两种理论，也是从它们的实际出发。根据我国经济的特点，应搞出一个具有中国特色的社会主义经济法理论。

第四条，要坚持为中国经济立法实践服务的原则。为立法提供建议和理论依据，当前摆在我们面前的一个重要任务，就是要解决经济立法体系问题。目前世界上解决经济立法体系的办法有三种：一种是资本主义国家以民商法为主，辅之以单行经济法规；另一种是苏联、匈牙利等国以民法为主，辅以单行经济法规；再一种是捷克斯洛伐克的办法，以经济法典为主，同时制定民法典和单行经济法规。我国怎样搞好？我国是否可以考虑搞经济立法纲要，把经济生活中的共同东西放在里面，分别再制定民法典和单行经济法规？

第五条，要坚持百家争鸣。我们国家，现在经济法理论的研究的确很活跃，但是，每一种意见都还没有形成完整的理论。经济法理论还有好多没有解决的问题，认识也很不一致。所以，应该畅所欲言，百家争鸣，在坚持四项基本原则的前提下，允许发表不同意见和见解，要敢于坚持真理，修正错误，研究一个比较切合中国实际，比较有利于四化大业和经济法制建设的理论体系。这样，我们这门学科就会在不太长的时间里建立起来，真正成为一门有科学体系的、有自己的理论的学科。

（本文原载于《中国法学》1984 年第 4 期）

罗马尼亚、匈牙利经济法制考察

王家福*

20 世纪 50 年代末期以来，罗马尼亚和匈牙利都十分重视加强社会主义法制。它们不仅用法律规范政治生活，保障人民的民主权利，而且以法律调整经济关系，促进国民经济的发展。无论罗马尼亚还是匈牙利都在经济领域里建立起了比较完备的经济法制，在运用法律为经济建设服务方面创造了一些有益的经验。现将我们最近访问罗马尼亚和匈牙利所了解和考察的情况，简述如下。

一　健全经济立法，为各种经济活动规定准则和范围

罗马尼亚、匈牙利是社会主义国家，肩负着组织经济的重要职能。它们为了能以运用体现人民意志、反映客观规律的法律领导和管理经济，从建国那天起就非常重视经济立法。它们制定各种经济法规，规定人们在经济生活中应该做什么和不应该做什么，为企业和公民从事经济活动划定了一个范围，筑起了一道像匈牙利同志所说的“电篱笆”。人们在法律规定的范围或“电篱笆”内，可以各显神通，改善经营，创造最好的经济效益。但如若超越了这个范围或“电篱笆”，就会遭到国家干涉，受到“电”即国家法律的制裁。这样，罗、匈两国就用自己健全的经济立法，把经济生活纳入了法制的轨道。

---

* 王家福，男，1931 年生，四川南充人，现为中国社会科学院学部委员，中国社会科学院法学研究所研究员，博士生导师，研究方向为民商法和经济法。

罗马尼亚、匈牙利的经济立法主要是按照本国实际进行的。它们各自都具有本民族的特色。这些特色就其大者而言，有以下三点。

第一，适应调整经济生活的各种需要。经济生活是千差万别的。为了把各种经济活动统统纳入法律调整的范围，就必须制定各种不同的法规。为此，罗马尼亚就制定了调整国民经济计划关系的计划法；财政金融关系的财政法、税法、投资法、银行法；资源和环境保护关系的土地法、水法、养殖和渔业法、环境保护法；国家与企业关系的国营企业法、利润法、固定资产折旧法、农业合作社法；经济流转关系的经济合同法、物资供应法、内贸法、价格法；科学技术关系的发明和革新法；涉外经济关系的外贸法、参与国外合营公司法；工资福利关系的劳动报酬法、社会保险法、农业合作社社员退休金法等重要经济法规。匈牙利则制定了3000多个经济法规。不仅颁布了有关国计民生的计划法、财政法、国营企业法的外贸法、商业法等重要经济法规，就是对于像适当发展辅助经济这样的问题也制定了诸如农业专业小组条例、经济劳动小组条例、小型合作社条例、工业和服务合作社专业小组条例、小手工业法等经济法规。对辅助经济的鼓励（如自留经济购买塑料薄膜盖温室减价百分之四十）、监督（如个人雇工不得超过六人、开征高额累进所得税）、管理（如主管部门批准、法院登记、违法吊销营业执照）作了明确的规定。这就使得这两个国家行行有法可依，事事有章可循。

第二，解决经济建设中提出的新问题。法律的制定是为了解决生活中的问题。罗马尼亚、匈牙利的经济立法新就新在，它们能够摆脱旧的传统和外国模式的束缚，及时从本国实际出发制定新法律，解决新问题。比如，罗马尼亚为了解决实践中提出的国营企业职工仍与本企业关系不太紧密、对企业经营效果不够关心的问题，1982年制定了国营经济单位劳动群众股法。根据这一法律规定，职工可以向企业入股（一万至五万列伊），为企业筹集发展基金（总额可占企业固定资产的百分之三十），每年可从企业利润中分得红利，以增强他们作为生产资料所有者的责任，改善企业经营，提高经济效益和盈利。匈牙利针对经济体制改革后，企业自有资金增多，竞相扩大固定资产投资，基建规模越来越大，国际收支不平衡状况越来越严重等情况，从1979年起先后颁布了以下法律。（1）投资税法。规定对企业发展基金用于固定资产投资时，征收相当于固定资产投资额百分之二十五的投资税。(2) 建筑税法。规定对用于建筑的投资征百分之十(国家需要发展的项目)或百分之二十(国家不急需的项目)的建筑税。(3) 补充进口设备零件付费法。规定对补充进口的设备零件征收为进口价格加关税总额的百分之二十五。这两个国家就是这样用制定其他社会主义国家所没有、内容崭新的经济法规,解决经济生活中涌现的新问题,推动经济建设的发展。

第三,适应不断变化的实际情况。经济生活是瞬息万变的,规范经济生活的经济法规也不可能是一成不变的。为了更好地发挥法律对经济的积极促进作用,罗马尼亚、匈牙利总是不断修改自己的经济法规,使之适应已经变化了的情况。这两个国家根据经济体制改革后变化了的情况,对于民法、计划法、财政法、企业法、劳动法等基本法规普遍作了相应的修改。至于政策性很强的经济法规,比如税法、价格法等,则根据形势需要进行了多次修改。这样,在罗马尼亚、匈牙利没有自动失效或跟实际生活抵触的法规,所有现行的经济法规都对经济生活起着应有的调整作用。

罗马尼亚、匈牙利的经济立法工作还有几点值得注意。一是经济立法工作的计划性。无论是罗马尼亚还是匈牙利,经济立法工作都是有计划进行的。罗马尼亚根据党关于建设具有中等发展水平的社会主义社会纲领和国家的国民经济和社会发展五年计划制定的中期立法计划;匈牙利按照党的十二大精神和政府的调整法律体系远景规划制定的中期草拟法案规划,都包括经济立法的规划。现在,罗马尼亚正根据1981年至1985年中期立法计划,新规定民法等重要法律。匈牙利正按照1981年至1985年中期草拟法案规划,起草新的土地法、劳动法、合作社法等重要经济法规。二是经济立法工作的科学性。这两个国家都十分注意使每个制定出来的经济法规体现党的经济政策,符合经济体制改革方向,在实践中执行得通,即正确地反映客观经济规律的要求。为达到此目的,它们大多采取了以下措施:(1) 听取专家的意见;(2) 加强法学与经济学的合作;(3) 深入地调查研究和科学论证。三是经济立法工作的民主性。在经济立法过程中,罗马尼亚和匈牙利都十分强调代表广大人民的国家权力机关——议会在立法工作中的作用,重要的经济法规,都提请议会审议通过。司法部在法规草案拟定前要征求各方面的意见,采集各种不同方案,根据这些意见和方案拟定出草案以后又发交群众团体和有关部门广泛讨论,集众议之所长,反复修改，力求充分反映人民的意愿。

罗马尼亚、匈牙利从50年代末期起，逐步克服了在经济建设中轻视法制的思想，把健全经济立法提到了党和国家的重要议事日程之上，对国民经济的发展和经济体制改革的顺利进行起了巨大的作用。但是，目前匈牙利又出现了一种值得注意的经济法规过多，主要指中央各部和地方议会发布的法规过多的现象。其中中央各部发布的法规约有2000多件，地方议会发布的法规约有5000多件。它们不仅有的规定过分具体，不利于发挥企业的主动精神，而且有的还重复、矛盾，难以付诸实施。根据匈牙利同志的分析，产生上述现象的缘由大体有三：（1）夸大了经济法规的作用，以为它是促进经济发展的万能手段；（2）过分强调了本部门、本地方的特殊性，企图以发布部门和地方性法规，维护本部门、本地方的利益，为本部门、本地方争权；（3）主管部门不相信企业的首创精神，企业怕犯错误要求主管部门发布具体规定。为了克服这种过分法规化的缺点，匈牙利已决定，对中央各部和全国性机构发布指示的范围加以限制，对部门性和地方性法规加以整顿。

二　以各种法律形式，对经济生活实行综合调整

罗马尼亚、匈牙利作为社会主义国家，它们的经济生活是十分复杂的。在错综纷繁的经济生活中，交织着各式各样、性质相异的经济关系，并存着形形色色、目的不同的经济行为。对于这丰富多彩的经济生活，无论罗马尼亚还是匈牙利都并非以一种性质的法律形式进行调整。为了促进国民经济全面地高效益地发展，它们总是千方百计地适应经济形势的需要，用不同的法律形式对整个经济生活进行多方面的、多侧面的综合调整。这种对经济生活的综合法律调整，尽管在不同历史时期内侧重点不尽一致，但它始终是罗马尼亚、匈牙利经济法制的一个值得注意的显著特点。

罗马尼亚、匈牙利对经济生活进行综合法律调整的不同法律形式，主要有以下五种。

第一，经济行政法律形式。这是在社会主义公有制基础上产生的一种新的法律形式。罗马尼亚、匈牙利是社会主义国家，有组织管理经济的任务；它们的经济是社会主义计划经济，存在大量组织管理性质的经济关

系。这就决定了它们必须以国家权力代表和所有者代表的双重身份，运用经济行政法律形式调整经济生活。在60年代末以前，特别是在社会主义改造完成之前，这种法律形式在这两个国家里与高度集中的经济管理体制相适应，都在对经济生活进行综合法律调整中占据着优势，起着主导的作用。但是，随着经济体制改革的实行和发展，经济行政法律形式在罗马尼亚特别在匈牙利都有了较大的发展变化。（1）适用范围有所缩小，但仍保持着重要地位。罗马尼亚减少了下达给企业的指令性指标，扩大了企业经济上的自主权，相应地缩小了经济行政法律形式适用的地盘。可是由于它继续实行中央统一的指令性计划制度、产品调拨制度、投资财政拨款制度，经济行政法律形式依然十分盛行。至于匈牙利，尽管由于取消了指令性计划、产品调拨、投资财政拨款，为民事法律形式的适用开辟了广阔的天地，但是它在国家投资规模、投资贷款总额、重要产品供销、物价、进出口、国防需要等关系国计民生和宏观决策方面仍然保留着必不可少的强制性行政管理，经济行政法律形式依然还有广大的用武之地。（2）从属性的经济行政法规减少，调节性的经济行政法规增多。这是同企业由原来国家主管机关的附属物正在或已经变为独立的经济实体、法人的进程相适应的变化。企业自主权增多了、独立了，当然国家以上下级隶属关系的形式规定企业必须做什么的行政法律规范的数量势必下降。比如，这种从属性经济行政法律规范在匈牙利就主要表现在：①国家主管部门决定建立企业；②国家任命企业经理；③国家规定强制性供货等方面。至于调节性的经济行政法规实质上乃是经济调节手段的行政法规化。由于经济调节手段的运用在罗、匈经济管理中的作用越来越大，因此，国家调节性经济行政法规也日益增多。比如，匈牙利仅就税收这一调节手段就制定了五六十种法规。鉴于这种调节性经济行政法规一般只根据形势为特定的经济活动规定必须履行的义务，创造或改变经济环境和条件，间接影响企业的活动，因而既能保证国家对经济集中统一的行政管理，又能为企业发挥主动精神提供较大可能，使国家的计划任务更好地得以完成。（3）用经济行政法律形式，促进企业结构进一步合理化。为了适应生产专业化、协作化的需要，罗马尼亚、匈牙利从60年代中后期通过经济行政法律形式对工业进行了改组，按照专业化和协作化的原则组建了一批工业中心或托拉斯、大企业，这对提高企业的效益起了很好的作用。但是，从70年代中前期起，匈牙利开始发现企业过分集中的弊病：经营不灵活，产品结构不容易改革；生产效率低，竞争能力差；机构日益庞大，改革原则难以贯彻。近几年来，匈牙利为了限制过分集中，克服垄断，保护竞争，又采取了两个措施：①解散了18个托拉斯，恢复了原属于这些托拉斯的一百多个企业的独立经营权；②通过颁布小合作社法等法规，促进中小企业特别是百人以内小企业的发展。（4）加强促进经济效益提高的经济行政法规的制定。罗马尼亚、匈牙利最近几年有关投资、价格、信贷、税收等经济行政法规的制定，大都围绕着促进经济效益提高的目的。比如，罗马尼亚关于信贷管理法规规定，由银行贷款的扩大生产需要的追加流动资金，若超过国家规定的物资库存期，要提高贷款利息。正常贷款利率为百分之五，超过定额的利率则提高到百分之七或八。匈牙利1983年颁布的有关工资管理的法规规定，增加工资要以利润率为指标。这些都是为了鼓励企业提高经济效益。

第二，民事法律形式。这是综合调整经济生活的另一种重要的法律形式。由于罗马尼亚、匈牙利的经济是计划指导下的社会主义商品经济，价值规律还起着作用，由于多种经济成分并存，企业自主权扩大，由于计划管理同市场调节不同程度地结合起来，以行政办法为主管理经济逐步为以经济办法为主管理经济所代替，民法在这两个国家日益受到重视。罗马尼亚已经草拟好社会主义新民法典；匈牙利于1978年重新修改了1959年颁布的社会主义民法典。此外，这两个国家还制定了一些其他民事法规。近年来，调整经济生活的民事法律形式无论罗马尼亚还是匈牙利都出现了一些引人注目的新发展。（1）所有权法律制度有所发展。为了克服过去限制集体经济，忽视乃至取消个体经济的消极后果，罗马尼亚、匈牙利在坚持国营经济主导作用的同时，从法律上确定了集体经济和个体经济的应有地位。匈牙利还在1978年民法典中明文规定了国家所有权、合作社所有权、混合所有权、个人所有权、私人所有权等五种所有权形式，从立法的高度肯定了多种经济成分并存这一所有制结构方面发生的变革，从而促进了集体经济和个体经济的发展（集体经济在国民收入中的比重由1960年的17%上升为1981年的23.6%；个体农户和自留经济、辅助经济占农业总产值的三分之一）。为了维护国家和社会利益，罗马尼亚、匈牙利还在依法保护财产所有权的同时，为财产所有权设定了必要的义务和限制。比如，匈牙利1968年土地法就规定了土地所有人必须合理利用土地的义务和土地所有权不扩及地下矿藏、个人所有土地不得超过0.6公顷、私人所有土地不得超过3公顷的限制。为了更好地保护财产和更有效地利用财产，匈牙利在民法典内除所有权以外还规定了占有权、使用权、用益权、地役权等其他物权形式。(2) 合同法律制度呈现出新的活力。由于企业自主权的扩大，经济流转的日益发达，罗马尼亚、匈牙利不仅出现了科研、服务、旅游、承包等多种新型合同形式，而且合同的作用也越来越大。无论是罗马尼亚规定计划必须以合同为基础，企业非有合同而不得投入生产，还是匈牙利允许企业按照国家指导性计划自由订立合同，都在不同程度上使合同法律制度成为国家有计划组织经济的重要工具。再者，在这两个国家里，合同法律制度的适用范围也大大扩展了。它不仅适用于公民之间，而且更重要的是适用于社会主义企业之间，不仅适用于商品流转之中，而且也适用于经营方式改革、经济联合体组建之中。尽管罗马尼亚除民法典以外针对社会主义企业之间合同的特殊性专门制定了经济合同法，而匈牙利把公民之间的合同、社会主义企业之间的合同统一规定在民法典之内，但是它们都注意到合同的计划性，不过罗马尼亚和匈牙利达到这一目的方法迥然不同：前者以指令性计划直接规定企业订立合同的义务，后者则仅以经济调节手段间接促使企业按国家计划签订合同（只在强制供货的特殊情况下企业才有必须订合同的义务）。(3) 改进合同法，促进经济联合。为了进一步提高经济效益，改善生产和经营，集中人力和物力，匈牙利十分注意完善增强经济联合组织形式灵活性的立法。1970年它颁布了公司法；1978年它又在民法典中增添了有关公司的条款（57条—61条、568条—574条）；1978年它还制定了经济联合公司法。根据新的法律规定，匈牙利一反经济体制改革之前的传统做法，公开允许：①几个企业（法人）根据合同建立公司；②国营企业和合作社、匈牙利企业和外国企业根据合同建立混合所有制形式的公司；③企业根据合同建立子公司；④企业根据合同建立具有法人资格的有限公司、股份公司、联合公司和不具备法人资格的合伙公司、民事公司、经济联合体；⑤企业根据合同建立公司的目的可以是：共同经营管理，实现共同经济利益，协调共同活动。这就为各种形式的经济联合提供了法律依据。(4) 责任不断提高。罗马尼亚1969年经济合同法规定："凡不履行或不当履行合同的社会主义单位，应向另一方支付罚款和赔款，以弥补其过失造成的损失。"凡不遵守合同纪律而支付违约金、罚款或赔款，对社会主义企业造成损失时，有关企业的职工，将按各自的过失，承担物质和纪律责任。为了巩固社会主义经济秩序，维护国家和社会的整体利益，匈牙利对于违反合同的行为不仅要依法追究企业的民事责任，而且对有关的责任者也要依法给予制裁。

第三，劳动法律形式。这是社会主义条件下出现的一种新型的法律形式。为了维护劳动人民的权利，协调社会利益和个人利益，防止权利滥用，调动各方面的积极性，促进国民经济持续的高效益的增长，罗马尼亚、匈牙利都注意运用劳动法律形式调整经济生活。近年来，这种法律形式在这两个国家都有所发展。其一，劳动人民的权利进一步扩大了。比如，匈牙利实行了每周 5 天 42 小时工作制，每年 15—24 日休假制。其二，职工参加管理的制度向前发展了。比如，罗马尼亚 1969 年取消了企业管理的一长制，实行集体领导和工人参加管理的制度。作为企业决策机构的劳动人民委员会由企业的正副经理、党委书记、工会主席、团委书记、技术专家、职工代表组成。1977 年把劳动人民委员会的职工成员由过去占全体成员的三分之一扩大到 55%，而且规定副主席当中必须有一名为职工；匈牙利则实行厂长负责制，职工通过职工代表大会和工会参加管理。其三，进一步提高了有组织地调配劳动力的经济效益。比如，根据匈牙利劳动法的规定，企业有权从实际情况出发临时把本企业职工派往别的企业工作（劳动职责、工资等级不变），按照双方协议雇主的权利暂由接收企业享有，雇主的义务也暂时由接收企业承担。这一规定既解决了派出企业劳动力多余的问题，也解决了接收单位劳动力不足的困难，大大有利于提高经济效益。其四，劳动纪律进一步严格了。匈牙利 1982 年修改后的劳动法明确规定，由于职工的疏忽大意而给企业造成损失，必须以平均月工资的一半进行赔偿；由于职工的严重疏忽大意而给企业造成损失，必须以 6 个月的平均工资予以补偿。

第四，专利法律形式。这也是综合调整经济生活的一种重要法律形式。随着世界第三次科学技术革命的深入发展，科学技术对社会经济的增长起着越来越大的作用。为了适应科学技术日新月异的发展和经济体制改革后变化了的实际情况，罗马尼亚、匈牙利不得不把进一步调动企业和发明人创造发明的积极性、推动技术革新、提高产品质量和国际竞争能力提到重要议事日程之上。经过一段时间酝酿，它们先后于 1974 年和 1969 年制定了专利法，抛弃了对发明的苏联式双轨保护制度，采用了单一的专利保护制度，从法律上确认了发明是一种越来越重要的无形财产。罗、匈两国的专利法尽管各不相同，但也有一些共同的特点。其一，它们的目的性比较明确。罗、匈两国制定专利法的目的就在于鼓励创造发明，促进本国现代技术的发展，社会生产的提高，产品质量的改善。其二，它们确立了社会主义企业的专利权主体资格，罗马尼亚、匈牙利专利法都明确规定，专利权可以依法授予社会主义组织，从而使企业对其发明拥有了产权。其三，它们规定了发明专利有偿转让原则。罗马尼亚、匈牙利专利法无例外地都准许发明专利有偿转让。但罗马尼亚专利法规定，拥有专利权的无权拒绝其他企业使用，在一定程度上排除了专利权的独占性质。其四，它们特别强调国家的整体利益。匈牙利专利法从国家的全局利益出发，对发明专利规定强制使用、国家使用等限制。其五，它们十分重视发明的实施。罗马尼亚专利法规定了一整套措施，保证发明迅速应用到生产，尽快转化为生产力。

第五，刑事法律形式。这也是综合调整经济生活的一种重要法律形式。为了巩固社会主义经济秩序，保障经济体制改革顺利进行，促进国民经济持续增长，罗马尼亚、匈牙利在经济领域内扩大了刑事法律形式的运用。它们在不少经济法规中规定了刑事制裁条款。比如，罗马尼亚1974年土地法就规定，非法滥用农业田地、缩小农业区域、改变农业田地的类别，处一月到一年监禁或罚金。这种刑罚也可以适用于法人。匈牙利1978年刑法典就规定了违反经济管理义务、欺骗经济管理机关、规避经济监督、破坏固定资产投资纪律、破坏财经纪律、销售不合质量的产品、伪证产品质量、谎报产品功用、非法从事外贸活动、未经许可从事外贸活动、投机倒把、提高物价、威胁社会供应、伪造货币、销售伪币、伪造邮票、破坏货币管理规则、偷税漏税、破坏国家垄断、走私和故意收买或销售走私商品、滥用支票等经济犯罪，并为这些经济犯罪分别规定了一至五年徒刑、罚金和没收财产等刑罚。这样，这两个国家就通过对经济犯罪刑事责任的规定，为社会主义经济秩序建筑起一道刑罚防护之堤。

（本文原载于《中外法学》1984年第4期）

从经济法的形成看我国的经济法

谢怀栻*

一　前言

经济法在我国是一个正在形成中的法律部门。究竟这个部门能否独立存在，其内容应该如何，众说纷纭。本文拟从各国经济法的形成过程说起，以究明一个独立的部门法是怎样形成的；然后说明，我国应否建立一个独立的经济法部门，这个部门法的内容应该是怎样的。

法律和法学是随着历史的进程而发展的。这种发展总是由简单到复杂、由低级到高级的过程。古代和中古时期的法律不用说了，即以资本主义国家的法律来说，最初的法律部门远没有今天这样多。19 世纪初期的第一部资产阶级大法典拿破仑法典包括民法典、商法典、民事诉讼法典、刑法典、刑事诉讼法典五个部分，这就是当时的几个主要法律部门。当时宪法、行政法和国际公法都还没有成为独立的法律部门而与政治学、公共行政、外交各部门混在一起。至于法学，则发展得更为缓慢，19 世纪初法国大学法律系的课程只有民法、罗马法和刑法。① 今天的许多法律部门和法学部门都是以后逐渐形成的，这是一方面。另一方面，任何法律部门的形成都有其一定的规律性，不是由人们任意决定的。大体来

---

* 谢怀栻，男，1919 年生，2003 年去世，湖北枣阳人，生前为中国社会科学院法学研究所研究员，研究方向为民法和经济法。

① 参见《法国法》，路易斯安那大学出版社，1972，第 111、127 页。

说，只有在社会发展（主要是社会经济的发展）提出一定的需要后，才会在已有的法律部门之外形成一个新的法律部门，然后与之相适应地形成一个新的法学部门。这个法律部门总是在已有的（大量的）法规的基础上形成的，甚至可以说，只有在旧的法律部门无法容纳这些新的法规时，才必然会形成一个新的法律部门来容纳新的法规。如果不是这样，要想按照一个主观设计的方案去“建立”一个新的法律部门，常常会出现各种问题。

资本主义国家劳动法的形成是一个典型的例子。资本主义国家最初并没有劳动法，当时的劳动关系只作为雇佣关系而由民法调整。以后工业发达了，工厂里的劳动关系因其性质特殊而从一般雇佣关系中分化出来，由一些单行法调整。另外，随着工厂的兴起，发生了许多新的关系（主要的如劳动保护），出现了许多新的法规。这些法规日渐增多，构成了一个被称为工厂法或者工厂立法的法律部门。这个法律部门不能再包括在民法或行政法这两个旧的法律部门里，于是就形成一个独立的、新的法律部门，最后得到“劳动法”这个为各国所公认的名称。这个过程典型地说明了前面说的那种规律性。

下面我们就来看经济法的情况。

二　资本主义国家经济法的形成

在资本主义国家里，调整经济关系的法主要是民法中的财产法部分和商法。这部分法律是所谓的私法，在其中实行着私法自治的原则，国家干预的成分很少。虽然随着资本主义的发展，国家干预的成分逐渐增多，但总的来说，私法的性质还是维持着。

到垄断资本主义发展以后，情况有了变化，出现了许多涉及私法领域而性质与传统私法有所不同的法规。首先是反垄断法（反托拉斯法），其次是资本主义国家为了缓和或避免危机而对经济加以干预的法规，最后是战时统制经济的法规。这些法规在两次世界大战期间如雨后春笋，层出不穷，终于得到“经济统制法”（或“战时经济立法”）这个总的名称。第二次世界大战结束后，许多经济统制法规消失了，却又出现了新的经济统制法规。这是为了适应复兴战后经济和加强垄断资本主义、应付国际经济竞争而出现的。这些法规与原来的经济统制法有所不同，也不是旧有的民法和行政法两个部门所能容纳的。于是一个新的独立的法律部门便逐渐形成并被人们赋予经济法这个名称。特别是在西德和日本，经济法和经济法学为人们所乐道。在其他资本主义国家，情况不同，但存在这样一个新的法律部门，也不容否认。

现在，经济法作为一个部门法，在一些资本主义国家已经站住脚跟，正在发展。这是因为它是适应当代资本主义经济的需要而产生的。现在民商法虽然仍是调整资本主义市场经济的重要法律，但民商法不能完成垄断资产阶级对自由的市场经济加以指导和管制的任务。垄断资本主义需要另一种法律，这就使经济法应运而生了。

现在资本主义国家的经济法的范围，在各种著作中虽然言人人殊，但都是以企业法和竞争法为核心，包括国家直接指导和管制各种经济活动的法律。至于经济法和其他部门法的界限和关系，一般认为，经济法的出现并不消除任何其他部门法（特别是并不否定民法），而是法律部门的增加。

从资本主义国家经济法的形成可以得出以下几点。(1) 在资本主义国家经济发展的基础上产生了各种新的、非原有各法律部门所能包括的法规，再在综合这些法规的基础上形成了经济法这个部门。这种过程是一种合乎规律的自然发展过程，它并不是在一种先验存在的理论指导下或一种主观的规划下进行的。因此，德国（现在是联邦德国）和日本的早期经济法著作，叙述法规的较多，讨论理论的较少，近年来才逐渐出现经济法的“总论”。(2) 起初的经济法虽然是从修正民法中产生的，但后来发展起来的经济法就与民法分道而行，各自循着一定的方向发展，互不妨碍。研究经济法的人从来不企图以经济法去取代或取消民法，研究民法的人也不反对经济法的研究。(3) 就是现在，研究经济法的人仍然直言不讳地承认经济法尚不成熟，尚未定型，更不认为自己的著作就是一个最终的模式。甚至有人说，从实用法学的观点，对经济法作统一的说明是不可能的。[①] 但这种情况一点也不妨碍对经济法的研究。

---

① 参见《现代法的展开》，东京岩波书店，1966，第100页。

三 苏联的经济法问题

苏联的经济法问题是一个复杂的问题。为方便起见，把这个问题分成两方面说。一是法学家们所讨论（即争论）的经济法问题，一是国家立法中的经济法问题。

苏联法学界提出经济法问题是在20世纪20年代讨论如何对待不同的经济成分的时候。当时所谓的“两成分法”理论，以斯图奇卡为代表，主张划分民法与经济行政法。经济行政法调整那些形成于公有制经济成分中各经济组织之间的关系，民法调整私人经济成分之间的财产关系。这一主张和这一派人后来受到批判和打击。不过从此以后，在苏联就一直进行着民法和经济法两派的争论。几十年来争论不断进行，时起时伏。现在苏联经济里已经没有多种成分，于是争论就改变了方式而在经济活动主体上进行。经济法派主张应该从主体上划分民法和经济法的范围。这种争论一直继续到现在，没有得出什么结果。

对于苏联几十年来民法与经济法的争论，我们撇开其中所掺杂的政治问题（主要是30年代），只就其法律方面的争论说，可以指出下列几点。

第一，经济法这个名称，因为早已存在而且已正式列入大学课程，民法学派无从反对。他们反对的是把经济法当作一个独立的部门法，更反对制定一个与民法典并立的经济法典。因为经济法派一直主张对国民经济中经济组织之间的关系和公民所参与的关系分别由经济法和民法调整，这样划分经济关系的做法正是民法学派所反对的。最有代表性的说法是1961年苏联联盟院法案委员会主席波利扬斯基在苏联最高苏维埃上的发言。他指摘主张经济法的人是“标新立异”，认为采纳这种意见将意味着由整个社会经济的统一性所决定的苏联财产关系体系，成为被人为分裂的财产关系，从而会破坏社会利益同个人利益的结合。① 这一点可以说是贯穿在苏联关于经济法问题的争论的始终的，也是经济法学派的致命伤所在。

第二，因此，这种争论就涉及民法的“命运”问题。50年代里民法学派批判经济法学派时就说，他们“提议取消民法这个名称，而代之以调整

① 参见王正泉《苏联法学界关于经济法问题的争论》，《法学杂志》1981年第6期。

社会主义成分的、包含管理社会主义经济的行政技术规范的经济法这一名称”，并说“这种理论企图以经济法来代替民法，宣扬民法的死亡”。[①] 现在的争论中虽然不再出现这个问题，但经济法学派的主要人物拉普捷夫就认为经济法完全是从民法中分出来的。[②] 这样当然使民法学派的人认为经济法的成立就是民法的“分解”。

第三，苏联民法学派和经济法学派的争论，一直围绕着调整对象和调整方法、横向关系和纵向关系、财产关系和经济关系等抽象理论问题进行，而很少或并不重视对一些具体的经济法规的研究。这是苏联的经济法讨论问题中一个引人注意之点。两派对于现有的经济法规的处理都没有提出完整的意见。因此延续了几十年的争论对于苏联的经济立法并没有起到多大的作用。结果经济法学派虽然存在了几十年，却始终没有能从经济立法上建立一个经济法的体系，也就不能解决经济法与其他部门法之间的关系。

上面说过，苏联的经济法问题虽然争论了几十年，但是因为只在一些抽象的概念和理论上争论，因此未能解决经济立法中的实际问题。我们不能不再来看看苏联立法工作中的问题。

几十年来苏联为了建立和发展国民经济，特别是领导、组织和管理国营经济，发布了大量的法律、法令和法规，这些法规被包括在“经济立法”（经济法规）这个概念里。这种法规数量极多，涉及面极广。就以关于企业的法规说，从 1923 年国家工业托拉斯的法令，到 1974 年的《生产联合组织（联合企业）条例》等，就有很多。但是另一方面，有一些很重要的经济法令，苏联今天还很不完善，例如苏联至今还没有《计划法》这样的法律。1976 年 9 月，苏共中央和苏联最高苏维埃主席团作出关于筹备出版《苏联法规汇编》的决议。按照汇编的纲目，第二编为“关于社会发展和文化的法规；公民的社会经济权利”，其中第一章是“民事法规”。第四编则是“关于国民经济的法规”。[③] 这里显然是把民法和经济法规划分开的，但是在一些民法学派法学家所写的民法教科书中，许多经济法规是被纳入民法范围的。民法学派和经济法学派双方都声称法律部门要与一定的

① 坚金主编《苏维埃民法》（第 1 册），法律出版社，1956，第 78—79 页。

② 拉普捷夫：《论苏维埃经济法》，《国外法学》1979 年第 4 期。

③ 参见《法学译丛》1979 年第 8 期，第 81 页。

立法工作相一致，可是这个问题没有得到解决。

从上述苏联经济法问题的两方面来看，我们不能不认为，苏联法学家没有重视对从现实中产生出来的经济法规的研究，然后在这个基础上去建立一个适合客观需要的法律部门。这一点，我们必须引以为戒。

四 我国的经济法问题

从前两节可知，世界各国经济法，都是在社会经济发展的基础上，适应于社会经济发展的需要而形成的。我们也应该从我国社会经济发展的实际出发，总结我国几十年来立法工作的经验，得出我们自己的结论。

对于一个国家的经济，可以从两方面进行分析。一方面从所有制方面，一方面从管理体制方面。管理体制是依赖于所有制的，是由所有制决定的，但又是相对独立的。我们既不能忽视前一方面，也不能忽视后一方面，更不能把这两方面纠缠在一起混为一谈。我国现在的经济，从所有制来说，是以社会主义公有制（全民所有制与集体所有制）经济为主，多种经济成分并存的经济。至于管理体制，则是在公有制基础上实行计划经济，同时发挥市场调节的辅助作用。我国的计划经济是由公有制决定的，是依赖于公有制经济的（因此，资本主义国家不能实行真正的计划经济），但又不是与公有制经济完全合一的。因为在公有制经济范围内，也有市场调节起作用的地方，而在个体经济里，也有计划经济起作用的地方。这就是我们不能把所有制问题同管理体制问题混为一谈的原因。

苏联在关于经济法问题的讨论中，有时谈到“经济主体”问题，区别经济组织和个人，所涉及的是所有制问题。有时又谈到“纵向关系”和“横向关系”，区别“领导关系”和“平等关系”，所涉及的是管理体制问题。这样把两个方面搅到一起，所以就很难谈清。我们现在应该避免这个缺点。所有制问题法律上表现为所有权问题和经济活动的主体问题。我国现在存在国营经济、集体经济和个体经济。就国营经济来说，其中有社会主义的国家所有权问题，其中的活动主体是社会主义经济组织，就个体经济来说，其中有个人所有权，其中活动主体是个人。在苏联，国家所有权和个人所有权，经济组织的和个人的经济活动，都由民法调整。但经济法学派主张把二者加以划分，经济组织的活动由经济法调整，个人经济活动由民法调整。这种划分方法仍是苏联20世纪20年代“两成分法”的方法，也是捷克斯洛伐克所实行的方法。前者已受到批判，后者则并未被其他国家所采用。可见这种办法并不是很好的。从理论上说，把同一个所有权问题划分为二，把同样性质的经济关系（经济组织间发生的经济关系和个人间发生的经济关系，有许多是相同的，例如所谓“经济债”与“个人间的债”）划分为二，实在没有必要。所谓划分民法和经济法的主体论，实际上就是依所有制来划分民法和经济法。这条路是走不通的。就以我国的情形说，要从一般合同法（属于民法）里划分出“经济合同法”来，使后者专门调整组织（法人）间的合同关系，并没有什么必要（实际上这种划分本身就有困难，因为还有“组织与个人间的合同”。因此，我国经济合同法才规定了第五十四条）。而把经济合同法属于经济法，把其他合同属于民法更是没有必要，只能治丝益棼。再说，苏联民法施行数十年的经验表明，民法是调整商品经济即市场经济的法，而参加商品经济的既有国营经济成分也有个体经济成分，因而把二者的经济活动都用民法来规定，是完全可以的，也是适当的。反之，如果要按照所有制而把二者分开，一个继续由民法调整，一个由一个新的法律部门（经济法）调整，不仅无利，反而有许多不便。这正是苏联经济法学派的主张一直占不到上风的原因。总之，按照所有制来分解民法或者在民法之外创一个部门法，在理论上和实践上都是不成功的，因而是不能采取的。

再从管理体制方面来说。公有制经济建立后，国家就有了一个新的、为私有制国家所没有（也不能有）的任务，这就是领导、组织和管理整个国民经济。公有制国家运用两种方式去实现这个任务。一个是计划管理的方式，一个是市场管理的方式，而以前者为主，后者为辅。由此，公有制经济就包括计划经济部分和市场经济即商品经济部分。由于市场经济是在私有制国家就已存在的，私有制国家原来就有一套调整市场经济的法，就是民法。公有制国家既然保留了商品经济，就可以仍然运用民法调整它。所以对于商品经济部分，没有另行建立一个新的法律部门的必要。勉强建立了，那也只会与民法相差无几，没有什么好处。但是在计划经济方面情况就完全不同了。公有制国家在全国范围内，在整个国民经济的规模上，运用计划方法来领导、组织和管理经济，这是一切社会里所没有的事。公有制国家建立之初，并没有一个现成的法律部门来调整关于计划经济的各种关系，而这个法律部门又是不可少的。因此，苏联在建国之初，就不得不制定一些经济法规，同时还运用大量的行政方法来管理经济。

中华人民共和国成立之初，我们就建立了计划经济，但主要也是运用行政办法去管理经济，虽然也逐渐制定了一些必要的经济法规，却总是不够用。近几年来更感到用行政办法管理计划经济这个重要领域是不适当的，于是加快了经济立法的步伐。近几年来已制定了不少经济法规，而一些基本性的法律，如计划法、基本建设法等正在加紧起草中。这方面的法规既然都是调整计划经济里的各种关系，从性质上说就组成了一个新的法律部门。这个法律部门与调整商品经济的法律是分开的（当然不是说其间没有任何联系），在社会主义的现阶段是并存的。而且从长远看，随着社会主义计划经济的发展，这方面的法规还将日益增多，这些法规所包括的范围以及所起的作用都将日益扩大。虽然目前我国正在进行经济体制改革，在某些方面要促进商品经济的发展，但按照社会主义经济的发展规律，我国不仅不能因此而削弱计划经济，而且还必须加强计划经济。这样，一个调整计划经济的法律部门是绝对必要的，这个法律部门的形成也是社会经济发展趋势的结果。这个新的法律部门正是我们所说的经济法。

以上是从我国的经济实质说，我国的计划经济需要一个与之相适应的法律部门。再从我国现在的立法情况说，在我国现在庞杂的经济法规中，也正存在这样一部分法规，这部分法规都是调整我国计划经济关系的，而且是原有的各法律部门所不能容纳的。我们亟须建立一个新的法律部门来包容这部分法规。

这部分法规就是我国已有的和正在或即将制定的计划法、基本建设法、企业法、物资供应法、价格法等。像这些法规，在性质上与调整建立在商品货币关系基础上的民事法规完全不同，当然不能归于民法，这个道理十分清楚，毋庸多说。这些法规也不能归属到行政法里去（虽然有的同志主张就在行政法内部建立一门经济行政法，把我国的许多经济法规划归其中，但我们认为这样做是不恰当的）。原因如下。第一，这些法规都是调整计划经济关系的，这一本质上的特点就使它有独立成为一个部门法的必要，而不能使之与其他的行政法规一同隶属于行政法。正如财政法在苏联早就脱离了行政法而成为一个独立的部门法一样。第二，行政法这个部门起源于资本主义国家的三权分立制度（因而有所谓立法法、司法法和行政法的划分），包括资本主义国家行政部门所执行的各种法规（例如“不动产登记法”，虽然就其性质而论，完全不是“司法”的法，但因在有些资本主义国家由法院执行而不由行政部门执行，所以不属于行政法）。我国今天不仅在政府体制上与资本主义国家有所不同，而且经济法，即如其中的计划法，也不完全是由行政部门执行的。因此不宜划入行政法。第三，行政法是一个内容庞杂的法律部门，其范围并不是一成不变的。随着社会的发展，行政法发生分化是必然的现象，例如劳动法、环境保护法、企业法，原来都有一部分是属于行政法，而那些部分都从行政法中分化出来了。苏联的财政法原来也是行政法的一部分（所谓“财务行政法”），现在已成为一个独立部门。所以我们现在完全没有必要把经济法再划到行政法里去。第四，即使经济法存在于行政法之外，也还可以保留行政法中的经济行政法这个分支部门。我国有一些法规，涉及计划经济和商品经济两个领域，而其在国民经济中的作用又不足以与经济法或民法并立，例如企业登记法、商标法、（自由）市场管理法等，可以划归经济行政法这个部门，作为行政法的一个分支部门，另行存在。总之，调整计划经济关系的这一部分法规既不能纳入民法也不能纳入行政法（像有些苏联学者所主张的那样），当然就应该由一个新的法律部门来容纳它。

把上述两方面总括起来，我们的结论是：不论从我国国民经济法律调整的需要看，还是从我国经济法规的情况看，我们都需要在已有的各法律部门（这里指主要是民法和行政法）之外，建立一个新的法律部门，作为调整国民经济中计划经济关系的一个部门。这个法律部门，就是经济法。

我们可以对于这个在现实中形成的、建立在客观经济基础上的新的法律部门，作如下的表述：我国的经济法是调整我国社会主义经济中建立在计划经济基础上，不通过商品货币关系，直接通过计划关系而形成的各种经济关系的法律规范的总和。

这个经济法有两个特点：第一，它是调整我国社会主义经济关系的法。凡是纳入我国社会主义经济里的各种成分和部门，都属于它的调整范围。这样当然不以全民所有制的国营经济为限。第二，它所调整的经济关系是建立在计划经济基础之上，直接通过计划关系而不通过商品货币关系形成的。这样它与民法就有所区别。民法里的有些经济关系固然也建立在计划的基础上，但并不是直接通过计划关系而是要再通过商品货币关系才形成的，即以现在最引起争论的经济合同来说，许多同志主张把经济合同从民法中划分出来归入经济法，是从两点出发。或者是从经济合同是社会主义经济组织之间的合同出发，这一点不能成立，前面已经说过；或者是从经济合同是依计划而订立的一点出发。殊不知经济合同（更确切说，是计划合同）虽然是依计划订立的，但计划只是订立合同的原因或依据，至于合同关系本身仍是在计划关系之外独立存在的商品货币关系。合同双方当事人间权利义务（这是一种商品货币关系）的发生是由于合同的订立而不是直接由于计划的规定。我们如果把物资的直接调拨分配和依计划订立物资供应合同两种情况加以比较，就可看到其间的区别。这正是经济法关系和民法关系的不同。

这个经济法的体系如何，也就是说，应该包括哪些法规呢？就我国现在的情况说，应该包括下面一些部分（或法规）。

第一是计划法。这是规定国家对国民经济（以及建立在国民经济基础之上或由国民经济发展所决定的社会发展）实行计划管理的方式、权限和程序等的法律。我国正在制定一个完整的《计划法》，不过现在已经有许多这方面的法规和文件，例如《国民经济计划编制暂行办法》（1952 年）等。

第二是企业法。这是规定我国各种企业性经济组织的组织、法律地位（权利义务）和活动的法律。在我国现阶段，除了极少数的个体劳动者之外，一切经营各种经济活动的企业（不仅包括国营企业、集体企业，还包括中外合资企业、个体劳动者联合组成的合作企业等）都只能在国家计划指导下设立或活动，这是我国和资本主义国家的本质区别。我国在这方面存在大量的法律、法令和法规。例如由全国人大通过的《中华人民共和国中外合资经营企业法》（1979 年），由国务院颁发的《国营工业企业暂行条例》（1983 年）、《关于推动经济联合的暂行规定》（1980 年）以及现在正在制定的《公司法》等。

第三是基本建设法。这是规定我国进行基本建设的程序和原则的法律。我国原已存在大量的关于基本建设的法规和文件，现在正在制定《基本建设法》。属于经济法的基本建设法和属于民法的基本建设合同法是应加以区别的，不能把二者混在一起。

第四是物资供应法。这是规定国家物资管理部门根据计划对物资进行管理、分配和直接调拨的法律。我国早已存在大量的有关法规。这一类法律同规定属于民法的物资供应合同的法律是有区别的，已如前述。

第五是价格法。这是规定国家对各种物价和服务费用进行管理的法律。我国过去已有许多管理价格的法律，近年又公布了《物价管理暂行条例》（1982 年国务院公布）等。

此外，属于经济法的还有国民经济拨款和贷款法等。因为经济法是一个正在逐步形成和逐步完善的法律部门，不可能立即定型，所以它的体系还不能立即固定下来。它还要随着我国社会主义经济的发展而发展。我们今天不能给它划定一个固定的范围或建立一个不变的体系。

以上是从正面说明我国经济法的客观基础（在经济方面和立法实践方面）和它的形成。现在还要从反面作些说明。

经济法既然是适应于经济中新的需要而建立的一个新的法律部门，那么，已有的一些部门法，即使它在某些方面与计划经济有密切关系（在我国，只要涉及国民经济的法，恐怕没有不与计划经济有关系的），只要它另有自己所独有的调整对象和调整范围，就不应该改变它在法律体系中的原有地位而划到经济法中来。例如劳动法和财政法，都是早已成立的有自己的调整对象和调整范围的部门法，而且从性质上说，与我们所说的经济法也有区别，所以不应该把它们划到经济法中来。

还有一种误解，就是把经济法和经济法规混为一谈。而在我国，经济法规的范围又有扩大（膨胀）的趋势，这样就把经济法也说成是个广泛的没有一定调整对象和范围的部门。有些同志根据这一点反对把这样的经济法作为一个独立的部门法或者只承认它是一个综合的法律部门，不是没有道理的。当然法与法规，一个部门法与属于该部门法里的法规是密切联系的，不可分的，例如民法和民事法规，刑法和刑事法规的关系就是这样。但是在经济法规和经济法之间的关系有点特殊之处。因为在我国，经济法规已经被视为一个极其广泛的概念，把一切与经济有关的法规（甚至某些与经济并无本质联系的法规如环境保护法规）都包括进去了。这样，并不是一切经济法规都属于我们所说的经济法的范围。例如财政法规、税务法规、工商管理法规等，说它们是经济法规还可以，把它们列入经济法这个部门法中，显然是不行的。再例如民法中的财产法部分的法规，当然也属于经济法规，但显然不属于我们所说的经济法这个部门法。甚至有的同志把“经济法”定义为“经济法是一切经济法规的总称”，这样的经济法是个广泛而庞杂的法规的堆积，实际上取消了作为一个独立的部门法的经济法，而这样的经济法又怎能作为一个特殊的研究对象呢?

当然，还要看到，我国今天整个法律体系还是一个要研究的问题。经济法的问题也不能脱离这个总的问题。要解决这个总的法律体系问题，也同解决经济法的问题一样，我们必须从我国的立法实践、从我国的法制实际出发，而不能从概念和定义出发。我们应该从我国法制建设的实际中去建立我国的立法体系，再在立法体系的基础上建立我国的法律体系和法学体系，而不应该与此相反。具体到经济法的研究中，我们不能再走苏联的老路，更不能陷入它们的那个迷宫之中。我们应该先从事于对我国各种法规的研究，先研究我国的计划法、企业法、基本建设法等，再进而综合这些研究成果，建立我们的经济法体系和经济法学体系。

这样的经济法的建立将有助于我们进一步运用法律去调整社会主义计划经济领域内的各种关系，使我国的社会主义计划经济实行得更好、更加完善。计划经济是我国社会主义经济的主导，它的完善就能使整个社会主义经济趋于完善。现在，我国的经济法已在实践中逐渐形成，法学家的任务是要一方面总结经验，一方面从理论上去研究，使我国的经济法与经济法学日趋完善，使它们在我国的社会主义经济建设中发挥日益巨大的作用。

（本文原载于《法学研究》1984 年第 2 期）

西方经济法与国家干预经济

梁慧星*

西方法学界关于经济法有所谓广义概念与狭义概念之别。广义经济法概念，指调整社会经济生活的一切法律和法规，既包括各种行政性经济法规，也包括调整社会经济生活的基本法——民、商法。狭义经济法概念，单指国家运用行政权力干预社会经济生活的各种行政性经济法规。本文采取的是狭义经济法概念。在马克思主义的观点看来，经济法无论作为一个整体，或仅指某一具体经济法规而言，都是国家借以实现既定经济政策的法律手段，或者说是经济政策的法律化。某一历史时期国家所制定和执行的经济政策，又总是以某一种经济理论作为依据。因此，本文在分析西方经济法和国家干预经济的政策时，往往要涉及某种占支配地位的经济学说，当然只是涉及其中有限的方面而不是这一学说的全部内容。与资本主义发展的三个阶段相适应，并分别在一个历史时期支配西方经济政策的，恰好是三种最为著名的经济学说，即重商主义、亚当·斯密的古典政治经济学和凯恩斯经济学。

经济学上所称的重商主义，是指一些松散地结合起来的理论体系。这些理论体系从 15 世纪直到 19 世纪初流行于西欧各国，而与西欧资本主义的原始积累阶段大体相符。英国的重商主义，通常是从 1485 年英王亨利七世即位之时起算，历经 16、17、18 三个世纪，讫于 19 世纪上半期。西班牙在 16、17 世纪是重商主义表现最完整的时期。法国在 17 世纪后半期，

---

* 梁慧星，男，1944 年生，四川青神人，现为中国社会科学院学部委员，中国社会科学院法学研究所研究员，博士生导师，研究方向为民法和经济法。

是重商主义的高峰。德国在18世纪兴起了包括大量重商主义分子的运动，号称官房主义或官房学派。

重商主义的重要内容，是主张运用国家行政权力对社会经济生活实行管制。英国经济史研究的先驱威廉·肯宁汉（1849—1919年）在《古代与中世纪英国工商业的增长》一书中写道："人们在其处理买卖事务中被迫必须遵从国家权力，这是宗教改革时期和改革后一个时期重商主义的中心思想。"法国的安多尼·蒙克来田（1575—1621年）早在1615年就出版了一本《政治经济学概论》，主张运用政权权力来发展工业，他认为贸易应由政府管制，对原料的输出应课税，并应禁止工业品输入。德国18世纪的官房学派，竭力主张国家对经济实行管制，称之为国家的伟大管理。重商主义的理论，恰好反映了原始积累阶段资本主义生产关系发展的根本要求，成为欧洲各国在一个相当长的时期内制定经济政策的理论依据。

西欧封建社会晚期，工业生产中已经出现自动纺纱车等机械装置，商品生产和商品交换有了很大发展。在14、15世纪，封建的行会手工业开始改变为资本主义的工场手工业，资本主义生产关系开始萌芽，并逐渐发展。马克思主义经济学告诉我们，从资本主义的萌芽发展成资本主义生产方式，其间经过了一个资本的原始积累阶段。原始积累的内容，就是"一方面使社会的生活资料和生产资料转化为资本，另一方面使直接生产者转化为雇佣工人"。[①] 资本原始积累阶段，各国有先有后，基本上是在15世纪到18世纪进行的。马克思在分析原始积累的各种方法时指出："所有这些方法都利用国家的权力，也就是利用集中的有组织的社会暴力，来大力促进从封建生产方式向资本主义生产方式的转变过程，缩短过渡时间。"[②] 这是因为，在原始积累阶段，资本主义生产关系还比较脆弱，还不可能单纯依靠经济关系的力量，必须借助于国家政权的帮助，才能够确保自己榨取足够的剩余劳动的权利。因此，西欧各国无例外地都以重商主义作为根据，制定了对社会经济生活严格管制的政策，是毫不足怪的。

经济管制政策的实施，不能不依赖于行政性经济法规。下面我们以英国的立法作为例子。英国的圈地运动是资本原始积累的典型。马克思在

---

① 《资本论》第1卷，第783页。

② 《资本论》第1卷，第819页。

《资本论》第1卷中写道："为资本主义生产方式奠定基础的变革的序幕，是在15世纪最后三十多年和16世纪最初几十年演出的。"（第786页）圈地运动促使资本主义租地农场增长，并促使农村居民变成无产阶级，把他们投向工业。为此，颁布了各种惩治流浪者的法规。这种立法始于亨利七世时期。亨利八世时颁布的法律（1530年）规定对身强力壮的流浪者加以鞭打和监禁。爱德华六世即位的第一年（1547年）颁布的法律规定，拒绝劳动的人如被告发为游惰者，就要被判为告发者的奴隶。任何人都可以把流浪者的子女领去当学徒。贫民必须在愿意给他们饮食和劳动的人那里干活。伊丽莎白女王于1572年颁布的法律规定，行乞者应判处死刑。这些法规直至18世纪初还有效。法国、荷兰等国均有类似的法律。整个西欧都颁布了惩治流浪者的血腥法律。"这样，被暴力剥夺了土地、被驱逐出来而变成了流浪者的农村居民，由于这些古怪的恐怖的法律，通过鞭打、烙印、酷刑，被迫习惯于雇佣劳动制度所必需的纪律。"①

圈地运动这一用暴力掠夺公有土地的现象，在初期是作为个人暴力行为进行的，立法曾同这种暴力行为斗争了100多年而毫无结果。但到了18世纪，法律本身成了掠夺人民土地的工具。这就是英国议会颁布的圈地法。资产阶级通过法律，运用国家权力进一步扩大圈地运动。仅在1761—1801年，英国议会就通过了2000个关于圈地的法令。

英国在原始积累阶段的经济法规的另一类，是关于管制工资的法规。"新兴的资产阶级为了'规定'工资，即把工资强制地限制在有利于赚钱的界限内，为了延长工作日并使工人本身处于正常程度的从属状态，就需要并运用国家权力。这是所谓原始积累的一个因素。"② 属于这一类的法规，可以追溯到1349年爱德华三世时制定的第一个劳工法。伊丽莎白五年（1563年）颁布的劳工法，授权治安法官规定工资标准，并按季节和物价加以调整。通常，这些治安法官选自雇佣者阶级，依照法律他们在每年的复活节碰头确定工资率。

法律规定了城市和农村、计件劳动和日劳动的工资率。支付高于法定工资的人要被监禁，但接受高工资的人要比支付高工资的人受到更严厉的

---

① 《资本论》第1卷，第805页。

② 《资本论》第1卷，第806页。

处罚。例如伊丽莎白的法律规定，支付高工资的人应监禁 10 天，而接受的人则应监禁 21 天。与英国劳工法相当的，是法国 1350 年的敕令。英、法两国的立法齐头并进，内容也相同。400 多年的时间里，国家都是制定法律来规定工资绝不能超过的最高限度，但从来没有规定过工资的最低限度。马克思在《资本论》第 1 卷中写道，“在真正的工场手工业时期，资本主义生产方式已经相当强大，因而用法律来规定工资已经行不通而且没有必要，但是人们为了防备万一，还不想抛弃旧武库中的这件武器”（第 808 页）。在英国，直到 1813 年，规定工资的法律才被废除。

在这一阶段，英国重要的经济法规，还有禁止输出金银，禁止将技术传出国外，限制进口和鼓励出口的各种法规。例如著名的谷物法，其立法动机在于通过管制主要谷物的进出口来调节国内市场，保护本国生产者。当国内市场谷价低落时，鼓励出口并抑制进口，而谷价上涨时，则采取相反的措施。为此，采取了征课谷物进口税和给予出口补贴的制度。1534 年、1555 年、1563 年和 1571 年颁布的谷物法就是如此。其中，1563 年的法律还规定出口时必须用英国船只装运。17 世纪，谷物法又有新的改变，每年输出、输入谷物的数量要依本国农作物收成大小而定。1815 年的谷物法规定，国内市场谷物价格低于每夸脱 80 先令时，禁止输入谷物。1822 年对这个法律作了某些形式上的修改。1828 年的谷物法规定实行调节制。按照这一制度，国内市场谷物价格下跌时相应提高谷物进口税，国内市场谷物价格上涨时就降低谷物的进口税。

进入 19 世纪，世界史打开了新的一页。资本主义生产方式已经成长壮大，单靠经济关系的无声的强制已足以保证资本家对工人的统治。一般情况下，可以不再需要行政权力的帮助，同时，资本主义的进一步发展要求摆脱一切束缚和限制，实现充分的自由竞争。以工厂主科布顿和布莱特为首的一批大资产者于 1838 年创立了所谓反谷物法同盟，发动了废除谷物法的运动，向传统的经济管制政策挑战。这个运动的真正目的，在于通过废除进口限制进一步降低国内市场谷物的价格，并通过降低生活必需品的价格来降低雇佣工人的工资。上述运动的历史意义在于，它说明传统的重商主义经济学已经不再符合资本主义生产方式本身的要求。资本主义已进入了自由竞争的历史阶段，要求反映自由竞争资本主义的性质和要求的经济理论。这正是亚当·斯密的资产阶级古典经济学取代重商主义而成为官方经济学的历史背景。

以新技术发明为基础的资本主义生产方式的进一步发展，要求具有更广泛的自由和更灵活的社会经济结构，以便展开完全的自由竞争。生产力的发展，终将导致以重商主义为特征的经济理论、经济管制政策以及与之相适应的经济法律制度的崩溃。亚当·斯密于1776年发表了《国富论》，猛烈地抨击了重商主义经济理论和经济政策，提出了自由主义纲领和改革措施。他主张：（1）通过废除劳工法和居住法规，实行自由选择职业；（2）通过废除限嗣继承法、长子继承法以及其他限制自由转让土地的法规，实行土地自由买卖；（3）废除地方关卡税和其他一切税收，实行国内贸易自由；（4）废除进出口关税、出口补贴制度及各种限制性法规，实行对外贸易自由。亚当·斯密坚决反对国家干预经济，旗帜鲜明地赞成自由放任主义，主张政府应采取和奉行不干涉经济事务的政策。他写道："一切特惠的或限制的制度一经完全废除，最明白最单纯的天赋的自由权利制度，将自然而然地自己树立起来。每一个人，在他不违反正义的法律时，都应任其完全自由，在自己的方法下，追求他自己的利益，而以其勤劳及资本，加入对于任何其他人或其他阶级的竞争。监督私人产业，指导私人产业的义务，君主们应当完全解除。"①

亚当·斯密比其他任何人都更为有效地抨击了重商主义，更为成功地鼓吹了自由放任主义。他有关自由市场、竞争以及不受阻碍的国际贸易的主张，以极快的速度赢得了人们的赞同，帮助当时正在拼命争取解放的、新兴的工业资产阶级在很大程度上从重商主义束缚下解放了出来。② 英国经济学家埃德蒙·惠特克在《经济思想流派》一书中写道："就实际意义来说，英国采用了斯密关于经济政策的建议。国会逐一清除了重商主义的主要立法"（第159页）。1813年废除了规定工资的法规，1846年废除了谷物法。在19世纪上半期，主要的重商主义立法相继从英国法律中被清除。马克思在研究这一段历史时指出："1846—1847年在英国经济史上划了一个时代。谷物法废除了，棉花和其他原料的进口税取消了，自由贸易

---

① 《国富论》第4篇第9章。

② 参见〔英〕埃里克·罗尔《纪念国富论出版二百周年》，载《现代国外经济学论文选》第1辑，商务印书馆，1979。

被宣布为立法的指路明灯！一句话，千年王国出现了。”①

在资本主义发展的自由竞争阶段，亚当·斯密的经济学说取代了重商主义的支配地位，成为各国经济政策的支柱。国家似乎是凌驾于社会之上，自称对经济不起干预作用，只满足于担任仲裁人的角色。这一经济政策早已以自由放任主义的名称而被载入历史。必须指出的是，即便是在自由放任主义的全盛时期，国家干预社会经济的职能也并未完全解除。就是亚当·斯密本人也并不主张完全把政府排除在经济活动之外。他在《国富论》中指定政府应承担三种职能：（1）保护国家，使其不受外国的侵犯；（2）维持公正与秩序；（3）建设并维持一定的公共土木事业及一定的公共设施（第4篇第9章）。实际情况是，在资本主义生产方式的全部历史中，资本主义国家一直干预经济，区别仅在于这种干预的范围和程度。

一些经济学家把自由竞争时期国家仍然在一定范围内对经济实行干预指斥为“重商主义的复活”。上面引用过的《经济思想流派》写道：“当重商主义的政府控制还没有被埋葬时，复活已经开始了。第一个管制工厂劳工的英国法律的制定（1802年），是在1814年学徒法规废止以前。19世纪后半期，保护关税多次增加，……19世纪末，政府管理铁路和其他公用事业收费率的制度业已确立，对于垄断的控制也是如此。贯穿19世纪，货币银行制度的管制在英国和其他国家发达起来。”（第460页）这一时期的经济法，主要有规定工作日和工作条件的工厂法、保护妇女和儿童的法规、管制进出口贸易的法规、金融管制法规、有关管理公共（国有）经济的法规等。下面着重谈谈英国的工厂法。

重商主义时期资本借助国家政权的力量，迫使工人接受尽量延长的工作日。到19世纪下半叶，立法则表现了相反的倾向，国家通过颁布工厂法强制地缩短工作日。英国现代工业中的正常工作日，是从1833年颁布了适用于棉毛麻丝等工厂的工厂法起才出现的。此后，1842年颁布了矿业法，1844年颁布了补充工厂法，1845年颁布了印染工厂法，1847年颁布了新的工厂法，1850年颁布了新的补充工厂法，1860年颁布了矿山视察法，1869年颁布了工厂法扩充条例和工场管理条例。欧洲各国受英国工厂法的影响，也相继颁布了类似的法规。

---

① 《资本论》第1卷，第314页。

工厂法的制定，首先是资本主义生产方式本身的要求。这些按照军队方式一律用钟声来指挥劳动的时间、界限和休息的详尽规定，绝不是议会设想出来的，而是资本主义生产方式自然规律的外部表现。其次，是工人阶级同资产阶级长期斗争的结果，而这种对工人劳动时间的限制，从保护劳动力资源，维持劳动力的再生产来说，也是符合资本主义的长远利益的。最后，工厂法的制定也是维持自由竞争条件的需要。平等地剥削劳动力，是资本的首要的人权。资本家自己叫喊着要求平等的竞争条件，即要求对劳动的剥削实行平等的限制。马克思在《资本论》第 1 卷中曾引用如下材料：1863 年初，英国斯泰福郡拥有大规模陶器厂的 26 家公司联名向政府提出呈文，请求国家进行强制干涉，文中写道，“我们确信，制定一种强制的法律是必要的”（第 300 页注 114）。

自由竞争阶段的经济法规，我们还可以举其他国家的立法为例。法国在 1793 年 5 月 4 日颁布了粮食限价法。同年 9 月 29 日颁布了全面限价法，它规定了主要食品、工业品和原料的固定价格。大西洋彼岸的美国，国内贸易同英国一样自由，但它一直没有放弃保护性的关税制度。美国 1861 年颁布了莫里尔关税法，1862 年颁布了关于协助修建从密苏里河到太平洋的铁路和电报线的法令，同年还颁布了宅地法，1864 年颁布了国家银行法和契约劳工法。

19 世纪最后 30 年，由于自由竞争，引起生产和资本的不断集中，因而导致垄断。1900 年的世界经济危机加速了资本的集中和垄断的增长，垄断组织在国家经济生活中占据了统治地位，自由竞争的资本主义发展到了垄断的资本主义即帝国主义阶段。资本主义的一切矛盾都空前激化了。终于爆发了两次世界大战。在两次世界大战之间的，是席卷整个资本主义世界的 1929—1933 年大危机。20 世纪上半期，人类历史经历了上述三次大事变，对于资本主义的经济理论、经济政策和经济法律制度产生了重大的影响。

大战期间，各交战国均执行战时经济管制政策，例如冻结工资和物价，由国家控制物资和分配资金。为此，颁布了许多行政性经济法规。以德国为例，1914 年 8 月 4 日帝国议会通过了 14 项战时法规。其中最重要的是授权法，授权政府在战争期间“发布对于防止经济损害所必要的措施”，为国家对经济实行严格的管制提供了法律依据。因此，1914 年授权法被一些学者称为现代经济法的开端。战时经济毕竟是资本主义的“变态”，并没有动摇人们对自由放任主义的信仰。真正导致资产阶级改变经济政策，从自由放任转到国家干预经济政策的，是1929—1933年资本主义世界的大危机。

这是资本主义有史以来最严重和最深刻的一次危机。它使资本主义世界生产大幅度下降，贸易空前萎缩，失业人数剧增。危机期间，美国工业生产下降55.6%，英国下降32.2%，德国下降51.1%，法国下降36.2%。其中钢产量下降幅度，美国为84.7%，英国为59.9%，德国为73.1%，法国为47.9%。失业率，美国为35.0%，英国为23.0%，德国为47.4%，法国为29.5%。[①] 资本主义国家总失业人口由1000万增至3000万，加上半失业人口共达4500万。其中美国失业人数从150万增至1300万，加上半失业者共1700万，达到民用劳动力的1/3。这次空前严重的危机具有极大的破坏力。第一次大战以前的各次危机，通常使生产水平倒退1—2年，倒退4—5年的情况很少。而这次危机使资本主义世界工业生产倒退二三十年。其中美国倒退27年，英国倒退36年。[②]

1933年初，在大危机的萧瑟凄惨的气氛中，资本主义世界发生了两起引人注目的重大事件，即1月底希特勒在德国上台和3月初罗斯福接任美国总统。希特勒一上台，就成立了德国最高经济委员会，宣布实行战争经济政策。罗斯福入主白宫，立即成立了由大资本家和经济学家组成的决策机构，号称智囊团，并宣布施行“新政”。罗斯福要求国会授予总统“紧急时期大权”，提出了对付危机的70多个法案，并对经济生活实行全面管制。在工业方面强制规定各企业的生产和出口定额，规定价格及市场，规定最低工资和每周工时；在农业方面采取奖励及津贴办法，大幅度缩减耕地面积，强制规定农场生产定额，对于超过定额者课以重税；扩大政府开支，兴建巨大工程；实行金融管制；等等。“新政”同传统的自由放任主义是不相容的。但是，这些仓促采取的应急措施，还没有来得及系统化、理论化，并提到政策的高度，形势就迫使人们重新考虑传统的经济理论和

① 参见钟禾《主要资本主义国家最近这次危机与三十年代大危机及战后1973—75年危机的比较》，《世界经济》1983年第3期。

② 参见刘涤源、傅殷才《试论近半个世纪来政府干预论与自由经营论两种经济思潮的兴衰交替》，《世界经济》1982年第1期。

经济政策，对“新政”所采取的一系列干预经济的措施作出解释，为之提供理论依据。这正是凯恩斯1936年在英国出版《就业、利息和货币通论》所要解决的任务。

凯恩斯承认传统的自由放任主义政策完全失灵，摒弃了传统理论把资本主义歌颂成完美无缺的说教，承认资本主义制度存在失业、分配不均等缺陷，认为自由主义的经济理论和经济政策是产生危机的原因，主张扩大政府经济职能，加强对经济生活的干预，使资本主义免于全部毁灭。第二次世界大战后，凯恩斯经济学成为资本主义国家的官方经济学。各国政府均采纳凯恩斯的理论作为制定经济政策的依据，从自由放任主义转到国家干预经济的轨道上来。凯恩斯是根据1929—1933年大危机和罗斯福的“新政”提出自己的全部理论的。这就使他的理论以及依据这一理论所制定的经济政策，具有突出的危机对策的性质。凯恩斯的得意弟子、英国新剑桥学派的著名经济学家琼·罗宾逊正确地指出了这一点。她说：“所谓凯恩斯主义的政策就是在经济衰退发生时对付它的一系列权宜手段。”① 我认为，认识这一点，对于我们正确研究和评价西方经济法具有重大意义。

各国推行凯恩斯主义经济政策的一个必然结果，是战后经济法的大发展和经济法学的应运而生。顺便说明，经济法学产生于20世纪初，两次世界大战后一度出现经济法学的繁荣局面。从20世纪初一直到20世纪70年代末，经济法成为人类生活中的十分重要的法律现象。我们可以将这一时期的法规区分为若干类别。第一类是战时经济法，其特征是由国家对经济实行直接控制，如直接掌握和分配物资及资金。属于这一类的主要是两次大战期间颁布的法规。例如，德国1915年关于限制契约最高价格的通知、1916年确保战时国民粮食措施令、1919年的煤炭经济法和钾素经济法、1923年防止滥用经济力法令。日本在第一次大战期间颁布的战时船舶管理法、军需工业动员法、战时海上保险补偿法，第二次大战期间颁布的国家总动员法、价格统制法、米谷配给统制法、军公司法、战时紧急措施法等。

第二类是危机对策法，是专为对付1929—1933年经济危机而采取的应急手段。例如，美国在罗斯福实行“新政”期间所颁布的紧急银行法、黄

① 〔英〕琼·罗宾逊：《经济理论的第二次危机》，载《现代国外经济学论文选》（第1辑），商务印书馆，1979，第9页。

金法、存款保险法、全面产业复兴法、农业调整法等。日本在危机期间颁布的米谷法、制铁事业法、关于实行输出检查制度和输出补偿制度的法规。德国1932年联邦总统关于保护经济的法令。纳粹德国颁布的行政性经济法规，如1933年的强制卡特尔法、1934年的全面管制法、1936年的冻结价格令，既属于危机对策法，也属于战时经济统制法。这是因为纳粹以战争作为摆脱危机的手段。

上述两类经济法，无论是危机对策还是战时经济统制，均缺乏经济理论上的依据，法规的制定带有很大的被动性，谈不上统一的规划和相互之间的协调，被视为一种权宜之计。第二次世界大战以后，各资本主义国家采纳凯恩斯主义经济理论，自觉运用经济法作为国家干预经济的法律手段，注意发挥经济法的各种功能，并注意立法上的计划性、系统性和各法规相互之间的协调。因此，我们将战后经济法列为第三类。在这一类当中，又依立法目的和所发挥作用侧重点的不同，再分为若干小类。

第一，维持竞争秩序方面的法规。主要是反垄断法规。美国这方面的立法最早，始于19世纪末，20世纪不断加以补充，至今仍然有效，包括1890年的谢尔曼法，1914年的联邦交易委员会法、克莱顿法，1936年的罗宾逊—帕特曼法，1938年的惠勒—李法，1950年的奥马荷尼·克发佛·西勒法。联邦德国1957年颁布的防止限制竞争法、1974年颁布的反对限制竞争法。日本1947年的禁止私人垄断及确保公平交易法。联邦德国学者把反垄断法称作“市场经济的大宪章”。①

第二，经济组织和管理方面的法规。联邦德国于1972年颁布的企业委员会法、1976年颁布的参与决定法。日本针对国有经济颁布的许多法规也属于这一类，如1948年的国有财产法、1952年的地方官营企业法、1948年的日本国营专卖公司法、1949年的香烟专卖法、盐专卖法等。

第三，促进经济发展方面的法规。如日本1952年企业合理化促进法、1956年中小企业近代化的资金支助法、1963年中小企业近代化促进法、1970年中小承包商振兴法、1973年中小商贩振兴法等。

第四，指导和稳定经济方面的法规。比较典型的是联邦德国1967年6

---

① 〔德〕哈麦尔、〔德〕克脑夫：《西德和东德的经济体制》，景林译，中国社会科学出版社，1980，第14页。

月 4 日颁布的促进经济稳定和增长法。日本在 1973 年为应付石油危机，稳定经济生活，颁布了安定国民生活紧急措施法、石油供应调整法、关于对付生活物资的抢购和囤积的紧急措施法。

第五，经济管制方面的法规。如日本 1946 年的地租及房租管制令、物价管制令、1949 年的外汇和对外贸易管理法、1950 年的外汇管理法等。

1929—1933 年大危机之后，垄断资本主义进一步发展成为国家垄断资本主义。在国家垄断资本主义阶段，国家的作用大大扩大并且有新的性质。由于国家不得不越来越直接进入生产过程，并且企图避免危机，把资本主义的巨大力量和国家的巨大力量紧密结合起来，国家干预无论从量上还是从质上都与以前的阶段不同，变成资本主义再生产中居支配地位的重要特征。这一时期的经济法，则反映了国家垄断资本主义的本质和要求，成为资本主义国家对社会经济生活实行管理、监督、干预和调节的有力手段。究其立法思想，有一个突出的中心，即如何能够使资本主义避免危机。这与重商主义时期借助国家权力帮助资本主义生产关系加速成长，以及自由放任时期维护自由竞争的一般条件，是有区别的。这一时期的经济法，无论在法规数量、调整范围及所起作用上，都是以前各时期所不可比拟的。我们看到，经济法的发展在资本主义全部历史上表现为一个“马鞍形”。对此，如果不分析资本主义本身的历史发展，不联系在各个阶段占主导地位的经济学说和经济政策，单纯就经济法论经济法，是无法获得正确解释的。有的论著在论述经济法的发展时，单纯就法论法，并把经济法的发展描述为一个直线上升的趋势。我认为，这种论述不仅不符合西方经济法的历史，也未必符合其今后的发展情形。

战后各国推行凯恩斯主义经济政策的结果，在一定程度上使资本主义的固有矛盾得到调和或者说缓解，一度使资本主义各国经济出现罕见的繁荣。正如凯恩斯派经济学家琼·罗宾逊所说：“25 年没有严重萧条的资本主义确实是历史上的新事情。”① 但是，凯恩斯主义政策没有也根本不可能消除资本主义的固有矛盾，相反，长期实行这一政策的结果更加使这些矛盾尖锐化。70 年代以来，资本主义世界经济停滞和通货膨胀同时出现，陷

---

① 〔英〕琼·罗宾逊：《经济增长的年代》，载《现代国外经济学论文选》（第 1 辑），商务印书馆，1979，第 29 页。

入了重重危机。凯恩斯主义政策完全失灵了。随之而来的是资产阶级国家不断改变和调整政策，完全乱了步调，而经济理论上则是一片混乱。

恰如当年凯恩斯把危机归罪于自由放任主义一样，现在资产阶级的各种经济学派都一起向凯恩斯主义开火。这种情形，琼·罗宾逊称为经济理论的第二次危机。另一凯恩斯主义者、1981 年诺贝尔经济学奖获得者广·托宾，则称之为“三次反革命”。他指出：“这三种不同的反革命的共同之处在于都带有当今政治气候中流行的保守主义色彩：政府干预都是有害的，它导致通货膨胀、不稳定、无效率和生产率下降。此外，他们都认为凯恩斯主义政策已经失败，其理论亦不足为信。”① 以弗里德曼为首的货币主义认为，西方经济已受到巨大的威胁，必须从国家积极干预经济的道路上改变方向，充分发挥市场经济的自我调节机制。以阿瑟·拉法为首的供给学派，同样认定国家对经济的干预破坏了自由市场经济。合理预期学派在看待政府政策上得出比货币主义更加悲观的结论，认为任何形式的国家干预都是有害无益的。哈耶克的新自由主义，主张回到亚当·斯密的自由主义，反对任何形式的国家干预，要求给予私人经济以最充分的自由，把调节的任务交给竞争和市场力量。而凯恩斯主义学派（包括后凯恩斯主义、新剑桥学派）仍竭力维护国家干预经济的政策，甚至主张进一步加强国家干预，对社会经济实行统制。

1979 年英国以撒切尔为首的保守党政府采取了货币主义政策，尽量减少国家对经济的干预，削减政府财政支出，使国有企业民办化和恢复市场机制。美国里根政府亦摒弃了凯恩斯主义，采纳了货币主义和供给学派的经济理论。里根在 1981 年 2 月 18 日向国会提出了一个经济复兴计划，其中包括减税、削减政府开支、减少政府对经济的干预、改革或取消政府对企业的某些管制法令和条例等。日本也在 1980 年来了个急刹车，突然抛弃了凯恩斯主义，采取了弗里德曼的方针。唯独法国密特朗政府在政府干预经济的道路上继续前进，进一步扩大国有化经济，扩大对经济的干预。日本金森久雄在评论各国经济政策时写道：“由于凯恩斯政策实行得不顺利，所以英国和美国向右，法国向左，不断改变自己的政策。”② 目前，资本主

① 广·托宾：《供给经济学：是什么？行得通吗?》，《国外经济学文献摘要》1982 年第 4 期。
② 〔日〕金森久雄：《资本主义能复兴吗?》，《世界经济译丛》1982 年第 9 期，第 4 页。

义世界已进入了一个重新对经济政策进行调整和实验的时期。凯恩斯经济学已从多数国家官方经济学的宝座上被赶了下来。是否会因此动摇经济法在西方整个法的体系中的重要地位？经济法在今后的发展中是否将再出现一个“马鞍形”？现在来谈论这些问题似嫌太早。但是有一点是肯定的，即资本主义世界对经济理论的重新评价，各国对经济政策的改变、调整和实验，必将对西方经济法的前途产生重大的影响。

（本文原载于《法学研究》1984 年第 1 期）

经济法律关系论

梁慧星*

十一届三中全会以后，为了适应社会主义经济建设蓬勃发展和经济体制改革的要求，法学界开始探讨社会主义的法律对经济的作用机制。法律对经济的作用机制，涉及许多重要的研究课题，其中之一是对经济法律关系的研究。我们注意到，这方面的研究已取得了初步的成果。近年出版的几本经济法著作对于经济法律关系均有专章论述，此外还发表了若干研究经济法律关系的专题论文。鉴于经济法律关系问题在理论和实践上的重要性，有必要在现有研究成果基础上继续进行探讨。

一　如何理解经济法律关系

经济法律关系通常被理解为经济法所特有的一个概念。这种理解着重强调法律关系的部门属性，以被视为独立法律部门的经济法作为确定经济法律关系的标准。例如《经济法简论》写道："每一个独立的法律部门都有各自特定的法律关系。例如行政法有行政法律关系，民法有民事法律关系，刑法有刑事法律关系等等。"因此，作者认为："经济法律关系概括地说，就是由经济法调整人们（国家机关、企业等）在经济管理和经济活动中所形成的经济权利和经济义务关系。"① 高校法学试用教材《经济法学》

---

* 梁慧星，男，1944 年生，四川青神人，现为中国社会科学院学部委员，中国社会科学院法学研究所研究员，博士生导师，研究方向为民法和经济法。

① 刘隆亨：《经济法简论》，北京大学出版社，1981，第 80 页。

也是这样理解经济法律关系的。作者写道："经济关系，由于经济法的调整，就具有了经济法律关系的性质。"① 上述理解把经济法律关系看作与民事法律关系、行政法律关系并列的一种法律关系。

我们并不一般地反对用法律部门划分法律关系。例如，可以运用这种"部门划分法"来划分国家法关系、行政法关系、劳动法关系、民法关系、诉讼法关系等。就结果而言，用法律部门作为划分标准，或者用法律规范所调整的社会关系的性质作为划分标准，一般说来是一致的。这是由于两方面的原因：其一，这些法律部门具有确定性；其二，这些法律部门所调整的社会关系具有统一性。但是，我们反对采用"部门划分法"来划分经济法律关系，这是基于下述两方面的原因。

（一）所谓经济法部门不具备作为分类标准的确定性

众所周知，法学界对于经济法是不是一个独立法律部门，哪些法规属于经济法部门，以及经济法调整哪些社会关系等，均无一致意见。经济法本身还是一个有待确定的概念。用这样一个不确定的概念去确定法律关系的部门属性，必然达不到科学分类的目的。作为这种划分的结果，所谓经济法律关系必将因各种不同的经济法主张而大相径庭。例如，按照调整纵向经济关系的经济法主张，② 则经济法律关系范围较窄，实际上是经济管理法律关系或称经济行政法律关系；按照调整纵横经济关系的经济法主张，③ 则经济法律关系范围较宽，应包括纵向经济法律关系、横向经济法律关系以及企业内部经济法律关系；按照调整纵横交错经济关系的经济法主张，④ 则经济法律关系只是一种，即纵横交错的经济法律关系；按照广义经济法或者"综合部门"经济法主张，⑤ 则经济法律关系的范围十分广

---

① 高校法学试用教材《经济法学》，群众出版社，1983，第 42 页。

② 参见《全国经济法理论学术讨论会纪要》，载《经济法理论学术论文集》，群众出版社，1985，第 372 页。

③ 参见刘隆亨《经济法简论》，北京大学出版社，1981；高校法学试用教材《经济法学》，群众出版社，1983；《全国经济法理论学术讨论会纪要》，载《经济法理论学术论文集》，群众出版社，1985。

④ 参见《全国经济法理论学术讨论会纪要》，载《经济法理论学术论文集》，群众出版社，1985，第 372 页。

⑤ 参见《全国经济法理论学术讨论会纪要》，载《经济法理论学术论文集》，群众出版社，1985，第 372 页。

泛；而按照不承认经济法是独立法律部门的主张，[①] 则无所谓经济法律关系。由此可见，用经济法部门作为划分标准，不可能确定经济法律关系。

（二）社会经济关系的复杂性、多样性和广泛性，决定了经济法律关系的多部门性

法学著作中一个近乎公认的基本观点是，社会主义国家对经济关系的法律调整不限于一个法律部门，而是运用若干个法律部门的多种法律规范，对社会经济关系实行综合法律调整。这一基本观点最有力的证据，是我国30多年经济立法的实践，特别是十一届三中全会以来经济立法的实践。但归根到底，我国经济立法实践又是由社会经济关系的复杂性、多样性和广泛性所决定的。许多作者正确地指出，经济法并不调整所有的经济关系，经济法、民法、行政法等都各自调整一定范围的经济关系。[②] 假使我们以作为独立法律部门的经济法作为划分标准，其结果必然是，只有受经济法调整的那一部分经济关系才形成经济法律关系，而受其他法律部门如民法、行政法等调整的大量的经济关系，却只能形成“非经济”法律关系。这在理论上是无论如何也说不通的。

根据历史唯物主义的基本原理，“法的关系正像国家的形式一样，既不能从它们本身来理解，也不能从所谓人类精神的一般发展来理解”。[③] 决定法律关系性质的，不是法律部门或法律规范的部门属性，而是法律规范所调整的社会关系本身的性质。正是作为法律规范调整对象的各种社会关系本身的性质，决定了法律关系的性质，并且也决定了法律规范的部门属性。所以，社会中各种经济关系无论受哪一部门法律规范的调整，均可以成为经济法律关系。换言之，经济法律关系不是经济法部门所独有的法律关系。例如，《经济法概论》一书就正确地指出，经济法律关系是民事法

---

① 参见《全国经济法理论学术讨论会纪要》，载《经济法理论学术论文集》，群众出版社，1985，第372页。

② 参见陶和谦《经济法的概念和作用》，载北京政法学院《经济法讲义与经济法专题讲座》（校内用书）第一分册，第11页；王忠等《经济法学》，吉林人民出版社，1981，第36页；关怀《经济立法与经济司法》，上海人民出版社，1982，第5—6页；江平、张佩霖《试论调整经济关系的民法手段和行政手段》，《中国政法大学学报》1983年第1期。

③ 〔德〕马克思：《政治经济学批判》，人民出版社，1976，第4页。

律关系中的主要关系。① 邱宏铮也曾谈到所有权关系、债的关系属于经济法律关系。② 毫无疑义，经济法律关系是迄今存在的主要法律部门都有的一种法律关系。而经济法律关系的这一“多部门”性特征，正是由社会生活中经济关系的复杂性、多样性和广泛性，以及国家对经济关系实行的综合法律调整所决定的。因此，我所理解的经济法律关系，是指有经济内容的法律关系。

二　如何理解作为法律规范调整对象的经济关系

法律关系是否具有经济内容，是由法律规范所调整的社会关系本身的性质决定的。法学著作中把那种具有经济内容的社会关系称为经济关系。法律规范通过规定经济关系参加者的行为准则，以达到调整经济关系的目的。经济关系的参加者依照法律规范的要求缔结经济关系，所缔结的经济关系便获得了法律关系的形式，而法律关系则以该经济关系为实际内容。③ 马克思对合同法律关系的分析，精辟地阐明了这种“形式”与“内容”的相互关系。他指出：“这种通过交换和在交换中才产生的实际关系，后来获得了契约这样的法的形式，等等；但是这一形式既不构成自己的内容，即交换，也不构成存在于这一形式中的人们的相互关系，而是相反。”④

所以，经济法律关系是指这样一种法律关系，这种法律关系以一定的经济关系为其实际内容，并以实现该经济关系为目的。

现在需要弄清楚的一个问题是，法律规范所调整的并进而成为法律关系实际内容的经济关系，究竟是指什么样的关系。有的著作认为，这就是马克思、恩格斯所说的经济关系、生产关系。高校法学试用教材《经济法学》写道：“一般说来，在经济活动中发生的社会关系，就是在社会生产过程中彼此结合起来的共同活动和互相交换其活动时所形成的社会关系，也就是生产关系，即经济关系。它的内容，按照马克思的论述，包括人们

---

① 高程德：《经济法概论》，展望出版社，1983，第24页。

② 邱宏铮：《计划法律制度》，载北京政法学院《经济法讲义与经济法专题讲座》（校内用书）第一分册，第182—183页。

③ 这里称为实际内容，是为了区别于法律关系三要素之一的“内容”（即权利义务）。

④ 《马克思恩格斯全集》第19卷，第423页。

在物质资料的生产、交换、分配、消费等方面的关系。"① 很显然，作者在这里把马恩著作中用来阐明唯物主义历史观的经济关系概念和生产关系概念，完全等同于法律规范调整对象的经济关系概念。另外一本《经济法学》的观点与此完全相同。②

马克思和恩格斯在他们的著作中所使用的经济关系概念、生产关系概念，是有严格的含义的。马克思在《雇佣劳动与资本》中写道："我们听到了各方面的责难，说我们没有叙述构成现代阶级斗争和民族斗争物质基础的经济关系。"③ 恩格斯在《路德维希·费尔巴哈和德国古典哲学的终结》中写道："因此，至少在这里，国家，政治制度是从属的东西，而市民社会，经济关系的领域是决定性因素。"④ 我们从以上引文可以看到，马克思和恩格斯所使用的经济关系概念，同市民社会的概念，以及同《政治经济学批判序言》中表述的作为生产关系总和的基础的概念，是相同的。易言之，经济关系等于市民社会，等于生产关系总和，等于经济基础。我们注意到，恩格斯于1894 年 1 月 25 日，在致瓦·博尔吉乌斯的信中，对经济关系概念作了无疑是最权威性的解释。恩格斯在信中指出："我们视为社会历史的决定性基础的经济关系，是指一定社会的人们用以生产生活资料和彼此交换产品（在有分工的条件下）的方式说的。因此，这里面也包括生产和运输的全部技术装备。这种技术装备，照我们的观点看来，同时决定着产品的交换方式，以及分配方式，从而在氏族社会解体后也决定着阶级的划分，决定着统治和从属的关系，决定着国家、政治、法律等等。此外，包括在经济关系中的还有这些关系赖以发展的地理基础和事实上由过去沿袭下来的先前各经济发展阶段的残余（这些残余往往只是由于传统或惰力才继续保存下来），当然还有围绕着这一社会形式的外部环境。"⑤ 显然，这里所说的经济关系是一个高度抽象的概念，是马克思主义的一个特有范畴，并且是唯物主义历史观的核心范畴之一。生产关系概念也是如此。马克思和恩格斯按照他们发现的唯物主义历史观，把整个社会

---

① 《经济法学》（高校法学试用教材），群众出版社，1983，第 6 页。

② 王忠等：《经济法学》，吉林人民出版社，1981。

③ 《马克思恩格斯文选》（两卷集）第 1 卷，第 56 页。

④ 〔德〕恩格斯：《路德维希·费尔巴哈和德国古典哲学的终结》，人民出版社，1972，第 42 页。

⑤ 《马克思恩格斯全集》第 39 卷，人民出版社，1974，第 198 页。

结构划分为四个因素：生产力—生产关系—政治上的上层建筑—社会意识形态。马克思在《政治经济学批判序言》中写道："人们在自己生活的社会生产中发生一定的、必然的、不以他们的意志为转移的关系，即同他们的物质生产力的一定发展阶段相适合的生产关系。这些生产关系的总和构成社会的经济结构，即有法律的和政治的上层建筑竖立其上并有一定的社会意识形式与之相适应的现实基础。"① 不言而喻，马克思和恩格斯用以阐明唯物主义历史观的经济关系概念和生产关系概念，与法学上所说的作为法律规范直接调整对象的经济关系是不相同的。

按照法学基本原理，法律规范本质上是一种国家意志，只能调整那些能够受人的意志支配的社会关系。法律规范对于不依人的意志为转移的社会关系，是无能为力的。作为法律规范调整对象并成为法律关系实际内容的经济关系，具有两个基本特点：（1）是双方当事人之间的具体的经济关系；（2）这种经济关系受当事人意志支配。我们注意到，马克思和恩格斯在他们的著作中也在这一意义上使用经济关系概念。例如，他们谈到商品的出卖人与买受人之间的买卖关系，房屋的出租人与承租人之间的租赁关系。马克思在分析商品买卖关系时指出："商品监护人必须作为有自己的意志体现在这些物中的人彼此发生关系，因此，一方只有符合另一方的意志，就是说每一方只有通过双方共同一致的意志行为，才能让渡自己的商品，占有别人的商品。"② 这里讲的是双方当事人之间根据他们的意志而缔结的具体的经济关系，与我们在上面已经指出的马克思、恩格斯用来阐明唯物主义历史观的经济关系概念（即经济基础概念，是不依人们意志为转移的、高度抽象的），是显然有别的。法学上所说的法律规范的直接调整对象，只能是双方当事人之间根据他们的意志而产生的具体的经济关系。一些作者无疑已经注意到了这一点，为了加以区别，他们把法律规范调整的经济关系称为"实际"经济关系，或者"具体的"经济关系。例如陈汉章在《对经济法问题的几点看法》一文中写道："法律怎样反作用于经济呢？主要是通过调整人们之间发生的各种具体的实际经济关系。"③ 马绍春在《我国经济法调整对象浅析》一文中指出："经济法调整的经济关系不

① 〔德〕马克思：《政治经济学批判》，人民出版社，1976，第4页。

② 《资本论》第1卷，102页。

③ 陈汉章：《对经济法问题的几点看法》，《法学季刊》1984年第3期，第61页。

是抽象的经济关系，而是……具体的经济关系。"[1]

马克思在分析商品交换关系时指出："它们能够交换，是由于它们的所有者彼此愿意把它们让渡出去的意志行为。"[2] 可以说一切具体的经济关系的产生和实现都离不开双方（至少是一方）的意志行为。但我们必须指出，这种经济关系的"意志性"只具有相对的意义。例如，具体的商品交换关系的建立或不建立，一般说来取决于当事人的意志。但是，在商品经济条件下，人们要生活，要获取生活资料和生产资料，总是不得不参加具体的商品交换关系。因为商品经济的客观规律是人们的意志（包括国家意志）所不能抗拒的。人的意志在一定条件下可以影响具体的经济关系，例如决定某一商品买卖关系的建立。但归根到底，人的这种意志又是由各种具体的经济关系的存在所决定和制约的。我们在谈论这种经济关系的"意志性"时，无论如何不能忽视这种关系的客观性。马克思在《摩塞尔记者的辩护》中告诫说："在研究国家生活现象时，很容易走入歧途，即忽视各种关系的客观本性，而用当事人的意志来解释一切。"[3] 这一告诫，无疑同样适用于对经济生活现象的研究。马克思在《德意志意识形态》中写道："在法学家们以及任何法典看来，各个个人之间的关系，例如缔结契约这类事情，一般是纯粹偶然的现象；这些关系被他们看作是可以随意建立或不建立的关系，它们的内容完全取决于缔约双方的个人意愿。"[4] 马克思斥之为"法学家的幻想"。那种把法律规范调整的经济关系的"意志性"绝对化，说成是似乎完全听凭意志（即使是国家的意志）任意支配的所谓"意志经济关系"的观点，[5] 恰好是这种"法学家们的幻想"。

社会生活中所发生的实际经济关系，是复杂的、多种多样的、性质各异的。包括隶属性经济关系和平等性经济关系，管理性经济关系和财产性经济关系，有偿性经济关系和无偿性经济关系，等等。但它们有一个共同点，即总是与物（及非物质财富）有着某种必然的联系。这种必然的联系表现为，或者是直接为了实现物的占有或转让（直接联系），或者是与这

① 马绍春：《我国经济法调整对象浅析》，载北京商学院《经济法资料选编》第2辑，第43页。

② 《资本论》第1卷，第106页。

③ 《马克思恩格斯全集》第1卷，第216页。

④ 《马克思恩格斯全集》第3卷，人民出版社，1960，第72页。

⑤ 参见周沂林、孙皓晖等《论经济法调整对象》，《中国社会科学》1982年第5期。

种占有或转让有关（间接联系）。邱宏铮在论述计划经济关系时已正确指出了这一点。他写道："根本不和物发生联系的社会关系当然不能算是经济关系。可是，如果和物发生联系，哪怕是间接联系，也就是说只要含有财产内容，就应该算是经济关系。"他认为，计划关系"正是这种和物发生间接联系的经济关系"。[①] 我们说经济法律关系是指有经济内容的法律关系，或者称之为经济性的法律关系，其根据正是在于，作为这一法律关系实际内容的具体的经济关系，有着与物（非物质财富）的这种本质联系。

三 关于如何理解经济法律关系的意志性

法律是上层建筑，它同经济的联系不是直接的，而是通过法律关系这个中介。国家根据社会主义经济的要求制定法律文件，把国家意志表述为法律规范，作为人们在经济活动（包括经济管理活动）中必须遵循的行为准则。当事人按照法律规范缔结各种具体的经济关系，具体的经济关系因而获得了法律关系的形式，被纳入符合国家意志的范围。只有那些符合社会主义国家利益和社会公共利益的经济关系，才能被确认为法律关系，而违反社会主义国家利益和社会公共利益的经济关系，例如无偿平调、不正当竞争、违法倒卖等，则不能被确认为法律关系。具体的经济关系取得法律关系的形式，就成了经济法律关系。当事人双方的行为被用权利义务的形式固定下来，要求当事人正确行使和履行。当事人正确地行使权利和履行义务，也是经济法律关系的实现。这是由国家强制力予以保障的。如果经济法律关系的当事人未能正确行使其权利和履行其义务，国家机关将出面干预，运用国家有组织的力量强制贯彻国家意志，以实现该经济法律关系。由此可见，经济法律关系是在经济关系中贯彻国家意志的重要形式。国家借助于经济法律关系这一形式，贯彻表现在法律规范中的国家意志，对社会经济生活施加影响，保护和促进符合国家利益和社会公共利益的经济关系，限制并取缔不符合国家利益和社会公共利益的经济关系，以达到发展社会主义经济的目的。这表明经济法律关系在法律对经济的整个作用

① 邱宏铮：《计划法律制度》，载北京政法学院《经济法讲义与经济法专题讲座》（校内用书）第一分册，第183页。

机制中居于十分重要的地位。

我们说经济法律关系是一种具有意志性的社会关系，这首先是指经济法律关系中体现着国家意志。(1) 法律规范（国家意志的表现形式）是经济法律关系产生的前提。没有法律规范就不可能产生经济法律关系。我们知道，国家意志也可以表现在其他形式例如经济政策中。经济政策也是一种行为规范，也能指导人们缔结某些经济关系，例如当前正在试行的某些责任制关系。当这些经济关系没有通过国家立法程序得到确认以前，就不能认为是法律关系，因而不具备法律关系所特有的统一性、稳定性和强制性。因此，那些经过实践证明行之有效的经济政策，应当尽快地通过立法程序制成法律规范，以便能运用经济法律关系这一最有效的形式来保证经济政策的贯彻执行。(2) 法律规范（即国家意志）预先规定了经济法律关系当事人双方的权利义务。调整各种经济关系的法律规范，实际上为当事人设计了一个经济关系的“标准格式”，当事人必须按照这种“标准格式”缔结经济法律关系，规定相互的权利和义务。因此，立法者在制定法律文件时不应满足于规定一些空泛的或政策性的条文，而应着重规定有关当事人权利义务方面的实质性、规范性条文，使当事人可以遵循。(3) 经济法律关系的实现是以国家强制力作为保障的。国家强制力，以及国家强制机关，是国家意志的物质形式。没有国家强制机关，经济法律关系也就等于零。因此，国家制定法律文件时，不仅为当事人缔结经济法律关系提供“标准格式”，而且往往要规定相应的法律责任，有的还要规定专门的国家强制机关，以确保国家意志得以通过法律关系贯彻实现。

其次，经济法律关系的意志性还表现在其中也体现了当事人的意志。例如，在平等性经济法律关系中通常体现了当事人双方的意志，在管理性经济法律关系中体现了经济管理机关的意志。(1) 经济法律关系中所体现的国家意志和当事人的意志，都是一定的经济利益的反映。我国社会主义的经济制度和政治制度决定了国家是全体人民利益的代表，国家利益、集体利益和个人利益在根本上是一致的。因此，当事人能够自觉地依照法律规范缔结经济法律关系，并能正确行使其权利和履行其义务。即使是在管理性经济法律关系中，虽然权利义务通常是由代表国家利益的经济管理机关单方面决定的，但对方当事人（义务主体）也总是能够自觉地履行其义务。(2) 经济法律关系中所体现的国家意志和当事人意志，不是平行的或平等的，国家意志处于优越地位。当事人的意志不得违反国家意志，并且只能在符合国家意志或者在国家意志允许的范围内才能发挥作用。(3) 经济法律关系的产生和实现，一般要通过当事人的意志，但不是绝对的，有时，经济法律关系的产生或实现可能不按照当事人的意志，甚至可能与当事人的意志相反。例如，国营企业所得税、建筑税、奖金税、能源交通重点基本建设基金等经济法律关系的发生，并不以当事人意志为必要条件，在当事人拒绝缴纳时将从他们的银行账户上强行扣缴。因违法行为而产生的经济法律关系，如损害赔偿、行政罚款、排污费等，则往往与当事人意愿相反。有的作者在论述经济法律关系的意志性时，不适当地夸大了当事人意志的作用，认为“经济法律关系必须经过当事人的具体实践，才得以实现。因此，在具体的经济法律关系中也必然体现着当事人的意志”。[①] 这是不妥当的。

我们对于经济法律关系的意志性，不应从个人意志或心理学意义上的意志去理解。经济法律关系的意志性，是有特定含义的。它只是表明，经济法律关系中体现了反映在法律规范中的国家意志，其产生和实现一般要通过当事人的意志。正是在这个意义上，马克思把合同法律关系称为“一种反映着经济关系的意志关系”。[②] 有的著作根据马克思的这一句话，断言经济法律关系是一种纯粹的意志关系（思想关系），或者上层建筑的关系。例如，《经济法概论》写道，“因此经济法律关系这种人与人之间的关系是一种思想社会关系，是属于上层建筑范畴的社会现象”。[③]《经济法简论》也认为经济法律关系是一种上层建筑的关系。[④] 这种观点未必是正确的。

我们这里所讲的绝不是什么抽象的或观念形态上的法律关系，而是社会经济领域中实际存在的各种经济法律关系。例如，各种财产权法律关系，各种经济合同法律关系，各种经济管理法律关系。辩证唯物主义基本原理告诉我们，事物的内容和形式是统一的，是不可分离的。经济法律关系正是这种形式和内容的统一。在这里，形式即法律关系，与内容即具体

① 潘静成：《经济法律关系》，载北京政法学院《经济法讲义与经济法专题讲座》（校内用书）第一分册，第 123 页。

② 《资本论》第 1 卷，第 102 页。

③ 高程德：《经济法概论》，展望出版社，1983，第 24 页。

④ 刘隆亨：《经济法简论》，北京大学出版社，1981，第 78 页。

的经济关系，组成一个统一体。法律关系这一形式，如果脱离了它的实际内容即具体的经济关系，只能是一种抽象的、观念形态上的法律关系，而不是经济生活中实实在在存在的经济法律关系。同理，具体的经济关系如果不具备法律关系的形式，也只能是未受法律规范调整的或者不为法律所保护的经济关系，而不是经济法律关系。经济领域中的各种经济关系受法律规范调整，即当事人按照法律规定缔结经济关系，所缔结的实际经济关系获得了法律关系的形式，但并不丧失其经济关系的性质，并不变成“非经济”关系，例如纯粹的意志关系（思想关系）。

能不能根据马克思曾经讲过合同关系是一种“反映着经济关系的意志关系”，得出经济法律关系是纯粹意志关系的结论呢？我以为不能。因为马克思在这里只是强调合同关系具有意志性的一面，并没有把合同关系说成是纯粹意志关系的意思。不然的话，我们就无法理解为什么马克思要嘲笑“法学家们的幻想”，因为他们把合同关系“看作是可以随意建立或不建立的关系”。在这里有必要引述恩格斯关于如何正确理解马克思的一些个别论点的一段话。恩格斯在看了加·杰维尔写的《卡尔·马克思的〈资本论〉》后指出：“杰维尔在许多地方把马克思的个别论点绝对化了，而马克思提出这些论点时，只是把它们看作相对的，只有在一定的条件下和一定的范围内才是正确的。”① 把经济法律关系说成是纯粹意志关系，正是由于把马克思的上述论点绝对化了。实际上，经济法律关系具有意志性，这只是一个方面，绝不能代替另一方面，即这种关系的经济性（物质性）。例如，我们看到，列宁曾经把“人们在交换产品时彼此发生的”关系作为“物质的社会关系”。② 只是所强调的方面或角度不同罢了。

上层建筑和经济基础是历史唯物主义的一对基本范畴。上层建筑是一个复杂的综合体，其中既有意识形态、思想和观点，又有与这些观点相适应的制度及物质化的机构。按照斯大林的提法，“上层建筑是社会的政治、法律、宗教、艺术、哲学的观点，以及同这些观点相适应的政治、法律等设施”。③ 毫无疑问，法律概念、法学思想和现行的法律规范体系，是上层

① 《恩格斯致非力浦·屠拉梯的信》（1893 年 6 月 6 日），载《马克思恩格斯全集》第 39 卷，第 79—80 页。

② 《列宁全集》第 1 卷，第 120 页。

③ 参见《马克思主义和语言学问题》，载《斯大林文选》，第 520 页。

建筑中的一个重要组成部分。恩格斯在给瓦·博尔吉乌斯的信中指出，政治、法律、哲学、宗教、文学、艺术等上层建筑“是以经济发展为基础的。但是，它们又都互相影响并对经济基础发生影响”。[①] 同上层建筑中的其他部分如哲学、宗教、文学、艺术等相比，法律距离经济基础最近。但是，法律仍然不能直接作用于经济基础，其间必须要通过一个中介，即经济法律关系。

当然，法律不仅调整经济关系，也调整上层建筑关系。后者如选举关系、行政组织关系。在这里，选举法律关系、行政组织法律关系，仍然是一种中介，只不过是上层建筑中两个部分即法律与政治之间的中介。而经济法律关系的特点在于，它是整个上层建筑与经济基础之间的中介。经济法律关系并未丧失其经济关系的性质，因此不存在“上升”为上层建筑关系的问题。但是，经济法律关系毕竟不同于原来意义上的即未受法律调整的经济关系，它已经获得了法律关系形式，因而具有意志关系的性质。我们说经济法律关系是一种中介，其含义是：（1）经济法律关系是上层建筑与经济基础之间的中间联系环节；（2）经济法律关系同时兼有经济基础关系的因素和上层建筑关系的因素；（3）经济法律关系是上层建筑对经济基础发生影响的重要形式。

四　关于如何理解经济法律关系的构成

我们知道，有关法律关系的理论最初是在资产阶级民法学中产生的，后来在苏联法学中得到发展，并形成了法律关系构成的“三要素”理论。按照这个理论，任何法律关系均可分解为三个要素，即法律关系的主体、法律关系的内容和法律关系的客体。本文不能全面论述经济法律关系的构成问题。

（一）经济法律关系主体的广泛性和复杂性

经济法律关系的主体包括：国家机关、经济组织、社会团体、个体户和公民。国家本身在一定情况下也可以作为经济法律关系主体，如接受赠

① 见《马克思恩格斯全集》第39卷，第199页。

与及发行国库券。其中几乎每一类主体又可细分为若干种。例如，国家机关可分为国家经济管理机关和其他国家机关，经济组织可分为法人经济组织和非法人经济组织，等等。其复杂性还表现在，同一主体参加不同的经济法律关系，是以不同的法律资格出现的。例如，国家机关、经济组织、社会团体在参加行政经济法律关系时，分别以国家机关、经济组织、社会团体的身份出现，但在参加民事经济法律关系时，却都以法人资格出现。再如公民，在参加行政经济法律关系时以公民资格，参加民事经济法律关系时以自然人资格，参加劳动经济法律关系时以职工资格。这种复杂性还表现在某些种类经济法律关系对权利主体有特殊的要求。例如在行政经济法律关系中，只有国家授权的经济管理机关才能充当权利主体，其他国家机关、经济组织、社会团体、个体户及公民都只能充当义务主体。另外有个别经济组织，由于国家授予某一方面的经济管理权限，也可以在有关的行政经济法律关系中充当权利主体。

有的作者在论及经济法律关系主体的广泛性时，不适当地扩大主体范围，例如把立法机关（全国人民代表大会及其常务委员会）也说成是经济法律关系主体。我们知道，经济法律关系主体除应具有权利能力和行为能力外，还应具有诉讼能力和责任能力，必要时能在法庭充当原告或被告，并承担法律责任。上述观点之所以不正确，是因为作者无视这一事实，立法机关是不受法律追究的。

（二）经济法律关系的内容仍是权利义务

按照法律关系构成理论，权利义务是构成法律关系的要素之一，称为法律关系的内容。任何法律关系莫不如此。这是因为，法律关系在本质上是用法律上的权利义务形式固定下来的实际社会关系。法律关系，即法律上的权利义务关系，两个概念是完全等同的。我们看到近年来有一些作者，不适当地照搬经济学或经济管理学上的一些提法，用以否认经济法律关系是法律上的权利义务关系。他们认为，经济法律关系的内容不再是法律上的权利和义务，而应该是“权、责、利”，即所谓“权利”（权力）、“责任”和“利益”。因此，我们不得不回到权利、义务这些基本概念上来。

法律上所称权利，是指法律允许作一定行为的可能性。它包含下述三方面：第一，主体按照自己的意志作一定行为的可能性；第二，请求他人作一定行为或者不作一定行为的可能性；第三，必要时请求国家强制他人作一定行为的可能性。法律上所称义务，是指按照法律或者他人的要求作一定行为或者不作一定行为的必要性。权利和义务是相互对应的，不可分的。作某一行为或者不作某一行为，在甲方是权利，对乙方就必然是义务。没有甲方的权利就没有乙方的义务，没有乙方的义务也就没有甲方的权利。凡法律关系，至少应有一方享有某项权利而对方负有相应的义务。把义务排斥在法律关系之外，实际上也就否定了法律关系自身。

能否在法律关系内容中再加入利益这个“要素”呢？这就须弄清楚权利义务与利益的关系问题。法学理论中关于权利与利益的关系，有三种学说：其一，认为利益为权利之本质；其二，认为利益为权利之目的；其三，认为权利即为法律所保护的利益。无论上述哪一种学说，均一致肯定权利本身就意味着某种利益。无论何种情况下，一提到权利，利益也就在其中了。义务与利益的关系，则采取了相反的形式，义务总是意味着某种“不利益”。可见，凡受法律保护的利益，均与权利义务相联系。与权利义务无关的利益，只能是不受法律保护的利益，例如赌金。其实，利益本身总是作为人与人之间的关系表现出来的。这种利益关系，即经济关系。恩格斯指出，“每一个社会的经济关系首先是作为利益表现出来”。[①] 法律调整经济关系的结果，正是把这种经济关系所表现的利益用权利义务的形式固定下来，并且运用国家强制力保障其实现。把利益看作与权利义务无关的东西，并作为一个独立“要素”包含在经济法律关系当中，这不是画蛇添足又是什么呢？

至于法律责任，则是与义务密切相关的一个概念。责任以义务的存在为前提，并以义务人违反义务为发生责任的条件。无义务即无责任。虽有义务，而义务人能依法履行义务，也不发生责任。法律责任，在本质上是国家为保障法律关系实现而对违反义务人实行制裁的手段。因此，责任实质上是义务人与国家之间或者义务人与权利人之间的一种特殊法律关系。它不是经济法律关系的要素，不能成为经济法律关系的内容。总之，用经济学或经济管理学上的“权、责、利”或者“责、权、利”的提法来取代法律上的权利和义务，是不妥当的。法律关系的内容只能是法律上的权利

① 《马克思恩格斯选集》第2卷，第53页。

及相应的义务，经济法律关系只能是法律上的权利义务关系，这是毋庸怀疑的。

（三）经济法律关系的客体包括管理行为

所谓法律关系的客体，指作为法律关系内容的权利义务的对象，因此又称为权利（义务）的客体。法学理论关于法律关系客体，约有下述四种学说：其一，认为客体为物（及非物质财富）；其二，认为客体为行为；其三，认为客体为物和行为；其四，认为客体为法人及自然人。其中第三种为通说。我国论述经济法律关系的著作大抵采取第三种学说，只是对作为客体的行为作了不适当的限制。例如，《经济法简论》写道，“作为经济客体的行为，它是指经济主体的一种劳务性的活动”。（第87页）法学试用教材《经济法学》则以“完成一定工作、履行一定劳务”代替“行为”（第46页）。这种把经济法律关系客体“行为”局限于“一定工作”或“一定劳务”的观点，不能认为是正确的。

我赞成经济法律关系的客体包括：物（及非物质财富）和行为。其中的“行为”可分为权利主体的行为及义务主体的行为。但我们对经济法律关系客体的分析不能到此为止。应当看到，不同类的经济法律关系的客体有极大的差异。经济法律关系大致可以分为两类，即财产性经济法律关系和管理性经济法律关系。财产性经济法律关系的客体包括：物、非物质财富和行为。这里的行为主要是指，义务人向权利人支付一定的货币，交付一定的物，完成一定的工作并交付其成果，提供一定的劳务，在法律上统称为“给付”。除给付行为之外，还包括权利人本身的行为，例如对所有物的支配行为（占有、使用、处分）。但是，管理性经济法律关系的客体则不同。管理性经济法律关系的客体，只是行为，不包括物及非物质财富。不仅如此，须特别加以说明的是，作为管理性经济法律关系客体的“行为”，不是“给付”行为，也不是权利人对物（及非物质财富）的支配行为（占有、使用、处分），而是管理行为。管理行为包括：权利主体（通常为经济管理机关）的指令行为，和义务主体的服从执行行为。这些行为本身并不直接表现财产价值，这是区别于给付行为的主要标志。上面提到的著作，把经济法律关系的客体“行为”限制为给付行为，实际上是盲目地套用关于民事法律关系的客体理论，把经济法律关系与民事法律关系混为一谈。

另有一些著作否认行为是（管理性）经济法律关系的客体，主张客体是管理的对象，如物价、计划等。[①] 被忽略了的一点是，物价、计划等具体管理对象，只是管理行为的标的。在这里，管理性经济法律关系的客体是管理行为，而不是管理行为的标的。

综上所述，经济法律关系是一种特殊的社会关系，是上层建筑反作用于经济基础的一种重要形式，是社会主义法律对经济的作用机制的一个重要组成部分。如果有必要给经济法律关系下一个定义，我倾向于如下表述：经济法律关系，是按照法律规范即国家意志产生的，采取法律上的权利义务的联系形式，并由国家强制力保障其实现的实际经济关系。

（本文原载于《法学研究》1985 年第 6 期）

① 李时荣、王利明：《关于经济法的几个基本问题》，《中国社会科学》1984 年第 4 期，第 128 页。

论建立适应社会主义市场经济的民法经济法体系

谢怀栻*

中国共产党第十四次全国代表大会提出在我国建立社会主义市场经济体制，要努力实现十个方面的主要任务。其中之一是要“高度重视法制建设。加强立法工作，特别是抓紧制定与完善保障改革开放、加强宏观经济管理、规范微观经济行为的法律和法规，这是建立社会主义市场经济体制的迫切要求”。为了完成这个任务，我们必须把注意力首先集中在我国的民法和经济法的领域，因为民法和经济法是直接反映经济的。过去几十年里，我国的计划经济体制直接反映在我国的民法和经济法领域。现在要改变这种体制，要在我国建立社会主义市场经济体制，也必须从这个领域着手。上面说的“加强宏观经济管理”，正是经济法的任务，而“规范微观经济行为”则是民法的任务。因此，改变、革新我国的民法和经济法制度，建立适应社会主义市场经济的民法经济法体系，就是当前的迫切任务。

在进行民法经济法领域的改革时，我们还须注意到，正如经济体制的改革一样，这种改革不是原有体制（体系）的细枝末节的修补，而是一种根本性变革。只有掌握这一点，才能使我国的民法经济法体系，真正从计划经济的框框里转变到社会主义市场经济的体制下来，起到法律保障经济体制改革、促进经济体制改革和经济建设的作用。

---

* 谢怀栻，男，1919 年生，2003 年去世，湖北枣阳人，生前为中国社会科学院法学研究所研究员，研究方向为民法和经济法。

在这个根本原则下面，本文拟就建设我国适应社会主义市场经济的民法经济法体系问题，从以下三个方面提出一些意见。

一　适应社会主义市场经济的民法经济法体系的原则

社会主义市场经济要存在、运行并且发展，必须适合并遵循一些重要的原则。适应于这些原则，民法经济法体系也必须适合并遵循一些原则。这些原则主要有以下五个方面。

（一）经济主体的多元化

要能形成市场，就必须要有多种主体。如果只有一个主体，就谈不上市场。这是从经济方面说的。在法律方面，就是要承认多种主体的法律地位，或者说，承认多种主体（各种主体）的“人格”（权利能力和行为能力）。过去几十年里，在我国，真正的经济主体只有一个，即全民所有制企业，其他的经济主体，如集体企业、个体企业乃至个人，不是没有法律地位，就是只能作为附庸而存在，甚至是非法的。在社会主义市场经济里，不仅有全民所有制企业（国有企业）、集体企业，还有其他经济主体，都具有法律地位，即都是合法的。在民法经济法领域，再不应该从所有制方面去肯定或否定某一经济主体的法律人格，而应该只从法律形式上去区分主体，从而承认，个人、合伙、公司、公司集团，都是有资格进入市场的经济主体，只要它们具备法律规定的要件，法律都承认它们有进入市场并在市场中活动的民事权利能力和行为能力。此外，进入市场的还可以有许多其他组织，如行业协会、职业团体、社会团体等。至于国家，也可以以同等身份进入市场。

当然，在这样多主体之间，存在一些差别，例如经济实力有差别、经济地位有差别，但是经济差别不应影响它们的法律地位，不应影响它们在市场中的活动的合法性。一个规模巨大、经济实力雄厚的国家公司或国有企业（即非公司形式的企业），与一个经济实力不大的私人公司或私人合伙乃至个人，在法律上是一样的，也就是说是平等的。这是市场的要求，必须反映在法律上。既然他们的法律地位是一样的，国家作为社会主义市场经济里的裁判员和协调者，对这些主体应该一视同仁，平等对待。

（二）每个主体拥有明确的产权

在社会主义市场经济里，每个经济主体都拥有属于自己的财产（资金、产品、各种无形财产等），对于自己的财产拥有明确的产权。所谓产权，当然是一种法律上的权利，不论其是所有权、债权、知识产权，都是在法律上受到保护的，不受侵犯的。每个主体对于其所拥有的财产可以自主地、自由地处理，对于它在市场上的行为可以自主地、自由地决定，而不需听命于他人，或者受他人支配。除了国家通过法律作出的限制外，每个主体可以运用自己的财产、行使自己的产权。

在过去若干年里，存在于我国社会中的一些不正常的现象，如产权不明、任意平调、任意侵犯他人产权等，都将消除。

国家作为全体人民的代表，也拥有它的产权，而且除了一般的财产外，还拥有特殊的财产，如全国的土地、关系到社会经济命脉的某些生产资料（如水力资源、重要的矿藏等），这些都要由法律予以规定。

只有国家才能在特别情况下对其他经济主体的产权进行干预，包括限制、禁止乃至征收，但这些都必须先由法律规定，然后国家才能依照法律规定（包括实体和程序两方面）实行。

（三）每个主体对自己的行为负责

在市场经济里，每个主体，包括进入市场里的国家在内，要对自己的行为负责，既对自己的合法行为（如订立合同）承担责任，也对自己的违法行为（如民事侵权行为、其他违反法律的行为）承担责任。每个主体不享有任何特权，不能对自己的行为不负责任；也不忍受他人（包括国家）的不合法的干涉，或者对自己不应负责的事承担责任。

过去，在我国社会里，一个经济主体的责、权、利，常常处于混乱状态。在社会主义市场经济里，责权利必须合理地、合法地结合起来。这里的唯一标准是法律——民法和经济法。权利和利益要规定在法律里，责任也要规定在法律里。

国家也有它的责任。当它以一个普通的民事主体进入市场时，它要依照民法的规定承担责任。当它以一个权力者进入市场时，它也只能依照经济法的规定行使权力，并且要承担责任。①

（四）各经济主体之间维持自主、平等、互利、公平的关系，以及合作与竞争的关系

社会主义市场经济里的各经济主体再不是分等级的，也不是附属于他人的。国有企业也不再是国家机关的附属物。各经济主体都是自主的，相互间是平等的。各经济主体之间的关系也是互利的和公平的。这样的关系主要表现在合同关系上。社会主义市场经济中的各个经济主体间，通过各种各样的合同的纽带联系起来，而不再通过其他关系去联系（如封建式的人事关系，或计划经济中的行政关系）。

在社会主义市场经济里，各经济主体之间的关系又表现为合作与竞争的关系。这些主体都有一个共同的最终目的和方向，即建设社会主义；但又有各自的具体利益，所以既要合作又要竞争。它们的合作关系受民法的规范，它们的竞争关系受竞争法（属于经济法）所规范。

（五）社会主义市场经济由国家进行宏观调控

国家对于各经济主体的各自活动（经营）不加干预，但要对市场进行宏观调控，从而也间接地对各经济主体的行为施加影响。这种影响包括积极方面的引导、鼓励或帮助；也包括消极方面的限制或禁止。在这方面，民法和经济法都要发挥各自的作用。国家仍然制定计划和政策，并且通过各种经济手段去实施。国家要协调各个、各种经济主体间的利益，维护社会的整体利益，维护本国全体人民的利益，这些都要通过法律去实施。国家进行宏观调控，在社会经济发生困难（经济动荡或经济危机）时，或者国家遇到重大灾难（自然灾害或外来侵略）时，尤有必要。

二　社会主义市场经济的各项具体制度及相应的法律

在上述的原则之下，社会主义市场经济要形成、存在和发展，就要建立一系列的具体制度，并把这些制度用法律固定下来，这样的法律就是民

---

① 当然，国家还有依照其他法律承担责任的时候，例如依照国家赔偿法而承担责任。

法和经济法。社会主义市场经济的存在和发展也有赖于其他的法律，例如宪法、刑法、行政法、社会法等。但与社会主义市场经济直接联系的则是民法和经济法。因此，我们必须首先着眼于民法和经济法。以下是其中的主要内容。

（一）企业制度和企业法

过去几十年，我国的唯一的经济主体是全民所有制企业，就是全民所有制企业也只是国家机关（即该企业的主管部门）的附属物，因而在我国不存在一定的企业制度，更不存在企业法，规范全民所有制企业的只是一些行政命令。我国企业法，始自实行开放政策以后。1979 年制定的中外合资经营企业法，是我国的第一个关于企业的法律。直到 1988 年，才制定全民所有制工业企业法。以后又陆续制定了一些关于企业的法律和法规，形成了现在的企业法这个部门。这样建立起来的企业制度和企业法有几个特点。第一，划分本国资本的企业和外商投资企业，相应地形成两套企业法，即本国企业法和涉外企业法。两类企业的法律地位和受到的法律待遇迥然不同（突出地表现在税收方面）。关于外商投资企业的法都是全国人大制定的法律，关于本国企业的法除了全民所有制工业企业法外，都是国务院制定的条例，还有地方法规（如关于农民股份合作企业的）。第二，在本国企业里，又依所有制划分企业而对之制定法规。例如全民所有制企业（全民所有制工业企业法，也准用于非工业企业）、集体企业（城镇集体所有制企业条例、乡村集体所有制企业条例）、私营企业（私营企业暂行条例）等。把企业以资本来源和所有制来进行区分，给以不同对待，是过去长期实行计划经济的遗留办法，而且这些企业法规的内容也有很多是计划经济的规定。因此，这种企业法已不能适应社会主义市场经济的情况（实际上现在就已出现“不合法”的企业，例如各种所有制混合的企业以及股份制的中外合资企业），必须建立适应社会主义市场经济的新的企业法。

新的企业制度必须符合两点：第一，每个企业都是独立自主的；第二，每个企业的权利和责任都是明白而确定的。第二点尤为重要。这就要求把企业的法律形式放在第一位，而不能把资本来源和所有制形式放在首位。道理很简单，一个企业进入市场，所有与它进行交易的人首先要知道的是它的权利和责任，而不是它的资本来源。企业的法律形式正是表明其权利责任的标志。例如独资企业是由其企业主负无限责任的，合伙企业是由全体合伙人负无限连带责任的，而公司是只由公司法人负无限责任而其投资人（股东）只负有限责任（在有限公司）或者不负责任（在股份公司）或者只在特殊情况下才负无限责任（在无限公司）。如果依企业法律形式划分企业并作出标志，这些责任情况是一见即明的。这样的企业才适于进入市场并在市场中活动。我国现在已兴起股份化的热潮，而现行的企业制度和企业法与股份制企业是不相适应的。因此，改革现行的企业制度和企业法势在必行。

因此，必须加速制定公司法，完善《民法通则》中关于合伙的规定，完善关于企业登记的规定。

随着企业法的建立，要完善破产法。现在的破产法形同虚设，根本原因在于产权问题。以后市场经济发展了，产权问题解决了，破产制度才能建立，破产法才能发挥作用。

国有企业仍是我国的主要经济力量，不论是公司形式的国有企业还是非公司形式的国有企业，都要有特别法去加以规范。

（二）产权制度和有关法律

进入市场的每一个主体必须要有明确的产权。但是在我国建立产权制度，首先遇到一个问题是国家所有权。长期以来，在我国民法中，国家所有权成为一个老大难问题，成为影响许多其他问题的一个因素，这是计划经济的后遗症。在建立社会主义市场经济以后，这个问题必将随着经济的发展而逐步解决。解决的主要途径是，要把计划经济体制下的国家所有权改造为市场经济体制下的国家产权，即包括所有权、股权（股东权）、债权、知识产权等在内的复合的“产权”。在计划经济体制下，国家所有权是国家产权的唯一形式。那时，不存在国家的股权；国家享有的债权极其有限（国家对企业是“拨款”而不是贷款，“拨改贷”是近几年才有的）。在社会主义市场经济体制下，国家也和其他经济主体一样，享有各种产权。目前在股份制企业中，“国家股”的确立，使一部分国家所有权转换为国家股权。至于在不实行股份制的国有企业中，仍保留着原来形式的国家所有权。这样就基本上可以解决长期以来国家所有权与企业经营权的纠缠。国家所有权转型为国家股权之后，解决了国有企业或国家参股的企业进入市场的问题。当然，要在我国从理论上阐明国家股权问题，在实践中管好国家股，不是一件容易的事。现在我国一般人（甚至法学界和经济界的某些人）对“股权”的确切意义和实际运作都还不十分明白，甚至有误解。例如有人把股权理解为所有权，有人理解为债权，这样都对正确处理国家股问题有妨害。更有甚者，不少人认为国家由“所有人”转为“投资者”，国家对企业财产的“所有权”转为“股权”，就是国家所有权的消灭，就是国家财产的消失，因而这是对社会主义公有制的侵害。这些误解很不容易消除。不过只要我国的市场经济日益发展，这些问题迟早是会解决的。

在产权方面，另一个重要的法律问题是，应该完善法人制度，使法人（其中主要是企业法人）享有完全的产权。我国自《民法通则》公布后，就有了法人制度，在各种法律和法规中也规定了“企业是法人”。但真正的法人制度迄今未能形成，多年来对企业法人要求的“自负盈亏、自我发展”一直做不到。原因固然很多，但一个重要原因还是产权问题没有解决。一个不享有充分产权的法人只是一个空洞的组织。这一点充分表现在我国的全民所有制企业上。现在的转换企业机制问题也就是要解决这一问题。这不是纯法律问题，但可以通过法律去协助解决。我们必须在民法方面完善对法人的规定，强化法人的各种权利，特别是产权，各种企业法人才能在市场中活动自如地发挥其作用。

至于产权的内容，我国民法已经有不少规定。关于所有权、债权、知识产权，问题较少。需要建立的是各种其他物权制度并制定相应的法律。

（三）合同制度和合同法

各种经济主体在市场里的活动都要通过合同而进行，因而合同制度和合同法是社会主义市场经济所必不可少的。我国在形式上一直就有合同制度和关于合同的法规。在改革以前，那些都是计划经济体制下的合同。现行的是改革以后建立的或制定的，但也需要从根本上加以再改革。

现行的合同法也和企业法一样，分为国内企业间的合同法与涉外合同法。国内的合同法又有两个，经济合同法和技术合同法。这种合同法体制只能说是一种过渡形态，在由计划经济向有计划的商品经济过渡时期有一定的作用，但不能适应于社会主义市场经济的需要。事实上，最近几年的实际情况已经突破了这几种合同法的框框。例如涉外经济合同法的适用范围已经由最高人民法院加以扩大，经济合同法中的某些规定或者不起作用（例如非即时清结的合同须用书面订立的规定），或者已经过时（例如有关计划的），都已形同虚设。特别是“经济合同”这种陈旧的名称与社会主义市场经济不相适应。

因此，应该把这几个合同法（以及许多有关的行政法规和地方性法规）加以综合改革，制定一个适用于全国性统一市场的合同法。这个合同法应该达到几点。第一，使合同与国家计划脱钩，完全成为经济主体之间的交易法。这样就不必再分国内合同与涉外合同。第二，随着我国对外贸易的发展，我国的合同法应该尽可能地与国际公约和国际惯例保持一致。第三，在国内，尽量减少关于合同的行政法规与地方性法规，使进入市场的一切经济主体都遵守一个统一的合同法。当然，这一个合同法不可能把一切合同包括无遗。一些特殊合同仍然要规定在其他法律里，例如有关著作权的合同规定在著作权法里，有关房地产的合同规定在房地产法律里。但是关于各种合同的共同事项应该只由一个合同法去规定，例如关于合同的订立、合同的效力、违约责任、损害赔偿等。如果在这些共同问题上没有全国统一的规定，对社会主义市场经济的运行是不利的。

对某些特殊的合同，例如重大的外贸合同、关系人们日常生活的合同，国家有必要进行干预（管理），但应当通过立法和司法的方式去实行，不能以行政方式干预。

合同制度和合同法涉及市场经济的所有方面，不仅涉及商品交易、服务提供，也涉及资金的融通、证券的发行和交易、技术的转让等方面。只要有市场，就必须有相应的合同制度和法规，所以完善合同法绝不能忽视。

（四）资金融通和融资法

市场经济中一个重要问题是资金的融通，这正是民法中的一个重要问题，资金融通包括资金的筹集和保存、资金的借贷等。我国现在已经建立了各种资本市场（包括外汇市场），就必须有相应的法规对这些市场中的活动进行规范。几年来烦扰我国的“三角债”问题，就是因为我国在这方面没有完善的制度和法规而形成的。今后要使企业易于取得资金，使闲散资金得到运用，使贷出的资金得到保障，都有赖于完善的融资制度和融资法。

任何企业在成立之初就要筹集资金。企业的规模越大，企业所要办的事业越大，就越需要大量的资金，这个问题对于公司最为重要。现代股份公司的优越性就在其能无限制地筹集资金。我国过去的全民所有制企业完全仰赖国家拨款，近几年来已有变化。所以筹集资金已日益成为企业的重要问题。现在筹集资金新的渠道有发行股票和发行债券，这两个问题都应在公司法中作出规定。现在我国还有非股份公司的企业发行债券，对此没有法律作出规定。对于这些债券的持券人（债权人）应如何保护，是一个大问题，所以这方面的法律必须从速制定。

融资的另一种重要方式是借贷，包括向银行贷款与企业间的资金周转。在这里存在两方面的法律问题，贷方的贷出（放款）与借方的还贷（收款）。在市场经济中，放款与收款都要既灵活又安全，这就需要完善的贷款制度和借贷法律。我国过去在这方面问题较多。在贷的方面，通过行政命令或者通过人情关系放款，没有关系的就不给贷款；在还的方面，故意拖欠不还，使贷者不敢贷。这些必须以法律解决，做到贷者愿贷、敢贷；借者容易借到、依约还款，才能适应社会主义市场经济的需要。所以必须制定完善的借贷法。

要使借贷安全，就要以法律规定保证制度和担保制度（人的担保和物的担保）。我国在这方面没有完善的法律，特别是没有建立抵押权制度。所以必须制定详尽的担保法。

银行是资金的保管库。过去我国实行现金管理，以行政命令规定企业必须将现金存入银行，又规定企业必须使用转账支票，个人不能使用支票，这些都限制了资金的流通。在社会主义市场经济下，资金运用灵活是最重要的，上述的各种限制必须放开，我们需要完善银行法与银行的规章，放开对使用支票和存款的不必要的限制，使企业（和个人）乐意将资金存入银行而又能很方便地取出或调往他处。

我国的外汇管理制度与外币（包括外币证券）兑换制度，随着市场经济的发展，也要改革。有关的法律当然要改订。

（五）证券制度和证券法

证券（有价证券）是市场经济高度发达的产物。20 世纪 50 年代，当我国建立高度集中的计划经济体制时，原有的股票、汇票、本票消失了，支票受到大大的限制，其他的一些有价证券（如提单、仓单）也只在极小的范围内得以幸存。直到70年代末，汇票和本票才又出现，但已面目全非，其所具有的“中国特色”使其几乎失去了有价证券的实质。现在要建立社会主义市场经济，必须重建包括汇票、本票、支票、股票、提单、仓单等在内的有价证券制度，并制定票据法和其他相应的法律。最近我国已制定公布了海商法，对海运提单已有规定（《海商法》第4章第4节）。股票应该在公司法（股份公司法）中规定。当前急需的是制定票据法。现在汇票已在市场上逐渐出现，支票的使用范围也在扩大，这方面的纠纷也逐渐进入法院，而法院没有据以判案的法律。

另外股票和债券（国债券、金融债券、企业债券）的交易已经出现，证券交易所也在上海和深圳建立。我国亟须制定全国统一的证券交易法。

全国的统一票据法和证券交易法尚未制定，而地方法规却不断出现，这种情况不利于统一的全国市场的形成和发展。事实上，一些混乱现象也已出现，例如海南省未经上级批准就于1992年3月开办股票内部交易中心；一些省市未经中央批准就于1992年准许企业发行股票、股票认购证、信托受益债券等。虽经事后制止或纠正，但对我国市场经济的发展已有了不好的影响。

为了贯彻改革和开放政策，我们要建立的票据制度和证券交易制度，要制定的票据法和证券交易法，应该摆脱计划经济体制的束缚，尽量向国际惯例靠拢，使我国的票据和证券能进入国际市场，使我国社会主义市场经济进一步得到发展。

（六）投资制度和投资法

我国社会主义市场经济要持续地发展，必须建立一个完善的投资制度，制定投资法。这是我国异于其他发达国家的地方。因为要建设社会主义，只靠国家拨款和国有企业积累资金是不够的，必须动员全社会来积聚资金，还要吸收外来的资金。我国近十年来对于吸收外资较为注意，在几个涉外企业法中规定了一些鼓励外来投资的措施，又制定了一些鼓励外来投资（包括港、澳、台和华侨的投资）的行政法规。但是一直没有制定一个完善的投资法，更没有注意到如何有计划地全面地吸收国内的投资。国家发行了多年国库券，直到近几年，才把发行工作通过市场去进行。我国又发行过多次金融债券，也都是分散地进行的，欠缺长期的、全面的安排。一些企业债券近几年来不断发行，吸收了大量的社会资金，甚至影响到国债的发行。这是由于我国还没有一个完善的投资政策、投资制度、投资法。这是我国经济法中亟待解决的一个重要问题。

在我国这样的发展中国家，面临着建设社会主义这样宏伟的任务，资金问题是一个长期的问题，不是三年五年、十年廿年能解决的。我们应该制定一个面向各个方面的、预期其长期实施的投资法，把我国的投资政策用法律形式昭示于全体人民和世界各国，不应该只利用一些行政法规或地方法规。近些年来，有一些外来的投资者常常认为我国没有“投资法”（指正式的法律），缺乏投资安全感，我们应该注意这一点。

我国国内也有巨额的闲散资金存在，但是这些资金被用于去炒股票、炒房地产，甚至炒买黄金外汇。我们应该通过各种方式，吸引这些资金，使之投向国家所指引的方向。忽视国内资金，或者只采用一些零打碎敲的办法都是不对的。例如我国发行国库券已有多年，每年发布一个单行条例，好像这只是每年临时采用的一个偶然性措施，而不是一个长期的稳定的政策。人们手中有资金，想要投入最安全也最有利于社会主义建设的国债中，却不知道下一年还有没有国库券可买，就只好把资金投入不如国债安全的企业债券。如果国家制定一个《国债法》，向人们昭示，要在10年、20年或更长时期内每年发行国内公债，鼓励人民把节约下来的资金有计划地投向国债，其效果（包括对人民的教育作用）必然好得多。如果说每年的发行数量和利率不能完全相同，仍然可以在《国债法》中授权国务院每年决定。

在吸收外资方面，我国较为重视，但十余年来，对方式、方法不加改进，对一些零乱的行政法规和地方法规不加整顿，外国投资者对此常有意见。

在这方面，我国台湾地区的做法值得我们借鉴。台湾早在50年代，就制定了吸收外资的相关规定（《外国人投资条例》和《华侨投资条例》），到60年代又制定一个全面的《奖励投资条例》，用多种方法方式鼓励人们向生产性事业投资。这三个条例一直施行了30年，其间对第三个条例多次修改，使之适应于经济发展的情况和需要，主要是调整投资的方向（由劳动密集型生产事业到技术密集型事业再到高精尖产业）。近年来又把《奖励投资条例》改订为《产业升级条例》继续施行。

总之，我国应该认识到吸收国内外资金是一个长期的（上百年的）工作，应该制定全面的投资法去贯彻实行。

（七）竞争制度和竞争法

竞争是市场经济的本质属性，没有竞争就没有市场经济。我国建立社会主义市场经济必须很好地处理企业间的竞争问题，现在经济界所注目的是如何为企业创造好的竞争环境，特别是使各类企业有大体平等的竞争条件。这一点应该主要由企业法去解决。关于竞争的另一方面是反对限制竞争和反对不正当竞争的问题，这是竞争法所要解决的问题。

自由竞争是资本主义初期的神圣原则，这一原则给资本主义带来昌盛，也给社会带来很大的危害。因而资本主义国家自己到了后期也注意到应该对竞争加以管理。一方面对垄断（垄断是对竞争的限制，甚至消灭竞争）加以管制，这样出现了反垄断法（美国称为反托拉斯法，德国称为反对限制竞争法，日本称为反独占法）；一方面对不正当的竞争加以管制，这样出现了反对不正当竞争法（反对不公平竞争法）。二者合称为竞争法。

我国在社会主义条件下实行市场经济，与资本主义国家的情况有所不同，但是我们也面临着如何对待竞争的问题。这个问题在我国比较复杂。一方面，我国要提倡和鼓励企业之间进行自由而公平的竞争，因而也要反对限制竞争（垄断），反对不公平（不正当）的竞争；另一方面，我们要促进社会化生产的发展，又要鼓励和支持企业间的联营、支持大规模企业集团的建立。另外，我国还有一个特殊问题，就是地方封锁问题。这个问题牵涉到财政制度、价格制度、税收制度各个方面，更为复杂。因此，我国要制定什么样的竞争法，必须全面地进行研究。

三　国家对市场的宏观调控

实行社会主义市场经济之后，国家的主要任务是对经济进行宏观调控。国家对大部分国有企业不进行直接经营（当然仍然有一部分要由国家直接经营，例如一部分国防工业），而通过行使股权去间接调控。这样，国家就可以摆脱计划经济时期的烦琐事务，把注意力用于更重要的宏观调控方面。这主要是经济法的任务。

国家的宏观调控有两个特点。第一，宏观调控的对象是经济整体，是从社会整体利益也就是社会主义的整体利益出发的。前面说过，国家对社会主义市场经济的各种经济主体都是平等的，不偏向任何一种主体，但国家必须维护整体利益。当然，为了维护整体利益（其中首先是社会主义的大方向和根本制度），国家的措施对某些经济主体可能有所影响，但整体利益的维护也会有利于社会的各个部分，因而不会对这些主体有危害。第二，宏观调控的手段主要是间接调控，例如通过税收银行、社会政策（例如社会保障制度）等去引导，而不用或只最小限度地运用直接行政干预手段。在运用行政手段时，也必须由法律作出规定或予以授权。

实行社会主义市场经济，仍然要有计划，国家仍然要制订计划。不过再不是指令性计划，而主要运用指导性计划。只要适当运用好各种间接调控手段，指导性计划也可以收到指令性计划的效果。我国还是要制定计划法。

国家宏观调控的目的和作用主要表现在：第一，协调社会各个部分、各种经济主体、各个社会群体之间的利益，使全国的每一群体、每一主体，各得其所，都能享受到自己的应得的利益；第二，预防社会经济发生动荡甚至危机，万一发生了，国家应有紧急对策；第三，为国家遭受重大灾害（重大自然灾害和外来侵略）预筹对策。

国家的宏观调控和微观管理是相互结合的。有一种误解，似乎在市场经济里，国家丝毫不起作用，一切经济行为由企业自行进行。实际上，世界历史上从来没有这样的经济。就在资本主义初期自由经济下，国家也不是绝对不管事的。商业登记（企业登记、公司登记）就是一种最原始的管理方式。现代公司法里，法律对公司的资本和利润分配有严格控制，公司负责人违反了规定要受到各种制裁（包括刑事制裁）。在证券交易法里、在竞争法里，国家对证券交易、对企业的结合和联合行为以及竞争行为，都有严格的控制。就在纯属于民法的合同法、担保法的领域里，法律关于当事人的责任和违约制裁的规定，实际上也属于对当事人行为的管理。不过国家的宏观调控和微观管理在直接目的、手段和效果各个方面有所不同而已。微观管理所直接涉及的是各个或多数经济主体的利益，主要从经济主体方面着眼；宏观调控所直接涉及的是国家和社会的整体利益，主要从国家和社会方面着眼。二者是相辅相成，相得益彰的。

像我国现在这样，有些经济行为和经济活动被管得很严，甚至管死；对有些又管得很松，甚至不管。这都是经济不正常、法制不健全的表现，如果说过去有这种情形是由于多种难以避免的原因，今后我们要建立社会主义市场经济，就决不能再有这样的情形。

在这方面，有些发达国家的经验也可供我国参考。德国在第二次世界大战后为恢复和发展经济，制定了《经济稳定与增长促进法》（简称《稳定法》），这就是一个对经济进行宏观调控的法律。其中规定了国家调控经济的目标和总方针、国家进行经济决策的民主程序、经济发生危机时的对策等等。有了这样一个基本法律，然后围绕这个基本法律再去制定各种从各个方面调控经济的法律，如税收法、银行法、财政法（包括预算法）、外贸法等。

我国是在社会主义条件下实行市场经济，我们的目标、方针和具体情况与资本主义国家有原则的不同。我们应该根据我国国情，决定政策，制定法律，然后贯彻实施，使我国的社会主义市场经济得到最后成功。

（本文原载于《法学研究》1993 年第 1 期）

市场经济与经济法学的发展机遇

王保树*

在发展市场经济的过程中，经济法学如何向前发展？这是经济法学界正在认真思考的问题。以往，人们也曾提出过各种不同的思路，但一些关键未能突破。这里，有两个相互关联的问题需要研究：一是经济法学如何抓住发展机遇；二是如何转变观念。没有机遇，经济法学发展不起来。有了机遇，观念不更新，机遇也会错过，经济法学也发展不起来。

一 问题的提出

事物的发展有无机遇？回答是肯定的。所谓“机遇”，就是事物发展的外部条件，一般包括环境和机会。经济法学的发展机遇，是指经济法学发展的环境和机会。它应包括：有作为它的研究对象的充分的经济法律现象，有与经济法律现象相联系的适应生产力发展的经济体制，有良好的学术环境。机遇是客观存在的，问题在于人们如何认识它。由于人们观察问题的角度不同，对机遇的认识也有早晚之别。甚至，不是机遇而视为机遇的现象也是有的。

我国经济法学发展中的第一个机遇，是《中共中央关于经济体制改革的决定》（1984 年 10 月 20 日）的发表。这个《决定》最大的理论突破，

---

* 王保树，男，1941 年生，2015 年去世，河北任丘人，1979—1998 年在中国社会科学院法学研究所工作，1998—2015 年任清华大学法学院院长，教授，博士生导师，研究方向为商法和经济法。

是明确提出了社会主义经济是在公有制基础之上的有计划的商品经济。它还提出：要发展社会主义统一市场，打破封锁和垄断，促进企业之间竞争；实行政企职责分开、所有权与经营权分开；正确发挥政府机构管理经济的职能，各级政府部门原则上不直接经营管理企业。这些论述，为重新认识经济法律现象，抽象出新的经济法学体系，提供了新的理论基础。它告诉我们，经济法学的任务不应再是研究如何维护计划经济法律秩序，而是要研究如何建立和维护商品经济法律秩序。其着眼点，也不应是计划和与此相联系的直接管理，而是市场、市场竞争和与此相联系的市场管理，以宏观调控为核心的间接管理。以上，就是《决定》和以城市为重点的整个经济体制改革给经济法学发展带来的机遇。但是，经济法学界对有计划商品经济的认识不一。一些学者认为，经济体制改革的目标是在中国建立社会主义商品经济。而相当一部分学者则仍认为，我国的经济是计划经济，只是增加了市场调节的成分而已。相应地，这些学者也认为，原有的经济法学理论体系无须大的改造，只需作些小的变动。这样，经济法学发展的第一个机遇被轻易地放弃了。

经济法学发展的第二个机遇，是《民法通则》（1986 年 4 月 12 日）的制定。该法第 2 条规定："中华人民共和国民法调整平等主体的公民之间、法人之间、公民和法人之间的财产关系和人身平等关系。"《关于〈中华人民共和国民法通则〉（草案）的说明》也指出："民法主要调整平等主体间的财产关系，即横向的财产、经济关系。政府对经济的管理，国家和企业之间以及企业内部等纵向经济关系或者行政管理关系，不是平等主体之间的经济关系，主要由经济法、行政法调整，民法基本上不作规定。"《民法通则》以法律的形式触动了高度集中的计划经济体制，体现了深入进行经济体制改革的精神。如果说，《关于经济体制改革的决定》仅仅提供了经济法学发展的理论基础，那么，《民法通则》的制定则从立法的划分上为规划经济法学发展思路提供了一个具体的依据。但是，在经济法学界居统治地位的纵横统一部门说看来，这是很难接受的。于是，在经济法学研究中出现了两种现象：一是部分学者仍认为经济法是一个独立的部门法，并坚持对横向经济关系的调整；二是部分学者在立法现实面前苦于无法说明"纵横统一"的合理性，主张经济法只调整纵向经济关系。但是，由于人们未对经济法、行政法的调整范围作深入研究，没有找到区别二者的基点，忽视了经济法应有的本质。于是，经济法学发展的第二个机遇又被错过了。

需要指出的是，复杂的经济法律现象有时也会给人以错觉。在 1988 年 9 月开始的治理、整顿中，部分经济领域强化了计划管理和在改革中曾放弃的某些行政手段。本来，这是临时措施，但却被一些学者认为是普遍措施，从而认为是经济法学发展的机遇。然而，这是一个误会。

1992 年春，邓小平同志在南方谈话中指出，计划经济不等于社会主义，资本主义也有计划；市场经济不等于资本主义，社会主义也有市场。计划和市场都是经济手段。计划多一点还是市场多一点，不是社会主义与资本主义的本质区别。之后，党的十四大决定，我国的经济体制改革的目标是建立社会主义市场经济体制。毫无疑问，这一目标的确立，将意味着我国彻底抛弃高度集中的计划经济体制。伴随着计划经济体制向市场经济体制的过渡，经济法的根本任务也将从维护计划经济秩序转变为建立与维护自由、公平的社会主义市场竞争秩序。与此相适应，以经济法律现象为研究对象的经济法学也必须作彻底的改造。这一任务的提出，为经济法学的发展创造了最好的机遇。只要抓住这次机遇，经济法学就会发生质的飞跃。

但是，我们能否抓住这一机遇？反思过去，关键是转变观念。之所以经济法学错过了两次发展机遇，其根本原因是人们没有适应经济体制改革实践的发展而改变自己的观念。如果这一状况不加以彻底改变，建立市场经济体制给经济法学带来的机遇，还将在人们面前匆匆过去。那么，在经济法学研究中应转变哪些观念？就质的规定性而言，主要有三：一是要突破姓“社”姓“资”抽象争论的束缚，改变仅吸收传统社会主义国家经济法学理论而拒绝借鉴或很少借鉴西方国家经济法理论的习惯；二是要突破束缚生产力发展的观念，尤其是来自“左”的阻力；三是要冲破落后的陈旧的观念。

二　彻底抛弃拉普捷夫的经济法理论和与此相适应的观念

拉普捷夫的经济法理论是苏联现代经济法学派的核心内容。它形成于 20 世纪 50 年代末 60 年代初，并以经济法统一调整横向经济关系和垂直经济关系的主张而著称。它被中国学者传入中国，则晚于20世纪70年代末80年代初。但是，它对中国经济法学界影响之大，超过了任何一个外国经济法学派。因此，正确评价它为中国经济法学带来的利和弊，对于转变人们在经济法学研究中的观念，是极为必要的。

应该指出，拉普捷夫经济法理论像其他外国经济法理论一样，对中国经济法学的产生曾起过促进作用。尤其，在20世纪70年代末80年代初，当人们迫切需要创立一个经济法学科，并迅速立于大学讲坛之时，它起了引发人们思考和开拓人们思路的作用。在中国学者未及深入研究的状况下，之所以能迅速向学生提供经济法学教科书，其中一个重要原因就是吸收了拉普捷夫经济法理论。

但是，拉普捷夫经济法理论对中国法学界的消极影响是不容忽视的。由于它形成于苏联僵化的计划经济体制的巅峰时期，加之它忽视这种体制的弊病，甚至站在维护这一体制的立场上，因而它本质上是一种阐发计划经济体制合理性的经济法主张。所以，它传入中国不久，就同经济体制改革的实践发生碰撞，并且，我国经济体制改革越向前深入，它的消极影响也暴露得越彻底。如果不清除这种影响，经济法学是很难探索我国经济体制改革下的经济法律现象的发展规律的，也是不可能适应建立市场经济体制的需要的。

所谓清除拉普捷夫经济法理论对中国经济法学界的影响，就是要抛弃它同我国经济体制改革格格不入的东西。首先，必须抛弃经济法统一调整垂直经济关系和横向经济关系的观点。拉普捷夫一贯认为，“应该考虑横向经济关系和垂直经济关系的不可分割的联系”，“调整横向经济关系和垂直经济关系的规范，组成一个统一的法律部门——经济法”。① 他还认为，经济法调整对象的特点，是计划组织因素与财产因素的结合。或言之，“它调整的对象是计划组织因素与财产因素密切结合的那种经济关系。这种关系是在领导和实现经济活动的过程中形成的”。② 其次，必须破除企业是“机关”的观点。这种观点，渗透在拉普捷夫经济法理论的经济法主体

① B. B. 拉普捷夫：《经济和经济法》，〔苏〕《共产党人》1975年第1期，中文版见《苏联经济法论文选》，法律出版社；B. B. 拉普捷夫：《经济法和社会主义经济机制》，〔苏〕《苏维埃国家与法》1980年第9期，中文版见《苏联经济法论文选》，法律出版社。

② B. B. 拉普捷夫：《经济法学的发展问题》，《国外法学》1981年第3期。

部分。拉普捷夫认为，“经济法的主体就是进行和领导经济活动，拥有归其所有或归其业务管理的一定财产，享有经济权利和承担经济义务（经济权限），对自己活动结果承担责任，经济权利受到侵犯以后能够请求保护的社会主义组织及其分支机构和生产单位”。① 他拒绝用法人制度表示经济法主体，认为“经济法主体可分为三种：经济机关、它的分支机构和生产单位”。“经济法的主体首先指经济机关，即专门为领导或进行经济活动而成立的社会主义组织。经济机关包括：企业，经济联合企业、经济领导机关——经济系统中心。”② 并且，“企业是最典型的经济机关。它是国民经济的基本环节”。③ 依照拉普捷夫的看法，企业作为经济法主体，和政府机关是无甚区别的。最后，必须突破把国家和企业的关系笼统地视为“领导关系”的观念。拉普捷夫一向把经济行为分为两类：一类是进行经济活动，一类是领导经济活动。④ 与此相适应，“经济法的主体可以区分为主要是进行经济活动的主体、主要是领导经济活动的主体，或者两者兼而有之”。⑤ 无疑，领导经济活动的主体只能是国家经济管理部门，国家通过它们同企业建立领导关系。这样，不仅抹杀了国家同企业所存在的其他关系（诸如财产关系），也混淆了国家同企业之间所存在的管理关系的本质。

存在决定意识。拉普捷夫经济法理论的产生并不是偶然的，它是苏联特定经济条件的反映，是苏联经济法律制度的集中概括。然而，也正因为它产生于这种背景，它的核心是维护高度集中的经济体制的。拉普捷夫曾十分明确地指出他的经济法理论的产生背景和这种理论的任务。他认为，经济法“这个法律部门的出现，同社会主义经济体系的发展、基本生产资料的社会化和集中在苏维埃国家手里，有不可分割的联系”。⑥ 经济法的特点，是“由社会主义国家财产的统一性、国家计划的统一性、国家经济领

---

① B. B. 拉普捷夫：《经济法理论问题》，中国人民大学出版社，1981，第 40 页。

② B. B. 拉普捷夫：《经济法理论问题》，中国人民大学出版社，1981，第 40 页。

③ B. B. 拉普捷夫主编《经济法》，群众出版社，1987，第 43、38 页。

④ B. B. 拉普捷夫：《经济法理论问题》，中国人民大学出版社，1981，第 36—40 页；B. B. 拉许捷夫主编《经济法》，群众出版社，1987，第 5—7 页。

⑤ B. B. 拉普捷夫主编《经济法》，群众出版社，1987，第 38 页。

⑥ B. B. 拉普捷夫：《苏联的经济立法》，载中国人民大学苏联东欧研究所编译《苏联经济法论文选》，法律出版社，1982，第 1 页。

导的统一性所决定的”。[①] 经济法的“使命是固定和完善社会关系，并积极促进我国社会主义经济的发展。没有一整套经济立法的法律规范，就不可能把整个国家经济机制变成‘一整架大机器，变成一个使几万万人都遵照一个计划工作的经济机体……’”。[②] 这表明，拉普捷夫经济法理论不仅立足于全面反映高度集中的经济体制下的法律制度，而且也一向将服务和维护高度集中的经济体制为己任。它所主张的纵向经济关系和横向经济关系的统一，财产（价值）要素和计划要素的统一，并不是为了强调经济法调整对象的不同方面，而是排斥商品货币关系的独立地位，甚至是将横向经济关系统一和服务于纵向经济关系。这一点，拉普捷夫在自己的著作中说得很清楚。他认为：“社会主义的经济关系，其中包括在经济活动过程中形成的关系，决不是在所有情况下都带有商品货币的性质。联合企业内各单位之间的关系和企业内各分支之间的关系就是例证。至于说到有商品货币形式的经济关系，那么这里商品货币形式也不是经济关系的主要特征；社会主义经济本身所固有的计划性，才是一切经济关系的最主要的特征。[③] 财产性的商品货币要素在社会主义经济中不能构成经济关系的独立体系，而是统一的垂直和横向经济关系的要素；在企业内部关系中，价值要素和计划——组织要素也结合在一起。”[④]

拉普捷夫经济法理论对旧经济体制的维护，首先表现在对政企不分的肯定。在苏联高度集中的经济体制下，政企不分是国家和企业关系的最本质特征。虽然，拉普捷夫的著作未曾正式出现“政企不分”的字样，但他的理论所表现出的维护“政企不分”的立场是极其明显的。在苏联旧经济体制弊端已充分暴露的情况下，他仍反复强调，“我们的国家不仅是政权的执掌者，而且是生产资料的所有者，它领导经济并自己进行经营管理。”[⑤] 他还认为，“社会主义经营管理包括直接进行经济活动和领导经济

---

① B. B. 拉普捷夫：《经济和经济法》，载中国人民大学苏联东欧研究所编译《苏联经济法论文选》，法律出版社，1982，第54页。

② N. R. 米舒宁等：《完善经济立法》，载中国人民大学苏联东欧研究所编译《苏联经济法论文选》，法律出版社，1982，第150页。

③ B. K. 马穆托夫：《调整经济关系的法律主张》，《苏维埃国家与法》1979年第5期。

④ B. B. 拉普捷夫：《经济法和社会主义经济机制》，载中国人民大学苏联东欧研究所编译《苏联经济法论文选》，法律出版社，1982，第266页。

⑤ B. B. 拉普捷夫：《苏联的经济立法》，载中国人民大学苏联东欧研究所编译《苏联经济法论文选》，法律出版社，1982，第1页。

活动，不论是进行经济活动，还是领导经济活动，都是社会主义国家通过自己的经济机关——企业、生产联合企业和经济领导机关实现的。苏维埃国家的经济作用，是由社会主义生产的性质以及国家的经济机关直接参与社会主义经营管理决定的”。[①] 不难看出，在拉普捷夫的经济法理论中，国家对企业进行管理（领导），既包括行使所有者的职能，又包括行使行政管理者的职能，二者是紧密结合在一起行使的。同时，国家不仅领导经济，也直接经营并对企业的经营管理作出决定。企业虽然拥有经营管理权，但如前所述，它只不过同政府经济管理机关一样，是国民经济的一个“基本环节”。可见，拉普捷夫充分肯定了“政企不分”的两个最基本方面。

拉普捷夫对旧经济体制的维护，还表现在全面肯定苏联有久远历史的行政垄断。在高度集中的计划体制下，苏联和加盟共和国主管企业的经济部门都倚仗自己的权力，直接或通过联合企业将国营企业制于本部门。企业虽在法律上有独立地位，但不得不一切听命于政府部门，从而形成了束缚生产力发展的一个个经济系统。然而，拉普捷夫经济法理论却对此给予了积极的评价。他一方面正确地指出，经济系统不是经济法的主体；一方面却又认为，经济系统具有法律意义，是法律上的“特殊的经济实体”。依他的看法，经济系统具有如下特点：第一，“经济系统是一个经济综合体，其中包括企业、组织和经济领导机关”；第二，“经济系统不仅是经济的统一体，而且是法的统一体，经济系统是计划任务和上级机关指示的接收者，它接受国家预算的拨款、物质技术资源的调拨指标和贷款限额”；第三，经济系统的中心是经济领导机关（包括部、部的生产总管理局或部门总管理局、工业联合企业管理处、地方苏维埃执委会的生产管理处），它“领导这个系统和为这个系统的利益办事”；[②] 第四，企业是法的主体，但它在经济系统中，只能“根据国家计划并在上级机关领导下进行活动”。[③] 可见，拉普捷夫经济法理论中的经济体系，是一个个存在核心领导的“康采恩”式的组织系统。在这些系统中，企业居于被控制的地位。并且，它是靠行政权维系的。加之，一个经济系统“可能属于另一个系统，

---

① B. B. 拉普捷夫主编《经济法》，群众出版社，1987，第1页。

② B. B. 拉普捷夫：《经济法的主体》，载中国人民大学苏联东欧研究所编译《苏联经济法论文集》，法律出版社，1982，第71—72页。

③ B. B. 拉普捷夫主编《经济法》，群众出版社，1987，第43页。

是另一个系统的亚系统",[①] 从而形成了盘根错节的行政垄断。应该指出的是，拉普捷夫经济法理论是在中国法学界对经济法的知识知之甚少的情况下传入中国的，因而人们在对其借鉴和吸收之时没有也不可能顾及上述弊害。所以，“纵横统一论”之类的学说很快就占据了人们的头脑，并为大多数经济法教科书采纳。[②] 但是，当经济体制改革发展到今天，市场经济体制已成为改革追逐的目标，我们不能不对拉普捷夫的经济法主张作重新思考。并且，上述不适应市场经济的理论，必须坚决予以抛弃。只有这样，人们的思想才能解放，经济法学才能发展。

三　认真转变计划法是经济法龙头的观念

“计划法是经济法的龙头”观念由来已久。早在中国经济法学开创时期，就有学者提出“计划法是具有全局性的法律，它在经济法中占据重要地位，是牵头的基本法",[③] 或者说，计划法是龙头、居首位，是为主导的法。[④] 此后，“计划法是龙头”就成为经济法学界居支配地位的观念，并以各种形式表现在各类经济法学著述中。

其一，认为计划法是各种经济法规的“龙头”，各种经济成分，各个经济部门，各样经济关系，都在其直接领导或间接指导下存在和发展。

其二，认为计划法不仅是调整计划过程的法律规定，而且是全面监督和指导整个国民经济的法律规定，在经济法中占有重要的地位。

其三，认为计划法是社会主义经济法中一个带有综合性、全局性的部门法，影响社会主义现代化建设的进程，在各项经济法规中处于领头地位。

其四，认为计划法是经济法规中的基础法。

其五，认为计划法是核心，是涉及经济法律全局的一个基本法。

其六，认为调整计划关系的计划法，在我国经济法律体系中处于特别重要的地位。

---

① 马洪:《十年来经济法学基本理论问题争鸣述评》,《财经研究》1989 年第 21 期。

② 马洪:《十年来经济法学基本理论问题争鸣述评》,《财经研究》1989 年第 21 期。

③ 孙亚明:《经济法应否成为独立的法律部门》,《法学研究动态》1982 年第 13 期。

④ 《全国经济法理论学术讨论会纪要》(1983 年 12 月)，载中国社会科学院法学研究所民法经济法研究室编《经济法理论学术论文集》，群众出版社，1985。

以上表述虽然不同，但都告诉我们，“计划法是经济法龙头”的观念（以下简称“龙头观”），是有其特定的内容的。

首先，计划法具有高于其他经济基本法的地位。“龙头观”认为，计划法的地位可以概括为“领头”、“为首”、“基础”。“计划法的各种法律规范，根据宪法提出的计划法原则，从宏观的长远目标出发，确定为调整各种经济关系的基本原则，所以对于除宪法以外的其他法律，如财政法、企业法、合同法、和民法①等的制定和适用都有重要意义。”换言之，财政法、企业法、合同法和民法等的具体规定，都必须与计划法的原则衔接、协调、同步、配套。②“国民经济其他部门的经济法规在一定程度上都要围绕着计划法而展开”，③“与计划法所确定的原则和方向一致”，④“没有计划原则就不可能有社会主义的经济法”。⑤

其次，计划法具有“全局性”的作用。“龙头观”认为，“计划法”的作用可以概括为两个基本方面。一是统一的领导和指导作用，即国民经济的各种经济形式、各个经济部门所发生的各种经济关系都需要由计划法调整。并且，计划法对其他经济法规的制定与实施起着指导作用。⑥二是规范和调整国民经济的全过程，即规范和调整生产、流通、分配和消费等各个环节所发生的经济关系。甚至，“社会主义商品经济运行的各种规律在计划经济条件下有其特殊性，要受国家计划和计划法的引导和制约……。”⑦

最后，计划法是我国社会主义经济法律体系特有的法律。⑧这是由我国社会主义经济的基本特性所决定的，⑨“是社会主义经济有计划按比例发展规律在法律形态上的体现，是社会主义计划经济的法律形式，是社会主义国家计划经济政策在法律上的反映”，“现代资本主义国家虽然也加强了

---

① 当然，这里的合同法、民法不是经济法。

② 中国社会科学院法学研究所民法经济法研究室：《经济建设中的法律问题》，中国社会科学出版社，1982，第131页。

③ 刘隆亨：《经济法概论》，北京大学出版社，1984，第114页。

④ 中南政法学院经济法系：《经济法通论》，经济科学出版社，1986，第116页。

⑤ 中国人民大学法律系：《中国经济法教程》，中国人民大学出版社，1985，第26、93页。

⑥ 中南政法学院经济法系：《经济法通论》，经济科学出版社，1986，第116页。

⑦ 夏明：《计划立法适应社会主义商品经济运动规律的探讨》，《政法季刊》1989年第2期。

⑧ 《中国经济法学》，黑龙江人民出版社，1990，第33页；刘隆亨：《经济法概要》，北京大学出版社，1984，第113页。

⑨ 中国人民大学法律系：《中国经济法教程》，中国人民大学出版社，1985，第26、93页。

对国内经济生活的干预，也有某种经济计划，……但它们的计划法规同社会主义国家的国民经济计划法有本质上的区别”。

上述表明，“计划法是经济法的龙头”，不是某个人的一时看法，而是人们的一种系统观念。它们涉及的不仅是计划法本身，而是整个经济法。因此，其影响所及不是经济法学的局部，而是经济法学的整体。

然而，观念是同社会实践相联系的。任何一种观念，无论是否正确，或者，是否顺乎潮流，它总是实践的一种反映。“计划法是龙头”的观念也不是凭空产生的，而是计划经济实践的反映。就这一意义而言，它是具有某些合理性的。但是，实践中出现的各种观念，并不都是正确的。即使是正确的，也并不都是一贯的。在我国经济体制改革面前，“龙头观”的陈旧和不适应性是极为明显的。首先，当“龙头观”于20世纪80年代初出现之时，我国已不处在高度集中的计划经济体制的巅峰时期，而是开始了经济体制改革。这个时候，虽然还不可能从整体上触动高度集中的计划经济体制，但这种体制的种种弊端已充分暴露出来，计划已不可能再如前那样成为唯一的宏观经济管理手段，更不可能渗透到一切经济领域。所以，“龙头观”刚一提出就是落后于时代要求的。至于20世纪80年代末，人们还继续坚持这种观念，主张每项经济法律都要有关于“计划”的规定，反对缩小指令性计划，[①] 就更加同深化经济体制的要求发生碰撞了。其次，“龙头观”作为一种观念，无论就其内容还是就其实质而言，都是与我国的经济体制改革格格不入的。当我们说“龙头观”反映了计划经济的实践的时候，无疑应是指它反映经济法制实践。或者说，是指它概括了计划经济法律现象。然而，这一观念提出之时，我国并无健全的经济法制，也无健全的计划法律、法规，甚至今天也还没有一项以“计划法”为名称的法律。因此，与其说这一观念反映了计划经济法制实践，还不如说它是反映了计划工作的实践。因为，在还没有计划法律、法规的情况下，计划甚至主要是指令性计划已进入各个经济部门，构成了缜密的计划体制。并且，高度集中的计划体制也从本质上反映了整个经济体制。一方面，计划经济就是命令经济。整个国民经济的运转，不论是宏观的还是微观的，也不论是固定资产扩大再生产还是简单再生产、流通、分配和消

---

① 《反思过去，开拓未来》，《经济法制》1988年第12期。

费，都依赖于表现为命令的行政手段。虽然，这种命令不是法律，但它以行政权为后盾，对下属经济管理部门、企业有极强的约束力。在各种各样的经济指令面前，企业只有执行的义务，没有作出其他选择的权利。并且，这种命令既是组织和发展经济的手段，也是判断企业优劣的标准。只要企业执行了政府经济管理部门的指令，它就被视为好企业，而无须问其效益如何。由此，企业受制并依赖于政府，形成了封闭、无活力的经济体制。另一方面，计划经济也是审批经济。它突出地表现为，行政权力和企业权利都集中于政府，企业经营活动须取得行政许可。在高度集中的计划经济体制下，企业只有形式上的独立，而无经营所必需的各项权利。可以说，企业从设立到进行各种具体的经营活动，无不需要经过各种审批程序。甚至，有时仅实施一个经营行为，就要由几个部门审批。这样，就进一步强化了上述政府对企业的控制和企业对政府的依赖，也使整个经济体制更加僵化了。而“计划法是经济法龙头”的观念，恰恰就是这种实践的集中表现，它不仅反映了计划工作的地位，也反映了计划经济的实质。但是，经济体制改革要从根本上改变上述实践，由此，“龙头观”存在的根据就失掉了。

“龙头观”应向何处转变？这必须充分注意生机勃勃的经济体制改革的要求和由此带来的经济法根本任务的改变。如前所述，随着经济体制改革的逐步深入，尤其是它的目标确定为社会主义市场经济体制，经济法的根本任务应从基本上“维护计划经济管理秩序”转到“建立和维护自由、公平的社会主义市场竞争秩序”上来。与此相适应，必须彻底摒弃“计划法是经济法龙”的观念，代之以“竞争法[①]是经济法的核心”的观念。无疑，发展社会主义市场经济的关键是建设统一市场，而建设统一市场就要有造就公平、正当竞争的统一规则。没有这种规则，统一市场是不可能建立起来的。所以，把竞争法作为经济法的核心是顺理成章的。当然，我们作出这样的判断，仅仅是为了说明竞争法在经济法中的地位，而不意味着“经济法即竞争法”。同时，从计划经济体制转向市场经济体制，也不意味着不要规范计划关系的法律，只是不需要作为“经济法龙头”的“计划

① “竞争法”有广义和狭义之别。国外的“竞争法”有时专指反垄断法，本文的“竞争法”包括反对垄断和反对不正当竞争的法律规范。

法”。为了保证市场经济的顺利发展，宏观调控不仅是必要的，而且是不可缺少的。计划作为宏观调控的一种手段，无疑仍需要采用法律形式。但是，这种法律主要是体现产业政策要求，规范指导性计划行为，因而它的名称也不一定非叫作“计划法”不可。

四 重新认识经济管理关系的本质特征

在经济法学研究中，人们的最大共识莫过于“经济法应调整经济管理关系”的判断。但是，在如何认识经济法所调整的经济管理关系（以下简称“经济管理关系”）的本质特征上，仍有一个转变观念的问题。

在我国，经济法学界已赋予“经济管理关系”以十分丰富的内容。简要言之，有以下几层意思。第一，经济管理关系的发生根据是内在管理。一种普遍性的观点认为：“现代经济法是资本主义进入垄断阶段以后国家干预经济的产物，资本主义国家由于生产资料私有制，国家只能作为一种外在的力量来干预经济。社会主义国家不一样了，国家可以作为一种内在力量对社会经济进行有计划的管理。把经济法的调整对象概括为经济管理关系，体现了社会主义国家管理经济的职能，也符合现代经济法的本来含义。从‘干预’到‘管理’，反映了现代经济法本身的发展过程，也在本质上划清了社会主义经济法与资本主义经济法的界限。”[①] 第二，经济管理关系应涵盖全部纵向经济管理关系。其中，包括部门行政性的经济管理关系，和企业内部微观经济管理关系。[②] 第三，在经济管理关系中，必有国家（或其代表者）为一方主体。因此，也可称其为国家经济关系，或国家经济管理关系。[③] 第四，经济管理关系具有隶属性[④]和一定的国家强制性。[⑤]

上述对“经济管理关系”的概括，集中到一点，是它的“行政性”。在高度集中的计划经济体制（或基本是计划经济体制）下，这种概括是可

---

① 谢次昌：《论经济法的对象、地位及学科建设》，《中国法学》1990 年第 6 期。

② 谢次昌：《论经济法的对象、地位及学科建设》，《中国法学》1990 年第 6 期。

③ 漆多俊：《经济法调整对象及其他》，《法学评论》1991 年第 2 期。

④ 中南政法学院经济法系：《经济法通论》，经济科学出版社，1986，第 38 页。在指出经济管理关系的隶属性的同时，经济法学界的学者还指出其中的一部分关系具有指导与被指导、监督与被监督的特点。

⑤ 漆多俊：《经济法调整对象及其他》，《法学评论》1991 年第 2 期。

以理解的。因为，任何条件下的经济管理都主要依靠行政权。而该种体制下的经济管理关系的产生，其行政权几乎是唯一根据。并且，行政权又主要依靠行政组织、隶属层次行使，管理手段被单一化为行政手段。其次，在经济活动中，国家所有权的行使与国家行政权的行使不分，国家所有权与国有企业经营权不分。因此，在国家与国有企业关系上，集中表现为国家依靠相互结合的行政权与所有权对企业的控制。并且，国家对各种不同企业实施的公共性管理，与国家作为财产所有者仅对国有企业的管理混杂在一起；企业之间的经济往来被企业主管部门之间的往来代替了。由此，横向经济关系被隐藏在经济管理关系之中，社会公共性的管理被隐藏在行政性管理之中。无疑，这种情况必然要反映在人们对"经济管理关系"的认识中去。

然而，经济体制改革正在改变着我国经济关系的构成，并把各种经济关系隐藏着的本质特征充分显示出来。由于计划经济体制向市场经济体制的过渡，已经开始并正在进行中的国家财产所有权与经营权的分离、国家所有权与国家行政权的分离和政府职能的转变，使我国的经济管理发生了深刻的变化。一方面，在建设统一的社会主义市场中，依企业形态不同为标准所实施的区别性管理不再成为必要；另一方面，由于管理的领域、任务和手段的差别，经济管理的单一行政性被经济管理的多样性所代替，直接管理、间接管理和市场管理等多种形式的管理都已出现。毫无疑问，因不同管理而发生的经济管理关系，其本质特征是不同的。在直接管理领域里发生的经济管理关系，从严格意义上说，并不是一种经济关系，而是仅有经济外壳的以权力从属为特征的行政关系。它的调整，依赖于行政调节机制，其直接目的是满足国家利益的要求。很显然，这部分社会关系是属于行政法调整范围的。间接管理领域里发生的经济管理关系则不同，它是一种非权力从属性的经济关系。它的发生根据不是行政命令，而是普遍性的调控措施。这种措施，不表现为对企业的直接控制，也不表现为对某个企业的保护，而是以承认并维护企业的独立为基点，着眼于对所有企业的宏观管理和保护。并且，它涉及哪个企业，就对哪个企业产生义务。市场管理领域发生的经济管理关系，实质上是对企业竞争进行管理所发生的社会关系。在市场活动中，企业竞争是企业意志自由的表现，任何机关、社会组织、个人和其他企业都不得限制企业竞争。但是，企业竞争行为不得侵害其他企业的合法权益，尤其不得侵害市场竞争秩序。因此，以保护正当、公平竞争为宗旨的市场管理（包括规范市场主体及其行为）是不可缺少的。这种管理，通常不是对企业内部经营事务的任意干涉，而主要是对企业实施限制竞争（当然，也包括对其他主体实施限制竞争）行为和不正当竞争行为的制止。它同宏观调控一样，涉及哪个企业，就同哪个企业发生经济管理关系。市场管理和宏观的间接管理的共同点在于：它们所直接保护的利益都是社会公共利益，而不是企业法人或公民的单个利益，也不是国家利益；它们的有效实施，有赖于社会整体调节机制，包括社会制约、社会评价、社会监督和要求企业履行社会责任。这些表明，虽然市场管理和宏观间接管理的权利主体也主要是国家和国家授权的行政（经济管理）机关，[①] 但这只是为了统一代表社会利益的方便而已，而不表明它与前述的直接管理有不可分性。相反，这两类管理所共同表现出的社会公共性和对社会整体调节的需求，已使它们同直接管理分离开，成为一种独具特点的管理。并且，因这两类管理而发生的经济关系不再像权力从属关系那样归行政法调整，而是由经济法调整。因此，对于经济法所调整的经济管理关系的本质特征的概括，应该从行政性转变为社会公共性。

以上表明，管理形式的分化和不同种类管理的本质特征的明朗化，是深化经济体制改革的产物，如果说，在高度集中的计划经济体制下，管理的单一行政性是不可避免的。那么，在市场经济体制下，管理的多样化和具有社会公共性特征的管理的出现则也是必然的。无疑，适应这一变化，对经济法调整的经济管理的认识作上述转变是有意义的。首先，区别不同经济关系的本质，即平等主体之间的财产关系和分别表现为行政性和社会公共性的经济管理关系，有利于分别确认并保护企业法人、公民利益、国家利益和社会利益，而避免用一种利益要求掩盖另一种利益要求。实践告诉我们，既不能以保护企业法人、公民利益为名侵害国家利益，也不能以保护国家利益为名侵害企业法人和公民的利益。同样，也不能用国家利益代替社会利益。只有这样，市场竞争秩序才能建立在可靠的基础上。其次，以往将经济管理关系的本质特征统一概括为行政性，其根源之一是将

---

① 市场管理和宏观间接管理的权利主体不限于国家和授权的行政（经济管理）机关，还应包括其他社会组织，如消费者保护协会。

国家对经济的管理都视为“内在管理”。诚然，以行政性为特点的直按管理（主要表现在政府部门之间，已越来越少地表现在政府与企业之间）确实具有某些“内在管理”的性质，国家和授权机关直接实施这种管理，而不必借助什么“中介”。但非权力从属的管理（包括宏观间接管理和市场管理）则不同，我们以社会公共性概括它的本质特征，就表明它们是由国家或授权机关从社会整体的角度在企业外部进行的干预。至于人们不采用“干预”概念而采用“管理”概念，这只是习惯的不同而已，其实质并无大的区别。这样理解问题，有利于企业抵制不适当的“干预”。最后，区别不同本质特征的经济关系，有利于适应不同调节机制发生作用的要求，分别采用不同的法律形式。概而言之，适应经营主体自我调节机制要求的是民法、商法；适应行政调节机制要求的是行政法；适应调整宏观间接经济管理关系和市场管理关系的要求，即满足社会整体调节机制发生作用需要的，应该是经济法。如此加以区分，有利于使经济法学的发展建立在科学的基础上。

（本文原载于《法学研究》1993 年第 2 期）

经济体制转变中的经济法与经济法学的转变

王保树*

一 经济体制转变中的经济法

经济法学是研究经济法现象的一个分支学科。经济法的状况如何，将直接影响到经济法学的状况。虽然，经济法的理论较经济法的实践具有超前性和预见性，经济法学并不是对经济法现象的直接描写，但经济法学的发展不能完全脱离经济的发展而发展。由于我国自1979年开始进行经济体制改革，我国的经济法已不再是计划经济条件下的经济法。但是，我国尚未建立起完善的社会主义市场经济体制，因而我国的经济法也还不是市场经济条件下的经济法。应该说，它是经济体制转变中的经济法。

当然，经济体制转变中的经济法，并不是简单的容纳计划经济条件下的经济法和市场经济条件下的经济法两种因素的混合经济法，而是在明确社会市场经济体制目标后，有强烈市场取向的经济法。其主要有两个特点。

第一，它的任务是通过确认和规范国家（主要指政府）对经济的适度干预，建立社会主义的自由、公平的市场竞争秩序，① 构造国民经济持续

---

* 王保树，男，1941年生，2015年去世，河北任丘人，1979—1998年在中国社会科学院法学研究所工作，1998—2015年任清华大学法学院院长，教授，博士生导师，研究方向为商法和经济法。

① 王保树：《市场经济与经济法学的发展机遇》，《法学研究》1993年第2期。

稳定发展的宏观经济环境。中国以往的经济法，其任务是建立计划经济法律秩序。只要保证计划完成了，经济法的价值目标就实现了。由于我国已从实行计划经济转为实行社会主义市场经济，并由宪法修正案加以确认，经济法的任务也相应地从建立和维护计划经济秩序转为建立和维护社会主义的自由和公平的市场竞争秩序，构建国民经济持续稳定发展的宏观经济环境。

第二，它的存在结构为：以竞争法为核心，确认和规制国家干预的多种规范并存。在计划经济体制下，乃至在经济体制改革初期，由于计划调节仍作为经济生活的主要调节手段，计划经济关系仍在经济关系中居主要地位，因而人们将计划法作为经济法的龙头，甚至将计划法等同于经济法。由于经济体制改革中采取市场价值的取向，尤其是1992年开始将建立社会主义市场经济体制作为经济体制改革的目标，计划法不可能在建立社会主义的自由、公平的市场竞争秩序和建立宏观经济法律秩序中发挥主要作用。因此，伴随着经济法根本任务的转变，计划法的龙头地位不可避免地被竞争法的核心地位①所代替。同时，经济法的存在形态也随之发生变化。

二 经济法学在重新认识经济法中发生转变

（一）经济法学研究的几大变化

经济法学发展初期，曾经有过纵横统一经济法、综合经济法、纵向经济法、学科经济法和行政经济法等主张。以后，又出现了一些新的主张。这些主张，经过十多年的发展，在重新认识上述经济法律现象的基础上有了很大变化。

1. 经济体制改革的深入与拉普捷夫经济法学的终结

拉普捷夫是苏联现代经济法学派的代表人物，他的经济法观主要包括以下三点。(1) 经济法“应该考虑横向经济关系和垂直经济关系的不可分割的联系”，“调整横向经济关系和垂直经济关系的规范，组成一个统一的

① 王保树：《市场经济与经济法学的发展机遇》，《法学研究》1993年第2期。

法律部门——经济法”。[①]（2）“企业是最典型的经济机关”，[②]国家“领导经济并自己进行行政管理”。[③]（3）经济法的特点，是“由社会主义国家财产的统一性，国家计划的统一性、国家经济领导的统一性所决定的”，[④]经济法的使命是“把整个国家经济体制变成一整架大机器，变成一个使几万万人都遵守的一个计划工作的经济机体……”。[⑤]显然，以拉普捷夫为代表的苏联现代经济法学派的理论是专为高度集中的计划经济体制作论证的，是“政企不分”的理论基础。20世纪70年代末80年代初，这种理论在中国法学界对经济法理论知之不多的情况下传入中国，虽然经济法学界对其有争议，但很快被大部分经济法学者所接受，并使纵横相统一的经济法理论在大学讲堂上占了统治地位。[⑥]随着经济体制改革的深入发展，这种理论的危害性日加明显。由于高度集中的计划经济体制及“政企不分”被人们抛弃，拉普捷夫的理论自然被实践宣告终结了。应该说，清除拉普捷夫经济法理论的影响，是我国经济法理论向前发展的一大因素。

2. 从研究国家干预经济生活与法律调整的关系上把握经济法学

人们认识经济法的方法不同，对经济法的结论也就不同。在我国经济法学初创时期，人们多从经济关系的联系性或主体的同一性上把握经济法学。前者，如从管理关系和财产关系的联系上认识经济法，认为经济管理关系和财产关系很难分开，于是得出结论：经济管理关系和财产关系都应由经济法调整。这样做，或者违反划分法律部门的一般理论，硬将其调整不同性质的法律规范作为一个法律部门；或者，不将其作为一个法律部门，而是将其视为一个不从体系上把握的庞杂的规范群。后者，如将法人参加的经济关系都作为经济法的调整对象，这同样有将不同质的经济关系交由一个法律部门调整的弊病。总之，上述把握经济法学的做法，都没有

① 〔苏〕拉普捷夫：《经济和经济法》，原〔苏〕《共产党人》1975年第1期，中文版见《苏联经济法论文选》，法律出版社，1982。

② 〔苏〕拉普捷夫主编《经济法》，群众出版社，1987，第43页。

③ 〔苏〕拉普捷夫：《苏联的经济立法》，载《苏联经济法论文选》，法律出版社，1982，第1页。

④ 〔苏〕拉普捷夫：《苏联的经济立法》，载《苏联经济法论文选》，法律出版社，1982，第54页。

⑤ 〔苏〕米舒宁等：《完善经济立法》，载《苏联经济法论文选》，法律出版社，1982，第150页。

⑥ 马洪：《十年经济法学基本理论问题争鸣述评》，《财经研究》1989年第12期。

抓住经济法的本质。随着我国建立社会主义市场经济体制进程的加快，国家从对经济的无所不包的管理向国家对经济生活的适度干预过渡，给人们把握经济法和认识经济法的本质提供了契机。由此，经济法不再着眼于对无所不包的经济关系的调整，而是着眼于对因国家干预经济生活而发生的经济关系的调整，从而也使经济法学在研究国家干预经济生活与法律调整的关系上被加以把握。

3. *在经济法现象的净化中把握经济法学*

通过一定的法律现象的净化把握一个法学分支学科，在历史上已有先例。商事法早于欧洲的中世纪产生，开始包括了劳动法的内容，但18世纪劳动法产生后，商事法则趋于净化，商事法学就是在商事法现象的净化中被加以把握的。① 70年代末80年代初，我国经济法的框架也被设计得很大，不仅包括了环境法、劳动法、经济合同法、工业产权法，也包括了商事法的许多内容，诸如企业法（含公司法）、票据法、保险法等。显然，在这样庞杂的法律现场中，是无法探索出经济法的规律的。随着人们将经济法的着眼点放在调整因国家干预经济生活而发生的经济关系范围内，经济法也趋于净化，商事法、环境法和劳动法都成为一个个法律部门，经济合同法和工业产权法归于民法。在此条件下，经济法学立于法学分支学科之林，才不会有争议。

（二）经济法学走向成熟的几个理论问题

上述转变表明，经济法学已走向成熟，主要表现在对以下几个理论问题的探讨上。

1. *经济法的调整对象和经济法的地位*

十几年来，经济法学者一直在探索经济法的调整对象这个问题。在民法通则颁布后，许多经济法学者开始将经济法的调整对象确定为经济管理关系。② 无疑，这比经济法学初创时的范围窄多了，可以较好地处理好经济法和民法的关系，划清经济法和民法的界限。但是，这一范围仍然比较宽，如不加以特别地界定，笼统地讲经济管理关系还应包括行政管理关

---

① 王保树主编《中国商事法》，人民法院出版社，1996，第14页。

② 谢次昌：《论经济法的对象、地位及学科建设》，《中国法学》1990年第6期。

系，这是欠妥的。显然，行政管理关系应由行政法调整。[①] 现在看来，经济法的调整对象应确定为“以社会公共性为根本特征的经济管理关系”。[②] 换言之，经济法调整的经济管理关系应强调其社会公共性，只有国家以社会公共管理者的身份进行管理时所发生的经济管理关系才由经济法调整。经济法所调整的社会公共性为根本特征的经济管理关系，是发生在统一市场管理和宏观经济管理中的经济管理关系。考虑到市场的统一性，这种管理关系不必特别强调它的涉内和涉外之差别。

如果将经济法的调整对象作上述表述，经济法的地位也就突出出来了。无疑，经济法的地位具有多重意义。(1) 经济法以公法性质为主，或言之，他基本上是公法性质的。因为，上述经济管理关系须借助国家公权力调整。但同时，还要借助国家授权的社会经济团体实施调整。(2) 经济法是以社会公共性的经济管理关系为调整对象的法律部门。经济法学初创时期，由于经济体制改革刚刚开始，各种经济关系交错而不明晰，因而我曾认为经济法是实行综合调整的法，不是一个有单一调整对象的法律部门，这是符合当时中国经济情况的。由于我国自 1992 年正式开始实行社会主义市场经济，各种不同性质的经济关系因此而明晰化了，以社会公共性为根本特征的经济管理关系可以同其他社会关系区别开来，经济法以其为对象并成为一个法律部门，是合乎逻辑的。(3) 经济法是确认和实行社会调节机制的法域。在法律对市场经济的调整中，除行政调节机制外，主要有三种调节机制：一是一般人（含法人和自然人）自我调节机制，须借助于民法；二是营利自我调节机制，须借助于商事法；三是社会整体调节机制，依赖于社会公共管理，必须借助于经济法。经济法就是确认和实行社会整体调节机制[③]的一个重要的法的领域。

2. 经济法的本质

这个问题，过去不为人们注意，现在有强调的必要。经济法的本质是什么？根据经济法作用的范围和经济法产生的背景，经济法是国家干预经济之法，或者更确切地说，经济法是确认和规范国家干预经济之

---

① 张焕光、胡建淼：《行政法原理》，劳动出版社，1989，第 35 页。

② 王保树：《市场经济与经济法学的发展机遇》，《法学研究》1993 年第 2 期。

③ 王峻岩、王保树：《市场经济法律导论》，中国民主法制出版社，1996，第 46—48 页；王保树：《市场经济与经济法学的发展机遇》，《法学研究》1993 年第 2 期。

法[①]——这就是经济法的本质。

经济法之所以成为确认和规范国家干预经济所必须采取的法律形式，其原因有二。(1) 经济背景。社会主义市场经济体制下，市场机制是起主要作用的。但是，市场机制也有固有的缺陷和失灵之时。而国家干预，恰恰因此成为必要。由于市场机制的缺陷和失灵具有普遍性，因而国家干预成为现代市场经济发展的必不可少的因素。当然，国家干预并不代替市场机制的作用，而是使市场机制失灵的部分灵起来，或者弥补市场机制的缺陷。经济法的任务就在于使国家对经济的干预适当而有效。(2) 法律背景。和市场机制相适应的法律形式是民法和商事法。市场经营主体（商事法上的商人）可以根据民法和商事法确认的契约自由、经营自由等原则缔结合同，自主地进行经营。但是，它们一旦滥用“自由”而限制竞争，就走出了民法、商事法所维护的秩序的反面，不可能再在民法、商事法的框架内彻底解决这一问题，而需要国家以全社会的名义进行必要的干预，[②]它所找到的唯一法律形式就是经济法。

我国的国家干预与西方发达的市场经济国家的国家干预出现的背景不同。西方发达的市场经济国家的国家干预产生于自由资本主义经济向垄断资本主义经济过渡之时，其特点是从基本上不干预、很少干预到确认适度干预的地位。我国的国家干预，产生于从高度集中的计划经济体制向社会主义市场经济体制的过渡之时，其特点是从漫无边际的管理过渡到只确认适度干预的地位，将从企业作为被任意摆布的客体到将企业视为主体为前提条件。然而，无论前者还是后者，都需要以经济法规范规定干预的范围、权限及其程序。

当然，国家干预不仅存在上述必要，而且还基于克服经济体制转轨中难免产生的弊病。因此，国家适度干预是有进步性的。就此意义而言，经济法的存在价值就更加不可忽视了。国家干预对经济法规范形态有着重要影响。由于国家干预表现在市场管理和宏观经济管理两个方面，相应地，经济法律规范也由市场管理规范和宏观经济管理规范两部分构成。

---

① 王保树：《经济法学基础理论研究大纲》，在全国经济法理论讨论会（武汉、1996 年 5 月）上的发言。

② 王保树：《经济法学基础理论研究大纲》，在全国经济法理论讨论会（武汉、1996 年 5 月）上的发言。

3. 经济法的功能

从总体上说，经济法的基本功能是确认和规范国家对经济的干预。这种确认和规范着眼于发挥社会整体调节机制作用，实行对国民经济的整体调整。具体功能价值表现在两个方面。

第一，确认自由、公平的竞争规则，建立和维护社会主义市场竞争秩序。通过对限制竞争（包括垄断和其他限制竞争行为）的禁止、限制、排除或认可、承认，为所有市场经营主体自由进入市场并进行公平竞争创造共同性条件；通过揭示不正当竞争的表现形式、制止不正当竞争行为，保证市场经营主体的合法权益；通过确认消费者实现其权利的一般性条件，保护消费者利益。

第二，确认宏观经济管理规则，构建国民经济持续、稳定发展的环境和法律秩序。确认预算和税收的法律规则，建立良好的总收入和总分配的法律秩序；确认中国人民银行的法律地位和货币政策规则，建立和维护货币总供给和总需求的法律秩序；确认产业发展的一般规则和振兴特殊产业的特殊规则，建立和维护产业结构合理化的法律秩序；确认价格规则、建立良好的价格秩序；确认国民经济稳定增长和计划的规则，建立国民经济稳定、协调发展的法律秩序；确认经济监督规则，建立为宏观经济管理提供准确基础资料和向社会发布宏观经济信息的法律机制。

实践和经济法学研究均表明，就总体而言，经济法的上述两种功能是一致的。市场的本质是竞争，自由、公平的市场竞争法律秩序会促进和保障国民经济稳定发展。同样，国民经济的持续稳定发展，必须依赖于自由、公平的竞争，并且不得破坏自由、公平的市场竞争秩序。但是，两者也有某些冲突之处。宏观经济管理措施，强调的是取得总量平衡的效果。有时，它需要限制或鼓励某一个方面发展，就竞争法的角度而言，这无疑是市场准入上的一种障碍。就某一具体领域而言，也可能会出现与竞争机制相冲突的情形。同样，竞争的过度自由，也会破坏宏观经济管理法律秩序。这样，经济法在发挥两大功能的作用时，就有一个如何协调的问题。协调的原则，是公平与效率的统一。

在发挥上述两大功能时还必须强调政府干预应注意的两大原则：一是违法行为法定原则，即违法行为（含犯罪行为）必须由法律明示，不能搞违法行为推定；二是政府干预经济的权限和程序必须法定，非依法定权限和法定程序，不得任意干预。

4. 经济法的精神和最高指导原则

任何法律部门都有它自己的精神和最高指导原则，没有自己的精神和指导原则的法律规范是不会构成一个法律部门的。经济法有哪些精神和指导原则，这是一个需要继续深入研究的问题。就目前的研究而言，除上述违法行为法定和政府及政府部门经济管理权限及行使程序法定外，还有两点是值得提出来的。

（1）经济民主。经济民主相对政治民主而言，是政治民主的延伸。如果说，行政法应贯彻政治民主的精神，那么，经济法则应贯彻经济民主的精神。同样，正如政治民主的对立面是独裁、专制，经济民主的对立面是垄断和过分集中。要实现经济民主，就要反对垄断、过分集中，保证市场经营主体都有均等的机会进入市场，并确保职工参与民主管理。以往，我们将经济民主只理解为职工参加民主管理。现在看来，这太狭窄了。并且，这种理解忽略了市场结构民主的一个重要方面。在市场经济条件下，实现经济民主的一个重要的法律形式是反垄断法，现在急需制定这一法律。

（2）经济上的公平与公正。所谓经济上的公平，就其根本意义而言，是经济法确保进入市场的经营主体的经济机会均等和经济平等。① 经济机会均等，即所有市场经营主体都有进入市场并进行平等竞争的机会。从计划经济体制向市场经济体制转变，公平和公正的观念也应该有一个转变，即从注重"结果平等"转向注重"机会均等"。经济平等，指市场竞争条件相同，包括市场经营主体负担合理，取得受益的条件相同。

当然，经济法在将公平与正义视为追逐目标时，也同样注意"效率"目标，即注意两者的统一。但是，经济法实现的效率只具有总体意义，并不具有个体意义。②

三　经济法学研究的展望

第一，立足于社会主义市场经济是实行法治的经济，完善与此有关的

① 王保树：《市场经济与经济民主》，海峡两岸市场经济法学研讨会（1993. 9. 14—1993. 9. 18）。

② 王保树：《经济法学基础理论研究大纲》，在全国经济法理论讨论会（武汉、1996 年 5 月）上的发言。

经济法理论。如何使市场经济成为实行法治的经济，这不是一个学科的研究工作所能解决的问题。经济法学所要解决的是：在经济法律制度选择上，实现法治社会与市场经济的统一，并为其完善经济法律制度提供理论基础。市场经济实行法治的核心，是政府依法适度干预经济生活，是保障市场经营主体和消费者的合法权益。要做到这一点，必须使上述违法行为法定原则和经济管理权限及行使程序法定的原则体现在各项经济法律制度中，并使其更加具体化。如果“违法行为”的范围是可以在法外随意变动的，或者是可以任意推定的，市场参加者的权益就不可能得到切实的保护。同样，如果政府及政府部门的经济管理职权没有范围，或者是可以推定的，“管理”就失去了制约，市场参加者的权益同样得不到有效的保护，法治经济也就不可能实现。

第二，解决经济法理论内部的协调，完善经济法学理论结构。在经济法的研究中，有三个领域仍需进一步强化。这三个领域是：经济法的基础理论，以竞争法为主的市场管理法的一般理论和宏观经济管理法的一般理论。经济法基础理论的研究是整个经济法学研究的基础。现在，学界已经注意到从国家干预经济生活上把握经济法。目前，应着力研究的是：经济法调整经济关系的特点；经济法的特征；经济法保护的利益结构；经济法的体系。同时，市场管理法和宏观经济管理法的一致性构成了经济法内部的和谐统一，而两者的冲突性又构成了经济法的内在矛盾。对其矛盾与统一的研究，有利于正确地把握经济法。无疑，这些问题的深入研究，将使经济法理论更加系统化。

第三，为竞争法的完善及有关实施提供理论条件。广义的竞争法包括反不正当竞争法和反垄断法。我国已有反不正当竞争法，并已将反垄断法列入立法规划，但进展缓慢。加强反垄断法的研究，是经济法学研究的一个重要趋势。我国虽然刚刚建立社会主义市场经济体制，但各种形式的限制竞争行为已经出现，尤其是政府及政府部门滥用行政权限制竞争（即地方保护与部门分割），已严重破坏社会主义市场经济秩序，急需制定反垄断法。

（本文原载于《法律科学》1997 年第 6 期）

在变革中发展深化的中国经济法学

邱　本*

中国经济法学走过了近30年的发展历程，对这段历程进行全面的回顾，深入的反思，客观的评判，认真的总结，这有利于经济法学鉴往知来，发展深化。

一　从热闹浮华到冷静思考

中国经济法学是1978年党的十一届三中全会以后才兴起的一门学科。“由于宏伟的社会主义现代化经济建设的要求，震惊世界的社会主义经济体制改革的推动，规模空前的经济立法实践的促进，我国经济法理论研究取得了突飞猛进的发展。”① 其间，出现了几十位经济法学家，创立了综合经济法学派、纵横经济法学派、纵向经济法学派、经济行政法学派、学科经济法学派等，呈现出学派林立，众说纷纭，百花齐放、百家争鸣的局面。但我们要清醒地认识到，这种繁荣景象是由特定时代背景促成的。具体说来，是经济法沾了经济的光，经济法重点在“经济”而不在“法”，人们对经济的热望外溢辐射到了法律身上，规模空前的经济立法使得法律水涨船高。但与此同时，人们不仅对经济法，就是对许多法律部门包括民商法和行政法都认识不清，以至于把经济法理解为有关经济的法，

---

* 邱本，男，1966年生，江西宁都人，2000—2012年在中国社会科学院法学研究所工作，现为温州大学法学院教授，博士生导师，研究方向为经济法和人权法。

① 王家福等：《中国经济法诸论》，法律出版社，1987。

甚至是一切有关经济的法。特别是当时经济法学处于初创阶级，许多基本问题都尚在探求之中，不要说当时难以解决，就是今天乃至今后相当长的一段时期内也难以真正彻底解决。而当时许多实际问题，如承包租赁、两权分离、经营责任制，都是一时的问题，甚至不是什么真正的问题。因此，可以说，当时经济法学的繁荣，客观地说是繁而不荣，甚至是虚假繁荣。

1986 年《民法通则》的颁布使这种繁荣成为昔日的荣光。《民法通则》第 2 条明确规定："中华人民共和国民法调整平等主体的公民之间、法人之间、公民和法人之间的财产关系和人身关系。"并在立法说明中进一步指出："民法主要调整平等主体间的财产关系，即横向的财产、经济关系。政府对经济的管理，国家和企业之间及企业内部等纵向经济关系或者行政管理关系，不是平等主体之间的经济关系，主要由有关经济法、行政法调整，民法基本上不做规定。"上述规定和说明给经济法学带来了巨大的冲击，这使综合经济法学说分化，纵横统一经济法学说解体，同时在经济法原有的领域内引入了新的竞争者，即行政法，这大长经济行政法学说的志气，而这一学说认为："单纯从国家行政权力活动这一点看，经济行政法与行政法没有区别。按照传统行政法学的观点看来，经济行政法应当属于行政法中的行政作用法之一部。"① 因此，该学说的根本宗旨与学科经济法学说一样都是否定经济法是一个独立的法律部门。由于法律是经济关系的记载和表述，《民法通则》得以颁行，正是说明《民法通则》所依存的商品经济取代了传统的高度集权的计划经济，从而使得立足于此基础上的计划经济法学说、纵向经济法学说也日趋式微。

中国的法学研究总是紧跟立法步伐，随立法转移而转移。《民法通则》的颁行掀起了民法研究的高潮。随着商品经济的发展和市场体制的完善，商事活动和相应的法律也层出不穷，这样，又有许多人分流到商法队伍中去了。结果，原先的"大经济法"已一分为三，人才流失，人气不旺。即使是留在经济法队伍中的人们也时常不务正业而旁及其他，如大多数经济

---

① 梁慧星、王利明：《经济法的理论问题》，中国政法大学出版社，1988，第 224 页。

法学硕士博士写的论文大都不是本来的纯粹的经济法学论文。凡此种种，都促使经济法学走向沉寂衰落。

这真可谓是“三十年河东，三十年河西”。

不过，这正是学科发展的一般规律。学科的发展往往会从热闹归于冷静。同样，经济法学也需要冷静，需要冷静的氛围，冷静的思考，需要一场静悄悄的革命。几十年来，许多人对经济法殚精竭虑，提出了种种经济法学说。但事与愿违，这种种经济法学说大多在理论上难以自圆其说，在实践中缺乏解释力，这就必然招致许多人的非议和诘难，甚至反对。近来又传来对经济法来说是致命的打击：人民法院系统率先取消经济庭，改为民事庭，经济法已被宣告“破产”，这似乎为实践所证明。尽管如此，我们还是要对过去的种种经济法学说，哪怕是错误的、失败的经济法学说表示真诚的理解和虔诚的敬重，经济法的先学失败了不等于经济法失败了。正视错误修正错误，总结失败告别失败，学科才能发展，学科发展也是在逆境中进行的。其实，正是在这种冷静非议的环境和氛围里，近年来，我国的经济法学研究取得了前所未有的可喜发展。先后发表了大量的有重大突破的经济法学术论文，如王保树的《市场经济与经济法学的发展机遇》（《法学研究》1993 年第 2 期），杨紫烜的《论新经济法体系》（《中外法学》1995 年第 1 期），史际春的《社会主义市场经济与我国的经济法》（《中国法学》1995 年第 3 期），李昌麒、鲁篱的《中国经济法现代化的若干思考》（《法学研究》1999 年第 3 期）等；并出版了一系列重要的有代表性的经济法学术著作，如李昌麒的《经济法——国家干预经济的基本法律形式》（四川人民出版社，1997），漆多俊的《经济法基础理论》（武汉大学出版社，1996），史际春、邓峰的《经济法总论》（法律出版社，1998），邱本的《经济法原论》（高等教育出版社，2001）、《自由竞争与秩序调控——经济法的基础建构与原理阐析》（中国政法大学出版社，2001），张守文的《经济法理论的重构》（人民出版社，2004），等等。还要指出的是，也是在这一时期，分别创刊了徐杰主编的《经济法论丛》（法律出版社），漆多俊主编的《经济法论丛》（中国方正出版社），史际春、邓峰主编的《经济法学评论》（中国法制出版社），李昌麒主编的《经济法论坛》（群众出版社）。这些丛书为经济法学论文的问世创造了有利条件，并促使经济法学重新繁荣。与此同时，新一辈的经济法学者也承前启后，继往开来，大量涌现，渐成气候。①

二 从众说纷纭到学说统一

经济法从其出现以来，已形成了各种学派，存在过种种学说，中国同样如此。如其中综合经济法学派认为，经济法的调整对象是，我国社会主义经济生活中所发生的平等的、行政管理性的、劳动的具体社会经济关系；纵横经济法学派认为，经济法的调整对象是国民经济管理，各个经济组织之间、经济组织内部以及经济组织与个体户、公民之间，在有计划的商品经济活动中所发生的经济关系；纵向经济法学派认为，经济法是调整具有经济管理性质的纵向经济关系的主要法律规范；经济行政法学派认为，经济法的调整对象是，国家在组织和管理国民经济的活动中，与社会组织和公民之间形成的具有隶属性特征的经济管理关系；学科经济法学派认为，经济法不是一个独立的法律部门，而是一门十分必要的法律学科，其任务就是研究经济法规运用各个基本法手段和原则对经济关系进行综合调整的法律。历史地看，这些学说代表了当时条件下人们对经济法的最为典型和最高水平的认识，各有一定的合理性，其合理内核为后学所继承和发扬，起着承前启后的重要作用。但由于上述诸说都或多或少地打上了那个时代的烙印，并不知不觉地沾染上了计划体制的缺陷，在今天看来，它们都有这样或那样的不足。对此，学界已有评析。②

应当指出的是，经济法的研究局面相当混乱，作为一门学科，一门在世界上有了上百年、在中国有了几十年发展历程的学科来说，没有一致的承诺、共同的信守、基本的共识、统一的话语，是不应该的。特别是对于经济法来说，这种混乱不堪与法律要求的统一性还相去甚远。值得庆幸的是，这种局面已大为改观。时至今日，人们对经济法的学说和认识已是日益趋同。如，王保树先生指出，在经济法学研究中，人们最大的共识莫过于“经济法应调整经济管理关系”的判断。但在如何认识经济法所调整的

---

① 李昌麒：《发展与创新：经济法的方法、路径与视域——简评我国中青年学者对经济法理论的贡献》（上、下），《山西大学学报》2003 年第 3、4 期。

② 参见刘国欢《经济法调整对象理论的回顾、评析与展望》，《法律科学》1996 年第 1 期；张传兵等《评我国经济法学新诸论》，《法学评论》1995 年第 4 期。

经济管理关系的本质特征上，他进一步指出，应该从行政性转变为社会公共性，经济法的调整对象是市场管理关系和宏观间接管理关系；[①] 李昌麒先生明确提出经济法是国家干预经济的基本法律形式，具体说来，经济法是国家为了克服市场调节的盲目性和局限性而制定的调整需要由国家干预的具有全局性和社会公共性的经济关系法律规范的总称；[②] 石少侠先生认为，随着我国社会主义市场经济体制的确立以及法制建设的发展与法律体系的完善，我国的经济法理论研究亦日趋深化，人们越来越倾向于经济法就是调整国家（政府）干预或管理社会经济关系之法，是调整国家在调控社会经济运行、管理社会经济活动的过程中，在政府机关与市场主体之间发生的经济关系的法律规范的总称；[③] 徐孟洲先生认为，现代市场经济的形成和发展，市场机制与宏观调控耦合现象的客观存在，需要一种新的法律形式为之服务，反映市场机制与宏观调控耦合要求的、以促进和稳定二者耦合为主要调整任务的经济法，正是这种新的法律形式；[④] 张守文先生认为，在现代市场经济条件下，由于存在民商法无力解决的诸如垄断、不正当竞争等破坏市场机制的现象以及市场经济的盲目性、外部性等问题，因而要求国家必须行使其职能以对市场经济进行宏观调控和市场规制，经济法的调整对象形成宏观调控经济关系和市场规制经济关系的二元结构，以此为基础，经济法的体系由宏观调控法和市场规制法构成；[⑤] 邱本先生认为，经济法立足于市场经济，由于市场经济具有自由竞争的本质属性，而这一本质属性又派生出垄断、不正当竞争等限制竞争和盲目无序等妨碍市场经济有序发展的现象，因此，要发展市场经济就必须依法反对限制竞争和加强宏观调控，但源于民法机理和行政法的特性，使得它们不宜对之加以调整，而且实践证明，这个法也不是民法和行政法，而是对它们予以补充和促进的经济法，经济法就是调整市场竞争关系和宏观调控关系的法律规范的总称，经济法的体系由市场竞争法和宏观调控法统一构成。[⑥] 由

---

① 王保树：《市场经济与经济法学的发展机遇》，《法学研究》1993 年第 2 期。

② 李昌麒：《经济法——国家干预经济的基本法律形式》，四川人民出版社，1995，第 198 页。

③ 石少侠主编《经济法新论》，吉林大学出版社，1996，第 16 页。

④ 徐孟洲：《经济法的对象、根据和体系研究》，载徐杰主编《经济法论丛》，法律出版社，2001，第 31 页。

⑤ 张守文：《经济法理论的重构》，人民出版社，2004，第 208 页。

⑥ 邱本：《经济法通论》，高等教育出版社，2004，第 2 页。

上可见，尽管人们在具体表述上还有细微的差别，但都认为经济法调整市场竞争关系和宏观调控关系，其体系由市场竞争法和宏观调控法统一构成，这已成为最基本的共识，而且已是当今最具代表性的占主流的经济法学说。

经济法学说之所以能从众说纷纭走向学说统一，首先归功于经济体制改革从计划经济到市场经济的转变。什么是计划经济？集中地说，就是用计划（实质上是用人的主观意志）去指挥经济活动，这是一种人治经济，它深受计划者的主观意志支配，往往因人而异。人们对真理的认识受到计划者当然也是权力者的左右，使得人们对经济法的认识往往因人立论，为政策注释甚至偏解，难免有失客观和科学。随着计划体制被否定，立于其上的各种经济法学说自然也就失去了存在的根据。这使得经济法学说纯化了许多。什么是市场经济？核心的一点就是资源主要由市场去配置。市场机制是一只看不见的手，正因为它是看不见的，所以谁也摸不着，控制不了，进而也就无人能左右人们对真理的认识。在真理的基础上，人们的认识日益趋同，达成共识。因此，经济法学说的日趋统一，关键是人们找到了并共同立足于市场经济这一客观公认和公理性的基础。

其次，归功于经济法学者的不断反思和自觉调整。纵观经济法学的发展历程，人们可以发现一个显著的特点，那就是经济法学者不断地自我反思，无私地抛弃成见。如李昌麒先生关于经济法学说的基本观点就经历了从“纵横统一论”到“紧密联系论”再到“需要干预论”的发展过程。其实，学科的发展历程就是一个不断试错的过程，一个不断发现、改正错误和日益接近科学真理的过程，并在这一过程中得到发展完善。

最后，归功于人们对经济法认识的不断深入。人们对事物的认识总是由表及里，由现象到本质。人们的认识越来越深入，认识越是深入就越能抓住根本，而在根本上人们易于并能够达成共识，因为在根本上是道通为一的。人们对经济法的认识亦然。

三 从务虚到务实

在过去相当长的时期内，经济法学研究务虚，即十分重视经济法基础理论研究。无论是综合经济法学派等旧论，还是管理协作论等新论，都有着浓厚的理论旨趣，都着眼于从基础理论上把经济法说清道明，力求科学地回答到底什么是经济法。这是十分必要的，但囿于当时的历史条件和人们的认识水平，它们未能达到较高理论水平，甚至还有那么一点虚幻的味道。尤其是，当时我国正处于经济体制改革时，从计划经济到有计划的商品经济，再到商品经济新秩序以及“国家调节市场，市场引导企业”，经济体制变来变去，随之而来的是，经济法理论不断解构重构，各种经济领域问题层出不穷。但这些问题只不过是改革过程中出现的暂时现象，有的甚至是无法求解的假问题，解决这些问题并没有多大的实际意义。其实，这些问题并不是法律所能解决的，因为当时许多法律尚付阙如，自身并不完善，要法律解决这些问题，可谓勉为其难。事实上，许多问题都随着经济体制的变革而消解或不了了之。这就说明当时的经济法既没有真正的实践问题，也无力解决那些所谓的实践问题。从上述两方面而言，我们说当时的经济法务虚。

很显然，我们这里所说的务虚，不仅是指经济法在理论上不能给人以真知，更重要的是经济法难以实用。经济法的一些常识性教条，脱离生动活泼丰富多彩的社会现实，既没有解释力，也没有实践力，难以指导立法，难以规制应当由它调整的社会关系，难以解决具体的经济法案件。如果说哲学作为一种形而上学，自有其独特的实用方式，是一种无用之用，人们不应用功利世俗的态度去要求哲学之实用，允许哲学在彼岸世界遐想的话，那么，对于经济法这门实用性很强的学科来说，千条万条实用是第一条，不允许经济法是一门无用之学。经济法如果不能实用，经济法规则不能够切合社会现实有效调整社会关系的话，是难以立足的。

但如今，人们的研究却走向另一个极端，即非常偏好务实。一方面，是由于市场经济给人们带来了无限的实践机会和广阔的实践空间，使得人们跃跃欲试；另一方面，是由于原理的研究需要深广的知识基础，扎实的理论功底，浓厚的理论兴趣，高度的抽象概括能力，因而十分艰难。加上长期以来，经济法原理研究进展缓慢，表现欠佳，也使人却步，进而促使人们转向实践问题的研究。应该说，这种转向是必要的，也是可以理解的，因为经济法学毕竟是一门实践性很强的学科。但笔者反对的是，这种偏好务实已经有点走向极端，务实变成了唯实，以至于远离、厌恶甚至否弃经济法基础理论的研究。这是十分危险和有害的。

我认为，加强经济法原理的研究意义重大。

法律是调整社会关系的规则，但规则总是有限的、相对固定的，而社会关系是变动不居的，所以，法律调整社会关系，只能用有限的固定的规则去调整丰富多变的社会关系，这就难免出现法律调整的漏洞、空白、刻板与不适。为了弥补法律调整的漏洞、空白，消解法律调整的刻板、不适，法律在规定规则的同时还必须确定法律的原则，这个原则就是法律的原理、理念，法律实质上是规则与原则、规则与原理、规则与理念的内在统一，缺一不可，这正是荀子所谓的："人无法则怅怅然，有法而无志则渠渠然，依乎法而又深其类，然后温温然。"（《荀子·王制》）这里所谓的"志"和"类"实质上就是法的原则、原理、理念，是"法上法"、"万能法"、"补充法"，它们弥补了规则的局限性，消解了规则的僵硬性，使规则超越有限性，扬弃僵硬性，从而更有效地调整社会关系。可见，原理对于法具有十分重要的意义。而经济法更应如此，因为经济法的规则更为有限，更为固定，经济法所调整的社会关系更加丰富。这些决定了经济法更倚重经济法的原理，这也就说明了经济法原理的研究甚为重要。

经济法学尽管有了数十年的发展，但目前尚处于自我证成、自我巩固、自我完善时期，处于打基础的阶段。经济法的研究还较浅陋，现状尚不如人意。经济法似乎为理性所冷漠视之，没有得到理性应有的审视，在经济法中谬误和缺漏比比皆是。经济法思想贫乏，还难以称之为学。要改变这种局面，必须加强经济法原理研究。法律是一种强制性的行为规则，直接关涉人的权利、自由、安全，对它的运用必须有十分清晰明确的认识，如果贸然运用，后果将不堪设想。具体到经济法来说，贸然去追求它的实用价值，这实在是太危险了。目前在经济法的具体实证分析中，之所以显得单薄、浅陋和不太实用，正是因为经济法的基础理论研究不够，不能提供丰富、深刻的理论资源予以支持。这正应了那句古训：理不通，事不成。

四　从借鉴国际到自我发展

"经济法"一词是舶来品。自1755年法国空想共产主义者摩莱里在其名著《自然法典》中提出来以后，德国、日本和苏联制定过大量的经济法规，并形成过众多的经济法学说，许多著作被译介到中国，对中国经济法学的创立和发展起过重要的推动和促进作用。由于经济体制相同和意识形态相近等原因，其中苏联经济法学说对中国经济法学的影响最大，它们的经济法学说在中国都有相应的翻版，并在相当长的时期内为人们所信奉。如拉普捷夫的纵横统一经济法学说，即是最为典型的一种。

但由于苏联经济法学说形成于苏联僵化的计划经济体制的巅峰时期，加之它忽视这种体制的弊病，甚至站在维护这一体制的立场上，因而它们本质上是各种阐发计划经济体制合理性的经济法学说。如拉普捷夫的纵横统一经济法学说，它强调纵横统一，并不是为了强调经济法调整对象的不同方面，而是排斥商品经济关系的独立地位，甚至是将横向经济关系统一和服从于纵向经济关系；它认为企业是“机关”，国家与企业的关系被笼统地视为“领导关系”，坚持政企不分的立场；它肯定经济行政体制，为行政垄断辩护；等等。所以，它们传入中国不久，就同中国经济体制改革的实践发生了碰撞。并且，我国经济体制改革越是向前深入，它与经济体制改革的方向和要求就越是相背离。[①] 在这种情况下，人们不得不对苏联经济法学说进行反思和批判，并彻底抛弃与市场经济要求不相适应的各种经济法主张。中国经济法学者逐渐达到了这样的基本共识，即前文所指出的，认为经济法是调整市场竞争关系和宏观调控关系的法律规范的总称。

经济法与一国政策密切相关，具有很强的政策性。所谓的政策性，就是要求政策要因地制宜，具体问题具体分析。这就决定了经济法具有突出的国别性和本土化特性，从而也要求经济法研究不应照抄照搬他国经济法（实践证明这样做也是不成功的），而应立足本国，走自己的路，独立研究，自主创新。

其实，就中国法律来说，最有自主“知识产权”、最具中国特色的法律学科也许就是经济法原理了。这是因为，一是经济法在世界上出现也只有百来年历史，大家都刚刚起步，起点相同，都处于探索创建阶段，差距并不大；二是在国外，即使是像美、德、日等经济法先进国家，也主要集中于竞争法和产业政策法、财税法和金融法等具体法律部门的研究，并不很重视经济法原理的研究；三是经济法极具各国特色，就像各国文化没有

① 王保树：《市场经济与经济法学的发展机遇》，《法学研究》1993 年第 2 期。

优劣之分和高下之别一样，各国经济法学也难分优劣高下。虽然我国经济法理论研究起步稍晚，但早就有人指出："我国经济法理论研究取得了突飞猛进的发展，无论在研究的规模上，还是发展的速度上，都远远超过其他国家，大有后来居上之势。"可以断言，过不了多久，就会形成中国气派的经济法学。

但是，目前中国学术界盛行一种好引经据典的风气，即根据注解的多少来考量论著质量的高低和学者学问的多寡，尤其崇尚外国文献资料，言必称西方。不少人根据这种标准，对经济法学抱有种种根深蒂固的成见和偏见，从骨子里不承认经济法学有什么学问，是一门学科。因此，不管经济法学者说什么，写什么，他们根本就不听不看，以至于像《法学研究》等权威性刊物长期以来就极少刊发经济法论文。没有什么比这种固执和偏见更阻碍经济法学的发展了。我认为引证是必要的，但引证有两条规则：一是引证的必须是经典；二是引证以必要为限，不要堆砌，更不要炫博。其实，资料信息充斥与没有资料信息同样糟糕。过多的引证，不仅有掉书袋的味道，而且是学术自疑和自卑的表现。今天我们的资料不是太少了而是太多了，皓首难穷其经，已不可能完全通晓继受。我们往往深陷浩繁的资料之中不能自拔，资料尚未穷尽，早已精疲力竭，无所作为了。过分强调资料，往往依赖资料，不敢开放心智，这是对研究的束缚。资料少反而逼迫人们去自主思考，自我研究，这更有利于科学研究并取得科研成果。我们经济法研究不必受上述错误偏见的束缚，而应走自己的路，独立思考，自主创新。

我认为，中国的本土资源能够促成中国经济法（学）自主发展。

西方国家经济法的产生并不是自觉的而是被动的。当资本主义进入垄断阶段以后，周期性地爆发经济危机，结果，在经济思想和政策上发生了凯恩斯对亚当·斯密自由放任主义的"革命"，它强调国家干预社会经济的必要性和重要性。在这种情况下，西方资本主义国家的经济法才真正登堂入室。但随着凯恩斯革命的"再革命"，新自由主义经济学在西方资本主义国家重占统治地位，反对国家干预和政府管制的思潮和政策仍然是主流。这一切都使得经济法在西方资本主义国家的地位并不高，甚至连这个词都很少。

中国经济法产生的路径与它们有所不同。中国是从高度集权的计划体制逐渐向市场体制变革，这种变革集中地说，是从国家（政府）管得过多过死向国家（政府）依法科学管理变革，突出市场配置资源的基础地位，但从不否弃国家（政府）管理社会经济的职能。尤其中国的具体情况是：疆域辽阔，地区发展不平衡；人口众多，贫富差距较大；经济转轨，社会重大变革；对外开放，与国际接轨。在这种国情和时局下，要实现国家发展和民族复兴，绝不能仅仅诉诸市场机制，让市场放任自流。我们已日益达成这样的共识：我们要实现平衡发展，共同富裕，持续发展，立足世界，必须把市场这只“看不见的手”和国家（政府）这只“看得见的手”密切结合统一起来，缺少任何“一只手”都孤掌难鸣。只要看到了国家（政府）的重要性，就会看到经济法的重要性。正是因为我国有正视和强调国家（政府）这只手的重要性的历史传统并在日益改良完善它，所以，我们说，也许中国才是催生和促长经济法的最好土壤。

那么，国家（政府）这只“看得见的手”有何作为呢？我认为，一是促进自由竞争，废除一切束缚和限制人们主动性、积极性和创造性的条条框框，让人们投身自由竞争，并在自由竞争中大显身手，把一切有利因素发挥到极限，把事情做到极致。自由竞争是经济发展、社会进步和人类文明的基本动力。二是与此同时，必须加强宏观调控，保证结构合理，供求平衡，分配公平，社会正义，使国民经济协调有序快速高效地发展。宏观调控是国泰民安、关系和谐、社会稳定的必要保障。中国独具特色的社会发展和市场法制建设的实践，为中国经济法（学）提供了广阔的用武之地，也创造了重要的发展机遇。

那么，国家之手怎样才能发挥作用呢？实践证明，必须有法可依并依法进行。从上面的论述可知，这个法正是经济法，因为经济法就是调整市场竞争关系和宏观调控关系的法律部门，它由市场竞争法和宏观调控法统一构成，其宗旨就是促进市场自由竞争和加强宏观调控。可见，国家之手与经济法是契合因应的，或者说经济法就是国家之手的法律化和法治化。正是这些因素决定了经济法的重要地位，也许应该从这个角度，把经济法（而不仅仅是其一的反对限制竞争法）称为“经济宪法”。如果我们能从这个高度去认识经济法的话，我们实在没有任何理由去忽视经济法学。可以斗胆地说，也许将来，中国经济法（学）会成为国外学习的蓝本，并为世界法制文明作出中国人独特而重大的贡献。

五 经济之法，要经世济用

经济法是一门实践性很强的学科，对于经济法来说，总是首先表现为一条条的规则，而且是可以实用的规则。可以说，形成规则、制定法典，为国家社会奠定一套优良先进、行之有效的法律制度并以此促进国家和社会长足发展，这是包括经济法研究在内的一切法学研究最神圣的使命和最伟大的贡献。因此，能否制定为规则，规则制定得怎样，在实践中效果如何，是检验法学研究的最高标准。尽管近年来，人们加强和深化了经济法的研究，尤其是经济法具体制度的研究，但毋庸讳言，确实还存在相当大的差距，许多经济法研究还没有形成具体的法律规则，若连具体的法律规则都没有，还谈什么实用价值！如计划法即是如此。按理说，我国长期实行计划经济，可谓经验丰富，教训深刻，而且一直以来，经济法学界都在极力倡导以计划法为“龙头法”构建经济法体系，但即使有这种大好时机，我国也未能制定出一部计划法。现在早已时过境迁了，由于我国实行了社会主义市场经济体制，人们走向了另一个极端，把市场与计划对立起来，否定计划，认为计划法更是不值一提了。我们应充分地认识到，人具有理性，会思考，人们从事经济活动总是“先思后行”，甚至“三思而行”，这就从根本上决定了人们经济活动的目的性和计划性，只要是人的经济活动就必然具有计划性。因此，我们改革的是计划体制而不是否定经济计划，作为经济手段的计划是否定不了的，而且历史反复证明，越是社会化大生产，市场化程度越高，越是需要未雨绸缪，整体规划，宏观调控，也就是说越需要计划。计划，作为一种与市场相辅相成的资源配置手段，关系国计民生，涉及整体全局，影响长治久安，如果这么重要的事情都无法可依，这是不可想象的，

计划无法可依，哪还有法治经济可言？经济法学者应该深入细致研究，汇通古今中外，总结历史经验教训，结合中国具体国情，借助法律原理和技术，为中国制定一部计划法，详细规定计划事项、计划主体、计划权限、计划程序、计划方法和计划责任，使计划工作有法可依、有法必依、执法必严、违法必究，使我国的计划工作实现法治化。

与之相反的是，财政法和金融法这两类法律倒是法律规则很多，甚至

多得不胜其烦。打开这两类书，里面充斥着规则，有的甚至是堆砌规则，令人无法卒读。这里有必要重申一种认识，即并不是法律规则越多越具体越细致就越务实越有用，有时还恰恰相反。如老子就认为：“法令滋彰，盗贼多有”；叔向认为：“国将亡，必多制”；古罗马塔西陀指出：“国家愈糟，法网愈密”；孟德斯鸠也发现：“当一个民族有良好风俗的时候，法律总是简单的。”法律规则多如牛毛，远远超出了人们的掌握能力，根本无法运用，形同虚设，也谈不上有何实用价值，即使有人具有超凡的能力悉数掌握了法律规则，也未必运用得了，因为法律规则仅是法律之一面并且是末的一面，法律还有比它更根本的一面，即法律的精义。真正影响人的思想从而规范人的行为的依然是公平、正义、自由、权利、博爱、责任等最原始又最简朴的理念，而所有规则都不过是它们的具体化。

一般说来，法学研究的状况直接决定着法制完善的程度，上述无论是计划法尚未形成规则，还是财政法、金融法规则太多，都说明计划法、财政法和金融法的研究不够，尚待大力加强。但也有例外，比如反垄断法。在经济法领域，归属最没有争议的就是反垄断法，经济法本来就肇端于反垄断法。在目前经济法学研究中，研究最充分深入，成果最多的也是反垄断法，有关部委召开了许多次反垄断法研讨会，也提出了反垄断法建议稿，人们针对该建议稿还提出了许多修改完善意见，可是该法依然迟迟不能出台。究其根本原因，笔者认为是商务部、国家发改委和国家工商总局各自认为反垄断法执行机关应设在自己部门内，由自己行使反垄断法执行权，互不相让又相持不下。这也说明经济法的实施有一定的特殊性。经济法的实施往往为私人所不能为，为私力所不能救济，它要求国家机关公权力的介入干预，因此，国家机关的态度，执法人员的素质，公权力行使直接影响着经济法的实施。在某种程度上可以说，经济法的实施与经济法学研究没有太大的联系。

怎样看待经济法的实用价值，除了纠正那种否弃经济法基础理论作用的做法以外，还有一点值得指出，那就是并非一定要实施经济法才能发挥其实用价值。回顾经济法，不难发现经济法大多是在社会经济出现问题，尤其是国难当头之时才大显身手，而在社会经济正常运行、国泰民安之时却不显其要。经济法本质上是故障排除法、校正纠错法和危机对策法，只有在社会经济出现故障、存在失误、发生危机时才启动实施，否则就悬而不用。那么，悬而不用是不是就形同虚设并无实用价值呢？并非如此。日本为了应对物价高涨等经济异常事态，调控与国民生活密切相关的物资及其供求关系，确保国民生活的安定和国民经济的正常运行，制定过《稳定国民生活的紧急措施法》等法律和法令。但实践证明，这些法律实际上几乎没有得到实施，上述法律的效果是暂时的、有限的和心理层面的，如紧急立法对于物价暴涨的对策只能起到类似向发烧病人注射强心剂的作用，因为针对物价暴涨现象，正确的做法应该是开展适当的需求管理，而不是简单运用法律手段便能够加以解决的。如果使用过度还会带来生产停滞等相反效果。但即使如此，法律的作用不可低估，因为物价失控在很大程度上也是受心理作用的影响，而上述法令恰恰可以收到抑制投机心理不使其过热的效果。[①] 对于经济法来说，也许悬而不用才是大用。我们并不期望经济法频繁长期而广泛地实施，因为那样的话，正说明社会经济出现问题、存在失误、发生危机了。

六　立足市场经济，与民法和行政法并驾齐驱

经济法本质上是市场经济之法，市场经济是经济法的立足点，只有坚定地立足于市场经济，经济法才能正确定位。市场经济是经济法必须反复研读的一本大书。研读得怎么样，直接决定着人们能否科学有效地回答经济法的一些基本问题。比如在经济法中，人们经常被追问的一个问题就是经济法与民法和行政法的关系问题。要科学有效地回答这个问题应从分析市场经济的属性开始。

（一）市场经济的属性

1. 市场经济的本质属性

市场经济，主体众多，对手林立；独立自治，竞相博弈；商品丰富，货比三家；讨价还价，斤斤计较；买卖自由，择优交易；价值规律，优胜劣汰；等等。这些都表明，市场经济的本质属性是自由竞争，这正如艾哈德所指出的，保持自由竞争，乃是任何市场经济的基础，只要哪里的自由

---

① 参见《第九届中日民商事法研讨会议材料》。

竞争不受任何限制，哪里的自由竞争得到法律保障，哪里的市场经济基础就能存在，也会受到社会上的极端重视。[①]

2. 市场经济的派生属性之一

市场主体在天赋条件、能力素质、经济基础、社会环境、信息状况、市场机会、竞争实力等方面都千差万别，这些有差异的市场主体被推向市场置于形式平等的同一规则下去自由竞争，必然导致优胜劣汰，生产集中，最终形成垄断，垄断是市场自由竞争的必然结果。这正如列宁所说的："集中发展到一定阶段，可以说就自然而然地走到垄断"，[②]"从竞争到垄断的转变，不说是最新资本主义经济中最重要的现象，也是最重要的现象之一"，[③] 是"现阶段资本主义发展的一般的和基本的规律"。[④]

垄断排挤弱者，相互勾结，使本来相互独立自由竞争的市场主体大为减少甚至不复存在，这是对市场自由竞争的釜底抽薪。垄断是一种市场霸权，仅凭垄断优势就能获得超额利润，因而通过发明创造和科技进步去赢得市场的动力和压力就大大减少了。垄断是经济专制，经济基础决定上层建筑，经济专制必然导致政治专制，垄断妨碍政治民主和社会自由。这些都说明，垄断具有严重的弊害，但由于垄断者本人不会自己反对自己，而其他非垄断者势单力薄，因此只能也必须由国家介入，实行国家干预，以强权对强权，才能奏效。这就说明反垄断要求国家去维护市场自由竞争。

另一方面，市场中的人们是经济人，难免唯利是图，为了自身利益的极大化，有时会进行不正当竞争。如假冒仿冒、商业贿赂、虚假宣传、侵犯商业秘密、非法倾销、强制搭售、有奖销售、商业诽谤等，但对这些不正当竞争行为，不是市场自身所能完全解决的，也不是市场经营者所能自觉修正的，更不是消费者所能自力维护的，必须由国家进行干预，对市场正当竞争加以维护。

3. 市场经济的派生属性之二

主体众多，中心多元，向度各异，私利为本，权利分立，决策分散，

---

① 〔德〕路德维希·艾哈德：《来自竞争的繁荣》，祝世康、穆家骥译，商务印书馆，1983，第101页。

② 〔德〕路德维希·艾哈德：《来自竞争的繁荣》，祝世康、穆家骥译，商务印书馆，1983，第585页。

③ 《列宁选集》第2卷，人民出版社，1995，第585页。

④ 《列宁选集》第2卷，人民出版社，1995，第585页。

目标不一，这些都决定了市场经济是一种社会化的大经济。在这种大背景下，“各个业主自由竞争，他们是分散的，彼此毫不了解，他们进行生产都是为了在情况不明的市场上去销售”，[①] 这就使得市场自由竞争在一种无法总体控制的未知环境下进行，只能听命于那只“看不见的手”的支配，茫然不知所措，必然具有盲目无序性。实践证明，市场经济越是社会化，信息就越具局限性，市场自由竞争的盲目无序性也就越大。

但由于仅有私权，力所不及，不可能克服市场自由竞争的盲目无序性，只能由处于社会中央，信息丰富而集中，享有公共权力，拥有足够权威的国家机构尤其是中央国家机构才能完成这一任务。实践证明，国家只能通过宏观调控完成这一任务。

从上述市场经济的本质属性和派生属性可以看出，市场经济的自由竞争导致市场的垄断性、不正当竞争等限制竞争性和盲目无序性，都会严重地影响市场经济社会有效健康稳定协调地发展，必须加以克服，而这又只有通过国家干预以维护市场竞争和进行宏观调控才能达到，这样就形成了一种特定的社会关系，即由国家干预而形成的市场竞争关系和宏观调控关系。

（二）对社会关系的法律调整

市场竞争关系和宏观调控关系是市场经济条件下客观而普遍存在的重大社会关系，必须依法加以调整。但具体应该由哪个法律部门调整呢？需要进行深入分析。

1. 民法

民法能否调整，这取决于民法自身的规定性。

我们知道，民法是主体平等法。但这种平等是形式平等、抽象平等，无视市场主体之间的千差万别，把他（她）们置于同一起点上和同一规则下的契约自由和自由竞争，结果生产集中，导致垄断。这是民法规则的必然结果，垄断表明市场主体不平等不自由，并反过来限制契约自由，阻碍市场自由竞争。这是对民法的异化，而这在民法的框架内又难以解决。可见，民法滋生垄断但无力反垄断。同样，民法是私人本位法。民法的主体

---

① 《列宁选集》第 2 卷，人民出版社，1995，第 592 页。

是私人，民法的核心是私权，民法的宗旨是保障私益。但在激烈的市场竞争中，人们会滥用私权，而置诚实信用和公序良俗于不顾，其重要表现之一就是不正当竞争。仅靠民法的私人自治和私人自律是远远不够的，还需要国家介入和公力干预。另外，民法是意思自治法。但这种意思自治只能是从私人角度就私人事务进行，而且深受私人地位、私人信息和私人能力等限制，只能是微观自治，不可能是宏观调控。

上述民法的自身特性说明，民法不宜调整市场竞争关系和宏观调控关系。

2. 行政法

行政法能否调整，这取决于对行政法的科学理解。

要理解什么是行政法，首先要理解什么是行政。如亚里士多德指出："执行人员和公民团体只应在法律（通则）所不及的'个别'事例上有所抉择，两者都不该侵犯法律……命令永不能成为通则。"① 洛克认为："在某种场合，法律本身应该让位于执行权……因为世间常能发生许多偶然的事情。"② 卢梭说："行政权力并不能具有像立法者或主权者那样的普遍性，因为这一权力仅包括个别的行动。这些个别行动根本不属于法律的能力。"③ 孟德斯鸠指出："行政权的行使总是以需要迅速处理的事情为对象。"④ 归纳上述种种论述可见，行政的对象具有特殊性而不具有普遍性，是一种特殊性的社会关系。而特殊性的社会关系，法律则不宜调整，因为"法律始终是一种一般的陈述"，"立法者并不关注那些只发生过一两次的情形"，"法律不理琐事"，"法律的对象永远是普遍的"，⑤ "法对于特殊性始终是漠不关心的"。⑥ 所以，那种认为行政法就是调整行政关系的说法是不准确的，至少不能笼统地这样认为。

由于行政在管理特殊性的社会关系时享有广泛的自由裁量权，对公民权利和社会自由构成巨大的威胁，这在一个自由民主法治的社会是不能不

---

① 〔古希腊〕亚里士多德：《政治学》，吴寿彭译，商务印书馆，1981，第192页。
② 〔英〕洛克：《政府论》（下篇），叶启芳、瞿菊农译，商务印书馆，1986，第99页。
③ 〔法〕卢梭：《社会契约论》，何兆武译，商务印书馆，1981，第51页。
④ 〔法〕孟德斯鸠：《论法的精神》，张雁深译，商务印书馆，1981，第161页。
⑤ 〔美〕博登海默：《法理学——法哲学及其方法》，邓正来、姬敬武译，华夏出版社，1987，第225—226页。
⑥ 〔德〕黑格尔：《法哲学原理》，范扬、张企泰译，商务印书馆，1981，第58页。

有所规制的。尽管不能规制具有特殊性的行政作用的对象，但行政机关行政人员运用行政权力管理行政对象有一定的规律、有一套程式、有共同的内容，如都要涉及行政主体、行政权限、行政程序、行政诉讼、行政责任等问题，它们具有普遍性，可以形成行政组织法、行政程序法、行政诉讼法、国家赔偿法，这些法律构成所谓的行政法。这正如伯纳德·施瓦茨所断言的："行政法的要害不是实体法，而是程序法。"[①] 因为行政法的宗旨不是行政管理而是管理行政，即制约和规范行政。因此，行政法，"它通常专指规定政府官员和机构权限的法律，而不是指如'联邦通讯委员会'这样的独立机构所发布的各种技术规则和规章"。[②] 或如施瓦茨所指出的："行政法是管理行政机关的法，而不是由行政机关制定的法。"[③]

而市场竞争关系和宏观调控关系具有普遍性，则与行政法的本质不相吻合。

长期以来，经济法夹在民法和行政法之间，可谓两面夹击。因此，正确处理经济法与民法和行政法的关系就显得十分重要。经济法产生于民法之后，以民法为参照，是对民法的补充，民法与经济法相依而存。只有对民法的规定性有根本的把握，对民法的局限性有清楚的认识，才能理解经济法，因为经济法开始于民法存在局限性的地方，是对民法局限性的克服。经济法与政府干预紧密相连，与行政权力密切相关，有时政府干预、行政权力是行政法规制的核心，这就决定了经济法与行政法必然有千丝万缕的联系。经济法与行政法内容交叉，互相交融，因此，对经济法来说，与行政法同行，与行政法合作，借鉴行政法是经济法所应有的态度。人类社会发展的历史是一个从国家本位、政府干预一切到个体本位、私人自治为主的历史，与这一历史发展相适应，法律体系的发展经历了以行政法为主、行政法体系包罗万象到行政法体系逐步分化、各种法律日益从行政法体系中独立出来的历史，经济法就是从行政法体系中分化出来并独立于行政法的一个法律部门。民法、行政法和经济法是拉动市场经济向前发展的"三驾马车"。

---

① 〔美〕伯纳德·施瓦茨：《行政法》，徐炳译，群众出版社，1986。

② 《美国百科全书》（第1卷），中国大百科全书出版社，1980，第172页。

③ 〔美〕伯纳德·施瓦茨：《行政法》，徐炳译，群众出版社，1986，第3页

七 直面自身问题，不断完善自我

经济法基础理论没有完全科学化导致经济法学尚未完全科学化。具体说来，应形成一套科学的经济法范畴体系，这套范畴具有确切的内涵，准确地概括了事物的本质，并成为逻辑思维的基本要素。在这套范畴体系的基础上建构一套科学的经济法基本原理，这套原理应具有很强的解释力和应用性，能够解释许多现象并广泛应用。只有基础理论科学化了，经济法学科才能科学化。因此，有人认为应当多研究一些实际问题或者有用的东西并否定经济法基础理论的研究。对此，我完全不敢苟同。

人的认知能力与客观对象之间是存在相当差距的，人类有限的认知能力决定了人类不可能在短时间内完全认知客观对象。我认为经济法作为一种客观事物，这个“事”和“道”是存在的，只不过是目前我们没有完全认知它而已。但这不是放弃认知它甚至否认它客观存在的根据，相反，是努力认知它的理由。人的个性和兴趣是多种多样的，比如有的善于抽象理论思维，有的长于具体实证分析。本来，这两者都是同样重要和必要的，而且它们取长补短，还能相得益彰，共同促进学科的发展。但在经济法学界，我们却有时以己之长攻人之短，特别是那些热衷于具体实证分析的人，不但自己不研究经济法基础理论，而且反对别人去研究它，这是不足取的。不要用过去和现在的研究情况去诋毁将来的研究，过去和现在研究得不好不能说明将来也研究得不好，按照学科发展的一般规律来说，将来的研究肯定比过去和现在的研究要好。

本人曾参加过数次经济法学研讨会，一个切身的体会或感受就是批判激烈。

人们对经济法的认识经历了艰难而曲折的过程，也是不断试错的过程。对经济法的缺陷和不足，我们当然要正视，但同时也应当认识到，世界上没有什么事物是天生成熟的，都有一个从不成熟到成熟、从不完善到完善的必然历史进程。因此，对经济法来说，需要的不是嫌弃拒斥而是理解宽容，需要的不是恶意的、破坏性的打击指责而是善意的、建设性的批评指正，需要的不是对抗封锁而是对话交流；相反，只要有所发现、有所进步，就应肯定鼓励，并助其成长完善。经济法如同其他任何一门学科的发展成熟一样，需要人们的理解、热诚、扶持、智慧和汗水。只有这样，经济法学才能长成参天大树，并立于法学之林。当然，我们并不是不要批判，但我们需要的是真正的批判，最起码批判的武器应比批判的对象先进高明，在批判旧事物中能发现新事物，在批判错误的东西时能指出正确的东西。毋庸讳言，长期以来，许多人对经济法学抱有根深蒂固的偏见，在学科的建设中，没有什么比这种固执的偏见更阻碍经济法学科的发展了。传统学科，仅继受就十分不易，要说发展就更加困难，充其量只能在已继受的基础上进步一点点；而那些新兴学科，处于奠基创建阶段，要解答问题，特别是那些大是大非的问题，必须要有抓住根本并以理服人的理论气魄。学问贵在创新，从这个角度看，研究那些新兴学科同样具有重大意义。

近年来，人们在经济法学研究中不断补充新智识、援引新的方法、转换新的视角，这是一种可喜的新现象。因为经济法学研究因补充新智识而注入源头活水，因援引新的方法而柳暗花明，因转换新的视角而面目一新。但应当指出的是，那些被补充进经济法学中的智识尚未完全被经济法学所消化吸收，那些被援引到经济法学中的方法尚未内化变成经济法学自己的方法，那些被转换的经济法学的视角尚未使经济法学革故鼎新。不难看出，在经济法学研究中，更多的是重复谈论被补充的智识、被援引的方法和被转换的视角，而对它们的经济法学本体化则涉及不够，往往语焉不详，甚至一笔带过。对许多经济法学研究来说，工作完成了，但最主要的任务还没有开始。这些都说明，那些被补充的智识、被援引的方法和被转换的视角与经济法学本体，两者结合不紧、协调不够、整合不好，还没有真正彻底地经济法学化，成为经济法学自己特有的智识、方法和视角。我认为补充新的智识、援引新的方法和转换新的视角是重要的，但更重要的是使它们经济法学本体化。这是经济法科学化的重要方面。

有人曾指出，18 世纪是宪法的世纪，19 世纪是私法的世纪，20 世纪以后是经济法的世纪。不少人以为是戏言，但是我认为是预言，究竟如何，我们不妨拭目以待。

（本文原载于《政法论坛》2005 年第 6 期）

构建法治引领和规范改革的新常态

陈　甦*

在当代中国的社会实践与历史进程中，改革与法治是两大时代主题，全面深化改革与全面推进依法治国是正在进行的两大社会系统工程。改革如何进行，法治如何建设，不仅是在其各自领域需要持续性地提出与解决的理论与实践问题，也是在改革与法治之间必须联系性地提出与解决的理论与实践问题。改革与法治之间存在本质上的系统关联和实践上的机制互动。

（一）改革与法治之间具有内在的统一性

在社会的动态系统中，改革与法治固然有各自的结构体系与运作机制，然而，改革与法治能够在同一个社会系统中达致动态共处，必有其内在的关联与契合。实践中的改革与法治关系还存在诸多尚待解决的问题，其原因并不是改革与法治之间存在本质上的冲突，而是我们对改革与法治关系还缺乏足够深入的科学认识与充分恰当的经验总结。

改革与法治之间存在相辅相成、机制互动的关系，二者互为目的与手段。在新时期新形势下，要达致全面深化改革的目标，必须通过推进法治的方式来实现；要达致全面推进依法治国的目标，也必须通过深化改革的路径来实现。《中共中央关于全面推进依法治国若干重大问题的决定》（以下简称《决定》）强调，“法律是治国之重器，良法是善治之前提”。改革

* 陈甦，男，1957年生，辽宁大连人，现为中国社会科学院学部委员，中国社会科学院法学研究所所长，兼任国际法研究所代所长和《法学研究》主编，博士生导师，研究方向为民商法和经济法。

亦属治国，旨在善治，其与法治同为实现国家善治的重要机制。

在改革与法治的实践中，存在一个较为流行的关于二者关系的论证结构，即认为，改革就是要打破一切不符合“三个有利于”的体制机制，包括其中的法律制度，因此，改革可以不受过时的保守僵化的法律约束。所谓“改革就要突破法律”、“改革要勇于闯红灯”等观点，就是改革与法治必有冲突这一论证结构的具体反映。深入解析这个论证结构，可以发现其中存在严重的逻辑缺陷，它是用“好的改革”与“差的法治”作为结构要素建立的。能够打破不符合“三个有利于”的体制机制的改革，显然是“好的改革”；内含“过时的保守僵化的法律”的法治，显然是“差的法治”。尽管在我国改革与法治的实践过程中，确实在某些领域或方面曾有“好的改革”与“差的法治”并存的社会实态，并且这种社会实态在当前或今后仍会程度不同地随机展现，但是，“好的改革”与“差的法治”正是良法善治所要消除的社会状态，不能作为改革与法治一般性关系的论证结构要素。

改革就是要打破一切不符合“三个有利于”的体制机制，这是建设宏大事业的目标界定与评价标准。就具体的改革政策措施而言，好的改革动机或目标未必与好的改革结果相一致，好的改革结果也未必与好的过程或手段相一致。在动机或目标都良好的前提下，改革与法治的过程、手段与效果都有好与差之分，以“好的改革”与“差的法治”来建构改革与法治的一般性关系，既不符合逻辑也不符合实际。法治并不以维持保守僵化的法律及其秩序为本质特征，法治不只是体制性的社会存在，更是活的机制性的社会存在。良好的具有现实活力的法治机制，内含使法治本身不断得以改进以维持其现实性的结构与动力，即法治本身就包含了如何突破过时法律束缚的机制功能。所谓“保守僵化的法律”，会因良好的法治机制运行而不断消除。因此，“好的改革”与“好的法治”才是改革与法治应有关系的结构要素，才是理论上阐释改革与法治关系的应有前提，实践上建构改革与法治关系的应有目标。“全面深化改革”旨在建构“好的改革”，“全面推进依法治国”旨在建构“好的法治”，“全面深化改革”与“全面推进依法治国”构成新时期社会前进车之两轮、事业腾飞鸟之双翼，显然是基于改革与法治之间内在统一性的科学认识而形成的实践态势。“那些认为‘改革与法治两者是相互对立和排斥的’，‘要改革创新就不能讲法治'，'改革要上，法律就要让'，'要发展就要突破法治'等错误观念和认识，都是有违法治思维和法治原则的。"①

基于改革与法治的内在统一性，就要用法治思维和法治方式推进改革。改革有改革思维与改革方式，法治思维与改革思维能否兼容，决定了法治方式与改革方式能否协调。只有法治思维与改革思维兼容，法治方式与改革方式协调，才能实现用法治思维法治方式推进改革。有观点认为，改革与法治有不同的思维路径，"改革思维的关键是变，是要改革现有的法律与秩序；……法治思维的关键是守，即固守现行的法律制度和秩序"。② 这固然表述了改革思维与法治思维的某种差异性，但是，其一，改革的"变"并非改革思维的全面描述，法治的"守"也并非法治思维的全面描述；其二，在改革思维的"变"与法治思维的"守"之间，并不存在必然的对应关系。改革思维的关键固然是"变"，然而，改革思维中的变与秩序之间有复杂的认知及体现，既有旨在解构秩序之变亦有旨在建构秩序之变，既有偏好无序之变亦有偏好有序之变。如果把作为改革思维关键的"变"，仅仅局限于解构秩序之变、偏好无序之变，那么"改革开放永无止境"岂非导致永无秩序可言。法治思维的关键未必是"守"，因为既有保守之法治，亦有积极之法治。有生命力的法治，必须是能够适应现实需要的法治，旨在维持法治现实性与生命力的法治思维中，必然呈现出建构积极法治以适应现实社会的求变特性。因此，不能以保守特性来概括法治对秩序价值的追求，作为法治价值取向的秩序，既包含了稳定之秩序亦包含了变革之秩序。可见，在有序之改革与积极之法治之间，存在高度的思维兼容性，由此必然能够实现改革方式与法治方式的协调性。

（二）用法治引领和规范改革是新时期现实需要

用法治引领和规范改革，已经成为新时期处理改革与法治关系的基本原则。《决定》中的诸多决策与要求，如"使我国社会在深刻变革中既生机勃勃又井然有序，……必须更好发挥法治的引领和规范作用"，"实现立法和改革决策相衔接，做到重大改革于法有据、立法主动适应改革和经济

---

① 李林：《全面深化改革与法治的关系》，载刘作翔主编《法治与改革》，方志出版社，2014，第201页。

② 陈金钊：《如何理解法治与改革的关系》，《苏州大学学报》（法学版）2014年第2期。

社会发展需要”等，均是用法治引领和规范改革这一基本原则的体现。法治与改革之间具有内在的统一性，为用法治引领和规范改革这一基本原则的确立，提供了现实可能性。法治所具有的权威性、统筹性、公正性和秩序性，则是新时期改革应具有的目标属性和手段属性。必须用法治引领和规范改革，这既是改革与法治关系本质的社会反映，也是改革开放以来改革实践与法治实践的经验总结。

在改革与法治关系转化为实践的策略形态上，用法治引领和规范改革可以被简要概括为“先变法后改革”，从而与“先改革后变法”的主张相对应。究竟“先变法后改革”与“先改革后变法”孰优孰劣，应在改革与法治的有机联系下分析阐释。“先改革后变法”作为一种改革形态及其经验的观念概括，其中的“法”显然应是具有强制性的宪法或法律，否则“先改革后变法”的命题就毫无意义。能够赋予“先改革后变法”正当性的依据，就是所谓的“良性违法”（包括“良性违宪”）理论。“所谓良性违宪，就是指国家机关的一些举措虽然违背当时宪法的个别条文，但却有利于发展社会生产力、有利于维护国家和民族的根本利益，是有利于社会的行为。”[①] 对于“良性违法”，亦可以“法律”一词置换其定义中的“宪法”一词后做同样界定。“良性违法”的理论基础，是所谓的“实质法治可以否定形式法治”，即只要一个改革政策在实际效果上是良性的，即使违反法律的现行规定，仍然应获得法律上的肯定，对其违法性质应当给予宽容。在“违法”前冠以“良性”二字，这在法治知识体系中属于逻辑矛盾的语言表述，却是改革进程中一些事例的似乎颇有说服力的理论解释。例如，在与现行宪法法律不相符合的情况下，安徽小岗村率先实施土地承包责任制，温州先行允许私营经济发展，深圳先行实行土地使用权有偿转让等，它们不仅为后来的事实证明是正确的，也为后来的宪法修改和法律制定所肯定。但深入分析表明，以“良性违法”来解释上述改革事例的正当性，完全是一种似是而非的论证，“论据证明‘良性违宪’和‘良性违法’的合理、正当更是非常有害的”，[②] “良性违法”在本质上与法治格格不入。不彻底消解“良性违法”在理论上的解释力和在实践上的示范效

① 郝铁川：《论良性违宪》，《法学研究》1996 年第 4 期。

② 姜明安：《发展、改革、创新与法治》，《中共中央党校学报》2011 年第 4 期。

应，用法治引领和规范改革的理念与原则就难以在实践中稳固确立。

无论对“良性违法”持何种态度，一般都承认“良性违法”是在我国法治极不完善的历史条件下，为力行改革而不得不采取的做法。既然“良性违法”具有不得不为的性质，对“良性违法”所赋予的合理性，就未必使其足以构成可传承或可仿效的经验。本文认为，通过“良性违法”来推进改革根本就不是经验，而是改革史和法治史上应汲取的深刻教训。(1) 那些用以证明“良性违法”正当性的改革事例，不过是对改革经验的选择性记忆。从各种改革经验中选择出符合“良性违法”的典型事例，并不足以构成改革与法治关系的一般性论证。在改革的经验记忆中，还有很多突破法律的改革措施不具有“良性违法”性质，最终也得不到法律肯定。即使是那些表面上属于“良性违法”的改革事例，也是特殊历史条件下的政治处理而非法治处理的结果。因为当时法治机制极为简陋，改革仍需在计划经济体制的外壳下进行，认可那些“良性违法”的改革措施，在本质上是体制的容忍，而不是法治的容忍。(2) 一项改革是否属于“良性违法”，在经验上是一种事后判断，即根据实践检验来确定该项改革效果是否符合“良性违法”的界定。“良性违法”忽略了改革过程的法治化，只能实行改革的结果控制，而不能实行改革的过程控制。改革过程的合法性控制与改革结果的“良性违法”控制，在逻辑上与实践上都是不能兼容的。(3)“良性违法”的最大问题就是徒有抽象的判断标准，但在实践中不能建构“良性违法”的判断机制，即无法确定应由哪个主体以及按照什么程序来判断一项改革措施是否属于“良性违法”。如果任何机构或个人都以改革措施属“良性违法”自诩而任意推行，改革秩序与法治秩序将不复存在。虽然“良性违法”的持论者也主张对“良性违法”给予限制而不能放任自流，但在应然的法治体系中，并无“良性违法”判断机制得以建构的合理处所。如果真能建构“良性违法”的法定判断机制，这又落入逻辑自戕的陷阱，因为任何“良性违法”的法定判断机制都可以“良性违法”为由而再行违背。可见，所谓对“良性违法”应给予限制而不能放任自流的观点，看似论述平衡，却不过是“良性违法”避免遭到彻底否定的“防身马甲”。(4)“良性违法”的持论者也不是不要法律的权威与约束，也主张对“良性违法”的改革成果应及时予以立法肯定和法治保障。可见，改革可以“良性违法”与“先改革后变法”确属同构兼容。但这里仍然存在逻辑自戕，因为对“良性违法”改革成果的立法肯定与法治保障，可随时再以“良性违法”的改革而突破。显然，基于“良性违法”理念，既不能建构改革中的法治秩序，也不能建构改革后的法治秩序。(5)“良性违法”作为一种改革理念与方法，极大消解了法治的凝聚共识、定纷止争功能。在改革政策的设计、实施、评价过程中，“良性违法”的论证逻辑是从原理论述展开的，而从抽象原理到具体结论之间难以实现简明的一致性。法治的重要功能之一，就是剪短改革措施的论证链条，法律制度体系实质上是改革措施正当性论证的大前提。“良性违法”抛开既有的法治论证体系，要么导致改革正当性论证上的武断，要么导致改革进程中出现不必要的争论与拖延。

可见，对“良性违法”以及赖以实行的“先改革后变法”模式予以肯定是非常错误的。那些具有“良性违法”性质的改革事例被后来的法律认可，并不意味着这些改革事例具备应有的改革效益。如果历史上那些“良性违法”的改革措施，在当时能够依法推行，或许改革成本更低而改革效益更高，更能降低社会矛盾冲突的程度。所以，“良性违法”可以作为改革与法治的历史教训来汲取，而非可以仿效示范的改革经验。

在新时期新形势下，必须在新的历史起点上全面深化改革，既包括改革任务、改革思路的深化，也包括改革方式和改革机制的深化。随着改革实践的深入和改革经验的积累，用法治引领和规范改革，是重构改革形态与改革秩序的必然选择。

第一，改革居于其中的体制机制环境发生了根本性的变化。在社会主义市场经济体制确立之前，改革是在愈来愈破碎的计划经济体制外壳内逐渐扩展的，计划经济体制与市场经济因素在事实上并存，在结构上严重冲突，与之相应的法律制度非常简陋，并存在严重的内部冲突。确立社会主义市场经济体制目标后，建构完善的市场经济体制成为改革的主要方向。市场经济在本质上是法治经济，与之相应的法律体系已经形成并正在不断完善。因此，当前的改革是在市场经济体制及与之相应的法治环境中进行，改革须在法治引领和规范下进行，既有市场经济体制和法治体系的基础，也是市场经济体制和法治体系有序运行的要求。

第二，改革任务的重点与难点发生了重大变化。当前改革进入攻坚期和深水区，经济体制改革是全面深化改革的重点，核心问题是处理好政府和市场的关系，用法治引领和规范改革成为必要之举。为了实现使市场在资源配置中起决定性作用和更好发挥政府作用，依法限定政府的权力及其行使方式，是处理好政府和市场关系的主要路径。[①] 限定政府权力和规范政府权力的行使方式，既不能完全依赖政府部门绅士般的权力自觉，也不能依靠市场主体反抗式的“良性违法”，只能依靠法治思维法治方式来进行处理。

第三，改革的价值取向逐渐呈现多元一体的特征。随着对改革本质的认识不断加深，改革追求的价值由改革初期的偏重效率，进而均衡效率与公平，再到同时追求法治价值和秩序价值。其中的法治价值具有不应减损的特性，即不论改革如何进行，在通过改革追求效率价值和公平价值时，不能减损或放弃社会的法治价值。例如，社会对法治权威的认同程度主要不是逻辑推演的结果，而是法治实践经验长期积累的结果。法治权威一旦受损，长期经验积累形成的社会认同就会遭到破坏，而且只能再通过长期的经验积累才能恢复。所以，无论改革措施如何，包括改革法治体系中不适当的结构与功能，都决不能以损害法治权威为代价。既要以改革突破不合理的体制机制，又要维护法治权威与社会秩序，除了依法引领和规范改革之外，别无他途可供选择。

第四，改革自身的能力建设有了质变性质的提高。随着改革实践的经验不断积累和对改革规律的认识不断深化，新时期的改革更加注重系统性、整体性和协同性，因此必须通过法治机制，更好地统筹社会力量、平衡社会利益、调节社会关系、规范社会行为。口号倡导、典型示范在推进改革方面的作用依然存在，但作用效益已大幅度降低。通过制度化改进体制、通过机制化建构改革过程，将是今后改革的主要方式。加强改革的顶层设计，用法治引领和规范改革，将是改革自身能力建设不断提高的表现与要求。

第五，改革有序进行需要对改革的全程控制。在改革开放以来的很长时期，对于改革的控制更多地表现为目标控制和结果控制，而改革的过程控制尚未提升到应有的高度。只有加强改革的过程控制，才能确保改革有序进行。随着改革实践的不断深入，对于改革需要有序进行的认识与要求

---

① 参见陈甦《商法机制中政府与市场的功能定位》，《中国法学》2014 年第 5 期。

也在不断提高。例如，在十一届三中全会公报和十二届三中全会《关于经济体制改革的决定》中，“有序”一词并未出现；在十四届三中全会《关于建立社会主义市场经济体制若干问题的决定》中，“有序”一词出现了2次；在十六届三中全会《关于完善社会主义市场经济体制若干问题的决定》中，“有序”一词出现了6次；而在十八届三中全会《关于全面深化改革若干重大问题的决定》中，“有序”一词出现了16次。法治是最为有效的社会运行过程的秩序控制机制，要强化对改革的全程控制以实现有序改革，使我国社会在深刻变革中既生机勃勃又井然有序，必须依靠法治的引领和规范作用。

（三）用法治引领和规范改革的机制建设

在改革与法治实践中构建两者之间应有的关系结构，应从改革的发生与运作机制的重构入手，在改革的观念创新、政策设计、组织实施以及评估调整等各个环节，有机地融入法治思维和法治方式，以形成能够更好地发挥法治引领和规范作用的改革新常态。

首先，要处理好改革观念层面突破法律和改革实施层面遵守法治之间的关系。改革应否受法律的约束，不是一个可以得出笼统结论的问题，而是应当将改革的观念形成与政策实施相区别后，再作出适当的分析。基于用法治引领和规范改革的原则，对于改革应否受法律约束的问题，笔者认为，在改革观念的形成上可以不受法律的约束，而在改革政策的实施上则必须受法律的约束。改革就是要突破一切不符合“三个有利于”的体制机制，因此必须先行形成突破旧有体制机制包括法律束缚的改革观念，也就是“思想解放永无止境”。没有改革观念上的突破，就没有改革政策的形成与实施，改革就会停滞不前。但是，改革观念上的思想解放，并不等于改革政策实施上的无拘无束，任何改革观念在认识范畴的形成，并不应径行转化为实践范畴的政策实施。改革政策的实施必须遵守现行法律，包括其中被认为应当破除的现行法律。如果现行法律确实妨碍了改革观念向改革实践转化，则应当通过法治方式进行改进，否则，改革效益的实现就会以法治价值的不当损耗为代价。例如，十八届三中全会决定，“在符合规划和用途管制前提下，允许农村集体经营性建设用地出让、租赁、入股，实行与国有土地同等入市、同权同价”。这一改革观念实际上突破了现行物权法、土地管理法的相关规定，充分表明了在土地制度上进一步深化改革的政策取向。但是，在现行物权法、土地管理法等尚未依照十八届三中全会的政策指向做相应修改的情况下，如果各地可以自行其是地实施农村建设用地的“同等入市、同权同价”，就会造成我国土地法律制度体系的崩解。

其次，要处理好改革先行试点与法律普遍适用的关系。对于改革政策的实践效果尚无充分把握的时候，通过在特定领域或范围的改革试点，评估改革政策的可行性，是我国改革实践中形成的经验性做法。过去，改革试点的实践特征是“先行先试”，如果改革政策有突破现行法律的需要，可以在不变动现行法律的情况下，率先实行不符合现行法律的改革政策。可见，在改革试点领域或范围中不适用相关法律，实际上限缩了相关法律的适用范围。法律适用的普遍性是法治的基本原则，如果确有限缩法律普遍适用的改革实践需要，也必须通过法治方式实行。只有按照法定程序作出授权后，与现行法律不一致的改革政策方可先行先试。这种做法既可保障改革创新，又可维护法治秩序，从而实现改革与法治在实践上的统一性。经过法定程序授权后，改革试点就获得了合法性，其在性质上与“良性违法”完全不同。对改革试点依法定程序授权的过程，也是改革试点方案进一步完善的过程，可以最大限度地实现改革政策的统筹协调及有序实施，其在实践效果上也肯定优于“良性违法”的做法。

最后，要处理好改革过程与法治过程的关系。用法治引领和规范改革，就要在改革的全过程中加强法治思维和法治方式的运用，使改革过程与法治过程在实践中形成有机联系。“先改革后变法”、改革可以“良性违法”等观点所据以阐释的改革过程，可以简要划分为改革决策→改革实施→改革评价→法律确认四个环节；而“先变法后改革”、“用法治引领和规范改革”等观点据以阐释的改革过程，应是改革决策→法治化处理→改革实施→改革评价四个环节。可见，是否坚持用法治引领和规范改革，关键不是改革要不要法治，而是法治在改革过程中所处的环节地位。用法治引领和规范改革，要求在改革决策形成后并不能直接实施，必须将决定实施的改革政策先进行法治化处理，然后再予以实施。所谓“法治化处理”，是指将改革政策进行合法性检验并与法治体系相协调的机制。改革政策的法治化处理机制主要包括：（1）改革政策的合法性审查机制，即检验具体的改革政策在内容上是否符合法律规定，在实施上是否符合法定程序。须特别注意的是，“改革的权力和改革权力的运作必须受法律的约束。……因为任何权力，即使是改革的权力，如果没有制约，都必然导致滥用”。[①]（2）当改革政策虽与现行法律有抵触或冲突但又必须推行，或者改革政策虽不抵触现行法律但应当依法推行才能达到改革目标时，必须启动立法程序进行相应法律的立改废释，以实现改革政策与法律制度的协调。（3）对于内容上符合法律的改革政策，应当预先建构法治化的实施措施，确保改革政策能够有序推行。（4）针对改革政策实施的各种可能结果，制定法律对策预案，提升用法治方式应对改革风险的能力，确保对改革全过程的有效控制。

（本文原载于《法学研究》2014年第6期）

① 姜明安：《改革、法治与国家治理现代化》，《中共中央党校学报》2014年第4期。

商法机制中政府与市场的功能定位

陈　甦*

在政府与市场关系视阈观察与解析下的我国经济体制改革过程，就是一个不断调整政府与市场关系并将其调整结果予以体制化机制化的过程。“经济体制改革是全面深化改革的重点，核心问题是处理好政府和市场的关系”。① 从“让地方和工农业企业在国家统一计划的指导下有更多的经营管理自主权”,② 到“我国实行的是计划经济，即有计划的商品经济，而不是那种完全由市场调节的市场经济”,③ 再到“市场在资源配置中的作用迅速扩大，……计划经济体制逐步向社会主义市场经济体制过渡”;④ 从“要使市场在国家宏观调控下对资源配置起基础性作用”,⑤ 到“更大程度地发挥市场在资源配置中的基础性作用，……健全国家宏观调控”,⑥ 再到“使

---

* 陈甦，男，1957 年生，辽宁大连人，现为中国社会科学院学部委员，中国社会科学院法学研究所所长，兼任国际法研究所代所长和《法学研究》主编，博士生导师，研究方向为民商法和经济法。

① 《中共中央关于全面深化改革若干重大问题的决定》(2013 年 11 月 12 日中共中央十八届三中全会通过)。

② 《中国共产党第十一届中央委员会第三次全体会议公报》(1978 年 12 月 22 日通过)。

③ 《中共中央关于经济体制改革的决定》(1984 年 10 月 20 日中共中央十二届三中全会通过)。

④ 《中共中央关于建立社会主义市场经济体制若干问题的决定》(1993 年 11 月 14 日中共中央十四届三中全会通过)。

⑤ 《中共中央关于建立社会主义市场经济体制若干问题的决定》(1993 年 11 月 14 日中共中央十四届三中全会通过)。

⑥ 《中共中央关于完善社会主义市场经济体制若干问题的决定》(2003 年 10 月 14 日中共中央十六届三中全会通过)。

市场在资源配置中起决定性作用和更好发挥政府作用”。[①] 这些理念更新与政策推行明显呈现出阶段性跨越发展的历史轨迹，其中清晰展示了对政府作用与市场作用的认识不断深入，以及对两者关系定位的调整不断优化。社会主义市场经济是法治经济，是受法律规范、引导、制约、保障并严格按照法律运作的经济。[②] 在社会主义市场经济体制与社会主义法律体系交互作用的社会运行机制中，政府与市场关系的基本模式、核心内容及实现方式须以法律界定、规范与调整。作为规范市场主体与交易行为的主要法律，商法在其规范内容与体系结构中，大量容纳了市场机制与政府职能据以发挥作用的制度措施。因此，在商法建构中合理设置有关政府职能与市场机制的法律规范，通过商法实施以有效发挥政府与市场的作用，并基于“使市场在资源配置中起决定性作用和更好发挥政府作用”的理念，进一步完善商法的规范内容与体系结构，是当前商法建设的重要任务与主要思路。

一　政府与市场的作用限阈及其对商法建构的影响

从我国经济体制改革的理念、思路、措施的整体内容和总体趋势上看，政府与市场的关系呈现出明显的彼此消长并相互优化态势。在这里，先作出两个事实性质的界定作为政府与市场因素在经济体制改革中变化连续性的依据：一是在计划经济体制中，政府是计划的主体，因此计划经济实质上就是政府作用最大化的经济体制；二是市场经济要素介入经济体制肇始于改革发端，因为独立的企业和自主的交易是市场经济的基本要素，经济体制改革初期虽然没有市场经济体制的提法，但将这两个要素引入经济体制改革方案，实质上是市场经济要素介入现实的经济体制。基于这样事实性质的界定，我们对政府与市场这两个因素在经济体制中变化的分析可以延展到改革起始，从而建构出与经济体制改革整个过程相关联的态势变化描述。这种政府与市场的关系，在迄今为止的经济体制改革整个过程中的态势变化，与我国商法的形成发展之间存在实质性的联动关系。因

① 《中共中央关于全面深化改革若干重大问题的决定》（2013 年 11 月 12 日中共中央十八届三中全会通过）。

② 中国社会科学院法学研究所课题组：《建立社会主义市场经济法律体系的理论思考和对策建议》，《法学研究》1993 年第 6 期。

此，阐释政府与市场关系的体制表现、变化趋势以及在社会经济过程中的实践效果，既可以加深我们对商法的存在环境、建构理念、结构体系、实施机制及其演变过程的理解，也可以帮助我们深刻审视现行商法的结构性缺陷以及寻找更为合理的商法建设方案。

将经济体制改革以来政府与市场关系的理念演变及体制变迁的轨迹，与商法体系形成和发展的轨迹相比较，可以明显看出两者之间存在密切的关联关系。1978 年提出让工农业企业在国家统一计划的指导下有更多的经营管理自主权，随之《国务院关于扩大国营企业经营管理自主权的若干规定》（1979 年）确立以政企分开、扩大企业自主权为国企改革的基本方向，《中外合资经营企业法》（1979 年）将有限责任公司概念引入我国当代法律体系。1982 年提出计划经济为主，市场调节为辅，随之颁布《国营工厂厂长工作暂行条例》（1982 年）、《国营工业企业暂行条例》（1983 年）等，确立厂长负责制，规定国营企业的生产经营活动在国家计划指导下进行，同时发挥市场调节的辅助作用。1984 年提出我国经济是公有制基础上的有计划商品经济，随之制定《民法通则》（1986 年），其中规定了具有商法规范性质的企业法人制度和商品交易法律制度。[①] 1987 年提出社会主义有计划商品经济的体制应该是计划与市场内在统一的体制，随之颁布《全民所有制工业企业法》（1988 年），确立国有企业的自主经营权；颁布《私营企业暂行条例》（1988 年），确定私营企业的商品经济主体地位。1992 年提出中国经济体制改革的目标是建立社会主义市场经济体制，1993 年进一步明确“要使市场在国家宏观调控下对资源配置起基础性作用”，随之制定了《公司法》（1993 年）、《保险法》（1995 年）、《商业银行法》（1995 年）、《票据法》（1995 年）、《合伙企业法》（1997 年）、《证券法》（1998 年）、《个人独资企业法》（1999 年）、《信托法》（2001 年）等，全面而迅速地展开了商法的专门化和体系化过程。2003 年提出要进一步完善社会主义市场经济体制，更大程度地发挥市场在资源配置中的基础性作用，并健全国家宏观调控，随之修改了《商业银行法》（2003 年），

---

① 有学者认为：“《民法通则》不是一部纯民法的规范文件，它的许多内容涉及到商法规定，尤其商主体和商行为的一般原则，在《民法通则》中都不同程度涉及到。”参见范健《略论中国商法的时代价值》，《南京大学学报》（哲学·人文科学·社会科学）2002 年第 3 期。

进而全面修订了《公司法》(2005年)、《证券法》(2005年)、《合伙企业法》(2006年)、《保险法》(2009年),并制定了《企业破产法》(2006年)、《企业国有资产法》(2008年),商法体系进一步完备,将更多的市场规则法律化,但同时也更加强化了政府作用。① 2013年提出全面深化经济体制改革,使市场在资源配置中起决定性作用和更好发挥政府作用,当年即对《公司法》作了重大修改,大幅度减少了政府在公司运作领域的干预事项与干预力度,为市场选择释放了更大的制度空间。② 另外,《证券法》等商事法律的修改也正在加紧进行。

以上简要展示出的商法变迁过程并不仅仅是商法当代立法史的粗线条摹写,而是在经济体制改革理念、政府与市场关系的体制体现与商法制定或重大修改之间,建立一种可观察的经济与法律在历史过程中的关联性,从中提炼出反映一定规律性并可作为今后商法建设依据的结论。(1)在政府全面掌控经济的计划经济体制中并无商法的存在空间,商法只能在经济体制容纳了市场因素的社会经济环境中生成并存续。市场因素在经济体制中的比重越大、作用越强,商法的内容就越丰富、体系就越完整。(2)只有在市场经济因素已经体制化之后,商法才有以体系化的制度形式立足并发挥作用的社会环境。因此,在我国确立了社会主义市场经济体制的1992年之后,我国的商法体系才会突然有了爆发式增长。(3)从商法的规范内容设定和体系结构调整来看,在商法形成与经济体制变动的关联性上,商法建设具有明显的体制跟从性,即经济体制的基本理念、主体结构和运作机制一旦发生改变,其体制变动力随即传导到商法建构过程中,商法的建构理念、规范内容和体系结构因之受到强烈的影响,在形式上表现为商法的快速或大规模的立法或修改。总体来看,迄今为止的商法形成与发展过程反映了商法在其与经济体制关系上的受动性,这或许是经济基础决定上层建筑的论断在现实社会经济生活中的一个绝好实例。

---

① 例如,虽然2005年证券法已做重大修订,有学者仍然认为,"现行《证券法》规范保障政府管制权力有余,而体现证券市场主体设立自由和交易自由不足;政府主导市场作用明显,而市场决定作用不见"。参见顾功耘《〈证券法〉修改应该坚持市场化方向》,载《证券法苑》(第10卷),法律出版社,2014,第31—32页。

② 有学者评价:"除法律另有规定外,新《公司法》取消了对公司注册资本的管制,已经将公司的注册资本事宜,完全交由股东自治,更加尊重了股东的自治地位。"参见邹海林《我国司法实务应对公司注册资本制度改革的路径选择》,《法律适用》2014年第5期。

自经济体制改革以来，虽然政府与市场之间彼此消长的态势变化贯穿于经济体制改革的整个过程，但是其中的体制性节点却只有三个。第一个体制节点是1978年经济体制改革起始，市场经济因素开始进入经济体制并成为逐渐扩大的体制要素，但市场经济因素仍然是在计划经济的体制外壳内发挥作用，政府的功能及其作用力无疑大于市场。第二个体制节点是1992年市场经济体制的确立，市场经济因素随着改革不断深入的积累终于集聚成足够的体制变革力量，形成由计划经济到市场经济的体制转换。但是迄今为止，政府与市场在经济体制中的功能及其作用力处于同步增长的态势，甚至“尽管计划经济体制已经不复存在，市场经济制度框架初步形成，但政府对经济活动的干预以及对资源的控制却更强了。”① 具体以公司法为例，2005年我国《公司法》“对公司资本制度也进行了较大力度的改革，在很大程度上放松了资本管制，但依然维持了法定资本制，政府干预的因素依然很强”。② 再以证券法为例，“2005年《证券法》虽然加进了一些体现市场机制的条款，但是与证监会增加的权力相比，2005年《证券法》的行政法色彩其实是更为强烈了”。③ 第三个体制节点发生于当前，即政府与市场的功能及其作用力限阈发生结构性翻转。所谓“市场在国家宏观调控下对资源配置起基础性作用”，其在政府与市场功能及其作用力限阈上表现为“限定市场、余外政府”模式（见图1），也就是说，在经济体制的建构理念、政策设计及其制度表现上，规定好市场的，其余都是政府的。所谓“市场在资源配置中起决定性作用和更好发挥政府作用”，其在政府与市场功能及其作用力限阈上表现为“限定政府、余外市场”模式（见图2），也就是说，在经济体制的建构理念、政策设计及其制度表现上，规定好政府的，其余都是市场的。

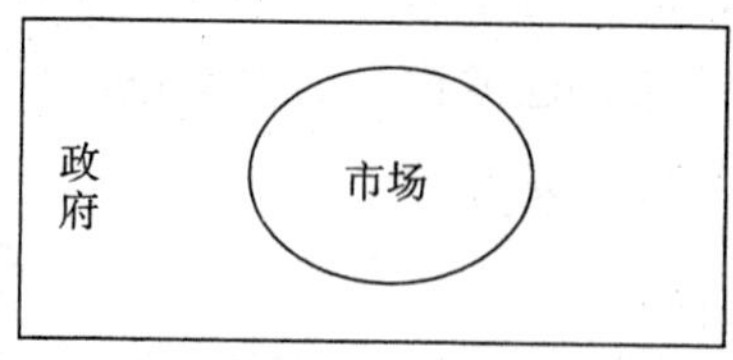

图1 “限定市场、余外政府”模式

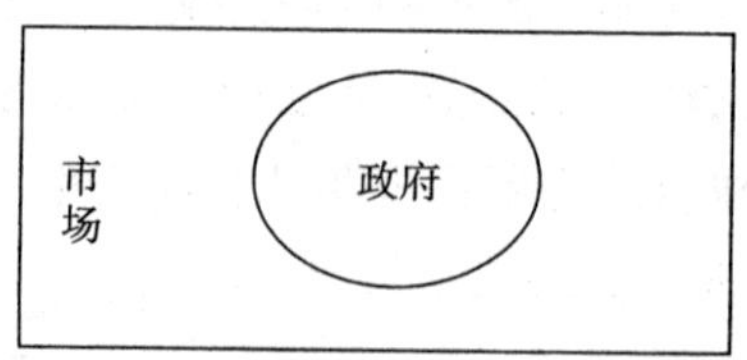

图2 “限定政府、余外市场”模式

① 金碚：《市场经济中程阶段的市场经济再学习》，《江淮论坛》2014年第1期。

② 施天涛：《公司资本制度改革与公司法的修改》，《中国法律》2014年第1期。

③ 陈甦、陈洁：《证券法的功效分析与重构思路》，《环球法律评论》2012年第5期。

政府与市场关系由“限定市场、余外政府”模式向“限定政府、余外市场”模式的结构翻转，是社会主义市场经济体制的应有结构和运行机制深化改革的结果。因为在市场功能被限定为起基础性作用的经济体制结构中，市场居于政府宏观调控下具有服从性的基础地位，政府具有把市场“关在笼子里”进行宏观调控的权势。而在市场功能被限定为起决定作用的经济体制中，发挥政府作用的目的是更好地促进和保障市场发挥决定作用，政府不应干预市场能够解决、能够决定的问题，所以要把政府权限“关在笼子里”发挥作用。这种由“限定市场、余外政府”向“限定政府、余外市场”的结构翻转，其意义不亚于市场经济取代计划经济的体制转型，这将在根本上改变政府作用机制和市场运行机制的功能定位和制度结构。如在目前进行的行政审批制度改革所倡导的理念，“对市场主体，是‘法无禁止即可为’；而对政府，则是‘法无授权不可为’”,[①] 就是政府与市场的功能及其作用力限阈发生结构性翻转的观念反映。

由“限定市场、余外政府”模式向“限定政府、余外市场”模式的结构翻转，改变的不仅是政府与市场在经济体制中的关系实态，也改变着经济体制与法律体系的关系实态，同时还改变着这种实态环境互塑下的观念生成与行为选择，包括商法建构理念的演变与建构方案的形成，这将在根本上改变商法中有关政府与市场关系的规范内容和机制设置。

在“限定市场、余外政府”模式下，政府干预市场的功能及其作用力没有边界限制，而市场机制只能在政府释放的空间中存在与运行，由此产生相应的社会经济效果以及法律建构和实施效果。(1) 政府权限不可能充分法制化。在政府对市场经济的干预机制中，政府权限明确、权力边界清晰既是政府良性干预的保证，也是依法执政的必然要求。然而在“限定市场、余外政府”模式下，政府的权限在体制上就是没有边界限制的，因而在法律上就不可能对政府权限作出周延的限定。例如，多个地方政府三年前对商品房进行限购，目前又大面积地解除限购，不论对限购或解限的经济效果如何评价，其中所涉的法律问题是大有可议的：商品房作为市场主体合法所有的非禁止流通物，政府是否有想限购就限购、想解限就解限的

① 李克强：《在国务院第二次廉政工作会议上的讲话》，《人民日报》2014 年 2 月 24 日，第 2 版。

法律依据。依本文而言，政府限购商品房的权限并不是来自法律的授权，而是源自“限定市场、余外政府”模式下的体制权势。（2）部门立法其实有客观的体制原动力。在“限定市场、余外政府”的模式下，市场可以扩张到什么范围、市场机制能够在多大程度上发挥作用，需要经过政府的“同意”，因为只有政府对某类市场的重要性有充分的认识，并且为发育或扩大市场做好规制准备时，市场才能扩展到被政府认识水平和干预能力所允许的范围。在这样一种市场发展机制下，部门立法具有天然的体制合理性。这就是为什么部门立法作为一种负面现象在理论上屡被诟病，却在实践中依然故我的体制原因。（3）市场自由不可能得到法律的有效保护。在“限定市场、余外政府”模式下，对市场权利采取正面清单的确定方式，而对政府权力则采取负面清单的确定方式，由此导致市场活力和市场主体创新能力被政府过多的事先规制所束缚。例如，1993 年《公司法》“从总体上看强制性规范过多，留给当事人‘意思自治’的空间相对狭小，其立法理念的着眼点在于通过法律的强制干预来克服市场机制的缺陷”。[①] 再具体到公司股票制度，对于公司发行普通股以外的股票，公司法早就授权国务院另行作出规定。[②] 但直至 2013 年 11 月，国务院才发布了《关于开展优先股试点的指导意见》。实际上，公司是否发行特别股（包括优先股），完全是公司自治范畴的事项。由于公司法将此事项的决定权授予政府，反倒使得普通股和特别股的区别无法从法律上作出判断，从而影响公司的有效运营。[③]（4）体现法治观念的原则不可能充分有效的贯彻。早在我国社会主义市场经济体制刚刚确立之时，即有学者呼吁“确立对市场主体而言市场经济法律不禁止即自由的原则”。[④] 但是，现实的法律制度不能和现实的经济体制对抗，对市场主体而言法无禁止即自由的原则之所以没有在现行商法中得到有效贯彻，与其说是立法者、执法者和社会大众的法治观念不够现代，不如说是“限定市场、余外政府”模式构筑了阻碍这一现代观念成为法治现实的体制壁垒。在一个市场有限的社会经济结构中以及反映

① 周友苏：《新公司法论》，法律出版社，2006，第 17 页。

② 《公司法》（1993）第 135 条；《公司法》（2005）第 132 条。

③ 参见王保树《经济体制转变中的公司法面临的转变》，载王保树主编《商事法论集》（第 5 卷），法律出版社，2000，第 3 页。

④ 江平、张礼洪：《市场经济和意思自治》，《法学研究》1993 年第 6 期。

这一结构的法律规范体系中，不可能有“对市场主体而言法不禁止即自由”的理念得以指导实践的制度空间。

与上述情形相反，“限定政府、余外市场”模式为商法体系的合理化建构，以及在其中为政府与市场确立有效的功能定位及运行机制，提供了新的现实可能性。（1）“限定政府、余外市场”模式以清晰划定政府权限边界作为体制建设目标，为政府权限法律化、政府权限行使法治化，提供了使其得以成为制度现实的经济体制结构。（2）对政府权力以正面清单方式管理，对市场权利以负面清单方式治理。例如，“对目前仍保留的审批事项，要公布目录清单”，“清单以外，一律不得实施行政审批”。[①] 这既契合“使市场在资源配置中起决定性作用和更好发挥政府作用”这一全面深化改革的理念，也符合“对市场主体，法无禁止即可为；对政府，法无授权不可为”的现代法治理念。这种法治建设理念在商法建构中的意义既现实又重要，是今后商法内容合理化、体系完备化的观念生长点。（3）以“限定政府、余外市场”模式为基准衍生构成的经济体制现实，对商法建构理念与实施机制产生整体性的影响力。其一，既然是“限定政府”，那么就应根据适当性原则、必要性原则和比例原则来确定政府干预经济的权限与方式，因为在“使市场在资源配置中起决定性作用和更好发挥政府作用”的体制机制中，更好发挥政府作用的目的是保障市场在资源配置中的决定作用，而不是扩张政府自身的权力。其二，既然是“限定政府、余外市场”，那么就应在不同性质商法规范的体系配置上，进一步限缩商法中行政法律规范的数量及适用范围，使之与政府限定的权限相适应；相应地扩大任意性规范的数量与适用范围，使之与市场的决定作用相适应。例如，“公司法中的强制性规范和任意性规范，是分别适应管制与自由的要求的”，[②] 在“限定政府、余外市场”模式下建构公司法，就应进一步减少强制性规范，而相应地增加任意性规范。其三，既然是“余外市场”，那么就应在适用商事组织法或行为法的场合，放宽效力认定的标准，更多地采取有效解释原则，扩张市场决定作用在商法机制中的效用范围，以促进交易成就和市场活跃，鼓励和保障市场主体的创新活动。

---

① 李克强：《在国务院第二次廉政工作会议上的讲话》，《人民日报》2014 年 2 月 24 日，第 2 版。

② 王保树：《竞争与发展：公司法改革面临的主题》，《现代法学》2003 年第 3 期。

与迄今为止商法建设呈体制跟从性的特点不同，今后的商法建设更多地将展现理念引导性。如当前实践所展示的那样，政府部门正在释放其原先规制市场经济运行的权力。这固然是重要并值得称赞的，但这仍需依赖政府大度同意的自觉性，特别是对超越部门利益的客观认识的坦然承认，以及能够主动放弃部门权力的社会责任操守。在市场经济法治建设中，对理念更新与法治规划的普遍坚持及一体贯彻，才是更为需要的具有超越政府自觉的体制优化途径。如果说上层建筑对经济基础的反作用一直在商法形成与实施机制中得以蕴含的话，那么在“使市场在资源配置中起决定性作用和更好发挥政府作用”这一改革理念及其体制结构下，商法形成与实施机制对政府与市场关系合理定位及有效实现的反作用力，将在今后的法律与经济的社会互动中得以集中爆发。

二 商法机制的功能效用及相关能力假定

如前所述，“使市场在资源配置中起决定性作用和更好发挥政府作用”的理念与体制，实际上为当前商法建设确定了最为根本的制度形成依据。在商法规范体系中如何安排处理政府与市场的关系，应当基于社会经济体制环境和相应的法治体系，根据商法的宗旨及其机制有效运行的需要，将政府职责与市场规则予以规范化、制度化而有机地纳入商法的体系结构中。这里的关键是，如何合理地确定、选择和配置政府与市场在相应功能上的定位及组合。

（一）商法机制的制度功能

根据“使市场在资源配置中起决定性作用和更好发挥政府作用”这一理念与体制，按照政府与市场的应有能力设置其在商法机制中的功能定位，是使商法有规划地建构并有效地发挥积极作用的重要依据。对于这种商法机制中所必需的制度功能，可以分类概括为识别功能、选择功能、规制功能和调控功能，政府职责与市场规则都是借助这些功能的设定与运作而形成商法机制的有机构成。

其一，识别功能。市场经济具有浓郁的陌生人经济色彩，市场主体在其市场活动中常与陌生的交易者打交道。因此，市场主体在做与陌生人相关的商业判断和交易决定时，必须首先对作为交易对象的陌生人及其相关主体因素和环境因素进行识别。完全依赖个人能力和交易经验进行识别，不足以满足连续的大范围的交易需要，商法机制的识别功能就成为市场交易活动得以规模性开展的制度保障。“商事立法必须对商事主体作出合理、准确而严格的类型划分，必须预先规定商事主体的资本构成、责任性质、组织机构等重大问题。……可使相对人据此知晓交易对象的性质并判断交易风险程度，从而维护交易的安全和巩固交易的基础。”[①] 除了主体身份识别之外，商法还设置了主体资信识别（如公司实缴注册资本）、财产归属识别（如股份登记）、交易模式识别（如保险产品备案）的功能措施。商法机制的识别功能主要通过各种公示制度而实现，如登记（如公司设立登记）、许可（如保险业务许可）、核准（如证券上市核准）、备案（如私募基金募集完毕备案）、信息公开（如上市公司信息披露）等。政府部门具有系统稳定性和较大公信力，以及强大的信息收集、处理和披露能力，因而商法机制的识别功能主要是靠政府作用实现的。市场机制下的识别功能通过两个途径发挥作用，一是由专门的市场主体提供识别服务，如证券评级机构提供某个市场主体或其产品的信用评价，行业自律机构对其成员资质、资格作出的备案或分级等；二是市场主体根据能力与经验对交易对象及其相关因素进行的识别。相比之下，在商法实施机制识别功能的实现上，政府具有比市场更大的效用。但是，政府本身的权限与作为也是市场主体需要重点识别的对象，政府权限及其行使过程能否充分公开，其权限行使结果的可预测程度如何，都是构成市场透明度的重要决定因素。但如果政府权限及其行使过程越不透明，政府审批过程与结果的不确定性越大，市场机制的识别功能反倒越受减损。

其二，选择功能。如果说商法机制的识别功能是为市场主体提供一个可判断的市场，那么商法机制的选择功能就是在为市场主体提供一个有质量的市场。商法机制的选择功能旨在通过法律的强制力促进市场机制发挥优胜劣汰的作用，让“好”的市场主体或经营项目进入市场，让“坏”的市场主体或经营项目退出市场。商法机制中政府发挥选择功能的基本方式，是制定与执行一系列的“准入—禁入”规则，即符合法定准入条件的

① 范健、王建文：《商法论》，高等教育出版社，2003，第144页。

市场主体或经营项目，经政府的审批或核准得以进入相应市场；不符合法定准入条件的市场主体或经营项目，则被拒绝进入相应市场；对进入市场后又不具备准入条件或者发生严重违法违规行为的市场主体，则驱逐出市场甚至在一定期限或永久禁止再行进入市场。商法中“准入—禁入”规则越多，政府选择市场主体或经营项目的权限就越大，市场运行对政府的依赖性也就越大。商法机制中市场发挥选择功能的基本方式，是通过各个市场主体在交易活动中相互间“接受—拒绝”机制的持续效果，即一个市场主体能够被更多地接受交易，就能够在市场中存续和发展；一个市场主体如果被更多地拒绝交易，就只能被迫退出市场。商法中“准入—禁入”规则越少，市场发挥选择功能的空间就越大，对市场主体自身选择能力的要求就越高，市场的自主性就越强。

其三，规制功能。商法机制的规制功能旨在维持一个有秩序的市场，这是商法机制最为基本而显性的功能。规制功能是通过商法中权利义务体系及相应的法律责任体系而发生作用的，商法规定权利使市场主体知其可为，规定义务使市场主体知其应为或不应为，规定责任使市场主体知其违法违规之后果。尤其是商法中的法律责任制度，其严格实施可以达到保障安全、约束行为、控制风险和救济补偿等效果，确保实现市场经济的有序运行。在商法上权利义务制度范畴，政府发挥规制功能是通过行政管理，如行业管理或功能管理；市场发挥规制功能则是通过市场自治，如市场主体的个体守法、团体自律、司法救济。在商法上法律责任制度范畴，政府发挥规制功能是通过行政法律责任制度的设置与执行，市场发挥规制功能则是通过民事法律责任制度的设置与适用。商法中存在大量行政法律规范，这一直是现代商法的一个显著特点。对于商法规制功能的完善，追求“更好发挥政府作用”是至关重要的。如何在政府规制功能实现中“更好发挥政府作用”，不是一个单纯量的增减问题，“最重要的问题不是强化或放松管制的问题，而是政府管制是否有效的问题”。[①]

其四，调控功能。人们通常认为，与政府宏观调控经济有关的法律规范属于经济法范畴，“宏观经济管理的核心是宏观经济调控，它强调的是

① 邹海林：《2007 年商法学重大问题研究述评》，《社会科学管理与评论》2008 年第 1 期。

总量平衡的法律效果，……应采取经济法的形式。”[①] 但是在商法范畴，其实不乏旨在实现宏观调控的法律规范。当然，也可以将形式上在商法体系之中的宏观调控法律规范，称之为实质意义上的经济法。我国商法机制中的调控功能专属于政府，其在保障和规范经济体制改革、推进市场经济发展方面，曾经起到过十分重要的作用。但是，商法机制中的政府调控功能应当怎样发挥才能达到更好的程度，应当根据现实条件下的市场机制运行需要而定。与政府调控功能相对应的是市场调节功能，但在“限定政府、余外市场”的模式下，商法机制不必为市场调节功能专设制度措施，因为所有不体现政府干预的商法规范的实施过程与结果，就是市场调节功能得以通过商法机制实现的自然状态。

关于商法的功能，亦有学者将其概括为：确认商事主体的地位；促进交易迅捷、灵活；保障交易安全。[②] 这种概括具有层次性和系统性，也是基于商法价值而对商法功能所做的精准阐释。不过，这一概括体系反映的是商法的目的性功能，而非机制性功能。目的性功能与机制性功能之间存在属性上为目的手段的关系，以及范围上为交叉对应的关系。例如，对于“确认商事主体的地位”的目的性功能，要通过机制性功能的“识别功能”和“规制功能”实现，识别功能使市场主体能够判断交易相对人是何种商事主体（如是公司还是合伙），规制功能则确保交易相对人实际具备商法规定的组织要素和行为要素；识别功能的作用范围不仅包括确认商事主体的地位，还包括识别特定商事主体的信用状况、特定财产的性质与归属、特定交易模式的结构与效用等，这些也是保障交易安全的手段。从另一层面看，目的性功能是从立法者视角看待商法的功能，机制性功能则是从适用者视角看待商法的功能。究竟从哪类功能看待商法，其实质是商法立法者与商法研究者自我假定的一种反映。当然，这是另外一个需要专门研究的问题。

（二）政府与市场的能力假定

在商法机制中如何设置政府与市场的功能定位，不仅要看市场经济体

① 王保树：《商法的改革与变动的经济法》，法律出版社，2003，第374页。

② 参见钱玉林《商法的价值、功能及其定位》，《中国法学》2001年第5期。

制借助商法机制的运行需要，也要看政府与市场在发挥商法建构的功能措施上应具备的能力，也就是在商事立法时要预先解决政府和市场的能力假定问题。

其一，公正能力。“市场经济是规则经济，是按照一定规则进行交易的经济。而市场经济要实现正常运营，其规则的设计和安排势必要蕴含一定的伦理原则和价值标准，而市场公正就是首要的原则和标准。”① 使市场公正化的能力，在市场，通过公正运行来实现；在政府，通过公正执法来实现。市场虽然并不具有人格化的主体形式，但市场机制具有促进公正的运行效果，市场规律对所有市场主体一视同仁，而且市场机制运行所产生的优胜劣汰效果，不仅包括产品与服务竞争上的优胜劣汰，也包括市场主体因诚信竞争而导致的优胜劣汰。一般而言，政府具有比任何单一市场主体更强的公正能力，但与整个市场机制相比却难分伯仲。因为政府的公正能力依赖于制度与人，因此政府不能自外于整个社会的道德系统。“政府自身虽然是为实现公共利益而存在，但由于组成政府的自然人是经济人，他们也会追求自身利益的最大化，所以政府也就摆脱不了经济人的特性。”② 所以，我们不能肯定政府比市场更公正或者相反。

其二，反应能力。作为一个严密且有公权力的组织体，政府拥有比任何一个市场主体都强都快的反应能力，因此能够对市场失灵作出及时有效的干预反应。市场的反应能力要靠各个市场主体的信息传递和经验判断来作出，往往缺乏及时性和协调性。例如，对于公司股东抽逃资本的行为，政府的反应能力是直接而强制的责令改正，市场则要到利害关系人诉讼或企业清算才能作出反应。当然也不尽然如此，例如对三鹿集团“三聚氰胺”事件的市场反应是使其破产倒闭，而政府的行政处罚不过是令其停产整顿。可见，在信息通达的充分竞争市场中，市场可以表现出比政府更强悍的反应能力。

其三，专业能力。政府具有汇集职责范围领域专业人才的高度能力，并且在履行职责过程中可以持续性地积累专门知识、技能和经验，因此，政府往往具备比单一市场主体更强的专业能力。但与整个市场相比，政府

① 王小锡：《论道德的经济价值》，《中国社会科学》2011 年第 4 期。

② 应飞虎：《需要干预经济关系论》，《中国法学》2001 年第 2 期。

并不具有囊括最优秀专业人才的能力与机制，并不比市场主体之集合更有知识理性、操作技巧和实际经验。由于公权力自信的存在，“政府的某些知识优势又容易陷入‘理性的自以为是’，政府的大包大揽往往导致对市场机制的颠覆”。[①] 经济学的研究结论值得参照。如在“20 世纪 70 年代以来，规制经济学更加关注利益目标下的规制过程与行为，其基本假设相应地由‘完全理性’假设转换至‘有限理性’假设”，“追求‘理想政府’或‘理想市场’的规制理论都只是难以证实的假说”。[②] 而在我国经济立法实践中，“有相当多的规定是基于对国家完全理性之假设而制定的。……由此而导致对国家的依赖，故过度干预的立法不可避免”。[③]

其四，信息能力。与任何单一的市场主体相比，“政府在实力上、组织上、智力上具有更强的信息搜集、处理能力”，[④] 这是政府干预在有些情况下比市场机制更有效率的重要原因。市场信息虽然全部生成或存在于市场之中，但由个别市场主体收集、处理、判读的市场信息总是缺乏充分性和公示性，因此，政府的信息收集、处理和公示作用是不能替代的，是市场主体最为重要的需求依赖。但是，如果把市场经济理解为“类似一种机械性关系”，“政府就会过高估计自己的信息处理能力”；如果把市场经济理解为“类似一种生物性（生命体）关系”，“政府则会充分尊重和敬畏市场经济规律，承认信息的高度分散性和自己有限的信息处理能力。”[⑤]

其五，维持能力。市场经济中的任何组织体都需要维持成本，政府亦不例外。政府要维持和扩大其干预市场的功能，必须以持续的人财物负担为代价，而且政府功能的提升往往以增加维持能力为条件，如机构增设、人员增补、经费增加。但是，政府维持能力总得有个限度，起码得有编制上、财政上的限度，不可能为维持某项功能而高成本地无限支撑下去。相比之下，市场则具有满足自身存在和运行的无限维持能力，即市场总是能够维持自身运转。这是因为，如果没有相应的维持能力，就一定没有相应的市场。只要一个市场是必须存在的而且是能够发展的，就一定能够有维

① 黎江虹：《知识论视域下政府与市场关系之辨思》，《中外法学》2010 年第 1 期。

② 张红凤、杨慧：《规制经济学沿革的内在逻辑和发展方向》，《中国社会科学》2011 年第 6 期。

③ 应飞虎：《需要干预经济关系论》，《中国法学》2001 年第 2 期。

④ 黎江虹：《知识论视域下政府与市场关系之辨思》，《中外法学》2010 年第 1 期。

⑤ 金碚：《市场经济中程阶段的市场经济再学习》，《江淮论坛》2014 年第 1 期。

持该市场机制顺畅运行的自生能力。

三 商法机制中政府的功能定位转型

确立“使市场在资源配置中起决定性作用和更好发挥政府作用”的经济体制机制，以及“限定政府、余外市场”的关系结构模式，为商法建设中重构政府与市场的功能定位，确定了法律规范，得以反映社会经济现实的法律表达方式，即以合理限定政府权限为当前商事立法的侧重点或主导路径，相应地产生充分释放市场作用空间的法律效果。这也决定了对政府与市场在商法机制中功能定位的阐释方式，即只要能够清晰阐释政府的功能定位，市场的功能定位也就因其与政府的相关联系而伴随清晰了。

（一）在识别功能上政府由监护转向服务

由于政府具有最强的信息收集、处理和公开能力，并且具有超过单个市场主体的公信力，因此政府是最主要的发挥识别功能的公示平台，这一点并不因政府与市场关系的改变而改变。但是，政府发挥识别功能的理念、方法和效果却必须随着经济体制改革的深入和市场经济发展的需要而改变，尤其是在“使市场在资源配置中起决定性作用和更好发挥政府作用”的改革目标下，这种改变必须系统性地整体加速。

从改革开放以来商法有关识别功能的制度设计来看，充满法律父爱主义的立法关切，为发挥识别功能而给政府设置众多权限，使得政府实际上成为市场及其主体的“监护者”。（1）存在为能力最弱市场主体着想的立法想象。即在分析立法的社会需要时，以满足能力最弱市场主体的识别需求来设计制度措施，以致商法中集中了全部可能想象到的登记公示事项，并且规定了较高的强制性标准。例如，1993 年《公司法》对公司注册资本最低限额的规定，一是以当时国民收入来看其数额巨大，如股份有限公司注册资本的最低限额为 1 千万元；二是按照有限公司经营业务种类，分设不同的注册资本最低限额标准。[①] 作为这种制度设计假定的市场主体，显然是不大会做交易对象信用判断的市场主体。（2）以全体市场主体利益代

---

① 《公司法》（1993）第 78 条第 2 款、第 23 条第 2 款。

表自许的执法专断。即存在所有公示事项都是为了所有市场主体识别需要的立法假定，因而政府在商法授权体系下采取了一概严格的执法措施，而不管各种公示事项的识别功效与相关市场主体意愿。例如，依据《企业经营范围登记管理规定》（2004）第 4 条的规定，企业的“经营范围分为许可经营项目和一般经营项目。……一般经营项目是指不需批准，企业可以自主申请的项目”。但是其第 16 条却又规定：“企业从事未经登记的一般经营项目的，企业登记机关应当按照超范围经营依法予以查处。”企业经营范围中的一般经营项目既然不需要批准，自应属于企业自治范畴之内的事务。企业从事未经登记的一般经营项目，如果并未影响交易相对人对企业信用等的识别效果，那么政府就缺乏据以查处的法律与法理。但显然，政府在此情形中自我充当了全体市场主体利益的代表者，即使企业从事一般经营项目不需批准，企业仍然要向政府“申请”，否则就是影响整个市场主体的信用识别与判断，政府虽然没有行政许可法上的依据，也可“依法”予以查处。（3）为维持公示措施而不计成本。为维持政府在识别功能上的作用，社会负担了较高的实施成本。一是适格成本，为了满足成为某类市场主体的法定条件如注册资本条件，企业要承担较大的资金压力和资金使用效益上的损失。二是登记成本，大量的登记事项使得企业须负担大量的登记费用，特别是法定文件的制作费用，如为财务报告向注册会计师支付的费用。三是企业运营成本，如企业经营范围登记过于追求形式效力，一个稍大企业登记的经营项目往往有几十项，而且每有增减，就需要召开股东会或股东大会以修改章程，徒耗企业精力。

“法律父爱主义在当前中国有其存在的社会经济基础。”[①] 特别是在市场经济体制确立初期，市场体系不成熟，相关法律不健全，市场主体缺乏识别能力和抗风险能力，维持市场秩序的需要大于提升市场效率的需要，因此法律父爱主义在市场经济法律体系建设中也起到了积极作用。在此情势下，政府在识别功能实施中起监护作用，是市场经济发展过程中在所难免的。但是，商法机制运行其中的社会环境在当前已发生了很大的变化，政府在识别功能上的定位与作用也应随之变化。（1）市场体系已经进一步完善，市场经济法律体系的完备程度大幅度提高，对交易安全的维护更加

① 孙笑侠、郭春镇：《法律父爱主义在中国的适用》，《中国社会科学》2006 年第 1 期。

依赖市场运行和法律实施的系统效益，而不是单一制度的功效。（2）市场熟人化程度提高，具体企业多是在相对固定的领域与相对熟悉的相对人进行交易，不须再从整个市场陌生化的假定出发，为市场组织和交易规定较高的一般性识别标准。（3）当代信息化社会资讯发达，对交易相对人及其业务的识别，不再完全依赖于政府部门的登记事项。（4）信用识别与判断方面的社会中介服务更为发达，有大量的律师事务所、会计师事务所、信用评级机构等，用以满足企业在市场交易中的识别需要。（5）市场主体的信用判断和风险偏好的差异化加大，而政府只能提供一般性的识别方式，例如对公司注册资本数额的了解。对此，有的市场主体在识别时很重视，而有的市场主体可能并不在意。

只要有市场经济，市场主体就有依靠商法机制进行交易识别的需要，政府在发挥识别功能上的作用就不可替代。但是，政府必须根据“使市场在资源配置中起决定性作用和更好发挥政府作用”的理念和已经发生重大变化的市场经济及其法律体系现状，将其在识别功能上的监护角色转化为服务角色。（1）削减识别功效不大的公示事项，降低企业为配合识别需要而负担的成本。如 2013 年《公司法》修改时取消了一般公司的注册资本最低限额制度，取消了公司年检制度。有观点指出：“放松对公司资本制度的管制，凸显公司注册资本的股东自治属性，把应当由市场起决定性作用的因素彻底激活，成为我国公司资本制度改革的基本价值选择。”① “公司的年检制度被年度报告备案公示制度取代，削减了公司登记机关对公司运营状况的监督检查权责，同时也减轻了公司企业的运营负担。……事实上也让登记机关的职责向商业服务性部门方向转化。”②（2）根据市场主体的识别需要，设置更有利于市场主体识别的公示方式。如 2014 年颁行的《企业信息公示暂行条例》规定：“在工商行政管理部门登记的企业从事生产经营活动过程中形成的信息，以及政府部门在履行职责过程中产生的能够反映企业状况的信息”，要在工商行政管理部门组织建设的企业信用信息公示系统上予以公示。可见，政府功能定位转型后，市场主体对企业信用识别及相关政府工作的要求不是更低而是更高了。（3）政府在识别功能

① 参见邹海林《我国司法实务应对公司注册资本制度改革的路径选择》，《法律适用》2014 年第 5 期。

② 甘培忠、吴韬：《论长期坚守我国法定资本制的核心价值》，《法律适用》2014 年第 6 期。

上由监护转为服务，并不是减少事项、减少强制即可达到转型目标，而是要根据实现识别功能的需要，合理设置相关制度措施。如这次公司注册资本制度改革，除了募集设立的股份有限公司之外，以认缴资本制取代实缴资本制，公司在工商登记时，以认缴的出资额作为注册资本，[①] 并且不需提交验资报告。[②] 但实际上，这种公示措施的安排还是不周延的。因为在法律规定实行认缴资本制的情况下，公司仍得以自主选择实缴资本制。如果公司将其实缴的出资额予以登记公示，则必须提交相应的验资报告，否则，实缴资本的登记公示就没有实际意义。也就是说，如果公司选择认缴资本制，登记时就不需提交验资报告；如果公司选择实缴资本制，则必须提交验资报告。这既体现了公司在注册资本缴纳方式上的自主选择，也提高了注册资本公示的实际效用。因此，在企业登记制度的改革上，还需要进一步的机制探讨和措施谋划。（4）在商法机制的识别功能上，政府服务职责应当与市场化服务统筹协调。例如，促进企业信用评级、证券评级、主体资格认证等市场化转型，提高市场化评级机构、认证机构的公正能力和业务水平，使之与政府的信息处理能力和公信力相互配合，以提高我国整个市场的透明度与可参与性。

（二）在选择功能上政府由主导转向辅助

政府为市场整体利益而代为选择市场主体与经营项目是商法体系中常见的制度安排，主要就是商法中规定的大量审批或核准事项。例如，对证券公司、保险公司、商业银行、信托公司的设立及其业务许可，对公司设立条件曾经规定的较高注册资本数额，在公司资本制度中曾全面采行实缴资本制，对证券发行早前的审批与后来的核准，对证券公司、保险公司等主要股东规定的较高资格条件等，类似规定大量存在于证券法、保险法、商业银行法、银行业监督管理法等法律中。政府确认其行政相对人是否违法属于法律判断，而认定市场主体可否进入特定市场或从事特定业务则属于商业判断。对于我国的证券法、保险法、商业银行法、银行业监督管理法来说，其真正特点不仅是作为适用范围的市场或行业有特殊性，而且是

---

① 《公司注册资本登记规定》（2014）第 2 条第 1 款、第 2 款。

② 在申请公司设立登记时，《公司登记管理条例》（2014）第 20 条第 2 款、第 21 条第 2 款规定应提交的文件中，均未包括验资报告。

政府监管体制也有特殊性，比如其中包含大量的政府做商业判断超过法律判断的权限安排。

作为一种经济体制现实和商法实施现实，在我国“由政府机构进行商业判断是一种常态。……政府是否应当具有以及应当具有何种商事功能，是与政府所处区域的商事主体（民众、企业组织）的‘市场成熟度’有关”。[①] 确实，不成熟的市场主体对政府进行商业判断确有更大的需求甚至依赖，但这只是事情及其原因的一方面。依作者看来，政府应否进行商业判断更与政府本身的“市场成熟度”有关，即政府对市场机制的认识程度、对市场发展状况的掌握程度、对政府与市场应有关系的了解程度，决定了政府应否进行商业判断的场合、时机、方式和程度。

首先，依据前面对政府公正能力和专业能力的分析，政府未必具有超过一般市场主体的选择能力。其次，政府过多选择的结果可能造成市场竞争机制的体制障碍，因为能否进入或退出市场取决于政府的选择，市场主体得不到与市场发展相称的竞争机会，其竞争能力和竞争结果也得不到相应的市场反应。最后，政府得以行使选择权力的事项与标准也未必科学合理。例如，对于证券公司、保险公司设立时的主要股东，法律规定有“持续盈利能力”条件，[②] 但该项规定是否得当值得分析。一是证券公司、保险公司均采取实缴资本制，其主要股东足额缴纳资本即可，其自身是否有“持续盈利能力”与证券公司、保险公司的资信能力与经营状况没有必然联系；二是主要股东是否具有“持续盈利能力”，与其对证券公司、保险公司能否正面行使股东权利亦无必然联系，不能认定有“持续盈利能力”的股东就会对公司“行好”，而没有“持续盈利能力”的股东就会对公司“使坏”；三是证券公司、保险公司设立时具有“持续盈利能力”的主要股东，在公司设立之后却又失去“持续盈利能力”，此时对其持有的证券公司、保险公司股份将如何处置，却是一个难解的问题。可见，政府据以做商业判断、替代市场选择的法律规定，未必都是有充分道理的。政府过多替代市场选择与政府本身的“市场成熟度”不高确有关联，主要表现为政府对自身能力和市场机制了解的不透彻不实际。

---

① 蒋大兴：《隐退中的“权力型”证监会——注册制改革与证券监管权之重整》，《法学评论》2014 年第 2 期。

② 《证券法》（2005）第 124 条；《保险法》（2009）第 68 条。

在“使市场在资源配置中起决定性作用和更好发挥政府作用”的体制建构理念下，政府在选择功能方面的作用应当尽量限缩。（1）既然市场在资源配置中起决定作用，那么凡是市场主体根据市场机制能够作出选择的场合，政府就不必越俎代庖。（2）政府要多做法律判断，少做商业判断。政府要根据市场主体是否有违法违规行为，作出行政管理上的处理决定。例如，在认定证券公司、保险公司主要股东资格条件时，重点要审查其是否有重大违法违规记录；至于是否“有持续盈利能力”、“信誉良好”等商业判断，应由其他投资者和公司客户作出。（3）商法在选择功能的运用上，也要尽量减少“法律父爱主义”关切。一个市场主体是否资信品行俱佳以及是否在从事有价值的市场经营项目，应当由其他市场主体根据市场“接受—拒绝”机制自行判断。尽管我国当前的市场经济还不够成熟，但是“风险自担，责任自负，这是一个最根本的原则。……政府不必为投资者和相关当事人过多担忧”。[①] 因为一个市场或市场主体不是通过逻辑推理而成熟起来，而是通过经验包括屡受挫折的经验而成熟起来。（4）当然，在商法机制的选择功能方面也要“更好发挥政府作用”，在易于发生系统性风险的场合，或者易于造成公众投资者大规模损失的场合，政府还是应当适度发挥其选择作用。例如，对从事证券、保险、银行等金融业务的准入许可，对从事这类行业的公司设定较高的实缴注册资本最低限额等。但是，政府基于商业判断的选择权限必须居于辅助地位，是在市场机制不能有效发挥选择作用时才可以行使的权力。

（三）在规制功能上政府由管制转向治理

我们已经认识到：“始于1979年的经济体制改革，在由高度集中的计划经济体制向社会主义市场经济体制转变中，就是不断放松管制（或曰‘规制缓和’、‘政府适度干预’），扩大营业自由。”[②] 但是至今为止，我国商法体系的特点之一就是其中仍然存在大量的政府管制内容。例如，“尽管公司法应当坚持和彰显私法自治的理念，政府管制仍是公司立法的重要

---

① 参见王保树《经济体制转变中的公司法面临的转变》，载王保树主编《商事法论集》（第5卷），法律出版社，2000，第5—6页。

② 王保树：《竞争与发展：公司法改革面临的主题》，《现代法学》2003年第3期。

内容之一”。[①] 又如，“我国银行监管法律体系存在规则监管过度、安全目标偏重、行政权力独占、监管方式僵化、监管权力不清、监管标准不一、监管措施不当、信息披露弱化的问题”。[②] 再如，在上市公司证券发行时，“无论是‘审核制’还是‘核准制’仍在事实上蕴含着政府对证券发行进行‘供应管制’与‘价格管制’的行政管理思路”。[③] 能说明这方面问题的商法制定法上和学术观点上的例子，不胜枚举。归纳起来，就是在商法机制的规制功能上，政府基本上采取了严格管制的理念与措施。

政府以管制理念与措施来实施规制功能的主要表现包括以下三个方面。（1）政府管制在整个市场规制体系中居于中心地位。以证券法为例，其实施机制以行政为主导，其中有关投资者权益保护宗旨，有关市场秩序维持的措施，主要是通过证监会的执法活动实现的，而证券市场上的自律机构（如证券业协会、证券交易所等）未能发挥出应有的作用。（2）在商法上的法律责任体系中，行政法律责任制度居于核心地位。例如，证券法、保险法上的“法律责任”章，基本上就是行政法律责任章；追究行政法律责任的措施多样，诸如责令改正、给予警告、予以取缔、行政罚款、没收违法所得、责令停业整顿、吊销业务许可证、撤销任职资格或从业资格、市场禁入等；在实践中也基本上通过追究行政法律责任来维持市场秩序，民事责任的制度功效不昌而事实上成为法律责任制度体系的“短板”。[④]（3）政府对市场监管仍然采取行业监管的老套路，虽然近来开始提倡功能监管的理念，但相应的制度体现仍然滞后。例如，证监会对于证券公司、证券交易所，保监会对于保险公司，银监会对于银行等金融机构，其监管权力已深度介入这些企业的治理结构与经营活动内部，俨然计划经济体制下的行业主管部门。

在“使市场在资源配置中起决定性作用和更好发挥政府作用”的体制下，依然需要政府在市场规制体系中发挥其重要作用。但市场起决定作用下的市场规制体系应当以市场参与者共同治理为本质特征，而非以政府管

---

① 邹海林：《2007年商法学重大问题研究述评》，《社会科学管理与评论》2008年第1期。

② 杨松：《后金融危机时代银行法面临的问题及其完善》，《法学杂志》2010年第11期。

③ 郑彧：《论证券发行监管的改革路径》，载《证券法苑》（第5卷），法律出版社，2011，第154页。

④ 参见陈甦、陈洁《中国证券法律责任制度实施效果评析》，载《中国法治发展报告》［No.12（2014）］，社会科学文献出版社，2014，第109页以下。

制为本质特征。商法建构的市场规制治理体系应当包含四个层面：一是自我规制，即市场主体根据法律的规定，通过自觉遵守法律实现市场秩序，例如根据公司法的规定完善公司治理结构，根据证券法的规定开展证券业务；二是相互规制，即市场主体之间根据商法规定建构其权利义务关系，通过向违法一方追究民事责任的法律机制实现市场秩序；三是自律规制，即市场自律团体（如行业协会、证券交易所）根据自治规范实行团体自律，以实现所在行业领域的市场秩序；四是政府规制，即政府根据商法规定的权限严格执法以实现市场秩序，政府在市场规制体系中的作用是协同而非统治的，政府规制是有机存在于其中而非外在强行介入的。

在商法机制的规制功能上，要实现政府规制从管制向治理的转型，应当在以下几方面采取措施。（1）改变政府规制理念与规制措施。例如，为“提高证券市场监管效能，由行业监管与功能监管并重转变为功能监管为主、行业监管为辅，由全面监管向有效监管转型，降低市场监管成本，提高市场监管效益”。① 这一建议也适用于其他领域市场监管体制的改革。（2）对政府规制的权限实行“减、放、转”。“减”就是根据市场起决定作用的规制需要，尽量减少不必要的政府规制权力。“放”就是充分发挥市场自律团体的规制作用，对于市场自治团体可以规制好的事项，政府应当将相关权限下放给市场自律团体。例如，对于专业人员任职资格的取得或撤销，特定市场从业人员的市场禁入处罚等，这些权限最好下放给行业协会行使。“转”就是政府对市场活动的规制，应当由“正面清单”管理转向“负面清单”管理。（3）加强市场自律团体的建设，使之能够承接政府下放的市场规制权力。例如，证券交易所既是证券市场上的集中交易机构，也是证券市场起自律规制作用的机构。但是，“从我国法律法规的规定以及目前实践看，我国的证券交易所已经成为政府监管机关的附属机构，交易所缺乏独立性”，② 因而难以有效实现其自律规制功能。“市场起决定作用”包括市场自律团体起到应有的规制作用，因此应当将证券交易所转制为真正独立的市场主体，使其依法依章程独立地发挥所在领域的市场规制作用。在这里，树立市场主体也能发挥相当于政府规制作用的信心

---

① 陈甦、陈洁：《证券法的功效分析与重构思路》，《环球法律评论》2012 年第 5 期。

② 谢增毅：《政府对证券交易所的监管论》，《法学杂志》2006 年第 3 期。

是十分重要的，因为“在自发追求和竞争压力下，交易所必然不断寻求提高监管水平的措施，积极应对证券市场的迅速变化和需求，从而有助于形成更为有效的证券监管体系。而政府监管则因为没有竞争压力和自发需求，而往往处于过度监管或者监管不足的局面”。[①] 或许这样的认识对整个商法领域中的市场规制体系建构，都是很有意义的。

（四）在调控功能上政府由直接转向间接

如前所述，在我国商法中仍然包含旨在调控市场的法律规范，政府则根据这些法律规范实施调控功能。商法机制中的调控功能体现在诸多方面，一是推动市场的发育与发展，例如“我国的证券市场在很大意义上是借助政府的推动发展起来的”；[②] 二是稳定市场的扩张程度与速度，如对证券发行与上市实行计划控制；[③] 三是调整市场的活跃程度，如商业银行法对存贷款利率上下限制度的规定；[④] 四是调整市场结构，如证券法在2005年修改时，废除了原证券法对融资融券交易方式的禁止，规定“证券交易以现货和国务院规定的其他方式进行交易”；[⑤] 五是调整市场领域的所有制成分，如2012年中国银监会发布《关于鼓励和引导民间资本进入银行业的实施意见》，表明民间资本是在一种受调控状态下进入银行业的。

尽管在当前的政府职能转变中，政府干预市场经济的审批权限已经大幅度削减，但是在商法机制中，政府调控市场的直接性却依然明显存在。其一，政府的市场监管机构直接实施市场调控功能，将市场监管权与市场调控权集于一身。实际上，市场监管的功能目标与市场调控的功能目标并不总是一致，侧重市场调控可能导致市场监管出现偏差，侧重市场监管则可能导致市场调控发生失当。其二，政府相关部门通过设立审批和业务许可，直接调控市场结构、规模、活跃程度和所有制成分。例如，根据银监会《关于鼓励和引导民间资本进入银行业的实施意见》（2012）第1条第

---

① 彭冰、曹里加：《证券交易所监管功能研究》，《中国法学》2005年第1期。

② 高西庆：《论证券监管权》，《中国法学》2002年第5期。

③ 虽然1998年证券法规定股票发行采用核准制，但在其实施后的几年里，对股票发行仍然实行有计划经济色彩的“通道制”。参见陈洁《证券法》，社会科学文献出版社，2006，第63页。

④ 《商业银行法》（2003）第31、38条。

⑤ 《证券法》（2005）第42条。

（二）项的规定，“民营企业参与城市商业银行风险处置的，持股比例可以适当放宽至20%以上”。显然，政府对民营资本进入银行业有严格的持股比例限制，但是，这种限制既没有《商业银行法》上的明确根据，也有违市场主体地位平等的市场经济原则。其三，政府通过审批事项范围的扩大化，直接扩大对市场的调控范围。例如，保监会在审批保险公司设立分支机构时，要求申请人提交“拟设机构三年业务发展规划和市场分析材料”，[①] 显然保监会要据此作出商业判断，然后再根据商业判断结论作出批准或不批准的决定。

在“使市场在资源配置中起决定性作用和更好发挥政府作用”的改革理念下，商法机制中的政府调控功能应当转型。首先，将市场调控权力从商法规定的政府监管机构权限中剥离出去，使政府的市场监管机构不再直接行使调控权力。其实，在证券法、保险法、商业银行法、银行业监督管理法中，并无明文规定相应监管机构拥有市场调控权力，只是这些机构在履行监管权力时，往往以维护市场秩序为由扩张行使其市场调控权力。这是政府行政权力具有天然扩张性的一个典型例子。其次，根据“市场在资源配置中起决定作用”的理念，充分释放现行商法为市场发展保留的制度空间，政府不应再固守让这些法律空置的调控政策。例如，根据《证券法》的相关规定，证券交易所可以采取会员制也可以采取公司制，其设立也没有法律上的数量限制。在上交所和深交所之外再设立证券交易所，将证交所改制为公司制等，这类市场需求与要求肯定是存在的，政府不应基于管制方便和调控容易的考虑而人为限制证券市场发展。再次，继续修改现行商法中阻碍市场机制运行和市场发展的规定，避免政府调控权限的划分成为市场人为分割的体制障碍。例如，《证券法》（2005）第6条、《保险法》（2009）第8条都规定了证券业、保险业、银行业、信托业实行分业经营、分业管理的体制，但是这种分业经营、分业监管本身就是对关联性很强的金融市场进行人为的分割，除了方便政府监管部门行使权力以外，既阻碍了综合金融的市场发展，也提高了市场监管成本。因此，应当修改相关法律，废除分业经营、分业管理的体制，将继续分业经营还是混业经营的选择，留给市场机制和市场主体决定。最后，在商法机制中如果

① 《保险法》（2009）第75条。

还必须保留一些政府调控功能，那也应当由直接调控转为间接调控。例如，将行业市场发展的规划与促进等事务，交由行业协会负责，政府通过监督指导行业协会来实现市场调控功能。再如，对证券市场运行的调控，还可以让证券交易所承担部分职责，证监会通过审核证券交易所的上市条件和业务规则等，实现对证券市场发展的间接调控。如果真正坚持上述理念并付诸实践，在我国市场领域发生政府监管权限减少和监管机构合并，将是可期待的前景。

“完备的商法制度是保障市场经济正常运转的基本要求，没有完备的商法规范就没有规范的市场经济制度。”① 在全面深化经济体制改革的今天，践行“使市场在资源配置中起决定性作用和更好发挥政府作用”的理念，必然要求商法根据变化了的社会经济现实继续不断完善，以实现商法范畴中政府与市场关系的合理化、制度化。以上分析表明，按照社会经济发展需要建构商法机制，合理设置政府与市场在其中的功能定位，商法可以更加合理、更为协调、更有实效。

（本文原载于《中国法学》2014 年第 5 期）

① 赵万一、赵吟：《论商法在中国社会主义市场经济法律体系中的地位和作用》，《现代法学》2012 年第 4 期。

完善我国市场经济法治环境的两个基本点

邹海林*

没有完善的市场经济法治环境，就不存在真正的市场经济。经过三十多年的改革与发展，我国在建立和健全市场经济法治环境方面，取得了一定的成绩，但是距离完善的市场经济法治仍然有相当的距离，其不足主要表现为：政府和市场的关系缺乏规矩，不同所有制的经济成分在参与市场的资源配置活动和分享市场的资源配置成果时的地位不平等。党的十八届三中全会发布了《中共中央关于全面深化改革若干重大问题的决定》（下称《决定》），其中关于改革的长远目标就是要建立和健全完善的市场经济法治环境，建成社会主义法治国家。以全面深化改革为契机，完善我国市场经济法治环境应当立足于两个基本点的改革和创新：一是政府和市场之间的关系应当如何定位；二是应当如何构建平等对待非国有经济（包括农村集体经济和非公有制经济）发展的法治环境。

我国市场经济法治环境的首要问题，是要改革和改善政府和市场的关系。十八届三中全会提出，经济体制改革的核心问题是处理好政府与市场的关系，使市场在资源配置中起决定性作用。在这个意义上，市场的决定性作用是内生的和固有的，而政府的作用只能是法律赋予的。我国目前的情形相当复杂，中央政府和地方政府对于市场的资源配置，实际上正在发挥着决定性的作用，而其依据多源自中央政府颁布的行政法规以及各级政府发布的部门规章，以致形成了政府过度参与市场资源配置的现象，如各

---

* 邹海林，男，1963 年生，新疆阿克苏人，现为中国社会科学院法学研究所商法研究室研究员，博士生导师，研究方向为民商法和经济法。

地方政府持续推出的限购“商品房”的各种措施。原本应当是全国统一的资本、劳动力和商品市场，因为政府的过度参与，被划分为“区域市场”或“条块分割的市场”。政府参与市场的资源配置，若不加以管束，不仅妨碍我国统一市场的制度建设，妨碍政府职能的转变，而且极大地削弱市场在资源配置中的决定性作用。要解决政府和市场的关系问题，在意识形态和制度层面应当全面落实“法无明文禁止即可为”的原则，政府要参与市场的资源配置并发挥作用，应当有法律的明文规定和具体规定。我国法律对于政府行为退出市场少有限制性的规定，这就为政府行为退出市场留下了空间。但是，我国法律恰恰缺乏限制政府行为参与市场资源配置的规定，这又为政府行为不愿意退出市场提供了理由。市场经济的法治环境要求政府仅仅“为”那些法律已经明文规定政府应当“为”的行为，通过人大立法逐步规范政府参与市场资源配置的行为，当为完善我国市场经济法治环境的前提条件。再者政府在市场环节所发挥的作用应当是有限的，法治国家的基本标准是要限制政府参与市场资源配置的方式与强度，以最大限度地保护各种经济成分在市场资源配置领域的权利和利益。另外，政府行为能否有效地退出市场的资源配置领域应当成为衡量我国市场经济法治环境完善程度的最为重要的参数。

构建平等对待非国有经济发展的法治环境，则是一个更深层次的基础问题。十八届三中全会提出，公有制经济和非公有制经济都是社会主义市场经济的重要组成部分。既然公有制经济和非公有制经济都重要，那在法律上就不应当区分彼此，应当一视同仁。公有制经济和非公有制经济在发展社会生产力方面的实际作用的确有所不同，但不应当影响它们均具有的参与市场资源配置的平等地位，法律保护非公有制经济的方式和效果应当与保护公有制经济的力度相同。一方面，在意识形态领域应当平等对待公有制经济和非公有制经济；另一方面在制度的设计和运行层面，应当着力于落实公有制经济和非公有制经济的平等保护措施。

首先，我们应当注意到，对非公有制经济提供平等保护，曾经是我国制定和颁布物权法时着力解决的一个问题，但物权法所规定的所有权平等保护，并没有在我国的经济生活中得到有效贯彻的原因相当复杂。事实上，非公有制经济与公有制经济的平等保护问题，并不仅仅是一个所有权的平等保护问题（尽管这个问题尤为重要），但平等保护不同所有制的经济成分，核心问题则是为不同所有制的经济成分提供其参与和分享市场资源的同等法治环境。只有将公有制经济和非公有制经济置于同一个且没有差别的法治环境中，我们才能说为非公有制经济提供了与公有制经济相同的法律保障。否则，就没有基础言及非公有制经济的平等保护，也就难以落实市场经济法治。

其次，平等对待非国有经济发展的法治环境，应当逐步消除我国现行法律中普遍存在的区分不同所有制经济成分而实行的各种差别制度。在我国现阶段，不仅在公有制经济和非公有制经济之间，存在法律保护上的差别，而且在公有制经济的领域内，同样存在国有经济和非国有的“集体经济”在法律上的差别。如何消除这些差别，首先应当对我国既存的区分不同所有权的法律结构予以重新认识，真正实现所有制在法律上的实现方式的无差别——所有权平等，并以此为基础，逐步建立和健全同等适用于各种所有制经济成分的市场准入条件以及自由和公平竞争的市场规则。

再次，完善市场经济法治环境的一个不容忽视的方面，是要提升我国农村集体经济（农民）参与市场资源配置的地位，在法律上切实保护其权利和利益。农村集体经济（农民）的权利保护，应以农村集体所有的土地的权利保护为中心。农村土地的权利保护决定着我国社会和经济发展的历史命运，是检验全面深化经济体制改革的试金石，过去那种以剥夺和排挤“农民”财产权作为我国市场经济发展的代价的时代应当彻底结束。农村土地权利的保护若得不到落实，我国未来的深度经济发展以及城镇化道路将没有基础。在肯定城市的土地国有的既有历史和现实的基础上，应当允许农村集体所有的土地融入城市。在继续推行土地所有与土地使用的分离制度的过程中，平等对待国家所有的土地与集体所有的土地，农村土地的承包经营权制度要进一步完善，并建立集体所有的土地的建设用地使用权制度。特别是，应当创造条件限制并最终禁止对农村集体所有的土地的征收。与此相适应，我国应当采取积极的法律措施落实农民（农村集体经济组织成员）对于集体所有的土地和其他不动产的支配利益的分享，将其抽象的集体所有的利益份额化。

最后，构建平等对待非国有经济发展的法治环境是一个漫长的过程，尤其是消除不同所有制经济成分在法律上的差别，只能逐步完成。那么国有经济成分和非国有经济成分已经形成的事实差异，呈现出国有经济成分和非国有经济成分在市场资源配置方面的“强弱”区分，这就要求我国的法律改革应当为平等保护非国有经济的发展提供更为积极的制度工具，赋予非国有经济更广的生存和发展空间。相对于国有经济成分而言，对于非公国有经济参与和分享市场资源配置的权利和利益，我国法律应当以“鼓励”、“支持”和“保护”为立足点，提供促成非国有经济的生存和发展的便利制度措施，例如灵活的企业资本制度、多样化和自主选择的企业治理结构、无歧视的融资工具、自主决定收益分配等。这些措施将有助于提升非国有经济长期以来因为制度以及经济现实所形成的弱势地位。这方面的法律改革，是完善我国市场经济法治过程中必不可少的内容，然其将促成平等对待非国有经济发展的法治环境，最终被完善的市场经济法治所吸收。

（本文原载于《环球法律评论》2014 年第 1 期）

经济转型、经济创新与经济法的“刚柔并济”

肖　京*

一　引论

这是一个转型的新时代。经历了三十多年的改革开放，我国的经济与社会发生了翻天覆地的变化。然而，时代在前进、世界在变化，三十多年的改革发展历程同时也意味着旧有的经济与社会发展模式必将归于终结，新的经济与社会发展方式开始走向历史舞台。经济与社会的转型已经成为当今时代的主题，与此相伴的还有政治、法治、文化等方面的各种转型。转型，是我国经济与社会发展的必然选择。

这又是一个创新的新时代。创新是人类文明发展的内在动力，是民族的灵魂之所在，技术创新、制度创新、思维创新无时不在推动人类历史的发展。党的十八大报告也明确指出，“实施创新驱动发展战略”。在经济领域、社会领域、政治领域、法治领域、文化领域，各种层面的创新不断推进，由此形成了各具特色而又紧密联系的经济创新、社会治理创新、政府治理创新、法治创新、文化创新。创新，是我国当前经济与社会发展的必由之路。

年轻而有朝气的经济法，始终与时代的最新气息紧密相连，与我国经济与社会的最新发展息息相关。党的十八届四中全会指出，“必须更好发挥法治的引领和规范作用”，“发挥立法的引领和推动作用”。经济法作为

---

* 肖京，男，1977年生，河南泌阳人，现为中国社会科学院法学研究所经济法研究室助理研究员，研究方向为经济法。

我国社会主义市场经济法律体系的重要组成部分，应当始终以引领和促进经济的协调发展为其重要目标。面对当前经济新常态下的经济转型与经济创新及其所带来的各种新问题和新挑战，经济法也必须进行理论与制度的创新，以有效回应经济转型与经济创新过程中所产生的各种经济法律问题，引领和规范我国经济转型与经济创新的顺利推进。

需要注意的是，当前经济新常态下的经济转型与经济创新，既对我国经济法的发展提出了严峻的挑战，也为经济法的发展提供了难得的历史机遇。经济法是具有高度灵活性的法律部门，应该在法治的引领作用方面大有作为。在这个机遇与挑战并存的关键时期，我们恰逢其时。创新经济法理论与制度，是每一位经济法理论研究人员的历史责任。有鉴于此，本文拟从我国当前经济新常态下的经济转型与经济创新等基本问题出发，分析经济转型与经济创新对我国经济法的挑战，探讨引领和规范经济转型与经济创新的经济法路径，以期推动我国经济法理论研究进一步走向深入。

二　经济新常态、经济转型与经济创新

经济新常态、经济转型与经济创新是当前经济学界普遍使用的词汇，各自具有独立的特殊含义。准确把握以上词语的基本内涵，对于揭示它们相互之间的内在逻辑联系，梳理我国经济发展的核心问题，具有十分重要的意义。

（一）对“经济新常态”的基本认识

1.“经济新常态”一词的由来

“经济新常态”是近两年我国经济学理论界与实务界广泛使用的词汇，具有特殊的含义。据学者们考证，“新常态”的概念最早由美国华尔街经济学家于 2009 年提出：“当时的判断是，在未来相当长的一段时间里，美国跟其他发达国家会进入低增长、高失业的状态，金融市场上的投资风险非常高，平均回报率非常低。”① 在我国，“经济新常态”由国家主席习近

---

① 林毅夫：《新常态下中国经济的转型和升级：新结构经济学的视角》，《新金融》2015 年第 6 期，第 4—8 页。

平最早提出。2014 年 5 月，国家主席习近平在河南考察时首次提出我国经济进入新常态，“经济新常态”一词开始进入人们的视野。由此可见，“经济新常态”现象不为我国所独有，但我国经济的新常态，无论是从来源还是从具体含义方面，都与其他国家的经济新常态有着明显的区别。

2. 经济新常态的基本特征

2014 年 11 月 9 日，习近平在 2014 年亚太经合组织工商领导人峰会上，发表了题为《谋求持久发展共筑亚太梦想》的主旨演讲，进一步对“经济新常态”的基本特征进行了较为详细的论述。习近平指出：“中国经济呈现出新常态，有几个主要特点。一是从高速增长转为中高速增长。二是经济结构不断优化升级，第三产业、消费需求逐步成为主体，城乡区域差距逐步缩小，居民收入占比上升，发展成果惠及更广大民众。三是从要素驱动、投资驱动转向创新驱动。”[①] 这一论述充分表明，在我国官方文件中，“经济新常态”是与经济转型、经济结构优化、经济创新等问题具有内在密切联系的、具有特殊含义的经济学用语。

3. 学界对“经济新常态”的理解与阐释

“经济新常态”一词提出之后，在学界引起了广泛的影响。学者们开始进一步深入研究经济新常态下的中国经济问题。虽然学者们对“经济新常态”的具体理解存在一定的差异，但大都认可经济新常态下经济转型和经济创新的必要性和重要性。例如，有学者侧重于强调经济新常态与经济规律之间的关系，从经济规律的角度认识经济新常态，认为经济新常态就是按照经济规律办事。[②] 而有的学者则从新结构经济学的理论出发，侧重于从经济结构的角度理解经济新常态，强调外部结构对我国经济新常态出现的决定性作用。[③] 该学者进一步认为，对于经济新常态的出现不必过于悲观，[④] 经济新常态下政府应当把推动经济发展的抓手和着力点放在对不同类型产业的具体调整方面，根据各种产业的特性，发挥好市场和政府

---

① 习近平：《谋求持久发展共筑亚太梦想——在亚太经合组织工商领导人峰会开幕式上的演讲》，《人民日报海外版》2014 年 11 月 10 日。

② 参见厉以宁《新常态就是按照经济规律办事》，《人民政协报》2015 年 1 月 20 日。

③ 例如，有学者认为，经济新常态的出现固然有国内结构的问题，但主要是由外部结构的问题所引发的，理由是当前世界许多国家的经济都进入了中低速发展时期。具体分析可参见林毅夫《什么是经济新常态?》，《领导文萃》2015 年第 4 期，第 32—34 页。

④ 参见林毅夫《新常态下经济热点问题辨析》，《财经界》2015 年第 6 期，第 49—51 页。

“两只手”的作用，推动产业转型升级。[①]

4. 对“经济新常态”的基本共识

以上对于“经济新常态”不同维度的解读，一方面加深了对于“经济新常态”的认识，另一方面也有助于形成学界对“经济新常态”问题的基本共识。例如，虽然对于今后我国经济增长的具体速度认识方面存在一定的差异，但学界一般都认可，在经济新常态下，我国经济发展的速度不可能再保持以前的超高速增长。又例如，虽然对我国今后经济发展的乐观度问题方面的表述存在一定的分歧，但大都认可通过对经济结构方面的调整和对经济创新的强调，我国完全能够走出一条新的具有中国特色的经济发展之路。再例如，学界虽然对于经济新常态下我国经济调整的具体方式和方法的理解方面存在一定的不同意见，但一般都认可政府对于经济的宏观调控和适当干预。学界的这些共识，也恰恰是本文讨论的基本逻辑起点。

（二）我国的经济转型问题

经济转型是世界每个国家都遇到或曾经遇到过的必要环节。在传统的经济学理论中，经济转型一般是指农业向工业的转型以及农业社会向工业社会的转型。这一转型对于一个国家的经济现代化具有十分重要的意义。在我国，经济转型除了传统意义上的从农业社会向工业社会的转型之外，还包括从计划经济体制向市场经济体制的转型，是一种双重的“经济转型”。这种“双重转型”为转型增加了难度。

我国的经济转型从改革开放就已经开始了，发展至今，已经到了最后的攻坚阶段。在推行经济双重转型的过程中，积累了一定的宝贵经验。有学者把这些经验概括为八个方面：体制转型是双重转型的重点；思想先行；产权改革是最重要的改革；在经济增长的同时改善民生；必须不断自主创新、产业升级；必须不断提高经济质量；城镇化是今后若干年内最有潜力的投资机会；大力发展民营经济。[②] 进一步推动经济转型是我国当前经济发展所面临的重要课题。

在我国当前的经济转型中，经济结构的调整十分重要，甚至比经济总

---

① 参见林毅夫《新常态下政府推动经济发展的着力点在哪里》，《人民政协报》2015 年 8 月 11 日。

② 厉以宁：《中国经济双重转型之路》，中国人民大学出版社，2014，第 2—4 页。

量更重要。[①] 无论是在从农业社会向工业社会的转型，还是从计划经济体制向市场经济体制的转型，结构的调整都具有十分重要的意义。[②] 正如有些学者指出，经济转型是关系到我国发展全局的战略抉择；经济转型的关键是解决发展中的产业结构矛盾、需求结构矛盾、地区结构矛盾、城乡结构矛盾、收入分配结构矛盾等深层次矛盾；经济转型的核心是推进经济结构战略性调整；经济转型的必要条件是相机抉择搞好宏观调控；经济转型的根本途径是全面推进改革开放。[③]

（三）我国的经济创新问题

“经济创新”已经成为当前经济理论中普遍使用的经济学术语，然而，有关经济创新的经济学理论产生的历史并不算长。一般认为，奥地利经济学家熊彼特最早明确将创新引入经济学分析的范畴。作为早期的经济创新理论，熊彼特所指的创新是指建立一种新的生产函数，主要表现为生产要素的重新组合、新的企业组织形式以及新的商品和市场的开拓等方面。“对于创新，熊彼特给出了三个假设：一是创新往往产生于新的工厂和设备的建立或者旧设备的技术的改造；二是创新是新企业建立的一种有目的的行为；三是创新是与企业家领导能力相结合。”[④] 由此可见，熊彼特的经济创新理论主要侧重于从技术创新的角度来理解创新，其研究的范围也主要是涉及经济增长理论、产业理论以及企业组织行为理论等方面。

随着人们对经济创新认识的逐步深入，制度方面的创新日益成为经济创新研究的重要领域。以道格拉斯·诺斯为代表的制度经济学派，从制度变迁和组织创新的角度，对经济创新进行了研究。制度经济学派注重从制度因素与企业技术创新和经济效益之间的关系来分析，强调宏观层面的制度创新是创新理论的内在本质，这是对传统经济创新理论的一种深化。

---

① 参见厉以宁《结构调整比经济总量更重要》，《北京日报》2014 年 10 月 27 日。

② 例如，有学者在分析农业工业化问题中，牢牢抓住了“结构转换中的选择”这一核心问题。参见厉以宁等《走向繁荣的战略选择》，经济日报出版社，2013，第 137—172 页。

③ 参见王敏《中国经济转型战略研究》序言，中国言实出版社，2013，第 3—14 页。

④ 参见沈开艳主编《结构调整与经济发展方式转变》，上海社会科学院出版社，2012，第 184—185 页。

（四）经济新常态下的经济转型与经济创新

由以上分析可以看出，无论是在国内还是国外，无论是从理论还是实践，经济转型与经济创新都不是绝对意义上的新问题。但是，在我国当前经济发展新常态下，经济转型与经济创新却比以往任何时候都具有更加特殊的意义。

由前文分析可以看出，所谓“经济新常态”，一般认为是特指我国经过三十多年改革开放的超高速发展阶段，目前已经进入经济发展的新常态阶段，也即中高速发展阶段，这就是所谓的“经济新常态”。很明显，“经济新常态”是相对于以往的经济“非常态”而言。虽然理论和实务界都对我国以前的经济发展方式多有诟病，① 但是不可否认的是，这种经济的“非常态”恰恰是经济发展的超高速阶段。同样不可否认的是，这种经济的“新常态”恰恰对应于我国当前经济发展的中高速阶段，② 而这种经济发展速度的大幅度下滑又是一种不以人们的意志为转移的客观事实。由此观之，“经济新常态”外在表现为实实在在的经济发展速度大幅度下滑。经济发展速度的下滑将严重影响到经济与社会的方方面面，以前被超高速经济发展所掩盖的各种问题与矛盾将进一步凸显，经济危机、社会危机甚至政治危机出现的可能性会进一步加大。因此，如何有效应对经济发展速度下滑所带来的负面影响是我们迫切需要面对的重大课题。

问题解决的路径在哪里？概括来讲，就是经济转型和经济创新。从中央对“经济新常态”所概括的三点基本特征来看，只有第一点也即“从高速增长转为中高速增长”是对我国经济基本现状的事实描述。第二点的特征也即“经济结构不断优化升级，第三产业、消费需求逐步成为主体，城乡区域差距逐步缩小，居民收入占比上升，发展成果惠及更广大民众”，

---

① 例如，十八大报告就明确指出了我国经济发展中的一些主要问题，认为我国经济“发展中不平衡、不协调、不可持续问题依然突出，科技创新能力不强，产业结构不合理，农业基础依然薄弱，资源环境约束加剧，制约科学发展的体制机制障碍较多，深化改革开放和转变经济发展方式任务艰巨”。

② 经济学界学者们对于未来经济的预测和判断存在一定的分歧，有学者认为我国的经济虽然不会像以前一样超高速发展，但仍然存在可观的发展潜力，未来一定时期内仍然可以实现中高速的发展；而有的学者则认为，在今后相当一段时期内，我国的经济发展将在中低速徘徊。无论是何种判断，其共同之处在于，都在一定程度上否认了今后一段时期我国经济的超高速发展的可能性。

实质上是在讲以调整经济结构为中心的经济转型。第三点的特征也即“从要素驱动、投资驱动转向创新驱动”实质上是在讲经济新常态下的经济驱动问题，即经济创新问题。

由以上分析可以看出，中国对于经济转型和经济创新的渴求，是当前经济新常态下的必然要求。当然，这种对转型和创新的客观要求，并不一定是件坏事。经济发展新常态的出现，为我国经济的顺利转型提供了良好契机，同时也对我国经济创新的力度提出了更高的要求，从长期来看，是有利于我国未来经济发展的。正如传说中的凤凰之涅槃，浴火之后方能重生，开启新的生命之门。

总之，经济转型与经济创新是我国当前经济新常态下具有高度关联性的两个重要问题，也是开创我国未来经济发展广阔路径的核心关键点。作为与我国经济发展紧密相连的部门法，经济法必须对于当前经济新常态下的经济转型与经济创新作出有效的回应，这也是本文下面所要论述的问题。

三　经济转型与经济创新对经济法的新挑战

由以上分析可以看出，在当前经济新常态下，经济转型与经济创新是紧密相连、同步推进的。而经济转型与经济创新的双重推进，则对我国经济法的理论和制度提出了全方位的新要求和新挑战。[①] 这些新要求和新挑战既有理念方面的，也有具体制度方面的；既有宏观方面的，也有微观方面的；既有中央全局层面的，也有地方局部领域的。总结起来，经济转型与经济创新对经济法的新挑战大致可以概括为以下几个方面。

（一）对经济法理论方面的挑战

经济新常态下的经济转型与经济创新对经济法的挑战，首先体现在对于经济法理论的挑战。[②] 这种挑战是宏观性、全局性、基础性的挑战。可

---

① 有关国家经济改革的大政方针对于经济法理论研究影响的研究，可参见张守文《“改革决定”与经济法共识》，《法学评论》2014 年第 2 期，第 13—24 页。

② 我国当前的经济改革对于经济法理论研究的影响是十分深远的，在很多时候，深化经济改革使得经济法理论研究必须跳出经济法原有的体系框架，上升到更高的层面。关于全面深化改革对于经济法理论深化的影响的论述，可参见张守文《“深改”背景下的经济法理论深化》，载《经济法研究》（第 15 卷），北京大学出版社，2015，第 30—35 页。

以说，经济转型与经济创新对于经济法实务领域中的每一项具体新需求，都是对经济法理论直接或者间接的挑战。总体来看，这些对经济法理论方面的挑战可以概括为以下三个方面。

一是经济转型与经济创新对经济法的价值和理念方面的挑战。经济法的基本价值和理念大致可以概括为对效率、公平和秩序的追求。① 但在这些基本价值之间的具体的平衡方面，仍然存在较大的弹性限度。经济新常态下的经济转型需要重新调整这些不同价值追求之间的相互关系。例如，在经济转型的特殊时期，对于公平和效率之间如何有效平衡？在经济创新过程中，对于效率和秩序之间如何把握尺度？在经济转型和经济创新中，对于经济法的引领与规范功能的界限在何处？这些在经济转型和经济创新中出现的新问题，都需要经济法在理论方面予以明确的回应。

二是经济转型与经济创新对经济法功能方面的挑战。对于经济法的功能，可以从多个方面进行理解和把握。② 经济法的功能按照其作用的领域，大致可以划分为政治功能、经济功能、社会功能、文化功能、生态功能等不同类别。经济转型意味着对原有格局的打破和对新格局的确立，而经济创新同样意味着对旧格局的突破，这就必然带来经济法各项功能之间的组合与再组合。也就是说，经济新常态下的经济转型与创新，需要经济法对其以上多项功能之间的综合平衡进行更加全面、科学的顶层设计，这对经济法从功能方面提出了新要求和新挑战。

三是经济转型与经济创新对经济法理论阐释力方面的挑战。经济法理论对于经济法实践的阐释力度始终是经济法理论研究所面临的核心问题。这对当前经济新常态下的经济转型与经济创新而言，显得更加迫切和必要。经济转型和经济创新意味着一些新的经济法实践将陆续出现，如果经济法理论不能有效对其进行阐释，经济法理论研究的价值和意义就凸显不出来。当前经济转型与经济创新的各项实践，对当前经济法理论研究提出了新的挑战。

---

① 有关经济法的价值与理念方面的研究和探讨，可参见史际春、邓峰《经济法的价值和基本原则刍论》，《法商研究》1998 年第 5 期，第 9—14 页；徐孟洲《经济法的理念和价值范畴探讨》，《社会科学》2011 年第 1 期；单飞跃《经济法的法价值范畴研究》，《现代法学》2000 年第 1 期，第 24—28 页。

② 关于经济法功能的分析，可参见肖京《经济法的经济社会二元功能之冲突与平衡》，《法学论坛》2012 年第 6 期，第 76—82 页。

以上大致列举了经济转型与经济创新对经济法理论研究的新挑战，这些新的挑战每一项都具有颠覆和淘汰现有经济法理论的爆发力。在当前经济法理论研究依然较为薄弱的情况下，如何有针对性地开展经济法基础理论的研究和创新，是整个经济法学界需要认真思考的重大课题。

（二）对经济法固有法律属性方面的挑战

新常态下经济转型与经济创新对经济法的各种挑战，在其根源上都可以归结为对经济法所具有的固有属性的挑战。这种挑战是深层次的挑战，需要学界对经济法固有的一些法律属性进行重新定位和思考。在现实生活中，这些深层次的挑战大致表现为以下几个方面。

一是经济转型与经济创新对经济法律制度刚性的挑战。如前所述，经济转型与经济创新意味着对于现有经济制度的一种突破。因此，在经济转型和经济创新的过程中，实际上对于经济法乃至于整个法律制度的“柔性”比对于“刚性”具有更大的需求，这一点已经由我国三十多年改革开放的实践活动所证明。① 然而，经济法或者说我国当前整个法律制度就其基本属性来看，“刚性”依然是其基本的法律属性。经济转型和经济创新的推进必然对经济法的“刚性”属性带来更多的挑战。

二是经济转型与经济创新对经济法律制度滞后的挑战。法律制度的滞后性也是影响当前经济转型和经济创新顺利推进的重要制度性因素。② 虽然立法者可以通过加强立法的前瞻性来尽量克服法律制度滞后性对于经济转型与经济创新的负面影响。但是由于立法者预测的有限性，这种所谓的

---

① 例如，宪法学界曾经就“良性违宪”问题进行过激烈的探讨，其核心问题还是在讲法律的“刚性”与现实生活的多变性之间的张力和矛盾。有关“良性违宪”问题的探讨，可参见郝铁川《论良性违宪》，《法学研究》1996 年第 4 期，第 89—91 页；童之伟《“良性违宪”不宜肯定——对郝铁川同志有关主张的不同看法》，《法学研究》1996 年第 6 期，第 19—22 页；韩大元《社会变革与宪法的社会适应性——评郝、童两先生关于“良性违宪”的争论》，《法学》1997 年第 5 期，第 19—20、14 页。

② 例如，有学者通过对法律滞后性对互联网金融创新的影响进行了较为全面的分析（参见吴志攀《互联网 + 的兴起与法律的滞后性》，《国家行政学院学报》2015 年第 3 期，第 39—43 页），这方面的研究固然有着十分重要的价值和意义。但在笔者看来，仅仅局限于互联网金融的领域还是远远不够的，事实上，法律的滞后性不仅对互联网金融创新有着十分重要的影响，在经济创新的其他领域，法律的滞后性问题也依然十分突出，这是一个普遍性、根本性的问题，必须从整个经济法对经济创新影响的层面进行研究。

“前瞻性”不可能完全满足经济转型与经济创新的实践需要。尤其是在经济创新中，由于在很多情况下“创新”本身都很难预知，因此立法者更难做到立法的“前瞻性”。

以上大致分析了经济新常态下经济转型与经济创新对经济法固有法律属性方面的挑战。当然，这种从根源上对经济法的法律属性方面的挑战，并不局限于经济法单一部门法的领域，在其他法律部门中也会或多或少得到一定的体现。只是由于经济法对经济转型与经济创新的作用更直接，因而这种挑战显得更为突出。

（三）对经济法具体法律制度方面的挑战

经济转型与经济创新对于经济法具体制度的挑战是全方位、多领域的，贯穿经济法法律制度的全部内容。就其主要方面和关键领域来看，经济转型与经济创新对经济法律制度在以下几个方面和领域的挑战显得更为突出，因而很有必要专门提出。

一是互联网经济对经济法律制度的挑战。互联网经济是当前经济创新的重要形式，也是实现我国经济顺利转型的重要推手，具有广泛的适用空间。[①] 互联网经济是在经济发展中引入互联网工具，是对传统经济的重大革新。作为一种重要的经济创新，互联网经济不仅体现在互联网技术在整个经济的运用方面，还体现在互联网思维对于经济制度和经济管理的冲击与革新方面。

二是农村经济改革对经济法律制度的挑战。以农村集体产权制度改革为核心的农村经济改革是实现我国由农业社会向工业社会转型的关键环节。我国现有的农村集体产权制度确立于改革开放初期，至今已经三十多年。当前的农村集体产权制度已经远远不能适应我国农村经济的进一步发展。在当前经济新常态下的经济转型与经济创新中，如何从经济法的角度引领和规范我国当前的农村经济体制改革，是我国农村经济实践对经济法提出的重大挑战。

三是国有企业改革对经济法律制度的挑战。国企制度改革也是我国当

---

① 互联网经济的迅猛发展不仅体现在互联网金融等方面的广泛应用，还体现在对农业等传统经济领域的影响。例如，近些年，互联网成为农产品的经销有效途径。

前经济转型与经济创新中迫切需要进行的重大革新。国企制度改革是一个久而不决的历史问题，在当前经济新常态下显得更加复杂。我国当前的经济转型与经济创新必须要对长期以来遗留的国企制度改革问题有全方位的突破。在整个国企制度改革中，诸多经济法问题对我国当前的经济法律制度提出了新的挑战。

四是自贸区建设对经济法律制度的挑战。在当前世界经济一体化的背景下，加强自贸区建设不仅是实现我国经济顺利转型的关键环节，同时也是一种重要的经济创新。这种经济创新不仅体现在国际贸易领域，同时还体现在财税、金融等多个领域。自贸区的建设是我国当前经济生活中的一个重大事件，相关的经济法律制度如何配套建设，是经济法在法律制度方面所面临的又一个重大挑战。

以上对我国当前经济转型与经济创新对经济法具体法律制度方面的挑战，进行了简要的梳理和分析。事实上，经济转型与经济创新对于经济法律制度方面的挑战还可以表现为其他多个方面，例如经济转型与经济创新对现有经济调制手段和方式的新挑战等等，此处暂不做具体的阐述。

四　刚柔并济：经济转型与经济创新的经济法回应

从以上分析可以看出，经济新常态下的经济转型与经济创新对我国的经济法提出了全方位的挑战，对经济法而言具有危机的意味。然而，经济法作为具有现代气息的法律部门，并不惧怕这些挑战，相反，经济法的发展历史已经并将继续证明，经济法是具有高度柔韧性和适应性的法律部门，经济制度方面的每一次挑战都为经济法的进一步发展提供了难得的历史契机。① 面对当前经济转型与经济创新所带来的各种挑战和机遇，经济法应对的有效方略就是进一步强化经济法的“刚柔并济”。

---

① 例如，前些年的经济危机为经济法理论的反思和发展起到了重要的促进作用。具体分析可参见张守文《后危机时代经济法理论的拓掘》，《重庆大学学报》（社会科学版）2011年第3期，第96—101页；张守文《危机应对与财税法的发展》，《法学杂志》2011年第3期。

（一）经济法的“刚”与“柔”

任何理论都是对时代的回应，并将随着时代的变迁进行不断的优化与完善，唯有如此，理论才能具有长久的生命力。经济法理论也不例外。改革开放以来，虽然历经多次经济改革与调整，但经济法理论能在整个法学理论中占有一席之地，这与经济法理论始终坚持服务于经济改革的实践，注重经济法理论与实践之间的互动有着十分密切的关系。经济法的发展历史，事实上已经验证了经济法在“刚”与“柔”方面的娴熟把握。之所以重新审视经济法的“刚”与“柔”，一方面与当前经济新常态下的经济转型与经济创新所带来的新挑战有关；另一方面也是希望能够通过对以往经济法理论与实践中合理因素的总结，使得经济法的“刚”与“柔”形成较为系统化的理论，为更好地实现经济法的“刚柔并济”提供理论的基础。

经济法的“刚”根源于其“公共”的基本属性。公法与私法的划分具有悠久的历史传统，虽然公法与私法的划分界限在近代以来的“公法私法化”与“私法公法化”历史进程中变得越来越模糊，尤其是随着“社会法”概念的兴起及其范围的不断拓展，[①] 公法与私法二元化的结构也在面临着严峻的挑战。但经济法就其基本属性而言，更接近于公法，[②] 肯定不能归入私法的范畴，因此“私法自治”原则并不适用于经济法领域。这也是经济法“刚”性的根源之所在。因此，经济法的这种“刚”，是基于其行使经济调制权力的、具有非私法性质的“公共属性”。

经济法的“柔”根源于其“经济性”基本属性。相较于法律而言，经济具有更强的灵活性，更能及时对社会现实作出及时的调整。尤其是随着市场机制的逐步完善，经济的这种灵活性或者称之为“柔”的属性将会进一步得到体现。经济性是经济法的基本属性之一，也是经济法区别于其他法律部门的重要标志。经济法的经济性要求经济法必然要有一定的“柔”性，而不能一味地体现法律的“刚”性。唯有如此，才能更好地适应经济

---

① 关于社会法范围的相关问题，可参见张守文《社会法的调整范围及其理论扩展》，《中国高校社会科学》2013 年第 1 期，第 135—144 页。

② 关于经济法与宪法等公法之间的关系及其协调发展，可参见张守文《宪法与经济法关系的“经济性”分析》，《法学论坛》2013 年第 3 期，第 5—11 页；张守文《论经济法与宪法的协调发展》，《现代法学》2013 年第 4 期，第 3—9 页。

制度和实践的迅速变化，引领和规范经济的发展变化。

需要注意的是，经济法的“刚”与“柔”不是截然分开的，而是相辅相成、辩证统一、浑然一体的。如前所述，经济法的“刚”性源于其公法的基本属性，但在当前简政放权、提倡建立“服务型”政府、充分进行行政管理体制改革的背景下，“简”、“放”、“服务”这些词语实际上已经包含了“柔”的一面或者说“柔”的因素。[①] 同理，经济法的“柔”虽然根源于其经济性，但经济运行具有其内在的“刚”性规律，在进行经济调制的时候，同样也不可以一味地“柔”。从这种意义上讲，经济法的“刚”与“柔”是一个硬币的两个方面，二者统一于经济法的“刚柔并济”具体实践之中。

（二）经济法的“刚柔并济”的差异性适用

经济法的“刚柔并济”之所以能够有效应对经济新常态下经济转型与经济创新中产生的新问题，不仅因为经济法具有“刚”与“柔”的合力，同时还因为经济法的“刚柔并济”在其运用中还注意到了差异适用的问题。差异适用既是经济法“刚柔并济”理论的应有之义，也是经济法“刚柔并济”理论的深入和拓展，进一步增强了经济法“刚柔并济”理论的适用性和生命力。

所谓经济法的“刚柔并济”的差异性适用，是指经济法的“刚柔并济”不仅应当体现在适用“刚”与“柔”的力度与平衡方面，还应当体现在对适用领域的差异化方面。[②] 也就是说，在不同的领域，经济法的“刚柔并济”的适用也应当具有差异化的特质。现实生活的情况千变万化，因此在经济法的“刚柔并济”适用方面必须应当有“差异化”的明确意

---

① 事实上，就我国近些年来法学研究的基本情况来看，恰恰是在行政法领域，较早地提出了“软法”的概念并对其进行了较为详细的论证。我国行政法学界的“软法”理论由行政法学界泰斗罗豪才教授首倡，随后罗豪才教授及其弟子又对“软法”理论进行了较为深入的研究。经济法与行政法的特殊密切联系，使得经济法理论创新可以充分借鉴行政法学界的理论。“软法”理论的核心在于强调柔性治理，强调在行政管理中充分使用协商等非传统强硬手段解决实际问题。这些都对经济法的理论研究有着重要的启示。

② “差异性”其实也是经济法区别与民法等法律部门的一个重要标志，在民商法领域，“平等化”、“均质化”、“抽象化”是其一般原则，“差异化”的适用极为有限；而在经济法中，“差异化”既是经济法进行调制的基本前提，又是经济法进行调制的目标追求，具有普遍性的意义。

识。唯有如此，才是真正掌握了经济法“刚柔并济”的真正内涵，才能对经济转型与经济创新中产生的各种新问题进行有效的应对。现举若干实例予以分析说明。

经济法的不同具体领域，在适用“刚柔并济”时会存在较大的差异。例如，在财政税收法领域，在适用经济法的“刚柔并济”理论时就应当偏重于“刚”的一面。这是因为，财政税收具有较强的公共属性，因此应当较多地突出其“刚”性的一面。而在金融法领域，经济法的“刚柔并济”则应当偏重于“柔”的一面。这是因为，金融的公共属性不及财税，而且具有较强的创新性，因而应当对其更多地体现“柔”的一面。当然，以上只是一种大致的划分，即使是在财税领域或者金融领域内部，在具体适用的时候，同样需要考虑到“差异性”问题。例如，对于一般性金融业务的监管，应当体现出“柔”的一面，但是对于有可能产生系统性金融风险的业务，则应当更多地体现出“刚”的一面。

再以经济法的市场规制领域为例，这种差别化的“刚柔并济”依然十分明显。例如对于食品安全、生产安全等方面的市场监管，应当更多地体现出“刚”的一面；而对于其他一般商品的监管方面，则应当更多地体现出“柔”的一面。对于大企业的规制，应当较多地体现出“刚”的一面；而对于小企业的市场规制，则应当体现出“柔”的一面。对于影响到国计民生企业的监管，应当较多地体现出“刚”的一面，而对于一般性企业的监管，则可以较多地体现出“柔”的一面。

由以上分析可以看出，经济法“刚柔并济”的差异化适用理论完全可以有效应对经济新常态下的经济转型与经济创新所产生的各种问题。这是因为，无论是经济转型还是经济创新，其对经济法的根本需求是克服法律的刚性和滞后性所带来的负面影响，而经济法的“刚柔并济”的差异化适用理论恰恰能够满足这一根本需求。由此可见，经济法的“刚柔并济”差异化适用是对当前经济新常态下经济转型与经济创新的最好回应。

（三）经济法的“刚柔并济”差异化适用的实例分析

“理论总是灰色的，生命之树常青。”因此，理论的有效性必须而且应当通过实践予以验证。事实上，笔者提出经济法“刚柔并济”差异化适用理论，并非单纯基于对理论的分析和认识，恰恰是基于笔者对于现实生活中具体事例的调研与观察。下面就以实践中成功与失败的典型事例进行对比分析。

首先看一下一个正面的案例，即深圳前海经济创新与法治建设的成功经验。[①] 笔者于2015年7月29日就经济创新中的法律问题对深圳前海经济创新模式进行了实地调研。在调研中发现，在进行经济创新的过程中，前海管理局的成功经验就较好地体现了经济法的“刚柔并济”差异性适用原理的实用性。例如，前海片区在政策创新方面涵盖了金融、财税、法律、人才、教育、医疗、电信等多个领域，不仅在经济创新领域大力推动金融创新、行政管理改革与机构创新、土地管理制度改革创新等方面的工作，还特别突出法治方面的创新。从形式上来看，前海片区在法治创新方面的主要成就体现在建立了多元化、国际化的纠纷仲裁和调解机制，进一步加强了深港两地法治的融合与交流等方面。但就其实质与核心内容来看，是在加强财税、金融等方面法律适用的灵活性。因此，就其实质而言，与笔者所提出的面对经济创新的经济法的“刚柔并用”的差异性适用理论是高度契合的。笔者在调研中阐释了自己的核心思想，也得到了前海管理局有关人员的高度认同。

再看一下几个反面的案例。以近些年的房地产调控为例，从经济法的“刚柔并济”差异性适用原理来看，有关部门对于房地产的调控是违反市场规律的、过于“刚”性的调控，这使得市场供求关系严重受到扭曲，以至于出现了“调控成空调”、“越调越高”的现象。因此，房地产调控的失败也就在所难免了。再以2015年6月的股市暴跌以及之后有关部门对股市的调控为例，虽然学者们对股市暴跌的原因认识方面存在一定的差异，但不可否认的是，场外配资等金融创新是导致股市暴跌的直接原因之一。这一事件的发生可以看作经济创新对经济法挑战的一个典型案例。股市暴跌之后，有关部门对于股市的调控同样违背了经济法“刚柔并济”差异性适用原理，在应当加强监管和调控的时候失去了最佳时机。同样，从经济法“刚柔并济”原理来看，在安全监管方面，应当坚持“刚”的一面，而有

① 2014年12月，经国务院批准，中国（广东）自由贸易试验区设立，涵盖三个片区，即广州南沙新区片区（广州南沙自贸区）、深圳前海蛇口片区（深圳前海蛇口自贸区）、珠海横琴新区片区（珠海横琴自贸区），笔者前去调研的地方是深圳前海蛇口片区中的前海片区。

关部门却未能做到，导致2015年8月12日天津港特大爆炸事故案件的发生，造成了严重的人员伤亡与财产损失。

以上分别通过正反两个方面的典型案例分析了经济法“刚柔并济”差异性适用原理在实践中的运用。所举实例也多为我国当前经济新常态下经济转型与经济创新中的典型问题，因而具有一定的样本意义。类似案例还可以进一步列举，这也充分体现了经济法“刚柔并济”差异性适用原理的广泛适用性。

（四）实现经济法“刚柔并济”的长效机制之构建

由以上分析可以看出，经济法的“刚柔并济”理论是有效应对我国经济新常态下经济转型与经济创新所带来的各种挑战的重要工具，也将为我国经济法理论研究的深入提供有益的思路。因此，从理论上构建我国经济法的“刚柔并济”体系，并在实践中构建实现经济法“刚柔并济”的长效机制就显得尤为必要。总体来看，构建实现经济法“刚柔并济”的长效机制，需要从以下几个方面进行把握。

一是要构建经济法的“刚柔并济”理论体系。经济法的“刚柔并济”理论体系来源于经济法的具体实践，是为了有效应对当前经济新常态下的经济转型与经济创新中出现各种问题而进行的理论总结。笔者结合具体的调研和对现实的观察，对经济法的“刚柔并济”原理进行了初步的总结。然而，经济法的“刚柔并济”理论具有经济哲学和法哲学的双重蕴意，涵盖领域广泛，仍然需要进一步深入研究并予以完善。因此，构建科学的经济法的“刚柔并济”理论体系是实现经济法“刚柔并济”的长效机制的重要理论基础。

二是要构建经济法立法层面的“刚柔并济”机制。如前所述，当前经济转型和经济创新对于经济法律制度的根本挑战在于经济法的滞后性以及过于“刚”性的问题。构建实现经济法的“刚柔并济”的长效机制，就应当从立法层面把握好“刚柔并济”的原理，在立法中加强经济法的“刚柔并济”差异性适用，为实现经济法执法与经济法司法层面的“刚柔并济”提供立法方面的基础。

三是要构建经济法执法层面的“刚柔并济”机制。法律的生命在于实践，在经济法的执法层面构建相应的“刚柔并济”机制，对于真正实现经济法的“刚柔并济”具有十分重要的意义。事实上，经济法的“刚柔并济”从其基本含义上来看就是对经济法的执法所提出的基本要求，是从规范政府与市场之间的关系的角度来强调经济法在执法的过程中能够充分把握“刚”与“柔”的平衡，以有效应对现实生活中的经济法问题。① 从这种意义上来看，经济法执法层面的“刚柔并济”机制是构建整个经济法“刚柔并济”长效机制中的核心内容。

四是要构建经济法司法层面的“刚柔并济”机制。构建经济法司法层面的“刚柔并济”机制同样具有十分重要的意义。这是因为，司法是实现公平正义的有效手段，能够在一定程度上弥补执法环节所产生的疏漏和问题。尤其是在当前经济法的司法环节缺位的现实状况下，构建经济法司法层面的“刚柔并济”机制，对于整个经济法“刚柔并济”机制的构建更是具有特殊的意义。

以上大致从四个层面对构建经济法“刚柔并济”长效机制进行了简要分析。旨在强调构建经济法“刚柔并济”长效机制的重要性及其实现路径。然而，笔者也十分清楚地意识到，“路漫漫其修远兮”，真正实现构建经济法“刚柔并济”的长效机制仍然需要理论与实践的长期积淀。

五　小结

如前所述，“转型”已经成为我国当前的重要社会现实，经济转型、社会转型、政治转型、文化转型、法治转型，其关键词无一不是“转型”二字。与此同时，“创新”一词也被广泛使用，经济创新、科技创新、制度创新、文化创新、法治创新、社会治理创新等词汇如雨后春笋般涌现而出，充斥着这个全新的时代。在这个特殊的转型与创新时期，经济转型与经济创新具有基础性的作用和意义。作为直接作用于经济领域的法律部门，面对经济转型与经济创新的新挑战，经济法理应在理论、制度和实践的各个层面予以恰当的回应。

本文从经济新常态、经济转型和经济创新等经济学术语的基本内涵出

① 有关法律对政府与市场之间关系规范的研究，可参见张守文《政府与市场关系的法律调整》，《中国法学》2014 年第 5 期，第 60—74 页。

发，通过对经济新常态下经济转型与经济创新的分析，抓住经济新常态的核心问题，明确经济转型与经济创新在当前经济新常态下的独特作用和意义。经济法的对于经济新常态的有效应对，关键问题是应对经济转型和经济创新给经济法所带来的挑战。面对经济转型和经济创新所带来的新挑战，经济法的“刚柔并济”是有效回应这些新挑战的“不二法宝”。需要注意的是，经济法的“刚柔并济”并不仅仅是一种完全抽象的理念，还要具体落实到经济法的立法、执法、司法等各个环节，注重长效机制的构建。构建经济法的“刚柔并济”长效机制应当成为今后一段时期经济法理论与制度研究的重点内容。有鉴于此，笔者对经济新常态下的经济法“刚柔并济”等相关问题进行了简要的梳理和分析，以求教于学界同人。

（本文原载于《法学论坛》2017 年第 1 期，收入本书时略有改动）

二　宏观调控法研究

论政府干预经济与宏观经济立法

崔勤之*

改革开放20多年特别是“九五”计划以来，我国的经济建设和社会发展取得了巨大成就。社会主义市场经济体制初步建立，市场机制在资源配置中日益明显地发挥基础性作用。与此同时，适应社会主义市场经济体制的法律体系日趋完善，推动依法治国，建设社会主义法治国家的进程。实践表明，市场机制对资源配置的基础作用，只有在政府对宏观经济的适度干预下，才能得以更好地发挥；而政府对宏观经济的干预只有依法进行，才能克服任意性，实现总供给与总需求的平衡，促进国民经济的健康发展。

一　政府干预宏观经济是市场经济的必然要求

市场经济是以本体利益为动机，以市场为导向的经济。在市场经济中，资源的配置由市场机制进行调节。市场机制是价格机制、供给机制和竞争机制相互作用的总和。其中，竞争机制处于核心地位。市场经济的参加者即市场主体，具有独立的地位和自身的经济利益。他们按照自己的意志，根据市场的需求，自主决定自身的行为取向，决策生产要素的组合及经营运行，充分利用各种资源，节约物化劳动和活劳动，提高资源使用的配置效率，力争以最少的劳动消耗取得最大的劳动成果，实现利润最大

---

* 崔勤之，女，1944年生，北京人，中国社会科学院法学研究所研究员，博士生导师，研究方向为商法和经济法。

化，以求得自身的生存和发展。如此相互竞争，优胜劣汰，从而推动资源配置和使用效益的不断提高。

市场经济较之高度集中的计划经济而言，在优化资源配置、促进国民经济发展方面具有显著的优越性。但市场并不是万能的，其自身也存在一定的缺陷，市场机制有时也会失灵。这主要表现在以下几方面。

第一，市场经济带有一定的盲目性。在市场经济中，由于市场主体从自身经济利益出发，按照自己的意志，凭借自己的知识能力和掌握的信息，去追求自己认为最大的个人利益，从而使市场经济受多元的、分散的利益所支配，自由放任，必然导致盲目性。

第二，市场调节带有明显的滞后性。由于市场价格形成的信号反馈到商品的生产环节，需要一定的时间，所以，市场调节只有在市场经济运行中已经产生了偏差和失衡时，才起纠正作用。可见，市场调节是事后调节，仅靠市场机制是不能保证国民经济健康、稳定发展的。

第三，市场经济带有严重的不公性。市场经济会造成严重的社会不公平。虽然，市场交易的原则是公平竞争，双方当事人法律地位平等。但是，应当看到以下两个方面的内容。其一，交易中双方当事人的经济地位是不平等的。往往一方是资金雄厚的商业银行，另一方是广大的小储户；一方是规模巨大的企业，另一方是单个、分散的消费者。其二，由于竞争机制的强制作用，优胜劣汰，促使两极分化，富者越来越富，贫者越来越贫，会危及社会稳定。

然而，市场经济的缺陷，市场机制自身无法克服，受自身利益驱使的市场参加者也不可能以自觉的行为来补救。为了克服和补救市场经济的缺陷，纠正市场机制的有时失灵，维护公平的市场竞争秩序，保障国民经济供求总量的基本平衡，调节社会公共需求，节约社会资源，保护自然环境，以使国民经济健康发展，由政府对经济进行适度干预，建立和维护自由、公平的市场竞争秩序和宏观经济管理秩序是绝对必要的。这已被当今世界各国的实践证明或正在证明着。

在发达的西方国家，从19世纪末，特别是20世纪30年代以来，市场机制的缺陷、失灵情况，以及“看不见的手”原理的局限性，被越来越多的人所认识。于是，政府从过去对经济的不干预或很少干预开始转变为比较积极的干预。不论是美国的所谓“自由市场经济”，或者日本的“政府主导型的市场经济”，都存在政府对经济积极的干预。在落后国家、在后发展中国家发展市场经济尤其要加强和健全政府的宏观经济管理，因为在这些国家中市场经济本质上是一种政府主导型的市场经济。托达罗在总结发展中国家的经验后写道：“不管你喜欢不喜欢，第三世界政府不可避免地应比比较发达国家的政府为他们国家的美好将来承担更主动的责任。”目前，我国正在建立的社会主义市场经济体制，作为市场经济就不能不具有一切市场经济的相同共性，必然也会存在市场机制的缺陷和有时失灵。因此，政府对宏观经济进行适度干预是完全必要的。更重要的原因还在于，我国是发展中国家，我国的社会主义市场经济是采取否定行之多年的计划经济、确定市场经济的改革方式来建立的。这一改革是经济体制上的根本性变化，必须由政府领导，自上而下，逐步进行。因此，政府适度干预宏观经济在我国更具有特殊的意义。

二 宏观经济立法是政府适度干预经济的保障

在市场经济条件下，政府对宏观经济的干预与计划经济条件下政府对经济的全面管理是截然不同的。我国改革开放前实行的计划经济，政府代表国家以公权者和财产所有者的双重身份直接管理经济，行使无所不包的经济职能，直接插手企业的经营活动，造成“政企不分”，使企业成为行政机关的附属物。而市场经济所要求的政府对经济的干预则是，政府只基于公权力，体现社会公共利益，以社会公共管理者的名义，对市场进行管理，对宏观经济进行调控，即对经济进行适度干预。

而要保障政府对经济干预的适度，就必须使政府干预经济的行为依法进行。原因如下。

其一，政府对宏观经济进行干预，弥补市场机制的缺陷和纠正市场机制的失灵，使市场机制的作用得到充分发挥，其前提是这种干预必须适度。众所周知，政府的权力是很强的，如果政府的权力不受制约，其对经济的干预就会出现任意性，主观武断，甚至滥用权力，必然导致资源的浪费和经济效益的低下。而法律具有规范性、权威性和强制性的特点。为防止、制止和禁止政府对经济不适当的和不必要的干预，就必须运用法律在维护政府干预宏观经济权威的同时，约束政府的行为，将政府对宏观经济的干预限制在合理的界限内。

其二，我国的社会主义市场经济是法治经济，是依照反映市场经济客观规律的法律来治理的经济。构成市场内容的商品交换关系，决定了市场经济不可能通过行政手段来组织，而是受法律的规范、引导、制约和保障，严格按照法律来运作的。所以，在市场经济条件下，政府干预经济的行为，直接表现为法律行为，其运作的手段为法律手段，这就是政府干预经济行为的法治化。

宏观经济立法就是确认和规范政府干预经济的法律。它不仅应确认政府干预经济的权力，而且应规定制约政府干预经济权力的措施。从宏观经济法律的内容看，主要应规定政府管理经济的权限、权力行使的方式、程序及法律责任等。从宏观经济法律体系的构成看，主要应包括市场管理法律制度和宏观调控法律制度。政府只有依照宏观经济法律对市场进行管理和对宏观经济进行调控，才能克服和纠正市场机制的缺陷和失灵，维护正当的经济秩序，充分发挥市场机制对资源配置的基础性作用，使国民经济持续健康发展。

三　我国宏观经济法律制度亟待完善

应当看到，改革开放 20 多年来，随着经济体制改革的不断深入，社会主义市场经济体制逐步建立，我国宏观经济立法工作取得了很大的进展，为确认和规范政府适度干预经济起到了积极作用。比如，1993 年 12 月实施的《中华人民共和国反不正当竞争法》和 1994 年 1 月实施的《中华人民共和国消费者权益保护法》等法律，为确认和规范政府适度管理市场，创造公平竞争秩序，维护消费者合法权益，提供了法律保障。又如，1995 年 1 月施行的《中华人民共和国预算法》以及 1998 年 5 月施行的《中华人民共和国价格法》等法律，保障了政府适度调节和控制宏观经济，实现社会供求总量的平衡，促进了国民经济沿着健康、高效的方向发展。但也必须看到，目前我国宏观经济立法还很不完善，还不能很好地适应政府依法对宏观经济进行干预的需要，亟待完善。最突出地表现在以下两点。

第一，规范政府经济管理权限的立法欠完善。现行有关法律对政府经济管理权限的规定，过于简单，缺乏可操作性。首先，现行的《中华人民共和国国务院组织法》是1958年制定的，内容过于简单，仅11条。其中涉及国务院职权的规定仅1条，只规定了“国务院行使宪法第89条的职权”。而我国宪法第89条中对国务院经济职权的规定仅1款，即“领导和管理经济工作和城乡建设”。其次，国务院的组成部门，除中国人民银行、审计署和监察部的组织和职权由相关法律作出规定外，对外贸易经济合作部、国家经济贸易委员会、国家工商行政管理局等经济管理部门在内的其他部门的任务、职责等是由国务院的行政文件予以规定的，缺乏规范性、稳定性和权威性。现行的《中华人民共和国地方各级人民代表大会和地方各级人民政府组织法》，采取的是将地方各级人民代表大会组织法与地方各级人民政府组织法合二而一的立法形式，内容庞杂。上述立法状况，不利于政府依法行使经济管理职能。

因此，国家立法机关应当抓紧修改《国务院组织法》，从内容上对其进行扩充。尤其是关于国务院的职能，应在不违背宪法有关规定的前提下，根据建立市场经济体制的需要，尽可能具体地作出规定。同时，国务院其他部门组织法也要尽快制定，将各部门的地位、性质、职能以及责任等纳入法制轨道。此外，还应当改变目前地方各级人民政府组织法与地方人民代表大会组织法合二而一的立法形式，单独制定地方各级人民政府组织法。该法除保留现有法律中的地方政府的地位、性质、组成、与国务院的关系、任期等内容外，还要有为发展市场经济所需要的政府职能部门的内容，以进一步规范地方各级人民政府的工作。

第二，规范市场秩序的立法欠缺。我国虽于1993年底实施了《中华人民共和国反不正当竞争法》，对制止不正当竞争行为，创造公平竞争的良好环境起到了积极作用。但至今还没有制定反限制竞争协议、滥用市场优势等反经济垄断法，而且对以地方封锁、部门分割为主要形态的政府和政府部门滥用权力限制竞争的行政垄断也缺乏有效的规范。限制竞争行为的存在有碍于统一开放、竞争有序市场的建立，使市场对资源配置的基础性作用不能有效发挥。

由于垄断造成市场结构不合理，导致竞争机制失效。笔者认为，我国制定的反垄断法除了切合我国实际，通过一系列规定，禁止通过协议、滥用优势、过度合并导致限制竞争的经济垄断；除禁止政府和政府部门滥用权力限制竞争的行政垄断外，还应通过一系列规定，禁止严重影响市场竞争的国际卡特尔；限制跨国公司在我国的外部扩张；禁止跨国公司在我国滥用市场支配地位；等等，以建立公平竞争的市场经济秩序。

此外，计划法、税收法、产业法等有关宏观经济方面的法律也应尽快制定、修改和完善，使政府有法可依，实现对经济的适度干预，从而推动和保障国民经济的健康发展！

（本文原载于《法学杂志》2001 年第 3 期）

网络中立理论及其对世界贸易组织架构下互联网政策的影响

吴　峻*

一　引言

美国是目前互联网产业最为发达的国家，其相关法律制度深刻地影响着其互联网贸易政策及相关国际贸易议题。1997 年 2 月 15 日，美国主导的世界贸易组织《电信服务基本协议》（以下简称《电信服务协议》）达成。作为《服务贸易总协定》第四项议定书及其附属文件，《电信服务协议》在架构上确定了电信服务的全球开放态势，成为世贸组织项下与互联网贸易最为相关的法律监管文件。而《电信服务协议》的内容，反映了美国电信法律制度的主要内容，某种程度上也体现着美国电信业对世贸组织服务贸易制度的要求。

目前，网络中立理论在美国乃至欧盟都有着很大的影响。自美国联邦通讯委员会 2010 年制定网络开放规则以来，宽带网络服务商对其提出的诉讼迫使其于 2015 年再次制定了新的网络开放规则。而欧盟委员会与欧洲议会、欧盟理事会于 2015 年 6 月 30 日达成一致，同意对欧盟电信法进行大幅修订，以保障网络中立。这样，网络中立逐渐体现在美国和欧盟的电信监管文件中，成为互联网监管原则之一。世贸组织争议解决机构在对有关

* 吴峻，男，1973 年生，宁夏中宁人，现为中国社会科学院法学研究所网络与信息法研究室副研究员，研究方向为经济法。

法律制度进行解释时，奉行演进主义，为诸如网络中立之类的概念提供了一定的适用空间。同时，随着互联网相关贸易的发展及世贸组织法律制度的完善，网络中立无可避免地成为世贸组织框架下互联网政策的重要议题。

目前，我国对网络中立理论的研究主要由电信领域的学者进行，法律学者极少涉及。[①] 而我国学者在对世贸组织法互联网法律政策进行研究时，主要针对我国为当事方的有关案例，集中考察《服务贸易总协定》及《关贸总协定》的相关条款，尚未考虑美国和欧盟互联网政策所具有的国际贸易法意义。[②] 本文旨在基于对网络中立理论及其实践进行分析，探讨该理论扩展至国际经济法领域所可能带来的后果，尝试在上述领域的研究成果之间建立关联，以说明网络中立理论的国际经济法意义。

基于此，本文首先将通过对支持观点和反对观点的比较分析来说明网络中立理论的主要内容；之后，将对网络中立理论在美国和欧盟互联网领域的法律实践进行考察，并进行可能的展望；再次，将尝试建立网络中立理论向国际经济法层面扩展的理论模型，以探讨网络中立向国际经济法层面扩展的可能；最后，将试图展望网络中立对世贸组织架构下互联网法律政策的影响，并对我国可能采取的对策提出相关建议。

二 网络中立理论概述

2003 年哥伦比亚大学的吴修铭（Tim Wu）教授提出“网络中立”概念，[③] 此后以网络中立为主要诉求的理论不单在法学界发挥着重要的影响力，而且在美国形成了一定的社会思潮。

---

① 对网络中立理论的介绍与分析，以《中国电信业》、《人民邮电》、《通信信息报》等电信业专业媒体为主。其中，对欧美网络中立实践情形的全面介绍，请参见李庆莲、吕爱群、宋杰《智能管道时代的监管政策挑战及实践》，《中国电信业》2013 年第 9 期，第 36—39 页。

② 实际上，有学者对《电信服务协议》从其他角度进行了一定的研究。参见杨鸿《WTO 服务贸易第一案——2004 年美墨电信服务案》，《WTO 经济导刊》2006 年第 9 期，第 61—63 页。

③ Tim Wu, “Network Neutrality, Broadband Discrimination”, (2003) 2 *Journal on Telecommunications & High Technology Law* 141, pp. 145 - 146.

（一）网络中立理论的竞争法基础

网络中立理论并非凭空而来的发明，而是反垄断法中的“核心设施”理论在互联网领域的一种发展。

“核心设施”理论（Essential Facilities Doctrine）是反垄断法理论的重要组成部分，源自美国联邦最高法院1912年的一项判决。① 根据“核心设施”理论，如果控制核心设施的一家公司拒绝了其他公司对一件产品或服务的合理接入请求，而其他公司必须为获得该等产品或服务与这一家公司竞争，则可以适用该理论。②

1. 美国反托拉斯法对“核心设施”理论的应用

在美国，原告要应用“核心设施”理论，需要证明四个要件：第一，垄断者控制的设施具有核心的性质；第二，竞争者不能够合理地复制该设施；第三，竞争者被拒绝使用该设施；第四，垄断者向竞争者提供该设施是可行的。③

美国联邦最高法院的一系列案例④清楚地说明，“核心设施”理论所适用的情形一般是单方面拒绝交易的行为。⑤ 美国法院在适用“核心设施”理论时，往往进行大段的论证，以在两种政策取向——鼓励竞争和保护私有财产权——中间取得适当的平衡。一方面，如果该设施的确具有核心的作用，如果拒绝接入，其所有人实际上就拒绝了与其他人进行的竞争。而另一方面，一项设施的所有人有权拒绝接受其竞争对手要求接入的请求。

① United States v. Terminal Railroad Ass'n. 224 U. S. 383（1912）. 之后，该理论先后通过反垄断诉讼和监管部门（尤以美国联邦通讯委员会为代表）的政策在被监管产业领域得到了应用。

② Alaska Airlines, Inc. v. United Airlines, Inc., 948 F. 2d 536, 542（9th Circuit）; Andrew I. Gavil, William E. Kocacic and Jonathan B. Baker, *Antitrust Law in Perspectives: Cases, Concepts and Problems in Competition Policy*（St. Paul, MN: Thompson/West Group, 2002）, p. 656.

③ MCI Communications Corp. v. AT&T Co., 708 F. 2d 1081, 1132 - 33（7th Circuit）; Andrew I. Gavil, William E. Kocacic and Jonathan B. Baker, *Antitrust Law in Perspectives: Cases, Concepts and Problems in Competition Policy*, p. 654.

④ United States v. Terminal Railroad Ass'n, 224 U. S. 409 - 10（1912）; Associated Press v. United States, 326 U. S. 1（1945）; Lorain Journl Co. v. United States, 342 U. S. 143, 146 - 49, 156（1951）; Otter Tail Power Co. v. United States, 410 U. S. 366, 377 - 79（1973）.

⑤ Robert Pitofsky, DonnaPatterson and Jonathan Hooks, "The Essential Facilities Doctrine under U. S. Antitrust Law",（2002）70 *Antitrust Law Journal* 443, p. 447.

此时，若要对其权利进行限制，需要进行慎重细致的考虑，以免造成剥夺权利人合法权利的效果。波斯纳曾经说过："……无权根据反托拉斯法对其竞争对手的销售团队进行搭便车行为。"① 正因为如此，美国法院在适用"核心设施"理论时，表现得极其谨慎。

基于上述理由，适用"核心设施"理论一般需要经过三个步骤。首先，法院须认定，接入的设施是否的确是"核心"的，而不仅仅是"方便"或者是"经济"的。其次，很多时候需要对拒绝接入的正当性进行考察。最后，如果必须提供接入，法院也许会要求原告向被告支付一定的费用，以补偿其提供接入所产生的成本。但是，对该等费用的确认极其复杂。很多时候，法院并不适合担任这种定价角色。② 这时，或者把这种任务交由专门的监管机构，或者直接规定：核心设施所有人在向其竞争对手提供接入时，所收取的费用不得超过其向自己的子公司或者下属公司提供接入时收取的费用。但无论如何，这都意味着需要专门的人员或机构对之予以监管，确保核心设施所有人遵守该规定。

2. 宽带互联网领域对"核心设施"理论的应用

随着电信技术的发展及反垄断法在电信领域的实施，"核心设施"所体现的原则在电信领域首先得到适用。原有电信网络对于拟进入市场的潜在竞争者如果构成"瓶颈设施"或"关键设施"，则须要求原有电信运营商向其竞争对手提供网络"接入"。这也许仅仅意味着原有营运商必须将其本地网络与其对手的网络进行互联互通。另外，"核心设施"理论不仅要求原有运营商将其网络与竞争对手进行彼此呼叫的互联互通，而且还要求其将作为最后一公里的回路设施出租予竞争对手，以使其竞争对手能利用这些回路设施向消费者提供全套的本地、长途和数据业务。美国《1996年电信法》就以这种更为强烈的方式采用了"核心设施"理论。③

---

① Olympia Equipment Leasing v. Western Union Telegraph Co., 797 F. 2d 376 - 77; Andrew I. Gavil, William E. Kocacic and Jonathan B. Baker, *Antitrust Law in Perspectives: Cases, Concepts and Problems in Competition Policy*, p. 658.

② Andrew I. Gavil, William E. Kocacic and Jonathan B. Baker, *Antitrust Law in Perspectives: Cases, Concepts and Problems in Competition Policy*, p. 661.

③ Jonathan E. Nuechterlein and Philip J. Weiser, *Digital Crossroads: American Telecommunications Policy in the Internet Age* (Massachusetts: Massachusetts Institute of Technology, 2005), pp. 93 - 94.

随着互联网产业的发展及互联网业务的多样化，互联网领域的“核心设施”开始成为法学界研究的一个问题。有学者考虑利用“核心设施”理论在电信领域适用的先例来确立互联网产业的竞争规则。①

对于互联网结构而言，“分层模式”成为日益主流的考察方式。在这种模式下，互联网主要分为四个层面，相关互联网服务商也随之被分成四个群体。首先，互联网最基础的层面就是其物理层面，由传输数据的硬件设施所构成；其次，在物理层面之上的是逻辑层面，由分配及传输数据的互联网协议构成；而向上的第三层面就由消费者所使用的程序和功能所构成的应用界面；最顶端的层面则是内容层面，由传输的特定数据所构成。②

基于“分层模式”，如果一个互联网服务商可以在四个层面都提供服务，这种“纵向整合”模式就可能存在垄断问题：物理层面的所有人可能会利用其对逻辑层面的控制，对其自身提供的应用及服务予以特殊待遇，拒绝其他应用及服务提供商接入其所控制的逻辑层面及物理层面，或对之予以限制，或提出不公平的接入条件，从而使得第三方应用及内容提供商在与其竞争时处在不利地位。

这样，“核心设施”理论的应用向互联网层面延伸，就构成了“网络中立”的竞争法基础。没有物理层面和逻辑层面的支持，应用和内容层面就无法运作，第三方就无法向最终消费者提供应用及内容。但是，物理层面及逻辑层面是否构成“瓶颈设施”或“核心设施”？无论应用及内容服务商是否附属于己，是否有必要通过立法或监管措施，迫使物理层面及逻辑层面的拥有者向第三方服务商平等提供接入？“网络中立”理论主张者对这些问题的答案统统为是。毫不奇怪，这种理想主义色彩的回答必然会引发法学界的争议。

（二）网络中立理论的主要内容

为了解决预想的分层网络垄断问题，劳伦斯·莱辛克（Lawrence Lessig）、吴修铭、马克·莱姆里（Mark Lemley）等法律学者发展形成了比较

---

① Tim Wu, “Network Neutrality, Broadband Discrimination”, (2003) 2 *Journal on Telecommunications & High Technology Law* 141, p. 150.

② Kevin Werbach, “A Layered Model for Internet Policy”, (2002) 1 *Journal on Telecommunications & High Technology Law* 37, p. 42.

完整的网络中立理论体系。不过对网络中立的具体概念，他们并没有达成共识。总体而言，网络中立理论针对的是其所设定的宽带互联网市场存在的垄断情形，其内容是所提供的法律救济理论及由此而确立的理论架构的总和。在这个意义上，网络中立理论主要体现为终端到终端原则、开放网络原则、非歧视原则及透明原则。

1. 终端到终端原则

终端到终端原则是网络中立理论的基础。根据终端到终端原则，某一应用服务的功能应该局限于网络边缘的主机；而对于网络中心而言，则应尽可能地做到简单和通用。① 这样，就将创造网络的权力交给了终端，网络本身就成了简单的通道。主张终端到终端原则的依据就是简单的成本收益理论。如果由网络中心实现特定应用功能的话，虽然有助于特定功能的全网络实现，却降低了整个网络的效率：因为网络中心的特定化，其传导到每一个终端，无论是否需要，都要对网络中心的功能变化作出相应的调整；而如果将服务于某一特定应用的功能限定在网络边缘的主机，则某一终端可能会因支持某一特定应用而发生调整，但这并不影响整个网络的效率，其他终端并不会因此而产生调整的必要。总而言之，网络仅提供能服务于所有应用的通用功能，而更高层级的、服务于特定应用的复杂功能则由网络边缘的主机提供。

终端到终端原则植根于传统电信网络因互联网发展所发生的革命性变化。在传统电信网络，运营商决定着用户享有何种服务。无论是本地电话服务，还是长途电话服务，都是用户向电信运营商申请后自电信运营商处获得的服务。这种服务具有很强的统一性，用户之间，无论是本地通话还是长途通话，都不会有多少差异性：运营商从网络中心提供服务，面向全部用户。而就互联网而言，用户享有何种服务并不是由网络接入服务商决定的，而是由用户所使用何种应用所决定的。例如：用户如果希望收听音频服务，可以使用“喜马拉雅电台”或其他网络收音机应用软件实现。该软件就存储在用户的电脑或手机当中，由用户选择使用哪一款应用。尤其是苹果的“App Store”、谷歌的“Google Play”等预装于用户手机或电脑的

① Mark A. Lemley and Lawrence Lessig, “The End of End-to-End: Preserving the Architecture of the Internet in the Broadband Era”, (2000 - 2001) 48 *UCLA Law Review* 925, pp. 930 - 939.

应用推荐平台，它们扩大了用户在其终端的选择范围，使得通过互联网提供的服务控制权由运营商转向用户，用户真正享有了对其服务的决定权：是否需要服务？需要什么服务？这种个性化的服务模式正是终端到终端原则的最好体现。在这个意义上，维护终端到终端原则，就是将创新驱动力由运营商转移到每一个用户及为该用户服务的应用提供商，理论而言，这可以进一步促进以网络为基础的经济发展。因此，终端到终端原则就成为网络中立的基础。

2. 开放网络原则

作为一个术语，开放网络有着不同的含义。通常而言，该原则针对宽带服务商的结构：宽带服务商不得将其宽带服务与其自己提供的宽带接入服务捆绑提供。也就是说，宽带服务商自己不得提供宽带接入服务，而是与提供宽带接入服务的所有服务商予以互联互通。其理由是：如果允许宽带服务商将宽带接入服务与宽带服务捆绑提供，宽带服务商就可能阻碍互联网应用之间的竞争，从而破坏网络中立的特性。莱辛克和莱姆里认为，这种捆绑将使得宽带接入服务商获得了比一般接入商更多的权力，使其能决定宽带用户可以享受何等服务。互联网本来应该保持中立，选择服务的权力应该在用户，捆绑安排打破了互联网本身的设计。[①] 这种理论实际上是对宽带服务领域纵向整合现象的一种否定。

3. 非歧视原则

虽然开放网络成为网络中立性的一个要求，但是，对于这种结构性救济方式，即使在网络中立论者中间，也有着不同的看法。吴修铭认为，无须要求开放网络，而应直接针对宽带服务中的歧视行为确定网络中立的非歧视原则，这也许是确立网络中立法律架构的最佳方式。

首先，非歧视原则使得网络中立理论与传统电信法之间建立了强大联系。吴修铭认为，在“悄悄话电话”（Hush-A-Phone）[②] 及“卡特电话”（Caterfone）裁决[③]中，美国联邦通信委员会通过对美国电报电话公司一系

① Mark A. Lemley and Lawrence Lessig, “The End of End-to-End: Preserving the Architecture of the Internet in the Broadband Era”, (2000 - 2001) 48 *UCLA Law Review* 925, pp. 940 - 946.

② 参见 Hush-A-Phone Corp. v. U. S., 238 F. 2d 266, 268, 269 (D. C. Cir. 1956)。

③ 参见 In re Use of the Carterfone Device in Message Toll Telephone Service, 13 FCC 2d 420 (1968)。

列行为的控制，保护了附属于电信网络的电信终端的创新。无论是在传统电信法还是在互联网领域，对终端环节的创新予以保护，使其他供应商获得供应该创新产品的自由，就成为一项重要的原则。

其次，与开放接入原则比较，对于有利于网络整体性能提升而又不会实质性影响用户选择权的纵向整合商业模式，非歧视原则并不排斥。这样，非歧视原则并不影响网络运营商提供服务的商业模式及结构，由此带来的社会及监管成本小，易于实施。在这里，吴修铭将差别待遇分为两种：合理的差别待遇与可疑的歧视。前者如对病毒数据的屏蔽，后者如对网络电话应用的屏蔽。但是，很多时候，两者的区别并非那么截然分明，所以，基于网络中立的监管须在合理差别与可疑歧视之间确立平衡。

最后，根据非歧视原则，只要相关待遇针对的是某个交易对象，而对同类型的其他交易对象却采取其他待遇时，歧视即形成。美国反垄断法司法实践中，包括价格差异在内的差别待遇并不被认为是当然的违法行为；而在宽带接入领域，以吴修铭为代表的法律学者认为应该对之予以特殊考虑。在网络中立论者看来，虽然静态而言，这种差别待遇并不会构成违法，但动态而言，可能会伤害创新，并影响应用提供商之间的竞争。网络中立论者承认网络所有人管理网络的合理需求。因此，网络所有人根据特定标准，对某一类型的应用予以特殊对待时，网络中立论者可能会承认其合理性。但是，如果给予某个特定交易对象以特殊待遇，网络中立论者还是会认为这违反了非歧视原则。此时，在反垄断法的非歧视标准与网络中立者要求的绝对非歧视之间，网络中立论所确定的这种非歧视原则意在两者之间谋求一定平衡，这将对互联网监管架构产生深远的影响。

4. 透明原则

在网络中立的各项主张或原则之中，透明原则也许是最不具争议的一项原则。

所谓透明原则，就是要让网络服务商及网络接入服务商公布相关信息，使得消费者及用户能清楚明白地了解其接收服务的具体条件，以便其能够作出知晓情形的决定，并使得消费者、用户及公众能够对互联网服务提供商提供服务的情形进行监督。[①] 即使以监管措施的方式对透明原则予以实施，也不会像开放网络原则、非歧视原则等网络中立论主张那样，对网络运营商的财产权及合同权利施加任何性质的限制，而是对合同法中合同双方知情权及真实合意的一种具体化。在这个意义上，透明原则并不是只有网络中立支持者才会提出的原则，而是具有很强普遍性的一种原则和制度设计，并不会引起实质性争议。

但是，不可否认，无论是对于互联网服务提供商还是用户及消费者，透明原则都意味着额外的成本支出。一方面，对于互联网服务提供商而言，基于透明原则提出的许多信息披露要求都意味着其负担了更多的信息收集、上报和提供义务，这些额外的信息义务必然会转化成额外的成本。对于那些资金规模较小的互联网服务商而言，这种成本在许多时候显得沉重而烦琐。另一方面，透明原则所要求公开的信息也许对于消费者而言并非必要。他们要么是无法选择和消化这些信息，要么是无法理解这些信息。对此，有学者提出将监管机构契入互联网服务商与消费者之间的信息披露及传导通道中：服务商向监管机构提供全方位的信息，而监管机构将该等信息进行筛选和转换，再向消费者提供其可消化、可理解的信息。这种想法固然基于善意的出发点，但其结果就是造就一个庞大臃肿的监管机构；在技术飞速发展的互联网产业，庞大臃肿的监管组织不可能准确提供用户需要的信息。因此，这种慈父式的设想如何落地，尚需进一步检验。

（三）对网络中立理论的异议

尽管网络中立理论提出后获得了极大的社会影响力。但是，该理论也引起了许多争议，且在互联网领域，该理论无法成体系地得以实施。

首先，网络中立论的反对者认为，网络本身并非中立，也并不体现竞争的要求。[②] 互联网数据流动是根据网络通信标准协议进行的。对网络通

---

① Elisabeth Austin Bonner, "Network Neutrality Disclosures: More and Less Information", (2012 - 2013) 8 *Journal of Law and Policy for the Information Society* 179, pp. 184 - 188.

② Kai Zhu, "Bring Neutrality to Network Neutrality", (2007) 22 *Berkley Technology Law Journal* 615, pp. 616 - 624. Christoper S. Yoo, "Beyond Network Neutrality", (2005) 19 *Harvard Journal of Law & Technology* 1, p. 20.

信标准协议作出任何选择，都不会同时讨好所有应用。网络通信协议[①]对于网络间数据的即时传递而言是不利的，但却不影响电子邮件这种对时间要求并不敏感的应用。所谓终端到终端原则对网络边缘创新而言是有利的，但并不利于网络中心的创新。简言之，互联网通信选择任何标准协议，都不可避免地倾向于特定种类的应用，而不利于其他种类的应用。这样，在法理层面进行讨论时，网络中立的基础本来就不具有中立性。如果强制施行并将之作为目前互联网的基础原则，实际上就是固化了目前网络通信协议的差别性，并不能实现真正的中立。

其次，莱辛克主张的终端到终端理论是一个正在演进的理论，而并非互联网运作状态的真实反映。起初，莱辛克认为终端到终端是一项绝对的原则，不可违反；而在新近的很多论述中，莱辛克只是将之作为判断互联网架构是否中立的一个准则。[②] 终端到终端理论不可避免地禁止非兼容现象，但对此的后果缺乏清晰的认识。在这种情形下，一味地重边缘、轻核心，也许会使得许多对社会有益的技术无法得到推广。

再次，网络中立论所蕴含的非歧视原则如果超出竞争法的范围，由此带来的互联互通、非歧视、价格管制和标准化义务并不是解决问题的正确办法。[③] 之所以出现网络中立理论，就是因为在网络接入市场存在竞争不充分的情形，即“最后一公里”式的垄断。对此，反垄断法或反托拉斯法会基于限制竞争的情形而提供竞争法意义上的救济。而网络中立主张的是事前监管，即强制性的互联互通，经营过程中的非歧视义务，监管机构进行的价格管制及强制要求的标准化义务——迫使网络所有人履行这些义务，实际上就是在竞争法之外所确立的行政监管模式。在这种监管模式下，仅仅要求有垄断嫌疑的网络控制人对所接入的应用及内容提供平等、开放的接入并对费率进行管制，实际上促进了运行于网络之上的应用及内容提供商之间进行竞争，而不是在鼓励互联网中宽带网络这种竞争不充分环节的竞争。这种局面进一步发展，实际上只会强化互联网接入市场缺乏

---

① 网络通讯协议具体是指传输控制协议/因特网互联协议（Transmission Control Protocol/Internet Protocol，即所称的 TCP/IP 协议）。传输控制协议/因特网互联协议界定了终端设备如何接入因特网及在该等终端间如何传输数据的标准，是因特网的基本协议。

② Christoper S. Yoo，“Beyond Network Neutrality”，p. 26.

③ Christoper S. Yoo，“Beyond Network Neutrality”，p. 18.

竞争的局面：网络中立所主张的监管措施会抑制互联网接入商对互联网网络的投资，并且打击潜在市场新进者的兴趣，更使得在互联网接入市场不能形成有效的竞争。简言之，网络中立论者担心的问题出现在互联网接入部分，其所提出的理论却仅仅鼓励其下游应用及内容方面的竞争，其所建议的措施更是固化了“最后一公里”部分的非竞争态势。

最后，网络中立理论忽视了差异化网络接入服务的价值。在宽带市场中，产品差异就是允许不同的协议存在。这样，差异性需求就可以通过差异性供给予以满足。例如：对于视频网站和网络电话应用，网络接入服务商可以为之提供更大的带宽和更即时的传输；而对于电子邮件及其他对时间要求并不敏感的应用，网络接入服务商可以提供较小的带宽，并在传输时对之提供并不那么优先的速率，以满足客户的不同需求。基于此，美国的克里斯托弗·姚（Christopher S. Yoo）提出了网络多元理论，和网络中立理论针锋相对。①

三 网络中立理论在美国和欧盟的实践

正因为网络中立理论具有极强的理想主义色彩，要求对宽带接入产业的商业模式采取严厉的限制措施，因此网络中立理论受到提供宽带接入服务的传统电信商及相关法律学者的激烈反对。同时，无论是其理论前提还是政策建议，网络中立理论都存在一些无法回避的弱点。因此，无论是在美国还是在欧盟，网络中立的实践并没有系统地展开。

（一）网络中立理论在美国的实践

网络中立理论的提出来源于一个因宽带服务商对互联网电话应用予以屏蔽而产生的案例。② 互联网接入商与应用及内容提供商存在利益冲突，

① Christopher S. Yoo, “Wickard for the Internet? Network Neutrality After Verizon v. FCC”, (2013 - 2014) 66 *Federal Communications. Law. Journal* 415, p. 418; Christoper S. Yoo, “Beyond Network Neutrality”, (2005) 19 *Harvard Journal of Law & Technology law* 1, p. 20.

② Madison River Commc'ns LLC, 20 F. C. C. R. 4295 (2005). 2005 年加拿大电信巨头 Telus 在一场劳资纠纷中屏蔽了支持工会的一个网站。2006 年 4 月，时代华纳的美国在线屏蔽了所有鼓吹反对收费电邮计划的电邮，但时代华纳宣称这是一个“软件失误”。

而互联网接入商与互联网服务提供商的纵向整合势头不减，使得监管部门开始着手考虑基于网络中立予以监管。

1. 鲍威尔的“四大互联网自由”

2004 年 2 月，美国联邦通讯委员会时任主席迈克尔·鲍威尔（Michael Powell）发表文章，提出了“四大互联网自由”原则。这“四大互联网自由”原则正是基于莱辛克和吴修铭的建议，明确了用户作为消费者在利用宽带接入互联网时享有的自由：自由接入互联网内容；自由运行应用程序；自由连接装置到互联网；自由获得服务规划信息。[①] 2005 年 6 月，美国联邦最高法院在一项判决中支持了美国联邦通讯委员会将有线电视网络宽带接入归为信息服务的分类。[②] 随后，基于技术中立原则，联邦通讯委员会又将传统电信运营商利用数字用户线路（DSL）技术提供的宽带接入也归于信息服务类。

2005 年，联邦通讯委员会发布了政策说明，在监管政策上明确了鲍威尔提出的“四大互联网自由”，但是对之施加了必要的限制，并将第四项自由替换为“网络提供商之间、应用及服务提供商之间、内容提供商之间的竞争”。[③] 可以说，虽然网络中立论在监管层面获得了某种程度的支持，但监管层还是将互联网服务作为信息服务，而不是将互联网服务提供商作为“公共运营商”而适用《1934 年通讯法》第二章所规定的义务（包括开放网络、非歧视等要求）。网络中立论者对此表示不满，于是将该等议题引入国会。国会虽然对此草拟了一系列法案，但都没有获得通过。[④]

由此可见，无论是“四大互联网自由”，还是 2005 年的政策说明，联邦通讯委员会都没有将非歧视原则纳入宽带接入监管架构。同时，网络中立论者希望在国会通过立法贯彻网络中立的努力也宣告失败。

2. 《2010 年开放互联网规则》

虽然鲍威尔时代的联邦通讯委员会并没有在基于网络中立的政策说明

---

① Michael Powell, “Preserving Internet Freedom: Guiding Principles for the Industry”, (2004) 3 *Journal on Telecommunications & High Technology Law* 5, pp. 11 – 12.

② *National Cable & Telecommunications Association v. Brand X Internet Services*, 545 U. S. 967, 985 – 1000 (2005).

③ In The Matters of Appropriate Framework for Broadband Access to the Internet Over Wireline Facilities, 20 F. C. C. R. 14986, 14987 (2005).

④ Kai Zhu, “Bring Neutrality to Network Neutrality”, (2007) 22 *Berkley Technology Law Journal* 615, pp. 632 – 633.

中确立非歧视原则，但迈克尔·考布斯（Michael Copps）委员却在其个人声明及演讲中呼吁引入非歧视原则。①

奥巴马政府上台后，推动落实网络中立原则成为联邦通讯委员会的政策中心之一。2009 年奥巴马政府推出一揽子刺激政策，要求联邦通讯委员会制订全国宽带计划，并要求美国全国电信及信息监管遵循联邦通讯委员会 2005 年确立的网络中立四大原则。2009 年 10 月 22 日，联邦通讯委员会开始着手制定法律措施，以扩展 2005 年确立的原则。

2010 年，哥伦比亚特区巡回法院作出裁决，认定联邦通讯委员会无权因康卡斯特（Comcast）限制共享软件（P2P）的速率而对之予以制裁。②同年 12 月，联邦通讯委员会发布了《保持宽带互联网开放产业做法的报告及规则》（以下简称《2010 年开放互联网规则》），分别对有线宽带和无线宽带制定了不同的规则。

首先，无论是有线还是无线宽带，都必须满足透明要求，须“公布宽带互联网接入服务的网络管理操作、性能及商业条件”。

其次，无论是有线还是无线宽带，在合理网络管理的前提下，都须满足不得屏蔽这一要求。其中对于有线宽带，不得屏蔽合法内容、应用、服务或非有害装置；而对于无线宽带，则不得屏蔽消费者链入合法网址，不得屏蔽与宽带服务提供商自己的音频、视频电话服务相竞争的应用。

最后，对于有线宽带服务提供商，须承担不歧视义务。换言之，不得在提供宽带接入服务时对传输的合法网络数据进行不合理的歧视。这样，宽带服务商如果对某项内容、应用基于费用的理由给予优待，就成了很可疑的做法。

《2010 年开放互联网规则》改变了联邦通讯委员会对互联网接入不予监管的惯例。在《2010 年开放互联网规则》颁布之前，根据《1996 年电信法》的规定，联邦通讯委员会将电信服务分为基本服务和增值服务，基本服务提供商须承担《1934 年通讯法》第二章所规定的公共运营商的义务，对公众提出的接入要求，须予以平等满足。而对于增值服务而言，则无此义务。联邦通讯委员会还将互联网接入服务归为信息服务，采取了不

---

① Christopher S. Yoo, “Wickard for the Internet? Network Neutrality After Verizon v. FCC”, (2013 – 2014) 66 *Federal Communications. Law. Journal* 415, p. 418.

② Comcast v. FCC, 600 F. 3d 642, 654 – 656.

监管政策。但是，网络中立论者的担心和互联网接入的发展都使得联邦通讯委员会开始着手准备对宽带互联网接入市场予以监管。《2010 年开放互联网规则》就是这样的结果。对此，宽带服务接入商及网络中立论的反对人士反应激烈。①

2014 年 1 月 15 日，哥伦比亚特区巡回法院就威瑞森电信（Verizon）对《2010 年开放互联网规则》予以审查的要求作出判决（以下简称“威瑞森判决”），部分推翻、部分保留了《2010 年开放互联网规则》，认为联邦通讯委员会没有证明其拥有规定不屏蔽和不歧视义务的相应的授权，因此只保留了透明要求。②

3. 《2015 年开放互联网规则》

威瑞森判决使得奥巴马政府支持网络中立的努力遭受了挫折。但是，威瑞森判决也表明，如果联邦通讯委员会证明了自己的授权，则可以对宽带接入市场进行监管。

2015 年 3 月 12 日，联邦通讯委员会通过了《关于保护及促进开放互联网而重新通过的报告及规则》（以下简称《2015 年开放互联网规则》），其将宽带接入服务商认定为《1934 年通讯法》第二章规定的公共运营商，因此对之施加了不歧视义务及其他《2010 年开放互联网规则》规定的义务。

这样，在政策层面，基于网络中立者的推动，联邦通讯委员会推翻了自己在过去几十年中对互联网接入商法律地位的认定，将之作为公共运营商加以监管。这样，无论是开放接入还是非歧视义务，都不再是问题。如果《2015 年开放互联网规则》得以顺利实施，网络中立论将第一次在美国得到相对完整的实践。

但是，就在联邦通讯委员会通过《2015 年开放互联网规则》的第二天，美国电信协会（United States Telecom Association）就向哥伦比亚特区巡回法院提出补充申请，要求对《2015 年开放互联网规则》进行审查。之后，陆续有相关方加入这起诉讼。虽然联邦通讯委员会要求驳回美国电信

① 联邦通讯委员会共有五位委员组成，简单多数即可通过监管规则。《2010 年开放互联网规则》就是以简单多数的投票通过的。通过后，两位异议委员发表了意见，表示该规则不但超出了联邦通讯委员会的授权，还会抑制宽带互联网投资，打击创新。*Open Internet Order*, 25 F. C. C. R. at 18049 - 81（Dissenting Statement of Commissioner McDowell）; *Open Internet Order*, 25 F. C. C. R. at 18084 - 98（Dissenting Statement of Commissioner Baker）.

② *Verizon v. FCC*, 740 F. 3d 623, 636 - 642（D. C. Cir. 2014）.

协会的要求，但遭到法院的拒绝。①

2015 年 6 月 11 日，哥伦比亚特区巡回法院作出裁决，驳回美国电信协会要求中止实施《2015 年开放互联网规则》的请求，但同意尽速审查该等规则。这样，《2015 年开放互联网规则》就于 2015 年 6 月 12 日开始生效。

（二）网络中立理论在欧盟的实践

网络中立论的影响力已经超出了美国。在欧盟，欧盟委员会一直在考虑是否在电信指令中加入网络中立的内容。2012 年，荷兰成为继智利后世界上第二个通过网络中立立法的国家。这就促使欧盟必须在这个问题上采取统一的立法政策，否则，统一电信市场将出现裂痕。

1. 欧盟 2009 年新的电信一揽子指令对网络中立的态度

欧盟的电信法律架构是由 2002 年通过的六项指令而建立起来的。这六项指令分别从架构、接入、开放网络、普遍服务、业务授权及数据保护方面对电信服务的方方面面进行了规定（以下简称“2002 年电信法架构”)。2002 年电信法架构推动了欧盟电信市场的竞争，为欧盟新一代移动宽带业务的发展打下了良好的基础。

在对 2002 年电信法架构进行修改时，欧洲议会希望能加入网络中立条款，但这遭到了欧盟理事会的拒绝。实际上，欧盟许多人都认为，欧洲宽带市场竞争激烈，有多种形式可以提供宽带服务。而网络中立的提出只是因为美国在这方面存在问题，欧洲并不存在这个问题。最后的结果就是，欧盟 2009 年 12 月推出的新的电信一揽子指令对网络中立采取了“等着瞧”的态度：在市场及技术条件需要欧盟以监管的方式推进宽带市场中的竞争时，才视情形对之予以规制。

2. 欧盟学界对网络中立的态度

由于欧盟宽带接入市场竞争激烈，所以欧盟学界对是否在欧盟推行网络中立原则一直持怀疑态度。②

---

① *United States Telecom Association v. FCC*. No. 15 – 1063.

② Kay E. Winkler and Glenn Baumgarten, “The Framework for Netwrok Accress and Interconnection”, in Christian Koenig, Andreas Bartosch, Jens-Daniel Braun and Marion Ronmes (eds.), *EC Competition and Telecommunications Law* (The Netherlands: Kluwer Law International BV., 2nd Edition, 2009), pp. 466 – 467.

首先，欧盟学者认为网络架构是中立的这种看法太过简单。网络中的传输协议虽然大多都按照“尽力而为”（Best Effort）的原则传输数据，但总有许多仅供单个用户保证最低通信质量的数据链接。在这种情况下，适用网络中立会破坏互联网本身的架构。

其次，对于目前的互联网架构是否能适应未来科技发展，欧洲学者持非常谨慎的态度。随着互联网应用的发展，对互联网传输能力的要求越来越高，对带宽的需求增长速度要高于带宽实际增长速度，如果要求宽带接入服务商扩展带宽以能够满足数据传输峰值的要求，则对于网络接入服务商而言，负担重且无效率。在这个意义上，鼓励宽带网络接入服务商进行有效的网络管理，利用不同的服务质量标准，将所提供的服务根据用户的需求予以差异化处理，可以满足互联网差异化的需求。① 此时如果推广网络中立，则可能与这种网络管理模式相矛盾。

最后，从法律角度，网络中立的许多议题都可以在目前的法律架构下加以解决，而不用以特别事先监管的方式加以处理。如果一个纵向整合的宽带服务商利用其控制的宽带接入环节，对在应用和内容市场与其竞争的第三方予以歧视对待，可以通过《欧盟运行条约》第 102 条的规定，按照滥用市场支配地位的情形予以处理。同样，如果一个宽带服务接入商对相关内容进行不合理的歧视和屏蔽，可以通过媒体法及宪法的渠道加以解决。至于消费者对相关应用和内容的获取，可以通过消费者保护方面的法律及目前欧盟电信法律架构下有关接入的制度加以解决。在欧盟学者看来，网络中立实际上是想用电信监管手段涵盖反垄断法、媒体法、消费者保护法的一系列问题，属于太过依赖监管的理想主义。

3. 《单一数码市场通告》

欧盟委员会一直希望在欧盟电信法指令中引入网络中立制度。虽然欧盟在电信领域对接入的监管得当并且网络接入领域竞争激烈，但欧盟委员会还是希望引入消费者保护措施，并规定宽带网络接入商提供信息的透明义务，以便消费者获得互联网接入服务商对网络中立予以限制的有关信息，从而在选择接受哪个互联网接入服务商的服务时，能作出充

① Leonard Waverman, “Comments on Network Neutrality”, (2006) 2 *Journal of Competition Law and Economics* 475, pp. 475 - 477.

分知晓情形的决定。另外，欧盟委员会也尝试着规定互联网接入服务的最低质量标准。①

2015 年 5 月 6 日，欧盟委员会向欧洲议会、欧盟理事会、欧洲经济及社会小组委员会和欧洲地区小组委员会发出《欧洲单一数码市场战略通告》（以下简称《单一数码战略通告》）。②

《单一数码战略通告》认为，电信市场发生着深刻的变化，在网络中立方面，各成员国的法律制度并不统一。在这种情况下，欧盟委员会将审议现存所有的相关立法文件，将提出一切必要的建议。而第一步就是要通过《单一电信市场一揽子指令》，以便为网络中立提供明确的规则。

经过一年半的谈判，2015 年 6 月 30 日欧盟议会、欧盟理事会及欧盟委员会达成协议，决定在 2016 年之前完成对欧盟电信法一揽子指令的彻底修改，以确立网络中立原则。

按照欧盟委员会所公布的协议内容，欧盟将在其 2016 年完成的电信法一揽子指令中确立网络中立原则：不得对在线内容、应用和服务予以屏蔽和阻挠。一方面，每一个欧洲人都可以接入开放的互联网及所有内容，且提供商能够通过高质量的开放网络提供这些服务；另一方面，必须平等对待所有的数据流动。这意味着在开放网络付费取得优先级数据流动被禁止。

但是，对于这种网络中立制度，欧盟委员会准备规定三种例外情形：首先，因欧盟或成员国对网络内容合法性、执法行动或刑事法律要求而有其他规定的，从其规定；其次，为了保护网络的完整和安全可以不遵循网络中立原则；最后，为了尽可能减少网络拥堵而采取必要措施的，可以不遵循网络中立原则。

同时，在设想中的网络中立制度里，欧盟委员会把互联网服务分为两种：一种是特殊或创新服务，另一种是开放互联网提供的服务。前一种服务系指互联网电视、高清视频会议及远程手术这种对数据传输的时间要求极其精准的服务；而后者系指一般公众利用开放互联网获得的服务。对于

---

① Kay E. Winkler & Glenn Baumgarten, "The Framework for Netwrok Accress and Interconnection", in Christian Koenig, Andreas Bartosch, Jens-Daniel Braun, Marion Ronmes (eds.), *EC Competition and Telecommunications Law*, p. 467.

② Communication from the Commission to the European Parliament, the Council, the European Economic and Social Committee and the Committee of the Regions, *A Digital Single Market Strategy for Europe* (COM (2015) 192 final).

前一种服务，网络传输质量及带宽要求要高于后一种服务。欧盟委员会认为，网络中立允许提供前一种服务，但是不得损害消费者和一般公众享受后一种服务。

（三）对网络中立理论在美国和欧盟实践发展情形的展望和评论

1. 对美国网络中立实践状况的评价

网络中立在美国的实践一直是一个与政治问题相互交织的法律问题。在布什政府时期，尽管鲍威尔提出的四大互联网自由得到了确立，但并没有触及差别化的互联网服务，并没有确立基于网络中立的非歧视原则。在奥巴马政府上台后，联邦通讯委员会快速推动网络中立，先后通过了《2010 年开放互联网规则》及《2015 年开放互联网规则》，开始确立基于网络中立的全新电信监管架构。

尽管哥伦比亚特区巡回法院推翻了《2010 年开放互联网规则》中确立的不屏蔽及不歧视原则，但联邦通讯委员会在 2015 年又通过了《2015 年开放互联网规则》，将宽带接入商作为公共运营商予以监管，推翻了其基于《1996 年电信法》对网络接入商法律地位的认定。

虽然哥伦比亚特区巡回法院于 2015 年 6 月 11 日拒绝了美国电信协会要求中止实施《2015 年开放互联网规则》的请求，但并没有对之是否合法予以认定。另外，一直反对概括实施网络中立的学者也提出：哥伦比亚特区巡回法院在 2014 年判决中承认联邦通讯委员会可以从《1996 年电信法》获得监管宽带接入市场的结论十分可疑。[①] 可以看出，《2015 年开放互联网规则》是否能在监管架构中确立网络中立制度，不无疑问。

2. 对欧盟网络中立实践状况的评价

应该说，欧盟委员会与欧洲议会及欧盟理事会所达成的确立网络中立制度的协议只是一个开始。

实际上，欧盟委员会拟议中的网络中立制度并不纯粹，它把开放的网络分成了两个层级。尽管欧盟委员会在公开文件中拒绝承认，但这实际上将宽带互联网分成了两个车道：快车道运行特殊服务，一般车道运输一般

---

① Christopher Yoo, "Wickard for the Internet? Network Neutrality After Verizon v. FCC", (2013 - 2014) 66 *Federal Communications. Law Journal* 415, pp. 431 - 432.

服务。这和联邦通讯委员会所确立的网络中立截然不同，只不过欧盟委员会没有将留给公众的一般车道称之为“慢车道”而已。这是网络中立这种理想遇到互联网产业发展实际需求后不得不作出的妥协。

另一方面，尽管欧盟委员会将按照网络中立论修改一揽子电信法指令的期限定为2016年年底，但能否如期完成，不无疑问。网络中立并不仅仅是文件制备工作那么简单，它还牵扯到互联网接入商与应用即内容提供商之间的角力。即便指令可以如期通过，成员国开始具体实施指令也尚需时间。在此期间情势是否会有所变化，不无疑问。

四 从网络中立理论到世界贸易组织架构下的互联网政策

（一）利用《电信服务协议》在美国推行网络中立的理论及其局限

当网络中立成为美国的一个政治问题、两党之间分歧严重、无论在监管层面还是在立法层面都无法推进的时候，网络中立理论的倡导者之一吴修铭提出，可以借助《电信服务协议》在美国推行网络中立。

1. 利用《电信服务协议》在美国推行网络中立的法律依据

根据《〈电信服务协议〉参考文件》，世贸组织成员方须采取措施禁止主导运营商采取限制竞争的行为。① 对此，吴修铭提出，既然美国主张他国须遵守该义务，美国自己也须遵守该义务。也就是说，在互联网接入环节，运营商不得利用其市场主导地位采取限制竞争的行为：屏蔽或阻挠利用其提供的互联网接入服务提供与其自身业务相竞争的服务，屏蔽或阻挠提供运营商所不乐见的内容和应用等。其中吴修铭更明白地指出，《〈电信服务协议〉参考文件》可以用来推行基于网络中立的竞争政策。这样，网络中立论者希望利用世贸组织法律手段，在美国推动网络中立理论的实践。②

---

① World Trade Organization, *Telecommunication Services*: *Reference Paper*, available online at <http://www.wto.org/english/tratop_e/serv_e/telecom_e/tel23_e.htm> (last visited 12 June 2015).

② Tim Wu, "Legal Implication of A Rising China: World Trade Law of Censorship and Internet Filtering", (2006) 7 *Chicago Journal of International Law* 263, p. 287.

在《电信服务协议》的谈判中，美国将数据包交换服务纳入主要电信服务中。这是为了保护其日益强大的互联网服务提供商。在《电信服务协议》中，存在和网络中立原则很类似的核心原则，对此美国已承诺将之适用于数据交换业务。尤其是在《〈电信服务协议〉参考文件》中，要求适用关于透明度、反竞争做法及公平互联互通方面的规定。《电信服务协议》规定，须采取适当措施阻止提供商单独或共同作为主要提供商采取或继续施行限制竞争的做法。①

《电信服务协议》规定，须采取适当措施阻止提供商单独或共同作为主要提供商采取或继续施行限制竞争的做法。其具体列明了限制竞争事项，包括具有限制竞争效果的交叉补贴；利用获得的竞争者信息进行限制竞争行为；不及时向其他服务提供商提供核心设施的技术信息及有必要使其提供服务的相关商业信息。②

《电信服务协议》要求成员方采取措施，制止电信市场中的限制竞争行为。据此，在网络中立论者看来，至少可以利用该等承诺实施目前网络中立要求的禁止屏蔽及反歧视条款。

2. 联邦通讯贸易委员会推行《电信服务协议》的授权

有学者进一步指出，基于世贸组织法律，联邦通讯委员会享有直接推行网络中立监管政策的授权。③ 在威瑞森判决之后，为联邦通讯委员会寻找实施网络中立的授权，成为网络中立论者的当务之急。在这种背景下，利用世贸组织法律制度在国内推行网络中立政策，再次成为一种可能的选择。

按照这种主张，《电信服务协议》的许多规定都具有网络中立的性质：透明性要求，公平及非歧视性的互联互通要求等。这样，落实《电信服务协议》就成为推行网络中立政策的一种方式。

---

① World Trade Organization, Telecommunications Services: Reference Paper, Negotiating Group on Basic Telecommunications (Apr. 24, 1996), available at < https://www.wto.org/english/tratop_e/serv_e/telecom_e/tel23_e.htm > (last visited 12 June 2015).

② World Trade Organization, *Telecommunications Services*: *Reference Paper*, *Negotiating Group on Basic Telecommunications* (Apr. 24, 1996), available at < https://www.wto.org/english/tratop_e/serv_e/telecom_e/tel23_e.htm > (last visited 12 June 2015).

③ Jennifer A. Manner and Alejandro Hernandez, "An Overlooked Basis of Jurisdiction of Network Neutrality: The World Trade Organization Agreement on Basic Telecommunications Services", (2013 - 2014) 22 *CommLaw Conspectus* 57, p. 60.

根据《1934 年通讯法》第 303 条 r 项的授权，联邦通讯委员会可以不经议会授权实施美国条约下的法律义务。而条约业务是美国最高的法律义务。对于网络中立者而言，该法律义务就是美国在《电信服务协议》项下类似于网络中立制度的规定。

3. 利用《电信服务协议》在美国推行网络中立的局限

虽然学者对援引《电信服务协议》解决联邦通讯委员会推行网络中立政策的可能性进行了探讨，但联邦通讯委员会可能仅仅将之作为理论上的选择。一方面，网络中立的内容及作为政策选择的可靠性尚无定论，在这种情形下，贸然通过联邦通讯委员会实施相关政策，会使美国在世贸组织法律架构下的回旋余地大为缩减，且其关于网络中立的政策选择也不一定能得到其他成员方的认同；另一方面，《电信服务协议》针对的是所谓基础电信服务，虽然美国承诺了数据包交换服务的义务，但还是会涉及相关条款的解释。这样，对于《电信服务协议》是否涵盖互联网服务这个问题，答案并非十足确定。这样，就又一次回到了威瑞森判决中联邦通讯委员会面对的授权缺乏状态，问题并没有得到根本解决。

（二）国际贸易背景下适用网络中立的理论模型

由于《电信服务协议》本身的局限，美国联邦通讯委员会并没有将之作为“捷径”而推行网络中立政策。但是，由于互联网产业的发展，互联网服务提供商不得不面对各国制度不同所带来的法律障碍。互联网产业具有的全球化性质日益与各国法律制度、传统、文化之间形成冲突。在美欧分别试图确立网络中立的背景下，就必须回答一个问题：网络中立是否可以作为国际互联网法律政策的一种选择？为此，需要确立国际贸易背景下适用网络中立的理论模型。

1. 国际贸易背景下网络中立与适用各国法律的紧张关系

通俗而言，就像莱辛克所说：“网络中立就是指平等对待所有相似内容，该等内容在网上传输速率须相同。”[①] 从宽带接入商角度而言，的确如此。但对于网络用户，就是鲍威尔所总结的“四大互联网自由”的前三大

① Quoted in Christopher Yoo, “Network Neutrality or Internet Innovation?”, (2010 - 2011) 33 *Regulation* 22, p. 22.

自由，用户自由地接入互联网上的内容，自由在互联网上运行应用，自由将装置接入互联网。这样，根据网络中立理论，用户面对互联网，就享有充分的自由。但是，无论是内容、自由、装置，在联邦通讯委员会的政策说明中都进行了限制：须为合法内容，须为合法应用，须为合法装置。

另一方面，互联网就是无数张互联网的联结。而在全球范围内，就是各国互联网的联结，从而实现了全球范围的数据流通。在这个意义上，网络中立理论的内容、应用、装置有可能是国外的内容、应用、装置。这时，所谓“合法内容”、“合法应用”、“合法装置”对于用户而言就是依据用户所在国法律所判断的“合法”与否。但是，该用户所面对的内容、应用即装置提供商，却有可能是国外的提供商——换言之，内容、应用或装置的提供商所面对的是全球范围内的用户。而各国有关互联网的法律制度各有不同，这样就对内容、应用或装置提供商如何遵守各国不同的法律制度提出了挑战：如何遵守各国不同的法律制度？

2. 网络中立与适用各国法律所能达致平衡的方式

在互联网全球化背景下，对于装置提供商而言，其所适用的法律就是各国的进出口法律。装置提供商的营业方式就是向该国用户提供装置并通过出口贸易向全球用户提供相关装置。假设不能通过电子商务的方式向所在国用户之外的全球用户提供接入互联网的装置，则这种装置只能通过货物出口才能实现，这就是传统的货物贸易，世贸组织的《关贸总协定》就可对这种装置作为国际贸易标的所涉及的各国法律制度进行调整。这样，对装置进行全球销售可能遇到的贸易壁垒而言，世贸组织至少为其提供了国际贸易法的救济方式。这种救济方式下，最惠国待遇原则和国民待遇原则一起，保证装置提供商所出口的产品不会在出口目的地受到歧视待遇。

而对内容和应用提供商而言，则有两种选择。要么，提供商必须遵守所有国家的法律制度，甚至是政策；要么，该提供商仅仅遵守其选定国家（比如其营业地所在国）的法律，通过互联网向包括该国用户在内的全球用户提供内容和应用。

第一种选择基本不可行：在美国向互联网用户提供内容和应用的人，不可能预知摩纳哥、沙特、莫桑比克等国的法律对其有何限制。当然，理论上这可以实现，但由此带来的成本极其高昂，这种高昂的成本就使得通过互联网提供内容和应用在经济上不可能，从而使得这种选择仅仅是一种纸面上的设想。

由此看来，只有选择第二种方式，内容或应用提供商仅仅遵循选定国家的法律，在此基础上向包括该选定国用户在内的所有互联网用户提供内容和应用。此时，提供商遵守法律的成本仅限予其选定的国家，其守法成本就大大降低。由此带来的问题就是，如果其提供的内容和应用在其他国家的用户接入或使用后违反了其他国家的法律制度或政策，该如何处理？

通过第二种方式提供内容或应用，如陷入这种违反他国法律制度的窘境，同样也可以通过两种方式加以解决。要么，由违法地法院作出判决，要求内容或应用提供商删除违法的内容或应用；要么，由违法地国家遵照一定法律程序采取技术措施，对违法内容或应用予以屏蔽或过滤。

这两种方式产生的法律实施成本不同。前者其实产生三项成本：违法地国家经过司法程序提供法律救济的成本，违法地国家法院作出判决后取得提供商或提供商主机所在地国家法院同意对该判决予以执行的成本，相关提供商删除有关内容和应用的成本。后者仅仅产生两项成本：违法地国家发起法律程序的成本，违法地国家采用过滤或屏蔽技术措施的成本。单从成本上考虑，对违法内容进行屏蔽或过滤是更有效的法律措施。

如果从宪法或人权法的角度，这两种方式还有一个成本：对一国公民言论自由或信息自由[①]权利予以限制而产生的成本。相关服务商删除违反他国法律的内容或应用，就对服务商所在国公民的言论自由构成限制；而对他国服务商提供的违法内容或应用予以屏蔽或过滤的，则对本国公民自由获得信息的权利构成限制。如果从言论市场的角度考查，这两种限制是一枚硬币的两面，分别是对意见的表达和接收环节进行限制，并没有成本高低之分。

这样，不难理解，要求内容或应用提供商删除有关内容或应用是一种困难的选择。所以，各国多通过内容过滤或屏蔽措施来维护自己的法律制度。

3. 结论：在国际贸易背景下适用网络中立的理论模型

综上所述，全球化的互联网不得不接受一个事实：它其实是被一个个

---

① 此处的信息自由系指欧洲大陆法系国家的信息自由：一国公民可以免于不当限制而查阅任何合法信息的权利。这里并非是指那种狭义的信息自由：公民有权获得政府公开信息的自由。

法域的法律制度所分割的互联网。换言之，全球互联网是由各个法域通过各自法律制度进行管理的网络链接后形成的网络。这样，互联网结构的全球性与法律的地域性形成了饶有趣味的紧张关系。而在这种紧张关系下，基于网络中立的四大互联网自由就成了极其乌托邦化的一种设想。在这种情形下，网络中立是理想的世界，但又不得不承认屏蔽措施的正当。

但是，如果在这种乌托邦式的四大自由中注入贸易因素，所产生的问题就非常现实：网络中立架构下内容和应用的数据自由流通在多大程度上受各国法律制度的限制？换言之，各国基于各自法律制度对各自法域内互联网进行管理的限度在哪里？世贸组织所确立的法律架构能否成为贸易层面实施网络中立的手段？而世贸组织法律架构下纠纷的解决回应了这些问题，从而为网络中立注入了实质性内容。

（三）世贸组织法律架构下网络中立的适用

如果要在网络中立与地域性法律之间的紧张关系中加入贸易因素，就需要解决一个问题：能否基于网络中立对各国政府表现为屏蔽措施的法律制度进行某种限制，从而对限制进行限制？此时，只有世贸组织能为这一问题提供适当的法律解决方案。

互联网的全球架构使得每一个用户都成为现实或潜在的进口或出口方。上述对网络中立的适用模型正说明了这种情形。这种贸易因素的注入使得网络中立与服务及贸易自由化的世贸组织宗旨不谋而合。这样，促进互联网领域的贸易自由化，就是促进网络中立在世贸组织所建立的多边贸易架构下的适用和发展。但将世贸组织法律制度作为适用网络中立的框架，需要解决两个问题：条约及承诺义务的解释问题及适用自由贸易例外情形的问题。

1. 对世界贸易组织法律及成员方承诺予以演进式解释

在将世界贸易组织法律具体适用于互联网相关贸易争端时，不得不对当初制定的法律文本作出适合目前贸易发展状况的解释，也就是所谓演进式解释，而非文本解释或者原意解释。一方面，目前世贸组织法律架构实质是1994年乌拉圭回合所确立的，该等法律架构无法预见到互联网及其相关产业对整个国际贸易的影响；另一方面，成员方在加入世贸组织时的承诺在时代的变迁中，有可能不能满足发展的需要，尤其是互联网的发展使得新的商业模式不断涌现，并取代了旧有的商业模式，这样，之前的承诺出现向空洞化发展的风险。此时，之前的法律规定或成员方承诺是否应该反映经济社会发展的变化，就成了一个关键的问题。

在虾和海龟案①、美国赌博案②及中国视听产品案③中，无论是对先前制定的法律条款还是对成员方的承诺，上诉机构在对之进行解释时，都考虑了争议发生时国际社会对当初所采用概念的现时理解。尤其是后两个案件均涉及将传统行业予以现时解释，使之能涵盖互联网产业现状。在美国赌博案中，专家组及上诉机构对美国开放博彩业务的承诺予以解释，使之涵盖及美国作出承诺时尚未出现的互联网博彩业；中国视听产品案中，尽管中国作出音像产品承诺之时音乐的数码分销并非主流，专家组和上诉机构都认为音像产品的分销包括数码分销形式。专家组及上诉机构这种毫不犹豫地采用现时解释的方式说明，即使在制定世贸组织法律之时并没有考虑到互联网对国际贸易的影响，即使成员方在承诺时并未预期到互联网发展对其承诺的影响，只要互联网争端进入世贸组织争议解决机制，专家组和上诉机构就会运用演进式解释方法，对世贸组织法律制度予以“更新”，使之能够符合争端发生之时的情形，涵盖互联网贸易问题，并解决相关争端。

2. 网络中立与世贸组织法律架构的契合

通过对世贸组织法律及成员方承诺作演进式解释，可以发现，世贸组织存在基于网络中立之假定而对互联网贸易障碍予以清除的机制。

---

① World Trade Organization, Report of the Appellate Body, *United States——Import Prohibition of Certain Shrimp and Shrimp Products*, PP 127 - 31, WTO Doc No WT/DS58/AB/R (Nov 6, 1998).

② World Trade Organization, Report of the Appellate Body, *United States - - Measures Affecting the Cross-Border Supply of Gambling and Betting Services*, WTO Doc No WT/DS285/AB/R (Apr 7, 2005). 对于该案在世贸组织架构下国际互联网贸易争端的意义，参见龚柏华、谭观福《WTO 争端解决视角下的中美互联网措施之争》，《国际法研究》2015 年第 2 期，第 50 页。

③ World Trade Organization, Report of the Appellate Body, *China-Measures Affecting Trading Rights and Distribution Services for Certain Publications and Audiovisual Entertainment Products*, WT/DS363/AB/R (Dec 21, 2009). 我国学者对该案的评价和研究甚多。代表性论述请参见陈卫东、石静霞《WTO 体制下文化措施的困境与出路——基于“中美出版物和视听产品案”的思考》，《法商研究》2010 年第 4 期，第 52 页；龚柏华《“中美出版物市场准入 WTO 案”援引 GATT 第 20 条“公共道德例外”的法律分析》，《世界贸易组织动态与研究》2009 年第 10 期，第 30 页。

对于网络中立模式下通过互联网提供的内容及应用，与之最相关的就是《服务贸易总协定》。对于基于网络中立假定的互联网贸易而言，《服务贸易总协定》就是以条约的形式确定：内容和应用在全球架构的互联网流动时，各成员方是否可以采取法律措施加以限制？如果可以，能限制到什么程度？

作为《服务贸易总协定》的“牙齿”，反歧视原则和市场准入原则非常符合网络中立对各国法律制度的要求。反歧视原则即最惠国待遇原则和国民待遇原则，而市场准入则保证了可以将内容和应用通过互联网送至各个国家。但是，与《关贸总协定》不同，对于《服务贸易总协定》项下的市场准入及国民待遇原则，是依照各成员方按领域及服务提供模式所作的逐项承诺予以适用。因此，互联网贸易须满足这一条件。这样，网络中立原则实际上从开始就被打了折扣。尽管如此，基于《服务贸易总协定》为互联网贸易提供的法律架构，符合国际贸易背景下适用网络中立的理论模型所确定的架构，是网络中立在目前国际贸易法条件下的现实表现。

另外，《服务贸易总协定》第 9 条规定了一定的竞争法义务，与网络中立的理论基础有一定的重合。《服务贸易总协定》第 9 条规定：“成员方承认，服务提供商的一些商业做法，如果不能适用第 8 条的规定，则可能会限制竞争，并进一步限制服务贸易。”可以说，这是世贸组织法律制度开始尝试引入反垄断法制度的第一步。但是，这一条规定仅仅要求当事方有义务和他方进行磋商，并未要求当事方废除限制竞争的做法。

对限制竞争做法的排除而言，《电信服务协议》走得更远。尤其是作为其附件的《参考文件》对缔约方确立的义务。如前所述，一方面，《参考文件》要求废除限制竞争的做法，从而确立了缔约方的反垄断义务；另一方面，《参考文件》要求缔约方的电话公司有义务为其他电话公司提供互联互通。这样，如果《电信服务协议》及其附件得到实施，网络中立政策就可能在世贸组织架构下得以推行。

但是，在互联网贸易争端中，还没有适用《电信服务协议》的，而是以基于《服务贸易总协定》的成员方承诺居多。如前所述，由于《电信服务协议》仅适用于电信基础服务（语音通信服务），而无论在美国、中国还是欧盟，互联网服务都被视为增值服务（对中国和美国而言）或者非语音服务（对于欧盟而言）。因此，如果直接适用《电信服务协议》解决互联网贸易争端，很难将互联网服务纳入《电信服务协议》的框架之中。此时，演进解释方式也不能达到目的，虽然在互联网飞速发展的情形下，增值服务这个概念的边界日渐模糊，但还不能在法律上根本消除增值服务和基本服务之间的区别。因此，成员方的承诺就成为适用《服务贸易总协定》解决互联网贸易争端的主要依据。

3. 公共道德例外对网络中立的进一步削弱

《服务贸易总协定》规定了成员方履行其市场开放义务的三种例外。对于网络中立模式下的互联网内容及服务提供商而言，与之关系最为密切的就是基于公共道德的例外。从美国赌博案、中国著作权案到中国视听产品案，世贸组织专家组及上诉机构无一例外地承认了成员方有权基于公共道德的要求而对互联网内容进行审查。对于世贸组织相关裁决体现出对于内容审查制度的法律定位和分析，我国学者多有论述，故不再赘述。①

在美国赌博案中，上诉机构最终裁决的论证方式，间接地将世贸组织法律制度作为网络中立的一种推进方式。虽然上诉机构先是认为美国禁止在线赌博的法律措施表面上并不违反国民待遇原则，却以一种零配额的方式阻碍了以在线方式提供的“休闲服务”，从而违反了美国对世贸组织的承诺；美国对来自国外的在线赌博进行屏蔽和打击，就需要合法的理由；合法的理由来自美国基于其公共道德的要求，需要对在线赌博采取更为严格的措施；专家委员会认为美国与安提瓜进行磋商谈判是比美国单方屏蔽和打击在线赌博更少限制且更为必要的方式，但上诉机构对此并不认同，并在论述中认可了美国单方屏蔽和打击在线赌博的方式。②

尽管世贸组织上诉机构最终支持美国对在线赌博予以屏蔽和打击，但上诉机构在该案中的论证过程却为网络中立在国际贸易法中的实行提供了一定的支点。据此，互联网内容或应用提供商利用互联网向全球用户提供内容和服务时，如果输入国已承诺开放这部分服务，却适用公共道德例外

① 如彭岳《WTO 协定中公共道德例外简评》，《南京大学法律评论》2007 年春/秋季号，第 185 页；龚柏华《“中美出版物市场准入 WTO 案”援引 GATT 第 20 条“公共道德例外”的法律分析》，《世界贸易组织动态与研究》2009 年第 10 期，第 30 页；刘瑛《GATT 第 20 条（a）项公共道德例外条款之研究》，《法商研究》2010 年第 4 期，第 32 页。

② World Trade Organization, Report of the Appellate Body, *United States – Measures Affecting the Cross-Border Supply of Gambling and Betting Services*, WTO Doc No WT/DS285/AB/R (Apr 7, 2005).

对该等内容和服务进行屏蔽或过滤的，依照世贸组织上诉机构对《服务贸易总协定》的解释，输入国须证明其采取屏蔽或过滤措施是基于合理的依据，且该等措施不会对国际贸易产生不必要的限制和影响。这样，在世贸组织框架下，网络中立的非歧视原则及其中体现的获取和提供信息自由就得到了保护。可以发现，网络中立又一次向各国法律制度对全球互联网法律架构的分割现状进行了妥协，从而保有其核心原则在互联网贸易中的有限适用性。

五 结语

网络中立及其相关立法和监管实践有其两面性。一方面，在国内法中，网络中立脱胎于反垄断法的核心设施理论，但却扩张了适用条件，因此无论在立法还是监管实践中都遇到了很大的争议，该等争议阻碍了网络中立的现实应用，并且在很长时间都难以得到有效克服。另一方面，网络中立就意味着内容和应用服务的自由流动，这与世贸组织法律中开放服务贸易的理念不谋而合。虽然网络中立目前在服务贸易法律架构中受到诸多限制，但随着西方电信法对网络中立原则的吸收，网络中立很有可能会成为今后国际贸易法中互联网贸易领域的一个重要课题。随着美国和欧盟网络中立路径的基本确定，我国相关国际贸易法研究必须要考察这种局面对世界贸易法律架构的影响，并对之持续关注。

（一）网络中立成为国际贸易法议题是国内法议题溢出的一种体现

网络中立起源于美国反托拉斯法中基于核心设施理论的实践。出于对互联网领域的“最后一公里”现象的担心，网络中立者将电信时代的信息服务提供商（宽带网络接入商）视为之前的公共运营商，并在此基础上建立了网络中立理论。这种理论看到了互联网给经济、文化、政治带来的巨大影响，并力图推动这种变化纵深发展。但同时，这种主张又忽视了必要的适用前提，太过依赖现时对技术的判断，从而偏离了竞争法的原则，在论证和实践过程中都造成了一定的困难。

网络中立的国际化尝试实际上是基于互联网的全球架构，其对《服务贸易总协定》的法律架构具有一定程度的依赖，但又受其局限。互联网的全球架构使得一国的法律政策选择不可能不考虑其国际法影响。而国际贸易法领域的贸易自由化——尤其是服务贸易领域内的服务贸易自由化——正好与基于网络中立的“互联网自由”达到了高度的契合。在这种情形下，就出现了利用国际贸易法来推动网络中立在一国国内法体系中的确立与实践。但是，由于服务贸易的特殊性，各国不同法律、文化、历史传统等的差异极易在服务贸易中得到体现。因此，《服务贸易总协定》在开放服务贸易时采取了一种保守的做法：依照各国的承诺开放服务贸易。这样，《服务贸易总协定》及其例外条款实际上又对网络中立构成的限制。

网络中立作为一个在美国和欧洲及其他法域发酵的议题，将对以互联网服务贸易为对象的服务贸易法律架构的发展产生一定的影响。随着美国和欧盟纷纷在电信法律架构中吸纳网络中立原则，网络中立这一国内法议题自然溢出为一个国际贸易法议题。另外，不可否认，在国内法溢出的这个过程中，拥有发达互联网产业的国家在其中利益重大。对此，网络中立的倡导者吴修铭毫不讳言：美国在其中有重大的国家利益。这也是在世界贸易组织架构下推行网络中立的直接理由。①

对此，无论是美国学者对联邦通讯委员会推行网络中立授权的找寻，还是欧盟为建立单一数码市场而意图弥合各成员方在网络中立议题上所产生分歧的努力，都是国内法议题溢出为国际法议题的一种体现。

这样，几乎在美国通过《2015 年开放互联网规则》的同时，欧盟委员会也与欧洲议会和欧盟理事会达成协议，希望在 2016 年底之前在欧盟电信法体系中确立网络中立制度。这对世贸组织架构下服务贸易的谈判、对世贸组织争端解决机制中互联网议题的裁定，都会有实质的影响。对此，我们必须预先研判和准备，为今后可能的服务贸易谈判及互联网贸易争端打下良好的基础。

（二）我国须重视《服务贸易总协定》竞争法条款与互联网内容审查的关系

目前，我国对世界贸易组织架构下互联网政策的关注主要在于互联网

---

① Tim Wu, “Legal Implication of A Rising China: World Trade Law of Censorship and Internet Filtering”, (2006) 7 *Chicago Journal of International Law* 263, p. 285.

内容的监管问题。著作权案和视听产品案中，我国虽然在很多议题中没有得到专家组乃至上诉机构的支持，但是，基于公共道德例外，我国目前的内容审查体系反而得到了世贸组织的认可。尤其有趣的是，美国在视听产品案中竟然对我国在不过分限制贸易的条件下如何推进内容审查制提出了建议。①

其中理由很简单，目前网络中立论者所关注的互联网内容审查制度是贸易法中的一个议题。在网络中立前提下，互联网内容审查和屏蔽是对网络内容及应用贸易的一种限制。在我国证明该等措施具有合法依据——公共道德——的时候，上诉机构就明智地回避了对公共道德与内容审查制度之间的具体关系予以论述，而仅仅是基于比例原则和对贸易是否存在过分限制，来探讨是否存在更为宽松的内容审查和屏蔽机制。像美国成功地在美国赌博案中做到的那样，一般而言，除非有明显的相反证据，上诉机构一般都会承认互联网审查制度的合法性。

但是，就像吴修铭所说，《服务贸易总协定》是一套在很大程度上并没有得到充分适用的法律制度。② 在这个意义上，虽然《服务贸易总协定》第 9 条与《电信服务协议》及其附属文件的规定目前不能对互联网贸易产生实质性影响，但随着互联网的进一步发展，随着基本电信业务与增值电信业务的界限进一步消融，将来是否会适用该等条款？该等条款如何得到适用？这些问题都值得我们关注。如果网络中立在美国和欧盟得以成为正式的制度，且像美国联邦通讯委员会在《2015 年开放互联网规则》中规定的那样，将互联网服务划为基本电信服务的一部分，那么依据演进解释方式，未来的互联网贸易争端解决会否适用与网络中立更为相关的竞争法条款，不再绕过公共道德与内容审查制度之间的关系，而是对内容审查制度本身的贸易限制作用进行更为深入的审查，进而在国际贸易法架构内取得对一国互联网内容审查制度更多的控制？

的确，网络中立并不是一个完善的理论，其国内法实践障碍重重。曾

① World Trade Organization, Report of the Appellate Body, *China-Measures Affecting Trading Rights and Distribution Services for Certain Publications and Audiovisual Entertainment Products*, WT/DS363/AB/R (Dec 21, 2009).

② Tim Wu, "Legal Implication of A Rising China: World Trade Law of Censorship and Internet Filtering", (2006) 7 *Chicago Journal of International Law* 263, p. 268.

经提出了四大“互联网自由”的鲍威尔现如今是美国反对网络中立院外集团的代表。但是，在国际法层面，网络中立理论与世贸组织理念的契合，使我们不得不密切注意国际贸易法架构下这一理论的发展，并为其对我国互联网监管体制可能带来的冲击做好准备。

我国目前对互联网的研究着重于内容管制。但无论从各国国内法确立的法律体系而言，还是在世贸组织确立的法律架构下，互联网法律体系的基础就是电信法律制度。而在我国，既缺乏内容审查的法律界定，又没有确立符合竞争法原则的电信法制度。因此，就需要立法机关及早通过《电信法》，并以之为基础建立体现竞争法原则和精神的网络法律体系，对网络中立政策进行必要的、符合我国产业发展状况的回应，以便主动面对国际贸易法在互联网议题上的发展，为我国互联网产业及我国互联网国际贸易的发展，为未来可能的多边服务贸易谈判，打下一个坚实的法律基础。

（本文原载于《国际法研究》2015 年第 6 期）

宏观调控新常态中的法治考量

席月民[*]

一 引言

全面推进依法治国和依宪治国，建设社会主义法治国家，是当代中国发展的根本任务。用法治引领和规范改革，通过宏观调控体制改革与法治建设的良性互动来实现宏观调控的法治化，依法推动经济稳定增长和经济结构优化，是主动适应经济新常态和调控新常态的现实诉求，也是克服调控实践中“重政策、轻法律”的“法律虚无主义”倾向的必然选择。我国建立社会主义市场经济体制以来，无论是作用于供给侧的调控还是着力于需求侧的调控，调控措施的有效性与合法性之间一直存在一定的紧张关系。文章主要从宏观调控新常态条件下的调控制度供给入手，深入论证宏观调控新常态的基础制度构建，通过调控理念的更新和调控机制的重构，及时解决新常态下我国宏观调控法治化所面临的一些突出问题，从而把调控立法模式转型、依法调控与健全宏观调控体系、创新宏观调控方式、增强宏观政策协同性等统一起来，为宏观调控改革铸就适应调控新常态的法治轨道系统。

在我国社会主义市场经济体制建立前，有关宏观调控法律问题的研究

---

* 席月民，男，1969年生，河南灵宝人，现任中国社会科学院法学研究所经济法研究室主任，兼中国社会科学院研究生院法学系副主任和法硕办主任，副研究员，硕士生导师，研究方向为经济法。

即已引起学界重视。[①] 1993 年"国家加强经济立法，完善宏观调控"写入《宪法修正案》之后，宏观调控法治化问题即进一步引起学界的更多重视，宏观调控法的地位在经济法学研究中日益得到提升，并成为经济法体系的核心。对宏观调控法的研究，相关成果集中探讨了宏观调控法的形成原因或客观条件[②]、宏观调控法的理论前提[③]、宏观调控法的定义和特征[④]、宏观调控法的本质宗旨和基本原则[⑤]、宏观调控法的体系[⑥]、宏观调控的制度化和法治化[⑦]、宏观调控的内涵[⑧]、宏观调控权[⑨]、宏观调控行为的可诉性[⑩]以及宏观调控程序与调控责任[⑪]等问题。

《宏观调控基本法》的制定涉及诸多理论问题，上述成果为本文研究奠定了重要基础。有学者指出，宏观调控和宏观调控法已经日益社会化、民主化和国际化。[⑫] 有学者从社会学、经济学和法治国家的视角并结合国外宏观调控改革的发展趋势，提出我国宏观调控法研究需要在调控目标、调控主体、调控原则、调控责任、调控手段方式以及宏观调控法的体系构建等方面，进行反思与完善。[⑬] 也有观点指出，宏观调控法研究不能再仅仅满足于对已有的具体宏观调控制度进行注释，而应当以这些制度为个案，抽象、提取宏观调控法最一般、最本质的概念、范畴和规律，从全面、系统的角度来研究宏观调控法的调整对象和宏观调控法制化的规律，研究宏观调控法的框架和具体内容，注重宏观调控法的实施及其国际化

① 如刘剑、郭锐《论加强国民经济宏观调控的法律问题》，《中国法学》1990 年第 2 期等。

② 如徐孟洲《略论宏观经济调控法》，《法学家》1994 年第 4 期等。

③ 如郑少华、吴晓辉《论宏观调控法的理论前提及方法》，《东方法学》2008 年第 2 期等。

④ 如漆多俊《宏观调控法研究》，《法商研究》1999 年第 2 期等。

⑤ 如史际春、肖竹《论分权、法治的宏观调控》，《中国法学》2006 年第 4 期等。

⑥ 如王全兴、管斌《宏观调控法论纲》，《首都师范大学学报》2002 年第 3 期等。

⑦ 如岳彩申《经济发展方式转变中的宏观调控制度转型》，《法商研究》2012 年第 2 期等。

⑧ 如徐澜波《规范意义的"宏观调控"概念与内涵辨析》，《政治与法律》2014 年第 2 期等。

⑨ 如张守文《宏观调控权的法律解析》，《北京大学学报》2001 年第 3 期等。

⑩ 如胡光志《论宏观调控行为的可诉性》，《现代法学》2008 年第 2 期等。

⑪ 如张德峰《宏观调控主体法律责任的性质》，《政法论坛》2009 年第 2 期等。

⑫ 参见漆多俊《宏观调控立法特点及其新发展》，《政治与法律》2002 年第 3 期，第 56—59 页。

⑬ 参见侯作前、潘爱叶《宏观调控法若干基本问题之反思》，《法学杂志》2005 年第 1 期，第 92 页。

问题。[①]

入世以来，虽然我国学界对制定《宏观调控基本法》的必要性和可行性已经进行过深入论证并曾向立法机关提出过立法议案,[②] 虽然经济法学界也曾经专门就一些专家的试拟稿进行过集中讨论,[③] 但目前为止，宏观调控法之争[④]仍在继续，在新的历史时期统筹好宏观调控改革与宏观调控立法正成为"十三五"期间的重要任务之一。

文章立足于正确处理好改革与法治的正向关系，重构改革的发生与运作机制，首先对宏观调控新常态下的法律制度供给进行了背景介绍和立法层面的检视，重点分析现行"分散式"调控立法模式所存在的缺陷，提出重构"总分结合式"立法模式的转型意义和具体思路。然后，就我国宏观调控改革中的理念更新与原则确立作出简要分析，阐述依法调控新理念的主要内容以及调控改革需要坚持的两大原则，即合理分权原则和高效协调原则。最后，基于调控法治化的根本保障，重点就《宏观调控基本法》中基础制度的选择安排进行分析，具体包括调控目标决策制度、调控权力配置制度、调控工具搭配制度、调控程序法定制度以及调控责任追究制度。文章的创新之处主要体现在，针对调控新常态和现行调控法律制度供给不足问题，提出了用"总分结合式"调控立法模式代替"分散式"模式，用"依法调控"新理念代替"政策调控"理念，并对《宏观调控基本法》的制定及其基础制度选择提出个人意见和建议。文章认为，在《宪法》和各

---

① 参见胡光志《宏观调控法研究及其展望》，《重庆大学学报》（社会科学版）2008 年第 5 期，第 113 页。

② 参见由杨紫烜等部分全国人大代表在第九届全国人大四次会议上提出的《关于制定〈中华人民共和国宏观调控法〉的议案》，载杨紫烜主编《经济法研究》第 2 卷，北京大学出版社，2001，第 1—8 页。该议案分别论证了制定我国《宏观调控法》的必要性、可行条件与框架设计，并指出该法的名称可以用《宏观调控法》、《宏观调控基本法》、《宏观经济调控法》或者《国民经济稳定增长法》。

③ 徐孟洲、卢炯星、郑少华等负责的 3 个课题组，分别提出了一份《中华人民共和国宏观调控法》（试拟稿），见第二届经济法前沿理论研讨会交流材料（2001 年）。后来，在这 3 份试拟稿的基础上，形成了一份质量较高的专家稿，在 2002 年 3 月召开的第九届全国人大五次会议上作为立法议案提出，产生了较大影响。

④ 参见卢炯星《第四专题宏观调控法之争》，载朱崇实主编《共和国六十年法学论争实录》（经济法卷），厦门大学出版社，2009，第 184—187 页。亦参见席月民《第十八章与时俱进的经济法学变革》，载陈甦主编《当代中国法学研究》，中国社会科学出版社，2009，第 457—458 页。还参见范水兰《我国宏观调控法研究的回顾与展望》，载李昌麒、岳彩申主编《经济法论坛》（第 10 卷），群众出版社，2013，第 202—211 页。

单行调控法、促进法所形成的留白空间嵌入一部统领性的《宏观调控基本法》，是全面矫正当前宏观调控法律体系结构性缺陷，发挥调控法律的整体识别功能，避免陷入调控法律规则的碎片化状态和“叠补丁”效应，科学把握中央政府和地方政府的角色定位，妥善处理宏观调控手段与目标之间的逻辑关系，启动宏观调控行为的司法审查，防止宏观调控权被不当滥用的理性选择。

一　宏观调控新常态下的立法检视

（一）调控新常态呼唤基础性的调控法律制度供给

近年来，“经济新常态”一词的广泛使用，表明各界对我国经济形势及其所处阶段的共识正在形成。有关经济新常态内容的具体阐释最早见于2014年8月初的《人民日报》，随后在APEC工商领导人峰会上习近平总书记又论述了其特征。从这些权威的解读看，“新常态”一词高度概括了我国当前经济发展的基本状况，包括经济增速放缓进而落入中高速区间，经济结构的明显改变以及经济增长动力及其机制的显著变化。新的转变主要体现在增长绩效、增长动力、比较优势利用以及政府角色嬗变等方面，从主要积累物质资本转向积累人力资本和知识资本，从主要依靠投资转向依靠全要素生产率，从主要依赖初级资源转向依赖技术、资本、管理等高级资源，从政府直接参与经济增长转向着重培育和优化经济环境，有关增速、结构和动力这三项核心要素的基础性变化，正在带来宏观经济运行方面的新变化，进而通过调控改革形成宏观调控的新常态，合理保持稳增长与调结构之间的平衡。客观、准确地认识新常态，需把握好增量和总量变化的关系、潜在增速和实际增速的关系、历史规律和现实创新的关系。①

改革与法治的交相呼应，是当前我国全面深化改革与全面推进依法治国的重要结果，这种呼应正在形成法治引领和规范改革的另一个新常态，

① 参见余斌、吴振宇《中国经济新常态与宏观调控政策取向》，《改革》2014年第11期，第17页。

即法治新常态。在新时期新形势下，要达致全面深化改革的目标，必须通过推进法治的方式来实现；要达致全面推进依法治国的目标，也必须通过深化改革的路径来实现。① 正如李林教授所言：“那些认为‘改革与法治两者是相互对立和排斥的’，‘要改革创新就不能讲法治’，‘改革要上，法律就要让’，‘要发展就要突破法治’等错误观念和认识，都是有违法治思维和法治原则的。”② 法治是一种社会存在，既有相对稳定的体制性一面，也有活化的机制性一面。改革与法治互为目的与手段，法治新常态的出现，对宏观调控新常态提出了更高要求，宏观调控改革不能偏离法治的轨道。

“十三五”规划明确指出了未来五年我国宏观调控的具体目标。③ 关于宏观调控规划目标的实现，完全依赖于宏观调控改革与法治之间的良性互动，改革和法治将在其中扮演起举足轻重的角色。多年来的宏观调控实践暴露出我国调控部门“重政策、轻法律”的问题仍很突出，调控法律制度的供给仍嫌不足，这不仅导致调控措施遭受合法性质疑，调控效果不尽如人意，调控效率损失和调控目标协调性比较差，而且导致调控政策出台的主观随意性过强，调控道德风险无法控制，政府信誉受到不应有的损害等。如何科学认识、辩证看待、主动适应经济新常态和调控新常态，笔者认为，需要立足于立法矫正，通过宏观调控体制改革与法治建设的良性互动来实现调控的法治化，进一步增加宏观调控的法律制度供给，依法推动经济稳定增长和经济结构优化，使各种生产要素得到充分利用，有力保护经济发展的新动力。

（二）从调控法律体系构成看现有调控立法模式的缺陷

1. 现行宏观调控法律体系的构成

1992 年以来，我国逐步建立了由单行法构成的现行宏观调控法律体系，确立了宏观调控法律制度。除宪法外，现行宏观调控法律体系主要由

---

① 陈甦：《构建法治引领与规范改革的新常态》，《法学研究》2014 年第 6 期，第 35 页。

② 李林：《全民深化改革与法治的关系》，载刘作翔主编《法治与改革》，方志出版社，2014，第 201 页。

③ 即健全宏观调控体系，创新宏观调控方式，增强宏观政策协同性，更加注重扩大就业、稳定物价、调整结构、提高效益、防控风险、保护环境，更加注重引导市场行为和社会预期，为结构性改革营造稳定的宏观经济环境。

三部分构成，即调控型法律、促进型法律和其他法律。其中，调控型法律把明确调控目标以及建立和完善宏观调控体系作为重点，如《中国人民银行法》、《价格法》等法律即对金融调控和价格调控作出了较为系统的规定；促进型法律则把促进经济稳定发展和保护环境作为重要立法目的，如《就业促进法》、《中小企业促进法》、《循环经济促进法》以及《对外贸易法》等，虽然在法律名称或条文中使用的是“促进”一词，但从其实际内容看，仍旨在解决不同领域、行业甚或企业发展的不平衡问题，更好地保障实质公平和整体效率，属于经济结构调控或产业调控的范畴，因此均应归入我国宏观调控法律体系之内；其他法律如《预算法》等，虽未专门就相关调控问题进行详细规定，但在相关条文中所提到的“调控”呼应了其他宏观调控立法，其同样构成我国宏观调控法律体系的组成部分。

当然，一些行政法规和地方性法规中也有相关调控规定，前者如《中央储备粮管理条例》、《全民所有制工业企业转换经营机制条例》、《粮食流通管理条例》等，后者如《北京市劳动力市场管理条例》、《北京市小客车数量调控暂行规定》等。

相对而言，目前现行立法在粮食调控方面规定颇为细致，从《价格法》到《农业法》，从《中央储备粮管理条例》到《粮食流通管理条例》，这些立法较为系统地构建了我国粮食调控的法律规则体系，在保护粮价稳定和粮食供应方面发挥了重要作用。《预算法》、《中国人民银行法》、《价格法》、《对外贸易法》等规定都仍显粗糙，在财税、金融、价格、外贸调控等方面只注重了法律调控的“意义”和“价值”追寻，缺乏具体的周密细则安排，立法技术的“浪漫主义”表征暴露出实施调控无法可依、有法难依的问题，也直接影响了这些法律的调控质量和调控效果。

2. 现行立法模式的缺陷以及“总分结合”立法模式的重构

我国当前的宏观调控与市场经济法治必须审慎处理转型期的政府与市场、政府与企业、中国特色与世界格局、本土资源与异域制度等多维关系，从而科学建构目标化的善法体系。虽然现行立法确立了一些调控制度，但《宪法》的规定只表明了宏观调控法律所具有的经济法部门属性，而由单行的经济立法群构造的“分散式”调控立法模式在不同经济法律之间的协调性方面却不尽如人意，基于不同的调控理念和目标手段，只能简单满足单一调控的需要，难以适应综合调控要求，也难以消除不同法律之间的冲突。

目前来看，首先缺乏关于宏观调控体制、原则、工具、程序、责任等方面的总括性规定，需要借鉴德国1967年颁布的《经济稳定与增长促进法》[①] 和美国1976年颁布的《充分就业与平衡增长法》[②] 的立法经验，在《宪法》和各单行法所形成的留白空间嵌入一部统领性的《宏观调控基本法》，通过增量式改革创新重构“总分结合”的宏观调控立法模式，明确宏观调控的基础性法律制度，以弥补现行“分散式”立法模式下法律实现机制上的不畅，增进法治原则下宏观调控法律体系的系统优化和平衡协调，避免陷入调控法律规则的碎片化状态和“叠补丁”效应。单纯依靠宪法解释、法律解释及其适用，难以从根本上克服现行分散式调控立法模式的既有缺陷，不利于发挥调控法律的整体识别功能，以及培育调控法律体系的公正能力与自生能力。

其次，诸如《国民经济和社会发展规划法》与《政府投资法》等重要立法仍未出台，导致国民经济和社会发展规划工具的使用无法可依，政府投资的随意性明显过大，规划调控和投资调控均缺乏应有的监督和制裁规定。在宏观调控实践中，因调控部门的主观恣意所导致的政府失灵、调控失败例子并不鲜见，住房市场化以来房地产市场的一轮轮调控与房价节节攀升、房屋空置率居高不下、一些地方“空城”、“鬼城”的接连出现等即是明证。作为调控工具之一的规划和投资，需要通过《宏观调控基本法》获得肯定和规范。

最后，现行宏观调控立法对调控责任的规定不尽完善，在责任主体、责任形式、责任追究机制等方面，需要《宏观调控基本法》作出相应的原

---

① 该法于1967年6月8日通过，同年6月14日颁行。最新修订时间是2006年10月31日，共33个条文。

② 该法内容涉及就业目标、计划的确定与一般经济政策的确立，反周期就业政策、区域与结构化就业政策以及青年就业政策，议会审查程序以及规则制定权，非歧视、劳动标准、主管部门等，共分四个部分、27个条文。参见 *Full Employment And Balanced Growth Act*, Find Law: http://codes. lp. findlaw. com/uscode/15/58, April 23, 2015; 另参见 “The Full Employment and Balanced Growth Act of 1976”, Challenge, Vol. 19, No. 2 (MAY/JUNE 1976), pp. 56 -68。

则性规定，妥善处理现有宏观调控立法之间的责任体系，认真总结国内外调控立法经验，突出立法引领和推动宏观调控体制改革的作用，并试启全国人大常委会和最高人民法院对宏观调控行为的合法性审查。

二　宏观调控改革中的理念更新与原则确立

（一）现行宏观调控分权体制的弊端

改革开放以来，我国先后进行了七次规模较大的政府机构改革，使国务院组成部门由1982年改革前的52个削减为目前的25个，重点调整了国务院宏观调控部门及其职责，形成了基本适应社会主义市场经济体制的组织架构和职能体系。从改革实践看，现行宏观调控体制的形成走出了一条分权协调之路，在历次机构改革中，权限的收放始终是改革一以贯之的重点。宏观调控体制多年来所维持的分权状态，使各调控部门分别掌握着不同的调控工具，导致其相互之间在调控措施和调控目标上缺乏有机协调，从而造成了不必要的效率损失和政策冲突。另外，在调控权的纵向配置方面，地方调控权一直不够明确。为便宜行事，一些地方干脆直接用政策替代法律或者用政策不断侵蚀法律的边界，结果导致实践中出现与依法治国背道而驰的“法律虚无主义”倾向。

（二）从政策调控转向依法调控理念

改革开放以来，我国经济以近10%的年均高增长率创造了世界经济史上的“中国奇迹”。经济新常态下，我国经济的内在支撑条件和外部需求环境均已发生深刻变化，这不仅表现在全球经济格局深刻调整、外部需求出现常态萎缩以及全面深化改革已经进入攻坚期等不利一面，而且也表现在可以充分利用现有经济基础以及加强和改进党对全面推进依法治国的领导等积极有利的一面。用法治引领和规范宏观调控体制改革，稳中求进，依法调控，是新时期“换挡”调控经济应当确立的重要理念，是克服过去“重政策、轻法律”的“法律虚无主义”倾向的根本所在。依法调控的核心是制度化的宏观调控，其与政策调控的根本区别在于，前者可以通过法律手段消除中央政府与地方政府在宏观经济形势判断以及所采取的宏观调控措施方面所持的意见分歧。

这些年来，无论是中央调控还是地方调控，宏观调控的合法性问题备受质疑和诟病。① 在全面推进依法治国过程中，依法调控理念对确立法治政府评价指标体系具有重要的基础保障作用。党的十八届四中全会决定强调要保障公民各项权利不受侵犯，保障公民各方面权利得到落实，使市场在资源配置中起决定性作用并更好发挥政府作用，这从合法性方面对宏观调控体制改革提出了具体要求。立法部门需要及时制定宏观调控立法规划，查漏补缺，运用法治思维推进政府事权的规范化和法律化，通过立法深入推进宏观调控体制改革，完善宏观调控法律制度，确保各级政府依法全面履行政府职能，消除权力设租、寻租空间，这是宏观调控合法性的重要基础。

法治是冲突频繁、竞争激烈的现代社会所作出的一种理性选择。法治作为治理社会的理念，一直致力于有效地控制权力、限制特权。② 我们既然选择了社会主义市场经济体制，就必须通过法治与改革的同步互动，理顺宏观调控权及其行使方式，并有机整合调控法律体系和法律机制。只有这样，才能确保调控新常态中的法治要素能稳定地发挥作用，促进调控新常态成为依靠改革与法治良性互动而实现政府职能转变的新常态，成为依靠法律机制实现创新驱动发展的新常态。现行“分散式”调控立法模式，无法满足调控新常态下我国实施依法调控的体制性和机制性要求，因此适时出台《宏观调控基本法》对全面确立依法调控理念、强化调控行为的合法性审查意义重大。总之，依法调控理念的确立，是用科学立法来确认和规范政府调控经济的具体行为，实现政府调控经济的善治要求，最终为政府调控经济提供必要的法律形式，并创造基础

---

① 参见陈承堂《宏观调控的合法性研究——以房地产市场宏观调控为视角》，《法商研究》2006 年第 5 期。另外，2011 年 7 月 16 日，北京市东方公益法律援助律师事务所在北京举行了经济新政中的合法性问题学术研讨会，与会代表针对沪渝两地房产税试点、北京小客车摇号等限购性调控措施的合法性问题展开了热烈讨论。参见《经济新政中的合法性问题学术研讨会》，中国法学网：http://www.iolaw.org.cn/showNews.aspx? id = 27821，2016 年 4 月 20 日访问。该会议的相关观点参见李炜《地方经济新政能否兼顾少数人的利益》，《检察日报》2011 年 8 月 8 日第 6 版。

② 高鸿钧等：《法治：理念与制度》，中国政法大学出版社，2002，第 22 页。

性的法律条件。

（三）宏观调控改革的两大原则

宏观调控改革需要依法限定政府的权力及其行使方式。政府与市场关系由“限定市场、余外政府”模式向“限定政府、余外市场”模式的结构翻转，是社会主义市场经济体制的应有结构和运行机制深化变革的结果。[①]宏观调控体制改革涉及中央不同部门以及地方利益的重大调整，制定一部符合国情的《宏观调控基本法》，就是要通过法治来引领和规范我国的宏观调控体制改革，让“法治 GDP”的考核评价成为我国宏观调控生态优化的助力器。

笔者认为，宏观调控体制改革应坚持合理分权和高效协调两大原则，并高度重视法律手段的科学运用。其中，合理分权是由我国当前的基本国情所决定的，宏观调控权的横向配置和纵向配置必须符合我国当前财税、金融、贸易、投资等经济体制改革既有成果的保障性要求，在治理“条块分割”中强化“问责制”，分清权责，提升各调控部门有机协调和相互配合能力，妥善处理好不同政府部门之间、中央和地方之间的调控竞争。同时，我们还需针对实践中的国民经济发展新情况、新问题，坚持高效协调原则，突出调控效率和效果，能够以最小改革成本实现改革目标，从而通过完善体制机制，使调控机构相机抉择，适时合理地选择调控目标和工具，正确引导和调控市场供需，平衡优化经济总量和经济结构，实现稳定和协调国民经济健康发展的目的。这两大原则有助于维护政府调控经济的反应能力、信息能力和专业能力，更好适应“限定政府、余外市场”模式的组织化和结构化要求，限缩并整合调控权力，尤其是大幅削减政府干预市场经济的审批权限，将调控权从监管权中剥离出来，减少利用审批许可权直接调控市场结构、规模、活跃程度和所有制成分，从而使政府调控经济的功能定位真正实现从直接调控向间接调控的治理转型。

---

① 陈甦：《商法机制中的政府与市场的功能定位》，《中国法学》2014 年第 5 期，第 45 页。

三　调控法治化的根本保障：《宏观调控基本法》的基础制度选择

（一）调控目标决策制度：目标结构与立法确认

从世界范围看，各国把宏观调控目标主要锁定在稳定物价、充分就业、经济增长和国际收支平衡四个方面。问题是，没有法律加以协调和规制，四大目标便只能是“魔术四角”，实现甚难。① 正因如此，德、美等国家把上述目标直接确定为宏观调控立法宗旨，以求通过宏观调控法律的保障作用，实现经济的持续稳定增长。从功能主义的进路来看，法律是一种能够确立（行为人）大致稳定预期的制度结构。② 笔者认为，将宏观调控的目标与手段纳入法治化轨道，有助于划清合法的调控与非法的行政干预之间的界限。在我国，国家对宏观调控目标的认识，是随着市场经济的发展而不断获得深化的。从 1993 年的“八大目标”③ 到 1997 年的“新八大目标”④，再到党的十六大之后与国际通行做法看齐的“四大目标”，这种变化意味着我国宏观调控目标体系的定位更加符合社会主义市场经济体制的要求。⑤

从现行立法看，《中国人民银行法》确立了稳定币值和促进经济增长这两个目标，《就业促进法》则确立了充分就业目标，把扩大就业放在经济社会发展的突出位置。另外，在现行《对外贸易法》中，其第 16 条在列举可以限制或者禁止有关货物、技术的进口或者出口的原因时，明确指出“为保障国家国际金融地位和国际收支平衡，需要限制进口的”是其中一个重要理由。可见，国际收支平衡其实也是我国宏观调控的重要目标之一。

---

① 参见张守文《德国的〈经济稳定与增长促进法〉》，《外国法译评》1993 年第 4 期，第 40 页。

② 〔美〕理查德·A. 波斯纳：《法理学问题》，苏力译，中国政法大学出版社，1994，第 58 页。

③ 即经济增长、固定资产投资、金融财政、外贸进出口和外汇储备、商品零售、物价、经济效益以及人口自然增长率。

④ 即经济增长率、固定资产投资、价格、财政收支差额、货币发行量、外贸进出口总额、人口自然增长率和城镇登记失业率。

⑤ 参见曹玉书《宏观调控目标：为何八个变四个》，《人民日报》2003 年 3 月 7 日，第 10 版。

近年来有学者提出，应当在宏观调控目标中增加生态环境标准，因为按照传统目标根本无法计算经济增长背后的环境代价是多少。[①]《循环经济促进法》等就是其中的立法典型。将保护自然资源与生态环境纳入宏观调控立法目标具有重要意义，尤其是进入经济新常态后，资源环境约束显著增强，劳动力和土地供应发生重大变化，随着经济增量的不断加大，宏观调控目标需要有新版本，需要把过去的“四大目标”升级为“五大目标”，这样做更加符合我国人口众多、就业需求大、资源环境硬约束等国情特点，也更能反映我国政府持续改善民生和向环境污染宣战的决心。当然，这一变化是经济社会发展的客观规律使然，新的目标体系应该承继国际上的通行目标，在引导经济稳定增长的同时，着力于转方式、调结构，努力提高城乡居民收入增长，更重要的是，同时着力于绿色发展、循环发展、低碳发展，把环境问题放到与稳增长、调结构、提质效同等重要的地位。

立法所确定的调控目标和不同时期党和政府所确定的调控任务既相联系，又有区别。一方面，前者着眼于所需达到的最终结果，后者则具体化为所需完成的各项主要工作；另一方面，前者是后者的依据和方向，后者则是前者的基础和支撑。正因为如此，在制定《宏观调控基本法》时，我国应把升级后的“五大目标”作为判断宏观调控行为合法性的重要标准。[②]当然，这些调控目标之间并不完全相容，时常也会发生一些冲突，因而任何一个国家要同时实现这些目标是非常困难的。为了防止过度调控和调控不足，避免不同目标之间的矛盾和冲突，立法中应当建立调控目标决策制度，把调控目标的选择定位与区间调控、定向调控、分层调控等目标方法相结合，使调控区间、调控范围、调控层次实现目标选择的结构化弹性平衡，形成“目标 + 区间”、“总量 + 结构”、“长期 + 短期”等调控目标的具体组合形式，通过灵活的调控目标决策制度促进各目标之间的动态均衡

---

① 参见吴越《宏观调控：宜政策化抑或制度化》，《中国法学》2008 年第 1 期，第 87 页。

② 也有学者提出新常态下宏观调控目标为“七大目标”，包括经济增长、物价稳定、控制失业、国际收支平衡、财政平衡、居民收入增长和经济发展同步、节能减排。参见胡鞍钢《新常态呼唤宏观调控目标升级版》，《人民日报》2015 年 6 月 29 日第 22 版。笔者同意把节能减排作为新的调控目标，但表述上更倾向于自然资源与生态环境保护，不同意把财政平衡、居民收入增长和经济发展同步作为新常态下的宏观调控目标，主要理由在于物价稳定、经济增长、充分就业等目标可以涵盖其内容，无须单列。

和有序递进，相机抉择，统筹协调，趋利避害，从而使短期目标服从长远目标、局部目标服从整体目标，在经济新常态背景下注意防止宏观调控变成单纯的撞击反射式的适应性调控。

（二）调控权力配置制度：合理分权与协调机制

宏观调控权的配置是根据宏观调控的本质属性探寻在相关国家层级的组织以及不同层级的政府组织之间分配、安排具体宏观调控权力的规范化、法治化过程。[①] 该权力作为典型的宪法性权力，由于牵涉面广，全局性强，复杂交叉，因此应当进一步优化其横向配置和纵向配置，在分权与法治的基础上[②]改革和完善宏观调控体制，进一步增强宏观调控的科学性和有效性，更好地处理政府与市场、中央和地方的关系。

目前，宏观调控工具是我国横向配置宏观调控权的主要依据，这样做容易廓清不同调控部门之间的权力边界，便于及时把握调控机会，但由此带来的问题是，不同调控权的行使容易形成“自我中心主义”下的各自为政，导致调控效率损失和调控目标冲突。我国改革开放以来的历次机构改革最终建立了目前的大部制，虽在一定程度上适应了政府职能转变的需要，但从未来改革趋势看，政府部门的划分应进一步突出政府的权力清单，并削减调控部门的数量，推进机构、职能、权限、程序、责任的法定化。这对《宏观调控基本法》而言，为避免越权、弃权、争权、滥权等情况的发生，立法中需要在坚持调控权法定原则的前提下留出一定余地，短期内仍可维持现有的分权状态和体制结构，只是需要把调控改革的重心放在理顺调控机制方面，避免单一调控中出现狭隘的部门利益保护。笔者认为，立法中建立我国宏观调控综合协调机制势在必行，同时应注意降低和控制实践中的协调成本。

其中，一种选择是在国务院设立国民经济宏观调控委员会，将其作为国务院集中行使中央经济调控权的常设机关，由国务院总理出任该委员会主任，由各宏观调控部门的首长作为当然委员，同时另设专门委员，定期

---

① 徐澜波：《我国宏观调控权配置论辨正——兼论宏观调控手段体系的规范化》，《法学》2014 年第 5 期，第 44 页。

② 史际春、肖竹：《论分权、法治的宏观调控》，《中国法学》2006 年第 4 期，第 158 页。

召开会议，具体议事规则由国务院制定。[①] 另一种选择是建立宏观调控定期协商会议制度，按月召开会议，形成会议决议，明确调控方案，使产业政策、财政政策与货币政策等不同调控政策工具能够彼此配合，确保各项调控措施内部协调，避免相互抵消。这两种选择，只是增强了中央层面宏观调控的整体协调性，并不影响各调控部门的调控职权划分和权力行使。建立宏观调控综合协调机制，一方面可以调动各宏观调控部门的主观能动性，保障其调控建议权、决策权和监督权，另一方面可以避免分权调控中的各自为政，形成必要的调控合力。

有人说，只有中央政府才拥有调控经济能力，才享有宏观调控权。其实，这种观点有失偏颇。笔者认为，现行分税制财政体制对中央政府和地方政府的事权和财权划分作出了基本安排，2014 年《预算法》的修改指明了建立现代财政制度是财政改革的根本方向，其典型体现了用法治引领预算改革、强化预算约束的国家治理新理念。其中，该法对地方政府债务管理的新规定即为一大亮点，表明地方政府需要享有必要的宏观调控权，这对宏观调控权的纵向配置起到了积极的示范性作用。修改后的新《预算法》直接通过开“明渠”赋予了地方政府适度举债的权力，同时也对地方举债的主体、规模、管理、偿还、用途、责任追究等作出了严格规范和约束。正是这种财权的重新分配，使地方调控权拥有了坚实的法律基础和制度基础。

在我国，《宪法》及其中规定的民族区域自治制度为地方调控权的配置提供了另外一种形式的法律基础和制度基础。我国各个民族自治地方均享有一般地方立法和自治立法的权力，可以在“不与宪法法律相抵触”的前提下变通或补充规定，使地方调控更具针对性。地方政策承载着地方利益，一直是国家政策体系的重要组成部分。地方政策与中央政策之间的互搏每年都在发生。宏观调控权的纵向配置，客观上要求承认地方的利益诉求，给予地方政府一定的调控自主权。

无论是中央政策还是地方政策都始终需要跟着市场走。以产业结构优化为例，区际产业转移和区域产业分工是一国产业结构调整升级的重要途径，我国当前的产业转移因各省的资源要素禀赋不同存在较大的空间失

① 参见徐孟洲《耦合经济法论》，法律出版社，2010，第 221 页。

配，虽不排除企业基于市场判断而作出的自然选择失误，但更重要的原因却在于不同省份在追求地方 GDP 增长中所展开的地方招商引资政策之竞争。依法规范地方调控权应突出“限定政府、余外市场”模式下对地方调控权的法律限制，充分释放市场机制的作用空间，尽量限缩地方政府的商业判断权与市场选择权，避免地方政府便宜从事、越俎代庖，替代市场作出选择，人为分割或限制市场。德国《经济稳定与增长促进法》所确立的一致行动原则[①]在我国《宏观调控基本法》的制定中具有十分重要的现实意义。由于我国采用分税制财政体制，地方政府和产业部门在利益驱动下难免作出与中央调控决策相左的对抗性选择，因此在宏观调控法定程序制度建构方面，需要着力把握好一致行动原则，注意防止和制裁地方政府“上有政策、下有对策”的逆向行动。

（三）调控工具搭配制度：合法化与合理化

调控工具是实现宏观调控目标的重要手段，不同调控工具的作用机制不同，对供需总量和经济结构的影响也不相同。国内外经济形势复杂多变，市场预期各不相同，调控工具的选择和搭配无论在直接调控体系中还是在间接调控体系中均举足轻重，会直接关系到调控政策的成败。对政府的监管权与调控权应实行必要的“减、转”，即在减少监管的同时完成由监管向调控的转型，以增强市场自身的决定力与判断力，尤其是重点增强政府在调控中的法律判断能力。相比较而言，过于依赖直接调控工具，容易成为政府过度干预微观经济的借口，同时造成地方政府的“政策依赖症”，甚或产生政策失误，从而导致经济结构的扭曲，不利于改变发展模式。而对间接调控工具来说，则主要面临着合法化与合理化的双重考量。

任何时候，实现经济运行平稳健康发展都是宏观调控最核心的目标。我国现行有效的宏观调控工具体系包含了财政、金融、外贸、投资、储备、规划、价格、就业服务等在内的诸多工具类型。现行《价格法》、《就

---

① 该原则要求中央政府在决定采取宏观调控措施时，各部门以及各级政府都应当在法律规定的职责范围之内采取一致的宏观调控行动，禁止各当事方规避宏观调控措施甚至采取逆向行动。参见吴越、沈冬军《德国经济稳定法中的一致行动原则研究——以经济稳定法对宏观调控的作用为中心》，《西南民族大学学报》（人文社科版）2007 年第 10 期，第 105 页。

业促进法》、《预算法》、《中国人民银行法》、《对外贸易法》等在调控工具的合法化方面发挥出了有益的示范作用。

以《价格法》为例，其所确立的市场调节价、政府指导价和政府定价这三种价格形式，明确了定价主体、定价范围和权限以及定价的机理和程序，建立了以企业自主定价为主、政府定价和政府指导价为辅的价格形成制度。价格工具的运用，不仅表现为政府的定价行为，而且表现为政府对价格总水平的调控，同时还表现为非常时期的价格干预措施和紧急措施等，这使得价格工具的使用有着明确的法律依据和规则。

又如《就业促进法》，该法确认了政府在就业调控中的积极作用，明确了就业服务调控工具，这对稳定就业市场、引导就业流向、控制失业规模无疑具有重要意义。但问题是，基于显著的城乡二元经济背景，我国的就业制度形成了城镇和乡村两套完全不同的体系，二者从不同的起点，沿着不同的路径向统一的市场化方向发展。其中，城镇就业一直是人力资源和社会保障部门关注的重点，相关的就业政策主要体现在一系列的法律法规体系之中，而农村就业则因其本身特点和国家经济发展战略等方面的原因长期没有得到足够的重视，因而缺乏明确的制度形式和政策规范，需要打破城乡二元户籍制度的严重制约，重视对农民工问题的顶层制度设计和法律保护。

目前，调控工具的合法化仍任重道远。从实践看，税收政策虽在财政工具中的地位十分突出，对产业发展的导向作用明显，但与税收法定主义和依法调控的要求仍然有很大差距。《立法法》修改后，除企业所得税、个人所得税和车船税外，其他税种的法律化任务仍然十分艰巨。再者，投资工具的使用同样缺乏有力的法律支撑。虽然这些年来政府投资的方向明确，而且投资方式多样，但问题在于，我国投资法制建设相对滞后，有关政府投资的主体、资金、规模、范围、方式、管理、效益、信息、责任等内容也面临如何实现法律化的困局。与此同时，投资工具与产业发展联系紧密，在产业组织、产业技术、产业布局等方面还需要有效配合，以增强产业调整优化的针对性。此外，规划工具的法律化任务也很突出。规划对经济调控具有普遍意义，国家中长期规划通常具有科学性，是客观经济规律的反映，对市场主体的经营决策具有重要的引导作用，但我国至今没有出台《国民经济和社会发展规划法》，没有规定规划部门的法定权限、规划的主要内容、规划的效力、实施、监督、调整和变更程序，更缺乏规划制定和实施中的具体法律责任。

调控工具的合理化与合法化同等重要。笔者认为，在我国宏观调控立法中，对调控工具的选择、使用、组合和搭配既是其中的重点，也是其中的难点，而且没有一成不变的万能模式。正因为如此，我们需要在《宏观调控基本法》的立法中明确不同调控工具的适用主体、适用对象和适用范围，并就其组合搭配作出原则性规定。经济发展中的总量问题和结构问题通常是多种因素综合叠加的结果，单一调控工具的效果有限，因此调控工具的搭配需要坚持合理搭配与灵活搭配原则，扬长避短，使财政政策、金融政策、投资政策、产业政策、科技政策、就业政策、外贸政策等实现开放型经济发展中的内外部双重均衡，有效作用于社会总供给和社会总需求的两端，使政策在供需市场细分中保持其独立品性，通过科学的调控工具组合应对宏观经济所出现的不同病症，避免不同调控工具相互之间的无谓冲突。总的来看，虽然上述这些调控工具在我国宏观调控实践中均得到了实际应用，但仍需要通过继续完善宏观调控法律体系予以确认和保护。

（四）调控程序法定制度：程序公正与私人选择

宏观调控法同样追求法律的自由、效率、公平和秩序价值，但其无法直接克服市场失灵，并促成市场的安全、效率与可持续发展。为防止调控中的主观恣意、政府失灵和调控失败，只有通过调控权、调控工具的科学配置和调控程序的合理设计，才能保障政府调控行为的规范性、有效性及高效性，实现宏观调控立法的根本宗旨和调控目标。

正如美国著名学者迈克尔·贝勒斯（Michael D. Bayles）所言，程序正义问题遍及现代社会的方方面面。[①] 鉴于长期以来我国法学界和实务界中仍存在比较严重的“重实体、轻程序”问题，故在宏观调控改革中，需要努力克服“程序虚无主义”的倾向。从立法技术看，《中国人民银行法》、《价格法》等调控立法已经为《宏观调控基本法》的制定提供了调控程序规范化与法定化方面的立法经验。

---

① 转引自陈瑞华《走向综合性的程序价值理论——贝勒斯程序正义理论述评》，《中国社会科学》1999 年第 6 期，第 123 页。

问题在于，我国既有的宏观调控程序性规范分散在不同的调控性法律之中，尚未形成科学有机的程序性规则体系，其需要通过《宏观调控基本法》的制定，实现宏观调控程序立法的正当性、科学性，实现从程序工具主义到程序本位主义的升华，建立调控程序本身的公正性标准。因此，从“分散式”调控立法模式转向“总分结合式”调控立法模式，除了应在《宏观调控基本法》中建立系统统一的调控程序制度，也需要对现有调控性法律作出相应修改，完成必要的调控程序整合。

宏观调控程序设计涉及诸多环节，不同程序需要综合控制调控行为的经济成本和道德成本。具体说来，从调控预案的编制到调控方案的确定，从内部决策到调控措施出台，从市场数据统计分析到政策调整，从发现问题到责任追究，不同环节的程序相互勾连，需要调查研究、说明理由、咨询专家、吸收公众参与、投票表决、签字、公告、检查、督导、信息反馈、市场研判、效果评估、纠错追责等。美国学者理查德·波斯纳（Richard A. Posner）认为，最大限度地减少法律实施过程中的经济耗费是评价和设计法律程序时所应考虑的重要价值，也是司法活动所应达到的价值目标。[①] 在这一方面，宏观调控程序设计既需要减少公共和私人双方的直接成本，尽量降低各方所耗经济资源，也需要减少和控制错误成本，避免法院作出错误裁判而无谓耗费经济资源。这一观点直接体现了宏观调控行为本身应有的效率观和效益观，是判断宏观调控程序规则优劣的一项重要标准。英国学者德沃金即提出在评价和设计一项法律程序时，应当最大限度地减少法律实施中的道德成本。这里的道德成本是指由于错误地惩罚无辜者所带来的非正义。[②] 任何对市场主体财产权利的行使和交易机会的剥夺或限制都应该经过道德成本的评估。因此，在宏观调控程序设计中，经济成本分析和道德成本分析方法应受到必要的重视，与此同时，也要客观分析和评价调控程序本身是否具有公正性和正当性。

宏观调控的正当性取决于不同调控政策工具的合理安排，这必须在充分尊重私人自治和市场机制的前提下展开。这既涉及宏观调控与私人选择之间如何保持平衡的问题，也涉及市场化过程中维持公共管制与私人自治

---

① Richard A. Posner, “An Economic Approach to Legal Procedure and Judicial Administration”, *The Journal of Legal Studies*, Vol. 2, 1973, pp. 399 - 400.

② R. Dworkin, *A Matter of Principle* (Oxford: Clarendon Press, 1985), pp. 73 - 103.

之间如何划分界限的问题。市场经济崇尚经济自由，强调经济民主与经济集中的对立统一。宏观调控既不应限制消费者的任何偏好，也不应限制任何生产者的生产偏好，就行政命令式的直接调控而言，理应受到法律的严格限制。不允许任何力量干预经济人的自由交易和自由定价，除非这种交易本身带有强制或者不正当性。①

作为实施公共政策的宏观调控，在实现机制的安排上根本无法脱离市场上的私人力量。私人的市场决策完全取决于其个人交易成本选择，众多私人交易行为的完成会进一步形成市场交易的“同向累积”效应，进而反过来检验政府调控决策的科学性和有效性。宏观调控虽然旨在引导和纠正可能失范的私人行为，使其行为结果更加符合政府对市场的判断和预期，避免经济总量或经济结构失衡，但最终效果如何，仍依赖于市场选择与私人自治，因此确保市场领域的“自由空间”符合调控方向相当重要。宏观调控中对私人选择的尊重意味着，宏观调控措施应当具有向后效应，调控不应增加已确定的私人交易的费用；宏观调控措施还应具有间接效应，调控只应引导而不是直接替代私人的交易决策。②

（五）调控责任追究制度：政府问责与责任创新

随着现代民主政治的发展，人人问责已经成为法治社会建设的一个基本理念。“问责制”作为目前我国责任政府的主要实现形式，有助于形成市场经济社会中常态化的调控内省和社会监督机制。其强调社会成员各自的角色意识与责任担当，并实行常规化的督促和监督，在敦促和加强政府官员恪尽职守、严格履职方面效果显著。它是《法国民法典》确立的过失责任的高级发展，并经由社会契约和公共选择理论的深化而获得了普适性意义。③

需要强调的是，在我国，“官本位”和“权力至上”等思想在很多人的心中仍然根深蒂固，所以在调控部门建立并完善“问责制”意义重大。

① 参见毛寿龙《市场经济的制度基础：政府与市场再思考》，《行政论坛》1999 年第 5 期，第 6 页。

② 蒋大兴：《宏观调控与私人选择》，《社会科学》2008 年第 8 期，第 79 页。

③ 史际春、冯辉：《“问责制”研究——兼论问责制在中国经济法中的地位》，《政治与法律》2009 年第 1 期，第 2 页。

“有权必有责”，调控权力作为公权力的一种，其滥用同样会对经济社会造成危害，因此需要和调控责任之间保持对等性，同时调控责任的范围也要和调控权限保持一致性，对谁问责关键在于调控权的配置结果，具体问责程度也需与职权相互对应起来。这些年来，我国法治政府建设取得一定成绩，并日益重视问责制的实施。目前，政府问责主要通过官员问责①体现出来，官员问责中的责任区别于官员因违法、违纪行为而承担的刑事责任或纪律责任，它特指通过官员的职务声誉受损或职务身份丧失、降低等方式使其对职务行为承担否定性后果，如公开道歉、停职检查、引咎辞职、责令辞职、免职等职务身份或职务声誉受损等。② 官员问责制的适用情形，涵盖了不履行法定职责、不正确履行法定职责以及违法履行职责等不同情形，责任形式也从道义责任、法律责任延伸到了政治责任和社会责任。③

笔者认为，从立法趋势看，《宏观调控基本法》的制定应当深入推进调控问责制，真正落实《宪法》规定的人大罢免制度，对因不依法调控等而产生问责的主体、内容、程序、结果等作出明确的规定，对被问责官员的复出机制等给予说明，突出其角色责任和法定责任的特性，防止出现不应有的责任规避现象。与其他法律相比，宏观调控法体现了国家对国民经济的干预、协调、调节、管理和参与，其综合性的特征十分明显。这种综合性不仅体现在其调控手段的多样性上，而且体现在其调控责任的多维度上。

宏观调控责任是区别于传统部门法的经济法的法律责任，它以传统部门法的发展为基础，并与之存在密切的联系，但这并不意味着这种责任只是传统部门法各类责任的简单相加或随机综合。相反，它是对传统部门法责任理论的一种拓展和补充，更是对传统部门法责任理论的一种超越。

宏观调控责任的综合性可以从经济法责任形态的时代演进中体现出来。从传统的补偿性赔偿责任到晚近的惩罚性赔偿责任，从经济性的赔偿责任到非经济性的资格减免、信用减等等人格责任，从实然的法律责任到内嵌于法律责任并具有一定宣示和警示意义的政治责任，各类具体的新型

---

① 2009 年 6 月 30 日，中共中央办公厅、国务院办公厅联合颁行了《关于实行党政领导干部问责的暂行规定》，列举了 7 种问责情形和五种问责方式。

② 参见林鸿潮《公共危机管理问责制中的归责原则》，《中国法学》2014 年第 4 期，第 268 页。

③ 参见李艳芳《“促进型立法”研究》，《法学评论》2005 年第 3 期，第 106 页。

责任形态渐次进入经济法的责任视野，丰富了经济法的责任类型。它们将随着经济法理论和制度的发展，而不断地得到提炼、拣选和归并，并被类型化。[①]

从实质上看，民事责任、刑事责任和行政责任不乏相通之处。比如，惩罚性违约金、罚款和罚金这三种责任形式，虽然分别隶属于不同法律部门，但从经济实质上看却并不容易被区分，这实际上体现了不同部门法之间的内在关联性，突出了惩罚性责任所具有的普遍价值。就宏观调控责任而言，无论创设何种法律责任形式，无非围绕着财产、行为、精神、人身、职务等不同方面展开，这需要打破传统部门法责任体系的窠臼，综合考虑各种新出现的责任形式。

笔者认为，经济立法需要回应和解决现实问题，宏观调控责任需要在制定《宏观调控基本法》时进行立法上的确认，并注意综合考量和设计应然的责任主体和责任形式，避免给人留下法律的不确定性以及交由法官自由裁量的错误印象。为此，需要把握好“三对”责任，即调控主体责任与受控主体责任、传统法律责任与新型法律责任以及机构责任与个人责任。[②]尤其对于调控中无视程序规则的违法决策、违反一致行动义务的逆向行动等，应通过调控问责制加强对相关调控主体的责任追究，避免以“集体负责”为由淡化个人责任。

四　结语

众所周知，法治既包含形式上的法治，也包含实质上的法治，而法治中的良治必须是善法之治。正确处理改革与法治的关系，需要我们以法治思维和法治理念指引改革，以法治原则和法律程序规范改革，以法律制度、法律机制、法律责任来推进、制约和保障改革。从未来立法取向看，把宏观调控权关进法律和制度的“笼子”里，绝不能停留在宣传口号上。这需要把《宏观调控基本法》的立法定位与实际运行，与科学的宏观调控

---

① 张守文：《经济法责任理论之拓补》，《中国法学》2003 年第 4 期，第 20 页。

② 参见席月民《依法调控经济的程序与责任保障》，《中国法律评论》2015 年第 3 期，第 212—213 页。

和有效的政府治理相挂钩，破除调控体制机制障碍，有效匹配供给和需求的新变化。该法的最高目标是维护政府在调控经济中的社会本位思想，维护宪法和法律权威，最低目标是建立政府调控经济的法律秩序，打通不同调控型和促进型法律相互释证的可能性，并肯认其法律精神与法律原理的同质性，从法律伦理和专业心性两个方面对立法者和司法者提出更高要求，防止政府干预经济权力的滥用。

总之，作为法治中国建设的一项重要任务，在制定《国民经济和社会发展规划法》、《政府投资法》以及修改《中国人民银行法》等调控型、促进型法律的同时，需要准确把握调控新常态中的增长速度、增长动力和经济结构的变化，制定一部符合国情的《宏观调控基本法》，建立调控目标决策制度、调控权力配置制度、调控工具搭配制度、调控程序法定制度以及调控责任追究制度等基础性制度，用制度构筑调控新常态的调控权力限阀和市场动力机制，在稳定市场预期的基础上充分释放市场活力。当然，调控立法的扎实跟进只是实现调控法治化的第一步，践行依法调控理念并非只局限于针对调控行为的合法性判断，更重要的是把调控目标的合理性与调控政策的有效性统一起来，全面展现依法调控理念在调控新常态中的引导性，不断完善宏观调控具体法律制度，在合理限定调控权的同时不断扩张市场对资源配置的决定性作用。可以想见，在我国市场经济领域发生政府调控权限减少和调控部门合并，将是可期待的前景。

（本文原载于《上海财经大学学报》2017 年第 2 期）

三　竞争法学

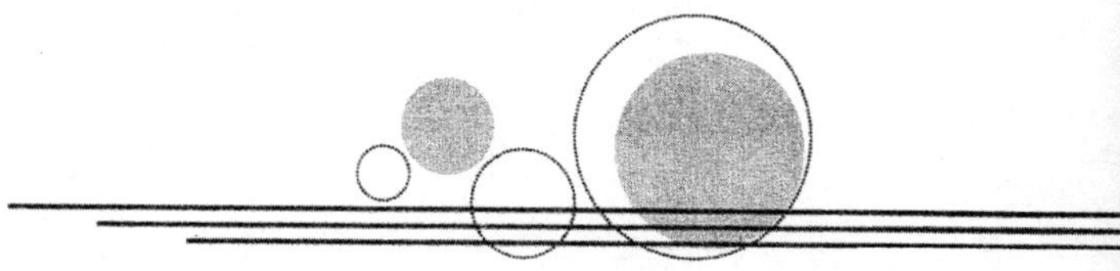

试论我国制定反垄断法的必要性和紧迫性

王存学*

1993年9月2日第八届全国人大常委会第三次会议通过了《中华人民共和国反不正当竞争法》（按照规定自同年12月1日起施行）。这是中国第一部专门调整竞争关系的重要法律。其颁布与施行，对于制止不正当竞争行为，鼓励和保护正当与公平竞争，保护经营者和消费者的合法权益，维护市场经济秩序，保障社会主义市场经济健康发展，必将发挥重要作用。然而，竞争法律制度包括反不正当竞争和反垄断两个方面的法律规范。只有二者兼备，才能从不同的角度和侧面，有效地保护公平竞争和维护市场经济秩序。《反不正当竞争法》除在第6条和第7条中对某些限制和排挤公平竞争以及地区封锁的行为，作了禁止性规定外，没有规定反对垄断行为的条款和内容。这不能不说是一大缺憾。因为无论从理论还是从实践的角度来讲，在《反不正当竞争法》中设定必要的反垄断条款，或是单独制定《反垄断法》，不但是必要的，而且是可能的。

关于中国制定反垄断法的条件是否成熟的问题，在学术界一直存在争论。《反不正当竞争法》的正式通过表明，认为现在制定反垄断法的条件尚不成熟的观点起了决定性的作用，并有可能继续影响今后中国反垄断立法的速度和进程。本文拟就中国制定反垄断法的必要性和紧迫性谈几点看法。

---

* 王存学，男，1936年生，山东梁山人，中国社会科学院法学研究所研究员，研究方向为经济法。

一　反不正当竞争法与反垄断关系的密切性决定了加快反垄断立法步伐的必要性

由于假冒他人注册商标、利用虚假广告促销、采用贿赂手段销售或购买商品、侵犯他人商业秘密等等不正当竞争行为，同利用优势地位垄断价格和分割市场等垄断行为一样，都是损害其他经营者和消费者的合法权益，既违反法律又违背商业道德，是扰乱和破坏正常社会经济秩序的行为。实施不正当竞争和垄断行为者，都是利用非法手段想去达到相同的经济目的，即在市场上击败对手，保存和发展自己。实施垄断必然要限制和排斥竞争。因此，从本质上和广义上讲，垄断也是一种不正当竞争，只是在表现形式上有所不同罢了。为了有效地保护公平竞争和维护市场经济秩序，既要依法反对不正当竞争，又要反对垄断。如果不能依法制止垄断，也就很难有效地禁止不正当竞争。因为受到垄断排挤而难以生存的企业，有可能运用不正当竞争手段去寻求生路，从而加剧不正当竞争。对此正确的法律对策应当是，使反垄断法与反不正当竞争法相协调，分工协作，互为补充，相辅相成，以便充分发挥整个竞争法律机制的重要作用。德国的《反对不正当竞争法》和《反对限制竞争法》，从不同方面和角度全面规范不正当竞争和限制竞争行为的结果，有效地保护了企业的公平竞争，有力地维护着市场经济秩序，为德国经济的迅速发展发挥了重要的保障作用，就是这方面很有说服力的证明。就连没有采用反不正当竞争和反垄断分别立法的国家（如美国、英国、澳大利亚、丹麦、匈牙利等），也在其相应的立法中同时规定了反不正当竞争和反垄断的内容，从而形成了一个完整、协调的竞争法律体系。中国新颁布的《反不正当竞争法》中规定："公用企业或其他依法具有独占地位的经营者，不得限定他人购买其指定的经营者的商品，以排挤其他经营者的公平竞争"（第 6 条）；又规定："政府及其所属部门不得滥用行政权力，限定他人购买其指定的经营者的商品，限制其他经营者正当的经营活动。政府及其所属部门不得滥用行政权力，限制外地商品进入本地市场，或者本地商品流向外地市场"（第 7 条）。这些对利用优势地位或滥用行政权力限制公平竞争和地区封锁的禁止性规定，虽然没有使用"垄断"或"反垄断"的字句，但实质上却是属于行政性垄断的内容，一般应由反垄断法调整。由于社会经济生活的错综复杂性，在不正当竞争行为、限制竞争行为和垄断行为之间，也没有绝对准确的划分标准和泾渭分明的界限。这也说明不正当竞争和垄断的密切关系，现实的社会经济活动本身就把两者紧密联系在一起了，要在立法时把反不正当竞争和反垄断截然分开，那就很难达到制定《反不正当竞争法》的目的和取得执法成效。因此，绝不能延误我国制定反垄断法的时机，使《反不正当竞争法》成为维护公平竞争舞台上的"独臂英雄"。

二　经济水平高低不是制定反垄断法条件是否成熟的客观标准和唯一依据

坚持中国制定《反垄断法》的条件尚不成熟观点者的主要理由是：中国的商品经济还处于初级阶段，经济发展水平不高，市场经济还未真正形成，垄断行为表现尚不充分，反垄断立法并不十分迫切。我认为这种观点和论断是不正确的，其所提出的理由不能成立。我国的社会建设处在初级阶段，并不等于说商品经济也处在初级阶段。即使在原来计划经济体制下，中国经济也不是真正意义上的产品经济即实物经济，只是在占统治地位的理论上不承认生产资料属于商品生产，社会主义经济也是商品经济罢了。改革开放以后，承认社会主义经济就是商品经济，只不过是在理论上、政策上乃至法律上为其"正名"和恢复名誉。因此，我国的商品经济不是从头或零开始的，在社会主义条件下也已有了几十年的发展历史，并且达到了一定的发展水平。中国的商品经济毕竟有它发展的特殊条件和历程，在发展速度和发展水平上不能与资本主义商品经济作机械的对比。至于经济发展水平的高低，也是相对的。诚然，商品经济达不到一定的水平，就不会产生垄断，也没有必要制定反垄断法。但是，商品经济达到什么样的发展水平才会产生垄断和才需要制定反垄断法，找不到任何一个数据可以作为进行这种判断的客观标准和科学依据。以经济发展水平不高作为中国制定反垄断法的条件尚不成熟的理由显然是不科学的。以美国为例，1890 年就制定了反托拉斯法，100 多年前的美国经济发展水平不能说是很高的。日本和德国都是在第二次世界大战结束之后不久，其国民经济濒于崩溃和急待恢复时期制定和施行本国反垄断法的。我认为，只要一个国家的商品经济或市场经济发展到这样的阶段和程度：在市场竞争中出现了相当多的不正当竞争和垄断行为，严重损害众多其他经营者和消费者的合法权益，妨害公平竞争，破坏市场经济秩序，危害社会公共利益并且引起公众强烈不满时，就是具备了反垄断法的成熟条件，应当不失时机地制定反垄断法。当然，这样的标准对中国也是适用的。

三 中国行政性垄断的普遍性、严重性和危害性决定了反垄断立法的紧迫性

由于行政性垄断遍及全国，渗透到各行各业。由于行政管理权主要是通过主管部门、具体行业和地方政府来实现的，所以行政性垄断主要表现为部门垄断、行业垄断和地方垄断。最为突出的是，由企业主管部门或地方政府支持组建既有行政管理权又有企业经营权的行政性公司，这种公司仗着特殊的地位和优势，限制竞争，实施垄断。由于经济利益关系的驱使，行政性公司屡禁不衰。经过多次清理、整顿，花样不断翻新。所谓“翻牌公司”仍在扮演行政性公司和实施行政性垄断的角色。地区垄断是行政性垄断的另一重要表现形式。由于我国目前实行财政包干，地方政府往往从本地区的眼前利益出发，滥用地方的行政权力，强令其辖区的企业推销本地质次价高的商品。硬性规定不准本地用户到外地选购优质产品。有些地区为此还成立了审批机构，处处布哨设卡，甚至强迫撤销本地用户已签订的外购合同，强制银行拒付货款。有的地方，就连执法机关也被拉了进去，在所谓“肥水不流外人田”的错误思想指导下，在处理本地企业与外地企业之间发生的经济纠纷时，不是秉公执法，而是明目张胆地推行地方保护主义。在全国造成很大影响的“羊毛大战”、“蚕茧大战”、“棉花大战”、“粮食大战”、“生猪大战”等等，无不与地方封锁和垄断有着直接的关系。地区垄断保护落后，侵犯企业的经营自主权，限制公平竞争，分割和破坏全国的统一、开放市场严重影响整个国民经济发展的速度和进程。总体来讲，行政性垄断的存在和泛滥，影响和阻碍正在进行的国有企业的经营机制的转换，妨害经济体制改革的深入进行，影响社会主义市场经济体制的建立和完善。同时，行政性垄断使“官商不分”和政企不分，很容易给钱权交易制造机会和创造条件，在一定意义上说，它是产生

腐败的土壤和滋生经济犯罪的温床。在反腐败斗争中揭发和处理的许多经济犯罪案件，非常有力地说明了这个问题。对此，国家和政府对行政性垄断已经采取了一些预防性和禁止性措施。例如，1980 年 10 月《国务院关于开展和保护社会主义竞争的暂行规定》中规定："在经济活动中，除国家指定由有关部门和单位专门经营的产品以外，其余的不得进行垄断、搞独家经营。"又规定："开展竞争必须打破地区封锁和部门分割。任何地区和部门都不准封锁市场，不得禁止外地商品在本地、本部门销售。……采取行政手段保护落后，抑制先进，妨碍商品正常流通的作法，是不合法的，应当予以废止。"针对地区封锁十分严重的情况，1982 年 4 月，国务院发布了《关于在工业商品购销中禁止封锁的通知》，提出了禁止地区封锁、垄断的 10 项具体要求和措施。1987 年 12 月，国家体改委、国家经委《关于组建和发展企业集团的几点意见》中提出："鼓励竞争，防止垄断。在一个行业内一般不搞全国性的独家垄断企业集团。"1988 年 8 月，国务院《关于进一步清理整顿公司的决定》中规定："现有政企不分的公司，必须将经营权和行政权严格分开，……今后一律不得批准成立新的政企不分的公司。"1990 年 12 月，国务院《关于设立全民所有制公司审批权限的通知》中也规定："新成立的公司不得具（兼）有政府行政管理权，个别确有特殊需要的，须报国务院批准。"1993 年 8 月国务院发出的《关于严格控制物价上涨的通知》中指出："对部分城市出现的商界或企业联手提价、压价或拒销等行为要加以制止，引导他们走上行业价格管理的正常轨道，防止价格垄断的出现和不正当竞争行为的发生。"这些政策性规定都比较原则和笼统，缺乏规范性和可操作性，而且主要是靠主管部门和地方政府去贯彻执行，难免要打折扣，甚至会出现"上有政策，下有对策"的现象。由于没有法律强制力，违反了也无法追究有关人员的法律责任，执行乏力，成效不大。至今，行政性垄断仍然是妨碍公平竞争和扰乱市场秩序的突出问题。

四　经济垄断的现实性及其进一步发展的潜在危险性要求反垄断立法的适时性和超前性

随着我国改革开放的深入发展，通过企业之间跨地区、跨行业的横向经济联合和兼并，以大型骨干企业或名牌产品生产企业为主体，已经组建和发展起一批具有一定规模和较强经济实力的企业和企业集团。例如，据统计，东风汽车工业集团已扩展至21个省、近200个企业，每年生产各种型号的汽车9.6万辆，占全国汽车产量的1/4，年产值近50亿元，占全国汽车行业的1/3以上。例如，半球集团依靠不断跨行业、跨地区的联合兼并，实行集约式的生产经营，开发五个系列、50多种家用电器产品，通过1300多个庞大的营销网点控制着长江以南的市场，其中电饭煲占国内市场的40%，产品销往港澳、东南亚、北美、西欧等地区（以上数据引自《中国特色的企业集团》中国财政经济出版社，1990年出版）。全国现有轴承厂中，只有6家大型企业，占全行业产值的34%。从最大4家企业在行业所占市场份额来看，1984年彩色电视机为39.2%，自行车为37.7%，卷烟为13%，等等。以上数据资料表明，近年来，我国有些企业和集团从产品的市场占有率来看已达到某种程度的垄断。另外，在现实社会经济生活中，两个或两个以上的经营者以订合同、达成协议等方式，共同决定商品或服务价格，联合限定产量、销量，共同划分市场，联合拒绝购买、销售某种商品等限制竞争行为，已不罕见，并有较充分的表现。例如，某市3家最大的彩色扩印企业相互串通，联合作出共同涨价的决定，致使该市的彩扩价格一下子上涨了50%。对于这类联合限制竞争行为，我国《反不正当竞争法》没有将其列入调整范围。按照大多数国家的通常做法，也应由将要制定的反垄断法予以规范和调整。

随着中国经济体制改革的深入发展和国有企业经营机制的转换，国家指令性计划的范围越来越小，国家定价的产品种类也在逐渐减少，企业和企业集团将依法拥有越来越多的经营自主权，成为社会主义市场竞争的主体。在这种情况下，必然会有一些企业或企业集团依仗自己的优势地位，实施垄断价格、分割市场的经济垄断。因此，在中国经济垄断不仅已有现实性，而且具有潜在的进一步发展的可能性。在由高度集中的计划经济体制向市场经济体制转变过程中，由于经济垄断和行政性垄断有着密切的依附关系，经济垄断往往是借助于行政性垄断来实现的，而行政性垄断归根到底是要达到经济垄断的目的，因此有时很难把二者截然分开。中国的商品经济没有经过一般资本主义商品经济由自由竞争逐步发展到垄断的漫长阶段与过程。这就决定了它不会像资本主义商品经济那样，由自由竞争逐步产生经济垄断，而是先产生行政性垄断，在一定时期内行政性垄断是限制公平竞争、扰乱市场秩序的主要因素。只有行政性垄断得到有效的遏制和消除，有了充分的竞争条件，经济垄断才会有更大的发展，并给公平竞争带来危害。根据中国的实际情况，必须在总结反对垄断经验的基础上，参考和借鉴外国反垄断立法的经验，尽快制定专门的反垄断法，首先禁止行政性垄断，同时也要规制和预防经济垄断造成不可弥补的损失，致使竞争法治建设脱离中国实际，这是绝不可取的。1993 年 5 月，全国人大常委会委员长乔石讲得好："我们要用改革的精神，加快经济立法，改变目前市场上出现的某些混乱、无序的现象。应当看到，在建立社会主义市场经济体制过程中，有些新的措施，应尽可能做到先立法后行动，使法律能起到先导作用，使人们知道应该做什么，不允许做什么，什么是合法的，什么是违法的。"（转引自《法制日报》1993 年 8 月 2 日）这对转变在我国立法中长期存在的总认为制定这个法条件不成熟、制定那个法条件也不成熟的求全责备的保守思想观念，改变我国经济立法普遍滞后的状况，具有很强的针对性和重要的指导意义。这种要求经济立法适时性和超前性的指导思想，当然也适用于制定我国专门的反垄断法。

（本文原载于《现代法学》1994 年第 4 期）

社会主义市场经济条件下的反垄断法

王晓晔[*]

为使社会主义市场经济能够健康有序地发展，我国亟须建立和完善保护公平竞争的法律制度，它主要包括反不正当竞争法和反垄断法。我国反不正当竞争法已于1993年9月颁布，并于当年12月开始生效。然而，在竞争性的市场环境尚不具备，行政垄断、经济垄断以及各种限制竞争的现象大量存在的情况下，除了反不正当竞争法以外，反垄断法的重要性也日益凸显。我国当前正处于由计划经济体制向市场经济体制过渡的阶段，政府管理经济的职能尚未完全转变，来自政府部门的对竞争进行行政性限制的力量仍然较为强大，以规范一般经营者行为为主要目标的反不正当竞争法对此往往无能为力。有鉴于此，笔者认为，从某种意义上讲，反垄断法可以被看作当前我国经济立法的核心。与其他法律相比，它的重要地位是毋庸置疑的。

一

由于体制的原因，我国经济生活中的垄断主要是行政垄断。因此，我国反垄断法在承担反对经济垄断任务的同时还应当承担反对行政垄断的任务，这与西方发达国家的反垄断法有所不同。具体地讲，为建立和规范我国社会主义市场经济的竞争秩序，反垄断法的主要任务包括以下几

---

* 王晓晔，女，1948年生，河北保定人，中国社会科学院法学研究所研究员，博士生导师，研究方向为经济法。

个方面。

第一，打破行政垄断，建立竞争性的全国统一的大市场。

行政垄断主要是指政府部门滥用行政权力来限制竞争的行为。例如，通过颁布规章或者授权，使个别企业在某些产品的生产及销售方面处于人为的垄断地位，从而不公平地限制了竞争。由于这种垄断要依靠政府的行政权力才能形成，有着非同寻常的背景，取得了这种优势地位的企业便可以在市场上击败任何竞争对手，形成市场势力。因此，行政垄断在我国经济生活中是影响最大、危害最甚的限制竞争行为。在纵向的行业内，这种垄断表现为行业垄断，如一些集行政管理和生产经营于一体的“翻牌公司”，承担着管理行业任务的大企业集团以及作为“嫡系”挂靠在这个局、那个部而享受优惠待遇的企业，便可以轻而易举地实施垄断行为。在横向的行政区域中，行政垄断表现为地区垄断，或称地区封锁、地方保护主义。自经济体制改革以来，中央和地方政府在财政上实行了“分灶吃饭”，各地区有了相对独立的利益，一些地方政府对外地的产品不仅拒办批发和营销执照，随意没收或者罚款，甚至还发展到八方设卡，围追堵截，其激烈程度较国际竞争中的保护主义行为有过之而无不及。这些形形色色的行政垄断不仅限制了竞争，保护了落后，严重破坏了我国经济生活中初步培育起来的市场机制，使社会资源不能按照效率原则进行合理优化的配置，而且由于它们是“官商勾结”所为，在推动价格上涨方面较一般经济垄断更加有恃无恐，对社会上的暴利行为和投机行为起到了推波助澜的作用，在一定程度上引发了社会腐败，损害了政府的形象。因此，反垄断法必须将反对行政垄断作为首要的和迫切的任务。

需要指出的是，我国政府虽然早就提出过要反对地区封锁和部门垄断，而且还作出了某些相应的规定，但同时实行的一些做法非但不能消除行政垄断，反而还有加强这种垄断之虞。例如，有相当多的企业集团是通过行政手段自上而下组建起来的，它们不仅规模大，而且还具有双重身份，既作为企业参与市场经营活动，又作为政府机构管理着本行业。于是，一家企业垄断一个行业的局面便得以形成。就是在国家计划单列试点的55家企业集团中，有些集团，如中国石油天然气总公司，中国有色金属总公司，华北、华东、华中电力集团等，仍然拥有政府行政管理的权限。由于缺乏有效的市场监督，这些集团在市场活动中便极易滥用行政垄断地位，实施如随意制定垄断高价、倒卖市场紧缺物资等行为。[①]

实际上，反对政府机构滥用权力限制竞争的行为并不单单是我国反垄断法的任务，因为无论在我国还是在其他国家，也无论过去、现在还是将来，政府限制竞争的行为都是对竞争危害最甚的行为，这是古典经济学派早已指出过的。既然要开放市场，使尽可能多的企业投入市场竞争，就不能仅仅注意企业之间的限制竞争行为，而是要特别注意监督政府，防止它滥用权力。美国联邦最高法院在1943年的一个判决中提出了“国家行为”的主张，即国家主权行为可以得到反垄断法的豁免，美国各州为实施其经济政策而颁布的法规由此可以不受联邦反垄断法的制约。但是，依照这个判决，企业却不能因执行州政府的法令而违反联邦的反垄断法，否则就违反了联邦法优先于州法的原则。美国各州虽然有权制定本州的市场竞争规则，但是它们却不能使企业的行为由此而背离谢尔曼法和联邦的其他竞争规则。在以后特别是在1980年的一个判决中，联邦最高法院的这种主张有所改变，承认企业以及州政府下属机构为贯彻和执行州政府法令而实施的行为也可以得到联邦反垄断法的豁免，但这些行为必须是州政府的法律明确规定和认可的，并且必须在州政府的监督下实施，州政府下属机构的行为不能因政府实体的地位而自动得到联邦反垄断法的豁免。不仅如此，美国在1984年通过《地方政府反垄断法令》之前，根据最高法院的判决，反垄断法中所指的“人”也包括在诉讼中作为被告的政府官员，只是在这个法令通过之后，地方政府以及官员才有可能部分地获得豁免。此外，欧共体的竞争法也有禁止政府滥用行政权力限制竞争的规定（见欧共体条约第30条、第48条、第52条、第59条、第90条第1款等）。

第二，建立有效竞争的市场结构。

如果一种竞争对于经济发展有益，而且根据市场的现实条件又能够实现，它就可以被称为有效竞争。这种竞争要求市场上的竞争者至少达到一定的数量。只有当市场上出现了垄断，或者产生了垄断的趋势，政府方可对市场进行干预。因为只要市场上有竞争，企业就会受到竞争的压力，从而产生创新的动力和降低生产成本的愿望。这也就是说，只要市场上有竞

---

① 参见李朴民《现代中国企业集团形成、运行与管理协调》，中国经济出版社，1994，第87页。

争，企业的行为一般就是合理的，政府对企业就不必进行过多的和不必要的行政干预。几乎所有国家的反垄断法，包括美国的反垄断法和德国的反对限制竞争法，都是从有效竞争理论出发而制定的。

鉴于我国经济改革的目标，有效竞争的市场模式是我们的必然选择。[①]这种模式一方面要求企业具有一定的规模，以实现规模经济，提高企业的竞争力；另一方面还要求市场上有足够的竞争者，以保证市场竞争达到一定的强度，使企业受到足够的市场压力，引发其创新和改善生产经营的积极性。当然，有效竞争的市场模式并不要求所有经济部门都拥有相同数目的企业。除自然垄断和国家垄断的个别行业外，任何市场都需要保持足够的竞争者。借鉴外国的经验，我国的反垄断法可以在以下方面为建立有效竞争的市场结构发挥作用。

1. 禁止严重限制竞争的横向和垂直协议

横向协议也被称为卡特尔，它是指在法律上各自独立的企业之间为了共同的目的，相互达成的限制竞争或者进行某种协调的协议，它在一定程度上限制了企业的自主权。很明显，这种限制竞争是协调性的限制竞争，典型表现是企业相互限制产品价格、限制生产数量和分割销售市场。在我国当前的经济生活中，企业间联合限价的现象特别严重。例如，1987 年低压电器行业 108 家企业联合对 260 种产品实行限价，1993 年南京“空调大战”中 8 家大型国有商店为打败竞争对手对空调机实行限价，1994 年哈尔滨市 51 家寻呼台联合对 BP 机实行限价，等等。价格卡特尔是危害竞争最甚的卡特尔。价格一旦被固定，其激励并合理调节生产、沟通生产者和消费者的作用便丧失殆尽。而且，如果被固定的价格是垄断价格，它就会在人为的推动下大幅涨价，严重损害消费者利益。因此，固定价格的做法无疑应由反垄断法予以禁止。

垂直协议是指在处于上下生产阶段并具有买卖关系的企业之间所订立的排他性协议（如拒绝为第三方供货或者销售）。因为，这种限制竞争有妨碍其他竞争者开展经营活动的特点，所以也被称为妨碍性的限制竞争。在很多情况下，垂直协议对经济发展有着积极的作用。通过这种协议，企

① 参见王慧炯等《产业组织及有效竞争》，中国经济出版社，1991；陈秀山《我国竞争制度与竞争政策目标模式的选择》，《中国社会科学》1995 年第 3 期。

业可以保证原材料购买渠道和产品销售渠道的畅通，从而降低生产成本和价格，提高竞争力。但是，如果协议对市场的影响过大，特别是当签订垂直协议的一方取得了市场优势时，它就会导致严重的反竞争效果。这种限制竞争的行为应纳入反垄断法的禁止之列。在我国现阶段，这种限制竞争的典型表现是一些取得了市场优势地位的国有企业强迫收购或强迫对方购买由其指定的产品。

2. 限制过大规模的企业合并

为建立有效竞争的市场结构，反垄断法应当体现以下的经济政策：在企业规模小而数量多的情况下，推动企业联合，减少竞争者数目，提高市场竞争强度；在竞争者数目较少、某些企业的产品市场占有率又过大的情况下，控制企业合并，防止少数企业垄断市场；在少数企业垄断市场的情况下，通过拆散的办法，增加市场竞争者数目；在不能拆散或拆散无意义时，对垄断企业实行有效的监督，防止它滥用市场优势地位。[①]

自 1986 年以来，我国政府贯彻了企业联合的政策。从我国企业规模过小的实际情况来看，这个政策无疑是正确的。然而，推动企业联合必须与控制企业合并相配套。在竞争性的市场条件下，企业本来就有扩大生产规模和扩大市场占有率的自然倾向，如果不从法律上对联合实行控制，允许无限制地扩大企业规模，那就必然会大量减少市场上的竞争者，造成垄断性的市场结构。而且，过大规模的企业还会给其他企业的产品进入市场造成障碍，拒绝潜在的竞争者，使垄断性市场结构长期固定。目前，在我国的重型车市场，三家企业的市场占有率已达到 83%；在中型车市场，两家企业的市场占有率已达到 86%。[②] 这种集中度过高的市场结构是不值得赞许的，因为在两三家企业之间，极易就产品价格或生产数量达成限制竞争的协议，不利于促进企业的创新和发展。德国的反对限制竞争法规定，在达到一定市场销售额的前提条件下，可以推断 1 个占有 1/3 市场份额的企业为垄断企业，推断 3 个或 3 个以下共同占有 1/2 市场份额、5 个或 5 个以下共同占有 2/3 市场份额的企业为寡头垄断企业。匈牙利、波兰、韩国等许多国家的反垄断法也有类似的规定。美国的反垄断法是根据赫尔芬达

---

① Siehe E, *Kantzenbach Die Funktionsfähigkeit des Wettbewerbs* （Göttigen，1967），p. 138.

② 参见李利群《汽车工业迈向集约化》，《光明日报》1995 年 2 月 14 日。

尔指数将市场分为没有集中的、适度集中的和高度集中的三种状态，政府根据企业合并影响市场集中度的具体情况，决定是否进行干预。我国的反垄断法也应借鉴这些经验，对居于市场支配地位的企业或者严重影响市场竞争的合并作出法定推断，以限制市场的集中度，防止过大规模的企业合并。

3. 拆散垄断程度过高的大企业

我国有些行业，如石化工业、有色金属工业和船舶制造业，因为政府授权个别企业独家生产和经营，形成了独家企业垄断一个行业的局面。以石化工业为例，这种独家垄断的经营体制不仅使企业无须承受竞争压力，从而缺乏改善经营管理、降低生产和经营成本、提高资源利用效益的主动性，而且因企业的生产和经营活动受国家的严格控制，没有产销自主权，也难以保证市场的供应。在市场供求不平衡和产品流通不畅的情况下，如果国家不能根据市场情况及时和合理地调整价格，就势必给一些人利用紧俏商品投机取巧或滥用权力谋取个人私利造成机会。不仅如此，在独家垄断经营的体制下，企业也缺乏参与国际市场竞争的动力，难以利用国际资源和国际市场。① 笔者认为，除了一些迫不得已实行独家垄断经营的行业，对于这样的垄断企业，很有必要依据反垄断法的规定将它们拆散重组，切实建立一个由多家企业组成的竞争性的市场结构。

第三，禁止滥用市场优势的行为。

企业的市场行为可以直接影响市场的运行状况，它是反垄断法规制的重要内容。按照反垄断法理论中占主导地位的观点，企业的市场行为虽不完全由其所占市场份额或者市场的集中度所决定，但人们也应将注意力放在大企业身上，特别要监督那些已经控制了市场的企业，防止它们滥用市场支配地位。根据德国的经验，所谓控制了市场的企业是指在市场上没有竞争者、未遇到实质性竞争或相对于竞争者有着显著优势地位的企业。除所占市场份额外，一个企业的财力、购销渠道、与其他企业在财产上的联系，以及其他企业进入市场时在法律上和事实上受到的与该企业有关的限制，都是衡量该企业是否控制了市场的指标。此外，有些经济部门，例如

---

① 参见杨兴斌《建立与石油价格模式相适应的石油行业企业模式》，《中国物价》1995 年第 3 期。

铁路、邮电、电力、自来水、煤气等自然垄断行业以及银行、保险业等国家垄断行业，即使经过经济体制改革，也不能消除它们作为垄断行业所固有的缺陷，因此必须以政府那只“看得见的手”代替竞争这只“看不见的手”，实现规范其行为的目标。

对滥用市场优势行为的禁止主要包括两个方面。一方面是禁止那些在市场上居垄断地位或拥有特权的企业以不合理的垄断高价随意盘剥消费者。这种滥用可称为剥削性滥用。目前，在我国经济转轨的过程中，在一些垄断性的行业里，将市场力量与行政权力相结合以攫取不合理垄断利润的现象非常严重。例如：一些铁路运输单位及集团公司，利用“联营”或者“限制口”，使车皮随意涨价，轻而易举地获取垄断利润；某些银行把短期拆借资金或账外拆借资金拆给本系统的非银行金融机构，用来做房地产开发、购买债券和股票等生意，不合理地获取高额利润。[①] 另一方面是禁止这些企业对用户实施歧视、随意抵制供货或强迫搭售等行为。这种滥用也可称为妨碍性滥用，因为它的危害主要是妨碍市场上的公平竞争。我国一些公用企业在这方面的滥用行为也很严重。例如：邮电通信企业强行为用户配发电话机；电力部门强迫用户购买其指定的配电箱；自来水公司强迫用户购买其指定的给水设备；等等。[②]

在规范企业的市场竞争行为方面，反垄断法与反不正当竞争法各有其侧重面。反不正当竞争法主要是从维护市场竞争的一般秩序出发，制止所有经营者的不正当竞争行为；反垄断法则是从反垄断行为出发，制止那些取得了市场支配地位的企业的滥用行为，其着眼点主要是大企业。

二

1980 年 10 月国务院发布的《关于开展和保护社会主义竞争的暂行规定》首次提出了反对行政垄断的任务。此后，我国政府又以不同形式颁布了一系列反垄断法规。从内容上看，其中比较重要的有以下几个方面。

---

① 参见国家经贸委、国家工商局《反垄断法》起草小组《关于我国反垄断立法若干问题的研究》，《经济工作通讯》1995 年第 5 期。

② 参见《如何看垄断及限制竞争——国家工商局公平交易局副局长杨竖昆访谈录》，《人民日报》1995 年 2 月 19 日。

1. 禁止商定垄断价格

1987 年 9 月国务院发布的《中华人民共和国价格管理条例》第 29 条第 9 款规定禁止企业间或者行业组织商定垄断价格，指出这种行为属价格违法行为。依据该法第 30 条的规定，物价检查机构对这种行为可根据情节进行通报批评、退还非法所得、没收、罚款、吊销经营执照，并可对直接责任人员罚款或给予处分。1988 年 1 月国务院发布的《重要生产资料和交通运输价格管理暂行规定》第 13 条指出，国家禁止企业、行业垄断市场价格；凡是凭借垄断地位违反国家规定，哄抬市场价格以牟取暴利的，企业之间或者行业协会、联合会以及其他经济组织串通商定垄断价格的，均属违法行为，必须严格查处。

2. 反对过大规模的企业联合

1987 年由国家体改委和国家经委发布的《关于组建和发展企业集团的几点意见》中指出，“组建企业集团，必须遵循鼓励竞争、防止垄断的原则”，“在一个行业内一般不搞独家垄断企业集团，鼓励同行业集团间的竞争，促进技术进步，提高经济效益”。此外，1989 年国家体改委、国家计委等机关联合发布的《关于企业兼并的暂行办法》中也指出，企业兼并一方面要有利于规模经济，另一方面也不得损害企业间的竞争。

3. 禁止公用企业及其他具有独占地位的经营者限制竞争

这主要见于《反不正当竞争法》第 6 条。此外，国家工商行政管理局于 1993 年 12 月还发布了《关于禁止公用企业限制竞争行为的若干规定》。规定中列举了公用企业限制竞争的种种行为，如限定用户购买由其指定的产品、搭售、对不接受其不合理条件的用户拒绝供应、滥收费用等等。根据《反不正当竞争法》第 23 条，对公用企业及其他具有独占地位的企业滥用优势和限制竞争的行为，工商行政管理机关得责令停止违法行为，并可根据情节处以 5 万元以上、20 万元以下的罚款。此外，依规定第 8 条，因公用企业滥用优势行为受到损害的用户和消费者，可根据《反不正当竞争法》第 20 条的规定，向人民法院起诉，请求损害赔偿。有权对公用企业限制竞争行为进行查处的机关是省级或者设区的市级工商行政管理局。

4. 禁止政府及其所属部门滥用行政权力限制竞争

政府滥用行政权力主要指两种情况。一种是政府经济主管部门设立行政性公司，这些公司同时具有管理行业和参与市场交易的双重职能，从而在市场竞争中具有人为的竞争优势。这种现象也被称为“权力经商”。另一种是地方保护主义。关于“权力经商”，国务院曾多次发布关于清理整顿公司的决定，强调要贯彻政企分开的原则，禁止党政机关办公司。关于“地区封锁”，国务院也曾多次发布命令，如在1990年11月《关于打破地区间市场封锁进一步搞活商品流通的通知》中指出，生产企业在完成国家指令性计划产品调拨任务和购销合同后，有权在全国范围内销售产品，工业、商业、物资等部门的企业，有权在全国范围内自行选购所需产品，任何地区和部门都不得设置障碍，加以干涉。

关于禁止政府滥用行政权力限制竞争，最重要的规定是《反不正当竞争法》第7条。它指出，政府及其所属部门不得利用行政权力，限制他人购买其指定的经营者的商品，限制其他经营者正当的经营活动；也不得利用行政权力，限制外地商品进入本地市场，或本地商品流向外地市场。鉴于查处政府滥用行政权力难度较大，该法第30条规定，政府滥用行政权力的法律后果是由其上级机关责令改正，情节严重的由同级或上级机关对直接责任人员给予行政处分。

综上所述，可以看出我国现行的反垄断法存在以下问题。第一，有关规定散见于众多的《条例》、《通知》、《意见》、《暂行规定》和《反不正当竞争法》中，没有形成一个专门和完整的法律。第二，大部分有关规定散见于国务院各部委发布的行政法规，权威性不够，其中许多没有关于法律责任的规定，在法律适用方面没有可操作性，这就导致某些非法行为（如党政机关办公司）屡禁不止。第三，对政府滥用行政权力限制竞争的行为制裁不力。例如，前举《反不正当竞争法》第30条对政府滥用权力限制竞争的法律救济手段只是“由上级机关责令其改正”，甚至没有规定受害者提起行政诉讼的权利。第四，最成问题的是，我国现行反垄断法的执法机关是工商行政管理部门，其独立性和权威性都不够。反垄断法与其他法律制度不同，与反不正当竞争法也不同。实施反垄断法，就意味着人们不仅要同大企业或者大企业集团的限制竞争行为作斗争，而且还得以相当大的精力同政府的限制竞争行为作斗争。如果反垄断机构不能独立行使职权，它所作的裁决就会被政府的短期产业政策所左右，使国家的竞争政策得不到认真贯彻。一个明显的事实是，不少地方的工商行政管理部门都不同程度地陷入了地方保护主义。由此可见，我国不仅亟须制定一部系统和完善的反垄断法，同时也需要建立一个独立的和具有高度权威性的反垄断执法机构。

根据我国的国情和其他国家的经验，我国的反垄断立法主要应该包括以下内容。

1. 实体法规范

我国的反垄断立法应该规定禁止四种限制竞争的行为。第一，禁止企业间严重限制竞争的横向协议和垂直协议，特别是禁止达成限制产品价格、限制生产数量和分割销售市场的协议。第二，禁止过度的企业合并，避免造成或强化某些企业对市场的支配地位。这里需要确定企业合并的概念，确定市场范围，确定“市场支配地位企业”的标准，严格规定合并的程序。第三，禁止滥用市场支配地位。这里可以借鉴欧共体条约第86条，列举主要的滥用行为，如强迫对方接受不公平的销售或者购买价格，限制生产、销售或者开发新技术，在交易时采取歧视政策，订立合同时强迫对方接受与合同无关的产品等。[①] 第四，禁止国家行政机关或地方政府滥用行政权力，人为地制造某种垄断地位而损害市场竞争。为了便于操作，这里也应当列举一些滥用行政权力的典型行为，如设立行政性公司和实行地方保护主义。

我国反垄断法应适用合理的原则，即对各种限制竞争的行为只是根据具体案情作出是否禁止的决定。比如，企业间以限制竞争为目的订立的协议，虽然都具有限制竞争的效果，但由于协议种类和方式的多样性，它们究竟会在多大程度和范围内损害竞争，则取决于许多因素，如受约束的行为方式、参加协议的企业数目、与协议有关的产品和行业在国民经济中的地位等等。控制企业联合的规则更要贯彻合理的原则，因为现阶段大多数的企业合并都有利于改善企业的组织结构，优化企业的规模，提高它们的市场竞争力。因此，反垄断法不仅应当对控制合并的“度”作出合理的规定，而且还应当规定允许那些有利于整体和社会公共利益的集中。此外，对政府机构行政权力的限制也应适用合理的原则，因为反垄断法既不能限制国家的主权行为，也不应当影响正常的宏观调控。

2. 适用除外的领域

在某些特殊的经济部门里，资源的优化配置只有在限制竞争的条件下

---

① 参见王晓晔《欧洲共同体竞争法及其新发展》，《外国法译评》1993年第3期。

才能实现，铁路、邮电通信、电力、自来水等公用事业即是如此。这些部门需要的投资额很大，回收投资的时间比较长，其服务主要是通过管道和线路进行的。如果允许竞争，就会造成各种资源的浪费，不能为社会带来良好的经济效益。在这些行业中，限制竞争比实行竞争更可取，它们因此而被称为自然垄断的行业。此外，有些行业虽然不具有自然垄断的性质，但由于该行业的特殊性，也应当避免过度的竞争，例如银行和保险业。为了保证存款人和被保险人的利益，银行和保险公司不能轻易破产，因此国家就得允许银行和保险公司在利息和费用等方面相互协调。农林业市场一般也不适用反垄断法，因为农林产品的生产周期长，对自然条件的依赖性大，即使出现生产过剩，生产者也不会为适应市场而迅速转产。为了使农业生产者得到较稳定和适当的收入，许多国家不仅允许他们订立限制竞争的协议，而且为了推动产品的销售，政府还常常给予补贴。此外，某些重要原材料的生产和国防科技等领域也属于国家垄断部门。

然而，不管什么样的垄断，由垄断企业提供的产品数量一般要比社会实际的需求量少，而其价格却比在竞争性的市场条件下高，同时垄断企业一般不太注重生产技术的改造和更新，这就不可避免地会给消费者和整个社会带来损害。因此国家对各个垄断行业应当制定专门的法律，除了对进入市场的条件、产品的价格、市场交易的条件作出规定外，还应当建立一种监督和激励的机制，以保证这些行业能够为社会提供良好的服务。

3. 主管机构和程序

为了有效地执行反垄断法，借鉴德国以及其他国家的经验，我国也需要建立一个权威和有高度独立性的主管机构。这个机构可以被称为“国家公平交易局”，相当于德国的联邦卡特尔局。公平交易局在人事编制和财务上隶属于国务院，由国家人事部和财政部编列预算，但在审理反垄断案件中却有着独立审判的权力，它审理案件的依据只能是法律。为了保证这个机构在司法上的高度独立性，能够公平审理案件，机构成员应当由学问深、素质高、公正廉明的法学家和经济学家组成。他们既不应在其他政府机构任职，也不得在任何公司或企业任职，而且不得以其他任何形式参与市场交易。

反垄断法规制的是对市场竞争有重大影响的行为，特别是大企业限制竞争的行为和政府机构滥用权力的行为。因此，公平交易局就不必像反不正当竞争法的主管机构那样，按行政区划层层设立。除了国家公平交易局之外，还可以在省、自治区人民政府所在地的市和直辖市设立公平交易局；或者为了与反不正当竞争法相协调，可以设立全国、省、市和县四个级别的公平交易局。凡是跨省的案件均由国家公平交易局审理。公平交易局有权就案件进行调查和取证，必要时还可扣押对调查有价值的物品。为了保护当事人的合法权益，避免审理中的片面性，提高办案的透明度，法律应规定对当事人的救济措施，即当事人对省公平交易局的裁决不服时，可以要求国家公平交易局重新审理，或者提请法院（即高级人民法院）审核裁决。对国家公平交易局裁决不服的当事人可以向最高人民法院提出上诉。笔者认为，我国对反垄断案件的审理可以实行两审终审制。

4. 法律责任

反垄断法能否有效地得到实施，即国家能否有效地保护竞争和抑制垄断，在很大程度上取决于它能否对违法行为规定合理而有效的制裁条款。对于违反反垄断法的行为，除了发布禁令外，制裁的主要方式是行政制裁和民事制裁。行政制裁的方式是罚款。法律应规定罚款的最高额，并可以在当事人违法行为严重或违法获利丰厚的情况下，对违法者处以数额为非法利润 3 倍的罚款。如企业因违反反垄断法对第三方造成损害，它们就有责任对受害者进行损害赔偿。损害赔偿之诉是民事诉讼，当事人可以向人民法院提起。赔偿一般以支付赔偿金的方式进行，金额的大小可由法院根据受害者的实际损失和失去的利益进行估算。对于行政机关的地方政府滥用行政权力限制竞争的行为，法律救济的主要措施是由反垄断法主管机关发布禁令，并可以对拒不执行禁令的行政机关处以罚款。此外，依我国行政诉讼法第 11 条，在政府及其所属部门滥用行政权力侵犯企业合法权益的情况下，企业有权向人民法院提起行政诉讼；依第 67 条的规定，受害者有权请求损害赔偿。

三

1987 年 8 月，国务院法制局成立了反垄断法起草小组，并于 1988 年拟定了《反对垄断和不正当竞争暂行条例草案》。1993 年 9 月，第八届全国人大常委会第三次会议通过了《中华人民共和国反不正当竞争法》，但反垄断法却未能同期出台。反垄断立法搁浅的主要原因是学术界对现阶段国家是否有必要制定反垄断法有不同的看法。有一种看法是，由于我国现在处于市场经济的初始阶段，市场垄断行为表现得还不充分，特别是企业的平均规模过小，企业横向联合和企业集团刚刚在发展，如果现在就把限制企业联合规定在反垄断法中，势必会影响国家产业政策的执行，因此我国现在颁布反垄断法还为时过早。1989 年，中国企业评价中心发表了对 1987 年我国 100 家最大工业企业和 9 个行业的评价，并以市场销售额为标准，对我国 100 家最大工业企业的规模和美国 100 家最大工业企业的规模作了比较。根据这个报告，在我国 100 家最大的工业企业中，2/3 的市场销售额仅为 5 亿至 15 亿元，按当时的汇率合 1.34 亿美元至 4 亿美元。其中最大的工业企业即大庆石油管理局，其市场销售额也仅为 63 亿元，约合 17 亿美元；而同年美国 100 家最大工业企业中，最大企业（通用汽车公司）的销售额为 1017 亿美元，最小企业的市场销售额也达到 43 亿美元。由此可见我国企业的规模太小，规模经济还没有实现，现在进行反垄断立法是不明智的。[①] 笔者不赞成这种把反垄断法与规模经济对立起来的观点。

目前我国企业的平均规模较小，这在很大程度上妨碍了我国企业的专业化生产和技术进步。根据有关的统计资料，我国大企业的劳动生产率明显高于一般中小企业。但是，这些都不足以证明建立垄断性的企业集团作为“国家队”就能推动我国的经济发展和技术进步。这里的问题是，建立竞争性的市场结构是否与提高企业的经济效益相矛盾？反垄断与规模经济的关系到底是怎样的？

许多调查资料表明，企业规模和企业效率并非始终成正比。企业的基础设施状况、专业化生产水平以及所处自然地理环境等因素无不制约着它的经济效益。此外，市场的需求和成熟程度更是不可忽略的条件。一般来说，市场建立的时间越短，社会对产品的需求越大，企业就越是可以进行规模经营。相反，如果市场老化，需求接近饱和，以规模经济为尺度而建立的大企业就会出现生产能力过剩的情况。

1984 年，德国经济研究所对全国 18 个行业进行了企业规模和效率关

---

① 中国企业评价中心：《1987 年中国 100 家最大工业企业及 9 大行业评价》，《管理世界》1989 年第 2 期。

系的调查。调查结果表明，这些行业中的绝大多数企业没有达到最优化规模标准。例如，在卡车、拖拉机、电冰箱、彩电、录像机等行业，事实上仅有 3 个或者 3 个以下的企业达到了最低优化规模标准。从规模经营的角度出发，在小轿车、轮胎、钢铁、石油产品、化学原料生产等行业各自最多也只需要 10 个企业。德国垄断委员会在一个评价报告中指出，如果真要进行规模生产和实现规模经济的话，德国国内各个行业只需要极少数企业就可以了。然而，由于存在以下一系列因素，规模经济就显得不十分重要。第一，在接受调查的行业中，差不多 2/3（如娱乐性的家电产品、石油产品、啤酒、香烟等行业）规模经济的优势很小，即在规模生产的条件下，单位产品成本费用的降低幅度不到 10%，这个优势很容易被其他的因素所抵消。第二，在某些行业（例如水泥和啤酒行业）中，运输费用的负担限制了企业生产规模的发展。第三，国内消费和需求的波动，也有可能限制企业的生产规模。因为在这种情况下，企业大规模生产的产品在市场上卖不出去，企业为实现规模经济而扩大并没有多少现实意义。相反，企业规模越大，在市场活动中就越不灵活，越不能迅速适应变化了的市场需求。

实际上，任何行业里都不存在绝对的和普遍适用的优化企业规模，任何企业都只能根据自己所处的生产环境、技术条件、管理水平、市场大小和消费者需求等因素来决定生产的规模。忽略了这些极其重要的因素，单纯地以发达国家的企业规模为标准来认定我国企业的发展方向，显然是不妥当的。

应当承认，通过制定和实施反垄断法来维护公平、健康的市场竞争，对于提高企业的经济效益是很有利的，“竞争出效益”的道理早已为实践所证明。不仅如此，竞争在一定程度上也有利于优化企业的规模。因为在市场竞争的条件下，为了减轻市场竞争的压力，扩大市场占有额，企业普遍都会表现出扩大规模的倾向。一方面，它们会通过内部积累和增加投资来扩大生产规模；另一方面，它们还会通过外部扩张即企业兼并或者联合来扩大经营规模。当然，如前所述，“优化”不等于“扩大”，70 年代以来美国企业的发展变化也证明了这一点。①

---

① Siehe Steckmeister, *Die gegenwärige Zusammenschlusswelle in den Vereinigten Staaten und ihre Ursachen* (Wirtschaft und Wettdewerb, 1986), p. 5.

从维护市场竞争的角度看，国家不能不控制企业的合并，因为企业合并较企业内部积累更能影响竞争性市场的结构。这种控制不是为了限定企业的绝对规模，而是要塑造一种竞争性的市场结构，即要在市场上保持一定数量的竞争者。因为在没有竞争压力的市场条件下，企业虽然可能通过规模生产提高经济效益，但这种经济效益往往不会直接造福于广大消费者。相反，垄断企业为了长期维护自己的垄断地位，攫取最大的垄断利润，它们往往会利用限制生产数量的办法来维护产品的高价，以向消费者转嫁负担的方式攫取高额的垄断利润。

不难看出，以政府自上而下推动的办法组建企业集团，特别是以行政手段"拉郎配"来组建企业集团，不是提高我国企业效率的普遍良方。计划经济时期的痛苦教训是不应该忘记的。我国企业的平均劳动生产率的确很低，但原因不是规模过小，而是技术水平和管理水平不高。在这方面，我国钢铁业的情况颇有代表性。[①] 技术落后和管理不当的问题是不能通过企业合并得到普遍解决的。恰恰相反，"拉郎配"式的企业集团将使企业刚刚获得的一点自主权又一次被截留和上收，使企业自身的利益得不到保障。这不仅影响企业的积极性，而且也影响国有企业经营机制的转换，影响国家经济体制改革的进程。

其实，制定并实施反垄断法与优化我国企业规模并不是对立的。反垄断法最基本的原则是"合理"，它既不反对所有的卡特尔，也不反对所有的企业联合。考察德国、美国等国家的情况，反垄断法所禁止的只是那些能够导致或强化其市场支配地位的企业合并。我国的反垄断法与支持中小企业联合、扩大企业平均规模和实现规模经济的政策并不矛盾，它们是为建立有效竞争的市场结构而必须同步进行的两个方面。

在当前，我国有些行业通过企业联合或者行政手段组建企业集团，已经导致垄断性市场结构的出现，我国企业的规模也不是一概过小。除前述重型车与中型车市场外，家电产品市场也有越来越集中的趋势。[②] 种种情况表明，反垄断法的制定和实施并不存在为时过早的问题。

综上所述，可以看出我国反垄断立法的难点不在于企业的平均规模过

---

① 参见齐东平《中外钢铁工业比较》，《现代企业导刊》1988 年第 8 期。

② 参见邵建东《中国竞争法》，江西人民出版社，1994。

小，而在于国家的经济体制。只要企业的上面还有“婆婆”，在进入市场时还会受到来自政府的不恰当干预，而没有真正的经营自主权，那么反垄断法所追求的公平竞争的市场秩序就不能实现。此外，需要强调的是，根据其他国家的经验，反垄断机构必须是一个高度独立的和权威性的机构。如果反垄断机构在审理案件和选任工作人员方面不具独立性，那么反垄断法就很可能会变成一纸空文。

但是，尽管如此，我国反垄断法的制定和实施仍然不宜拖延。这一方面是因为在我国的现实生活中，的确存在导致社会资源配置不合理和社会收入不公平的形形色色的经济垄断和行政垄断，另一方面则是因为制定和实施反垄断法是深化我国经济体制改革乃至进行政治体制改革的需要，反垄断法必将成为建立和完善社会主义市场经济体制的催化剂。

（本文原载于《中国社会科学》1996 年第 1 期）

论市场竞争法的基础

邱　本*

市场竞争法是调整市场竞争关系的法律规范的总称，是市场竞争秩序的法律调整机制，是经济法的核心内容之一。市场竞争法有深广的基础。

一　市场竞争法的根源

竞争，按其语义，一是“竞”，要竭力；二是“争”，要争取。合二为一，竞争就是竭力争取，具体来说，就是多个主体竭力争取某个可欲目标。竞争根源于人的本性。“物竞天择，适者生存”是一切物种的法则，自然也是作为物种之一的人类的法则。整个人类同其他物种的竞争，使人类脱颖而出，成为万物之灵长；人与人之间的竞争，使某些人卓越超群，成为人类之精英。竞争是物种进化也是人类起源的基因。人类的原始劳动是征服自然、改造自然、利用自然，是同自然界竞争，是达尔文所说的“生存斗争”，从这个角度看，人从竞争中走来，竞争创造了人本身。在从猿变成人的进化过程中，竞争与人类相伴，竞争注入了人的本性之中并成为人的一种本性，人是一种竞争的动物。

人的竞争本性根源于人的自我意识。人的自我意识是意识自我，关注自我，肯认自我，突出自我，提升自我，发展自我。人的自我意识，使人反思，使人不满足于肉体需要，不局限于某种尺度，不甘安于现状，还有

* 邱本，男，1966 年生，江西宁都人，2000—2012 年在中国社会科学院法学研究所工作，现为温州大学法学院教授，博士生导师，研究方向为经济法和人权法。

高远的理想和美的追求。而要实现这一点，人就必须不断地发挥自我意识的能动性去竞争、去奋斗、去创造。人的自我意识是自立意识、自强意识、超越意识和竞争意识，自我意识催人奋进，人有自我意识人就有竞争心理，“天行健，君子以自强不息”。一个有自我意识的人必然是一个竞争的人，真正的人，合乎本性的人，竞争性的人才是自强不息的人。“争强好胜”是人的心性，“出人头地”是人的愿望，“彼人也，吾亦人也，彼能是，吾乃不能是?”正是人的竞争心理的写照。上进心、成就感是一种积极的竞争心理，而嫉妒心、虚荣心是一种消极的竞争心理，但都说明人具有竞争心。人是一种物质性的存在，必须首先解决衣食住行然后才谈得上其他一切，这就决定了人与经济有着内在的必然联系，或者说人具有经济性，是一种经济人，经济人“以牟取利润为惟一目的”,[①] 这一目的“支配指导着资本使用者的规划和设计，以及劳动者的一切最重要动作”。[②] 在一个由“唯利是图”的经济人所组成的社会里，利益的得丧变更是头等大事，趋利避害，事关宏旨，哪里有利益，哪里就有竞争，利益是竞争的根由，也是竞争的目的，竞争是利益的竞争，竞争是实现利益的方式，利益之于人的根本性、至上性决定了竞争之于人的普遍性和重要性。经济人的本性决定了人的竞争的本性，一个经济人是一个竞争者。

自由是人的本性，“人类的特性恰恰就是自由的自觉的活动”。[③] 但自由不是天赋的，自由不会自动地从天而降赋予人们，自由是竞争得来的，是同奴役专制长期斗争得来的，没有竞争斗争就没有自由。一个自由的人是一个充分发挥和运用自己能力的人，是一个竭尽全力、不懈奋斗、积极进取的人，因而也是一个竞争的人，只有竞争的人才是自由的人。此外，“自由虽是一个内在的观念，它所用的手段却是外在的和现象的。”[④] 自由的实现必须借助一定的手段，其中竞争就是重要的一种。竞争激发和维系人们的主动性、积极性和创造性，提高和增强人们的认识能力和实践能力，经过艰苦卓绝的斗争，更好地克服种种障碍，摆脱无数束缚，突破诸

---

① 〔英〕亚当·斯密:《国民财富的性质和原因的研究》(下卷)，商务印书馆，1979，第27页。

② 〔英〕亚当·斯密:《国民财富的性质和原因的研究》(下卷)，商务印书馆，1979，第242页。

③ 《马克思恩格斯全集》第42卷，人民出版社，1979，第96页。

④ 〔德〕黑格尔:《历史哲学》，商务印书馆，1963，第58页。

多必然，实现自由。不竞争，无自由，竞争的过程是自由的实现过程。自由与竞争密切相关，自由与竞争同义，自由意味着竞争，竞争要求自由，也正因为如此，人们把自由与竞争合二为一，总称自由竞争。从这里可以看出，人的自由本性决定了人的竞争本性。

人的竞争本性体现在许多方面。如经济方面，广泛存在竞争，竞争已经成为基本的经济制度和重要的经济法则。世界各国之所以普遍实行市场经济，我国之所以在搞了几十年的计划经济以后还必须承认市场经济不可逾越要回过头来搞市场经济，就是因为市场经济本质上是竞争经济，市场竞争使资源得到有效配置。再如政治方面，广泛实行选举，选举已成为民主自由法治实现的根本途径，是一切政治权威确立的基础，现代社会的人们，“不承认别的权威，只承认竞争的权威”。[①] 文明先进各国之所以实行民主政治乃是因为民主政治是选举政治。还有体育比赛，这是纯粹的竞争。体育比赛之所以有那么多人支持拥护，奥林匹克运动会之所以成为全球最大的盛会，一个根本原因就是体育比赛切合人的竞争本性，人们在竞争中超越自我，战胜对手，挑战极限，赢得胜利。人生如赛场，生活中的人们犹如比赛的运动员一样，不想拿冠军的运动员不是好运动员，不想竞争的人是生活的逃兵。体育比赛的重大意义在于它培植竞争精神，造就竞争氛围，树立竞争态度，成就竞争能力，这是人类社会发展的基本动力。因此，“一种事业若对社会有益，就应当任其自由，广其竞争。竞争愈自由，愈普遍，那事业亦就愈有利于社会。”[②] 只有合乎人的本性的东西才能得到人们的广泛拥护，持久认同和竭力捍卫，竞争就是这样。人们把竞争奉为圭臬。

人的竞争本性是由人的生存环境所决定的。人类的生存环境，由于一方面自然界并没有赋予人类取之不竭的丰裕的物质资源，另一方面人类自身的生产力也远没有达到能够完全满足人类需要的程度，因而是一个资源稀缺的环境，一个僧多粥少的环境。生活在这种环境中的人们必然对有限的资源你争我夺，结果，“人们便处在所谓的战争状态之下”，“这种战争

① 《马克思恩格斯全集》第 23 卷，人民出版社，1972，第 394 页。

② 〔英〕亚当·斯密：《国民财富的性质和原因的研究》（上卷），商务印书馆，1979，第 303 页。

是每一个人对每个人的战争”。[①] 这种战争与生俱来，后来发展为阶级斗争，并贯穿于人类历史，所以马克思、恩格斯在《共产党宣言》中明确指出：“至今一切社会的历史都是阶级斗争的历史。”[②] 阶级社会的阶级斗争，乃至战争，同样是竞争的表现，只是表现形式不同而已，但这些都说明人类处于竞争状态中。

但反过来，竞争充分激发和维系人的主动性、积极性和创造性，因而发展生产力，提高效益，增加财富，缓解稀缺，所以艾哈德认为：“竞争是提高生产率的最理想的手段。”[③] 繁荣来自竞争，进步来自竞争，“凡没有竞争的地方，就没有进步，久而久之就会陷入呆滞状态”。[④] 从此可以看出，竞争又是使人类走出稀缺环境进入丰裕社会的必由之路。要摆脱物资稀缺、减轻生存竞争，又不能放弃竞争，而必须竞争。这就是人类的矛盾。如果说阶级斗争是阶级社会发展的动力的话，那么利益竞争是阶级社会和非阶级社会进步的动力。

在当今时代，人类的生存环境具体来说，主要就是市场环境。在市场环境中，竞争已成为市场的内在要素和基本原则，并贯彻于市场的各个方面。如产权，产权明晰，分清你我，相互尊重，这是竞争的前提条件之一，而竞争是产权的保障，也是产权的实现，还是对产权的监督和限制；再如契约自由，契约自由是形成竞争的前提，竞争只能在契约自由中存在，没有契约自由就没有竞争，而竞争是契约自由的核心和宗旨，有无竞争是检验是否契约自由的基本尺度。契约自由“属于竞争秩序，它服务于竞争秩序的确立，同时在竞争秩序的框架中它才具有意义”。[⑤] 还有风险责任，有风险才有竞争，趋利避害使然。风险责任有助于竞争秩序的确立，有竞争就有风险，“风险责任属于完全竞争的控制机制，它是竞争秩序的必不可少的秩序政策制度”。[⑥] 从这里可以看到，市场与竞争密切相关，并无二致，说市场即是说竞争，说竞争即是说市场，竞争是当今时代也即市场环境的主词和主题，以至于“竞争成为工业家、银行家、政府商业贸易

---

① 〔英〕霍布斯：《利维坦》，商务印书馆，1996，第 94 页。

② 《马克思恩格斯选集》第 1 卷，人民出版社，1995，第 272 页。

③ 〔德〕艾哈德：《来自竞争的繁荣》，商务印书馆，1983，第 154 页。

④ 〔德〕艾哈德：《来自竞争的繁荣》，商务印书馆，1983，第 153 页。

⑤ 何梦笔主编《德国秩序政策理论与实践》，上海人民出版社，2000，第 116 页。

⑥ 何梦笔主编《德国秩序政策理论与实践》，上海人民出版社，2000，第 117—118 页。

与产业行政机构最重要的目标。工业家、政治家、经济学家、金融经理、技术人员、工会都把竞争作为他们的信条。竞争的无上命令是他们辩论与建议的焦点。在政治讲话、报纸、书籍、管理讲座与研讨会上，‘竞争’这个词汇的使用频率超过了所有词汇。”①

二 市场竞争法的特征

（一）市场竞争法具有特定的调整对象

这种特定的调整对象就是市场竞争关系，市场竞争法是调整市场竞争关系的法律规范的总称。“市场基本上是一个可以无止境地追求便宜买卖的场所”，② 市场体制是“一套买者如何物色便宜货”的制度。③ 市场的核心是竞争，以最少的成本，最低的价格，最高的质量，最优的服务争取买者，争夺消费者，是市场经济的本义和宗旨。是市场经济的优异之处，也是市场经济的价值所在，市场竞争使得市场经济成为配置资源的最佳经济形式。市场竞争是客观存在的。没有市场竞争就没有市场经济。

市场竞争是市场经济的基本因素，内涵在市场生产、分配、交换和消费之中，无处不在，无时不有；是市场经济的运行方式，市场经济在竞争中运行，应始终处于竞争状态，竞争的经济才是市场经济；是市场经济的基本原则，是评判市场经济的基本尺度和营运市场经济的基本遵循，应贯彻统率市场经济的整个领域和各个环节；是市场经济目标实现的首要条件，如效益与公平，竞争是效益之源，没有竞争就没有效益，竞争是公平竞争，没有公平就没有竞争，没有竞争也就没有公平；是市场经济管理的重点，市场经济管理的重点在于组织安排督促市场竞争，而其余的管理大都服务于它、依归于它，管理好了市场竞争在很大程度上可以说就管理好了市场经济。

从这里可以看出，市场竞争在市场经济中具有根本地位，从而市场竞

---

① 里斯本小组：《竞争的极限》，中央编译出版社，1999，第136页。

② 〔英〕舒马赫：《小的是美好的》，商务印书馆，1984，第29页。

③ 何梦笔主编《德国秩序政策理论与实践》，上海人民出版社，2000，第116页。

争关系是市场经济的基本关系，市场经济的各种关系几乎都可内含在或归结为市场竞争关系。正因为如此，所以调整市场竞争关系的市场竞争法也就具有市场经济基本法的地位，如它在美国被称为“自由企业大宪章”，在德国被称为“市场基本法”，在日本被称为“经济宪法”。

由于市场竞争的建立和维护主要是通过反不正当竞争和反垄断来实现的，因此，市场竞争关系具体可分为反不正当竞争关系和反垄断关系，反不正当竞争关系和反垄断关系具有非常丰富的内容，它们分别构成反不正当竞争法和反垄断法的调整对象。

（二）市场竞争法具有一定的时代性

市场竞争法只能产生于市场经济高度发达阶段，也即垄断阶段。市场经济的发展经历了资本原始积累、自由竞争和垄断三个阶段。由于资本原始积累，“对农业生产者即农民的土地的剥夺，形成全部过程的基础”。[①] 这些被暴力剥夺了土地、被驱逐出来而变成无产者的农民，无所事事，出于习性，也为环境所迫，他们大批地变成了乞丐、盗贼、流浪者，“15 世纪末和整个 16 世纪，整个西欧都颁布了惩治流浪者的血腥法律”，[②] 这些古怪恐怖的法律，通过鞭打、烙印、酷刑，来迫使他们习惯于雇佣劳动制度所必需的纪律。[③] 此外，资本原始积累的其他方法，如殖民制度、国债制度、现代税收制度和保护关税制度，“所有这些方法都利用国家权力，也就是利用集中的有组织的社会暴力”。[④] 资本原始积累，“大家知道，在真正的历史上，征服、奴役、劫掠、杀戮，总之，暴力起着巨大的作用”，[⑤] 与此相应，当时颁布的许多法律都是确认暴力的合法性，配合暴力的运用，甚至本身就是暴力，成了“惩治被剥夺者的血腥立法”，[⑥] 这些法律是刑法或变相刑法，不是经济法，更不是市场竞争法。在资本原始积累阶段，还没有真正的市场，市场正在形成之中，并且是用暴力的方法而不是用竞争的方法去促成，因此，在那个时期，还没有产生市场竞争法。

---

① 马克思：《资本论》第 1 卷，人民出版社，1975，第 784 页。
② 马克思：《资本论》第 1 卷，人民出版社，1975，第 803 页。
③ 马克思：《资本论》第 1 卷，人民出版社，1975，第 805 页。
④ 马克思：《资本论》第 1 卷，人民出版社，1975，第 819 页。
⑤ 马克思：《资本论》第 1 卷，人民出版社，1975，第 782 页。
⑥ 马克思：《资本论》第 1 卷，人民出版社，1975，第 802 页。

经过资本原始积累，为市场经济的发展奠定了基础，创造了条件，市场经济进入了一个新的阶段。在这个阶段，由于人们刚刚“解放”，无论是一无所有的无产者，还是拥有资本的资本家，都才起步，在同一阶层中虽然有所差别，但差别不大，大都只能“独善自身”，不能支配他人，他们在形式平等的基础上展开了自由竞争，因此，这一阶段是自由竞争阶段。与其相应，衍生出一套自由竞争思潮，如在生物学方面有达尔文的物种进化理论，经济学方面有亚当·斯密的自由放任思想，在社会学方面有斯宾塞的社会进化观点，他们构成了那个时代的主旋律，几乎听不到别的声音，这种思潮进一步强化了自由竞争，并形成了根深蒂固的观念：相信自己，“对于自己的才能甚至幸运，一切人或多或少地都有天生的自信心”；[①] 对于私人资本的运用，“每个人处在他当地的地位，显然能判断得比政治家或立法家好得多”；[②] 怀疑别人，“把这种权力交给一个大言不惭地、荒唐地自认为有资格行使的人，是再危险也没有了”；[③] 要求自由自治，“不让他以他认为正当的方式，在不侵害他邻人的条件下，使用他们的体力与技术，那明显地是侵犯这最神圣的财产”；[④] 国家的职责在于“确保每个人运用其各项机能的最充分的自由，只要它与所有人的同样自由相一致”，[⑤] 如果国家超出这一职责，那“不仅是自寻烦恼地去注意最不需注意的问题，而且是僭越了一种不能放心地委托给任何人、也不能放心地委之于任何委员会或参议院的权力”。[⑥] 这些思潮经由达尔文、亚当·斯密和斯宾塞提出，进而统治着法律领域，以至于人们认为：“法律在各个方面和它的发展过程中表现出那么多的同生物界的相似之处。”[⑦] 把“物竞天

---

① 〔英〕亚当·斯密：《国民财富的性质和原因的研究》（上卷），商务印书馆，1979，第98页。

② 〔英〕亚当·斯密：《国民财富的性质和原因的研究》（上卷），商务印书馆，1979，第27页。

③ 〔英〕亚当·斯密：《国民财富的性质和原因的研究》（上卷），商务印书馆，1979，第28页。

④ 〔英〕亚当·斯密：《国民财富的性质和原因的研究》（上卷），商务印书馆，1979，第115页。

⑤ 〔英〕赫伯特·斯宾塞：《社会静力学》，商务印书馆，1996，第132页。

⑥ 〔英〕亚当·斯密：《国民财富的性质和原因的研究》（下卷），商务印书馆，1979，第27—28页。

⑦ 〔美〕施瓦茨：《美国法律史》，中国政法大学出版社，1997，第127页。

择，适者生存”的自由竞争自然规律上升为法律，并加以具体化系统化。很显然，这样的法律主要就是私法，1804 年的《法国民法典》和 1896 年的《德国民法典》即是适时的产物，而别的法律则不合时宜。

经过市场自由竞争，导致优胜劣汰，形成生产集中，最终演化为垄断，市场经济发展到了垄断阶段。这正如列宁所指出的：“资本主义最典型的特点之一，就是工业蓬勃发展，生产集中于愈来愈大的企业的过程进行得非常迅速”,[①] “集中发展到一定阶段，可以说就自然而然地走到垄断”,[②] “这种从竞争到垄断的转变，不说是最新资本主义经济中最重要的现象，也是最重要的现象之一”。[③] 垄断是独占专制，是寡头统治，“在产生垄断以后自由竞争就不可能了”。[④] 由于垄断限制自由竞争，导致许多弊端。“同任何垄断一样，必然产生停滞和腐朽的趋向……技术进步因而也是其他一切进步的动因，前进的动因，就在一定程度上消失了……在经济上也就有可能人为地阻碍技术进步。”[⑤] 此外，“从自由竞争中生长起来的垄断并不消除自由竞争，而是凌驾于这种竞争之上，与之并存，因而产生许多特别尖锐特别剧烈的矛盾、摩擦和冲突”。[⑥] 正因为如此，所以恩格斯说：“任何一个民族都不会容忍由托拉斯领导的生产。”[⑦] 因此必然反垄断，而要反垄断就必须要有反垄断法。

可见，作为市场竞争法核心的反垄断法是市场经济发展到垄断阶段的产物。

（三）市场竞争法具有国家干预性

自市场万能的神话破灭以后，人们日益注意到国家（政府）在社会经济发展中的重要作用，认识到国家干预的必要性。其中重要的一点就是国家负有组织维护和监督市场竞争的职责。这正如艾哈德所指出的，为了“没有垄断和势力妨碍的自由竞争等功能秩序框架”，“我给自由市场经济

---

① 《列宁选集》第 2 卷，人民出版社，1995，第 584 页。

② 《列宁选集》第 2 卷，人民出版社，1995，第 585 页。

③ 《列宁选集》第 2 卷，人民出版社，1995，第 585 页。

④ 《列宁选集》第 2 卷，人民出版社，1995，第 674 页。

⑤ 《列宁选集》第 2 卷，人民出版社，1995，第 660 页。

⑥ 《列宁选集》第 2 卷，人民出版社，1995，第 650 页。

⑦ 《马克思恩格斯全集》第 19 卷，人民出版社，1965，第 239 页。

体制加上定语‘社会的’”，“这并不是美化沉寂地继续进行的资本主义方式，而是坚决地脱离老的自由主义，这种主义众所周知地给国家在经济活动中的作用仅仅定为守夜人的角色”。① 他明确断言：“国家的职责必定是维护竞争自由。”② 没有规矩不成方圆，没有市场竞争规则就没有市场竞争；如同竞赛需要裁判，市场竞争也需要裁判，并且是具备至上权威的裁判，这些要求决定了国家干预的必要性。弗里德曼认为：“自由市场的存在并不排除对政府的需要。相反地，政府的必要性在于：它是‘竞赛规则’的制定者，又是解释和强制执行这些已被决定的规则的裁判者。”③

市场竞争是切身利害之争，优胜劣汰之争，激烈残酷，会导致弱肉强食、贫富悬殊、快速折旧、生活紧张等严重弊端，关系重大，必须有理有节地进行，也就是说必须要有秩序，有序竞争，只有在有秩序的条件下才会有正当的竞争。这种秩序应由国家缔造和维护。瓦尔特·欧根指出：“为实现某些确定的秩序任务，既要看到极权主义国家的危险性，又要看到一个拥有足够权力的稳定的国家机器的必要性。”④ 并认为，“在工业、现代技术、大城市和大众时代，国家不过问经济秩序的建立，是令人难以忍受的”，⑤ 国家是建立市场竞争秩序的根本力量，“没有有活动能力的国家，不会有竞争秩序”。⑥

市场中的人们大都是经济人，经济人的本性使得他们致力于追求利益的极大化，并因此而难免唯利是图，见利忘义，趋利避害，经济人是机会主义者。这一点也充分表现在对市场竞争的态度上，这种态度是自相矛盾的，当市场竞争对自己有利时，他们举双手赞成；当市场竞争对他们不利时，他们就设法规避。这种矛盾的态度背后却有一贯的立场，那就是人们都只是盘算自己的私利，是否对自己有利决定是否支持市场竞争，如果能够不正当竞争而投机取巧，就不会通过正当竞争以谋求利益。此外，人有进取心，总想出人头地，卓尔不群，这其实是垄断的人性根源，人有垄断的本能和垄断的欲望，反垄断只是反对别人垄断，而不会反对自己垄断。

---

① 〔德〕艾哈德：《社会市场经济之路》，武汉大学出版社，1998，第143页。

② 〔德〕艾哈德：《社会市场经济之路》，武汉大学出版社，1998，第111页。

③ 〔美〕弗里德曼：《资本主义与自由》，商务印书馆，1999，第16页。

④ 〔德〕瓦尔特·欧根：《经济政策的原则》，上海人民出版社，2001，第355页。

⑤ 〔德〕瓦尔特·欧根：《经济政策的原则》，上海人民出版社，2001，第359页。

⑥ 〔德〕瓦尔特·欧根：《经济政策的原则》，上海人民出版社，2001，第361页。

这些都说明私人具有私性，存在破坏或影响市场竞争的可能性，不会自觉地、始终地进行和维护市场竞争。市场竞争要出以公心，以大局为重，任重道远，应由国家来承担，要求国家干预。

市场竞争，优胜劣汰，生产集中，形成垄断，垄断者是市场竞争的优胜者，是市场强者，拥有市场霸权，控制和支配市场弱者。市场弱者自然会反垄断，但由于地位迥异，力量悬殊，这种反垄断犹如蚍蜉撼大树，鸡蛋碰石头，是不力的和无效的。要真正反垄断，必须以强权对强权，以国家的超然力量反垄断。反垄断是国家才能承担的神圣职责。没有国家的有力干预就不可能有效地反垄断。

为了维护和监督市场竞争，必须设立专门的国家机构，授予其独立的执法权，充当市场竞争的保护神。如反垄断机构，“只有这样一个反垄断机构才对监控垄断的一切有关问题负责”，而且“在现代工业国家中，这样一个反垄断机构应该是一个庞大的中央组织。没有这种反垄断机构，竞争秩序和现代法治国家将受到威胁。反垄断机构像最高法院一样不可缺少”。[①] 反垄断机构的设立和执法是市场竞争法国家干预性的集中表现。

以上这些都说明，市场竞争不是空穴来风，不是天然存在的，它需要国家去奠定基础，制定规则，维护秩序，常抓不懈，专职负责，市场竞争离不开国家干预，没有国家干预不会有市场竞争，市场竞争内在地要求国家干预，这也就决定了市场竞争法具有国家干预性。市场竞争法的国家干预性也是市场竞争法与其他法律部门如私法作为市场竞争法的区别所在。

（四）市场竞争法具有社会公共性

市场竞争是经济发展、社会进步和人类文明的根本动力，艾哈德义正词严地宣布：“我一贯的主张成了一种信念，这个信念是经过几年努力得来的，即为了促进普遍的繁荣，经济竞争是达到这个目标的惟一可能的途径。”[②] 市场竞争是社会发展的关键，关系国计民生，影响社会全局，涉及人类整体，这就决定了以市场竞争为对象的市场竞争法具有至关重要的地位，被奉为“经济宪法”或称为“小宪法”，这正是市场竞争法社会公共

---

① 〔德〕瓦尔特·欧根：《经济政策的原则》，上海人民出版社，2001，第317页。

② 〔德〕艾哈德：《来自竞争的繁荣》，商务印书馆，1983，第15页。

性的表现。

竞争最切合市场经济的本性，市场经济就是竞争经济，市场在资源配置中处于基础地位，也就意味着竞争在资源配置中处于基础地位，市场竞争是社会市场时代最本质最普遍的东西，竞争无处不在，无时不在，无事不在，竞争广泛化了，竞争社会化了。这就决定了以市场竞争为核心的市场竞争法必然社会化，是一种社会法。

对市场竞争的破坏，损害的不是某个人某些人的利益，不是局部的微观的利益，因为它损害了市场机制，破坏了市场结构，扰乱了社会秩序，因而损害的是社会公共利益，“凡没有竞争的地方，就没有进步，久而久之就会陷于呆滞状态”。① 由于缺乏竞争，人们没有了竞争精神，碌碌无为，不思进取，苟且偷生，精神的慵懒懈怠是对国民性格的极大腐蚀，是对民族进步的严重束缚，可谓是祸国殃民。因为没有竞争，效率低下，物资匮乏，普遍贫穷，人们没有选购自由，必须用较高的价格去购买较劣的商品和较差的服务，生活不如人意，不能保障消费者的合法权益，人人都是消费者，无人能外，这种损害极具社会性。

市场中的人们利害攸关，相互制约，在利害总量特定的情况下，有人得就有人失，利己可能损人，不能保证人们在追逐自己私利的同时必然会促进社会公共利益，而情况往往是，自己私利的扩大同时伴随社会公共利益的缩小。像某些垄断者之所以成为垄断者，是因为他们是市场强者，是市场竞争的优胜者，就其个体来说是有效益的，实际上，垄断者就是自己私利的极大化者，但这种效益极大化是建立在恃强凌弱、以大欺小的基础上，是代价高昂的，有失公平。社会发展不是优胜劣汰，不能弱肉强食，而是优胜劣存，全面发展，共同进步，这就要求兼济弱者，扶助弱小，弱小者是社会多数，社会发展关键是弱小者的发展，他们发展了社会也就发展了，只有他们发展了社会才发展了。反垄断法是反对垄断者扶助弱小者的法，决定了反垄断法必须面向作为社会多数的弱小者，致力于扶助弱小者，提高其地位，增强其能力，加强其竞争，促进其发展，这样反垄断法就抓住了社会的核心问题，关注着社会的弱势群体，维护着社会大多数人的利益，具有社会公共性。

---

① 〔德〕艾哈德：《来自竞争的繁荣》，商务印书馆，1983，第153页。

市场中的人们都是私人，追求私人利益，只是在这个基础上顺便促进社会公共利益，但不会先决地主动地去促进社会公共利益。人们常常把社会公共利益看作私人利益的结果，是水到渠成，而没有注意到私人追求私人利益是有条件的，并且这种条件往往就是仅被视为结果的社会公共利益。社会公共利益包括许多方面，但最根本的、起决定性的应当是社会制度利益，是自由公平的市场竞争秩序，有了自由公平的市场竞争秩序这个制度条件，人们才能真正实现私人利益，从这个角度看，只有促进了社会公共利益人们才能追求私人利益。如果没有自由公平的市场竞争秩序，广泛存在垄断，不正当竞争层出不穷，私人不可能实现私人利益。这就说明，要实现私人利益需要自由公平的市场竞争秩序，而这不是私人义务，不是私人所能做到的，而是一种社会义务，必须由国家去缔造和维护。艾哈德指出："维持一种有竞争的经济，在任何意义上都是一种社会义务。"①在市场失衡的情况下，如面对强大的垄断者，私人不要说促进社会公共利益，就是连私人利益也实现不了，仅靠私力自助无济于事，还必须要有公力救济，寻求专门国家机关的支持。在这里，私人利益与社会公共利益是融为一体的，实现私人利益也是在促进社会公共利益，或者说，促进了社会公共利益才能实现私人利益。市场竞争法以缔造和维护自由公平的市场竞争秩序为职责，促进社会公共利益，进而为私人实现私人利益创造制度条件，每个私人都能追求实现私人利益才是从根本上全面地促进了社会公共利益。

三 市场竞争法的调整方法

从总体上说，法律就是调整社会关系的一种方法。由于有不同的法律，调整不同的社会关系，决定了不同的法律有不同的调整方法。市场竞争法亦然。

（一）市场竞争法的调整方法是一种中合的方法

法律按照各种标准从根本上划分为私法和公法，这种划分意义重大。

---

① 〔德〕艾哈德：《来自竞争的繁荣》，商务印书馆，1983，第154页。

梅迪库斯指出，私法与公法之间的实质差异是："在私法中，占据主导地位的通常是那些自由的、不需要说明理由的决定；而在公法中，占据主导地位的则是那些受约束的决定。"① 这种观点可谓高明之见。与之相应，法律的调整方法划分为私法方法和公法方法，私法方法本质上是意思自治，自己行使权利，自己履行义务，自己承担责任，凡是法律未禁止的，都是允许的，赋予私人以最广泛的自治；公法方法是约束他律，依法设立权力，依法行使权力，依法承担责任，凡是法律未允许的，都是禁止的，尽可能制约权力运用。这两种方法各有所长，各有所用，但并不能包揽一切。比如市场竞争法所调整的市场竞争关系，就不能完全照搬私法方法和公法方法。市场竞争，是切身利害之争，优胜劣汰之争，市场主体并非尽为尧舜，经常不正当竞争，这是自由任性，滥用权利，是不会意思自治，恰当的意思自治需要经过无穷的修炼，并非每个人都能做到。市场竞争，优胜劣汰，日益集中，形成垄断，在这种市场中，没有自由竞争，市场主体不能意思自治，广泛的意思自治需要得到有力的保障，并非每个人都能享有。因此，仅靠私法方法的意思自治是无法有效调整市场竞争关系的。那么公法方法呢？公法方法主要作用于政治领域，为了禁止权力滥用，保障自由民主，要求约束他律，贯穿隶属命令服从的方法。尽管要解决市场主体不会意思自治，不能意思自治的问题，要求公权力介入干预，实现市场主体意思自治，但这种介入干预是有限度的，它只是重新创造市场竞争的基础，让市场主体恢复市场竞争，并不自己参与市场竞争，它只是提供舞台，并不亲自上台表演，更不唱主角，充其量只是配角。加上市场竞争关系是经济领域，市场规律，不可命令；市场主体，独立自主；市场机会，瞬息万变；市场情形，纷繁复杂。如果径直套用公法方法，强制命令，就可能对市场规律发号施令；隶属服从，就可能把市场主体变成附庸傀儡；按部就班，"凡事都得说明理由"，就可能坐失良机；束手束脚，就难以灵活因应。这些都说明仅靠公法方法也是难以调整市场竞争关系的。实践证明，要调整市场竞争关系必须要有一种中合的方法，这种方法具体说来就是，私法方法硬化（如果说私法的意思自治方法是软方法的话），即在意思自治中注入必要的强制约束，为意思自治提供必要的范式、划定

① 〔德〕梅迪库斯：《德国民法总论》，法律出版社，2000，第7页。

大致的范围，这样才能防止市场主体不滥用意思自治，尤其是强制约束垄断者的恣意自治，使其他市场主体从垄断者的支配下解放出来，自主自治，扶植他们意思自治；公法方法软化（如果说公法的约束他律是硬方法的话），即在约束他律中引入自治因素，消解他律约束的僵硬性、刻板化，这样就能审时度势，抓住机会，决策及时，灵活因应，如反垄断法就具有很大的灵活性，都规定有适用除外，同是垄断，时过境迁，要灵活执法，有时反对，有时维护，有时决定不需要说明理由，有时决定需要说明理由，区别对待。总之，市场竞争法的调整方法是私法方法和公法方法的中介，是意思自治与约束他律的综合，因而是一种中合的方法。

（二）市场竞争法的调整方法是一种否定的方法

法律的调整方法以知识为基础，只有对所调整的对象具有充分的知识才能有效地加以调整，如果对欲调整的对象缺乏必要的知识就不应染指。这才是真正理性的调整方法。哈耶克认为，科学并没有确定所有个别事实的能力，科学不应仅限于研究是什么，真正有益的社会科学必须更多地研究不是什么。[①] 对于过分地夸大理性，主张理性无所不知、全知全能的理性主义，哈耶克深刻地指出这恰恰是反理性的，因为真正的“理性仅仅是一种戒律，一种对成功行为可能性限制的认识，它通常只告诉我们不能做什么。这种戒律是必要的，主要是因为我们的智力不能掌握事实的所有复杂性”[②]。这就是我们对世界对象的认识，这就是我们的认识状况，这种认识和认识状况决定了法律调整方法从本质上说，不可能详尽地规定人们做什么，只能规定人们不做什么，也就是说法律调整方法乃至法律规则本质上是否定性的，所以哈耶克认为：“所有正义行为规则都是否定性的”[③]，“正义行为规则通常是对不正义行为的禁止”[④]。

市场竞争法的调整方法更应是否定的方法，这是由市场及市场竞争的性质所决定的。市场情形纷繁复杂，任何人都不可能详尽悉知，至于具体的市场细节，更是常常无知，所以市场经济从认识论的角度看是一种无知

---

① Hayek, *Law, Legislation and Liberty*. Vol. 2 (The University of Chicago Press, 1976), P. 17.

② Hayek, *Law, Legislation and Liberty*. Vol. 2 (The University of Chicago Press, 1976), P. 32.

③ Hayek, *Law, Legislation and Liberty*. Vol. 2 (The University of Chicago Press, 1976), P. 36.

④ Hayek, *Law, Legislation and Liberty*. Vol. 2 (The University of Chicago Press, 1976), P. 35.

经济。人们对市场的无知决定了法律调整方法更应谨慎节制，尽量少为或不为，把法律调整方法限制在人们有所认知的方面，而不涉及人们一无所知的领域。就市场情形而言，人们对市场一般不准做什么是有确切充分的认识的，而对市场具体可以做什么却没有把握。这样，法律调整方法就应集中在市场不准做什么方面，规定不准做什么，成为一种否定的方法。

市场是新新不已的，有活力、有效益的市场是不断创新、不断突破、不断否定的，市场极具革命性，本质上是否定的，几乎不能固守什么肯定什么；市场是开放无疆的，大社会开拓出广阔的空间，展现出无穷的机会，寻求着一切的可能，市场要求让人们不断地试错，不要把空间机会可能扼杀在未有之前或萌芽之中；市场是自由域，是人们自由挥洒的天地，激发人们的聪明才智和自由创造，市场主体是自由自治的，不接受命令，不能指令人们应该做什么，只能指令人们不应该做什么；市场竞争是“八仙过海，各显神通”，需要出乎意料，出奇制胜，市场规则真是“游戏规则”——不能一本正经，循规蹈矩。市场的这些特性使得法律调整方法难以从正面加以规定，规定做什么，只能从反面加以规定，规定不做什么。当然市场竞争并不是无政府状态，但市场竞争法只能为市场竞争划出大致的边界，确立基本的准则，规定必要的限制，并不能详尽具体地规定各种市场竞争模式，告诉人们怎样去市场竞争，只能告诉人们不能怎样去竞争。市场竞争法的调整方法把市场竞争一分为二，一个是反对的，一个是允许的，凡是未反对的，就是允许的，通过规定反对的，默认所有其他的。其实，市场竞争法的这种否定的调整方法在其法律名称上就能体现出来，如《反不正当竞争法》、《反垄断法》即是如此，它们都带有一个“反”字。

（三）市场竞争法的调整方法是一种综合的方法

法律采用什么调整方法取决于它所调整的社会关系和它的发展状况。当今社会关系纷繁复杂，并且越来越纷繁复杂，但能用来调整社会关系的方法，人们长期以来绞尽脑汁所发明（现实）的还是那么有限的几种，要么民事的，要么行政的，要么刑事的。这就决定了，要充分发挥法律对纷繁复杂的社会关系的调整功能，必须综合现在已有的各种方法，多管齐下，综合调整，追求某种或某些独特的法律调整方法必将使法律的调整功能受损甚至丧失殆尽，这根本不是法律调整方法的追求目标和发展趋势。

法律调整方法就像不可再生的有限资源，先法占用了，后法就没份了。但法律调整方法并不是专利，先法占用了，后法就不能搬用。后法必须搬用，这也是后法的后发优势所在。后法必须向先法学习，其中包括学习先法的调整方法，综合起来，为己所用。

社会关系是综合的，是一个综合体，犹如人的身体，牵一发而动全身。用某种或某些调整方法调整社会关系，就像头痛医头，脚痛医脚，不能综合治疗，“此伏彼起”，无济于事。对于综合体的社会关系，有效的调整方法只能是综合的方法。

市场竞争关系较之许多其他社会关系更为纷繁复杂，且更具综合性，作为后法的市场竞争法要调整市场竞争关系就更应采用综合的方法。

市场竞争是利益之争，市场竞争法要求人们通过正当竞争去获取合法利益。只有正当竞争，才能实现各得其所，平等互利，双赢共赢；不正当竞争是损人利己，损公肥私，给他人造成损害。有损害就要赔偿，损害赔偿是法律调整利益关系的根本方法。我国《反不正当竞争法》第 20 条规定：“经营者违反本法规定，给被侵害的经营者造成损害的，应当承担损害赔偿责任。”

垄断对市场竞争的破坏，不仅损害其他竞争者的合法权益，而且损害广大消费者的合法权益，还损害社会公共利益。这样，为了惩罚违反市场竞争法的行为，有效保护其他竞争者和广大消费者的合法权益，维护社会公共利益，就不只是赔偿损害了，而是要么加倍赔偿，如美国《克莱顿法》第 4 条规定：“任何因反托拉斯法所禁止的事项而遭受财产或营业损害的人……不论损害大小，一律给予其损害额的三倍赔偿、诉讼费和合理的律师费”。要么是严格责任，无过失也要承担损害赔偿责任，如日本《禁止私人垄断及确保公正交易法》第 25 条规定：“实施私人垄断或者不正当交易限制或者使用不公正的交易方法的事业者，对受害人承担损害赔偿责任。事业者证明其无故意或过失的，亦不能免除前款规定的责任”。市场竞争是市场经济的根本所在，关系重大，因而一般都有相应的专门的国家机关进行管理监督维护，如美国的反托拉斯局和联邦贸易委员会，德国的卡特尔局和垄断委员会，等等。这些专门的国家机关高度独立，但不像纯粹的司法机关那样恪守“不告不理”原则，被动而出，而是像某些行政机关那样主动进行管理监督维护，行使着许多类似行政权的权力，这样，市场竞争法的调整方法也就运用着许多行政方法。如美国《联邦贸易委员会法》第 6 条规定委员会具有收集信息权、调查关系权、公开报告权、质询答复权、发出禁令权、传唤证人权等等；德国《反对限制竞争法》第 32—34 条规定卡特尔局享用制止权、处分权、没收权等等；我国《反不正当竞争法》规定，对违反该法的行为，监督检查部门应当责令停止违法行为，没收违法所得，可以根据情节处以违法所得一倍以上 3 倍以下的罚款，情节严重的，可以吊销营业执照等等。

严重违反市场竞争法的行为不仅对他人造成经济损害，而且造成人身损害，还破坏社会秩序，侵害公共利益，构成犯罪。这样，市场竞争法要调整这种（些）行为就必须采用刑罚的方法才能罚当其罪，有效规制。如美国《谢尔曼法》第 1 条规定：“任何契约，以托拉斯形式或其它形式的联合、共谋，用来限制州际间或与外国之间的贸易或商业，是非法的，任何人签订上述契约或从事上述联合或共谋，是严重犯罪……将处以 10 万美元以下罚款，或 3 年以下监禁。或由法院酌情并用两种处罚。”第 2 条规定：“任何人垄断或企图垄断，或与他人联合、共谋垄断州际间或与外国间的商业和贸易，是严重犯罪……将处以 10 万美元以下的罚款，或 3 年以下监禁。也可由法院酌情并用两种处罚。”此外德国、日本的市场竞争法都规定罚金和监禁（有期徒刑）的刑罚方法。我国《反不正当竞争法》第 21 条规定：“经营者销售伪劣商品，构成犯罪的，依法追究刑事责任。”第 22 条规定：“经营者采用财物或者其他手段进行贿赂以销售或者购买商品，构成犯罪的，依法追究刑事责任。”

市场竞争法就是采用民事方法、行政方法和刑事方法来调整市场竞争关系的，因而是一种综合的方法。

四　市场竞争法的功能

市场竞争法的功能，概括地说，就是通过反不正当竞争和反垄断去缔造维护和督促自由公平的市场竞争机制和秩序，从而促进经济发展、政治民主和人类文明，实现社会全面进步。

（一）促进经济发展

人会比较，有竞争性，有上进心，人们希望在竞争中超越自我，战胜对手，实现理想；市场竞争，优胜劣汰，人们都渴望成为优胜者，不愿成为劣汰者，竞争把人的主动性、积极性和创造性充分而持久地激发出来并维持下去，使人想方设法，竭尽所能，全力以赴，把事情做到极致。亚当·斯密早就指出："独占乃是良好经营的大敌。良好经营，只靠自由和普遍的竞争，才能得到普遍的确立。自由和普遍的竞争，势必驱使每个人，为了自卫而采用良好经营方法。"① 竞争催人奋进，促人去劣，使人向优，这就是竞争神奇而伟大之处，也是经济发展的不竭动力。

市场竞争关键是科技竞争，人们只有通过不断改进科技，才能改善管理，更新产品，减少能耗，节约成本，降低价格，才有竞争优势，才能竞争获胜，才能赢得市场，立足市场。激烈的市场竞争给科技进步以压力和动力，没有市场竞争就没有科技进步，科技是第一生产力，竞争是第一推动力。竞争推动科技进步进而促进经济发展。

市场竞争是一种淘汰优化机制，去劣存优，去粗存精，去伪存真；以少胜多，以最少的投入实现最大的产出；以高效取代低效，促使资源最有效地配置。市场竞争是一种效率机制，"竞争是提高生产率的最理想的手段"②。效率提高了经济才能发展。

不正当竞争、垄断之所以存在，就是为了牟取超额利润，但这是建立在牺牲广大消费者合法权益的基础上的，不正当竞争、垄断必然损害消费者的合法权益，艾哈德明确指出："每种垄断的形式都隐藏着欺骗消费者的危险性"，并公开宣称"卡特尔——消费者的敌人"③。市场竞争法通过反不正当竞争、反垄断维护消费者主权，让消费者成为市场竞争的裁判员，孰优孰劣、孰胜孰汰，由消费者去评判，消费者只会选择那些以最低价格提供最高质量商品、最优服务的生产者。大力造福消费者，切实让消费者得到实惠，是评判经济发展的根本标准。艾哈德认为："每一部机器，

① 〔英〕亚当·斯密：《国民财富的性质和原因的研究》（上卷），商务印书馆，1979，第140页。

② 〔德〕艾哈德：《来自竞争的繁荣》，商务印书馆，1983，第154页。

③ 〔德〕艾哈德：《来自竞争的繁荣》，商务印书馆，1983，第121、115页。

每一个发电站，每一所新工厂，以及任何一种能提高生产率的手段，其最后目的都是要使那些在社会市场经济领域内生活和工作的人们，能够更加丰富地生活。"① 只有当消费者大大受益了，得到实惠了，人们的生活水平大大提高了，经济才是真正发展了。

（二）实现政治民主

经济基础决定上层建筑，"经济问题日益具有中心的政治意义"，"政治和经济当今处于不可分割的、相辅相成的关系"。② 在市场垄断阶段，自由民主日益受到垄断的威胁和侵蚀，经济垄断导致政治专制，"一旦竞争受到排斥，市场经济便丧失了维持经济秩序和保障自由的力量"。实践反复证明，"任何国家统制经济和对经济的任何社团控制最终意味着限制民主国家宪法保证的人的基本自由和破坏自由发展个性的权利"。③ 因此，要实现政治民主，必须反垄断促进市场自由竞争，实现经济民主，"自由秩序的经济适合于自由民主的法制国家"，并且，"只有在市场经济成为真正的竞争秩序的情况下，它才在政治上、社会上、道德上和经济上受到欢迎"。④ 人们在自由竞争的市场经济中，受到自由竞争的教化，接受自由竞争的洗礼，养成自由竞争的习性，培植自由竞争的信念，社会才能形成自由民主的氛围和环境，这样才能实现政治民主。这正如美国最高法院的反垄断法判例所指出的："谢尔曼法的基础是，不受限制的竞争将产生最佳的资源配置，最低的价格，最高的质量和最大的物质进步，同时创造一个有助于维护民主的政治和社会制度的环境。"⑤ 权力是公共的不是私人的，应由大众享有不能为私人所垄断，竞争的权力才是民主的权力，制约权力才会有社会自由。没有自由竞争就没有权力竞争和权力制约，从而也就没有政治民主，因为"竞争是历史上最伟大、最出色的剥夺权力垄断的手段"。⑥

---

① 〔德〕艾哈德：《来自竞争的繁荣》，商务印书馆，1983，第 162 页。
② 〔德〕艾哈德：《来自竞争的繁荣》，商务印书馆，1983，第 230 页。
③ 〔德〕艾哈德：《来自竞争的繁荣》，商务印书馆，1983，第 232 页。
④ 〔德〕艾哈德：《来自竞争的繁荣》，商务印书馆，1983，第 232 页。
⑤ M. C. Howard, *Antitrust and Trade Regulation* (New Jersey1983), P. 1.
⑥ 〔德〕梅斯特梅克：《经济法》，王晓晔译，《比较法研究》1994 年第 1 期，第 89 页。

（三）弘扬人类文明

在市场社会，竞争无时不涉，无地不涉，无事不涉，无人不涉。每个人都必须直面竞争，只有适应竞争，学会竞争，敢于竞争，善于竞争，才能生存和发展。人们光明正大，诚实信用，各尽所能，公平竞争，胜者光荣，败者体面，竞争是一种文明人解决冲突纠纷的文明方式。那些妨碍竞争，限制竞争的人，往往采用阴谋诡计，欺行霸市，坑蒙拐骗，损人利己等不正当手段牟取非法利益，实为文明所不齿。那些逃避竞争，懈于竞争的人，不合时宜，会引起身心痛苦，愤世嫉俗，无谓伤感，是没有出路的，会日益堕入落后的深渊。

市场竞争激发人的主动性、积极性和创造性，人们在竞争中既有压力也有动力，会不遗余力，殚精竭虑把事情做到极致，向各种极限挑战。市场竞争优胜劣汰，奖勤罚懒，除旧布新，不断刷新纪录，不断创造奇迹，不断提升境界，人们在自由竞争中不断超越自我，完善自我。竞争合乎人的本性，弘扬人的本性，使人更成为人。这犹如康德所说的小树的竞争："一片茂密的小树林，为了争夺宝贵的阳光，每一棵小树苗都拼命向上生长，其结果是它们都变得笔直挺拔秀美端庄。"① 竞争使人身更有力量，使人性更为光辉，使人类更有尊严，一句话，使人更成其为人。人类是在自由竞争中进化文明的。哈耶克指出："在整体上，建立在竞争基础上的社会比其他社会能更有效地达到它们的目标，这是文明史已经明显证实的一个结论。"② 人是一种物质性的生物存在，人的独立性建基于对物的依赖性，"一般说来，物质方面的顾虑不断把人们束缚着，因而在物质意义上，人们就被禁锢起来了"。③ 也就是说，"仓廪实而知礼节"，物质文明了才能精神文明，"人们有了一个巩固的物质基础以后，才能自由自在，从而准备从事于更高尚的事情"。④ 市场竞争是资源的有效配置者，是效益之源，财富之本，市场竞争使财源滚滚，物质丰裕，经济繁荣，社会安全，"由

---

① 参见何梦笔主编《德国秩序政策理论与实践》，上海人民出版社，2000，汪丁丁序。

② Hayek, *New studies in Philosophy*, *Poltics*, *Economics and the History of ldeas* (Routledge& Kegan PaulPlc, 1978), P. 180.

③ 〔德〕艾哈德：《来自竞争的繁荣》，商务印书馆，1983，第166页。

④ 〔德〕艾哈德：《来自竞争的繁荣》，商务印书馆，1983，第230页。

于经济繁荣与社会安全，人们就会感到自己的身份，自己的人格，以及人类的尊严”。①

竞争是人类文明之母。上述市场竞争法的目标大都分别写入了各国的市场竞争法中。如日本《禁止私人垄断及确保公正交易法》第1条规定：“本法的目的，是通过禁止私人垄断、不正当的交易限制以及不公平的交易方法，防止事业支配力的过度集中，排除因联合、协议等方法形成的生产、销售、价格、技术等的不正当限制以及其他的对事业活动的不正当约束，促进公平的、自由的竞争，发挥事业者的创造性，繁荣经济，提高工资及国民实际收入水平，以确保一般消费者的利益并促进国民经济民主、健康地发展。”

五 市场竞争法的构成

市场竞争法的构成具体是指市场竞争法包括哪些内容。一般都认为市场竞争法包括反不正当竞争法和反垄断法，共中对反垄断法属于经济法没有歧义，但对反不正当竞争法的地位和归属却存在广泛而持久的争议。

一种意见认为，反不正当竞争法调整的是经营者与经营者之间的竞争关系，经营者是一种特殊的民事主体，市场竞争是一种普遍的民事活动，经营者之间的竞争关系是一种平等主体之间的关系，适用民法的基本规定；反不正当竞争法涉及的主要是私人利益，其宗旨是保护私人权利，是私权本位法；反不正当竞争行为本质上是一种特殊的侵权行为，反不正当竞争法是一种特别侵权法；反不正当竞争法的任务基本上由竞争者自己去处理，由受害者提起私人诉讼，是私力自助，公权主体一般不介入；反不正当竞争法所规定的法律责任主要是民事责任，如停止侵害和赔偿损失；反不正当竞争法与民法是特别法与一般法的关系，当两者的规范发生竞合时，先适用反不正当竞争法，无法适用时，可适用民法的一般规范。因此，反不正当竞争法属于私法。德国学者普遍持这种观点。② 我国也有一些人持此观点。

---

① 〔德〕艾哈德：《来自竞争的繁荣》，商务印书馆，1983，第163页。

② 参见邵建东《德国反不正当竞争法研究》，中国人民大学出版社，2001，第21—24页。

但自20世纪30年代开始，人们日益认识到：反不正当竞争法调整的不仅是经营者与经营者之间的竞争关系，还有经营者与消费者之间的服务关系，这种社会关系也不尽是平等主体之间的关系，如经营者与消费者之间的关系就不是完全的平等关系；不正当竞争行为不尽是民事行为，从事不正当竞争行为的经营者不都是民事主体；反不正当竞争法涉及的不仅是私人利益，还有广大消费者的权益，以及社会公共利益，反不正当竞争法保护的利益是多元化的；不正当竞争行为大大区别于民事侵权行为，民法有关侵权行为的规定，其基本思想在于从正面保护受害者的某些特定权益，而反不正当竞争法，其基本思想是从反面禁止某些特定的不正当竞争行为，保护不特定多数人的权益，两者的基本出发点和目的是不同的；由于不正当竞争行为不仅侵害直接受害人的权益，而且侵害广大消费者的合法权益以及社会公共利益，因此，不仅直接受害人有权提起私人诉讼，某些社会团体（如我国的消费者协会）和有关国家机关（如我国的工商行政管理部门）也有权提起公益诉讼，维护市场竞争机制和市场竞争秩序，不仅要私人自助，还要公力救济；反不正当竞争法所规定的法律责任，不仅有民事责任，还有行政责任和刑事责任，并且民事责任不占主导地位，即使它规定民事责任，也与一般民事责任大有不同，民事责任的本质是利益衡平，补偿受害人的损失，而反不正当竞争法所规定的民事赔偿不仅具有补偿性，更具有惩罚性，我国《反不正当竞争法》第20条规定："被侵害的经营者的损失难以计算的，赔偿额为侵权人在侵权期间因侵权所获得的利润；并应当承担被侵害的经营者因调查该经营者侵害其合法权益的不正当竞争行为所支付的合理费用"。因此，反不正当竞争法不属于私法，最起码不完全属于私法。越来越多的人持有这种观点。

相对来说，反不正当竞争法与反垄断法关系密切，两者有许多共同点和关联处：一是两者都以市场竞争关系为调整对象，都旨在缔造和维护自由公平的市场竞争机制和市场竞争秩序；二是两者相依相存，相辅相成。反不正当竞争法维护的是正当竞争，反垄断法捍卫的是自由竞争。一方面，自由竞争是正当竞争，只有自由竞争才有正当竞争，只有自由竞争才能反不正当竞争，不存在自由竞争往往导致不正当竞争，没有自由竞争无所谓是否正当竞争，就此而言，反不正当竞争法要以反垄断法为基础。另一方面，自由竞争未必总是正当竞争，自由竞争还可能是不正当竞争的条件，有时不正当竞争也是自由竞争，但真正的自由竞争只能是正当竞争，不违反反不正当竞争法的自由竞争，不得借口自由竞争实施不正当竞争，就此而言，反垄断法要以反不正当竞争法为参照和补充。一是两者存在竞合之处，有些行为既可以是反垄断法所反对的行为，也可能是反不正当竞争法所反对的行为，如低价倾销、联合抵制、价格歧视等。二是在许多国家，它们有着共同的执法机构，如日本的公正交易委员会，英国的公平贸易局，我国的工商行政部门。这说明两者在许多方面存在融合一致之处。

由上可见，反不正当竞争法与反垄断法，两者共性远远大于个性，其实它们是缔造和维护市场竞争的左膀右臂，反垄断法仅是反对垄断，能促进自由竞争，但未必能实现正当竞争，因为自由竞争有时还是不正当竞争的渊薮，垄断只是不正当竞争的一种。反不正当竞争法仅是反对不正当竞争，但未必能反对垄断，实现自由竞争，因为有些垄断并不是不正当竞争造成的，而是优胜劣汰的结果，就垄断的形成来说，是合乎反不正当竞争法的。缔造和维护市场竞争必须两法一起抓，两法都要硬，把两法协调统一起来，共同构成市场竞争法，一道维护正当竞争和自由竞争的市场机制和市场秩序。

考虑到反不正当竞争法与反垄断法的这么多共性以及反垄断法之于反不正当竞争法的基础地位，也考虑到反垄断法是公认的经济法的核心之一，不妨把反不正当竞争法连同反垄断法合在一起，如日本的《禁止私人垄断及确保公正交易法》把它们一同划归经济法，构成经济法的重要一编，即市场竞争法。

（本文原载于《中国法学》2003 年第 4 期）

《中华人民共和国反垄断法》析评

王晓晔*

2007年8月30日，《中华人民共和国反垄断法》在第10届全国人大常委会第29次会议上获得通过。反垄断法的颁布不仅是我国法治建设中的一件大事，对建立和完善我国社会主义市场经济法律体系有着重大意义，而且也是我国经济建设中的一件大事，是我国经济体制改革的里程碑。反垄断法是市场经济国家特有的法律制度，它标志着国家配置资源和推动经济发展的基本手段是市场经济体制。反垄断法对国家经济生活和几乎所有的经济部门都将产生重要影响，对企业的市场行为和消费者也将产生重要影响，反垄断法是规范国家经济秩序和市场秩序的基本法律制度。根据该法第57条，反垄断法将于2008年8月1日开始实施。但是，我国经济体制转型的任务尚未彻底完成，加上反垄断法本身存在很多不完善之处，我国反垄断初期执法面临很多挑战。

一　我国反垄断实体法制度评析

反垄断法的经济学原理是，一个企业的市场份额如果过大，就势必会抬高产品价格，减少对市场的供给。因此，反垄断法的任务就是预防和制止市场上出现垄断，并在合法垄断存在的情况下，监督垄断企业，防止其滥用市场优势地位。为此，我国反垄断法规定了以下实体法制度。

---

* 王晓晔，女，1948年生，河北保定人，中国社会科学院法学研究所研究员，博士生导师，研究方向为经济法。

（一）禁止垄断协议

垄断协议是指经营者之间订立的以排挤、限制竞争为目的或者能够产生这种影响的协议，包括书面协议和口头协议。借鉴美国反托拉斯法、欧共体竞争法和德国反对限制竞争法的经验，我国反垄断法中的垄断协议分为横向协议和纵向协议。

1. 横向垄断协议

横向垄断协议指竞争者之间的限制竞争协议，它们一般被称为“卡特尔”（Cartel）。纵向协议则是不同生产或者不同经营阶段的经营者之间的协议，即订立协议的当事人之间在经济上存在互补关系，内容上一般是生产商对销售商或者销售商对生产商的限制。

亚当·斯密曾经说过，同类产品的生产者很少聚集在一起，如果他们聚集在一起，其目的便是商讨如何对付消费者。这即是说，出于共同的经济利益，竞争者之间有共谋或者串通限制竞争的倾向。为此，我国反垄断法第13条规定，具有竞争关系的经营者不得达成下列垄断协议：（1）固定或者变更商品价格；（2）限制商品的生产数量或者销售数量；（3）分割销售市场或者原材料采购市场；（4）限制购买新技术、新设备或者限制开发新技术、新产品；（5）联合抵制交易；（6）国务院反垄断执法机构认定的其他垄断协议。上述（6）明显是一个兜底条款，目的是使反垄断执法机构有一定自由裁量权，有权制止一些尚未列举但具有严重限制竞争影响的协议。

在上述垄断协议中，固定价格、限制数量和分割市场的协议对市场竞争的损害非常严重，对消费者也没有任何好处，各国反垄断法一般将之称为“核心卡特尔”或者“恶性卡特尔”（Hard Core Cartel），适用“本身违法”原则，即不管它们是在什么情况下订立的，也不管卡特尔成员是谁，一概视为违法。一个卡特尔如果适用本身违法原则，对案件有以下两方面影响：一是原告只需证明卡特尔的存在就可胜诉，而无须证明卡特尔的反竞争性；二是审案机构不必调查订立卡特尔的目的及其后果就可认定卡特尔的违法性，从而可节约审案时间和费用。①

---

① PaulT. Denis, *Focusing on the Characterization of Perse Unlawful Horizontal Restraints* (The Anti-trustBulletin, Fall 1991), p. 644.

国际上有很多关于核心卡特尔的著名案例，如美国最高法院1927年关于“川通陶瓷”价格卡特尔的判决。在这个案件中，被告提出被固定的价格是合理的，因为其目的在于防止竞争者之间“毁灭性的价格战”。被告还问道，如果固定的价格是基于企业正常的利润，难道不能说明这个价格是合理的吗？法院的观点是，一个价格是否合理，必须通过市场竞争来判断。如果市场竞争受到了限制，那就可以断定价格的不合理性。法院还指出，除了竞争这一尺度，没有其他任何标准可以判断一个被固定的价格是否合理。“由于经济和商业的变化，一个今天看来是合理的固定价格，明天也许会变得不合理”，而且，“只有市场竞争，才能有效保护消费者不受垄断和价格操纵之苦”。①

横向协议是一个广泛的概念。根据我国反垄断法第13条第2款，横向协议除指竞争者之间的书面和口头协议外，还包括企业集团或者行业协会制定的具有排除、限制竞争影响的决定，以及竞争者之间的协同行为。鉴于行业协会在市场竞争中可能发挥的负面影响，特别是协调价格的可能性，该法第16条强调，行业协会不得组织本行业的经营者从事关于垄断协议的第三章所禁止的垄断行为。第16条的规定是在全国人大常委会对反垄断法草案进行第三次审议期间增加的，当时媒体报道世界拉面协会中国分会正在组织、策划和协调方便面的统一涨价。全国人大常务会的委员们认为行业协会的这一行为严重损害消费者利益，一致要求反垄断法对行业协会的限制竞争行为作出禁止性规定。反垄断法第13条第2款所指的协同行为包括两个事实构成：一是“同”，即两个以上的经营者存在一致行为，如产品同时涨价或以相同幅度涨价；二是“协”，即这些经营者之间存在合作行为。如果几个经营者只有一致行为而没有互相合作，这个一致行为就不能被视为违法行为。

2. 纵向垄断协议

反垄断法第14条规定，禁止经营者与交易相对人达成下列垄断协议：（1）固定向第三人转售商品的价格；（2）限定向第三人转售商品的最低价格；（3）国务院反垄断执法机构认定的其他垄断协议。上述（3）同样是

① 273 U. S. 392. 转引自马歇尔·C. 霍华德《美国反托拉斯法与贸易规则》，孙南申译，中国社会科学出版社，1991，第78页。

一个兜底条款，目的是使反垄断执法机构在这方面有一定的自由裁量权。这些协议都是在卖方与买方之间订立的，它们可被称为纵向协议或者垂直协议。

反垄断法在纵向协议方面只是禁止固定转售价格和最低转售价格的协议，这说明与横向协议相比，我国反垄断法对纵向协议采取了比较宽容的态度。反垄断法对横向协议和纵向协议采取不同态度，乃是两种协议的本质所致。横向协议是竞争者之间的协议，其本质就是共同限制竞争；纵向协议不是竞争者之间的协议，其目的一般不是限制数量或抬高价格，而是提高产出和扩大销售，从而普遍具有增大社会财富的功能。另一方面，横向限制和纵向限制影响市场竞争的程度也不同。以分割销售市场的协议为例。竞争者之间的地域分割（即地域卡特尔）可导致卡特尔成员在各自势力范围内都是一个垄断者，其结果就是排除和限制了消费者选择商品或者服务的可能性。但是，对于纵向地域分割来说，只要生产商没有取得市场支配地位，分割后的地域内就会存在品牌竞争。且在纵向地域分割的情况下，销售商在各自地域都有独家销售的权利，他们因而会努力推销商品，其结果就是扩大生产。这即是说，纵向限制包括独家销售、独家购买、特许销售、特许专营等协议，一方面会限制销售商之间的竞争，但另一方面也减少了搭便车的可能性，可以强化销售网络，推动品牌竞争。

反垄断法禁止生产商与销售商订立固定向第三方转售价格的协议，禁止生产商限制销售商向第三方转售商品的最低价格，主要是因为这些协议最终会抬高商品的价格。而在没有纵向价格约束的情况下，同一品牌的销售商之间存在价格竞争，其结果就是最终消费者可以买到比较便宜的商品。生产商一旦固定了销售商的销售价格，或者限制其最低销售价格，其后果就是在销售商之间建立起价格卡特尔，会严重损害市场竞争，损害消费者的利益。在我国当前的经济生活中，固定转售价格或者限定最低转售价格是生产商对销售商通常的限制，因此，第 14 条的规定对我国企业的生产经营活动将产生重大影响。

然而，需指出的是，纵向固定价格的协议是否本身违法，至今还存在很大的争论。美国联邦最高法院在 2007 年 6 月 28 日 *Leegin Creative Leather products*, *Inc. v. PSKS*, *Inc.* 一案中，9 位大法官以 5:4 的结果推翻了历时近一百年关于固定转售价格协议适用本身违法的原则。[①] 这个判决指出，固定转售价格的协议虽然限制了同一品牌销售商之间的竞争，但它有利于推动不同品牌之间的竞争，因此应和其他纵向限制性条款一样，适用合理原则。我国反垄断法没有本身违法原则的明确规定，第 14 条也可以理解为适用合理原则。纵向协议方面还有一个问题是，如果协议当事人中有一方在市场上取得了支配地位，纵向限制就可能表现为滥用市场支配地位的行为，如不合理的搭售。这种情况下，需要依据反垄断法中关于禁止滥用市场支配地位的规定进行分析。

3. 垄断协议豁免

竞争虽然是配置资源的最佳方式，但在某些市场条件下，优化配置资源只有在限制竞争的条件下才能实现。因此，我国反垄断法第 15 条规定，经营者达成的协议属于下列情形的，可从第 13 条和第 14 条的禁止性规定中得到豁免：（1）为改进技术、研究开发新产品的；（2）为提高产品质量、降低成本、增进效率，统一产品规格、标准或者实行专业化分工的；（3）为提高中小经营者经营效率，增强中小经营者竞争力的；（4）为实现节约能源、保护环境、救灾救助等社会公共利益的；（5）因经济不景气，为缓解销售量严重下降或者生产明显过剩的；（6）为保障对外贸易和对外经济合作中的正当利益的；（7）法律和国务院规定的其他情形。

上述协议大多有利于提高企业的经济效率。如竞争者之间在研发新产品或者新技术方面开展的合作不仅可以减少重复性投资和成本，而且可以汇集相关企业的智慧、经验、资金和技术，与单个企业的研发活动相比，可以更快地开发新产品和新技术。企业之间的专业化协议有助于企业实现生产专业化和经营合理化，可以提高它们的规模经济，降低成本和增加收益。企业间的标准化协议一般是关于原材料、半成品或者成品在性能、规格、质量、等级等方面的统一要求。这种协议虽然会限制竞争，但同时可以提高产品的可替代性和兼容性，从而有助于推动同类产品的质量竞争。中小企业合作的协议主要指中小企业为提高经济效益而在生产、研发、融资、管理、广告、采购、销售等方面的合作，以实现经济合理化，提高企

① 参见 Syllabus, Supreme Court of the United States, http://www.law.cornell.edu/supct/html/06-480.ZS.html。

业竞争力。

在这些可被豁免的限制竞争协议中，争议较大的是因经济不景气和为缓解销售量严重下降而订立的限制竞争协议。人们担心，这条规定会给很多严重损害竞争的卡特尔开绿灯。德国反对限制竞争法有过这样的规定，但事实上几乎没有被使用过。理论上说，经济不景气是一种商业风险，这种情况下的市场竞争有助于调节市场结构和产品结构，市场经济国家一般不会豁免这种卡特尔。我国反垄断法只是规定这类卡特尔可以得到豁免，而不是肯定给予豁免，因为根据该法第 15 条第 2 款，在上述（1）至（5）的情况下，当事人不仅应证明其请求豁免的协议不会严重限制竞争，而且还应证明消费者能够分享由此产生的利益。这即是说，那些严重限制竞争特别是排除竞争的协议不能指望从我国反垄断法中得到豁免。

第 15 条中争议较大的还有“为保障对外贸易和对外经济合作中的正当利益的”卡特尔，这主要是指出口卡特尔。我国反垄断法豁免出口卡特尔一方面是基于法学理论，因为这种卡特尔不影响国内市场的竞争；另一方面是基于实践，因为外国企业经常针对我国出口产品提起反倾销诉讼，我国出口企业因此有必要协调出口价格，以避免因价格战而导致出口价格过低。此外，其他国家也有豁免出口卡特尔的规定，如美国 1982 年的出口公司法（Export Trading Company Act of 1982）。然而，一个不争的事实是，尽管豁免出口卡特尔是国家的主权行为，但在其他国家反垄断法与我国反垄断法一样具有域外效力的情况下（反垄断法第 2 条），我国反垄断法豁免出口卡特尔的规定对我国出口企业实际上没有帮助。我国出口企业已经遭遇国外多起反垄断诉讼，如生产维生素 C 的企业在美国遭遇了反托拉斯法诉讼，被指控自 2001 年 12 月以来联合操纵出口到美国以及世界其他地区的维生素 C 的价格和数量。[①]

我国反垄断法没有规定豁免垄断协议的方式。商务部 2004 年向国务院法制办提交的草案中规定，当事人为取得豁免应向反垄断执法机构提出申请，并规定了申报应提交的文件。在国务院法制办 2005 年 7 月的征求意见

---

① 梅新育：《反垄断是否将成为贸易保护新利器?》，http://biz. zjol. com. cn/05biz/system/2005/04/25/006098950. shtml。

稿中，申报豁免的规定被改为当事人自愿申报，[①] 这说明我国立法者在这方面曾考虑借鉴欧共体法和德国法的经验。但是，由于豁免申报将给反垄断执法机关带来太大的工作负担，甚至可能导致它没有时间处理一些限制竞争的大案和要案，我国反垄断法最终借鉴了美国反托拉斯法依法豁免的模式，即一个垄断协议只要符合第 15 条的规定，它就自动得到了豁免。当然，这种做法也给企业带来了不确定的风险，因为企业可能会把违法和不能得到豁免的卡特尔视为合法行为，最终受到反垄断法的制裁。[②] 为了使我国反垄断法具有可操作性，为了给企业提供必要的指导，使它们能够预见其行为的后果，我国应借鉴欧共体法的经验，就横向和纵向垄断协议的豁免制定实施细则或者发布相关指南。

（二）禁止滥用市场支配地位

反垄断法的第二大支柱是禁止滥用市场支配地位。反垄断法只是禁止滥用市场支配地位，而不是禁止市场支配地位本身，这是因为市场支配地位的取得一般都是合法的。例如，向社会提供电力、电信、铁路、邮政、自来水等服务的公用事业企业的市场支配地位或者垄断地位一般都是来自政府的授权。有些企业的市场支配地位是来自企业的创新和远见卓识，如微软公司凭借其知识产权从一个小企业发展成为一个全球大牌企业，在世界软件市场上占据了支配地位。因为世界各国一般都鼓励企业的创新和发明，很多国家还制定了专门的法律制度如专利法、著作权法等保护知识产权，反垄断法不会谴责企业因其自身经济效益或者知识产权而取得的市场支配地位。然而，由于占市场支配地位的企业只是有限度地受到了竞争的制约，或者根本不受竞争制约，它们就可能滥用其市场势力，排除、限制竞争，损害消费者利益。因此，我国反垄断法第三章对滥用市场支配地位的行为作出禁止性规定。这方面的法律问题主要是：（1）界定相关市场；（2）认定市场支配地位；（3）认定滥用市场支配地位的行为。

---

① 反垄断法草案（2005 年 7 月）第 13 条规定，经营者可以向反垄断主管机构进行协议申报。反垄断主管机构应当自收到申报之日起 30 个工作日内作出对协议是否予以禁止的审查决定；逾期未作出决定的，视为对协议的不予禁止。反垄断主管机构对协议作出不予禁止的决定时，可以对协议的实施附加限制条件。

② 反垄断法第 15 条还豁免因社会公共利益或因经济不景气而订立的卡特尔，企业或其法律顾问判断这类卡特尔能否得到豁免就不是一项简单任务。

1. 界定相关市场

认定一个企业是否占市场支配地位，首先需要考虑该企业是在什么市场上展开经营活动，它的竞争对手是谁。反垄断法把这个市场称为“相关市场”。我国反垄断法第 12 条第 2 款规定：“相关市场是指经营者一定时期内就特定商品或者服务进行竞争的商品范围和地域范围。”这说明，界定相关市场需要考虑三个因素，即相关产品、相关地域和相关时间。实践中，界定相关市场的因素主要是相关产品和相关地域。《欧共体委员会关于界定相关市场的通告》指出：“从产品和地域范围两方面对市场进行界定，其目的是确定相关企业实际的竞争对手，即确定哪些企业有能力约束这个企业，以阻止因其不受有效竞争制约而为所欲为的行为。从这个角度看，只有界定了相关市场，才能计算市场份额，而市场份额则是传递关于市场势力的重要信息，而评价市场支配地位或者适用条约第 81 条，都需要对市场势力进行分析。”①

相关产品市场是指根据产品（包括服务）的特性、价格和用途，消费者认为具有相互可替代性的所有产品。这种需求替代对特定产品的供货商来说是最直接和最有效的约束力。界定相关产品市场时，除了考虑特定产品的需求替代，还应考虑市场上潜在的竞争，即当特定产品出现小幅度但很重要且非临时性的涨价（Small but Significant Not-transitory Increase in Price）时，消费者视为具有可替代性的其他产品。美国司法部、联邦贸易委员会和欧共体委员会一般把这个非临时性的涨价幅度定为5%—10%，即考虑当特定产品出现了这个涨价幅度时，消费者可能选择的其他替代品。

相关地域市场是指具有可替代性的相关产品所活动的地理范围，即在这个地理范围，相关产品开展竞争的条件是一致的，可以把这个相关地域市场与具有不同竞争条件的其他地域市场区别开来。反垄断执法机构根据案情，可能会把一个地方性市场视为相关地域市场，也可能把整个国内市场视为相关地域市场。在国际反垄断案件中，例如涉及跨国并购或在微软公司涉嫌滥用市场支配地位的案件中，反垄断执法机构还可能把世界市场视为相关地域市场。

---

① The Commission Notice on the Definitions of the Relevant Market for the Purposes of Community Competition Law [1997] OJC 372.

2. 市场支配地位的认定

根据反垄断法第17条第2款，市场支配地位是指经营者在相关市场上能够控制产品的价格、数量或者其他交易条件，或者能够阻碍、影响其他经营者进入市场的一种能力。这说明，市场支配地位是一种经济现象，反映了企业与其竞争对手、交易对手包括消费者的关系，也反映了企业与市场竞争的关系。这即是说，拥有市场支配地位的企业因为不受竞争的制约，不必考虑竞争对手和交易对手就可以自由定价或者自由作出其他经营决策。

为使“市场支配地位”这一概念具有可操作性，反垄断法第18条提出了认定这种地位的一系列因素：(1) 经营者的市场份额和相关市场竞争状况；(2) 经营者控制市场的能力；(3) 经营者的财力和技术条件；(4) 其他经营者对该经营者在交易上的依赖性；(5) 其他经营者进入相关市场的难易程度；(6) 与认定市场支配地位相关的其他因素。为了提高法律的稳定性和当事人的可预见性，反垄断法第19条借鉴德国反对限制竞争法的经验，提出以下情况可推定市场支配地位：(1) 一个经营者在相关市场的份额达到二分之一；(2) 两个经营者在相关市场的份额合计达到三分之二；(3) 三个经营者在相关市场的份额合计达到四分之三。① 然而，该条第3款规定，经营者有权对市场支配地位的推定进行反驳，这说明，这三个推定不具有民法上法定推断的效力。这即是说，反垄断法第19条不过起着一个信号的功能，即警示当事人和反垄断执法机构某些情况下可能出现市场支配地位。当事人可以有很多理由推翻关于市场支配地位的推定，例如它和另一个或者其他几个经营者之间存在实质性的竞争；或者因技术条件，它的市场份额不足以说明其市场支配力；或者它存在潜在的竞争对手；等等。

我国反垄断法中“市场支配地位”的概念是借鉴了德国法和欧共体法的规定。美国反托拉斯法一般使用“垄断势力”(Monopoly Power) 和“市场势力”(Market Power) 两个概念。因为垄断势力一般也被理解为企业在

① 该条第2款规定，在 (2) 和 (3) 的情况下，如果其中有经营者的市场份额不足十分之一，该经营者不应被推定有市场支配地位。

相关市场上“控制价格或者排除竞争”的能力,[①] 它与我国反垄断法中“市场支配地位”的概念是一致的。

3. 滥用市场支配地位的行为

根据反垄断法第17条，滥用市场支配地位的行为包括：(1) 以不公平高价销售商品或者以不公平低价购买商品；(2) 没有正当理由，以低于成本的价格销售商品；没有正当理由，拒绝与交易相对人进行交易；(4) 没有正当理由，限定交易相对人只能与其或者与其指定的经营者进行交易；(5) 没有正当理由，搭售商品或者在交易中附加其他不合理的条件；(6) 没有正当理由，对条件相同的交易相对人在价格等交易条件上实施差别待遇；(7) 国务院反垄断执法机构认定的其他滥用市场支配地位的行为。这些滥用行为可归为两类，一类是剥削性滥用，即不公平的价格行为；另一类是妨碍性滥用，即不正当地排除竞争。

反垄断法要不要监督垄断企业的价格行为，这在世界各国有不同的主张。美国法院认为，垄断企业索取垄断性价格不违反反托拉斯法。在2004年 *Trinko* 一案的判决中，美国联邦最高法院指出，垄断企业收取垄断价格不仅不违法，而且是自由市场经济的一个重要体现，因为取得垄断利润，至少在一个短时期内取得垄断利润，这是对企业的最大激励，可以使它们甘冒风险进行创新和扩大经营。[②] 与美国法不同，欧共体条约第82条（a）明确规定，“直接或者间接地实行不公平的购买或者销售价格或者其他不公平的交易条件”是滥用市场支配地位的行为。在1978年联合商标一案中，欧共体委员会认定联合商标公司在德国、丹麦和比荷卢三国市场上销售其品牌香蕉 Chiquitas 时存在“过高价格”的情况。但是，欧共体法院推翻了委员会的认定，理由是委员会没有调查联合商标公司销售香蕉的成本。现在，尽管欧共体条约中存在上述规定，欧共体委员会和欧共体法院对垄断企业很少进行价格管制，除非是针对自然垄断或者被授权垄断经营的企业，因为这些企业实际上都受到了政府的价格管制。[③] 在我国反垄断

---

① Concord Boat Corp. v. Brunswwick Corp., 207 F. 3d 1039, 1060 (8th Cir, 2000); Intergraph Corp. v. Intel Corp., 195 F. 3d 1346, 1353 (Fed. Cir. 1999).

② Verizon Communication Inc. v. Law Offices of Curtis V. Trinko, LLP., 540 U. S. 398 (2004).

③ Allson Jones and Brenda Sufrin, *EC Competition Law* (New York: Oxford University Press, 2004), pp. 379 - 385.

立法中，也有学者提出价格监督是反垄断执法机构的一项艰难任务。但是，人们痛恨垄断企业的霸王条款，特别是不满意垄断企业的不合理抬价行为，因而禁止剥削性滥用就成为我国反垄断法中很受欢迎的规定。但是，由于经济学方面的原因，仅当企业进入市场存在法律上或者事实上的障碍时，政府监管企业的价格行为才具有合理性。

反垄断法所禁止的妨碍性滥用，在本质上都是排他性的行为。与一般合同中的排他行为不同，滥用性的排他至少要满足以下构成要件：一是行为人在市场上占支配地位；二是这种行为严重损害竞争，甚至排除竞争；三是这种排他不具有正当性或合理性。其中第三个条件最难认定，因为这不仅需要法律知识，而且需要相关的经济学或者技术方面的知识。例如，人们对微软公司的捆绑交易就有不同看法。有人说，既然视窗和因特网浏览器都是微软的产品，微软就有权按照自己选择的方式销售它们，也有权要求个人计算机生产商按照它提出的条件销售产品。然而，从竞争法的角度看，微软的捆绑交易是不正当的，因为它在计算机操作系统市场上占据了垄断地位，这种捆绑销售可以通过网络效应和近似杠杆的作用，将计算机操作系统的下游市场径行收入自己的势力范围，从而会长期地且不公平地损害其他企业的创新活动。所以，对微软知识产权的强制许可，不是限制微软的发展和创新，而是要给其他企业提供参与竞争和创新的可能性。

上述关于搭售行为的案例说明，占市场支配地位的企业虽然原则上可以与其他企业一样参与经济交往，有权根据合同自由原则订立合同，但是如果它们凭借其市场地位限制竞争，就是滥用了合同自由，应予禁止。这说明，合同自由的前提条件是竞争。某些交易在竞争性市场条件下是合法的，但在垄断性市场条件下却失去其合法性。我国反垄断法第 55 条还规定："经营者滥用知识产权，排除、限制竞争的行为，适用本法。"这个规定说明，在我国反垄断法中，知识产权和一般财产权一样，不能从反垄断法得到豁免，特别是滥用知识产权的行为不能得到反垄断法的豁免。我国反垄断法关于知识产权的规定非常重要，这一方面是因为知识产权在市场竞争中有着特殊的意义，另一方面是因为我国当前基本是一个知识产权进口国，通过法律手段有效防止知识产权权利人的滥用行为，对维护我国企业的利益和促进我国经济发展有重要的意义。鉴于第 55 条只是一个原则性的规定，我国立法者应在这方面制定相关的指南或者实施细则。

（三）控制经营者集中

我国反垄断法的第三大支柱是控制经营者集中。“经营者集中”是借鉴了欧共体竞争法的概念“Concentration between Undertakings”。美国和其他很多国家的反垄断法不使用“经营者集中”而是使用“企业并购”，即Merger&Acquisition，简称M&A。即便在欧共体，人们一般也习惯将“经营者集中”称为“企业并购”，如欧共体理事会2004年《关于控制经营者集中的第139/2004号条例》简称为《并购条例》（Merger Regulation）。

按照参与合并的企业相互在经济上的联系，人们将企业合并分为横向合并、纵向合并和混合合并。横向合并即竞争者之间的合并。纵向合并即上、下游企业间的合并，即合并当事人在经营活动中存在买卖关系。混合合并则是互相没有关系的企业间的合并，如钢铁企业和纺织企业间的合并。反垄断法主要关注横向合并，因为这种合并显而易见地会减少甚至消灭竞争者。美国司法部和联邦贸易委员会1992年发布的《横向合并指南》指出，一个企业取得另一企业或者两个企业间进行合并，这本身并不构成限制竞争行为；但在一定市场条件下，如果合并会扩大企业的市场势力，提高企业滥用市场优势的可能性，这就影响市场竞争。横向合并对市场竞争的影响有两方面：一是过度的合并会推动企业间的协调行为；二是过度的合并会推动企业的单方限制竞争行为，特别是涨价的能力。因此，控制企业间横向合并是各国反垄断法的基本内容，也是我国反垄断法的基本内容。在这个方面，以下几个问题值得关注。

1. 经营者集中的认定

根据反垄断法第20条，经营者集中指以下影响市场竞争结构的活动：（1）经营者合并，包括公司法上的新设合并和吸收合并；（2）通过取得股权或者资产取得对其他经营者的控制权；（3）通过合同或者其他方式对其他经营者施加决定性的影响。这里的“其他方式”主要是企业间人事联合，即一个企业的管理层人员同时也是另一企业的管理层人员。这种情况下，两个企业就如同相互参股一样，在市场竞争中成为一个联合体。很多反垄断法明确禁止大企业间的人事联合，如美国克莱顿法第8条。

在上述经营者集中的方式中，取得股权是最重要的方式。然而，一个企业如果仅取得另一企业10%的股份，很难说它取得了对另一企业的控制权。一个企业如果取得另一企业50%以上的股份，就很容易说明它取得了对另一企业的控制权。在市场经济条件下，因为企业的股份可能分散在很多股东的手中，一个企业一般不需要取得50%以上的股份就可以取得对另一企业的控制权。因此，在通过取得股份而取得控制权的方面，法律上应规定一个量化标准。如德国反对限制竞争法规定，一个企业如果取得另一企业25%有表决权的股份，可以认定这两个企业实现了合并。

2. 集中申报标准

根据反垄断法第21条，经营者集中达到国务院规定的申报标准的，应事先进行申报，未申报的不得实施集中。反垄断法第22条规定，经营者集中有下列情形之一的，可以不向国务院反垄断执法机构申报：（1）参与集中的一个经营者拥有其他每个经营者50%以上有表决权的股份或者资产；（2）参与集中的每个经营者50%以上有表决权的股份或者资产被同一个未参与集中的经营者拥有。因为控制经营者集中的目的是防止市场过度集中，而在第22条规定的两种情况下，参与集中的经营者在市场竞争中已经成为一个竞争体，即这个经营者集中实际是一个企业集团或者康采恩内部的并购交易，这种集中不会对市场竞争产生影响。

反垄断法第21条要求达到一定标准的企业并购进行申报，但没有规定具体的申报标准。这是因为在全国人大常委会审议过程中，委员们对国务院法制办2006年提交的反垄断法草案中规定的申报标准有太大的争议。草案第17条规定，如果参与集中的经营者全球范围内上一年度的销售额超过120亿元人民币，并且参与集中的一个经营者在中国境内上一年度的销售额超过8亿元人民币的，该经营者集中应事先向国务院反垄断执法机构申报。有些委员认为这个申报标准太低，有些则认为不宜定得过高，还有些认为应当分行业规定不同的标准，有些甚至建议增加市场份额标准。鉴于这些不同意见，同时考虑到申报标准应随国家经济发展而不断进行调整，全国人大法律委员会建议，经营者集中的申报标准由国务院作出规定并适当调整。

这里需指出的是，一方面反垄断法只应禁止对市场竞争有严重损害的合并，因而合并申报标准不应太低，否则会给那些对市场竞争有利或者无害的并购带来不必要的成本。另一方面，企业合并是优化企业组织结构和提高企业市场竞争力的一个重要手段，也是挽救濒临破产的中小企业的重要方式，因此，如果被并购的企业不足一定规模，相关的企业并购应被免除申报义务。如美国联邦贸易委员会根据1976年哈特—斯科特—罗迪诺反垄断改进法（Hart-Scott-Rodino Antitrust Improvement Act，简称HSR Act）制定的申报规则不仅明确了需申报的企业并购的最低交易额，还明确了并购当事人的最小经营规模，由此免除了很多涉及中小企业的合并申报。[①]德国反对限制竞争法也明确免除了涉及中小企业并购的申报义务。根据该法第35条，市场销售额不足2000万欧元的企业与另一企业的合并不需要申报。

通过以上分析，笔者认为与2006年6月提交全国人大的反垄断法草案第17条相比，国务院法制办2005年11月反垄断法草案的第17条更有可取之处，因为它考虑了很多因素，包括被并购企业的规模和交易额。这个具体的申报标准是：（1）集中交易额超过4亿元，参与集中的一方经营者在中国境内的资产总额或者上一年度销售总额超过15亿元，且其他任何一方经营者在中国境内的资产总额或上一年度销售总额超过5亿元；（2）中国境内集中的交易额超过15亿元；（3）经营者集中没有交易额的，或者集中的交易额未达到第（1）和第（2）项数额的，参与集中的所有经营者在中国市场上的资产总额或者上一年度销售总额超过50亿元。[②]

3. 实质性审查标准

根据反垄断法第27条，反垄断执法机构审查经营者集中时应当考虑以下因素：（1）参与集中的经营者在相关市场的市场份额及其对市场的控制力；（2）相关市场的集中度；（3）经营者集中对市场进入、技术进步的影

① Ronan P. Harty, "United States Chapter", in Getting the Deal Through-Merger Control 2008, p. 362, http://www. gettingthedealthrough. com.

② 商务部、国家工商行政管理总局等六部委2006年发布的《关于外资并购境内企业的规定》第51条规定，外国投资者并购境内企业有下列情形之一的，应当进行申报：（1）并购一方当事人当年在中国市场营业额超过15亿元人民币；（2）1年内并购国内关联行业的企业累计超过10个；（3）并购一方当事人在中国的市场占有率已达到20%；（4）并购导致并购一方当事人在中国的市场占有率达到25%。此外，虽未达到上述条件，但应有竞争关系的境内企业、有关职能部门或者行业协会的请求，商务部或国家工商行政管理总局认为外国投资者并购涉及市场份额巨大，或者存在其他严重影响市场竞争等重要因素的，也可要求外国投资者作出报告。该规定还对需向商务部和国家工商行政管理总局进行申报的境外并购的规模标准作出了规定。随着反垄断法于2008年8月1日开始实施，该规定中的反垄断审查和申报标准将失去效力。

响；（4）经营者集中对消费者和其他有关经营者的影响；（5）经营者集中对国民经济发展的影响；（6）反垄断执法机构认为应当考虑的影响市场竞争的其他因素。

上述因素中，（1）和（2）的可操作性比较强，它们也是其他反垄断执法机关考虑的主要因素，例如，根据德国反对限制竞争法第 19 条第 3 款，如果企业合并导致 1 个企业至少占 1/3 的市场份额，或者 3 个或 3 个以下的企业共同至少占 1/2 的市场份额，或者 5 个或 5 个以下的企业共同至少占 2/3 的市场份额，且这些企业间不存在实质性的竞争，一般就可推断这个合并能够产生或者加强市场支配地位，受到禁止的可能性就很大。美国司法部自 1982 年发布《合并指南》以来，一直使用赫芬达尔—赫希曼指数（Herfindahl-Hirshman Index，简称 HHI）测度合并对市场集中度的影响，其方法是将相关市场上所有企业的市场份额平方后再相加，然后比较合并前后市场集中度的变化。[①] 欧共体委员会、日本公平交易委员会也使用 HHI 测度合并对市场集中度的影响。我国反垄断法也应当考虑一种测度市场集中度的科学方法。反垄断法第 27 条中的“市场控制力”与“市场支配地位”有着相同的含义，都是指经营者在相关市场上能够控制商品的价格、数量或者其他交易条件，或者能够阻止、影响其他经营者进入市场的能力。市场份额、市场控制力和市场集中度都是与竞争政策密切相关的因素，它们不仅有助于测度一个经营者集中能否产生排除或者严重限制竞争的后果，而且可以说明我国控制经营者集中的目的是阻止产生和加强市场势力。

反垄断法第 28 条规定：“经营者集中具有或者可能具有排除、限制竞争效果的，国务院反垄断执法机构应作出禁止经营者集中的决定。”这说明，我国反垄断法禁止经营者集中的依据是国家竞争政策。然而，很多事物具有两面性，一个在某些方面能够产生严重限制竞争后果的合并也可能在其他方面对经济和竞争产生积极的影响。因此，该条还规定：“经营者能够证明该集中对竞争产生的有利影响明显大于不利影响，或者符合社会公共利益的，国务院反垄断执法机构可以作出对经营者集中不予禁止的决定。”这说明，我国反垄断法对某些排除或者严重限制竞争的经营者集中

① 参见王晓晔《企业合并中的反垄断问题》第三章，法律出版社，1996。

可给予豁免。

反垄断法豁免经营者集中的第一个理由是集中对竞争所产生的有利影响明显大于不利影响，这显然是借鉴了德国反对限制竞争法的经验。① 然而，经营者集中对竞争的有利影响不是指集中可以提高经营者自身在某些方面的竞争优势，而是指相关市场竞争结构的改善。例如，如果不批准经营者集中，被并购企业可能因为破产而被迫退出市场，这种情况下，经营者集中就比没有集中更有利于市场竞争。考虑到国际竞争，反垄断执法机构也可能批准国内大企业之间的合并。这样的合并虽然可能导致国内市场的垄断，但在市场没有进入障碍或者障碍很低的情况下，集中后的经营者即便取得了市场支配地位，由于存在外国企业和外国产品的激烈竞争，它们也不敢随意抬高产品的价格。

反垄断法豁免经营者集中的第二个理由是社会公共利益。从字面上讲，社会公共利益不是个别人或者个别企业的利益，也不是个别党派或者个别集团的利益，而是一种普遍的社会的利益。在反垄断审查中，经营者提出的社会公共利益一般是对国民经济发展的积极影响，如生产合理化或者专业化，或者提高企业的国际竞争力。反垄断法中关于社会公共利益的规定非常重要，因为经济是复杂的，无论从现实还是从发展的眼光看，竞争政策与社会公共利益或者整体经济利益都有冲突的可能性。一个比较灵活的规定可以给执法者留有余地，使它在竞争政策和产业政策发生冲突时有选择的机会。但在另一方面，社会公共利益是一个比较模糊的概念，因而也是一个非常灵活的概念，反垄断执法机构应当谨慎使用这个概念豁免对市场竞争有严重不利影响的经营者集中，否则它就不可能认真执行国家的竞争政策，而竞争政策是市场经济国家基本的经济政策。

还需指出的一个问题是，我国反垄断法中的社会公共利益条款虽然借

① 德国反对限制竞争法第 36 条第 1 款规定，如可预见，合并将产生或者加强市场支配地位，联邦卡特尔局应禁止合并；但是，参与合并的企业证明合并也能改善竞争条件，并且这种改善超过支配地位的不利条件，不在此限。第 42 条规定，在个别情况下，合并对整体经济产生的利益可弥补对竞争的限制，或合并符合重大的公共利益的，应申请，联邦经济部长可批准为联邦卡特尔局所禁止的合并。批准时，应考虑参与合并的企业在本法适用范围之外的各个市场上的竞争力。仅当限制竞争不危及市场竞争秩序的条件下，才能予以批准。参见尚明主编《主要国家（地区）反垄断法律汇编》，法律出版社，2004，第 3 页。

鉴了德国法的经验，但在德国法中，执行社会公共利益条款的机构不是德国联邦卡特尔局，而是联邦经济部长。这即是说，德国联邦卡特尔局作为反对限制竞争法的执法机关，它只是依据竞争政策对案件作出决定。为了提高执法透明度，我国反垄断委员会和反垄断执法机构应发布关于经营者集中的条例或者指南，特别是应当明确豁免对市场竞争有严重不利影响的经营者集中的条件。

根据竞争政策发达国家的经验，如果经营者接受反垄断执法机构的建议，对其于市场竞争有严重不利影响的集中计划进行修改，相关的经营者集中就可以得到批准。例如，反垄断法执法机构可要求经营者转让其某些技术，或者降低对另一企业的持股比例，或者在某些方面降低生产能力，这些措施都是为了减少批准后的经营者集中对市场竞争的不利影响。与此相应，我国反垄断法第 29 条规定："对不予禁止的经营者集中，反垄断执法机构可以决定附加减少集中对竞争产生不利影响的限制性的条件。"

（四）行政性限制竞争

传统反垄断法的任务是预防市场势力，禁止私人垄断。这是因为自由竞争会导致垄断，充分和不受限制的合同自由会产生不合理的经济和社会后果，因此国家有必要在竞争中充当裁判员的角色，维护市场竞争秩序，保护经营者和消费者的利益。然而另一方面，现实经济生活表明，限制竞争的力量不仅仅来自企业，还有很多来自政府。行政性限制竞争是指政府部门滥用行政权力限制竞争的行为，它们也被简称为"行政垄断"。

1. 行政垄断主体

行政垄断之所以被视为滥用权力，是因为这些行为既不属于政府为维护社会经济秩序而进行的经济管理，也不属于政府为宏观调控而采取的产业政策、财政政策等经济政策。这即是说，行政垄断有三个构成要件：一是政府行为；二是限制竞争行为；三是滥用行政权力的行为。

我国反垄断法明确行政垄断行为的主体是行政机关和法律、法规授权的具有管理公共事务职能的组织，但不包括有权代表国家的中央政府。从法学理论上说，反垄断法作为经济法，不可能对国家主权行为行使管辖权。美国最高法院 1943 年在 *Parker v. Brown* 一案中也指出："国会不要求国家服从谢尔曼法。国家可以自己的名义，以私人不被允许的反竞争方式从事管理或者行为。"① 这即是说，反垄断法反对垄断和保护竞争，但它不反对主权国家选择的限制竞争政策或者国家本身从事的限制竞争行为。而中央政府的下属机构和地方政府机构不属于主权者，它们的行为如果违反了国家的法律或者基本政策，即行为的本质是滥用行政权力，这些行为得受到反垄断法的追究。

2. 行政垄断行为

我国 1993 年颁布的反不正当竞争法已经提出了制止行政性限制竞争行为。该法第 7 条规定，政府及其所属部门不得利用行政权力，限制他人购买其指定的经营者的商品，限制其他经营者正当的经营活动；也不得利用行政权力，限制外地商品进入本地市场，或本地商品流向外地市场。与此相比，反垄断法不仅在总则第 8 条规定"行政机关和法律、法规授权的具有管理公共事务职能的组织不得滥用行政权力，排除、限制竞争"，而且还通过第 5 章第 32 条至第 37 条详细列举了滥用行政权力排除、限制竞争的表现：（1）强制交易；（2）妨碍商品自由流通；（3）限制跨地区招投标活动；（4）排斥或限制外地经营者的投资活动；（5）强制经营者从事违法的垄断行为；（6）制定含有排除、限制竞争内容的规定。

显然，行政垄断行为不是市场经济体制下行政机关应有的做法，而是我国现阶段政治体制改革滞后于经济体制改革，政企严重不分和政府继续参与企业生产经营活动造成的。有些行为人是不懂市场经济的规律，在新经济体制下沿用计划经济体制下的老办法，以行政手段干预企业的生产经营；有些则是为了实现不正当的地方利益或部门利益，明知故犯地滥用行政权力。但是，不管行政垄断的表现是什么，它们的手段是一样的，即不正当和不公平地使用行政权力；它们的本质也是一样的，即偏爱个别企业，排斥其他企业，或者偏爱个别地区，排斥其他地区；其结果也是一样的，即破坏市场的公平自由竞争，妨碍全国统一大市场的建立，优不能胜，劣不能汰，使社会资源得不到合理和有效的配置。滥用行政权力限制竞争还往往是官商勾结、权钱交易，会引发社会腐败，严重地损害政府形象。因此，制止行政垄断应当是我国反垄断法在当前的一项重要任务。

---

① *Parker v. Brown*, 317 U. S. 341, 350 - 351 (1943).

有人认为，行政垄断是我国当前经济生活特有的现象，这种观点是不正确的。其实，不管在中国还是其他国家，也不管过去、现在和将来，政府滥用行政权力限制竞争都是对竞争损害最甚的行为，这是古典经济学派早已指出过的。因此，反垄断法不能把目光仅仅投向企业，还应当关注政府的行为，否则反垄断法在维护市场竞争秩序方面就不会有很大效力。例如，德国反对限制竞争法第130条第1款规定，“本法亦适用于全部或者部分所有权属于国家或由国家管理或者经营的企业”。欧共体竞争法在禁止滥用行政权力方面也有比较详细的规定。如《欧共体条约》第86条规定，成员国不得对其国有企业以及其他享有特权或者专有权的企业采取背离欧共体条约特别是背离欧共体竞争政策的任何措施；《条约》第87条规定，成员国不得利用国家财源优待个别企业或者个别生产部门，损害共同体市场上的公平竞争。在1993年*Corbeau*案中，欧共体法院虽然承认法国的国家邮政是一个提供普遍服务的企业，但它认为，私人企业仍可以在这个垄断企业力不能及的领域或在其经济效率低下的领域参与竞争，从而驳回了法国邮政提出的禁止Corbeau提供邮政快递服务的请求。法院还指出，法国邮政禁止Corbeau向社会提供特种邮递服务的行为是在不合理地扩大其垄断权，违反了与条约第86条第1款相关的条约第82条。[①] 这个判决表明，除了绝对必要的情况，欧共体禁止所有能够引起限制竞争后果的专有权或者特权。这即是说，不管电信、邮政还是能源服务，这些方面的专有权或者垄断权应当是基于服务的非营利性和公共利益，即在合理、公平和无歧视条件下向社会提供普遍服务或者使用公共网络的必要性。

3. 行政垄断的法律责任

反垄断法第51条规定：“行政机关和公共组织滥用行政权力，实施排除、限制竞争行为的，由上级机关责令改正；对直接负责的主管人员和其他直接责任人员，依法给予处分。”这个规定与反不正当竞争法第30条是一样的。众所周知，反不正当竞争法颁布10多年来，尽管人人都知道行政垄断是对我国市场竞争损害最大和危害最甚的行为，但我们很少听到哪个上级机关对其下级机关滥用行政权力限制竞争的行为进行过检查和处理。事实上，因为这里的“上级机关”不是确定的机关，更不是确定的行政执

① EuGH 19.5.1993, Slg。1993 I 2553, 2569 “Corbeau”.

法机关，这些机关的工作人员一般不会有很强的反垄断意识，他们也不可能把执行反垄断法视为自己的使命。另一方面，政府机关上下级之间往往是朋友或者熟人关系，在这种情况下，上级机关在处理其下级机关与第三方的争议时，不容易做到中立和公正。还有一个问题是，与行政垄断相关的争议一般都涉及国有大企业或者地方企业的利益，这些利益不仅能够给下级机关带来经济上的好处，有时也能给上级机关带来经济上的好处，特别如地方保护主义。这种情况下，上级机关更不容易做到中立和公正，一般也不会主动涉入这方面的案件。

反垄断法第 51 条说明，我国立法者没有把行政垄断的管辖权交给反垄断执法机关，这使反垄断法面对行政垄断有点像一只没有牙齿的老虎。但是，与反不正当竞争法第 30 条相比，反垄断法第 51 条增加了一个重要规定，即“反垄断执法机构可以向有关上级机关提出依法处理的建议”。这一规定是在全国人大常委会对反垄断法进行第三次审议时增加的，表达了最高立法者希望行政垄断行为能够得到有效遏制的愿望。根据我国的实践经验，反垄断行政执法机构向违法机关的上级机关提出依法处理的建议是可行的。国家工商行政管理总局在 1995 年至 2005 年，查处或者协助查处了 519 件涉及地区封锁、地方保护等行政性限制竞争案件，在维护市场竞争秩序方面发挥了重要的作用。①

二 我国反垄断执法面临的挑战

反垄断法主要是针对企业限制竞争行为的一种法律制度，它的颁布毫无疑问会对我国市场上的企业产生直接和重大的影响。反垄断法也将对我国各级政府机构产生重大影响，作为一部对政府行为有着约束力的法律，它有助于提高各级政府机构及其工作人员的反垄断意识，培育和发展他们的竞争文化，这从长远来说有助于推进我国的经济体制改革和政治体制改革，促进政企分离。反垄断法的颁布也将对消费者产生重要影响，反垄断法所保护的市场竞争会强迫企业不断向消费者降价让利，强迫他们在产品

① 国家工商行政管理总局公平交易局、中国社会科学院国际法研究中心编著《反垄断典型案例及中国反垄断执法调查》绪论部分，法律出版社，2007。

的质量、数量以及花色品种方面不断满足市场的需求，反垄断法是一部实实在在的消费者权益保护法。反垄断法虽然将对我国经济生活和几乎所有的经济部门产生重要影响，是规范国家经济秩序和市场竞争秩序的基本法律制度，但是由于我国经济体制转型的任务尚未彻底完成，再加上反垄断法本身存在很多不完善之处，可以预见，我国反垄断初期执法将会遇到严峻的挑战。

（一）反垄断立法目的之争

我国反垄断执法的最大挑战来自人们对反垄断立法目的的认识。反垄断法第 1 条规定："为了预防和制止垄断行为，保护市场竞争，提高经济运行效率，维护消费者合法权益和社会公共利益，促进社会主义市场经济健康发展，制定本法。"这说明，我国反垄断法的直接目的是保护市场竞争，最终目的是提高经济效率，维护消费者合法权益和社会公共利益。市场竞争毫无疑问可以提高资源配置效率，也可以提高企业生产效率，这两种效率都会造福于社会，提高消费者的福利。然而，社会公共利益则是一个比较有争议的概念，可以有很多解释。但不管如何解释，社会公共利益都是一个比较灵活的概念，同时也是一个模糊的概念。根据我国反垄断法第 15 条和第 28 条的规定，当事人可以社会公共利益为由，要求反垄断执法机关豁免他们的垄断协议或者排除、限制竞争的经营者集中。

然而在实践中，哪些企业最有可能以社会公共利益为由从反垄断法得到豁免呢？显然是国有大企业。我国反垄断法也有很多条款明显保护国有大企业的利益，如第 7 条规定，"国有经济占控制地位的关系国民经济命脉和国家安全的行业以及依法实行专营专卖的行业，国家对其经营者的合法经营活动予以保护"；第 5 条规定，"经营者可以通过公平竞争、自愿联合，依法实施集中，扩大经营规模，提高市场竞争能力"。第 4 条可被视为这些产业政策的解释："国家制定和实施与社会主义市场经济相适应的竞争规则，完善宏观调控，健全统一、开放、竞争、有序的市场体系。"我国当前处于经济体制转型时期，立法者确有必要考虑很多问题，一部法律体现多个甚至相互冲突的目的是可以理解的。但在这种情况下，人们势必会提出这样一个问题，即在竞争政策和产业政策发生了冲突的情况下，哪一个政策应当优先。

其实，我国反垄断法中保护国有经济的规定，在理论上并没有错，因为任何企业的合法利益都应当得到保护。然而，如果反垄断法同时保护经营者和消费者，那么在两者的利益发生冲突的时候，执法者就面临这样一个选择：消费者利益优先还是经营者利益优先？全国人大常委会第二次审议的反垄断法草案取消了维护经营者利益的规定，这是很明智的。但是通过的法律保留了维护社会公共利益的规定，且社会公共利益和消费者合法权益二者是并列的，这就很难保证反垄断执法完全考虑消费者的利益。比如，我国消费者肯定希望民航运输市场上存在有效竞争，因为通过竞争他们可以获取低价优质的服务。但是，现在有人提出，南航、东航和国航应当合并，组建“超级承运人”，以应对国际航空市场的竞争。[①] 如果我国反垄断执法机关认为三大航空公司的合并符合反垄断法第28条关于社会公共利益的规定，保护消费者和保护社会公共利益这两个目的就会发生冲突。

当然，不同目的的矛盾和冲突在其他反垄断法中同样存在，如欧共体委员会2005年12月发布的《欧共体条约第82条适用于滥用性排他行为的讨论稿》指出，“第82条之目的是保护市场竞争作为提高消费者福利和保障资源的有效配置的工具”。[②] 这里就存在一个问题：欧共体竞争法是保护竞争，还是把竞争视为一个工具，实际上保护消费者福利和提高经济效率？当然欧共体委员会一向严格地执行竞争政策，立法目的之争一般不会影响欧共体竞争法的执行。然而我国反垄断法立法目的之争却至关重要，这一方面因为我国反垄断法存在浓厚的产业政策色彩，执法机构审理案件时都会考虑竞争政策和产业政策，法律也没有明确竞争政策是否优先于产业政策；另一方面是因为我国目前的反垄断执法机构缺乏独立性。这样，当消费者利益和国有大企业利益发生冲突的时候，反垄断执法机构能否站在消费者立场上反对垄断和保护竞争，这需要时间的检验。

需指出的是，在反垄断领域，企业为取得豁免而提出的社会公共利益一般都是短期利益。1829年当铁路作为一种新运输工具在美国刚刚问世之时，纽约州州长伯伦（Martin Van Buren）曾上书杰克逊总统，反对铁路与运河相竞争。他说：“如果允许铁路取代运河中的船舶，这会导致严重的

---

① 刘绍勇：《“超级承运人”挑战》，《财经》年刊“2008：预测与战略”。

② DG Competition's Discussion Paper on the Application of Article 82 to Exclusionary Abuses, para. 4. 54.

失业问题。船长、厨师、驾驶员、小旅馆老板、修理工等很多人都将因没有生计被迫离开运河，更不用说被雇来为马匹种植饲草的无数农民。"① 现代人一般都不会同意伯伦的观点。竞争作为优胜劣汰的机制，它虽然导致低效率企业的破产并由此减少就业岗位，但是随着新竞争者进入市场，它也可以创造新的就业岗位。总的来说，竞争可以降低产品的服务和价格，提高消费者的实际收入，其结果就会扩大社会对商品和服务的需求，最终会提高社会就业率。因此，反垄断法所保护的消费者利益和它致力提高的经济效率与社会公共利益在本质上是一致的，它们相互间没有冲突。

我国反垄断法关于社会公共利益的规定一方面基于国情，另一方面也是借鉴了其他国家例如德国法的经验。但是在德国，企业很少能够以社会公共利益为由得到反对限制竞争法的豁免，这是因为反垄断法本身就是从社会最大利益出发的。实践已经证明，绝大多数的垄断包括企业垄断和行政垄断都是不合理的现象，其本质不过是限制价格机制调节社会生产和优化配置资源的功能。从短期看，垄断会导致产品价格上涨和质量下降，损害消费者利益；从长期看，垄断会导致企业生产效率低下和国家经济短缺。更为重要的是，垄断会遏制一个国家和民族的竞争精神，而竞争精神才是国家经济发展的真正动力。因此，尽管我国反垄断法中社会公共利益的条款是必要的，以便适应反垄断法第 4 条的规定，"国家制定和实施与社会主义市场经济相适应的竞争规则"，但是反垄断行政执法机构应当谨慎使用这个条款。

（二）缺乏统一、权威和独立的反垄断执法机关

反垄断法与一般民商法不同，与反不正当竞争法也不同，它的任务是不仅要与大企业集团或者垄断企业的限制竞争行为作斗争，而且还应当监督政府部门，防止它们滥用行政权力限制竞争。这就要求反垄断执法机关有权威、有地位、有独立性，否则其执法工作就会受到其他政府部门的干扰和影响。然而，根据反垄断法第 10 条以及国务院有关部门的解释，在反垄断执法初期，商务部、国家工商行政管理总局和国家发展改革委员会三

---

① Patrick Massey, *Reform of EC Competition Law*: *Substance* (Procedure and Institutions, 1996) Fordham Corp. L. Inst. 93 (B. Hawk, ed. 1997).

家机构分头执法已成定局。

反垄断多头执法是人们不愿意看到的一种安排。就同一职能设置多个机构与设置单一机构相比，执法成本高而效率低，且这些机构之间不可避免地会产生争执和摩擦。三足鼎立的行政执法还有一个致命弱点是，它们均附属于国务院部委，级别不高，权威不大，而且因其主管部门特别是国家发展改革委员会是制定和执行国家宏观经济政策的重要机构，作为其下属机构的反垄断执法机构很难保持独立性。因此，笔者认为最好的办法是国务院下决心将三个反垄断行政执法机构整合为一个统一机构，并赋予其必要的权威和地位，即成为一个直属于国务院的部级机构。

反垄断法第 9 条规定，国务院设立反垄断委员会，负责组织、协调、指导反垄断工作。鉴于目前反垄断执法权被严重分割的现状，设立反垄断委员会是非常必要的。但是，笔者担心这个反垄断委员会在推动竞争政策方面发挥不了太大作用。因为按照国务院提交全国人大的反垄断法草案，反垄断委员会将由国务院有关部门和机构的负责人和若干专家组成。考虑到国务院大多数机构主要是制定和执行国家的产业者，由这些机构负责人组成的反垄断委员会能否大力倡导和推动竞争政策，人们将拭目以待。

（三）行政垄断问题

尽管要不要反对行政垄断在我国反垄断立法中一直存在争议，但反垄断法第 8 条明确规定，行政机关和法律、法规授权的具有管理公共事务职能的组织不得滥用行政权力，排除、限制竞争。此外，反垄断法第 5 章还专章对行政权力的排除、限制竞争的行为作出了禁止性规定。反垄断法关于行政垄断的规定意义重大，它不仅表明我国立法者对行政垄断持坚决反对的态度，有利于提高各级政府机构的反垄断意识，而且也表明反对行政垄断是全国上下的主流观点，这有利于在我国倡导和培育竞争文化。

然而遗憾的是，反垄断法没有把行政垄断的管辖权交给反垄断执法机构。根据该法第 51 条，滥用行政权力实施排除、限制竞争的行为，由其上级机关责令改正。因此，有人批评我国反垄断法在制止行政垄断方面是虚多实少。笔者认为在这个方面，我国应借鉴其他国家或地区反垄断法的经验，把监督检查行政性限制竞争的任务交给反垄断执法机构。我国还应当改革行政法，使我国法院有权监督政府的行为，包括政府的抽象行为。当然，我国反垄断行政执法机构能否承担制止行政垄断的任务，这取决于它是否是一个统一、独立和有权威的机构。现在，绝大多数反垄断执法机构都有权监管政府部门滥用权力限制竞争的行为，如欧共体委员会、德国联邦卡特尔局和日本公平交易委员会。不可否认，反对行政垄断在任何国家都是一项艰难的任务，因为这是在限制政府的权力。反对行政垄断在我国尤其是一项艰难的任务，因为这不仅需要我国深化经济体制改革，而且需要政治体制改革。但是，无论如何，行政垄断的普遍存在对反垄断法是一个严峻的挑战，在企业普遍寻求政府保护或者通过与政府“寻租”的社会环境下，反垄断法不可能得到有效的执行。

（四）反垄断执法与行业监管的关系

反垄断法禁止滥用市场支配地位，理应关注那些取得了垄断地位或者市场支配地位的大企业，特别是应当关注电信、邮政、铁路、电力、银行等领域的国有垄断企业。然而，这些国有大企业一般都有行业监管机构，反垄断执法机构能否取得被监管企业的管辖权就是一个敏感的话题。我国反垄断法没有明确反垄断执法机构与行业监管机构之间的关系。但这不表明这个问题得到了解决，而是最高立法者认为，它们之间的关系应由国务院在确定反垄断执法机构时通盘考虑。考虑到这些行业监管机构在我国大多是部级机构，考虑到我国很多行政机构对它们手中的行政权力寸土不让，反垄断执法机构能否取得对被监管行业的管辖权，不容乐观。

其实，很多市场经济国家的经验已经表明，监管机构在处理被监管企业与其他企业或者与消费者的争议中，往往站在被监管企业的立场上，这即是经济学家提出的“监管者被俘获”理论。我国的被监管企业大多为国有垄断企业，行业监管机构运用行政权力维护在位垄断者利益的现象更是普遍。另一方面，行业监管机构的权力配置不是以反对垄断和保护竞争为宗旨的，这些机构一般没有反垄断意识，不能适应反垄断的要求。还有一个问题是，我国在电信、电力、邮政、铁路、石油等对国计民生比较重要的行业都设立了主管部门或者监管机构，如果这些机构各自适用部门法处理限制竞争案件，不仅会政出多门，降低反垄断执法效率，我国也难以建立全国统一的市场竞争秩序。在这个方面，我国应借鉴其他国家的经验，从国情出发，将对被监管行业限制竞争的管辖权交给反垄断执法机构。无论如何，排除反垄断执法机构在被监管行业的管辖权是错误的，不仅严重损害反垄断执法机构的权威和地位，而且不利于推进国家的竞争政策。

（五）颁布反垄断法不过是反垄断立法的第一步

我国反垄断法只有57条，内容非常原则性。为了使这部法律具有可操作性，国务院即将组建的反垄断委员会和反垄断执法机构应当在相关市场、横向限制竞争协议、纵向限制竞争协议、经营者集中、滥用市场支配地位、滥用知识产权等很多方面发布实施细则或者指南。例如，反垄断法第55条规定："经营者滥用知识产权，排除、限制竞争的行为，适用本法。"但是，何谓滥用知识产权排除、限制竞争的行为？这就需要法律解释。因此，颁布反垄断法不过是我国反垄断立法的第一步，在这个领域，我们要走的路程还很长很长。

（本文原载于《法学研究》2008年第4期）

我国银行业反垄断执法难题

席月民*

一　当前我国银行业垄断行为的表现及其危害

我国银行业的竞争已经出现区别于过去以国家垄断形式为主要特征的新型垄断行为，这些垄断行为给金融市场和消费者所带来的巨大危害不能不引起我们的重视。具体表现在以下几个方面。

（一）相互串通收费，形成价格联盟

以银行卡跨行收费事件为例，2006 年 6 月 1 日，跨行查询收费正式开始实施。但几乎与此同时，包括新华社在内的多家媒体对这一收费提出了“究竟是‘国际惯例’还是‘垄断行为’”的质疑。透视该收费标准的制定过程，我们发现，银行卡跨行收费实际上是中国银联与大银行协议一致的结果，其事先并未征得广大客户的同意，而属于此类收费的还有小额账户管理费、借记卡年费、跨行取款费等。应该说，价格竞争本身是市场竞争的基本方式，但价格联盟在反垄断法中却是一种本身违法的卡特尔类型。

---

* 席月民，男，1969 年生，河南灵宝人，现任中国社会科学院法学研究所经济法研究室主任，兼中国社会科学院研究生院法学系副主任和法硕办主任，副研究员，硕士生导师，研究方向为经济法。

（二）滥用市场支配地位，损害小企业和消费者利益

在我国，小公司在银行开户难的问题十分突出。一般来说，小公司注册登记后，商业银行对小公司开户往往设置资本金、存款余额等限制，即开立企业基本存款账户的最低标准是50万元或100万元，并保证在账户中维持3万元到50万元不等的存款余额。难怪有人评论说，商业银行通过提高开户门槛的做法，将小公司拒之门外，这直接促成了为小公司办理开户手续一条龙服务的中介公司的火爆。[①] 然而，商业银行设置开户门槛并不符合有关规定，属于歧视政策。[②] 应该看到，拒绝交易只是当前我国一些银行滥用市场支配地位的一种表现，捆绑式搭售、强制交易、价格歧视等其他行为也有不同程度的存在。即使市场主体拥有的不是市场支配地位而是相对经济优势地位，这种经济优势仍然有可能被滥用，而传统的民商法在交易自由与自愿精神的指导下很难对这种滥用行为进行规制。[③]

（三）并购重组使银行集中加剧

自20世纪90年代中期开始，外资并购逐渐成为我国吸引外资的重要方式，我国商业银行改革也把引进境外战略投资者作为有助于巩固银行的资本基础、促使中资银行股权结构多样化、提升银行业的公司治理和全面管理水平的重要举措。在我国，外资银行的参股和并购战略有以下几个变化值得关注：一是被参股银行的规模和地域性不断扩大，逐渐从沿海省市、发达地区向内地扩展；二是参股的对象由商业银行向其他金融机构扩展，如保险公司和基金公司；三是参股的途径趋于多元化，合格境外投资者（QFⅡ）机制的实施以及中国商业银行上市进程的加速，为外资银行通过证券市场进行并购提供了可能。[④] 我们必须看到，金融机构跨国并购，很大程度上是为了迅速获取市场上的相对垄断地位，以获得定价权或提供领先服务的竞争优势，因此加强对银行业并购的反垄断审查和管理日显重要。

---

① 《商业银行提高开户门槛向小企业强加风险》，资料来源：http://finance.sina.com.cn/g/20060708/16082716238.shtml，2006年7月8日。

② 《拒绝存款人的开户请求商业银行涉嫌违法》，资料来源：http://finance.sina.com.cn/g/20060708/16252716252.shtml，2006年7月8日。

③ 孟雁北：《滥用相对经济优势地位行为的反垄断法研究》，《法学家》2004年第6期。

④ 苗燕：《外资银行并购倾向于中小银行》，《上海证券报》2007年1月10日。

（四）行政权力限制市场竞争

行政性垄断是一种制度性的、具有取消竞争功能的垄断情形，在中国不仅种类多、范围广，而且危害大。[①] 以房贷强制保险为例，消费者要获得所需购房贷款，必须对整个房屋（按房款算）进行全额保险，并将保单交给银行。一些商业银行依据中国人民银行于1998年5月9日颁行的《个人住房贷款管理办法》，在其本行个人住房贷款管理办法中作出了上述规定。2005年2月22日，浙江省消费者协会、浙江省律师协会、浙江大学法学院联合向央行发出建议书并抄送银监会，要求重新审查中国人民银行《个人住房贷款管理办法》中有关不适当的内容，提出无论从合法性还是必要性角度，作为部门规章的《办法》都不应将购买房贷险作为办理房地产抵押贷款的强制性条件。[②] 尽管中国人民银行于同年4月4日进行了复函，并表示对该问题非常关注，但至今仍未与银监会对该办法进行修改。笔者认为，该办法的规定直接限制了房贷市场和保险市场的公平竞争和自由竞争，已然构成了行政垄断行为。

上述垄断行为的存在直接损害了广大消费者的利益，限制了市场竞争，使金融市场的供给严重不足，加剧了资金供应的紧张程度，为“地下金融”提供了机会，从而严重扰乱了金融秩序，影响了金融稳定。[③] 事实表明，加强我国银行业的反垄断执法工作已经刻不容缓。

二　银行业垄断行为产生的原因剖析

（一）理论认识仍有误区

目前在理论界和实务界仍有部分认识误区，即认为银行业垄断经营是社会主义公有制发展的需要，是保障国家金融安全的需要，不应受到反垄断法的追究。如有人提出，银行业应该是垄断法适用豁免的对象，其主要

---

① 曹士兵：《论中国反垄断立法》，《法制与社会发展》1996年第3期。

② 参见《住房贷款强制保险政策有望调整》，《法制日报》2005年4月12日。

③ 参见《中国地下金融规模近万亿》，《华西都市报》2005年1月21日。

依据是公共利益要求和垄断的经济效益性。[①] 当把银行业垄断与金融安全、经济安全乃至国家安全联系在一起时，商业银行的重要性即被凸显出来，银行业垄断的合理性似乎在这里找到了最好的注脚。但问题是，公有制与银行业的垄断经营有没有必然联系，不能只从计划经济的传统体制中去找答案。适合理想社会主义的国家垄断信用并不适合现实中的中国，20 多年的改革开放实践对此给出了有力证明。必须看到，放松管制已经是全球金融业发展的大趋势，把银行业整个行业纳入反垄断法的适用除外并不妥当，对金融安全并无益处。多年来，银行业垄断不但未能减少国有银行的不良资产，反而成为其巨额不良资产产生的重要原因；不但未能给金融市场带来稳定，反而使“地下金融”愈演愈烈，使金融市场更为混乱。行政权力对商业银行业务经营活动的直接干预，不但限制了市场竞争，而且扭曲了市场行为，结果是政府对市场的干预越深、干预的时间越长，反而越加大了金融风险。因此，不能把银行业垄断与国家金融安全画等号。

（二）社会责任意识不强

公司社会责任是公司法理论发展的产物。过去，人们往往认为公司是由股东、债权人和公司本身三者构成的利益平衡体，现在，公司社会责任理论突破了这一狭隘的看法，引入了更多的利益相关主体，承认了公司经营对于众多利益相关者的影响，要求公司承担更广泛的责任。我国现行《公司法》顺应了这一趋势，在追求股东利益最大化的同时，强化了公司的社会责任。[②] 由于《公司法》同样构成银行法的重要法源，因此，无论是《公司法》总则第 5 条的规定，还是其后分则中第 45 条、第 52 条、第 68 条、第 71 条、第 109 条以及第 118 条等规定，对银行设立、治理、运营、重组等各个环节都应有约束力，银行应予以严格执行，并注重弘扬社会责任精神。但从目前的实践看，利润和股东收益仍是商业银行经营的主要目标，银行业垄断行为的出现与《商业银行法》等专门金融机构立法对

---

① 参见游国城、郑赛花《论反垄断法适用豁免制度》，《重庆工商大学学报》（社会科学版）2006 年第 4 期。

② 《中华人民共和国公司法》第 5 条第 1 款规定：“公司从事经营活动，必须遵守法律、行政法规，遵守社会公德、商业道德，诚实守信，接受政府和社会公众的监督，承担社会责任。”

银行社会责任的规定缺位不无关系，与商业银行及其高管人员的社会责任意识不强更有着直接联系。

（三）反垄断法制不够完善

反垄断法是保护市场竞争，防止和制止垄断行为，维护市场秩序的重要法律制度。但在《反垄断法》出台以前，有关银行业反垄断的相关法律规范却主要散见于一些法律、行政法规和部委规章中。这些法律、法规的特点是：部委规章居多，立法的权威性不够；立法形式散乱，不统一甚至冲突；立法内容存在疏漏；禁止性规范多于制裁性规范，导致责任追究不足。如《商业银行法》第 9 条规定，商业银行开展业务，应当遵守公平竞争的原则，不得从事不正当竞争。这样的规定只是表明了商业银行的业务经营活动同样适用竞争规则，但在反垄断领域明显缺乏具体的可操作性。一些商业银行之所以明目张胆地实施拒绝交易等垄断行为，无视广大消费者和小企业的利益，显然与我国银行业反垄断方面经济法制的不够完善有关，司法介入乏力的状况从一个侧面反映了我国银行业反垄断法制的尴尬。

三　我国银行业反垄断执法难题及其化解

《反垄断法》的出台，为我国银行业的反垄断执法和司法提供了重要的法律依据和可靠的法律保障。重视并有效化解银行业反垄断中的执法难题，是今后贯彻执行《反垄断法》，完善银行业反垄断法制的关键。

（一）反垄断执法机构与银监会的管辖分工和协调

与美国的司法模式不同，我国的反垄断执法借鉴了欧共体的做法，采取了行政模式。早在《反垄断法》的起草过程中，反垄断执法机构和行业监管机构之间的管辖问题即受到了学界的高度关注，现在，解决该问题变得更为实际和迫切。银监会作为我国银行业的行业监管机构，旨在促进银行业的合法、稳健运行，维护公众对银行业的信心，保护银行业的公平竞争，提高银行业的竞争能力，因此，银监会对银行业的反垄断案件理应有一定的管辖权。就银行业反垄断执法而言，问题直接表现为国务院反垄断执法机构与银监会的案件管辖权所面临的冲突与化解。有学者提出，行业监管机构主要处理市场准入和与互联互通相关的案件，而在企业并购、垄断协议以及一般的滥用行为等方面，管辖权则应交给反垄断执法机构。[①]笔者对这一观点深表赞同。笔者认为，为减少摩擦和节约执法成本，两个机构应就银行业反垄断案件的管辖权进行合理划分，避免越俎代庖，禁止随意扩大或缩小管辖范围。在这一问题上，有赖于将来国务院制定《反垄断法实施细则》予以明确。笔者建议，凡涉及银行的设立、变更、终止以及业务范围的审批，涉及对"问题银行"的接管或者促成机构重组，涉及对违法经营、经营管理不善等银行的撤销，以及涉及对擅自设立银行或非法从事银行业务活动的取缔等案件，应由银监会予以管辖；而涉及银行并购、垄断协议以及滥用市场支配地位等案件，则由反垄断执法机构管辖。二者之间是特殊管辖权与一般管辖权的关系，其中银监会的管辖权属于特殊管辖权。特殊管辖权确定的意义在于限制行业监管部门依据特别法排除反垄断机构管辖权的可能，从而明确反垄断法对行业竞争事项上的一般适用原则和只在特定事项不予适用的例外原则。[②] 另外，根据《反垄断法》第31条规定，对银行业中的外资并购等经营者集中行为，如果涉及国家安全则必须进行双重审查，即反垄断审查和国家安全审查，此类案件的双重管辖权并非上述排斥关系，而是一种并列关系，因其审查的目的不同不能相互替代，因此还应加强反垄断执法机构和银监会之间的深层对话，创建双方的反垄断协调机制。

（二）竞争政策与金融政策的有机协调

《反垄断法》的出台，使国家的相关竞争政策实现了制度化和法律化，为银行业的自由竞争和公平竞争提供了可靠的法律保障。然而，竞争政策的推行并不是孤立的，在银行业反垄断执法中，竞争政策的执行会受到国家金融政策、财政政策、产业政策、税收政策、环境政策等经济政策的直接影响。当前我国经济发展的突出特征是不平衡，这种不平衡既表现在城乡、地区、不同产业和行业、不同利益群体、经济和社会发展之间，也表

---

① 王晓晔：《垄断行业改革的法律建议》，《学习时报》2007年2月2日。

② 史际春、肖竹：《〈反垄断法〉与行业立法、反垄断机构与行业监管机构的关系之比较研究及立法建议》，《政法论丛》2005年第4期。

现在投资和消费、内需和外需、民营和外资、大中型企业和小企业之间。由于相关经济政策的调整和变化，其相互之间能否实现有机协调，能否在磨合中实现各自的政策目标，是银行业反垄断执法将要面临的又一难题。在欧共体，竞争政策较其他政策有优先适用的地位。[①] 欧共体条约强调保护欧共体市场的有效竞争，强调其成员国以及欧共体的任何活动都必须与开放和自由竞争的市场经济制度相一致，因此，欧共体竞争政策的优先适用性与其市场经济的发达和成熟状态是相适应的。我国的国情则有所不同，尽管我国已经建立社会主义市场经济体制，但目前仍处于转型过程中，各种经济变量因受变革因素的冲击而更为活跃，我国的金融市场还存在结构性缺陷，金融控股公司还处于试点阶段，金融分业经营、分业监管的体制在短期内不可能改变，因此赋予竞争政策在银行业发展中的优先适用地位显然不合国情。笔者认为，不同的经济政策有着不同的功能，金融政策以货币政策为主，旨在维护币值稳定，并以此促进经济增长，是国家宏观调控的核心手段和工具，故在银行业反垄断执法中应较竞争政策优先适用。鉴于竞争政策与金融政策之间的互动性，笔者建议，反垄断执法机构在执行竞争政策时，应优先考虑国家金融政策的落实，这样才能避免竞争政策对金融政策的负面冲击，确保国家金融调控的有效性和宏观调控的差异性，促进社会总供给与总需求之间的平衡，以实现国家金融安全和国民经济的可持续发展。

（三）银行业垄断行为的量化标准

银行业反垄断执法中，“度”的合理把握是永远无法回避的一个难题，其直接触及国家利益、社会利益、银行利益以及消费者利益，因此，对于该问题的分析研究，必须采取理性的态度，克服狭隘的部门利益、地方利益以及民族主义情结，将其进行必要的量化处理。从世界范围看，德国和日本在该问题上比较严格，而美国则相对比较灵活。透视我国的《反垄断法》，其在垄断行为的认定和处罚上借鉴了德国和日本的经验，在第 19 条、第 22 条等一些条文中进行了一定的量化处理，规定了具体的量化标准。根据该法第 27 条规定，反垄断执法机构在审查经营者集中时，应主要

① 王晓晔：《竞争法学》，社会科学文献出版社，2007，第 29 页。

考虑参与集中的经营者在相关市场的份额及其对市场的控制力、相关市场的市场集中度、经营者集中对市场进入和技术进步的影响、经营者集中对消费者和其他有关经营者的影响以及对国民经济发展的影响等，这就要求反垄断执法机构对被指控的经营者集中行为进行结构—行为—效益的经济定量分析。这些经济定量分析的引入，对反垄断中的定性分析有着直接影响，因此银行并购是否构成垄断，对相关指标进行定量调查分析时量化标准的确定至关重要。但此时第22条的量化标准是否科学，对银行业集中是否适用，则需要采取灵活态度进一步研究确定。笔者认为，必要的技术分析需要因时、因地而作出，决不能搞一刀切，必须把限制竞争与成本优势、规模优势进行区别。有学者曾提出，反垄断法中的量化问题必须通过民主与法治的手段和途径予以解决。我国《反垄断法》的制度与条文设计包括量化问题的设计，并不是越细越好，越具体越好，更不是越严格越好。就我国来说，采取什么样的反垄断政策，何时宽松，何时严格，都应该由民主的机制适时因地而作出。① 笔者赞同该种观点，故建议在这一问题上赋予法院一定的自由裁量权，其在处理银行业反垄断案件时可以根据具体情况进行分析判断，不应将《反垄断法》对垄断行为认定的量化标准绝对化，应在追求法律稳定性的同时保持足够的灵活性。

（四）银行业垄断的行为豁免

《反垄断法》第15条、第28条等对垄断协议和经营者集中等垄断行为豁免作出了具体规定，这些规定构建出了我国反垄断法的适用除外制度。反垄断法的适用除外制度旨在抑制过度竞争，以免资源浪费，其并不构成市场进入壁垒，只是采取了一种避免激烈竞争的规制方法。② 因此，该制度是反垄断法中维护国家利益和社会公共利益，协调国家产业政策等经济政策所不可或缺的制度。根据该法第28条规定，经营者能够证明该集中对竞争产生的有利影响明显大于不利影响，或者符合社会公共利益的，国务院反垄断执法机构可以作出对经营者集中不予禁止的决定。当然，我国《反垄断法》直接将垄断行为的豁免决定权交给了反垄断执法机构。从

---

① 徐孟洲、侯作前：《论反垄断法中的量化问题》，《法学杂志》2002年第3期。

② 曹士兵：《论中国反垄断立法》，《法制与社会发展》1996年第3期。

银行业的反垄断执法看，银行业垄断行为的豁免同样适用上述规定。但需要强调的是，2006 年 8 月 8 日商务部、国务院国有资产监督管理委员会、国家税务总局、国家工商行政管理总局、中国证券监督管理委员会以及国家外汇管理局联合发布了《关于外国投资者并购境内企业的规定》，其第 54 条对并购申报豁免所作出的具体规定对银行业垄断而言具有重要价值，银行业垄断的行为豁免应在《反垄断法》第 28 条的基础上，以该规定为蓝本进行合理构建。笔者建议，就垄断协议而言，应将登记或批准作为其豁免的形式要件，并适用合理原则进行分析；对经营者集中而言，应严格执行申报程序规定，并以获得批准为豁免的必要条件。另外，在禁止行政垄断方面，较之于《反不正当竞争法》第 7 条[①]而言，《反垄断法》在第五章中增加了四种行政垄断行为，如滥用行政权力排斥或者限制外地经营者参加本地的招标投标活动、排斥或者限制外地经营者在本地投资或者设立分支机构、强制经营者从事规定的垄断行为以及制定含有排除、限制竞争内容的规定等，从而表现出了明显的进步和可喜的勇气。但不足之处在于，其没有规定适用除外制度。因此笔者建议，在制定《反垄断法实施细则》时应增加一条规定，即“行政机关和公共组织为保护国家利益和社会公共利益，运用行政权力排除、限制竞争的除外”。

（五）《反垄断法》的域外适用

从实际情况看，反垄断法的域外适用问题已成为目前各国反垄断法发生冲突的主要因素之一。各国反垄断法一方面允许甚至支持、鼓励本国企业对外国市场的垄断，另一方面又严格管制外国企业对本国市场的垄断。为了能够在跨国公司限制竞争的活动中保护本国消费者的利益，各国唯一可行的选择就是域外适用本国的反垄断法。[②] 当前，经济全球化和金融国际化的进程不断加快，突发性、区域性和关联性已成为金融国际化背景下金融危机的重要特征，因此，反垄断法的域外适用理所当然地成为构筑我

---

① 《反不正当竞争法》第 7 条规定：“政府及其所属部门不得滥用行政权力，限定他人购买其指定的经营者的商品，限制其他经营者正当的经营活动。政府及其所属部门不得滥用行政权力，限制外地商品进入本地市场，或者本地商品流向外地市场。”

② 王晓晔：《美国反垄断法域外适用评析》，载《安徽大学法律评论》第 2 卷第 1 期，安徽大学出版社，2002。

国金融安全机制中的重要一环，对我国金融业全面开放格局下的金融体制改革和金融结构调整具有重要意义。笔者认为，我国《反垄断法》第2条关于域外适用的规定十分重要，但从实际操作的可行性看，还应作出必要的限定，尽量避免片面的、极端的做法而引起不应有的法律冲突。有学者曾提出，在我国的反垄断法中，可考虑将外国企业在中国境外从事的垄断行为对境内市场竞争产生“直接的、实质性的且可以合理预见的”限制或者不利影响作为对其适用的基本要件，并确立利益衡量原则作为对该基本要件的补充。① 该学者的观点有一定的合理性，笔者认为，反垄断法的域外适用制度必须兼顾本国与其他国家的主权和经济利益，尽量避免并着力化解各国相互之间在反垄断法域外适用中的矛盾和冲突，因此建议在银行业的反垄断执法中借鉴和吸收该观点，把外国银行等金融机构所从事的对境内市场竞争产生限制或不利影响的垄断行为，以“直接性”、“实质性”以及“合理预见性”作为必要条件予以限制，尽量减少与其他国家和地区的不必要冲突，使我国金融业的发展免受国际上一些人为因素的侵蚀和恶意伤害。

（本文原载于《法学杂志》2008年第1期）

---

① 王先林：《论我国反垄断立法中的域外适用制度》，《法学杂志》2006年第1期。

反垄断司法解释的范式与路径[*]

金善明[**]

我国《反垄断法》因采取“粗线条立法模式”① 而致其文本规范过于原则，给法的实施带来诸多不确定性，因而解释便成为其有效实施的逻辑前提。法律解释既是实施法律的一个前提，也是发展法律的一个方式；或者说，法律解释的意义在于具体确定法律规范的意义内容，填补法律漏洞以及对不明确法律规定和一般条款进行价值补充。② 法院依《反垄断法》对市场运行中的垄断案件或纠纷作居中裁判时必然关涉《反垄断法》解释问题，但我国现行法律解释体制下仅有最高人民法院有权作出司法解释。司法解释生长于法律文本，作为法律文本的一种延伸表达方式，解释者的解释动机、价值偏好、重点预设、方法选择和表述特点等，在很大程度上决定了一个司法解释以何特定的内容出现。③ 由于我国既无反垄断传统也鲜有反垄断执法经验，如何合理解释《反垄断法》不仅是法院执行《反垄断法》的关键环节更是法院当前所面临的重要挑战。因此，依据我国市场经济发展水平和法治环境，本文拟对我国反垄断司法解释及其机制进行检讨

---

* 基金项目：本文系国家社会科学基金青年项目“反垄断法法益立体保护研究”（项目号：12CFX074）的阶段性成果；中国社会科学院创新工程项目“市场经济法治问题研究”2013 年度阶段性成果。

** 金善明，男，1980 年生，安徽天长人，现为中国社会科学院法学研究所经济法研究室副研究员，硕士生导师，研究方向为经济法。

① 参见时建中《我国〈反垄断法〉的特色制度、亮点制度及重大不足》，《法学家》2008 年第 1 期，第 15 页。

② 张志铭：《当代中国的法律解释问题研究》，《中国社会科学》1996 年第 5 期，第 67 页。

③ 陈甦：《司法解释的建构理念分析——以商事司法解释为例》，《法学研究》2012 年第 2 期，第 3 页。

并探寻其完善路径，以优化我国反垄断司法解释并有效实施《反垄断法》。

一 反垄断司法解释的范畴：概念与对象

“惟适用法律，必先解释法律。”[①] 解释法律是司法的应有之义，司法解释的最终性乃是司法最终性的必然组成部分。[②] 反垄断法是保护市场竞争，维护市场竞争秩序，充分发挥市场配置资源基础性作用的重要法律制度。[③] 为有效预防和制止垄断、保护市场竞争，法院必然会对反垄断法文本作相应的理解或解释以解决垄断案件或纠纷，无论中外皆然。[④] 但如何界定反垄断司法解释、其依据何在，值得思考。

（一）反垄断司法解释的概念

反垄断法是现代市场经济国家基础性法律规范，其使命在于“防止市场上出现垄断，以及对合法产生的垄断企业进行监督，防止它们滥用市场优势地位”。[⑤] 为了使反垄断法更好地契合市场经济建设和发展需要，我国反垄断立法在尊重国情的基础上借鉴和吸收了域外先进制度与经验，仅有57个条文的《反垄断法》“几乎消化了国际上所有可资借鉴的制度”。[⑥]《反垄断法》文本在极其有限的篇幅内容纳了尽可能多的规制对象从而使得文本规范简约而抽象，为其具体实施预留了解释空间。事实上，任何一部法律“几乎没有一个条款不需要作司法解释，因为它的意思不仅当事人

---

① 郑玉波：《论法谚（二）》，法律出版社，2007，第23页。

② 参见孔祥俊《法律方法论（第二卷）——法律解释的理念与方法》，人民法院出版社，2006，第570页。

③ 曹康泰：《关于〈中华人民共和国反垄断法（草案）〉的说明》，载安建主编《中华人民共和国反垄断法释义》，法律出版社，2007，第136页。

④ 魏德士认为：“一切文本学都有这样一个共识：任何类型的文本如果要为人们所理解，首先要进行解释。这对法律工作意味着：任何法律、具体的法律规定以及受合同约束的协议在能够恰当地适用或执行之前都需要解释。”（〔德〕伯恩·魏德士：《法理学》，丁小春、吴越译，法律出版社，2003，第323页。）换言之，任何法律文本，无论详略长短，皆无法摆脱被解释的命运。因而，对于颇具技术性、专业性和不确定性的反垄断法来说，在具体实施中更离不开其执法机构的理解和解释。

⑤ 王晓晔：《反垄断法律制度》，载《王晓晔论反垄断法》，社会科学文献出版社，2010，第7页。

⑥ 时建中主编《反垄断法——法典释评与学理探源》前言，中国人民大学出版社，2008，第2—3页。

及其代理人无法理解，有时连法官自己也难定其义”。① 反垄断法面临同样境地，不仅我国《反垄断法》如此，美国反垄断法亦是如此。美国反垄断法有关实体性规范很少且极其抽象，其“法条没有具体规定禁止行为，但是国会授予联邦法院一项新的司法权——基于但不限于先前普通法的一般目的，联邦法院可以创造出联邦反垄断普通法”。② 当然，要使静态而抽象的反垄断法文本适用于规制瞬息万变的市场垄断行为，自然离不开法院对反垄断法的解释。

为消解反垄断法文本的制度供给与规制垄断行为的法治需求之间的矛盾，法院在解决具体应用反垄断法问题时需作出相应的司法解释。因法治理念、历史传统以及竞争文化等因素的差异，各国法院对反垄断法的解释方式和机制有所不同，继而导致其司法解释的呈现形式也有所不同。从理论上来说，我国法院在反垄断司法实践中对《反垄断法》的解释应包括两种形式：③ 最高人民法院按照法定程序在法定权限内对《反垄断法》作具有法律约束力的抽象性具体应用解释，即规范性解释；法院在审理具体垄断案件中对《反垄断法》所作的仅对个案具有约束力的解释，即个别性解释。规范性解释旨在通过最高法院对《反垄断法》作出具有普遍性效力的解释，以弥补《反垄断法》文本规范之不足；而个别性解释则更多的是指具有垄断案件管辖权的法院在审理具体垄断案件中就《反垄断法》相关规范的内涵及其与案件事实的关系等内容作出相应解释，以解决垄断案件或纠纷。但依据1981年全国人大常委会《关于加强法律解释工作的决议》和《人民法院组织法》的相关规定，司法解释权属于最高人民法院。④ 这从制度层面上实际明确了我国反垄断司法解释是规范性司法解释，限制了其他各级法院对《反垄断法》的解释或者说抑制了个别性解释的生成与发展，因而我国反垄断司法解释呈现为规范性解释为主、个别性解释为辅的局面，或者

---

① 〔美〕约翰·亨利·梅利曼：《大陆法系》，顾培东等译，法律出版社，2004，第42—43页。

② Ernest Gellhorn, William E. Kovacic, Stephen Calins, Antitrust Law and Economics, Thomson West, 2004, 5th ed., p. 25.

③ 一般来说，司法解释是指司法机关在审理案件中对有关法律的含义所作的理解和阐释，通常分为只对所审理的具体案件具有约束力的个别性解释和对下级司法机关具有普遍约束力的规范性解释（参见孙国华主编《法理学教程》，中国人民大学出版社，1994，第400—401页）。

④ 《人民法院组织法》第32条规定：“最高人民法院对于在审判过程中如何具体应用法律、法令的问题，进行解释。”

准确地说是个别性解释借助规范性解释对《反垄断法》所作的二次解释。

但在西方法治语境下，司法解释甚至法律解释通常是指法院在具体案件审理中对相关法律规范的含义及其逻辑进行解释并应用于具体个案之中的一种司法活动，与法院审理具体案件密切相关。法律规范的内涵及其张力唯有通过法院的具体审理活动方能得以彰显和确立，从而将案件事实涵摄于法律规范之中。反垄断法以其抽象性和不确定性著称，加之市场形势和竞争行为瞬息万变，给司法实践带来诸多挑战，因而立法机关通常只在立法中粗泛地规定出反垄断的核心内容。这种框架性立法的开放性赋予了反垄断法文本规范以更多的内在灵活性和演进性，法院也因此在反垄断法解释方面享有丰富的权力。如在美国《谢尔曼法》和《克莱顿法》上，国会便把如何解释法律禁止范围这一关键性权力交给了联邦法院。① 尽管美国通过抽象性立法和司法传统将违法垄断行为的界定权赋予了法院，但法院并没有就此作出普遍性的规范解释，而是期望在漫长的时间中用普通法的方法去执行反垄断法，在历史演进中通过个案审理而演绎出众多现代反垄断法实施的规则和原则。② 美国联邦最高法院 1936 年便强调了反垄断法

① Ernest Gellhorn, William E. Kovacic, Stephen Calins, Antitrust Law and Economics, Thomson West, 2004, 5th ed., p. 39.

② 例如，现代反垄断法适用的两大基本原则——“本身违法原则”（per se illegal）和“合理原则”（rule of reason）先后生成于美国联邦法院的司法判例之中。其中，本身违法原则首先应用于 1897 年的泛密苏里运输协会一案［*United States v. Trans-Missouri Freight Association*, 166 U. S. 290 (1897)］，但直至 1927 年联邦最高法院才在川通陶瓷案［*United States v. Trenton Potteries*, 273 U. S. 392 (1927)］的判决中正式推出这一原则，该判决认定竞争者之间固定价格的协议是非法的，不论固定的价格是否合理，也不论企业的意向良劣，因为固定价格本身就是不合理的限制。直到现在这一原则也是适用的，仅有少数例外。合理原则则首先适用于 1911 年的标准石油公司案［*Standard Oil Co. of New Jersey v. United States*, 221 U. S. 1 (1911)］之中，有关于此的著名论述则是由布兰迪（Brandeis）法官在 1918 年芝加哥证券交易所案［*Chicago Board of Trade v. United States*, 246 U. S. 231 (1918)］中作出的，即“协议或管理内容是否限制了竞争不能仅靠一个简单的标准来确定。每一个商贸协议，每一条商贸管理规则，都有限制性。约束和限制是它们的本质。判断一种限制是否合法，要看这种限制是否只是一种管理形式，甚至因此促进了竞争还是纯粹的压制乃至破坏竞争。为了回答以上问题，法院通常必须考虑受限制产业的特殊情况；该产业受限制前后的情况对比；限制的性质以及限制产生的实际效果和可能产生的效果……”此外，著名论断“反垄断法保护竞争而不保护竞争者”是由 Warren 大法官在 1962 年 Brown Shoe 案［*Brown Shoe Co. v. United States* 370 U. S. 294 (1962)］中提出。事实上，美国反垄断法中诸如此类的适用规则或原则皆是从判例中形成并对欧盟、日本及其他后起国家反垄断法产生了重要影响。

领域中司法权力的宽域，“我们曾说过，《谢尔曼法》犹如一部自由宪章，具备宪法条款的普遍性和适应性。它不作事无巨细的规定”。[①] 没有任何一个国家的反垄断法具备如此广泛的实质性条款，也没有任何一个国家如此严重依赖司法实践对文本规范进行解释。[②]

司法解释对反垄断法的正确理解与合理适用至关重要，美国通过个别性解释解决司法实践中反垄断法不明确甚至矛盾的问题，并延伸了反垄断法文本的内涵与目标。我国反垄断法虽亦需解释但并未采取美国式的个别性解释而更倾向于规范性解释，因而导致我国反垄断司法解释呈现出规范性解释与个别性解释并存的现象，且在实践中，个别性解释通常依据规范性解释作出并适用于相应的法律事实之中。

（二）反垄断司法解释的对象

司法解释成为法院适用反垄断法的逻辑前提和必经环节，其妥当性和自洽性便成为文本规范得以有效实施的保证。法律解释本质上是人的一种认识活动及认识交流，[③] 即解释者与文本之间的沟通性言说。为了使法律规范能更好地适应社会以及对案件进行调整，解释文本就成了不可缺少的活动。在司法过程中，法律文本一直处于被解释的状态，反垄断司法解释的对象便是承载着国家维护市场秩序、保护市场竞争之法律意旨的文本——《反垄断法》。但因我国反垄断立法在很多方面借鉴了竞争政策发达国家和地区的先进经验，[④] 且“并不限于通常而言的理论参考和制度借鉴，还有更为常见而为通常研究所忽略的‘场景借用’”，[⑤] 只注重制度的移植而忽略了本土市场及其运行的制度、法治环境等场景因素，因而难免会呈现移植建构的以文本表述的反垄断法与急速转型的以竞争展现的市场

---

① *Sugar Institute Inc. v. United States* 297 U. S. 533 (1936).

② 参见 William E. “Kovacic & Carl Shapiro”, *Journal of Economic Perspectives*, 2000, Vol. 14 (1), p. 43。

③ 钱大军、张成文：《法律解释的必为性和可行性》，《当代法学》2002 年第 7 期。

④ 参见王晓晔《反垄断法与我国经济体制改革》，《东方法学》2009 年第 3 期。

⑤ 参见陈甦《体系前研究到体系后研究的范式转型》，《法学研究》2011 年第 5 期。在该文中，作者指出，“场景借用”是指一个具体法律所要规范的情形在我国社会中还没有发生过，我们根据别的国家或地区已发生过的社会生活场景，推测在我国也会发生同样的社会生活场景，因而就此社会生活场景抽离出具有法律意义的假定情形，再有针对性地制定相应的法律规范。

实际之间存在规范效力与市场接纳的紧张状态。因此，无论从反垄断司法的实际需要、司法属性还是国外反垄断司法经验来看，我国反垄断司法解释应以《反垄断法》为解释对象，并着重关注以下几方面内容。

1.《反垄断法》规范内涵的解释

法律文本是法律规范的载体和体现，对法律进行解释就是要解释法律条文的规范意思。“法律面向未来。因为立法者不能准确地说明未来发生的问题的形成以及预言如垄断贸易的新方式或新的消费问题，法律只能使用总括性及灵活性的语言。”① 反垄断法为能够及时应对瞬息万变的市场垄断行为，其文本语言也表现得抽象而模糊甚至不确定，从而为司法实践中理解和解释文本规范提供了制度空间。美国1890年颁布的《谢尔曼法》仅有7个条文，其宽泛的文本虽明确谴责“任何限制贸易的合同、联合或共谋”，或任何“从事垄断”的人，但没有说明这些词到底应该怎么理解。② 即便随后相继出台的《克莱顿法》、《联邦贸易委员会法》等法律也没有对“竞争”、“垄断”、“贸易限制”等进行定义。国会明确告诉法院哪些“人”可以依据该法起诉，可以依据该法对哪些人起诉，但没有对“竞争”或“贸易限制”，甚至没有对“垄断”进行定义——这实际上把解释这些最关键术语的事留给了法院。③ 我国《反垄断法》在借鉴和吸收域外先进制度与经验的基础上颁布实施，但囿于反垄断法固有属性同样难免文本抽象与原则甚至缺乏可操作性。尤其是，判定是否构成垄断行为等核心问题时，《反垄断法》中既有概念或规范更是显得捉襟见肘，难以满足司法实践需要。如第1条中的“社会公共利益”、第13条第2款中的“协同行为”、第17条中的“正当理由”以及第20条中的“控制权”和“决定性影响”等规范概念虽宏观勾勒了规制对象或法律意旨但与市场具体行为的界定要求存有距离，在司法实践中有待通过解释予以进一步廓清。

---

① Lief Carter & Christine Harrington, Administrative Law and Politics, Addison Wesley Longman, Inc., 2000, p. 33.

② 15 U.S.C.A. § § 1, 2.

③ Herbert Hovenkamp, Federal Antitrust Policy: The Law of Competition and its Practice, 4th, Thomson Reuters, 2011, p. 62.

2.《反垄断法》内部逻辑的解释

虽然霍姆斯指出"法律的生命不在于逻辑，而在于经验"①，但法律自身的内在逻辑仍是客观存在的。法律文本就是法律规范依特定逻辑建构而成的，体现着对逻辑的依赖和要求，同时强调反映于法律文本之中的立法者思维的划分及其地位、思维与思维之间的相互关联、相互依赖以及前后一致性。作为规制垄断行为、保护市场竞争的反垄断法，在其解释和适用中亦强调自身的逻辑一致性，但因反垄断法的文本宽泛、语言模糊往往导致司法实践中的逻辑不周延甚至不一致，因而亟待通过解释对文本中所蕴含的逻辑关系进行厘定和解释。《谢尔曼法》延续着普通法原则以严厉的措辞表明要禁止"任何限制贸易行为的协议、联合或共谋"或者任何"垄断或企图垄断"行为，但"并没有在合法与非法行为之间划定清晰的界限"。② 显然，文本用语超越了国会立法的初衷，有悖于规范设置逻辑，凸显文本规范与立法目的之间、立法目的之间等关系上的逻辑不一致，③ 这不仅戕害市场运行中的契约自由精神更打击美国经济活力和创新力，因而国会赋予法院相应的解释权以理顺和协调规范内部逻辑关系。我国《反垄断法》就其文本表述来看，大致存有以下几方面逻辑障碍有待阐释和消除：（1）立法宗旨所蕴含的目标关系，《反垄断法》第 1 条所确立的立法宗旨体现了其所保护的利益多元化，相互之间的逻辑关系如何协调；（2）规制范畴的界定，即第 8 条所规制的"行政垄断"是否属于《反垄断法》所规制的垄断行为，与第 3 条又是什么关系，以及"行政垄断"的调查是否适用第六章的规定；（3）规制行为的条文与适用原则间的关系，如第 14 条规定的"纵向垄断协议"是否可以通过适用第 15 条的规定引申出我国《反垄断法》对"纵向垄断协议"的规制采取合理原则；（4）程序适用范

① 〔美〕斯蒂文·J. 伯顿主编《法律的道路及其影响——小奥利弗·温德尔·霍姆斯的遗产》，张芝梅、陈绪刚译，北京大学出版社，2005，第 123 页。事实上，有学者指出，霍姆斯并不是强调逻辑与法律无缘，也非否定法律与逻辑的关系，只是对特定时期的法律人过分依赖逻辑而提出批评［参见陈金钊《法律解释学——权利（权力）的张扬与方法的制约》，中国人民法大学出版社，2011，第 223 页］。

② Ernest Gellhorn, William E. Kovacic, Stephen Calins, Antitrust Law and Economics, Thomson West, 2004, 5th ed., p. 27.

③ 若机械地理解《谢尔曼法》第 1 条和第 2 条，那么，几乎所有的合同或商业行为都很危险。但《谢尔曼法》初衷并不是要扼制市场交易或正常行为而是要控制有害市场竞争的行为。

畴，如《反垄断法》第45条所规定的承诺制度，是否可以适用于第13条所规定的“横向垄断协议”（通常，国外对于“硬核卡特尔”不适用承诺制度）等。这些逻辑关系的厘清关涉《反垄断法》司法实践的效果，因而亟须通过司法解释得以解决。

3. 文本与事实之间关系的解释

法律是对事实的抽象表达，“法律问题的模糊性主要不在于法律本身模糊，而在于法律文本与事实的结合过程使得原来清晰的法律，可能变成有异议的或模糊不清的法律”。[①] 法律解释最主要的任务是在事实与规范之间建立起关系，对事实的法律意义进行探讨。反垄断法以抽象而原则的话语概括了市场运行中危害竞争的垄断行为类型并予以规制，但静态的规范文本难以全面涵盖或预测市场中多变的垄断行为，因而司法解释便搭建起连接反垄断法文本与市场垄断行为之间的桥梁，弥合规范与事实之间的空隙。美国法院对反托拉斯法的解释与实施是弥补文本的静态而抽象与垄断的多变而具体间规制需求的尝试与典范，这一法律运用方式和机制如今在各国反垄断法实施中均有不同的反映和应用。美国《谢尔曼法》是一部“授权性”（Enabling）立法，让联邦法院去理解企业和市场如何运行的，然后形成一套规则来使其运行方式符合社会效率。随着理念、技术以及美国经济的发展变化，所适用的标准也是不断变化的，并且将来大概也一直会不断变化。[②] 作为后起之秀，我国《反垄断法》虽充分借鉴和吸收域外制度与经验，但因简约型立法而呈现出不可避免的原则与抽象，从宏观上看虽能涵盖概念层面的垄断行为，但实际无法应对现实市场中层出不穷的垄断行为，因而需由法院对《反垄断法》垄断规制应用作进一步阐释，以化解或弥合规范文本因自身的模糊性以及适用于实际过程中所生的制度供给不足而导致的冲突或空隙。

法律本身的天然局限性就是法律解释学的根源。[③] 解释主要是对解释对象之意义的说明，反垄断法因自身模糊性以及现代法治国家的司法最终

① 陈金钊：《论法律解释权的构成要素》，《政治与法律》2004年第1期，第49页。

② 参见 W. Page, Ideological Conflict and the Origins of Antitrust Policy, 66 *Tul. L. Rev.* 1, 36 (1991)。

③ 季卫东：《法治秩序的建构》，中国政法大学出版社，1998，第87—88页。

性而需法院对其作相应解释。基于反垄断执法模式的特殊性,[①] 法院对《反垄断法》进行解读和阐释时应置入我国市场经济这一特定场景之中,并着重考虑和反思《反垄断法》实施以来的得失,以明确《反垄断法》所包含的规范概念、内部逻辑以及与适用事实的关系等问题。

二 反垄断司法解释的挑战:场域与困境

司法解释在反垄断法实施中承载着厘清文本规范的内涵、消弭文本与事实之间的时空距离等功能,保证反垄断法实施中制度供给与法治需求的平衡,以有效制止垄断行为、保护市场竞争。这就意味着,法院须通过解释"探究该法律用语所表达的事实、价值和应然观念"。[②] 但因国情、法治状况以及文化传统等不同,横亘在各国反垄断司法解释进程中的障碍亦各异。为有效解释我国《反垄断法》,应结合反垄断立法与执法所处的特定社会环境客观分析反垄断司法解释所遇困境,从而为推动和完善反垄断司法解释奠定基础。

(一)反垄断司法解释的场域

作为反垄断法实施的重要一环,反垄断司法解释旨在实现价值、规范和事实的和谐统一,但反垄断是项系统工程而不可孤立地看待和处理反垄断司法解释,应将其置于特定社会时空之中凸显和维护反垄断法及其实施的体系性、整体性和逻辑一致性。实然状态的场域是司法解释的应然追求所不容忽视的因素,我国反垄断司法解释应对的是处于转型期的政治经济社会之下的反垄断法具体应用问题。与市场经济发达国家相比,我国反垄断实践经验不足,而且经济生活又具有多样性、多变性、复杂性的特点。[③]

---

① 反垄断执法通常有两种模式:司法模式和行政模式。我国《反垄断法》第 10 条规定,由"国务院规定的承担反垄断执法职责的机构","负责反垄断执法工作"。可见,我国采取的是行政模式,即指执行反垄断法的行政机构不仅有权对案件进行调查和审理,而且有权像法官那样对案件作出裁决,包括在被告不执行裁决时有权实施行政制裁,即这些行政机关在反垄断法的执行中同时充当了检察官和法官的双重角色(参见王晓晔《我国反垄断执法机构的几个问题》,《东岳论丛》2007 年第 1 期)。

② 〔德〕齐佩利乌斯:《法学方法论》,金振豹译,法律出版社,2010,第 59 页。

③ 参见安建主编《中华人民共和国反垄断法释义》,法律出版社,2007,第 139 页。

因而，审视的目标应更多地驻足于现实的经济、制度和文化之上，从而反思既有场域特质对司法解释的贡献。就有限的反垄断司法实践来看，当前场域所流露出来的特质不仅难以有效保障竞争机制的运行，更难以有效地引导和开展反垄断司法解释。

1. 市场经济不成熟，难为解释提供良好的体制环境

市场经济体制渐已成为现代国家发展国民经济的主要模式，其魅力在于因竞争而产生的效率。但竞争往往会埋下毁灭自身的种子，因而需要有良好的市场秩序作为基础和保障。良好的市场秩序实际是自然演进秩序和国家理性构建秩序的统一，既不能单纯强调自然秩序演化逻辑，也不能忽视国家理性构建秩序规律及其作用。自改革开放以来，我国便一直致力于经济体制的改革甚至提升至宪法高度①，但我国历史上长期是一个行政权力支配社会的国家，对政府理性的信仰浓厚。在型塑市场秩序、建立市场体制进程中，政府的影子无处不在、行政权力的惯性依然——政府及其长官喜好或习惯于动用行政权力对市场主体及其经济活动进行干预和管制，阻碍了市场竞争的发育，戕害了市场机制的发展。在市场机制不成熟、竞争发育不健全的经济社会背景下，以制止垄断、保护竞争为宗旨的反垄断法所能发挥作用的空间亦必然受到抑制或控制。这种境况自然不若欧美等市场经济国家，市场经济意识深刻烙入民众和政府官员脑海之中，民众以政治上民主自由为追求而反抗经济上的垄断，政府官员以相应的经济学理论为依托而保障市场竞争的正常运行，即形式上为市场经济体制的成熟与健康，而实际蕴含的是健全的诸如行政、司法等政治体制之保障。而当前，我国无论政治还是经济仍处于转型之中，市场主体权利不彰、官员执法肆意，经济发展遭遇瓶颈、政治改革停滞不前。尽管邓小平早在1986年就指出："不改革政治体制，就不能保障经济体制改革的成果，不能使经济体制改革继续前进，就会阻碍生产力的发展，阻碍四个现代化的

---

① 曾长期担任中央政府经济领导工作的薛暮桥先生于1980年9月就《关于经济体制改革的初步意见》作说明时指出："所谓经济体制的改革，是要解决在中国这块土地上应当建立什么形式的社会主义经济的问题，这是社会主义建设的根本方针。将来起草的经济管理体制改革规划，是一部'经济宪法'。"（参见薛暮桥《薛暮桥回忆录》，天津人民出版社，1996，第356—357页。）

实现。"[①] 但我国当前经济发展仍习惯于依赖官员的"贤治"而忽视市场机制的效用，竞争所能发挥的作用有限甚至会受到扭曲，本应发挥规制功能的反垄断法在此政治、经济体制之下受到抑制而无法得到正常应用，因而法院对反垄断法的适用亦可谓步履维艰，司法解释在反垄断实践中更是难以应市场之所需予以开展。

2. *法治程度不高，难为解释提供良好的制度环境*

市场经济就是法治经济，法治是现代市场经济建设的客观要求。在法治的概念中，治的主体是法律。[②] 传统经济体制下内在地排斥法治，"计划"、"文件"和"纪律"等内部红头文件在不同程度上起着法律或准法律的作用。中国通过市场导向的改革促进了经济自由、改善了激励和竞争水平，推动和加快了我国经济转型并取得显著成就，但这却是在不具备现代市场经济的基本"惯例"的条件（如法治、分权等）下发生的。虽然我国在推进经济体制改革进程中亦通过立法来供给法律规范，但由于缺乏宪制约束或宪法参照，计划权力意志和利益时常以立法的形式体现出来。政府角色从原来的"裁判员与运动员"不分，在市场经济立法中又演变成"游戏规则的制定者、裁判员与运动员"三位一体，抹杀了现代法治的科学性和合理性，导致市场经济运行中权力集中而缺乏有效监督。在国家经济生活中，虽有法制规范且强调建立健全市场经济体制，但政府并未及时形成以法治思维和法治方式规范和处理市场运行问题，在经济决策和执行中仍以行政权力和长官意志调处市场问题，模糊了政府与市场的边界，忽视竞争机制的作用。在没有法治保障的情形下，政府借以市场失灵为由介入市场，但随之而来的便是政府因并非万能而出现失灵现象即所谓"规制国的悖论"。[③] 这表面上为政府规制市场失败，实际是政府法治观念模糊、欠缺，超越自身权力边界而以权力代替权利、以政府代替市场，导致市场

---

① 参见邓小平《在听取经济情况汇报时的谈话》、《在全体人民中树立法治观念》、《关于政治体制改革问题》，《邓小平文选》第 3 卷，人民出版社，1993，第 160、163—164、176—180 页。

② 徐祥民：《法治的基本要件：从法》，《法学论坛》2001 年第 2 期，第 6 页。

③ 参见李洪雷《规制法理学的初步构建》（代译序），载〔美〕凯斯·R. 桑斯坦《权利革命之后：重塑规制国》，钟瑞华译，中国人民大学出版社，2008，第 5 页。其中，作者指出，"规制国的悖论"是政府规制失灵的一个重要形式，即指一些规制的目的本身是正当的，但由于选择了不适当的规制方法与策略，导致规制的目的无法实现，被"自我挫败"。

竞争机制闲置。因此，在行政权力主导下，政府无视市场竞争、架空反垄断法，反垄断司法解释被边缘化甚至蜕变成行政的附庸而为行政服务，漠视了市场竞争机制和企业的竞争自由。

3. 竞争文化缺失，难为解释提供良好的文化环境

竞争文化对反垄断法实施具有举足轻重的作用，良好的竞争文化有助于反垄断法的有效实施。竞争文化概括地指“关于市场竞争的一系列思想观念、商业规则和法律制度的总称”,① 是补充和增强竞争法和竞争政策实际效果的一种方式。作为国家经济政策中的一个核心因素，“竞争文化”需要进行公众教育，以促使竞争政策的原则在政治上和国内商业社会中都能得到认同。② 但我国历史上竞争文化的缺失，制约了我国反垄断法的有效实施。我国传统上一直强调“礼之用，和为贵”，倡导和睦、和气、团结，因而使得竞争在我国经济社会条件中缺乏文化支撑，加之，我国古代重农抑商思想，商人富而不贵，使得竞争未能得到充分发展同时也未能催生出竞争及其文化。中华人民共和国成立后，我国建立起了“统合统分”的计划经济体制，其理论前提是“权力万能论”，这实际是典型的人治经济。人治束缚甚至抑制经济自由，因而竞争难以生成，更无立足空间。改革开放后，三十多年的经济建设曲折历程宣告计划经济破产，代之而起的是一种新型的经济运行体制——市场经济，竞争开始进入我国经济生活之中并为民众日益期待。但计划经济条件下的人治惯性依然，显得与市场经济体制格格不入。经济领域中的人治，使得权力进入了市场流通领域并成为交易对象，导致公平有序的竞争环境发生倾斜，以权力为依托的市场垄断、欺诈等危害竞争行为或现象络绎不绝。这本是反垄断法发挥作用的绝佳时期，但因政府喜于父爱式的关怀、习惯于行政干预和指挥，且短期内难以有效地形成有益市场机制运行的竞争文化，反垄断法在经济生活中未能发挥预期作用。这不仅妨碍竞争机制的有序运行，亦不利于反垄断司法解释的操作。

反垄断司法解释是现代市场经济国家实施反垄断法、确保市场竞争公平合理的逻辑保障，直接关涉反垄断法实施的效果。但因我国当前仍处于

---

① 徐士英等：《竞争法新论》，北京大学出版社，2006，第 288 页。

② 〔日〕伊从宽：《竞争文化和竞争法的目标》，赵斌译，载漆多俊主编《经济法论丛》（第 10 卷），中国方正出版社，2005，第 2 页。

转型期，市场经济体制不健全、法治发育程度不高以及竞争文化缺失等因素的制约，不仅影响了反垄断司法解释的质量和效果，更影响甚至阻遏了市场经济体制的完善和发展。

（二）反垄断司法解释的困境

反垄断司法解释是现代法治国家通过司法实践规制垄断行为的必然逻辑，但因各国文本生成和运行的环境不同，而必然要求法院在各自场域之下对其予以合理解释和适用。我国反垄断司法解释同样须置于我国特色的市场经济建设语境之中，但囿于当前场域特质，我国反垄断司法解释面临诸多挑战和困境。

1. 场景缺位

市场经济条件下，各国反垄断法文本虽具共通性，但具体到特定国家来说则因具体实施环境不同而促使措辞相同的文本规范承载着不同法律意义。反垄断司法解释是为了发掘出蕴含在反垄断规范之内的价值和意义、解决反垄断审判中具体应用法律的问题，但反垄断问题又因各国场景不同而表现不同，因而特定场景的理解和把握攸关反垄断司法解释妥当与否。我国当前无论政治或经济皆处于转型之中，《反垄断法》文本与市场垄断规制需求相脱离，需要法院通过解释来弥合。法院通过事先制定事无巨细的普遍性规范，以场景假想或移植为依托试图穷尽我国反垄断审判中所有可能遇到的问题或矛盾，即将域外反垄断司法中所遇问题或矛盾假借为我国反垄断司法解释的场景，以期消解审判中可能遭遇的反垄断疑难杂症。这种问题预设性的解释思维本无可厚非，却忽视了我国反垄断司法须解决的是“中国”市场经济运行中的垄断案件或纠纷。因现实场景的缺位，法院基于自身解决问题的逻辑需要而对《反垄断法》作先验性的解释，难免使反垄断司法解释异化。就最高法院出台的《关于审理因垄断行为引发的民事纠纷案件应用法律若干问题的规定》（以下简称《反垄断民事司法解释》）[①] 来看，我国反垄断司法解释呈现出虚化和泛化的倾向。该司法解释虽然仅适用于因垄断行为引起的民事纠纷，但如何认定“垄断行为”，

① 最高人民法院依据《反垄断法》第50条规定于2012年5月出台了《反垄断民事司法解释》，共16条，涵盖适用范围、原告资格、管辖、举证责任分配、垄断民事纠纷案与反垄断行政执法的关系、归责原则、赔偿责任、诉讼时效等内容。

则无论对反垄断民事诉讼还是反垄断行政诉讼甚至刑事诉讼来说，都是不容忽视的课题。然而，这在国外不是个问题但在中国却是个现实的问题，因为《反垄断法》第3条规定了“垄断行为”的类型，而第8条所规制的“行政垄断”该如何定性，则涉及第50条与第3条、第8条之间的关系以及该解释的适用范围等问题，但这并没有得到明确和厘定。此外，该解释仅从操作程序角度明确了该如何提起反垄断民事诉讼但并未就《反垄断法》本身不明确的地方予以解释，其原初目的在于解释但实际并未发挥解释的功能或达到解释的目的，因而充其量仅为反垄断民事诉讼操作手册。因此，若使反垄断司法解释在我国发挥积极作用，亟须对我国反垄断司法场景进行再审视，力求《反垄断法》与垄断规制现实相连接、接地气。

2. 目标错位

解释对于反垄断法实施来说是必经的逻辑前提，旨在通过明确反垄断法文本规范的内涵而实现反垄断法所承载的目标。反垄断法目标是贯穿于整个反垄断法文本规范的指导思想、原则和精神，是反垄断法的灵魂，因而反垄断法目标关涉反垄断司法解释的恰当与否。但反垄断法目标究竟是什么，曾有一元论与多元论之争。持一元论的芝加哥学派认为，反垄断法的唯一目标就是经济效率的最大化。波斯纳甚至指出：“今天几乎所有从事涉及反托拉斯职业的人——不管是诉讼当事人、法官、学者还是有见识的观察家——都不仅赞同反托拉斯法的唯一目标应当是促进经济福利，而且对判断具体的商业活动是否与这一目标相一致所运用的经济理论的基本原则也存在共识。”① 而持多元论的哈佛学派则指称，一元论是一小撮摇唇鼓舌者对反托拉斯法的误导，没有新鲜玩意，只会损害反托拉斯法的灵魂。② 反垄断法目标是多元的，除了经济方面的目标和愿望，还有政治和社会目标，即通过反垄断法保护竞争，从而“产生最经济的资源配置、最低的价格、最高的质量和最大的物质进步，同时创造一个有助于维护我们

① 〔美〕理查德·A. 波斯纳：《反托拉斯法》，孙秋宁译，中国政法大学出版社，2003，第4页。

② 参见 Louis Kaplow, Antitrust, Law & Economics, and the Courts, 50 Law and Contemporary Problems, 1987 (4), pp. 181 – 216; Eleanor M. Fox, The Battle for the Soul of Antitrust, California Law Review, 1987 (3), pp. 917 – 923。

民主的政治和社会制度的环境。”① 事实上，不管是一元还是多元，反垄断法都强调要保护竞争，即反垄断仅是工具而非目的，反垄断司法解释必然也必须受这一目标制约和指导。但具体操作中，易将反垄断司法解释目标与反垄断法目标混为一谈，以反垄断法目标代替反垄断司法解释目标。如《反垄断民事司法解释》实际未能明确其解释目标，尽管该解释第 1 条明确了其目标，但就其解释内容来说已经背叛了这一目标，即发生了解释内容与解释目标的错位，该解释蜕变为方便法院操作反垄断民事诉讼的手册，而实际未能向当事人明确《反垄断法》中有待明确的规范内涵和法律意义。因此，若对《反垄断法》再作司法解释时，应在践行反垄断法目标的基础上发现和明确法律规范的意义，杜绝因目标错位而导致的解释低效甚至资源浪费。

3. 解释权越位

根据我国《反垄断法》制度架构来看，法院管辖的反垄断案件类型有：（1）依据该法第 50 条规定提起的反垄断民事诉讼；（2）依据该法第 53 条规定提起的反垄断行政诉讼；（3）依据该法第 8 条和第 5 章以及相关行政法律法规针对行政机关或授权组织的滥用行政权力排除限制竞争行为提起行政诉讼。由于《反垄断法》中上述有关规定不仅简约而且抽象，虽提供诉讼机会但缺乏具体制度支撑，因而既不利于当事人提起诉讼，也不利于法院依法合理裁判。因此，法院对《反垄断法》作司法解释便有了制度空间，以便为当事人诉讼提供明确的规范依据，同时也为自身裁判案件提供公开透明的标准。这在一定程度上能够明确反垄断法规范的内涵和意义、缓解或消除文本与事实间的紧张状态，却使法院僭越了其法治意义上的职能同时也侵蚀了立法权、解释权与司法权分离并制衡的原理。严格来说，这不是“解释”，因为解释的实质是使法律规范所蕴含的法律意义呈现，而法院的“解释”活动实际在创制或试图创制新规则，演变成法院“立法式”的解释活动。如《反垄断民事司法解释》在力图构建我国反垄断民事诉讼框架的同时在适用范围、原告资格、管辖、举证责任分配、归责原则等方面对当事人的权利义务进行型塑，且不说其解释质量如何，单从解释学理论和司法解释权限角度来说便有越权解释之嫌，在很大程度上

① M. C. Howard, Antitrust and Trade Regulation, New Jersey 1983, p. 1.

代替了立法机关的立法职能。这些解释规范形式上体现为反垄断司法解释而实质上则为反垄断立法，从而导致法院集立法、解释与司法等职能于一身，显然与现代国家法治精神、权力制衡理念相悖，更导致法院反垄断权力扩张和滥用、当事人救济无门或无效。因此，为了有效实施《反垄断法》、提供反垄断司法解释质量，亟须对现行解释体制、法院司法解释机制进行改革完善。

法律解释是在特定场域下发生和形成的，受制于该场域中的各类因素。为合理裁判反垄断案件或纠纷，法院通过司法解释而弥合、消解我国《反垄断法》文本与反垄断司法实践间的规范矛盾，发现并发掘蕴含在《反垄断法》文本中的法律意义和价值追求，但当前所处的解释场域影响甚至制约了反垄断司法解释的合理生成及其质量，因而应从学理上尤其是解释学角度对当前反垄断司法解释所遇瓶颈进行厘清，并在把握反垄断法精髓的基础上推进反垄断司法解释的优化。

三　反垄断司法解释的优化：维度与路径

现行法律解释体制下反垄断司法解释更多的是从宏观层面抽象地展开的，且因特定场景的限制而使其呈现为“立法式”的解释活动，不仅未能有效地明确和把握《反垄断法》文本中的意义，而且有悖现代法治国精神，从而影响反垄断司法实践的效果——既不利于解决反垄断案件或纠纷，维护当事人合法权益；也不利于矫正和维护市场竞争行为，提高经济效率。按我国目前司法惯性和逻辑，司法解释在我国法治生活中仍将持续发挥作用，因而须重视和优化我国反垄断司法解释。

1. 解释场景的中国元素

反垄断是我国市场经济运行中维护市场竞争的重要手段，司法解释是法院审理反垄断案件的逻辑基础和关键环节。市场经济运行中不可避免地会遇到形式多变的垄断行为，但由于我国既无法治传统也缺乏竞争文化，因而在反垄断立法中当然地借鉴了欧美等市场经济国家相关制度与经验，并形成具有通识性的反垄断法文本。因反垄断文本规范与垄断行为规制的实际之间存在紧张关系，故《反垄断法》颁布实施甫始最为重要的法治工作便是尽快有序消解这种紧张状态，使反垄断法更能契合我国市场运行的需要、更为有机地融入我国日常经济生活之中。这就要求“纸张上的法律或许可以是外国的法律，但法的实践注定只能是中国的实践”。[①] 研究反垄断中国问题或者运用反垄断法预防和制止中国市场经济运行中的垄断问题成为中国反垄断法实施的初衷之所在，但其前提是如何正确地对待和解释文本形式的反垄断法规范。作为文本的《反垄断法》与他国反垄断法并无太大或实质性差异，但其所赖以运行的市场经济环境、国家制度、传统文化以及主流思想等方面的不同着实客观存在，如何使具有普遍性或国际性的反垄断法文本在中国落地生根并成长则成为其实施中不可逾越的课题。因此，需从我国市场经济建设进程出发综合考量各类因素，针对我国当前既有反垄断司法解释实践进行拾遗补缺。

2. 解释目标的逻辑诉求

解释的目的在于把不清楚的东西说清楚，法律需要解释的最直接原因在于：法律是一种抽象的规则体系。“反垄断法作为维护社会主义市场经济秩序和市场竞争秩序的基本法律制度，是我国经济体制改革的产物；另一方面，反垄断法作为维护市场机制和竞争机制不可或缺的法律制度，它的颁布和执行也有利于深化我国的经济体制改革和推动政治体制改革。”[②] 反垄断法的效用是直接的亦是工具性的，但若能发挥反垄断法的工具性作用，需要的却不仅仅是文本形式的反垄断法规范，更需要良好的法治机制和环境——宪制民主下产权保护制度、契约自由制度以及中立的司法体系。反垄断法就是依据健全的法治机制来预防和制止垄断、保护市场竞争，而不应过度地赋予反垄断法利益保护承载，否则其保护竞争的使命将被冲淡甚至抹杀，从而影响反垄断法规范的理解、解释和实施。事实上，当前我国市场中的竞争问题或所谓的垄断绝非仅由反垄断法所能为，这是反垄断司法解释思维须予以转变的现实要求，即法院须合理地对待反垄断法——既不要过高地估计反垄断法的作用，也不要轻视或者忽略反垄断法的功能。客观对待反垄断法是法院合理解释《反垄断法》的理性前提，因为中国实施反垄断法的真正场景尚未筹备好，法律实施的体制和机制尚有待进一步理顺。反垄断司法解释思维亦必须实事

① 江伟：《民事诉讼法学的发展》，《法学家》1998 年第 1 期。

② 王晓晔：《反垄断法与我国经济体制改革》，《东方法学》2009 年第 3 期。

求是地予以转型——减缩并逐渐杜绝法院以解释代立法的解释权范畴，将反垄断司法解释还原为法院在具体应用《反垄断法》过程中就个案对《反垄断法》所作的解释，即反垄断司法解释应由宏大抽象转为具体实用，便于《反垄断法》的有效实施。这要求法院应清楚解释目标是在遵循立法初衷的基础上对规范内容作解释，而非以解释代替立法或曰以解释之名行立法之实。

3. 解释权的法治规制

运作良好的经济需要运作良好的法治国制度，法治国保障经济自由，并且通过法律媒介或者说法律的统治来控制经济行政法。“没有法律，也就没有自由”。[①]《反垄断法》的出台标志着我国配置资源的方式已基本上从政府的行政命令转变为市场机制，我国的经济制度已基本上从计划经济变为市场经济。但我国渐进式改革进程，在很长的一段时间里主要表现为经济转型，而非法治建设。纵然有了《反垄断法》文本亦并不意味着可以解决市场运行中的垄断问题，相反，因为文本规范与市场垄断之间客观存在的距离更需通过解释来解决市场垄断问题。但解释不应超越既有文本，文本构成了对解释者理解过程的约束，否则无视这种约束就是对法治的反叛，因而需通过树立法治国理念来完善和约束我国反垄断司法解释，即反垄断司法解释应保持对《反垄断法》的谦抑性。同时，反垄断法是合理性、正当性与合法性高度统一，充分讲“理”的法，但在实施中反垄断法更多的是提供问题分析的框架或方法，以便执法机关判断某一行为是否合乎市场经济的要求，而不是为企业、行政执法和法院司法提供泾渭分明的行为规范。反垄断法解释和适用的依据表面上是文本规范而实际上却是市场经济之“理”，即市场经济运行中企业、政府、法院以及整个社会所形成的恰当的市场经济理念。因而，法院亦应尊重市场经济之“理”并将其融入司法解释之中，从维护市场竞争角度对《反垄断法》文本进行合理解释而非基于自身解决问题的逻辑需要进行先验性的解释，更不能成为国家行政权力或政府长官意志的附庸，为政府肆意以反垄断之名干预市场作庇护。

---

① 〔德〕罗尔夫·施托贝尔：《经济宪法与经济行政法》，谢立斌译，商务印书馆，2008，第302页。

4. 解释方法的合理化

由于我国现行法律解释体制的约束和反垄断实践经验的缺乏，我国反垄断司法解释具有浓重的立法色彩，法院习惯于普遍性规范的制定而较少采取规范与案例结合的方式对《反垄断法》进行解释和适用，因而法院在对《反垄断法》进行解释时很大程度上以场景假借、问题预设等方式对解释提出要求或目标。这样的结果是，《反垄断法》条文解释空泛化而难以解决现实中的垄断问题，并陷入一种怪圈——法院认为我国反垄断法制度供给不足，并以此为借口进一步以解释代立法扩张自身解释权能，而事实上这对于反垄断法实施于事无补。因此，随着我国法律体系的建成和反垄断法实施的推进，应进一步优化反垄断司法解释机制、改善我国反垄断法甚至整个法律解释体制。（1）从长远来看，应改变现行法治机制，将以解释权形式体现的立法权归还于立法机关，真正实现立法、执法分离并由司法予以制衡。为此，立法机关的工作重心应由立法转向修法。反垄断法不明确、有待弥补的地方，应通过修正案的方式予以完善，逐渐减少甚至杜绝法院“立法式”的司法解释出现，将反垄断司法解释归位于法院在个案审理中对具体应用《反垄断法》问题的解释。（2）短期内不能或难以改变现行法治机制的情况下，则应对反垄断司法解释机制进行改善。即一方面，优化反垄断司法解释方法，由依赖场景假借向中国问题转变，由规范性解释向个别性解释转变，由操作性程序向实体性规范转变，从而使得法院立足中国市场现实而解释、应用《反垄断法》；另一方面，在反垄断司法实践中导入案例指导制度，即《反垄断法》为主、反垄断案例指导为辅，通过借鉴判例法中的合理做法以弥补“制定法的局限”和“‘政策法’的缺陷”,[①] 使反垄断司法解释更多地“体现司法不同于立法的功能和性质，不断缩小与具体司法裁判过程的距离，尽可能多地针对或联系具体案件的司法裁判来作出解释”。[②]

当前，反垄断司法解释仍将在《反垄断法》实施中发挥不可或缺的作用，短期内不能改变现行解释机制的情形下亟须完善和规范反垄断司法解释方法和机制。通过转变反垄断司法解释思维、明确解释目标和任务并结

---

① 参见刘作翔、徐景和《案例指导制度的理论基础》，《法学研究》2006 年第 3 期，第 17—19 页。

② 张志铭：《法律解释操作分析》，中国政法大学出版社，1999，第 259 页。

合我国市场运行中垄断案件的特质，及时总结反垄断司法实践中的经验与教训，不断探寻反垄断司法解释的妥当性和自洽性，进而优化反垄断司法解释，使《反垄断法》得以有效实施。

结语　对反垄断司法解释的一种态度

反垄断司法解释是反垄断法实施的重要组成部分亦是必不可少的环节，旨在解决反垄断司法实践中具体应用法律的问题，以弥合反垄断审判中文本规范供给与规制垄断法治需求之间的距离。由于我国司法解释甚至法律解释通常是法院基于自身解决问题的逻辑需要而作出的规范性解释，具有立法功能而不同于西方法治背景下的个案解释。虽然这种模式下所生成的反垄断司法解释对《反垄断法》实施以及反垄断案件的审理能发挥积极作用，但这种以解释代立法的解释机制有悖现代法治精神、背离现代国家权力制衡理论，更易诱发司法权扩大或滥用、当事人救济无效或无门。与此同时，这种以“规范对规范”式的解释并没有达到司法解释的目的或初衷，如《反垄断民事司法解释》并未明确反垄断审判中有关垄断行为、条文规范间逻辑关系等模糊或不确定的内容和发现法律意义，导致反垄断规范在立法、行政、司法等多个权力机关出现甚至由此引发规范冲突等现实问题。既然如此的反垄断司法解释不仅没能有效解决文本模糊、发现法律意义等问题反而诱发新的问题，那么应对当前的反垄断司法解释机制进行反思，在积极引导国家立法机关工作重心由立法为主转向修法为主的同时，合理规范反垄断司法解释并逐渐减缩其规范性的“立法式”解释，将反垄断司法解释复归于个案审判之中。这是对反垄断司法解释的一种态度，也是一种期待，期待在权力制衡、当事人权利有救济的情况下，通过个案解释确保反垄断法的体系性、整体性和逻辑一致性，从而实现反垄断法的有效实施并维护市场竞争。

（本文原载于《环球法律评论》2013 年第 4 期）

反不正当竞争法一般条款司法适用模式

吴　峻[*]

我国反不正当竞争法除在第 2 章对 11 项不正当竞争行为予以列举之外，还在第 2 条确定了市场交易行为须遵循的原则，并对“不正当竞争”予以概括界定。① 对于第 2 条可否作为一般条款适用，学者著述甚多，并无共识。② 甚至对于一般条款的具体表现形式的认识也不尽相同。邵建东结合国外立法实践及国内司法实践，认为一般条款表现为第 2 条，其与反不正当竞争法第 20 条法律责任条款相结合，构成一般条款的规范体系。③ 而郑友德、王先林等学者则认为第 2 条第 1 款是价值宣示条款，属“准一般条款”，第 2 款仅仅是定义条款，责任要件缺乏，均非严格意义上的一般条款，仅能通过修法方能使之得以体现。④

---

* 吴峻，男，1973 年生，宁夏中宁人，现为中国社会科学院法学研究所网络与信息法研究室副研究员，研究方向为经济法。

① 反不正当竞争法第 2 条第 1 款规定：“经营者在市场交易中，应当遵循自愿、平等、公平、诚实信用的原则，遵守公认的商业道德。”第 2 款规定：“本法所称的不正当竞争，是指经营者违反本法规定，损害其他经营者的合法权益，扰乱社会经济秩序的行为。”

② 我国学界存在“法定主义说”、“一般条款说”和“有限一般条款说”三种理论。对于这三种理论的综述和评论，请参见邵建东《我国反不正当竞争法中的一般条款及其在司法实践中的适用》，《南京大学法律评论》2003 年春季号，第 199 页。

③ 参见邵建东《我国反不正当竞争法中的一般条款及其在司法实践中的适用》，《南京大学法律评论》2003 年春季号，第 199 页以下。

④ 参见郑友德、范长军《反不正当竞争法一般条款具体化研究——兼论〈中华人民共和国反不正当竞争法〉的完善》，《法商研究》2005 年第 5 期，第 131 页；郑友德、伍春燕《我国反不正当竞争法修订十问》，《法学》2009 年第 1 期，第 62 页；王先林《论反不正当竞争法调整范围的扩展——我国〈反不正当竞争法〉第 2 条的完善》，《中国社会科学院研究生院学报》2010 年第 6 期，第 70 页以下。

其实第2条作为一般条款的表现形式，具备坚实的现实逻辑基础。学界普遍认为：诚信原则和公认的商业道德是一般条款的核心。第2条第1款确立了“诚实信用”及“公认的商业道德”等原则，第2款对“不正当竞争”予以概括界定，从而确立了正当竞争的基本要求，构建了可以操作的规范结构，使得第2条能够成为解决现实问题的法律依据。尤其是第2条第1款规定的“诚实信用”原则，在反不正当竞争法实施前就不乏司法应用事例。[①] 这样，适用具有一定开放性的第2条，将之作为一般条款解决相关问题，必然成为司法机关的务实选择。

一般条款并非允许法官在判决中自由发挥的空白授权。在法律的灵活性与可预见性之间，须维持一定的平衡。唯此，一般条款的适用才能满足反不正当竞争法的体系化要求。我国司法机关已经积累了一定的一般条款适用经验，[②] 但由于缺乏确定的适用模式，在单独适用第2条时，法院对适用路径举棋不定，无助于实现法律的确定性。因此，承认第2条的一般条款地位，并通过总结司法审判经验，确定一般条款的司法适用模式，将为中国反不正当竞争法的发展提供坚实的司法实践基础。

一　一般条款的司法适用

在反不正当竞争法相关裁判中，涉及第2条的司法判决及裁定比例可观。[③] 最高人民法院先后以公告的形式公布了14件与第2条适用密切相关

---

① 在反不正当竞争法出台之前，我国司法机关就曾尝试采用民法原则裁决不正当竞争纠纷案。在莒县酒厂诉文登酿酒厂不正当竞争纠纷案中，山东高院在判决中明确表示：使用注册商标范围之外的装潢及特定名称，造成消费者误认误购，同时又采取压价销售等竞争方式的，与民法通则第4条、第5条及第7条的规定不符，违反了诚信原则，侵犯了他人合法民事权益，损害了公共利益，扰乱了社会经济秩序，是不正当竞争。参见《最高人民法院公报》1990年第3期。（除非特别注明，本文所引案例文本均来自北大法宝。）

② 孔祥俊：《反不正当竞争法的司法创新和发展——为〈反不正当竞争法〉施行20周年而作》（上），《知识产权》2013年第11期，第3页以下；孔祥俊：《反不正当竞争法的司法创新和发展——为〈反不正当竞争法〉施行20周年而作》（下），《知识产权》2013年第12期，第3页以下。

③ 在谢晓尧统计的904件不正当竞争案例中，援引第2条的有323件，占比35.7%。参见谢晓尧《在经验与制度之间：不正当竞争司法案例类型化研究》，法律出版社，2010，第89页。另外，截至2016年3月7日，在北大法宝收录的适用反不正当竞争法的约4777件案例中，与第2条相关的案例约1780件，占比约37.2%。

的案例，而同期最高人民法院有关反不正当竞争行为的公报案例共计40件。[①] 本文抽取最高人民法院裁判或公告的38件适用第2条的案例进行总结分析，厘清一般条款司法适用的现状，为最终确立一般条款的司法适用模式提供实践依据。至于行政机关是否也有权将第2条作为一般条款适用，由于涉及立法政策选择，本文不予涉及。

（一）一般条款辅助适用的司法实践

所谓辅助适用，字面而言，系指第2条仅在适用具体法律条款时起辅助作用，即针对“本法”规定的不正当竞争行为。依据第2章认定相关行为是否“正当”时，一般也援引第2条。在笔者选择的38件裁判中，共有16件裁判属于这种情形。

1. 辅助适用第5条的司法裁判

第2条辅助适用第5条的情形比较常见，共有12件，其中2件裁判还同时适用了第9条和第14条。这是因为，第5条的“擅自”、“假冒”及“伪造”等措辞在很大程度上是一种主观状态的描述，须在实践中予以判定。

案例表明，司法机关对此有两种选择：一种是，根据事实判定行为人是否有主观恶意，从而构成“擅自”、“假冒”及“伪造”；另一种是，借助一定法律标准确定行为人是否构成“擅自”、“假冒”及“伪造”，而这一标准就是第2条第1款确定的诚信原则。实践中，第2条第2款及第3款[②]实际上对反不正当竞争法第1条[③]的立法目的所涉及的元素进行了进一步解释。这样，适用第2条就不可避免地涉及第1条的规定。在很多情形下，第1条和第2条都是捆绑适用。

在同时适用第9条和第14条的2件裁判中，两审法院对第2条适用的态度截然不同。其中，在古洞春公司诉怡清源公司等不正当竞争纠纷案（下称“古洞春案”）中，[④] 一审判决提及了第2条，却没有论证，终审判

① 根据北大法宝联想功能，以截至2016年3月7日的数据为基础进行上述统计。

② 反不正当竞争法第2条第3款规定：“本法所称的经营者，是指从事商品经营或者营利性服务（以下所称商品包括服务）的法人、其他经济组织和个人。”

③ 反不正当竞争法第1条规定：“为保障社会主义市场经济健康发展，鼓励和保护公平竞争，制止不正当竞争行为，保护经营者和消费者的合法权益，制定本法。”

④ 参见湖南省高级人民法院〔2004〕湘高法民三终字第82号民事判决书，《最高人民法院公报》2006年第9期。

决则对此略而不表。而在香港8分钟国际洗涤集团有限公司与中化四平联合化工总厂等不正当竞争纠纷上诉案（下称“8分钟国际案”）中，[①] 一审法院仅在判决中提及第2条，而最高人民法院虽然在判决中提出经营者应遵守诚实信用原则及公认的商业道德，不得不正当损害竞争对手的商业信誉，但没有明确适用第2条。其他10件裁判中，有5项终审裁判在论证或裁判依据中提到了第2条或者对一、二审法院的法律适用予以肯定。[②] 另外5项终审裁判并没有像一、二审法院那样倚重第2条，对之未有提及：其中有2项终审裁判在论证过程中根本没有述及主观恶意或违反诚信原则，[③] 有1项终审裁判认为不适用第2条，[④] 另外2项终审裁判在论述过程中方才提及不正当竞争行为人违反诚信原则的情形。[⑤] 这12件裁判体现出一个很有意思的趋向：地方法院倾向于通过适用第2条来说明违反第5条的过错，而最高人民法院在第5条有具体规定时，并不强调行为人违反第2条，至多认定不正当竞争行为人的故意及其对诚信原则的违反，态度十分谨慎。

2. 辅助适用第9条的司法裁判

第9条主要针对竞争过程中的虚假宣传。第9条所描述情形中，虚假表述也许不会像第5条规定的行为那样直接损害其他经营者的权益，却会

---

① 参见最高人民法院〔1999〕知终字第13号民事判决书。

② 参见天津市小拇指汽车维修服务有限公司与杭州小拇指汽车维修科技股份有限公司等侵害商标权及不正当竞争纠纷再审案，最高人民法院〔2013〕民申字第723号民事裁定书；中国药科大学诉福瑞科技公司不正当竞争纠纷案，江苏省高级人民法院〔2005〕苏民三终字第020号民事决定书，《最高人民法院公报》2005年第6期；广东伟雄集团有限公司等与佛山市顺德区正野电器有限公司等侵犯商标专用权及不正当竞争纠纷案，最高人民法院〔2005〕民三监字第15—1号民事裁定书；广东伟雄集团有限公司等诉佛山市顺德区正野电器有限公司等不正当竞争纠纷再审案，最高人民法院〔2008〕民提字第36号民事判决书；申请再审人广东星群食品饮料有限公司与被申请人广州星群（药业）股份有限公司等不正当竞争纠纷案，最高人民法院〔2008〕民申字第982号民事裁定书。

③ 参见意大利费列罗公司与蒙特莎（张家港）食品有限公司、天津经济技术开发区正元行销有限公司不正当竞争纠纷案，最高人民法院〔2006〕民三提字第3号民事判决书；湖北襄樊三九酿酒厂与四川江口醇酒业（集团）有限公司仿冒知名商品特有名称、包装、装潢纠纷再审案，最高人民法院〔2008〕民申字第1084号民事裁定书。

④ 参见上海艺想文化用品有限公司与上海帕弗洛文化用品有限公司擅自使用知名商品特有名称、包装、装潢纠纷再审案，最高人民法院〔2011〕民申字第623号民事裁定书。

⑤ 参见吉林省抚松制药厂等诉天津市中央制药厂等仿冒知名商品包装装潢不正当竞争纠纷案，最高人民法院〔1996〕经终字第264号民事判决书；北京谷歌科技有限公司与谷歌信息技术（中国）有限公司侵犯商标权及不正当竞争纠纷再审案，最高人民法院〔2011〕民监字第57号民事裁定书。

对消费者产生误导，使行为方间接取得不当竞争优势。

在笔者选取的案例中，第 2 条辅助适用第 9 条的案例有 3 件，其中 2 件还同时适用了第 5 条和第 14 条。在古洞春案中，上诉人援引第 9 条主张竞争对手使用有关茶叶品种名称进行了虚假宣传，但该诉求被终审法院驳回。在 8 分钟国际案中，最高人民法院认为，被上诉人的广告宣传构成虚假宣传的不正当竞争行为，违反诚信原则和公认的商业道德。在“普恩复”虚假宣传不正当竞争案中，① 最高人民法院认为，青岛双龙公司对其产品的虚假宣传损害了竞争对手的权益，违反了诚信原则。

形式而言，虽然虚假宣传易于判断，但司法机关一般还是借助第 2 条的诚信原则等来说明虚假宣传的主观过错。

3. 辅助适用其他条文的司法裁判

第 8 条强调行为人“暗中”给予回扣及贿赂，第 10 条强调“以盗窃、利诱、胁迫或者其他不正当手段获取”商业秘密或违约要件，而第 14 条针对行为人“捏造、散布虚伪事实”进行商业诋毁的行为。这些主观状态描述用语并不十分明确，因此，在实践中，司法机关常常借助第 2 条来证明这些主观状态要件，以适用具体行为条款。

辅助适用第 8 条（1 件）、第 10 条（1 件）及第 14 条（3 件，其中 2 件还同时适用了第 5 条及第 9 条）的 5 件案例都强调行为人的主观状态。3 件案例中，虽然终审判决并没有直接引用第 2 条，但都论述了第 2 条所规定的诚信原则及其他注意义务。② 在北京中锐文化传播有限责任公司诉北京零点市场调查与分析公司不正当竞争纠纷案中，③ 北京二中院在适用第 10 条的同时，借助第 2 条判定行为人的主观状态。在成都恩威集团公司诉成都泉源堂制药有限公司等侵犯技术成果权、注册商标专用权、名誉权纠纷案中，④

---

① 参见最高人民法院〔1997〕知终字第 4 号民事判决书。

② 参见最高人民法院〔2007〕民三终字第 1 号民事判决书；古洞春公司诉怡清源公司等不正当竞争纠纷案，湖南省高级人民法院〔2004〕湘高法民三终字第 82 号民事判决书，《最高人民法院公报》2006 年第 9 期；香港 8 分钟国际洗涤集团有限公司与中化四平联合化工总厂等不正当竞争纠纷上诉案，最高人民法院〔1999〕知终字第 13 号民事判决书。

③ 参见北京中锐文化传播有限责任公司诉北京零点市场调查与分析公司不正当竞争纠纷案，北京市第二中级人民法院〔1998〕二中知初字第 86 号民事判决书，《最高人民法院公报》1999 年第 3 期。

④ 参见成都恩威集团公司诉成都泉源堂制药有限公司等侵犯技术成果权、注册商标专用权、名誉权纠纷案，最高人民法院〔1996〕经终字第 96 号民事判决书。

对于原审法院在适用第5条第2项的同时适用第2条的判决，最高人民法院予以维持，但原审判决中并没有对适用第2条展开论述。

综上，仅从逻辑而言，反不正当竞争法具体行为条款所禁止的不正当竞争行为都会违反第2条的规定；而在具体行为条款有规定时，如当事人仅仅违反第2条的规定，并不一定是不正当竞争行为。违反第2条规定构成不正当竞争行为的必要条件，而非充分条件。而在司法实践中，第2条仅仅是解释其他具体行为条款的工具，作用并不突出。

（二）以商标法等知识产权法为基础适用第2条的司法实践

反不正当竞争法虽然脱胎于侵权法，但由于国际条约规定的缘由，其也被视为知识产权法的一部分。[①] 实践中，商标侵权或其他知识产权侵权也成为不正当竞争诉讼的重要理由或引发事件。在上述38件案例中，因商标侵权或其他知识产权侵权而引发的反不正当竞争纠纷有14件。

这14件案例中，有10件案例的裁判认为，商标侵权、损害商标权益或损害其他民事权利的情形适用第2条。[②] 其中，在尚杜·拉菲特罗兹施

---

① 参见孔祥俊《反不正当竞争法的司法创新和发展——为〈反不正当竞争法〉施行20周年而作》（下），《知识产权》2013年第12期，第13页。

② 参见苏州捷英特管道技术有限公司与斯特劳勃管道接头有限公司侵害商标专用权及不正当竞争纠纷再审案，最高人民法院〔2013〕民申字第365号民事裁定书；福建南安米菲体育用品有限公司与梅西斯有限公司（Mercis B. V.）不正当竞争纠纷再审案，最高人民法院〔2013〕民申字第20号最高法院民事裁定书；徐协俊与杨永志不正当竞争纠纷再审案，最高人民法院〔2012〕民申字第1026号民事裁定书；申请再审人江苏迈安德食品机械有限公司与被申请人江苏牧羊集团有限公司侵害注册商标专用权、不正当竞争纠纷案，最高人民法院〔2012〕民提字第61号最高人民法院民事判决书；佛山市全友卫浴有限公司诉全友家私有限公司等侵害商标权及不正当竞争纠纷案，最高人民法院〔2014〕民三终字第1号民事判决书；尚杜·拉菲特罗兹施德民用公司诉深圳市金鸿德贸易有限公司等侵犯商标专用权、不正当竞争纠纷案，湖南省高级人民法院〔2011〕湘高法民三终字第55号民事判决书，《最高人民法院公报》2012年第7期；南京雪中彩影公司诉上海雪中彩影公司及其分公司商标侵权、不正当竞争纠纷案，江苏省南京市中级人民法院〔2004〕宁民三初字第312号民事判决书，《最高人民法院公报》2006年第5期；湖南王跃文诉河北王跃文等侵犯著作权、不正当竞争纠纷案，湖南省长沙市中级人民法院〔2004〕长中民三初字第221号民事判决书，《最高人民法院公报》2005年第10期；美国杜邦公司诉北京国网信息有限责任公司计算机网络域名纠纷案，北京市高级人民法院〔2001〕高知终字第47号，《最高人民法院公报》2002年第3期；北京趣拿信息技术有限公司与广州市到哪信息技术有限公司不正当竞争纠纷申请案，最高人民法院〔2014〕民申字第1414号民事裁定书。

德民用公司诉深圳市金鸿德贸易有限公司等侵犯商标专用权、不正当竞争纠纷案及佛山市全友卫浴有限公司诉全友家私有限公司等侵害商标权及不正当竞争纠纷案中，终审法院认为，行为人侵犯权利人商标使用权，且侵权人商品和被侵权人商品属于相同或相近，还应适用反不正当竞争法第5条。

但是，在北京大宝化妆品有限公司与北京市大宝日用化学制品厂、深圳市碧桂园化工有限公司侵害商标权及不正当竞争纠纷提审案中，[①] 最高人民法院认为："鉴于侵害注册商标专用权的行为从结果上看也属于不正当竞争，因而在涉及同一行为时，如已经认定……侵害……注册商标专用权，且能够涵盖不正当竞争行为，可不再单独考虑不正当竞争问题。"据此，商标侵权行为可以被视为对不正当竞争行为的吸收。这与上述10件案例的结论隐约形成对立态势。

在其他3件案例中，终审法院并不认为存在商标侵权，认定行为并无不正当。[②]

通过对以上14件案例的总体分析，可以得出如下结论：首先，商标侵权具有不正当竞争的后果；其次，无侵权，则无不正当竞争；最后，同时主张商标侵权和不正当竞争的，前一种主张自然吸收后一种主张，从而可以不再考虑不正当竞争的诉求。值得注意的是，在商标侵权事实认定的基础上适用法律时，法院的论述并未局限于知识产权法律及反不正当竞争法，有时还直接援引民法通则的一般规定，体现了司法机关扩张适用第2条的倾向。而司法机关基于第2条的裁判，保护了权利人的权益，为商标

① 参见北京大宝化妆品有限公司与北京市大宝日用化学制品厂、深圳市碧桂园化工有限公司侵害商标权及不正当竞争纠纷提审案，最高人民法院〔2012〕民提字第166号民事判决书。

② 参见申请再审人福建省白沙消防工贸有限公司与被申请人南安市白沙消防设备有限公司侵犯企业名称（商号）权及不正当竞争纠纷案，最高人民法院〔2012〕民申字第14号民事裁定书；辉瑞有限公司等诉上海东方制药有限公司破产清算组等不正当竞争、侵犯未注册驰名商标权纠纷申请再审案，最高人民法院〔2009〕民申字第313号民事裁定书；山东鲁锦实业有限公司诉鄄城县鲁锦工艺品有限责任公司等侵犯注册商标专用权及不正当竞争纠纷案，山东省高级人民法院〔2009〕鲁民三终字第34号民事判决书，《最高人民法院公报》2010年第1期。

法等法律的修改进行了一定的“司法准备”,[①] 成为一般条款具体化的另一种方式。

(三) 独立适用第2条的司法实践

1. 独立适用第2条的尝试

笔者选取的38件裁判中，虽然有3件裁判系当事人基于具体行为条款或商标法相关规定提起诉讼，但最高人民法院仍独立适用第2条作出裁判。在山东临沂工业品总公司等与李雪源、山东临沂新大陆经贸有限公司不正当竞争纠纷上诉案（下称“李雪源案”）中,[②] 最高人民法院驳回了要求被上诉人承担商业诋毁责任的上诉，却援引第2条对被上诉人截留合同的不正当竞争责任予以认定。在上海狮头染料有限公司与上海染料研究所有限公司不正当竞争纠纷案（下称“狮头染料案”）中,[③] 面对商标文字部分被用作企业名称的问题，一审法院直接适用第2条，判定狮头公司违反了公平、诚信原则及公认的商业道德，并得到了二审法院及最高人民法院的支持。同样，在申请再审人张釻、张宏岳、北京泥人张艺术开发有限责任公司与被申请人张铁成、北京泥人张博古陶艺厂等不正当竞争纠纷案（下称“泥人张案”）中,[④] 最高人民法院否定了北京高院在第2条之外援引第5条第2项的做法，直接适用第2条，认定被申请人使用“北京泥人张”的行为构成不正当竞争。

这3个案例的终审判决虽然是独立适用第2条，但责任确立的前提都是权益受到损害。无论是李雪源案的“截留合同”还是狮头染料案和泥人张案的“损害……合法权益”，都遵循这样一个模式：存在合法“权益”，权益“受到损害”，适用第2条，证明该等行为违反了公平、诚信原则及公认的商业道德，具有主观恶意——构成不正当竞争，行为人承担民事责

---

① 邵建东认为，商标法中关于反向假冒的条款实际上是第2条相关司法实践的结果。参见邵建东《我国反不正当竞争法中的一般条款及其在司法实践中的适用》，《南京大学法律评论》2003年春季号，第204页。郑友德等学者也不否认这一观点，参见郑友德、范长军《反不正当竞争法一般条款具体化研究——兼论〈中华人民共和国反不正当竞争法〉的完善》，《法商研究》2005年第5期，第133页。

② 参见最高人民法院〔1999〕知终字第17号民事判决书。

③ 参见最高人民法院〔2008〕民申字第878号民事裁定书。

④ 参见最高人民法院〔2010〕民提字第113号民事判决书。

任。就后两个裁判中的“攀附”行为而言，2016 年 2 月 25 日国务院法制办公布的《中华人民共和国反不正当竞争法（修订草案送审稿）》（下称“修订送审稿”）第 5 条针对利用商业标识进行的市场混淆行为，在一定意义上体现了修法过程中对这一类案例类型的具体化尝试，部分满足了一般条款适用模式的立法需求。

2. “海带配额案”确立的三条件

山东省食品进出口公司等诉青岛圣克达诚贸易有限公司等不正当竞争纠纷再审案（下称“海带配额案”）[①] 是里程碑式的案例。最高人民法院通过再审裁定的形式首次确立了第 2 条一般条款的地位，并明确了独立适用第 2 条的严格条件。

首先，最高人民法院首次明确了第 2 条具有一般条款的地位。形式方面，最高人民法院认为，第二章仅列举了“市场上可见的和可以明确预见的一些不正当行为类型”，并非穷尽；现实而言，开放和激烈的市场竞争“必然导致市场竞争行为方式的多样性和可变性，反不正当竞争法……不可能对各种行为方式都作出具体化和预见性的规定”。因此，“在具体案件中……可以根据《反不正当竞争法》第 2 条第 1 款和第 2 款的一般规定对那些不属于《反不正当竞争法》第二章列举规定的市场竞争行为予以调整，以保障市场公平竞争”。

其次，最高人民法院确立了将第 2 条作为一般条款适用的严格条件。自由竞争和公平竞争是市场竞争不可分割的两个方面，司法机关该如何判定激烈的自由竞争行为是否正当？对此，最高人民法院谨慎地寻找着独立适用第 2 条的合法依据。最高人民法院首先承认竞争当然会造成竞争参与方利益的增减。要判定不正当竞争行为，须满足进一步的标准。“只有竞争对手在争夺商业机会时不遵循诚实信用的原则，违反公认的商业道德，通过不正当的手段攫取他人可以合理预期获得的商业机会，才为反不正当竞争法所禁止。”这样，似乎诚信原则及公认的商业道德构成适用第 2 条的重要标准。而“诚实信用原则更多的是以公认的商业道德的形式体现出来的”。“公认的商业道德”既然如此重要，最高人民法院当然会予以详细说明。但是，无论是论述中提及的“经济人”还是“商业伦理”，均属抽

① 参见最高人民法院〔2009〕民申字第 1065 号民事裁定书。

象概念。[①] 因此，最高人民法院确立了独立适用第 2 条的三个具体条件："一是法律对该种竞争行为未作出特别规定；二是其他经营者的合法权益确因该竞争行为而受到了实际损害；三是该种竞争行为因确属违反诚实信用原则和公认的商业道德而具有不正当性或者说可责性。"

最后，落实第 2 条独立适用的三条件时，最高人民法院实际将之分层设级。就马达庆与原公司展开竞争的行为是否正当这一问题，最高人民法院认为："在市场经济环境下，任何人只要不违反法律都可以和其他任何人开展竞争。"其作出认定的核心事实依据是：马达庆与山东食品公司之间并无竞业禁止约定。在此前提下，"劳动力或者说人才的流动也是市场竞争的必然要求和重要方面……'职工跳槽'后与原企业争夺商业机会，可以有效地形成和促进竞争"。因此，马达庆与原雇主之间的竞争符合公认的商业道德，属正当竞争。依此逻辑，如马达庆与原雇主间存在竞业禁止约定，则马达庆违反了约定，其行为属于违约行为；就不正当竞争法而言，属于违反了公认的商业道德。为消除不正当竞争效果，法院必然会支持原雇主竞业禁止的主张，判定马达庆的竞争行为不正当。由此可见，第 2 条独立适用的三条件存在层级关系，即仅在现有法律保护的"合法利益"被"违法""损害"后，"违反诚信原则和公认的商业道德"才有实质意义。对于后者而言，前者是一种事实认定，是后者得以形成法律认定的基础。三条件的重心在于判定是否存在对合法权益构成违法损害的事实。

审结海带配额案之后，最高人民法院于 2011 年公布了山东高院对北京百度网讯科技有限公司诉中国联合网络通信有限公司青岛市分公司等公司不正当竞争纠纷上诉案（下称"百度联通案"）的判决。[②] 百度联通案判决早于最高人民法院海带配额案的再审裁定。该案中，联通利用其网络接

---

① 最高人民法院首先认为它体现的是一种商业伦理，而商业伦理的标准就是"经济人"标准，并非个人品德或社会公德；其次，最高人民法院认为其须为公认。所谓公认，"指特定商业领域普遍认知和接受的行为标准，具有公认性和一般性。即使在同一商业领域，由于是市场交易活动中的道德准则，公认的商业道德也应当是交易参与者共同和普遍认可的行为标准，不能仅从买方或者卖方、企业或者职工的单方立场来判断是否属于公认的商业道德"。参见最高人民法院〔2009〕民申字第 1065 号民事裁定书。

② 参见北京百度网讯科技有限公司诉中国联合网络通信有限公司青岛市分公司、青岛奥商网络技术有限公司、中国联合网络通信有限公司山东省分公司、青岛鹏飞国际航空旅游服务有限公司不正当竞争纠纷上诉案，山东省高级人民法院〔2010〕鲁民三终字第 5—2 号民事判决书，《最高人民法院公报》2010 年第 8 期。

入商的控制地位，在百度搜索页面中链入其他广告，这并非反不正当竞争法具体规定的不正当竞争行为。对此争议，一审法院决定适用第2条，所采用的判定标准与最高人民法院在海带配额案中确立的三条件很接近，二审法院对此也予以认同。可以说，正是地方法院在诸如百度联通案中独立适用第2条的经验，促使最高人民法院在海带配额案裁定中进一步明确了第2条作为一般条款适用的条件，为司法机关独立适用第2条提供了指导方向。

根据海带配额案的再审裁定可以判断，独立适用第2条的关键在于相关行为是否侵害他人经其他法律所保护的合法权益。如果对现有权益不构成违法损害，则很难判定违反诚信原则和公认的商业道德。反之，如果违反其他法律下的义务，侵害他人权益，就违反了诚信原则及公认的商业道德。这在最大程度上保障了法律的确定性，在自由竞争与公平竞争之间实现了良性平衡。

3. “扣扣保镖案”的“正当商业模式”

在“360扣扣保镖”软件商业诋毁纠纷案（北京奇虎科技有限公司等与腾讯科技（深圳）有限公司等不正当竞争纠纷上诉案）（下称“扣扣保镖案”）中，[①] 就“扣扣保镖”屏蔽QQ软件广告问题，广东高院和最高人民法院均将之列为单独议题进行分析，主张独立适用第2条。但是，最高人民法院在终审判决中突破了其通过海带配额案所确立的第2条独立适用的三条件，并没有认定是否存在现有权益的损害，而是通过第2条创设了“正当商业模式”这一权益，然后基于该权益被侵害而认定行为之不当。

最高人民法院首先表明立场，应保护合法商业模式。“在市场竞争中，经营者通常可以根据市场需要和消费者需求自由选择商业模式，这是市场经济的必然要求。”腾讯免费平台与广告或增值服务相结合的商业模式“并不违反反不正当竞争法的原则精神和禁止性规定……应受保护，他人不得以不正当干扰方式损害其正当权益”。最高人民法院之后提出了确定自由竞争和技术创新的法律标准：“是否属于互联网精神鼓励的自由竞争

① 参见“360扣扣保镖”软件商业诋毁纠纷案［北京奇虎科技有限公司等与腾讯科技（深圳）有限公司等不正当竞争纠纷上诉案］，最高人民法院〔2013〕民三终字第5号民事判决书；北京奇虎科技有限公司与腾讯科技（深圳）有限公司等不正当竞争纠纷再审案，最高人民法院〔2012〕民三终字第3号民事裁定书。

和创新，仍然需要以是否有利于建立平等公平的竞争秩序、是否符合消费者的一般利益和社会公共利益为标准来进行判断，而不是仅有某些技术上的进步即应认为属于自由竞争和创新。”这样，最高人民法院试图基于对抽象竞争秩序的维护而确立“正当商业模式”的合法地位。需要指出的是，虽然最高人民法院也提到“不侵犯他人合法权益”，但此处“他人合法权益”实际是指其通过适用第 2 条所创造出的“正当商业模式”，而非现有法律规定保护的权益。

扣扣保镖案所确立的“正当商业模式”概念在司法实践中得到了遵循。北京一中院于同年 9 月作出终审判决，驳回金山公司的上诉，认为其屏蔽优酷视频映前广告的做法构成不正当竞争。① 同年 11 月，北京市海淀区人民法院作出判决，认为“极路由”屏蔽爱奇艺视频映前广告是不正当竞争行为。② 扣扣保镖案中，最高人民法院将第 2 条予以自足性适用，对所谓“有序竞争”予以具体化，仅依其对“有序”竞争的理解判定行为是否正当，并未考察是否存在基于其他法律所保护的现有权益，意在实现一般条款的具体化。

4. “百度插标案”确立的“非公益必要不干扰原则”

在再审申请人奇虎公司与被申请人百度网讯公司、百度在线公司及一审被告奇智公司不正当竞争纠纷案（下称“百度插标案”）中，③ 北京一中院认为，第 2 条“目的在于维护市场竞争的良性发展，对于恶意采取不正当竞争行为的经营者予以制止”。因此，适用第 2 条的关键就是要看有关方的行为是否具有“恶意”。奇虎公司未得到服务提供方同意而改变其服务内容，且仅仅针对百度所提供的搜索结果进行插标，并借插标而推广自己的产品，是一种搭便车行为。一审法院因此认定奇虎公司插标行为系不正当竞争，违反了第 2 条的规定。

在二审中，北京高院基于第 2 条创设了“非公益必要不干扰原则”，

① 参见猎豹浏览器不正当竞争案［贝壳网际（北京）安全技术有限公司等与合一信息技术（北京）有限公司等不正当竞争纠纷案］，北京市第一中级人民法院〔2014〕一中民终字第 3283 号民事判决书。

② 参见北京爱奇艺科技有限公司诉北京极科极客科技有限公司不正当竞争纠纷案，北京市海淀区人民法院〔2014〕海民（知）初字第 21694 号民事判决书。

③ 参见再审申请人奇虎公司与被申请人百度网讯公司、百度在线公司及一审被告奇智公司不正当竞争纠纷案，最高人民法院〔2014〕民申字第 873 号民事裁定书。

并将违反该原则的行为认定为不正当竞争，“互联网产品或服务之间原则上不得相互干扰。确实出于保护网络用户等社会公众的利益的需要，网络服务经营者在特定情况下不经网络用户知情并主动选择以及其他互联网产品或服务提供者同意，也可干扰他人互联网产品或服务的运行，但是，应当确保并证明干扰手段的必要性和合理性。上述原则简称为非公益必要不干扰原则。奇虎公司并未证明360安全卫士对搜索结果网页进行插标和修改搜索框提示词的行为具有必要性和合理性，违反了非公益必要不干扰原则，因此构成不正当竞争。”从而进一步突破了海带配额案确立的第2条独立适用的三条件。

在再审裁定书中，最高人民法院对“非公益必要不干扰原则”进行了进一步阐述。首先，插标是奇虎利用其杀毒软件对百度搜索结果进行的单方判断，由于构成对百度所提供服务内容的改变，应举证说明其必要性及合理性。其潜在意思是：竞争方无权以公共利益的名义，未经对手同意就改变其服务内容。如果一定要改变竞争对手所提供服务的内容，须证明其特别情势。其次，搜索网站与杀毒服务商合作，并对搜索结果中的危险或风险网站予以标注提醒的情形确实存在，但仅允许搜索网站自己标注而不允许杀毒服务商主动标注并非必然违反公共利益。也就是说，如果没有取得搜索网站同意，杀毒服务商无权将自己的商业服务内容强加于搜索服务商。最后，竞争使得搜索服务商竭力向消费者提供最优的搜索服务，“不同的服务提供者提供各具特色的产品，消费者可以按照自己的喜好进行选择，这才是市场竞争的活力和消费者福利所在”。换言之，反不正当竞争法是为了维护竞争，而非对竞争者本身进行价值判断。可见，最高人民法院的论述虽然支持了北京高院所提出的“非公益必要不干扰原则”，但却与北京一中院的判决理由有所呼应，对该原则进行了一定的压缩。

二 一般条款司法适用中存在的问题

对司法机关而言，反不正当竞争法第二章有具体规定的，适用具体规定，第2条仅起辅助作用；反不正当竞争法无具体规定但基于知识产权争议提出不正当竞争指控的，可以适用第2条；但反不正当竞争法既无具体规定又与知识产权无关而需要独立适用第2条的，司法机关能否仅仅依赖

第 2 条而不用基于其他法律的规定就可以确立需要保护的权益？第 2 条独立适用的权益认定标准不统一，法律政策模糊不清，导致一般条款适用模式的难产。

（一）权益认定标准不统一

在缺乏反不正当竞争法具体条文支撑的情形下，适用第 2 条就须考察是否存在侵犯合法权益的事实，以认定行为是否正当。从前述 4 件案例来看，司法机关似乎在两种权益认定标准之间犹豫不定。

1. 基于其他法律所保护的权益独立适用第 2 条

对于反不正当竞争法具体规定以外的行为进行判定时，如果将诚信原则与公认的商业道德作为唯一标准，不确定性极高。海带配额案中，最高人民法院将是否存在其他法律所保护权益受到侵害作为独立适用第 2 条的事实前提，并在此基础上提出了第 2 条独立适用的三条件。

在扣扣保镖案中，广东高院对独立适用第 2 条表现得非常谨慎，主张用户与腾讯之间存在默示的合同：既然免费使用 QQ 聊天工具，其对价就是在使用 QQ 聊天工具时，接受广告及增值业务展示的推送。奇虎公司的扣扣保镖屏蔽了腾讯公司利用聊天工具向用户推送广告及增值业务展示，实际上可被视为允许用户无对价使用腾讯公司的服务，损害了腾讯公司受到合同法所保护的权益，破坏了腾讯公司的正当商业模式，从而违反了诚信原则及公认的商业道德，违反了第 2 条的规定。这条逻辑推导线路非常清晰，并没有留下太多宽松解释的空间——它并没有将第 2 条作为判定竞争行为是否正当的唯一依据，而是先看其是否造成了其他法律所保护权益的损害，以确定有关行为是否正当。在此意义上，广东高院的判决与海带配额案中最高人民法院再审裁定的思路一脉相承。

这也意味着，在适用第 2 条的同时，还需要按照其他法律的规定对有关权益予以认定，依据相关权益是否遭到侵害这一事实，来判定行为正当与否。还以海带配额案为例，假定存在“竞业限制约定”，但时限很长，如十年，此时，就需要根据合同法及劳动法对“竞业限制约定”的期限来判定何谓有关权益。这需要法院在审理反不正当竞争案件的同时，对其他法律议题进行考察，以填补适用第 2 条的逻辑空缺。这将增强第 2 条适用的确定性，提高判决结果的可预期性。

2. 自足适用第 2 条

司法实践中也存在独立适用第 2 条的另一种路径：仅仅依赖诚信原则和公认的商业道德，基于“有序竞争”，自足创设相关权益，以确定有关行为是否正当。在扣扣保镖案中，按照最高人民法院的观点，认定有关行为是否正当，关键在于该行为是否违反了诚实信用原则和公认的商业道德，并损害了相关合法权益。一方面，“……提供消费者享受特定免费服务与付出多余的时间成本或者容忍其他服务方式并无当然的‘对价’关系”；另一方面，以正当商业模式谋求商业利益的行为应受保护，他人不得以不正当干扰方式损害其正当权益。这样，最高人民法院将消费者和服务提供商之间的关系与不正当竞争行为割裂开来，并不认为二者存在因果关系。换言之，违反了诚信原则与公认的商业道德，方产生有法律意义的损害。这与海带配额案适用第 2 条的推理过程相反，实际通过第 2 条创设了新的权益。

最高人民法院基于互联网行业存在广告屏蔽的做法，就认为免费互联网服务与消费者忍受广告推送之间并不存在“当然”对价关系，这固然审慎，但拒绝对之进行深入分析，就得出结论，“‘通过使用破坏网络服务提供者合法商业模式、损害网络服务提供者合法权益的软件来达到既不浏览广告和相关插件，又可以免费享受即时通讯服务的行为，已超出了合法用户利益的范畴’的认定并无不当”，说服力不足。为明确服务商在提供免费网络服务时可以推送哪些广告，必须对用户权利和服务提供商权利予以平衡，确定用户需要忍受广告推送的上限，对用户与服务提供商之间可能存在的默示合同关系予以判定和充实。而由第 2 条直接自足认定互联网商业模式为一项须由反不正当竞争法保护的权益，这将陷入无休止的抽象判断，扩张了法官对市场竞争行为的干预，从而破坏了海带配额案确立的第 2 条独立适用的三条件。

与之类似，北京高院在百度插标案中提出的“非公益必要不干扰原则”也是以公认的商业道德和诚信原则作为全部依据，推导出判定一项竞争行为是否正当的权益或原则。但问题是，如果说杀毒软件向消费者提供安全服务是公益需要的话，那么百度向消费者提供搜索服务以满足其信息需求，又何尝不是公益？安全服务和搜索服务都是基于营利目的而通过市场提供的服务，将之标为公益又有何意义？并且，有学者认为，“干扰”

一词本身含有一定否定价值判断，以之表述一项原则并不妥当。[①]

也许正因为此，最高人民法院在再审裁定中，至少并未承认插标行为本身具有公益性："……如奇虎公司在本案中所做的，在未经许可的情况下直接对他人所提供的服务进行干预的行为，并不是维护公共利益的最好办法"。在认可北京高院提出的"非公益必要不干扰原则"的同时，最高人民法院的这种论述更像是避免误解的一种说法。但其中还是承认了竞争主体一方借其营业行为维护公益的可能，进一步偏离了第 2 条独立适用的三条件，对北京高院所创设的无限降低独立适用第 2 条门槛的情形予以默认，创造了一个十分危险的先例。

"正当商业模式"和"非公益必要不干扰原则"的提出，也说明诚实信用原则和公认的商业道德本身并不能成为判定行为正当与否的直接依据。这与最高人民法院在海带配额案中的立场一致。但是，在海带配额案中，是否侵害其他法律所保护的权益成为判定行为是否正当的事实依据，第 2 条成为将其他法律中相关权益保护规定引入反不正当竞争法体系的桥梁。而在扣扣保镖案和百度插标案中，最高人民法院通过第 2 条的原则规定创设出新的权益和原则，对该等权益和原则的侵害和违反成为判定行为不正当的关键，整个过程均在反不正当竞争法内部自足进行。在这两种路径之间，司法机关犹疑不决，无法形成独立适用第 2 条的确定模式。

（二）适用一般条款的政策基础不明晰

反不正当竞争法脱胎于侵权法。即便现在，法国还是仅通过法国民法典第 1382 条的侵权法一般规定来对不正当竞争予以规制。而在以德国为首的很多欧陆国家，虽以单行法的形式颁布反不正当竞争法，但其民法或侵权法渊源不言而喻。即使在美国，商业侵权也作为侵权法的一项制度，构成了美国反不正当竞争法体系中最具开放性的部分。[②] 因此，反不正当竞争法没有具体规定的，要判定相关行为是否正当，权益是否遭到侵害成为须认定的基础事实，"合法权益"的"实际损害"就成为最高人民法院通

---

① 参见薛军《质疑"非公益必要不干扰原则"》，《电子知识产权》2015 年第 1 期，第 68 页。

② 参见 Barton Beebe, Thomas F. Cotter, Mark A. Lemley, Peter S. Menell and Robert P. Merges (eds.), *Trademarks, Unfair Competition and Business Torts*, Wolters Kluwer, New York, 2011, p. 253。

过海带配额案所确立的三条件的核心部分。至此，一般条款的政策基础得以形成和确立。

但是，在有些案例中，司法机关却将“有序竞争”、“竞争秩序”等相似概念作为独立适用第2条的司法政策基础及价值取向。扣扣保镖案、百度插标案的裁判都反复强调这种概念，将之作为基于第2条创设相关权益和原则的重要依据。百度插标案中，最高人民法院甚至将“良好竞争秩序”解释为避免引起“服务经营者之间的冲突和对立”。

竞争秩序是一个宏观的法律制度构建概念，更接近于第2条提到的“社会经济秩序”，只能存在于市场的支撑性法律制度之中，系由宪法、反垄断法、反不正当竞争法、民法等相关法律织就的权利网络。值得注意的是，“修订送审稿”将第2条述及的“社会经济秩序”替换为“市场秩序”，这是否意味着授权司法或行政机关在法律之外，基于对市场竞争形态的理解，对竞争予以更强烈干预的可能？反不正当竞争法保障正当竞争，是为了基于市场经济原则促使竞争发挥其效能，而不是以“有序竞争”为由对竞争的形态或方式予以限定。不可否认，经营者并非仅仅于法律之下竞争，他们在竞争过程中也受道德的约束。但是，道德约束诉诸道德救济方式，而非法律。除此之外，每一个经营者都有其经营准则，也许可以说这是一种经营者的“情感”。虽然道德和情感都使得竞争过程并不像斗兽场那样血腥，但这也似乎不能说在基于各自合法权利进行的争斗之外，法律还能允许法官超出法律而对竞争本身设定一种秩序。换言之，微观而言，竞争本来就是无序的，法律对其情形无法预见和规定，否则竞争就已停滞。在竞争存在（没有垄断）及竞争相关权益得到保护（竞争正当）的情形下，并不存在脱离现有法律制度的“竞争秩序”或“市场秩序”。

对于第2条第1款所述“公认的商业道德”及诚信原则，只能从促进竞争和保护合法权益的角度予以解释。在扣扣保镖案中，如不能认定默示合同及协助用户违反该合同规定之行为，就没有权益损害，行为即无不当。在百度插标案中，法院急于找出竞争中的“序”，在没有证明损害之前就认定竞争一方的营业行为具有公益性质，以“非公益必要不干扰原则”为竞争立规，显得脆弱和可疑。只有在合法权益被侵害的事实前提下，“公认的商业道德”才有意义，才能判定具体行为是否正当，而不是相反。

保护竞争者对其行为的合理预期，是反不正当竞争法的重要功能。执着于“有序竞争”与“竞争秩序”，抛却与竞争相关的现有权益是否受损的事实来适用一般条款，就不得不全部依赖抽象的“诚实信用”原则及“公认的商业道德”。在不可能对这两个概念予以具体界定的前提下，人民法院在适用一般条款时所拥有的裁量权就迷失了方向和标准，使得当事人无法形成合理预期。一旦出现不正当竞争纠纷，当事人就热衷于对人民法院的挑选。扣扣保镖案中，无论是腾讯还是奇虎，所主张的损害赔偿都超过 1 亿元，以确保审理争议的法院层级满足自己的要求，并保有上诉至最高人民法院的可能，在案件审理过程中，奇虎就对广东高院的管辖权提出异议，并向最高人民法院提起上诉，但最终被驳回。①

三 一般条款司法适用模式的探索

对于一般条款中的“诚实信用”原则、“公认的商业道德”等概念，赋予其适当的确定性，是探寻一般条款司法适用模式的关键。第 2 条所述“社会经济秩序”更接近于经济法学理论所认可的竞争秩序，是这类概念的依托。支撑“社会经济秩序”的，不是“有序”的“竞争”，而是宪法乃至各个部门法所赋予的竞争者权益。经营者基于自身权益彼此竞争的状态，连同其权利互相交错后形成的界限，构成了“社会经济秩序”的内容。海带配额案确定的第 2 条独立适用的三条件，实际通过一般条款引入其他相关法律的规定，借助对其他法律所保护权益是否遭到侵害的事实认定，最终判定行为是否正当。这样，一般条款的开放性辐射于其他相关法律，在整个法律体系内追求其适用之确定性。海带配额案表明，最高人民法院已握有确立一般条款司法适用模式的钥匙。

遗憾的是，扣扣保镖案和百度插标案均表明：最高人民法院放弃了海带配额案确立的三条件，转而依据第 2 条规定的“诚实信用”原则及“公认的商业道德”创设相关权利及权益保护原则，以此作为认定行为是否正当的基础。这无异于对一般条款进行了“司法的遁入”，② 切断了反不正当

① 参见北京奇虎科技有限公司与腾讯科技（深圳）有限公司等不正当竞争纠纷再审案，最高人民法院〔2012〕民三终字第 3 号民事裁定书。

② 参见王泽鉴《法律思维与民法实例：请求权基础理论体系》，中国政法大学出版社，2001，第 244 页以下。

竞争法与其他法律的联系，导致依据“诚实信用”原则或“公认的商业道德”进行事实认定时失去了其他法律所能提供的支撑，并使第2条独立适用成为一个闭合体系内部的循环论证，破坏了反不正当竞争法的确定性，无助于一般条款适用模式的确立。

因此，须回归海带配额案所确立的第2条独立适用的三条件，借助一般条款，将“诚实信用”原则与“公认的商业道德”引入整个法律体系当中，基于相关权益是否遭到侵害的事实判定行为正当与否，以形成并充实三步走路径，构建一般条款的司法适用模式。

（一）“映射”基本权利的一般条款

宪法及其他相关法律规定的基本权利通过一般条款影响着反不正当竞争法所调整的竞争关系。对此，德国联邦宪法法院有着清醒的认识。一方面，德国联邦宪法法院强调，宪法权利是公民面对国家权力所具有的自卫权利，因此对第三方并不直接发生效力。另一方面，德国联邦宪法法院又认为，宪法权利对私法领域具有“映射效果”（Ausstrahlungswirkung）。①

映射的基础，实际上就是一般条款的开放性。诚然，具体行为条款构成反不正当竞争法的具体规范，确定了当事方的权利义务。而通过一般条款引入更高层级的权利，可以对具体行为条款进行解释和补充，这种更高层级的权利就是宪法所规定的基本权利。

唯有个人权利及社会原则得到法律的承认，方可保障经济法对经济体系的支撑作用。而个人权利及社会原则首先就存在于宪法之中：人格权、言论自由、财产权、劳动权等。如果拒绝在法律中对之进行反映，反不正当竞争法就自绝其与其他法律体系的联系，无法支撑市场公平竞争的发展。无论是一般条款依据的“公序良俗”、“诚信原则”还是“专业操守”或“公认的商业道德”，都反映了这样一种需要：宪法及其他相关法律确定的原则和权利支撑着市场及竞争的发展，对此，反不正当竞争法必须予以体现。

海带配额案中，最高人民法院对劳动力自由竞争的论述，与其说是具有劳动法的色彩，毋宁说是对员工劳动权利的阐述，不啻为基本权利通过第2条映射入反不正当竞争法的最佳体现。这种映射对第2条所规定的“自愿、

① Käler/Bornkamm UWG Einl Rdn 1.45.

平等、公平、诚实信用”等原则及“公认的商业道德”诸概念的外延进行了限制，是对一般条款确定性的根本保障，是一般条款适用模式的基石。

（二）基于权益的一般条款三步走适用模式

市场活动无不以参与方权益为基础方能实现。适用一般条款，是解释和行使相关合法权益的需要。从历史沿革来看，反不正当竞争法以民法特别法的面目出现，基于反不正当竞争法一般条款的实践，又深化和发展了对竞争相关权益的保护。作为侵权法的特别领域，反不正当竞争法一般条款的适用，就应该遵守侵权法的基本原则。① 对不正当竞争行为的禁止性规定，是基于个体权益的竞争制度保障。这样，具体行为规范没有规定而适用一般条款的，只能通过一般条款引入其他竞争相关的合法权益，以其为标准认定是否存在合法权益受损的事实，并进一步判定是否存在不当竞争行为，这就是三步走模式。

1. 一般条款辅助适用具体行为规范

从一般条款辅助适用的16件案例来看，我国法院比较重视第2条在适用具体行为条款时的辅助作用，但仅限于对具体行为条款规定的相关概念予以解释，有部分案例在适用第二章具体行为条款时甚至排除了第2条的适用。然而，我国反不正当竞争法并没有设定“当然不正当竞争行为”，更何况第2条本身显然将“损害”“合法权益”作为第二章具体行为条款所满足的要件之一，并非简单的兜底条款。因此，适用第二章具体行为条款的，司法机关基于第2条对相关具体行为条款的概念予以解释的同时，至少也须辅助适用第2条，证明“合法权益”受到损害。否则，很难说明有关行为的不当。②

---

① 实际上，有法官提出，适用反不正当竞争法一般条款应以构成侵权为前提。参见欧阳福生《适用反不正当竞争法一般条款应以构成“侵权行为”为前提》，《人民法院报》2014年9月10日，第7版。

② WIPO在其组织撰写的《反不正当竞争示范法》注释中认为，具体条款规定的不正当竞争行为是“当然的不正当竞争行为，不需要用证据证明其违反诚实信用惯例”。转引自孔祥俊《反不正当竞争法的司法创新和发展——为〈反不正当竞争法〉施行20周年而作》（上），《知识产权》2013年第11期，第15页。但是，这并非意味着不适用一般条款所规定的其他要件。况且，这样的注释并不符合成员国的实际情形。例如，德国2008年反不正当竞争法第3条第3款的附录规定的行为才是当然不正当竞争行为，援引第4条至第6条的具体规定时，尚须适用第3条第1款的规定。

2. *其他法律所保护权益作为适用一般条款的事实基础*

反不正当竞争法没有具体规定而适用一般条款的，就要平衡竞争自由及公平竞争之间的关系。在自由竞争过程中，竞争者的市场地位会发生变动，顾客群体会发生流失，会失去交易机会或营利机会——这正好说明竞争在发挥作用，法律不能轻易干预。在动态的竞争中，唯有通过适用一般条款，引入其他法律所保护的有关权益，基于是否存在权益被侵害的事实认定来判定行为正当与否。这样，通过一般条款，借助其他法律的规定，划定具体案件中的"社会经济秩序"，以确定自由竞争的空间，而非试图在纷繁多变的市场行为中划定自由竞争的微观"秩序"。

基于是否侵犯其他法律所保护权益这一事实认定而适用第 2 条，实际上就是基于反不正当竞争法体系对该等权益损害的意义予以进一步判定。此时，主张遭受不正当竞争的一方往往是权益受损的一方，权益受损本身就说明其具有反不正当竞争法意义。反之亦然。无论是本文所引基于知识产权法而适用第 2 条的案例，还是尝试独立适用第 2 条的李雪源案、狮头染料案及泥人张案的裁判，确定合法权益是否遭受侵害都是核心议题。海带配额案中，虽然马达庆离职后与原雇主进行竞争，但法律对此并不禁止，且由于马达庆与原雇主事先并未达成"竞业限制约定"，也并无合同法上的限制。这样，出于对马达庆劳动权的尊重，也因为其并未违反通过一般条款所引入的有关权益保护规定，其行为并无不当。

损害发生后，加害方无法提供合法理由的，可以通过第 2 条类推适用其他法律的权益保护规定，判定行为正当与否。在狮头染料案中，商标争议与反不正当竞争法所保护的权益竞合，司法机关回避了商标侵权的问题，径直适用第 2 条，判定狮头公司的行为不当。① 这体现了基于商标权的一种权利扩张。如果任由狮头公司将他人商标注册为企业名称并且加以使用，商标所有权人的权利自然会被削弱，而这并非竞争的结果。因此，为了维护其他法律所保护权益确定的"竞争空间"，有必要通过一般条款检视竞争者行为对法律所保护权益的影响，并视情形对之提供反不正当竞

---

① 对于字号中使用商标并构成不正当竞争的情形，根据 2013 年修订后的商标法第 58 条的规定，仅适用反不正当竞争法的规定。这似乎是于立法层面对条文竞合所尝试进行的一种协调。同时，"修订送审稿"对反不正当竞争法第 5 条第 1 项假冒他人注册商标之规定的删除也体现着反不正当竞争法拟与商标法进行"衔接"。

争法保护。最高人民法院对泥人张案的判决也体现了这一思路。[①]

损害其他法律所保护的合法权益，并不要求直接侵害。实践中，对于为侵害合法权益提供便利的行为，仍可以基于合法权益被侵害这一事实而适用第2条，为受害方提供进一步的保护。在扣扣保镖案中，广东高院判定扣扣保镖屏蔽腾讯广告推送及增值业务展示属不正当竞争，其依据之一就是：消费者要使用腾讯所提供的免费聊天软件，就要接受腾讯广告推送及增值服务展示，这确立了一种对价关系。这意味着，用户与腾讯之间存在默示合同关系，是腾讯商业模式的基础。而扣扣保镖协助用户持续违约，破坏了这一默示合同。依照我国现行合同法的规定，用户作为违约方承担责任，合同当事方之外的第三人对此并不承担责任。然而，对竞争者此种诱导违约情形不予制止，必将摧毁腾讯免费提供聊天服务的商业模式。在奇虎首创的360杀毒软件免费服务模式中，向用户推送广告也是奇虎收入的主要来源，而扣扣保镖仅针对腾讯广告予以屏蔽，摧毁了竞争对手以同样模式免费提供服务的基础。这样，基于扣扣保镖诱导用户持续违反其与腾讯之间的合同这一事实，可通过第2条进一步确认该诱导行为在反不正当竞争法意义上的不当：该行为并没有为用户提供更多的服务，却损害了竞争对手的正常经营，违反了诚信原则和公认的商业道德，从而构成不正当竞争。而之所以提及诚信原则和公认的商业道德，也仅仅是基于协助用户持续违约这一事实并对其反不正当竞争法上的意义予以判定，并没有赋予这两个概念独立的价值和内涵。这样，独立适用第2条的确定性得以保障。

3. 一般条款二元适用结构中消费者权益之保护

在法律并无具体规定且未损害其他法律所明确保护权益的情况下，须结合反不正当竞争法中相关宗旨条款，依据一般条款中的诚信原则及公认的商业道德，判定该行为是否损害了其他市场参与方的利益。这其实是通过一般条款判定是否存在法律疏于明确的权益，对之须严格限定。

---

① 最为典型的当属北京市京工服装工业集团服装一厂诉北京百盛轻工发展有限公司、香港鳄鱼国际机构（私人）有限公司、中国地区开发促进会侵犯商业信誉及不正当竞争纠纷案，北京市第一中级人民法院〔1994〕中经知初字第566号民事判决书。该案中，北京一中院利用反不正当竞争法第2条及民法通则的有关规定，对当时商标法未明确规定的“反向假冒”予以禁止。此案并非最高人民法院公报案例，不在笔者抽取的38件案例之列，故不再赘述。对于不认同该案判决的评述，可参见崔国斌《知识产权法官造法批判》，《中国法学》2006年第1期，第156页。

百度插标案中，司法机关没有深入论述奇虎插标如何“损害”了百度的何种“合法权益”，因而无法明确“干扰”的法律意义，使得“非公益必要不干扰原则”缺乏必要的逻辑前提：没有“损害”，“不当”有何法律意义？综合考虑奇虎对百度插标的方式（奇虎仅对百度一家搜索结果插标，且插标后以夸张的方式诱导用户安装自己的浏览器），可以看出，插标固然是对百度网页搜索结果的利用，但更关键的是其向用户推广自己产品的手段。利用其安全服务提供商的市场角色，奇虎咄咄逼人的推广方式可能对用户造成了心理上的恐慌和压力，直接影响了用户的决定自由权，间接影响了百度的业务。但对于消费者于其中的权益，似乎很难通过第2条引入其他法律规定予以承认。

比较法而言，在逐步弱化诸如“诚实信用原则”或“良好风俗”等概念的同时，一般条款强化了对消费者群体的保护，从而形成了二元适用结构。德国2008年对反不正当竞争法一般条款进行了大幅调整，基于营业关系的不同，将一般条款的适用分为三个层次处理：显著侵害其他营业者、消费者、其他市场参与方利益的营业行为，为不正当营业行为（§3I，UWG）；针对消费者的营业行为须遵循专业操守（fachliche Sorgfalt）（§3 Ⅱ 1，UWG），以落实欧盟2005/29/EC《内部市场经营者针对消费者不正当商业做法指令》（下称“2005/29/EC指令”）第5条提出的“职业勤勉义务”（Professional Diligence）；针对消费者的当然不正当营业行为不适用一般条款（§3 Ⅲ，UWG）。这样，针对经营行为相对方是经营者还是消费者，适用不同的标准，一般条款就形成了二元结构的适用态势。

一般条款的二元适用结构实际并非2005/29/EC指令的独有逻辑。如果说德国是应欧盟法律要求而确立此二元结构，瑞士则在适用一般条款的司法实践中形成了二元结构的案例类型。其反不正当竞争法第2条所确立的一般条款的核心内容是诚信原则（Treu und Glauben）。虽然瑞士现行反不正当竞争法系于1988年生效，历史不长，但其联邦法院还是围绕第2条作出大量判决，形成了两种案例类型：一类是对客户予以不当影响的案例类型，另一类是对竞争者采取不当行为的案例类型。[①] 由此也形成了一般

---

① Roland von Büren/Eugen Marbach, Immaterialgüter-und Wettbewerbsrecht, 2 Auflage, Bern 2002, Rdn. 983 ff.

条款的二元适用结构。在美国，商标法本身的宪法渊源与版权法和专利法截然不同，[①] 往往被视为反不正当竞争法的一部分。[②] 美国反不正当竞争法不但涵盖商标法，还包括商业侵权、商业秘密、虚假广告、形象的商业性公开使用等内容，跨越多个部门法，形成零散型体系。对于商标法和虚假陈述之外的领域，美国兰哈姆法案（Lanham Act）无法触及。普通法下的商业侵权制度针对竞争对手之间的行为，对各个具体法律间的空白之处予以填补，起着一般条款的相同功用。同时，根据联邦贸易委员会法第 5 条的规定，联邦贸易委员会获授权对“涉及或影响贸易的不公平贸易方式”及“不公平或欺骗性贸易行为或做法”采取行动，联邦贸易委员会因此获得概括授权，界定涉及消费者的经营行为是否“公平”。[③] 这样，针对竞争对手的商业侵权制度与美国联邦贸易委员会对涉及消费者经营行为的概括授权情形相对应，形成了美国反不正当竞争法开放性制度的二元架构。

将一般条款的适用做二元化处理，也是反不正当竞争法三重宗旨对一般条款的客观要求。我国反不正当竞争法第 1 条已经确立了三重保护宗旨。我国法学界的主流观点也认为，反不正当竞争法应该保护消费者利益。[④] 但是，第 2 条并未明确消费者权益的保护。“修订送审稿”第 2 条第 2 款增加了“消费者的合法权益”这一表述，希望在立法层面最终确立一般条款的二元化结构，为一般条款的适用提供完善的规则体系。但是，在其对第二章具体行为条款的修改中，并没有进行基于二元结构的一般条款具体化尝试，也并没有确立消费者决定自由权，殊为可惜。

囿于第 2 条对消费者权益的遗漏，要在司法实践中保护消费者决定自由权，有两种选择路径：一是，满足于一般条款三步走模式中的第二步，

---

① 参见 Barton Beebe, Thomas F. Cotter, Mark A. Lemley, Peter S. Menell and Robert P. Merges (eds.), *Trademarks, Unfair Competition and Business Torts*, Wolters Kluwer, New York, 2011, p. 16。

② 参见 Barton Beebe, Thomas F. Cotter, Mark A. Lemley, Peter S. Menell and Robert P. Merges (eds.), *Trademarks, Unfair Competition and Business Torts*, Wolters Kluwer, New York, 2011, p. 253。

③ 参见 Barton Beebe, Thomas F. Cotter, Mark A. Lemley, Peter S. Menell and Robert P. Merges (eds.), *Trademarks, Unfair Competition and Business Torts*, Wolters Kluwer, New York, 2011, p. 323。

④ 代表观点参见郑友德、范长军《反不正当竞争法一般条款具体化研究——兼论〈中华人民共和国反不正当竞争法〉的完善》，《法商研究》2005 年第 5 期，第 131 页。

引入其他法律相关规定；二是，保持第 2 条的开放性，进入第三步，即通过具体判决，在一般条款中确立消费者整体权益的保护，形成一般条款适用的二元化模式。我国消费者权益保护法并未明确消费者保护的竞争法意义，缺乏竞争相关的消费者决定自由权的规定，这也是“修订送审稿”不得不在第 2 条明确“消费者的合法权益”的原因。同时，尽管我国广告法第 31 条确立了正当竞争原则，但仅限于广告活动，无法涵盖其他形式的说明和表述。如仅仅停留于第二步，就无法提供完整的解决方案。这样，司法机关就有必要迈入第三步，探索是否存在消费者权益的损害，以判定有关行为是否正当。此时，“诚实信用”原则和“公认的商业道德”是判断行为正当与否的重要标准。

无可否认，迈入第三步使得司法机关握有举足轻重的自由裁量权。但是，如果能遵循海带配额案确立的三条件，将合法权益受损作为违反第 2 条的前提事实，并遵循相关权益受到侵害的证明标准，则并不会损害当事人对适用第 2 条的合理预期。例如，美国联邦贸易委员会也将“商业操守”作为判定针对消费者行为是否公平的三标准之一，但其在实践中并不接受“商业操守”本身的独立地位，而是将侵害是否发生或是否违反公共政策这两项标准作为是否违反“商业操守”的证明。[①] 从而有效地平衡了法律确定性与开放性之间的关系。假设司法机关在百度插标案中遵循海带配额案所确立的三条件，进一步论证插标行为是否损害了消费者权益，由此总结出“压迫式推广”的不正当竞争行为类型，提出具有竞争法意义的消费者决定自由权，则可能为我国反不正当竞争法的发展开拓新的维度。

这样，为适应市场及竞争发展态势而适用一般条款时，司法机关须遵循上述三步走模式，除在依据第二章的具体行为规定判定行为是否正当之外，依据海带配额案提供的适用路径，基于其他法律所保护的竞争相关权益，并在极为必要的情形下通过创设性的实践发展，锁定其需要予以保护的合法权益，认定是否存在权益遭受侵害的事实，以最终判定行为是否正当，为自由竞争提供公平的法律空间，实现自由竞争与公平竞争的良性平衡。

---

① 参见 Barton Beebe, Thomas F. Cotter, Mark A. Lemley, Peter S. Menell and Robert P. Merges (eds.), *Trademarks, Unfair Competition and Business Torts*, Wolters Kluwer, New York, 2011, p. 324。

（三）法律确定性与开放性之间的平衡

适用一般条款就是在法律确定性与开放性之间实现有效平衡。总结我国司法实践以确定一般条款的适用模式，是为了在保持反不正当竞争法开放性的同时保证法律的确定性，而非以确定性取代开放性。德国反不正当竞争法于2008年对一般条款做进一步分层具体化后，科勒教授认为：一般条款具体化并不是消除一般条款的开放性，而是对法律适用提供必要指引的同时，通过一定开放性保持反不正当竞争法的活力。① 美国学者认为，包括商业侵权在内的制度空白填充安排使得零落各处的反不正当竞争法成为一个整体，但对这些制度是否应该及如何填充制度空白，仍留有激烈争论的余地，体现着相当程度的开放性。②

市场及技术条件的飞速发展日益凸显了一般条款的这种平衡功能。本文选取的4件独立适用第2条的案例中，除了海带配额案，其他3件均涉及互联网服务提供商及其商业模式的保护与判定。技术发展及市场演进对反不正当竞争法的影响显而易见。

以德国为例，联邦最高法院在2004年6月作出判决（下称"*Fernsehfee* 案"），认定一家企业推广并销售广告过滤装置并不违反一般条款。③ *Fernsehfee* 案判决体现了德国法院对消费者决定自由权的重视。基于该决定自由权，消费者有权决定是否观看节目，也有权决定是否将对其构成负担的广告予以屏蔽。④ 德国2004年7月修改反不正当竞争法时，对德国法院近一百年来一般条款适用的案例类型进行了总结，通过增补第4条至第7条的具体行为规范，以立法的形式予以认可，对一般条款予以具体化。⑤ 根据2008年反不正当竞争法第4条第10项规定，妨碍竞争对手的广告就

---

① Käler /Bornkamm, UWG §3 Rdn. 67.

② 参见 Barton Beebe, Thomas F. Cotter, Mark A. Lemley, Peter S. Menell and Robert P. Merges (eds.), *Trademarks, Unfair Competition and Business Torts*, Wolters Kluwer, New York, 2011, p. 253。

③ BGH: Zulässigkeit von Ferseh-Werbeblockern, NJW 2004 Heft 42, 3032.

④ Käler/Bornkamm UWG §4 Rnd 10. 73.

⑤ 郑友德及范长军提出对我国一般条款具体化较为体系化的论述，参见郑友德、范长军《反不正当竞争法一般条款具体化研究——兼论〈中华人民共和国反不正当竞争法〉的完善》，《法商研究》2005年第5期，第124页以下。而德国学者将一般条款具体化称之为 Konkretisierung durch Beispielstatbeständ, dazu Käler/Bornkamm UWG §3 Rdn. 63 ff。

构成“对竞争对手的妨碍”，属于不正当竞争。然而，互联网的发展使得传统内容服务提供商不得不更多地将内容放置在互联网上，借助网页推送免费广告的形式向用户免费提供相关节目。但是，开源软件的发展使得用户可以轻易地在其浏览器中嵌入相关插件，对其浏览网页上的广告进行屏蔽，这对内容提供商施加了相当大的压力。2014 年，以传统出版商及电视台为代表的互联网内容提供商，在德国多个州针对相关广告屏蔽软件的运营商提起反不正当竞争及反限制竞争诉讼，但均于 2015 年被有关法院根据 *Fernsehfee* 案的判决予以驳回。[①] 德国互联网内容服务提供商针对广告屏蔽插件发起的诉讼攻势表明，互联网条件下一般条款的适用更加复杂。

但竞争关系之实质非技术能轻易改变。一般条款的强大生命力表明：反不正当竞争法并非技术发展的追赶者，而是以包容性规则迎接技术挑战的“守成者”。一般条款使得司法机关在事实认定中能充分考虑技术发展带来的变化，抽丝剥茧，确定竞争相关权益是否被非法损害，从而最终判定行为正当与否。无论是德国法院对消费者决定自由权的坚持，还是美国法院对合同及版权现有法律权利的固守，[②] 乃至广东高院在扣扣保镖案中就“对价”的认定，都说明司法机关对反不正当竞争法基本原则的信任。舍弃海带配额案第 2 条独立适用的三条件，通过第 2 条创设“正当商业模式”的权益，最高人民法院面对技术发展的不自信表露无遗。这种对技术发展的追赶姿态，使得所谓“非公益必要不干扰原则”的提出成为一种必然：人们永远会在新的案件中期待法院确立新的权益或原则，法律确定性破坏殆尽。不幸的是，“修订送审稿”似乎也认同这种追赶姿态，在第 13 条详细列举了 4 种互联网不正当竞争形态。这种对一般条款具体化的模式与司法实践脱节，既不能涵盖互联网领域不正当竞争的全部形态，也放弃了超越互联网层面对一般条款进行具体化的机会。

同时应当承认，对于互联网免费服务商业模式，最高人民法院与德国、美国法院的政策选择相左。一方面，这充分说明了各国文化传统、经济发展状况的不同。无论是对合法权益的判定，还是从司法政策角度进行

---

① LG Hamburg: Umstrittener Werbeblocker Adblock Plus setzt sich vor Gericht durch, Meldung vom 22. April 2015, Redaktion beck-aktuell, becklink 1038357.

② 美国第九巡回法庭于 2013 年 7 月作出一项判决，认定一家有线电视公司所提供的跳过广告的服务并未违反与电视台的合同或侵犯其版权。参见 583 Fed. Appx. 618。

的选择，对目前互联网及媒体中的免费服务模式，各国法院均有不同认知。另一方面，一般条款适用模式的确定并不保证适用结果的十足确定。即使在一般条款具体化非常成功的德国，也会出现与所述案例类型惯常判决不一致的 *Fernsehfee* 案判决。

与一般条款确定适用模式相伴相生的不确定性并不表明其适用模式的失败，不应成为通过立法对互联网领域予以特殊处理的理由。恰恰相反，这说明反不正当竞争法与时俱进的活力，说明法律确定性与开放性通过一般条款进行着动态平衡。确立一般条款的司法适用模式，就是司法机关对这种动态平衡谦逊地予以承认，并坚定地通过既定模式探知法律与市场的互动，而不是以解决一切问题的姿态高调宣布“历史的终结”。这是德国一般条款具体化的意义，是美国空白填充制度设计的功能，也是我国形成一般条款三步走司法适用模式的应有之义。

四 结语

我国法院将第 2 条作为一般条款予以适用，使得反不正当竞争法保持了开放性，满足了市场和经济发展的需要，与反不正当竞争法在德国、瑞士、法国及美国等的发展态势相一致。不可否认，这也得益于反不正当竞争法立法结构具有的前瞻性。反不正当竞争法自 1993 年 12 月 1 日开始施行，彼时就在第 1 条确立了三重保护宗旨，其第 2 条又可被司法机关作为一般条款予以适用。这两条规定和第二章的具体行为规定一起，确定了反不正当竞争法行为规范的架构。而德国 2004 年才在反不正当竞争法第 1 条确立了三重保护宗旨，并根据其司法实践进一步充实了第 4 条至第 7 条的内容。两相比较，我国反不正当竞争法的立法技术和所确立的立法结构并不落后，这是反不正当竞争法司法实践并未与市场及经济发展脱节的制度保障，是形成一般条款三步走适用模式的制度前提。

诚然，囿于时代所限，反不正当竞争法中一些条款的规定不能满足实践需要，且有些规定与后来出台的反垄断法有一定程度的重合。基于法律系统化的要求，从司法实践的需要出发，有必要对反不正当竞争法予以修改。其中，一般条款的文本规范构建及其具体化将是修法工作的核心。在尝试确立一般条款二元式结构之外，“修订送审稿”还拟在第 2 条第 3 款

“经营者”定义中删除对服务提供者的“营利性”要求，并将“参与”者也纳入“经营者”范围之内，意在扩展反不正当竞争法的适用范围，呼应经济发展的要求，这确属必要之举。但“修订送审稿”却与一般条款司法实践存在一定程度的疏离，其不但未通过总结司法实践的方式推进一般条款的具体化，还借第 14 条所规定的兜底条款给予行政机关概括授权，拟将具体条款之外的行为予以前置性行政认定，大幅压缩甚至掏空一般条款的司法适用机制。更有甚者，第 6 条拟提出相对优势地位的滥用制度，这将架空反垄断法中滥用市场支配地位的判定条件，侵蚀反垄断法的相关制度，超出了反不正当竞争法的权益保护宗旨，也与一般条款具体化任务存在明显冲突。

鉴于此，基于海带配额案所确立的第 2 条独立适用的三条件，以权益保护为核心，确立一般条款三步走司法适用模式，不但可以进一步推进我国反不正当竞争法司法实践的体系化发展，也将为一般条款具体化提供可行的立法路径，从而为修订反不正当竞争法提供坚实的实践基础及可靠的参照或评价体系。

（本文原载于《法学研究》2016 年第 2 期）

中国反垄断法研究进路的反思与转型

金善明*

反垄断法对于维护市场经济的正常运行具有举足轻重的作用，无论域外经验抑或国内实践都印证了这一点。① 对于由计划经济向市场经济转型的中国来说，如何在经济体制改革中构建并实施契合自身国民经济发展需要的反垄断法并依此推进体制改革和经济发展，不仅是改革之制度诉求，更是经济社会发展之必然要求。反垄断法研究伴随着我国经济体制改革的深化而交织着各式价值追求在不断地行进着，为我国反垄断法制度构建和规范适用亦或多或少地提供了不同程度的知识支持和理论支撑。也正是因为此，我国反垄断法研究逐渐呈现出一派繁荣景象。然而，《反垄断法》颁布实施后，我国反垄断法研究进路并未因此作出相应的改进和更新，仍墨守于过往的研究进路对市场运行中的垄断行为规制作立法中心主义型的研究，强调对规制制度的建构而忽视了文本规范的适用，偏好于文本制度层面的比较与移植而忽略了垄断规制的本土问题和规范分析。其结果是，反垄断法研究渐渐偏离或脱离垄断规制的现实需求，而多受诟病。因此，有必要对我国反垄断法研究进路进行理性反思，在简约梳理其来龙去脉的基础上对其优劣与得失予以客观评判，力求摆脱路径依赖，推进我国反垄

---

* 金善明，男，1980 年生，安徽天长人，现为中国社会科学院法学研究所经济法研究室副研究员，硕士生导师，研究方向为经济法。

① 随着越来越多的国家或地区建立市场经济体制，反垄断法的作用也被越来越多地认识。目前，全世界超过 125 个国家或地区建立了竞争法和竞争政策体制。除 15 个国家或地区之外，其中大多数是在 1990 年之后建立的。参见〔美〕威廉·科瓦西奇、〔英〕林至人、〔英〕德里克·莫里斯编《以竞争促增长：国际视角》，中信出版集团，2017，第 7 页。

断法研究进路的转型，以促进我国反垄断法文本规范的合理优化和准确适用。

一 中国反垄断法研究的演化进路

尽管各国（或地区）反垄断法在价值目标、规制范畴等方面仍存有诸多争议，但至少形成了这样一种共识，即反垄断法的基本精神就是维护竞争自由。[①] 我国经济体制改革的启动，为竞争的生成和反垄断法的实施提供了政策空间和制度可能。反垄断法在中国经历了从无到有、从立法到实施的生成与成长历程，这其中必然离不开反垄断法研究的知识供给和理论支撑。从理论上来说，研究进路在文本固定前后会呈现出一定的差异：文本固定前，相应的研究通常致力于文本规范的构建，具有浓厚的立法中心主义倾向；文本固定后，研究的重心则转移至规范的适用，相应的研究应关注执法者的活动以及裁判过程与方法。[②] 依此，笔者以2007年《反垄断法》文本的出台为节点，将我国反垄断法研究分为两个阶段予以展开论述。

（一）《反垄断法》颁布前的研究

法律是法学研究的对象性存在。研究对象的形成过程与特点，势必影响研究状态的演化过程与特点。[③] 研究的进路和结论亦会反作用于法律规

---

① 当然在具体研究中尚存有反垄断是目的抑或工具之争，即反垄断法所追求的“竞争”是目的还是手段的问题，但无论争论如何，“反垄断法保护竞争而不保护竞争者”成为反垄断法学界的格言。由于这一论题对于梳理反垄断法研究脉络影响不甚显著，因而在此不作赘述。

② 对此，有学者认为法律研究可以分为“上游研究”和“下游研究”：前者研究的是法律的产生过程，后者研究的是如何依据法律来解决各式各样的纠纷（参见喻中《从立法中心主义转向司法中心主义？——关于几种“中心主义”研究范式的反思、延伸与比较》，《法商研究》2008年第1期）。这是从特定法律角度来阐释文本固化前后的研究范式差异，亦有学者立足于整个中国法律体系的构建之研究而将相应的范式区分为“体系前研究”和“体系后研究”（参见陈甦《体系前研究到体系后研究的范式转型》，《法学研究》2011年第5期）。当然，这种研究范式的转型只是相对的，并非绝对。但对于考量既有研究时，这种分类方式则有利于逻辑展开和论证分析。因此，在对反垄断法研究进行回顾时，本文亦沿用这一分类思路和方法。

③ 陈甦：《体系前研究到体系后研究的范式转型》，《法学研究》2011年第5期。

范的生成和质量，制度构建前的研究则主要集中于回应社会现实诉求和制度构建的知识积累。中国反垄断立法的进程，印证了这一基本原理，即社会经济生活对反垄断法的需求与市场的成熟程度成正比。① 由于经济体制改革推进的程度和经济发展水平不同，不同时期的研究所提供的知识供给和对策建议亦有所差异。

1. 1993 年前，我国反垄断法研究处于萌芽状态，呈零星之势

1978 年前，竞争在我国经济生活中几乎处于灭绝的边缘，甚至是个敏感话题。随着“文革”后改革开放的推进，经济体制改革在曲折中前进并于 1993 年将市场经济体制写入宪法，确立了我国市场经济体制建设目标。社会主义市场经济体制的确立，其所改变的绝不限于经济领域，中国社会的各个方面都因此发生了巨大的变化，法治领域因之而发生的变化尤为明显而巨大。② 然而，由于这一时期，国家经济体制改革尚处于计划经济经由有计划的商品经济向市场经济转型的雏形之期，市场在资源配置中亦尚未取得基础性地位，竞争亦非经济运行的动力源泉和核心机制，经济治理仍倚重于行政等传统思维和手段而强调管理、规制。尽管经济运行中引入了市场化的因素，但垄断的影子仍弥漫在经济生活的每一个可触之处，因为经济生活虽有变化但仍基本沿袭着计划经济的制度与机制，而旨在规制垄断的反垄断法相对于中国无论官方还是民众无不是个陌生的事物，与之相关的研究自然稀少。严格来说，这一时期不存在独立的反垄断法研究，相关研究尚依存于竞争或不正当竞争行为规制研究而顺便论及，③ 其相应的研究内容主要侧重于诸如竞争、不正当竞争和垄断等概念性界定，笼统地强调市场竞争法律调整的重要性，并试图通过介绍或翻译域外相关竞争法论文以汲取制度经验和知识。

① 时建中主编《反垄断法——法典释评与学理探源》，中国人民大学出版社，2008，前言（代序）第 1 页。

② 陈甦：《当代中国法学的历程——〈当代中国法学研究〉导论》，《中国社会科学研究生院学报》2010 年第 6 期。

③ 有关竞争立法研究颇多，择其典型代表以表一二，如王希仁《试论企业竞争的法律调整》，《法学》1985 年第 3 期；张杰林《竞争必须在法律规范下进行》，《广东社会科学》1986 年第 3 期；杨春平、雷涵《关于我国竞争立法的理论思考》，《法律科学》（西北政法学院学报）1989 年第 4 期；吴汉东《试论市场竞争机制的法律环境》，《中南政法学院学报》1989 年第 4 期；王先林《浅论我国的竞争立法》，《安徽大学学报》1991 年第 4 期；等等。

2. 1993 年至 2000 年，反垄断法研究的独立性日显，但仍处于潜伏期，未成规模效应

1993 年发生的诸如《反不正当竞争法》颁布、“市场经济”入宪以及《中共中央关于建立社会主义市场经济体制若干问题的决定》出台等具有影响国家经济社会发展的系列重大事件，不仅引起了经济改革的热潮，更引发了“市场经济是法制经济”、“市场经济是竞争经济”等理论讨论。然而，遗憾的是，诸如此类的政治经济变化并未对反垄断法研究的深化产生显著效应，但激活了学术界至今仍争论不已的“经济法研究”，其着力强调市场机制具有积极效应的同时亦存在失灵现象因而需导入国家干预机制。[①] 在这一学术生态下，反垄断法的相关论题被内嵌于其中并作为经济法之重要组成部分而得以提及，尽管尚未形成以今日眼光所审视的研究规模，但从客观上唤醒了朝野对反垄断法的关注。因此，在所谓经济法研究视野之下独立存在的反垄断法研究成果较前一时期有明显变化，此时的反垄断法研究总体上呈现出系统化的研究态势，其研究内容主要集中在反垄断立法之目标追求、框架设计、功能定性、调整范畴等基础性问题，与此同时，亦会涉及诸如企业合并、公用企业垄断、适用除外、域外适用等制度性问题。[②] 但由于反垄断法理论不足、制度缺位、实践近乎空白等客观因素的存在，我国反垄断法研究面临着研究素材供给不足之现实，因而比较分析法成为反垄断法研究中常见工具。

3. 2001 年至 2007 年，反垄断法研究逐渐成为显学，朝着专业化分工方向发展

2001 年中国加入世界贸易组织（WTO），面临着深化市场经济体制改

---

① 在经济法学界，针对“政府 xx 市场”之间的动词“xx”选用问题，也是引发了种种争论，但在此笔者仅选用能够传递这一意思内涵的词“干预”。当然，笔者认为，无论是选用规制、调制，还是选用介入等词，其中根本性的一点应该是相同的，即政府为避免市场失灵（风险）而积极采取主动干预措施，以防范或制止市场失灵。因此，笔者认为，过多地纠缠于所谓用词不同、观点不同的无谓争论，不仅一叶障目，更是不见森林。

② 此时，反垄断法研究在经济法范畴内得以不断丰富和壮大，成果日趋丰硕，如戴奎生、邵建东、陈立虎《竞争法研究》，中国大百科全书出版社，1993；刘剑文、崔正军《竞争法要论》，武汉大学出版社，1996；曹士兵《反垄断法研究——从制度到一般理论》，法律出版社，1996；王晓晔《企业合并中的反垄断问题》，法律出版社，1996；张瑞萍《反垄断法理论与实践探索》，吉林大学出版社，1998；吴宏伟《竞争法有关问题研究》，中国人民大学出版社，2000。此外，相关期刊也刊发不少反垄断立法方面的研究成果。

革的制度承诺和客观诉求；2003 年通过的《中共中央关于完善社会主义市场经济体制若干问题的决定》则进一步要求"深化经济体制改革"，"完善市场体系，规范市场秩序"，"加快建设全国统一市场"。通过法治培育和改善市场机制，尤其是改善竞争运行环境，成为经济治理的首要环节，因而反垄断立法再次被推上国家经济生活的风口。此时的研究主要着力于满足反垄断立法及其规范构建之需，相应地，研究论题亦较为宽泛：从宏观层面来说，囊括了立法框架、价值重构、实施机制、知识产权规制等方面内容；从立法规范设计层面来说，则不仅就垄断协议、滥用市场支配地位和企业合并等反垄断法传统三大行为制度展开比较分析，还就中国经济体制转型中行政垄断规制及其规范构造予以创造性的关注。彼时，由于制度缺位和实践不足而使得比较分析方法备受学者青睐。

这一时期处于明显的经济体制转型之中，法本身构建的必要性尚处于争论之中，更遑论立足国情探寻契合自身经济需求之法制建设了。但当市场经济体制确立后，经济法治所需的相关制度规范就显得必要而紧迫了，尤其是内生需求和外部压力的结合更能催生制度规范及其相关机制的生成。反垄断法正是在市场经济体制逐步建立健全中因垄断规制需求与相应的制度规范缺失间的矛盾而问世，因而与此相关的反垄断法研究也随着这种需求变化而日渐变热。

（二）《反垄断法》颁布后的研究

法的功能在于通过法律规范实现目的与价值，因而法学所研究的问题实际就是一个实现既定的价值与目标的调整方式的特殊问题。[①] 反垄断法是经济运行中政府与市场之间博弈和平衡的结果，亦是国家公权力介入市场、维护竞争的制度形式和文本依据。静态文本转化为动态规制，是实现国家反垄断作用机制之必然；否则，再美的文本规范，也不过是"镜中花、水中月"。因此，《反垄断法》文本的出台意味着，我国反垄断法研究应转向更为具体的规范适用研究。

第一，2008 年至 2013 年，反垄断法研究日渐趋热、广受关注，但研

① 参见〔德〕伯恩·魏德士《法理学》，丁小春、吴越译，法律出版社，2003，第 133—134 页。

究样态呈两分化之势，即普及性的条文解读或教科书相继涌现与制度性的专业化研究不断增多并存。之所以如此，主要原因在于《反垄断法》关注度高，且相关宣传和培训的市场需求潜力大，因而各出版社竞相邀请相关专家或机构作权威解读、合理解释，一时间此类研究成果迅速问世。[①] 与此同时，一批以反垄断法研究为业的“学者”应自身研究旨趣、职业要求等就反垄断法中关涉的各类问题作碎片化或体系化的研究。此时的研究论题涉及范围颇广，包括反垄断法行为制度研究以及反垄断法规范在知识产权等领域的具体适用问题。反垄断法研究一定程度上转向了制度规范具体适用的研究，尽管研究对象或成果存有差异，但论证思路和逻辑却出现趋同，即“问题提出—中国相关制度现状——域外经验或规范做法—相应的启发或对策建议”；或者是，问题论证的框架基于自身的逻辑偏好和知识储备而构建相应的问题论证框架，以域外相关制度材料或判例内容作支撑。从逻辑次序角度来看，这种研究进路无可厚非，但仍存在问题与研究材料是否排异或者所得结论是否可靠等风险。故这一时期的反垄断法研究尚停留在《反垄断法》文本中的问题推测和假想这一层面，试图以比较研究方法通过借鉴域外文本规范和实践素材为中国文本中的问题寻找答案，而至于中国反垄断实践有或者将有什么问题和挑战，还没有获得真切关注。

第二，2013 年以来，反垄断法研究逐渐进入“新常态”，论题的选择与论证日渐转向行为规制研究本身。反垄断执法机构在制定和出台相关配套规定后逐渐增强执法力度，先后处置了数十起典型垄断案件，在赢得好评的同时也引起了质疑与争论。事实上，在这些争议的背后隐含着诸多值得深入研究的问题，这不仅是规范适用为理论研究提供的机遇，更是规范适用对研究提出的理论诉求。因此，在这一背景和情境中，就规范适用所可能遇到的挑战或掣肘之处提出问题并进行理论假设，通过比较分析给予

① 《反垄断法》颁布后，相继出版的条文解读本不下 10 本（主要集中于 2007 年底 2008 年初之间），具体信息不表。数量多本身并不是坏事，相反恰好表明此类研究的炙热与繁荣；但遗憾的是，质量高低暂且不论，部分读本内容要么相似，要么与相关作者先前著作内容重合或直接照搬至相关条文之下。例如，就北京大学出版社出版的《中华人民共和国反垄断法条文说明、立法理由及相关规定》（2007 年 9 月版）和法律出版社出版的《中华人民共和国反垄断法释义》（2007 年 10 月版）两个解读本来说，后者基本就是前者的缩减版，只是增加了附录部分。此外，同一执法机构不同官员分别出版各自的解读本，其目的与意义何在？当然，大部分解读本或教科书对《反垄断法》的解读和宣传发挥了积极作用，具有积极的学术和现实贡献。

论证，成为反垄断法研究的基本进路。在研究方法上，个别学者采用案例分析方法对本土案件和制度规范展开实证分析，[①] 以明规范之真实内涵和执法实践之得失。当然，从反垄断实践与规范体系的契合度出发对我国反垄断执法机构和法院反垄断诉讼的合目的性作整体考量和综合研究，亦成为新近反垄断法研究的新趋势。一方面，强调推进我国反垄断制度变革的必要性和可操作性。由于中国《反垄断法》立法蓝本是欧盟竞争法，但实施中深受美国反托拉斯法的影响，而产生了如何将各种借鉴的制度相互融合，以维持法律体系内在逻辑一致的问题。因此，中国应在目前所采纳的欧盟竞争法体系上，更好地梳理和确立自己的反垄断法体系，从而谨慎地推进制度变革。[②] 另一方面，主张优化中国反垄断法分析模式。分析模式是反垄断法适用的核心环节，但中国反垄断执法和司法机关在分析模式适用上存在差异，有悖法制统一性，因而需要在兼顾经济分析和法律形式主义的基础上借鉴国外成熟制度经验，并充分考虑中国反垄断法实施的约束性条件，型构中国恰当的反垄断法分析模式。[③] 不难看出，这是对中国反垄断法实施以来的总体情况进行系统研究和反思的体现，但问题的解决方案仍充满异域色彩，并未从社会之本触及中国问题解决之道，研究方法重落比较分析之窠臼，因而最终问题解决的效果仍待实践检验。

这一时期的研究亦呈现出行为制度研究精细化和规范适用研究专业化等特点。由于某些反垄断规制领域或行业的特殊性和反垄断法的固有特质，这就要求反垄断法适用时，不仅需要持谨慎的态度，更要给予合理的分析，以回应不断发展变化的经济社会和新出现的经济生态。与此同时，理论界和实务界逐渐发现，反垄断法并不足以有效消弭市场运行中竞争扭曲的情形，因为并非所有竞争扭曲行为是市场私人主体所致，既有的体制机制、规范制度、权力滥用等亦是导致相关情形的帮凶甚至是元凶。因此，学界对反垄断法的研究呈扩张态势，开始触及诸如竞争中立、竞争评

① 如李剑《标准必要专利许可费确认与事后之明偏见——反思华为诉 IDC 案》，《中外法学》2017 年第 1 期；李剑《横向垄断协议法律适用的误读与澄清——评“深圳有害生物防治协会垄断案”》，《法学》2014 年第 3 期；王健《垄断协议认定与排除、限制竞争的关系研究》，《法学》2014 年第 3 期；等等。

② 参见李剑《中国反垄断法实施中的体系冲突与化解》，《中国法学》2014 年第 6 期。

③ 参见叶卫平《反垄断法分析模式的中国选择》，《中国社会科学》2017 年第 3 期。

估等论题，[①] 这在一定程度上虽有利于营造竞争环境、维护市场竞争，但严格来说并不是反垄断法范畴的制度研讨，故在此不再展开。

二　中国反垄断法研究进路的理性反思

反垄断法是高级的市场经济之法，或者说，是市场经济发展到一定高度的产物。[②] 作为后起的市场经济国家，中国在市场经济建设中遭遇垄断之困时客观上亦必然需要制定相应的垄断规制之法，因而相应的域外制度与经验研究便成为其重要的知识供给和制度参考，也必然暗含着我国反垄断立法与执法中理论演化的逻辑。同时，为了更有效地发挥《反垄断法》应有功效，对其进行理性反思和制度评估，也是深化反垄断法研究的使命之所在。

（一）演化进路的内在逻辑

1. 文本颁布前规范构造研究的努力

我国《反垄断法》文本历经波折并最终于 2007 年颁布，此前相关研究主要是为了满足反垄断立法需求而展开的，即所谓“文本前研究”或“上游研究”。这一逻辑阶段的研究进路，主要从为什么要制定反垄断法、制定怎样的反垄断法以及如何制定这一反垄断法等维度展开，以回应现实需求、应对理论挑战。

其一，为什么要制定反垄断法，即反垄断立法必要性之论证，为中国反垄断法的制定和存在寻求正当性和合理性。由于反垄断立法背后隐含着对经济体制改革的要求，这在中国经济发展中是个渐进的过程，但经济发展本身和社会民众对反垄断法的渴望度远超过体制改革的进度，因而反垄断立法首先得冲破既有的观念藩篱和意识形态禁区。这就要求反垄断法研究需从两个方面提供相应的支撑，一是超脱于反垄断法制度构建之论证而

① 如张占江《中国法律竞争评估制度的建构》，《法学》2015 年第 4 期；王健《政府管制的竞争评估》，《华东政法大学学报》2015 年第 4 期；丁茂中《我国竞争中立政策的引入及实施》，《法学》2015 年第 9 期；等等。

② 参见史际春《〈反垄断法〉与社会主义市场经济》，《法学家》2008 年第 1 期；史际春等《反垄断法理解与适用》，中国法制出版社，2007，第 1 页。

强调体制改革之必然性和紧迫性，体制改革的核心在于发挥市场配置资源的基础性（党的十八届三中全会已将其升级为“决定性”）作用，其中关键设施便是竞争；另一则是着力于反垄断法自身规范功能之探究，以揭示其保护市场竞争之天然使命。这种制度性诉求的理论研究在文献中主要体现为“制定反垄断法的意义”①、“反垄断立法”等相关论题的研究。② 其相应的制度效果和体现，便是为反垄断立法及相应的研究营造专业的话语体系和良好的政策环境。

其二，制定什么样的反垄断法，即试图从理论层面上厘清中国需要什么样的反垄断法，以确保其未来文本规范之可行性和可操作性。现实之活法（Law in Action）不可能基于凭空假想而推演臆造，必然要立基于现实、经验与价值并借助相应的逻辑创制而成。这就要求相应的立法只能建立在充实的立法材料基础之上，而内生于市场经济体制的反垄断立法在中国却宛如巧妇为无米之炊，不仅既往的研究不足、规范缺位，甚至反垄断法所保护的对象即竞争亦并不充分、若隐若现。在此情境下，反垄断法不仅要规制所谓垄断，还要兼具培育和促进市场竞争之效。因此，在反垄断立法研究中，通过域外场景借用而模拟或设想中国遭遇垄断之可能及其形态，并依此导入和创设相应的规范体系，这是其中一类进路。与此相对应的是，立法框架、政策目标、性质定位、调整范畴等论题③成为此时学界关

---

① 如王晓晔、陶正华《WTO 的竞争政策及其对中国的影响——兼论制定反垄断法的意义》，《中国社会科学》2003 年第 5 期。

② 针对这一命题，先后有魏剑（《试论我国的反垄断立法》，《中外法学》1989 年第 3 期）、王晓晔（《社会主义市场经济条件下的反垄断法》，《中国社会科学》1996 年第 1 期）、曹士兵（《论中国反垄断立法》，《法制与社会发展》1996 年第 3 期）、王先林（《论我国反垄断立法中的两个基本问题》，《中外法学》1997 年第 6 期）、王丽萍（《我国反垄断立法的两个基本问题初探》，《中外法学》1998 年第 2 期）、王为农（《关于我国反垄断立法的再思考》，《中国法学》2004 年第 4 期）等学者就是否应该制定反垄断法、制定反垄断法的意义展开了分析，为我国反垄断立法之必要性提供了理论证据。

③ 诚如既有研究所表明，反垄断立法研究是项系统而长期的工程，有关文本研究仅是其中一部分，即便文本出台后相应的修法也是值得关注的。就文本制定方面的研究来说，先后有不同学者就不同论题展开分析，具体包括王晓晔（《我国反垄断立法的框架》，《法学研究》1996 年第 4 期）、陈秀山（《我国竞争制度与竞争目标模式的选择》，《中国社会科学》1995 年第 3 期）、王源扩（《我国竞争法的政策目标》，《法学研究》1996 年第 5 期）、沈敏荣（《反垄断法的性质》，《中国法学》1998 年第 4 期）、王庆湘（《试论我国反垄断立法所应规制的垄断》，《法学》1999 年第 11 期）等学者通过比较或规范的分析方法就上述论题展开分析。

注热点，亦为学者研究所青睐。另一进路则是所谓立足国情，针对体制转型中的“行政垄断”进行特色立法，其相对应的文献关切主要是行政垄断是否应由反垄断法规制的问题。①

其三，如何制定反垄断法，即将应然中的反垄断法在借鉴域外反垄断理论和制度经验的基础上转化为实然意义上的文本规范，以在经济生活中型塑体制、规范行为并保护竞争，亦是反垄断法文本制定中所不容忽视的问题。既有的研究成果能够为立法机关提供立法材料、启发源泉和对策建议等建设性的理论支撑，同时，开放性立法机制或民主立法程序的运行为相关专家参与反垄断立法提供了制度可能和实践机遇，方便其贡献专业知识和对策建议。由于市场机制发育不充分、反垄断实践的缺位，比较分析法成为我国反垄断立法研究中不可或缺的工具选择，不仅开阔了我国反垄断法研究的视野，丰富了我国反垄断法知识的供给，更是顺应了我国反垄断立法实践之势，契合了反垄断立法需要的必要之举。尽管比较分析法在我国反垄断立法中确实发挥了积极作用，但实践中也出现“比较法研究多于本土资源的挖掘”现象。②

2. 文本颁布后规范适用研究的尝试

《反垄断法》文本出台后，研究进路应由立法导向型的研究思维和方式转向规范适用导向型的研究思维和方式。文本后的下游研究旨在解决反

① 这一论题，起源于对我国经济体制改革中束缚市场活力的行政权干预之研究。由于经济体制转型中，行政权力时常遭到滥用而排除、限制竞争，因而被视为妨碍市场经济建设的一大顽疾。因此，对此类现象或行为予以规制，成为学界基本共识，只是是否应由反垄断法来承担而产生分歧。对此，学界也有诸多研究和成果，其中典型成果有黄勇、邓志松：《论规制行政垄断的我国〈反垄断法〉特色——兼论行政垄断的政治与经济体制根源》，《法学杂志》2010 年第 7 期；王晓晔：《行政垄断问题的再思考》，《中国社会科学院研究生院学报》2009 年第 4 期；许光耀：《行政垄断的反垄断法规制》，《中国法学》2004 年第 6 期；吴宏伟：《试论我国行政性垄断及其消除对策》，《法学家》2000 年第 6 期；张淑芳：《行政垄断的成因分析及法律对策》，《法学研究》1999 年第 4 期；王保树：《论反垄断法对行政垄断的规制》，《中国社会科学院研究生院学报》1998 年第 5 期；等等。

② 2008 年，王利明、周友军在《民法典创制中的中国民法学》（《中国法学》2008 年第 1 期）一文中指出，2007 年度民法典创制背景下中国民法学研究的其中一大特点是“比较法的研究多于本土资源的挖掘”。事实上，反垄断立法研究又何尝不是？比较法分析方法对于启蒙阶段的研究来说至关重要、不可或缺，为我国反垄断立法研究提供制度经验的借鉴和理论供给，但我国《反垄断法》出台至今已近十年，相关问题的研究仍未脱离当初制度移植式的简单对比分析，缺少基于反垄断法一般原理对本土资源的挖掘和中国问题的回答，不能不说有点遗憾了！

垄断法实施中最为关键的问题，即如何适用反垄断法规范并确保其与时俱进。

一方面，试图以比较分析方法寻求文本规范的“合理”解释。我国《反垄断法》颁布后，反垄断法本身固有的诸如不确定性、模糊性等属性，以及《反垄断法》文本简约等特性，不仅给我国反垄断实践带来诸多挑战，也为我国反垄断法研究预留了诸多空间和窗口。因此，如何合理解释文本规范，对《反垄断法》实施来说便显得至关重要，而与之相关的论题成为学界研究的焦点和重点，也就不难理解了。具体来说，相关市场界定、垄断行为违法性认定，以及反垄断法如何在互联网、知识产权等新兴产业或特定领域适用等问题，无不与文本解释密切相关。但诚如上文所述，作为后起的反垄断法国家，我国在《反垄断法》实施之初必然要借鉴和吸收域外有益制度与经验，文本解释和规范适用也不例外。无论是反垄断法正式解释中还是与之相关的研究中，规范适用中可能产生的问题形态及其所处场景、解决路径等内容的研究，都带着浓烈的异域色彩和情调，试图以此解决所谓因文本规范过于抽象而无法有效规制垄断的短板问题。一时间，诸如此类的问题，便成为研究中不错的论题选择。这不仅是我国反垄断规制现实的制度需求，也是《反垄断法》文本属性所导致的无奈之举。彼时的研究凸显了一定的回应性和及时性，论题选择亦呈现出不同程度的交叉和重复。当然，论题选择的重复本身并没有问题，但倘若相同论题下所开展的研究呈雷同或相似之趋势，或者说，其“研究成果”具有很大的同质化倾向，那么其研究效用就值得怀疑了。①

另一方面，仍延续着文本前立法主义的研究思维对文本规范作批判式建构主义研究。《反垄断法》出台后，执法机构通过规范解释和个案实施等路径和机制不断发挥其垄断规制效用，但文本自身也存有上文所述之不足而使得相关规范在实践中显得过于抽象、可操作性不强，因而以此为论

① 这种研究上的同质化倾向，在反垄断法研究中甚为明显。其原因可能在于，其有效研究的开展一方面需要有大量的实践素材，另一方面需要有与之相匹配的经济、行政等体制作支撑，当两者都有所缺失的时候，通过所谓比较研究移植或借鉴域外实践经验和制度规范则在所难免。当针对某一论题，选择的人愈多，其重复的概率和同质化可能性也就愈高。择一例来说，滥用市场支配地位行为的规制，是各国反垄断法的重要使命，我国也不例外。我国《反垄断法》出台前后，该论题成为学界研究热点，国内先后出版了至少4本专著，但细究其内部框架和研究内容，实际上具有很高的同质性。

题并展开相应研究理应成为文本后研究的重心之所在。与之相适应的是，研究进路亦应随之转型，切换至文本后的下游研究，关注规范适用中与文本解释相关的论题。然而，现实并未如我们所期冀的那样发生，研究进路依旧停留在体系前的上游研究思维之中，以立法主导型的思维和方法应对和试图解决规范适用中的问题和挑战，其基本论证路径大抵为："论题为我国法律规定者，就分析法律规定、列举域外经验、点出问题所在、提出修法意见；论题未被我国法律规定者，则明确论题意义、列举域外经验、阐述制度构造、提出立法意见"。[①] 这种为立而破的比较式研究，不可否认在规范建构方面具有积极效用，但在规范业已建立的情形下动辄以域外经验代替中国文本、以预设场景取代本土实际，着实不可取。这从客观上就要求我国反垄断法研究需要更新研究思维，转换研究进路，立足中国问题，依据中国文本规范，借鉴域外经验，探究中国反垄断之道。当然，这尚需在检验既有进路及其效用基础上进一步选择和推进进路的转型。

（二）研究体系的逻辑检讨

当制度运行环境发生变化，其相应的研究亦应随之进行改进，以为制度的有效实施和修改完善提供良好的理论基础和对策建议。这就需要对既有研究进行系统的检讨和反思，从而为改进研究提供有益参考。

1. 问题预设的合规律性，值得商榷

任何舶来之品，皆须有内生之诉求；否则，徒有文本形式而将罔顾当初立法宗旨或移植初衷。依据哈耶克观点，秩序有内部秩序和外部秩序之分：内部秩序乃是一种自发秩序，是"人之行动而非人之设计的结果"，是一种非依赖于人之目的的高度复杂的秩序；而外部秩序是一种组织安排，是人们刻意创造出来的，服务于人之目的的相对简单的秩序。[②] 与之相对应的是内部规则和外部规则，秩序的塑造与维系需要内部、外部规则的相互协调和共同作用，否则，易诱发秩序的失衡甚至紊乱。显然，反垄断法是国家塑造和建构的维护市场竞争的外部规则，但需与一国市场竞争

---

① 常鹏翱：《〈法学研究〉三十年：民法学》，《法学研究》2008 年第 3 期。

② 参见〔英〕弗里德利希·冯·哈耶克《法律、立法与自由（第一卷）》，邓正来等译，中国大百科全书出版社，2000，第 52—85 页。

之固有的内部规则相契合，方能和谐有效地打击垄断、维护竞争。因此，外部规则旨在顺应内在规律而影响或塑造社会秩序，但其前提是应了解和把握相应制度原生性的需求。对中国反垄断法来说，其天然职责在于确保经济体制转型和全面深化改革中市场竞争的可获得性和可持续性。

然而，既有的研究偏好或习惯于通过比较分析域外反垄断法理论构想与制度经验而获得移植式的结论或启发，认为中国反垄断法的目标追求和价值预期是消费者利益。这一理论预设的后果，便是导致执法机构将反垄断执法简单地等同于价格执法，只要出现价格异常便以反垄断之名介入。显然，这是对反垄断法的误解或曲解，反垄断执法旨在矫治垄断行为、保护市场竞争，但不等于价格规制。反垄断法的使命在于维护市场竞争，对于消费者来说则是其商品或服务选择权的保障而非一味的低价追求，否则就是一种简单而粗暴的“民粹主义”执法。之所以如此，其成因主要有两方面。一是我国反垄断法严格说尚无自身独立而系统的理论体系，仅有碎片化知识积累，而这些知识又主要是通过移植式或翻译式的方法或路径获得的。事实上并没有形成反垄断法的中国思维、规范表达和话语体系，因而无论在执法裁判中还是理论研究上都受制于或打上域外经验之烙印，呈现出理论不自信、执法实践简单粗暴的现状。另一则是，哪怕这仅有的碎片化知识积累，同质化倾向亦很严重。[①] 从时间维度来说，几十年来研究的论题未变，同一论题项下的研究思维、论证逻辑和文献材料也未曾有多大的变化或差异；从同一时代不同研究者来说，同一论题的研究亦呈现出诸多雷同或相似之处，同样在研究思维、分析方法、学说依据、观点主张等方面并无实质性差异。这种研究不仅无效，更是毫无意义。相应地，在此逻辑和生态之下，论题选择的科学性、合规律性，就不能不引起人们的质疑和担忧。

2. *研究方法的妥恰性，值得商榷*

每种学问都运用一定的方法，或遵循特定的方式来答复自己提出的问题。[②] 反垄断法研究源自中国经济体制改革和法治经济建设之制度诉求，却成就于立法实践的问题导向和域外经验的知识供应之合力。无论文本前

---

① 这从另一个侧面也许体现了当下中国研究缺乏创新抑或创新不足的根源在于，现行科研机制导致学术研究之自治性和回应性不强，而疲于应付，继而形成了压制型研究。

② 〔德〕卡尔·拉伦茨：《法学方法论》，陈爱娥译，商务印书馆，2003，第19页。

的上游研究抑或文本后的下游研究，皆致力于规范体系的构建与适用之研究，但本土思维和域外经验亦是其不容忽视的考量因素。由计划经济体制转型而来的中国试图通过构建契合自身需要的反垄断法，以培育和完善市场体制、矫治和保护市场竞争，但由于彼时主客观因素的限制，立法所需的具有当代特质的本土资源尚未达至自给自足的程度，因而基于场景借用的域外制度经验与理论研究成为我国反垄断法研究的材料来源便具有了正当性和合理性。在此逻辑之下，比较分析方法在我国反垄断法研究中占主导地位，旨在通过场景借用而由立法者甚至后来的执法者假想和预设我国市场运行中垄断行为表现及与之相应的规制路径，并依此创设或细化制度规范。这一研究方法的核心功能在于，通过场景借用而为中国立法者或研究者提供制度构建或适用的想象空间。

随着规范体系的完善和规范适用的深入，研究进路亦应作出相应的调整，即就中国问题理应依据中国法规范而展开分析，当然这其中并不排斥通过场景借用而借鉴或吸收域外经验，从而形成问题解决的思维模式或实践经验，但后者并不能代替现实的文本规范而成为判案依据。然而，遗憾的是，这一理论上的应然转换在反垄断法研究中的体现并不明显，有但也只是为数不多的零星式的展开。虽有部分学者开始就中国执法机构或法院的案件裁判展开研究，但既有文献更多地显示为“问题提出—理论界定—域外分析—中国出路”这一逻辑套路。与此同时，就文献中或文本上所呈现的研究方法就其形式表现来说貌似多元，但都可归为比较分析方法，因为这些形式上多元化的方法在域外研究材料中就已呈现，而国内研究实际只做了一件事，即受其启发而作制度移植式的研究或借鉴。尽管比较视野中渗透着抑或夹杂着经济学分析、（个案）案例分析研究方法，但这是原始文献中就已运用的，在国内比较研究中最大的贡献就是将其翻译为中文，因而并未形成自己独立的问题意识和方法自觉。事实上，方法的运用取决于研究的对象及其相应的研究材料供给。在制度与实践皆缺乏的情形下，为构建制度，比较分析方法自然成为首选之法。何况整个中国法治环境或生态皆为移植式的启发研究占主流，无论是民法抑或刑法，无不是如此。作为后来者的反垄断法，又何尝不是呢？但随着文本固定和适用，研究方法亦应作相应的调整，否则，便可能存有降低研究效用的风险。

3. 研究进路的合理性，值得商榷

研究进路的有效展开，依赖于论题的选择、依据的学说理论、采用的制度样本、借用的域外场景等因素的综合作用。但这些因素的合理达至，而非任意为之，无不需要长时间的经验收集与整理、理论推演与验证。通过对比分析既有文献发现，不仅反垄断法碎片化、知识同质化倾向严重，而且反垄断法研究进路亦具同质化现象。同一问题，有不同学者反复研究本应呈现百家争鸣之势，其结果是不仅观点主张相同或相似，而且论证逻辑、分析方法亦相同或近似，从而失去了学术繁荣的可能性而沦为简单的重复建设。抛开学术创新不足这一因素外，造成此类结果的原因还在于，缺乏对学术动态的把握和研究成果的尊重。这在学术研究中主要体现为，忽视对既有成果及其所蕴含的理论之梳理与综述（尽管未必能穷尽），因为系统的文献综述能够有效地反映当前特定领域的研究动态和研究水平，从而在一定程度上减少或防止重复“建设”和伪创新的出现。

与之相伴的是，论题选择之后分析论证的理论依据在反垄断法研究中亦呈现出简单的重复或无效的争论。譬如，习惯于欧美反垄断法分析思维的研究进路通常将哈佛、芝加哥以及后芝加哥等不同学派的经济学理论作为反垄断法实施或研究中重要的分析工具，从而能为合理地推导出结论提供更精确的经济学分析或证据。但在中国经济体制中和制度话语体系内，移植或吸纳上述理论的制度空间有多大、路径如何等似乎都存在无形的墙阻隔着域外理论的简单嫁接或吸纳。同样，在比较分析中场景借用是否经过系统分析制度规范或案例裁判本身的内部逻辑以及其所存在的社会环境（有时，甚至要从历史、文化等方面去考察），是否充分把握相应规范或判例的合理性，而非断章取义、按需索取。譬如，在讨论转售价格维持行为（Resale Price Maintenance，RPM）规制时，研究的切入点和进路理应是RPM是否损害了中国市场上的“竞争”，而非着力研究美国2007年*Leegin*案[①]中体现的转售价格维持行为规制由“本身违法原则”向“合理原则”

① Leegin Creative Leather Products, Inc. v. PSKS, Inc., 551 U.S. 877 (2007). 该案中，美国联邦最高法院推翻了1911年Dr. Miles案［Dr. Miles Medical Co. v. John D. Park & Sons Co., 220 U.S. 373 (1911).］所确立的依据本身违法原则认定RPM行为违法性的先例，转而采用合理原则进行分析判断。

的转向问题。[①] 后者充其量仅是借鉴和参考的知识供给，而不应成为评判中国反垄断实践的标杆。尽管对该案研究能够给我们提供经验性知识，但并不意味着中国就要遵循美国裁判思维、分析原则和历史轨迹。其关键点在于，RPM 对中国市场中的竞争是否产生排除、限制效果！其他论题的选择与研究，亦须同样关注这一立法初心与制度初衷。

毫无疑问，既有研究不仅为我国反垄断法学理论体系的确立与丰富作出了积极的学术贡献，也为我国反垄断法规范体系的构建与适用提供了相应的知识积淀和智力支持。但值得注意的是，问题场景、制度设计、规范目标甚至经济社会环境等因素皆是我国反垄断法研究中不容忽视的参数。域外经验或理论能否成功移植或借鉴，仍要取决于中国问题解决的目标预设与现实场景，但非为适用或导入域外制度经验而塑造与此相匹配的“中国场景”，否则，便是削足适履，值得警惕。当然，这并不是要否定既有研究对中国反垄断法制度构建与规范适用的贡献，而是强调要针对中国反垄断问题形成自觉自主的研究意识、思维和方法。

三　中国反垄断法研究进路的转型

《反垄断法》文本规范的确立，从客观上就需要对研究进路作相应的调整，即应由文本前的立法主导型研究转向文本后的规范适用型研究，以为规范适用与反垄断实践架起理论桥梁，为垄断行为的规制提供充分的制度依据和合理的规范诠释。这就要求，我国反垄断法研究应更多地站在规范适用者的立场上分析和解决相关问题。同时，需要展开更多的能动性研究，而不是简单地为相关政策作注脚、为执法（司法）作背书。因此，应选择合理的逻辑机制并运用恰当的研究工具，积极推进我国反垄断法研究进路的转型。

① 近来便有学者通过对美国近十来年纵向价格限制行为的反垄断规制情况进行梳理后指出，认为合理原则已成为国际惯例以及该原则优于中国和欧盟等司法管辖区采用的“禁止 + 豁免”原则的观点，是基于对 *Leegin* 案最高法院判决及该判决后十年发展碎片化了解的结果，在很大程度上是一种虚化的想象（参见卢延纯、苏华《美国纵向价格限制反垄断十年回顾：2007 年 – 2016 年》，《竞争政策研究》2017 年第 1 期）。

1. 赋予法教义学在反垄断法研究中应有的地位

反垄断法自身的不确定性和我国反垄断法文本的原则性，易致反垄断实践中出现两种倾向：一是执法机构通过出台解释规范以弥补法律文本之不足，实则形成“以解释代立法”之恶果；另一是偏好于援引欧美等域外制度或经验作为衡量中国反垄断执法妥恰与否的标准，实际形成“二次裁判”之怪现象。反垄断法文本在实践中犹如被架空，出现了离开了实施细则无法裁判、离开域外制度与理论无法探究中国反垄断得失之陋习，其根源在于《反垄断法》文本未被信仰或者说未被信服。法治精神的阙如、契约意识的淡薄、对竞争的质疑或担心等主观或客观因素否定或抑制了法治之内心束缚，从而使得普通民众难以信服反垄断法，甚至反垄断法研究者亦产生了“月亮还是国外圆”之心态而否定或者解构反垄断法，动辄以自身观念中的认识重构反垄断法。这在文献研究中并不鲜见，即抛开现行反垄断法规范而自说自话，但凡针对问题出谋划策时必然要主张立法或修改法律。因此，笔者主张，在反垄断法研究中导入法教义学的认识思维和研究进路。

法教义学的核心在于，将现行实在法秩序作为其坚定信奉而不加怀疑的前提，并以此为出发点开展解释、建构与体系化工作。[①] 当然，信奉并不是说就要墨守陈规，不能进行批判性研究或解构性研究，相反，更需要自反性现代化反思，实现自我更新和完善。法教义学是“由成熟的、解决法律问题的样本的经验组成的‘宝库’”，依据“法律制度所立足的世界观的基本价值”而“对法律适用具有重要作用”。“要取得学术认识上的进步，离开信条学（即法教义学）是不可能的，即使这种进步可能必须违背（现有的）信条。”[②] 这就意味着，反垄断法法教义学的导入并不是条文规范的搬运工，同样是学术创造过程，可以通过对既有规范进行审视和解释从而消解制度障碍和理论隔阂。当然，反垄断法研究进路的转型不应满足于或承袭于过往的比较研究，沉浸在域外理论与制度的导入，而应确立中国问题之学术导向，立足中国场景发现和分析问题，并检讨和反思既有的反垄断法规范。当然，还应值得注意的是，强调法教义学在反垄断法研究

---

① 参见白斌《宪法教义学》，北京大学出版社，2014，第20页。

② 参见〔德〕伯恩·魏德士《法理学》，丁小春、吴越译，法律出版社，2003，第148、146页。

中的作用，并不是要否定反垄断法研究应关注经济学、社会学等其他学科知识在规范适用中的运用和分析，而只是要在既有的制度框架和理论范畴内更有针对性地展开规范研究和实证分析。

2. 增强论题选择的中国意识

法的功能在于通过法律规范实现其所承载的目的与价值。目光在事实与法律规范间“来回穿梭”是法律适用的普遍特征。[①] 这实际是法律在具体案件中实现裁判功能的简略图，但并不是在每一个案件中目光都能够顺利穿梭的，尤其是当法律规范缺失或不健全时目光容易在法律这块面板上消失，此刻就需要循着目光消失的地方去寻找问题。之于反垄断法来说风险同样存在，反垄断法本身的不确定性与市场垄断行为的多样性和多变性时常使得反垄断法文本捉襟见肘，往返于垄断行为与文本规范的目光亦会黯然失色。但因法系、法治完备程度、市场体制发展水平等因素的不同，各国反垄断法实践中所遭遇的问题亦会有所差异。因此，在论题选择上，应立足本国市场运行中反垄断问题的法治研究。

当然，任何一个国家反垄断法实施所遭遇的问题，通常会呈现出两种品相：一是与国情无关的具有普遍性的问题，另一则是特定或个别国家市场中方会遭遇的问题。对于前者，即便是普遍性问题，域外制度与经验虽能够提供良好的知识供给和对策启发，但亦应注意，“纸张上的法律或许可以是外国的法律，但法的实践注定只能是中国的实践”，[②] 因而为其提供智力支撑的研究亦必然要立足中国的问题。对于后者，处于转型中的中国在市场经济运行中遭遇到的而又亟待研究的问题，不应回避，研究中更不应大而化之地一带而过。譬如，国有企业垄断问题，无论是在中央政策文件中还是黎民百姓生活中都引起了关注，然而，通过文献检索却发现相关研究甚少，[③] 但这绝不意味着这个问题不重要。与此同时，研究在于发现真问题，探寻事物中的“真”，与实事求是之“是”具有相同之处。若仅仅依循“国外有—中国没有”的比较逻辑而机械地将相关制度或经验不加区分地导入中国，可能导致陷入研究低效、实践无效的尴尬境地。因此，在强调研究论题选择要具有中国意识的同时，更要强调选择和研究“真问题”。

---

① 〔德〕伯恩·魏德士：《法理学》，丁小春、吴越译，法律出版社，2003，第296页。

② 江伟：《民事诉讼法学的发展》，《法学家》2009年第5期。

③ 事实上，既有文献表明，我国反垄断法研究中经常出现“蝴蝶效应”。

3. 以问题为导向多维并举、综合研究

研究的目的在于为实践提供知识供给和智力支持，以解决竞争治理中所遭遇的各式问题。但法学研究中，探究问题解决方案或者理论证立时通常陷入某一特定部门法思维之中，难觅更开阔的问题解决视野。对反垄断法来说，问题研究的维度和方法主要从两个方面展开。一是比较分析思维和方法。恰如前文所述，几乎可以将所有的研究进路和路径，在某种程度上都归化为比较分析的范畴。2007 年（更准确地说，是 2008 年）前，由于制度和实践的双重缺失，研究的现实动力源自制度构建的期许，然而现实土壤无法有效地提供足够养分孕育或创制制度规范及其实施机制，比较分析的思维和方法占主流或成为主要研究方法便有其正当性和合理性。然而，《反垄断法》实施后，这种研究状态和思维在文献中并未没有得到根本性的扭转和改变，依旧迷恋于欧美制度思维并以其规范标准来判断中国反垄断执法之是非对错，继而作相应的规范检讨。因此，从这个角度来说，反垄断法研究应摆脱仅有比较分析思维和方法之定势，而导入诸如法社会学、法史学等研究思维和方法，充实问题研究的基础和厚度。另一就是经济学分析思维和方法。这是源于所谓反垄断法的经济属性，反垄断法研究具有很强的交叉学科特质，因而在诸多问题研究中导入所谓经济学分析方法。但对于中国当下反垄断法学者来说，经济学的研究与运用实际仅限于概念厘清这一层面，难以通过技术性符号或数理分析模型来解释或解决相关问题，因而其结果亦难免显得十分蹩脚。

上述研究方法通常局限于某一领域而容易僵化问题解决的思维。事实上，为有效回应或解决垄断规制问题，需要理论研究能够提供多维论证、多面思考的综合性研究方案或解决方式，并非如因受部门法划分思维禁锢而就某一问题仅从某一特定学科提供“专业性”建议。尤其是，诸如电信、互联网等信息科技行业的反垄断执法或研究，都无法依靠某一个视角、某一个法条就能解决问题或厘清来龙去脉。正是基于此，笔者认为，反垄断法研究亦须随着反垄断法规范适用领域的拓展和深化而不断更新和提升认识水平和研究能力，即在整个法律体系范畴内，反垄断法研究应从实体与程序、权力制约与权利保障、行政程序与司法审查、监督与救济等方面并举，对行为规制或问题定性展开研究；在法律体系之外，反垄断法研究应注重经济、社会、历史等学科知识的综合运用，提升反垄断法研究的水平和可信度。

值得注意的是，反垄断法研究进路从客观角度来说需要转型，但这一过程并非一蹴而就，是个过程抑或需要有个过渡期。透过文献不难发现，中国反垄断法的研究进路确实在转型，其问题的本土意识亦正在觉醒，只是不够或不充分。

四 结语

综上可见，彼时的反垄断法研究理论供给不足，同质化倾向严重，纠缠于域外经验与思维模式，而忽视或缺乏本土意识。然而，随着反垄断法实施的推进，本土化的问题意识不断增强，研究方法亦日渐自觉、自立，逐步形成了相对成熟的研究路径和方法。虽然反垄断法研究中所遭遇的问题因其经济属性、市场规律等因素影响而具共同性，但因各国自身经济发展水平、法系传统、规范文本、执法力度等因素而对研究方法产生差别化的影响。在尊重一个国家（地区）特性的同时，更应尊重具有共同性的价值或工具，比如经济学的运用。尽管这也只是工具性的，但它对反垄断法运用来说却是不可或缺的方法。反垄断法制度构建或适用中存在的问题需要研究，但研究本身亦需要研究，以实现研究能力的更新、维护和保证研究的品质。但愿随着时间的推移，中国反垄断法研究者不仅能冲破学科知识限制的藩篱，更能打破体制、机制方面的禁锢而取得更有质地的研究成果，从而为中国反垄断法规范体系的完善和规范适用提供更为丰富的理论支撑和制度参考。

（本文原载于《法商研究》2017 年第 4 期）

四　财税金融法学

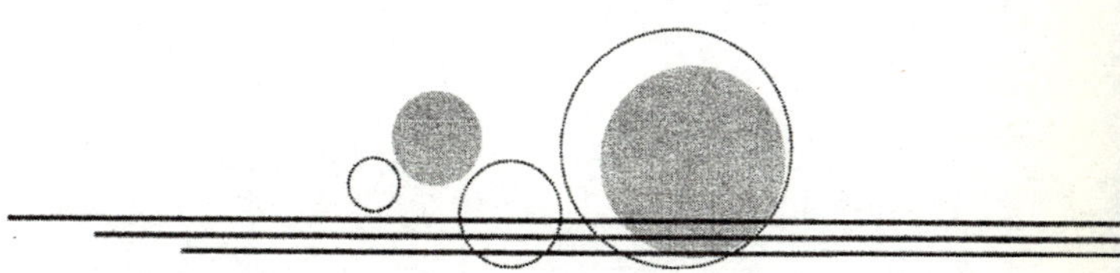

税收法定主义发展之三阶段

丁 一*

税收法定主义发轫于英国1215年的《自由大宪章》，确立于近代资产阶级革命宪法，之后随着民主宪制的发展而不断前行、深化。从近代到现代，税收法定主义大致经历了从国民主权的形式法定到税收正义的实质法定的升华。本文考察域外税收法定主义的发展，意在为当前我国“落实税收法定原则”的改革实践提供激励与思考。

第一阶段：国民主权与形式的税收法定主义。

“法治国家之发展史莫不显示，先形式而后实质。”① 税收法定主义原则也是如此。当近代资产阶级民主革命成功后将税收法定主义写入宪法时，其主要表现为形式意义的税收法定——国民依照法律方有纳税的义务，而法律只能由民选的国会制定，税的行政与裁判只能依据法律进行。如此，国民通过自己选举的代表决定自己的税收负担问题，由此实践古老的“征税同意权”② 以及“无代表则无税”③ 的税收民主主义理想。

---

* 丁一，女，1972年生，湖北应城人，现为中国社会科学院法学研究所图书馆工作人员，研究方向为经济法。

① 黄茂荣：《税法总论：法学方法与现代税法》，台湾植根法学丛书编辑室，2012，第158页。

② 征税同意权为中世纪欧洲封建贵族根据封建契约所享有的古老的习俗权利。意即在领土分封制下，封臣有缴纳赋税、提供骑士兵役的封建义务，领主则有保障封臣领地上自由、财产与安全的保护义务。除此之外，如若领主要额外征税，必须征得封臣同意，否则即是不义，可能招致封臣的反叛、驱逐甚至杀害。君王当时是最大的封建主，因为王权的专制倾向，使得封建贵族一再迫使君王认可征税同意权、人身自由权等古老的习俗权利，直至1215年自由大宪章首次以成文法的形式明定“设无全国公意许可，将不征收任何免役税和贡金”。参见丁一《纳税人权利研究》，中国社会科学出版社，2013，第59页以下。

③ 贵族的征税同意权逐渐发展为有骑士、市民广泛参与的议会征税同意权。而在北美殖民地时期，与英国的抗税斗争，使得殖民地人民打出“无代表则无税”的口号，重申古老的征税同意权。参见丁一《纳税人权利研究》，中国社会科学出版社，2013，第100—101页。

形式的税收法定主义包含三个子原则，即课税要件法定原则、课税要件明确原则和税务合法性原则。课税要件法定是指有关纳税主体、征税对象、征税对象的归属、税基、税率、纳税方法、纳税期限以及税收减免及加重事项等课税要件，均由国会自己制定的法律加以规定（即国会保留原则）；课税要件明确要求课税要件的规定应力求明确、特定以便纳税人可以大致预测其税收负担并具有计算可能性；[①] 税务合法性原则意指税务机关必须严格按照税法的规定进行税收的核定与征收，而不能根据恣意的判断来解释与适用税法，对于满足构成要件的税收债权必须严格、公平地执法，不允许选择执法、税收协议排除行政裁量。[②] 三项子原则中前两项体现了税收法定主义在立法方面的要求，后一项则是执法方面的要求。[③]

除上述三个核心子原则外，由形式的税收法定主义衍生出溯及效力禁止原则和类推适用及其他法律补充之禁止原则。因为法律的溯及效力必然使法律保留的要求在时空上实质被挖空，即便按照法律明文规定有溯及效力的法律，也仅限于对纳税人有利的变更，而不允许做不利的变更。[④] 与民法领域不同，税法领域应严格解释和适用税法规定，不允许进行所谓的法规的类推以及扩大性解释与适用。[⑤] 此外，行政机关若要制定法规性命令，必须有法律授权，且这种授权不能是概括性的、一般性的授权，应尽可能符合个别的、具体性的要求。还有一个常见的问题是税务通告是否具有法源性质。尽管税务通告在实践中具有相当的意义，在现实中往往发挥与法律相同的作用，但其性质属于行政内部规定，对纳税人及法院不具有法律上的拘束力。因此，在税收法定主义原则下，应彻底否定通告具有法

---

① 税法领域原则上不允许使用不确定的法律概念、概括性条款以及自由裁量的规定。北野教授认为，从法理上讲，在税法领域根本就不存在所谓税务机关原本的自由裁量权。参见〔日〕北野弘久《税法学原论》（第4版），陈刚等译，中国检察出版社，2001，第65页及脚注1，当然，不确定的法律概念并不能完全排除使用，这在后文实质税收法定主义发展阶段还会谈到。

② 参见陈清秀《税法总论》，元照出版有限公司，2012，第48—50页。

③ 〔日〕北野弘久：《税法学原论》，陈刚等译，中国检察出版社，2001，65页。

④ 参见黄茂荣《税法总论：法学方法与现代税法》，台湾植根法学丛书编辑室，2012，第158页；〔日〕北野弘久《税法学原论》，陈刚等译，中国检察出版社，2001，第68页。

⑤ 〔日〕北野弘久：《税法学原论》，陈刚等译，中国检察出版社，2001，第67页。

律渊源的性质。[①]

形式的税收法定主义是与形式的法治国同步发展的。如同形式的法治国原则具有民主保障功能与法的安定性功能一样，形式的税收法定主义也具有两大主要功能：一是践行税收民主主义原则；二是给予纳税人法安定性及税负可预测性利益。回顾税收法定主义的发轫，可以看到未经纳税人同意的征税往往是苛捐杂税，不受法律约束的君王总趋于横征暴敛，只有纳税人自己决定自己的税负，才能衡平国家的财政汲取权与国民的财产权，才能免于税收不义和真正维护纳税人的自由、平等与尊严。[②] 这就是为何民主法治国家一定要将课税权保留给国会行使，且征税议案首先由众议院提出。国家的存在使得税收必然介入国民的财产自由权，必须以法的形式安定性来保障纳税人对自己税收负担的可预测性，从而可以从容安排治产与生活。

总之，处于第一阶段、按传统观点理解的税收法定主义，“是被简单地归结为一种确保税收领域中法的安定性、法的预测性的法律手段”，它重点不在于制约立法，而是“通过阻止在税法执行过程（行政和裁判过程）中滥用权力的方式，以发挥维护纳税人权利和保障自由权的作用”。[③]

第二阶段：税收正义与实质的税收法定主义。

形式的税收法定主义基于对民主宪制的信赖，也因为经验不足，尚未设防由民选产生的国会可能制定出不符合实质正义的税法。所以第一阶段的税收法定原则，对于国家的课税权，往往只是从人民有依法律纳税的义务出发，只要满足于依法课征的形式要件即可，对于不合理的税收负担或课征方法“了无戒心”。[④] 然而民主代议制的缺陷，使得民选代表不一定真正代表民意，形式法律的内容可能自始即不符合税收的实质正义标准。

---

① 参见〔日〕北野弘久《税法学原论》，陈刚等译，中国检察出版社，2001，第 66 页。当然，从实质的税收法定主义来看，鉴于通告的实际功能，为了使通告的内容更趋于合理，有必要准用立法过程制定重要的通告，将“正当程序”及“程序上的公正”引入重要通告的制定过程。另外，应准用税法解释、适用的标准对通告的内容是否适当作出客观的评价。同见北野书第 66 页。

② 如同古老的法谚所言，“谁来同意、便不会不义于谁”（Volenti non fitinjuria - - Latin：“to a willing person，injury is not done”）。

③ 〔日〕北野弘久：《税法学原论》，陈刚等译，中国检察出版社，2001，第 70—71 页。

④ 黄茂荣：《税法总论：法学方法与现代税法》，台湾植根法学丛书编辑室，2012，第 162、158 页。

“如果在立法过程中炮制了不合理的税法，而在执行过程中因遵从租税法律主义法理而被迫得以严格执行，其结果将是有害无益的。”因此，“作为二十世纪宪法的一个重要任务，就是要通过制约立法过程中的滥用权力现象，以构塑‘租税法律主义’”。① 二战后发展出来的实质税收法定主义原则主要表现为运用实体宪法原理，包括平等原则、比例原则以及财产权、生存权等基本权保障，制约议会课税立法权，实现税收正义。

1. 量能课税原则

所谓实质的税收法定主义，意即税法不仅仅是遵守国会保留原则制定出的法律，而且是符合宪法秩序的法、契合宪法法理的法、保障纳税人基本权的法。这首先表现为宪法中的平等原则在税法中的贯彻与执行。由于税收是无对待给付的强制公课，所以只能按照国民的税收负担能力平等分摊，这凝练为税法上特有的原则，也是体现税负分配正义的税法建制原则——量能课税原则。尽管此项原则早在第一阶段的税收法定主义中即已确立，② 但其内容在立法乃至行政、司法中得到深入贯彻执行，则属第二阶段的开展。

德国联邦宪法法院裁判直接从宪法的平等原则导出量能课税原则，将此项基础课税原则定位于宪法位阶。其典型的见解是“是否以及在何种范围内，立法者在宪法上负有义务缓和或除去此种不平等的情形，乃是应依据从基本法第 3 条第 1 项（指平等权规定）所导出税捐正义的要求的基准（立法者应受此基准的拘束），加以审查，因此，课税应取向于其经济上的给付能力……” [BVerfGE 67, S. 290 (297)]。量能课税原则比平等原则更具可操作性，要求税收负担的衡量应就个人为之（人税），应负担的对象为供私人使用的经济财（税收客体），所课者应为收益部分而不及于财产本体，税后仍留有可供私人使用的经济财（税基）。换言之，量能课税原则在宪法上的任务，是负担的衡量应以个人为准，课税时应保障财产权且平等课征。③

量能课税原则不仅具有分配正义功能，而且具有纳税人权益保障功

---

① 〔日〕北野弘久：《税法学原论》，陈刚等译，中国检察出版社，2001，第 76 页。

② 例如法国《人权和公民权利宣言》第 3 条规定：“为了维持军警力量和行政费用，公共捐税是不可少的，此项捐税应当在全体公民中按照他们的能力平等的分摊。”

③ 参见陈清秀《税法总论》，元照出版有限公司，2012，第 28—29 页。

能，能保护纳税人免于超过给付（负担）能力的负担，并确保最低限度的生存，且考虑到营业支出以及不可避免的私人支出可以从所得额的计算基础中扣除（净利原则），它尤其要求适当的课税计算基础。[①] 此外，它并非仅为立法所应坚守，也是税法解释适用中不可轻忽的原则，解释适用税法时应斟酌税法规定的经济上的意义及实质课税的公平原则进行。[②] 在解释适用有疑义时，既不应一概为“有利于国库之解释”，也不应一概为“有利于纳税人之解释”，而应取向涵摄税收正义的“量能课税的公平负担原则”，衡平考量征纳双方的利益。[③] 如若欠缺正当理由，仅为一群人或仅为某些个人的缘故，而给予税收优惠利益，则构成税捐特权，违背平等原则和量能课税原则，属不正当的税捐利益以及税源的不合法赠与。[④]

“在税制的建立与实行上，量能课税原则的要求不仅表现在个别纳税义务人的层次，用以选择税捐客体，规范税基之计算，衡量纳税义务人及其受抚养亲属或家属之最低生活需要，以确保只对于有负担税捐之能力者，并按其能力大小定其税捐义务的有无及数额。”“此外，在纳税义务人全体的层次，用以厘定国家税入占国内生产毛额的最适比例。此即国家税入的最适规模的问题。”[⑤] 由此，量能课税原则不仅决定国民之间如何公平分担税负的问题，而且是国民全体对国家履行纳税义务的限度问题。超过国民能力的负担即是不正义的税收负担，国家无权要求。这一点在后面的财产权保障以及第三阶段税收法定主义的开展中还会提及。

2. 比例原则

进入20世纪下半叶的国家，因应职能的扩张而广泛运用税收作为财政收入目的以外的政策工具，以推动经济、社会或文化目的，由此推动了宪

---

① 此为台北高等行政法院九十年度诉字第四七九六号判决见解，该判决得到我国台湾地区“最高行政法院”九三年度判字第五九号判决的支持。参见陈清秀《税法总论》，元照出版有限公司，2012，第29页。

② 实质课税原则实为量能课税原则在税法解释适用中的运用与要求。

③ 参见陈清秀《税法总论》，元照出版有限公司，2012，第34页。若一概考虑纳税人利益，可能会偏于个别纳税人利益而罔顾整体纳税人利益。

④ 参见陈清秀《税法总论》，元照出版有限公司，2012，第38页。

⑤ 黄茂荣：《税法总论：法学方法与现代税法》，台湾植根法学丛书编辑室，2012，第137—139页。

法上比例原则[①]在税法中的适用。虽然为增进公共利益，以法律或其明确授权的命令，设例外或特别规定，给予特定范围纳税人减轻或免除税收的优惠措施，并非为宪法平等原则所不许。但这种差别待遇必须有正当理由，[②] 即必须经由另一个合乎事理的原则加以正当化，如公益原则（Gemeinwohlprinzip）、需要原则（Bedürfnisprinzip）或者功绩原则（Verdienstprinzip），[③] 同时还必须接受宪法的检验。检验的要点为三：其一，是否为经济、社会、文化政策目的所必需；其二，其手段是否有效、经济且必要；其三，是否有法律为其课征的规范基础。其中，第二项就是比例原则。

比例原则也称禁止过分原则，在此是指税法或税务行政（在其裁量的范围内）不得过分地进行不必要的规定或指令，而应满足下列三项要求：（1）为达成目标所必要（必要性要求）；（2）有达成相同效果的多个手段可供选择时，选择对于人民基本权利最少侵害的手段（适当性要求）；（3）对于关系人或第三人产生的不利益，与所追求的利益成比例（相当性要求）。税法的规定如果属于财政收入目的以外的政策目的规范，则必须接受比例原则的合宪性检验。[④] 立法者对此类税收经济法的制定有说明义务，税收课征是否逾越必要的限度，虽然不是立法机关必须说明的事项，但却是事

① 比例原则在我国台湾地区被肯认为宪法上原则。我国台湾地区“宪法”第 23 条规定，“以上各条列举的自由权利，除为防止妨碍他人自由，避免紧急危难，维持社会秩序或增进公共利益所必要者外，不得以法律限制之”。此为国家权力滥用的禁止规定，同时重申限制人民的基本权利必须有法律为其依据，且限制不得逾越必要的程度，此即比例原则在宪法上的明文规定。参见黄茂荣《税法总论：法学方法与现代税法》，台湾植根法学丛书编辑室，2012，第 133 页。

② 黄茂荣：《税法总论：法学方法与现代税法》，台湾植根法学丛书编辑室，2012，第 134—135 页脚注 8。

③ 公益原则、需要原则以及功绩原则是在衡量税法上有关经济、社会、文化目的规范（或统称为税收经济法）的合宪性而发展出的原则。其中，公益原则即一般的公共利益原则，有关税收优惠或者税负加重（如课征环保税收、烟酒税等）的规定，必须经由维护或增进公共利益加以正当化。需要原则是考虑经济上的需要而给予税收优惠。例如为促进家庭利益、鼓励结婚及生育而给予税收优惠，或者为了劳资双方地位平衡而对劳工的所得给予税收优惠，均属于需要原则的表现。功绩原则则是对于增进公共利益的特定行为给予酬谢性优惠。例如立法者对于发明或公益捐助给予税收优惠，或奖励投资于经济弱势领域，或为公益目的，如环境保护或文化历史建筑的保护，而给予税收优惠。参见陈清秀《税法总论》，元照出版有限公司，2012，第 38—39 页。究其实质，这三种原则均为增进公共利益的具体考量，可统合于公益原则之下。

④ 参见陈清秀《税法总论》，元照出版有限公司，2012，第 59—60 页。

后重要的司法审查事项。[①]

比例原则在稽征程序中也有广泛运用，是保护纳税人权益的重要检验标准。稽征经济的考量常常被立法或税务行政机关引来说明，对于某一课税事实之所以不全然遵守量能课税原则，是因为财务行政上的技术困境（即可行性问题）。由此，纳税义务人可提出的经济性要求是比例原则，该原则要求手段与目的之间在经济上具有必要性与相当性。[②]

3. 基本权保障

宪法对课税的限制除了平等原则、比例原则外，还有人民基本权保障，或者说纳税者基本权保障。这突出表现为生存权保障、财产权保障、婚姻及家庭保障三个方面。

生存权保障。生存权是最基本也是最为重要的一项人权，它要求税收上的给付能力应远离生存的最低限度，对纳税义务人及其家庭的社会、文化的生存最低限度应予保障。[③] 德国基本法将其提高到人性尊严的高度，《基本法》第 1 条第 1 项规定：“人性的尊严不得侵害。尊重并保护人性的尊严是所有国家机关的义务”。德国联邦宪法法院据此指出：“人民之所得中，在其为得到符合人性尊严之生活最低条件所需的限度，应予保留免税”（BVerfGE 82，60）。德国学说与实务进一步在该原则下，具体化为个人所得税法中的主观净额原则。依该观点，个人综合所得净额计算上的免税额及各种属人因素的扣除，属于不应计入所得税税基的所得，而非来自国家所得税的优惠。[④] 所得税扣除中下列项目最具最低生活保障的意义：免税额、扣除额中的标准扣除额或列举扣除额中的保险费、医药费及生育费、灾害损失，特别扣除额中的残障特别扣除及教育学费特别扣除等。[⑤]

财产权保障。由于课税必然减少纳税人的财产，所以传统认为，只要有税法作为课征的依据，其课征便无侵害宪法所保障的财产权的问题。直

① 参见黄茂荣《税法总论：法学方法与现代税法》，台湾植根法学丛书编辑室，2012，第 133—134 页。

② 参见黄茂荣《税法总论：法学方法与现代税法》，台湾植根法学丛书编辑室，2012，第 135—137 页。

③ 参见陈清秀《税法总论》，元照出版有限公司，2012，第 32 页。

④ 参见黄茂荣《税法总论：法学方法与现代税法》，台湾植根法学丛书编辑室，2012，第 145—146 页。

⑤ 参见黄茂荣《税法总论：法学方法与现代税法》，台湾植根法学丛书编辑室，2012，第 146 页脚注 25。

到20世纪70年代，德国学者才开始从德国基本法第14条关于所有权与继承权的保障，亦即财产权的保障出发，探讨过度课税的问题，包括综合所得税的累进课征的界限、财产税法上税负与法定当有孳息间的适当关系等等。[①] 依量能课税原则，财产当有的孳息应足以支付其税负。否则，纳税人为缴纳财产税，势必支用其他来源的资金（含借贷或处分财产），这已与财产税的建制原则相违。财产税的课征基于这样一个假定：孳息所得为劳务所得的上层所得，理当有高于劳务所得的负税能力。其建制本来仅在于对非劳务所得，在所得税税前加征一定比例的孳息税。因此，其增加的负税能力至多只能以其孳息的全额为上限。[②] 德国联邦宪法法院（BVerfGE 93, 121, Leitsatz 3）因此认为：财产税与所得税两者相加，不得超过通常自该财产可取得的孳息的一半，此即税不过半原则（der Halbteilungs - grundsatz）。[③] 其法理在于，宪法保障人民的私有财产权，财产权虽然负有社会义务（即应同时为私人的利用及有利于公共福祉），但不能反客为主，负担税收的社会义务，不应超过应有及实有收益的半数（BVerfGE 93, 138）。[④] 关于税收课征是否因为过重而侵害到所有权或财产权的问题，近年也常常在遗产税的税制上受到讨论。[⑤]

婚姻及家庭保障。宪法对于婚姻及家庭保障，体现在税法上主要是禁止对家庭不利的税收待遇。这主要表现在下列事项上：一是对于纳税人及其家庭基本生存所需的费用不予课税（私人的净额所得原则）；二是对于强制性的抚养义务必须符合实际地加以考虑（家庭所得分配原则）。例如小孩的抚养费用，与纳税人的一般生活费支出不同，是为了小孩本身的利益且不可避免，因此不具有可税性。德国联邦宪法法院1998年裁判认为，小孩的照顾需要属于家庭基本生存权的一环，其照顾费用在所得税法上应予扣除，所得税法第32条第33条c规定未准予扣除，抵触了基本法第6

① 参见黄茂荣《税法总论：法学方法与现代税法》，台湾植根法学丛书编辑室，2012，第141页脚注17。

② 参见黄茂荣《税法总论：法学方法与现代税法》，台湾植根法学丛书编辑室，2012，第141页脚注17。

③ 参见黄茂荣《税法总论：法学方法与现代税法》，台湾植根法学丛书编辑室，2012，第141页脚注17。

④ 参见陈清秀《税法总论》，元照出版有限公司，2012，第66页。

⑤ 参见黄茂荣《税法总论：法学方法与现代税法》，台湾植根法学丛书编辑室，2012，第145页脚注22。

条第1项、第2项关于婚姻及家庭应予保障的规定（BVerfGE 99，216，245f）。[①] 另外，我国台湾地区对夫妻间所得合并计算并适用累进税率课税，也被认定违宪，理由是“按婚姻与家庭根基于人格自由，为社会形成与发展之基础，受宪法制度性保障。如因婚姻关系之有无而为税捐负担之差别待遇，致加重夫妻之经济负担，则形同对婚姻之惩罚，而有违宪法保障婚姻与家庭制度之本旨”。[②]

依德国经验来看，第一阶段与第二阶段的税收法定主义有不同的关注重点：形式的税收法定主义主要关注实体法上的依法课税原则、法律构成要件理论、程序法上的税收秘密、救济保障及依法听审等；第二次世界大战后发展出来的实质税收法定主义原则则将税收正义、课税的正当性、量能平等课税原则，以及自由权的课税界限等问题作为关注的重心，这极大地丰富了税法学的实质正义内容，使之不再只是研究课税技术的形式法学。[③] 日本的经验则是，税收法律主义发展的第一阶段主要是通过阻止行政过程、裁判过程中发生的权力滥用现象来消极保护纳税人的自由权，第二阶段则是通过制约立法过程中的权力滥用现象，积极维护纳税人的自由权，从而使纳税人基本权的保障在税收法律主义的发展下贯穿立法、行政和司法全过程。[④]

第三阶段：税的征收与使用一并贯通的税收法定主义。

如同形式的税收法定主义并未在实质的税收法定主义发展阶段消失一样，第三阶段仍是实质的税收法定主义继续深化的过程，也是形式的税收法定主义与实质的税收法定主义更为交融的时期。[⑤] 以授权立法为例，形式的税收法定主义是排除税收领域有授权立法存在的，但是实质的税收法定主义因应变化了的形势需要而有限、谨慎地允许授权立法，这包括重要的税收构成要件禁止授权立法，授权应遵循明确性要求并接受比例原则的

① 参见陈清秀《税法总论》，元照出版有限公司，2012，第67页。

② 参见我国台湾地区司法院大法官释字第696号解释理由书，转引自陈清秀《税法总论》，元照出版有限公司，2012，第68页。

③ Lang，in：Tipke/Lang，aaO.（Fn. 2），§4 Rz. 52. 另参见黄茂荣《税法总论：法学方法与现代税法》，台湾植根法学丛书编辑室，2012，第158页。

④ 参见〔日〕北野弘久《税法学原论》，陈刚等译，中国检察出版社，2001，第75—77页。

⑤ 上述两阶段的划分并非绝对，只是对税收法定主义随着民主宪制的发展而不断开展的一个概要观察。在时间上也大致以第二次世界大战为分水岭。第三阶段以笔者的观察宜以20世纪末期为起点。

审查，加强国会与司法对授权立法的监督。[①] 对于不确定的法律概念也不是绝对的禁止，而是鉴于税法复杂的规范对象，且可能对纳税人更有利而允许部分使用。例如所得税法规定，“依规定记账”、“超过通常水准以上的负担”、“必要及合理的支出”等即属之，若经由法官的宣示可能更适合于个别案件的特殊性，并因此满足法治国家税法的另一需要——个别案件正义与具体妥当性。[②]

然而，第三阶段关注的更为尖锐也更为关键的问题，则是国家课税权与税入的最适规模问题。这是国家财政汲取权与国民财产自由权之间合理配置的问题。如同前述量能课税原则中提及的，在纳税义务人全体层次上，量能课税原则要求厘定国家税入占国内生产总额的最适比例。国家机关在经济资源的使用上由于不负盈亏的财务责任而不接受市场监督，因此容易趋于无效率。然因有一些服务非国家不得（例如国防、检警调等）、不能（如防疫）或不愿（例如装设灯塔、路灯、造桥、铺路）提供，也因市场也有失效的内在因素（优势企业的市场力量及外部性），因此还是有一定的事务应由国家处理。两相推移的结果决定国家机能及其必要的税入的最适规模。我国台湾地区司法院大法官黄茂荣先生对此建议，关于国家税入最适规模的探讨，首先应由国际比较出发，一方面在全球范围确立一个经济体的负担能力的极限，以避免超过负荷的课征规划；另一方面避免税收负担影响产业的国际竞争力。同时，税入规模也不能孤立地从税收负担论断，还必须考量其财政支出的项目及效率。因此，追求实质正义的第三阶段税收法定主义所面临的挑战在于，政府与民间都必须认识到，参酌资金利用效率，税入有其最适规模的问题，由此开启关于税制与税政的理性对话。否则，关于税收，政府与民间的关系必然紧张，难以协力促其正常发展。[③] 与此密切相关的一个问题，还有政府分级管理以及地方自治的情况下，如何合理划分中央与地方各级政府的课税权以及用税权问题。

以上是第三阶段延续第二阶段实质税收法定主义的深化而面临的艰巨任务。如果从更高广的视野看第三阶段区别于前两个阶段的特点，则在于

---

① 参见丁一《德国税收授权立法的学理与实务》，《税务研究》2013 年第 6 期。

② 参见陈清秀《税法总论》，元照出版有限公司，2012，第 46—47 页。

③ 参见黄茂荣《税法总论：法学方法与现代税法》，台湾植根法学丛书编辑室，2012，第 139 页。

打通税的征收与使用，使税收法定主义不再局限于税的征收面，而延伸至税的使用面，由此彻底实现税收法定主义的原旨——纳税人自己决定自己的税收负担及用益。这一点为日本税法学者北野弘久教授所提出并倡导。在他看来，在现代资本主义条件下，无论如何努力在立法、行政、裁判这三个过程中来维护纳税者的人权，它都是有一定限度的，因为税的征收方面的合理化并不意味着不会在税的使用方面给纳税者的人权、生活带来压迫。因此从真正、彻底维护纳税者的人权立场出发，有必要在宪法理论中立足于纳税者的立场对税收概念的含义进行扩充并作重新解释。

这是极富逻辑性和前瞻性的提议，因为没有理由认为税法应该仅仅关注税的征收而置税的使用于不顾，也没有理由认为税收法定主义只规范税的征纳而不及税的用益。传统的法律学观点认为，税收的用途问题不是税法的问题而是岁出预算的问题。例如宪法学认为，税的征收问题是税法问题以及税收法律主义问题，而税的使用是岁出预算问题，不是税收法律主义的问题。行政学则认为，税的征收属财政权力作用法的问题，税的使用应属财政管理作用法的问题。总之，在传统的法律学领域，以区别、割裂税的征收与使用的方式支配着自己的理论。但北野弘久教授认为，应从纳税者的立场出发，立足于两方面统一的观念来把握税收概念的含义，今后的租税法律主义理论必须要以广义的税概念（税的征收与使用相统一的概念）为前提，并以它作为广义的财政民主主义的一环来构成和展开。现代税收国家体制下，税的征收与支出都必须符合宪法规定的保障人民基本权利的目的，作为纳税者的人民享有对符合宪法目的的税的征收与支出而承担纳税义务的权利。这一由宪法直接引导出来的新人权被称作纳税者基本权，它是以宪法法理为依据构建的、纳税者享有的各种权利的集合概念，包括有关纳税者的自由权和社会权等内容。按照纳税者基本权原理，税收法律主义是维护纳税者人权的最根本表现，人民不仅对税的课征享有民主管理的权利，而且对税的支出也享有民主管理的权利。①

尽管以预算法为龙头的财政法也在研究财政民主、财政公平以及预算法定等问题，但是从税收法律主义理论出发研究的税的使用问题，必然会

---

① 参见〔日〕北野弘久《税法学原论》，陈刚等译，中国检察出版社，2001，第17、78—79页。

给传统财政法学引入新的研究视角。例如，如果从宪法理论上确定纳税者基本权所包含的权利，那么纳税者就可以广泛地对税的征收与使用的方法加以争执，这样就比较容易地引入“纳税者诉讼”。[①] 还有，税收构成要件法定也能启发税收支出要件法定的探讨，当然，这些尚有待全球税法学界与实务界同人共同努力。

结 语

域外税收法定主义的发展，之所以会由一而二再三地发展，在于其所根植的民主宪制在不断地发展；只要民主、法治与人权保障的进程仍在继续，税收法定主义就不会停止它前进的步伐。当今的中国，与先进税收国家相比尚有明显的差距（实体税法仅三部，程序税法有一部），因此，落实形式的税收法定仍是现实第一要务，但这并不表示我们还可以留待将来逐渐发展实质的税收法定。形势逼人，民众的民主法治意识以及人权保障意识均在与日俱增，这呼唤着执政党在落实形式的税收法定的同时，深切关注实质的税收法定，也即纳税人自由权的积极保障。同时，对国家税入的超常增速必须有所警惕，提前设限。此外，尽早将税收法定与预算法定贯通一致地考虑，也是需要未雨绸缪的事情。如此，才不至于在21世纪继续落后。

（本文原载于《国际税收》2014年第5期）

① 参见〔日〕北野弘久《税法学原论》，陈刚等译，中国检察出版社，2001，第79页。

德国税收授权立法之学理与实务

丁　一*

2013年"两会"期间由赵冬苓等32位全国人大代表提出的"税收立法权收归人大"议案一石激起千层浪，因媒体与社会的关注而被称为2013年全国人大的"第一议案"。其实，在税法学界这并非什么新鲜话题，毋宁说是一个呼吁很久、老生常谈的问题。说得专业一点，是税收法定主义；说得通俗一点，就是征税须经人民同意，"无代表不纳税"。遗憾的是，此问题一直在中国未获足够正视与妥善解决。德国是经历授权立法惨痛教训进而在宪法中明定授权立法要求的法治国家，趁此人大议案的"春风"，本文拟对德国税收授权立法的学理与实务做一简要梳理，以供专业人士和决策部门参考。

一　授权立法与国会保留

1. 授权立法的必然与必要

无论是德国学界还是司法实务，对于授权立法存在的必要性与必然性均持肯认态度。我国台湾学者许宗力考查后总结，国会之所以以授权方式将部分法规制定权转移给行政机关行使，主要基于以下四方面的考虑："首先，国会议员囿于专业知识之欠缺，对于某些较具专业性、技术性问题之认识，不若行政机关透彻与熟悉；其次，基于时间因素之考虑，通常

* 丁一，女，1972年生，湖北应城人，现为中国社会科学院法学研究所图书馆工作人员，研究方向为经济法。

国会仅于法律中做原则性之规定，至于枝节性、细节性之问题则委诸行政机关订定；再者，行政命令之订定不若法律制定须经三读程序般之繁复，较能争取时效，俾对变迁不已之社会生活环境做迅速之反应或适应；最后，行政机关较立法者更熟悉地方上之特殊需要，授权行政机关以命令因应之较能收因地制宜之效”。[①] 也即，授权立法“具有减轻立法机关之立法负担，补充立法机关之行政专业经验不足，以及补救立法机关立法决议缓不济急的功能”。[②] 显然，立法机关议事规则的优点也是它的不足，而行政机关在公开民主方面的欠缺，却也是其灵活高效因应变化之处。正是为了弥补立法机关之不足，发挥行政机关之经验与效能，两相互补，回应现实的立法需求。

那么，授权立法是否会破坏三权分立而背离法治国原则？德国学者认为：“立法机关，以及行政机关在具体的要件下得为立法，并不违反德国基本法意义下之法治国家原则。由行政机关立法固然与狭义了解之权力区分原则不符，但基本法并非以权利区分之僵硬的概念为其规范之基础。从基本法第八十条可知，基本法在该条所定情形，明文准许行政机关立法，从而偏离狭义之权力区分原则尤其宪法上的效力。制宪者并不受限于一个法治国家之固定的内容，而仍可赋予对制宪者来说，其认为法治国家当有之内容。对于权利区分之例外，不一定破坏法治国家原则。”[③] 显然，德国学理并不认为授权立法违背了法治国原则，相反，授权立法是现实发展下对传统三权分立原则的调整与补足，是顺应时势的有理有节之回应。

联邦德国基本法第 80 条共 4 项，第 1 项规定：“联邦政府、联邦阁员或邦政府，得根据法律发布命令（Rechtsverordnungen）。此项授权之内容、目的及范围，应以法律规定之。所发命令，应引证法律根据。如法律规定授权得再移转，授权之移转需要以命令为之”。第 2 项：“除联邦法律另有规定外，联邦政府或部长关于利用联邦邮政与电讯设施之原则与费用、利用联邦铁路设施之费用之征收原则及关于铁路之建设与经营等，所发布之命令，以及根据联邦法律所发布之命令，而该法律需经联邦参议院之同

① 许宗力：《论国会对行政命令之监督》，《台大法学论丛》1988 年第 2 期，第 140 页。

② 黄茂荣：《税法总论：法学方法与现代税法》，北京大学出版社，2012，第 794 页。

③ Maunz/Duerig, Grundgesetz, Loseblattkommentar, Stand: Lieferung 1 - 28, 1990, Art. 80 Rn. 1，转引自黄茂荣《税法总论：法学方法与现代税法》，北京大学出版社，2012，第 795 页。

意，或该法律为各邦受联邦之委托而执行，或其执行属各邦本身之职务者，应经联邦参议院之同意。”第3项：“联邦参议院对于需经其同意之命令，有提案权。”第4项：“邦政府基于联邦法律之授权而得发布命令者，各邦亦得基于法律颁布邦法规。”① 将授权立法在宪法中规定，一方面是肯认授权立法的地位，使之与宪法所定的三权分立相并存，从而相互沟通与补足；另一方面以宪法条文明定授权立法的明确性要求，这是对授权立法的最严格制约，也是宪法对授权立法规制之重视。两项合并理解，可以看出德国基本法既肯认授权立法的必要性与合理性，也防范授权立法归于泛滥而破坏法治国基本原则。所以说是有守有放，有理有节。

2. 税收授权立法与国会保留

授权立法尽管仍在法律保留原则的框架内，但却与国会保留相抵触。所谓法律保留，是指行政机关只有在取得法律授权的情况下才能实施相应的行为，其中的法律可以是国会亲自制定的，也可以是国会授权行政机关制定的法规性命令。而国会保留（又称议会保留或立法保留）强调特定事务绝对需要正式法律的规定，是一种更为严格的法律保留。② “对人民之自由、财产的干预行为之规范依据，在现代民主法治国家，于法律保留之上，有时进一步要求国会保留。特别是禁止立法机关概括授权行政机关制定法规性命令，取代形式意义之法律作为干预人民自由或财产的依据。此种要求主要表现在刑法及税法。”③

对于税收领域应坚持国会保留的基本原则，Kruse 从宪法习惯法的角度认为，在宪制发展史上，已逐渐承认税捐的课征，应经人民代表的同意，此即议会对课征税捐的同意权，而只有法律及地方自治规章，始有国民选举的代表之参与。其次，在税法中是否应对某一生活事实课税，并无“事务法则”可资依循。而税捐的课征在国民与国家间既有重大利益之冲突，又无事务法则可判断曲直，则其正当性只有诉诸国民的“同意”，这

① 英文版本参见德国司法部网站：http://www.gesetze-im-internet.de/englisch_gg/；中文译本参见 http://sh.xdf.cn/publish/portal25/tab14135/info474941.htm，访问日期：2013年4月22日。

② 〔德〕哈特穆特·毛雷尔：《行政法学总论》，高家伟译，法律出版社，2000，第104页。

③ 黄茂荣：《税法总论：法学方法与现代税法》，北京大学出版社，2012，第798—799页，及本书脚注45、46、47。

在现代民主国家自然表现为“国会保留”。①

Brinkmann 认为，税捐课征应坚持国会保留的最主要依据是国会保留的民主价值与功能。因为立法程序具有经由论辩、公开、协商、斡旋、妥协而理性的达到协议的意义，以此为基础，国会能够权衡不同的、有时甚至是互相冲突的利益，并在公开的意思形成过程中，决定宪法未予规定的共同生活上有关的问题，国会中仔细的讨论及其决议的程序，比行政机关依授权所颁之法令具有更大的规范价值。此外，因“谁来同意、便不会不义于谁”，故由人民自己或其代表自己来决定税捐义务，在难以辨明税捐的课征是否属于公权力的恣意时，最能弥补该判断上的差异或出入。②

总体而言，德国税法学者倾向于认为“重要的税捐构成要件要素（税捐主体、税捐客体、税基与税率）应以形式意义之法律定之。该税捐法学之传统见解与德国联邦宪法法院对于基本法第 20 条，依重要性说所做之判决相符”。③ 其理由主要是，国会的公开功能，尚为维护税捐正义所必要。但另一方面，多数学者也认识到，在现代社会，为使税捐具有政策上的应变能力，也需适当允许税收领域授权立法的存在。毕竟，国会保留在实务上还是遭遇到困难，如“国会决议耗费时日，特别在财经法案上难以迅速反应多变，而又必须及时处理的景气问题；国会立法工作负荷过重，在个别法案，为求周全而费时过多时，难免顾此失彼”。④

所以，现在的德国学说与实务，不在于一般地肯定或否定税收授权立法，而是区别情况，关注在哪些情形应坚持国会保留，哪些情形允许授权立法。在允许授权立法的情况下，进一步关注如何严格规范授权与监督行政立法，以避免国会立法权旁落，同时，在现代政党常常兼控行政与立法以及议会工作繁重的双重影响下，如何避免法律保留流于形式。

---

① Kruse, Steuerrecht, I., Allgemeiner Teil, 3. Aufl. 1973, S. 39f.，转引自黄茂荣《税法总论：法学方法与现代税法》，北京大学出版社，2012，第 813—814 页。

② Brinkmann, aaO. (Fn. 70), S. 116f.，转引自黄茂荣《税法总论：法学方法与现代税法》，北京大学出版社，2012，第 817—818 页。

③ Lang in : Tipke/Lang, aaO. (Fn. 10), § 5 Rz. 6.

④ 黄茂荣：《税法总论：法学方法与现代税法》，北京大学出版社，2012，第 815 页。

二 授权明确性要求

1. 授权明确性要求的法理依据①

在德国，宪法对授权立法的严格规范是由惨痛的历史教训换来的。德国魏玛时代，国会曾概括授权内阁（政府）得以行政命令方式在财政、经济与社会领域采取一切它认为必要且紧迫的措施，仅以不得抵触宪法为唯一限制。之后由国社党控制下的国会变本加厉，于 1933 年制定所谓“人民及国家紧急解救法”，不仅概括授权内阁得订定抵触宪法条文的行政命令，更进一步为该命令冠以法律的称呼，使法律与命令两者间的界限消失，最后造成希特勒独裁的悲剧。

基于此惨痛教训，战后的西德对行政命令的订定立下层层防范措施，不仅于基本法第 80 条第 1 项第一句要求行政命令的订定在形式上要有法律的授权，同条项第二句更从授权规定的实质内容入手，要求授权母法的授权规定本身必须明确规定此项授权的内容、目的与范围，若授权规定本身过于笼统，未能符合此项授权明确性之要求，则不仅该授权母法本身违宪、无效，且根据该授权母法所订定的行政命令也因失其授权依托而归于无效。该设计具有双重功效，在立法者方面，禁止国会以空白、概括授权方式逃避自己的立法责任；在行政权方面，避免行政权借概括授权之便僭越立法者地位以命令代替法律。

根据许宗力对德国学说与司法实务的考查，授权明确性在宪法上的法理依据有二：一是法治国原则，二是民主原则。其中，法治国原则又细分为权力分立原则和法的安定性。权力分立原则被视为法治国原则的组织与形式要素，德国宪法法院早在“行政区域调整判决”中指出，从基本法第 80 条第 1 项第一句可知，制宪者所决定的是一种严格的权力分立制度，国会不得未定明确界限即转移部分立法权于行政机关以脱免其身为立法者所应尽的责任，另一方面行政机关也不得根据此种不明确的授权订定命令以取代国会的地位（BVerfGE 1，14，59 f）。另外，自“交通补助法判决”

---

① 参见许宗力《行政命令授权明确性问题之研究》，《台大法学论丛》1990 年第 2 期，第 52、54—59 页。

以来，也一再主张由行政机关制定法规乃权力分立原则的“破弃”或例外（BVerfGE 18，52，59；21，62；24，184，197），而授权明确性要求则是在承认此一例外的不得已情况下为维系权力分立于不坠的预防武器，也可说是权力分立原则为防止名存实亡所设的最后一道防线（BVerfGE2，331 f）。

法的安定性是宪法授权明确性要求的另一依据。法治国原则中的法律保留原则并非仅止于泛泛要求行政机关的负担处分要有法律的授权而已，它所要求的是一种有限制、明确规定的授权，以便在尽可能范围内使公权力对人民权利的干预可以预测（BVerfGE 8，274，325）。法律保留原则与授权明确性要求其实是“二而一”的同样一个问题。因法律保留原则本来就不禁止立法者就某些法律保留范围内的事项不自行规定而授权行政机关颁行命令，但作为授权者的立法机关无论如何至少仍负有指导、影响命令内容之形成的责任，绝不能不稍作指示即放任被授权的行政机关海阔天空行事。毕竟“可授权事项”仍在法律保留范围之内，属“法律从属行政”性质，与不在法律保留范围之内，根本不需法律授权的“法律外行政”依然有别。德国联邦宪法法院在近年的“学校行政法判决”也明白指出，授权明确性要求乃法律保留原则的“必要补充与具体化”（BVerfGE 58，257，278）。

民主原则更是授权明确性要求的法理依据。其一，国会比政府具有更直接的民主正当性；其二，国会议事必须遵守公开、直接、言辞辩论与多数决原则，这些原则不仅使在国会居少数的反对党与其他社会上的利益团体得以有机会影响国会决定的作成，也可以确保分歧、冲突的不同利益获得最佳、最合乎争议的平衡。反之，行政机关因其不公开、不辩论、不表决的作业程序就难以达成相同的效果。正因为国会拥有这两项行政机关不具备的特征，所以不难理解哪些问题得由行政机关完全自主决定，哪些问题必须在立法者的参与、指示下始能作决定，在民主原则面前是绝对有其特殊意义的，而督促立法者参与决定、履行其对行政机关的指示、影响义务，也正是授权明确性要求目的之所在。显然，非仅国会保留基于民主原则，授权立法同样不能脱免民主原则的考量，两者的区别仅在于程度不同而已。这也说明，一国宪法纵然无授权明确性要求的明文规定，从民主原则依旧可能推演出相同的要求。

2. 授权明确性的审查标准①

战后西德首次在基本法第 80 条第 1 项第二句明确要求授权母法必须明定授权之内容、目的与范围，也即通称的授权三要素。这在宪法史上可谓划时代的尝试。虽然授权条款是否符合明确性要求，并无固定标准可循，只能逐案审查决定，但从德国宪法法院几十年来积累发展的多项值得参考的审查标准来看，我们仍然可以总结出若干主要的原则与细则。

所谓授权明确性的审查标准，即授权条款的规定在具备何种要件下始得视为授权内容、目的与范围已甄明确，这主要包括以下三个公式。

一是可预见性公式。授权条款的规定必须明确到足以令人预见行政机关将于何种场合、循何方向行使授权以及根据授权所订定命令可能具备的内容。后来的判决则指出，授权条款的规定必须达到使人民直接从授权本身，而非从根据授权所订定的命令，即可预见国家对人民所要求作为或不作为内容的明确程度。

二是自行决定公式。国会不得未定明确界限即转移部分立法权给行政机关以脱免其身为立法机关的责任。立法者必须自行决定哪些特定问题应由行政机关以命令规范，自行确定命令所应遵守的界限，并指明命令所应追求的目标，换言之，法律自己必须针对特定问题已经有所思、有所图。

三是方针公式。法律必须明白指出，或至少足以令人从其规定推论出立法者所要求行政机关达成的方针。晚期的判决则要求立法者至少应在授权母法自行规定“最低限度的实质规范内容”，以作为行政机关之方针与准则。

需要强调的是，授权明确要求的审查标准并非一成不变，一般而言，授权事项若涉及人民基本权利的干预，如税法的规定与对空白刑罚法规的填补，应适用较严格的审查标准；反之，授权事项若对人民有利，如免税与宽减额的规定，或涉及多样性烦琐的事实或有迅速适应经济情势变更之必要的事实关系，则授权明确性之审查即无妨放宽。后期的判决则将审查标准的从严或从宽，套上“重要性理论”来说明，主张授权事项若对人民的基本权利侵害越强，授权明确性的要求标准就越高；反之，若侵害越

① 参见许宗力《行政命令授权明确性问题之研究》，第 80—82 页。

弱，要求标准就越低。此外，立法者纵然使用概括、不确定的法律概念描述授权的内容、目的与范围，并不必然违反授权明确性要求。立法者的授权纵有“同意权之保留”条款，仍不因此就可脱免授权规定应该明确的责任，类似“本法施行细则由××机关定之”的授权规定方式原则上无法通过授权明确要求的审查，至少授权母法中的哪些个别条文有订定施行细则的必要，立法者必须有所表示。

当然，联邦德国宪法法院在税法领域并不排斥给予法规性命令之制定者一些形成自由（BverfGE31，145［176］）。例如德国1936年营业税法第4条第1款规定，在依该法第1条应课4%营业税的销售中，属于进口德国产制上必需的原、物料，且该原、物料为国内没有生产，或不能充分生产供应者，免税。在该法中授权联邦政府指定这些产品的名称。当时西德联邦宪法法院认为该授权依其内容、目的及范围已充分并肯认联邦政府在法律所定的范围内，可视随时快速变化的目的性的考量，为经济政策上的裁量决定（BverfGE31，145［176］）。德国学者认为，这与课以税捐义务有所不同，免税规定除了带有税捐法的外观外，实质上还兼具有经济法的意义。①

除了上述原则公式外，还有如下审查细则：若根据一般的法律解释原则可以从法律推知究竟哪些问题应由行政机关以命令规定，授权“内容”即可认定明确；法律若表明依一般法律解释原则可从法律推知立法者所要求行政机关达成的目标或方针，即可认定授权“目的”之规定已臻明确；法律若表明行政机关行使授权所应遵守的界限或该界限可清楚从法律推知，授权范围即可认定已臻明确。

三　国会对授权立法之监督②

对授权立法的监督包括国会监督与司法监督。司法监督主要是法院通过审查授权明确性以及授权立法有无越权来监督授权母法与依授权制定的

① *Hey in*：*Tipke/Lang*，aao.（Fn.10），§19，转引自黄茂荣《税法总论：法学方法与现代税法》，北京大学出版社，2012，第820—821页。

② 参见许宗力《论国会对行政命令之监督》，第143—148页。

法规命令的合宪性与合法性，前文已论及，此处主要讨论国会监督的几种模式。

德国并无用以统一规范国会对所有行政命令的监督方式的法律存在，而是任由立法者自行于个别授权母法中依个案需要设计不同的监督方式。历年来所采监督模式大致有四，依控制效力之强弱依序为：同意权的保留、废弃请求权的保留、国会听证权的保留、单纯送置义务的课负。

同意权保留是控制效力最强的一种监督模式，即立法者于授权母法中要求行政机关依授权所订定的行政命令先送置国会，待国会同意后始得公布或生效。当然，国会通常也于授权母法中自设期限，如期限届至国会未就同意与否决议，即视为同意。国会对送审的行政命令也可为“部分同意”，若然，行政机关则仅能就同意部分之命令予以公布。不过，这仅适用于命令规范的结构与内容“可分”的情形。国会也可为“附条件的同意”，即对行政机关设置的命令草案予以拒绝，但行政机关若依国会的意思修正命令，即视为同意。同意权保留性质上是一种“预防监督”，亦可称为国会对命令内容的“事前协力”。此种监督模式意在借延迟命令生效以确保其监控权，因此在现实环境急迫需要命令以资适用时不适宜。

废弃请求权保留是立法者于授权母法中规定，国会保留嗣后请求行政机关废弃命令之权。此种监督模式性质上属“镇压监督”，亦可称为国会对命令内容的“事后协力”。国会一般也在授权母法中自订期限，期限届至后请求权消灭。

国会听证权保留是指非先经国会听证之程序不得公布。此监督模式目的有二：一是借迟延命令的生效使国会保有事先对命令草案加以审查并表示意见的权力；二是使行政机关因而有事先知悉，并适应、配合国会意思的机会，可减少命令因违反母法而嗣后遭废弃的情况发生。国会听证权保留也属“预防监督”性质，属国会对命令内容的“事前协力”。不过，国会于听证程序所表示的意见仅具建议性质，若行政机关坚持己见，不配合修正，命令依然于公布后生效，国会仅能嗣后以单纯决议或借质询权行使对行政部门施加压力，或者以具法律拘束效力但较为繁复的立法决议方式废止授权或直接变更命令的内容。

单纯送置义务是所有监督模式中控制效力最弱的一种。立法者在授权母法中规定，行政机关有义务将依本授权法的授权所订定的行政命令送置国会审查，至于先公布后送置，或以送置为命令的生效要件，由立法者自己决定。就行政机关负有送置上的法律义务而言，此监督模式与废弃请求权的保留相同，但此处之授权母法对于违法命令的措施没有明定。若国会审查发现命令违法，而以单纯决议通知行政机关变更或废弃，该决议将因缺乏法律依据而对行政机关不产生法律拘束效力。当然，立法者也可以立法决议方式废止授权或直接变更命令的内容，只是决议须经三读通过，程序繁复。

需要明辨的是，命令并不因事前经国会同意或听证而跃升至法律的地位，其命令之性质仍保持不变。其次，命令不因事前经国会同意或听证即表示不会出现违法的瑕疵，已经生效的违法命令也不因经国会之事后审查且未遭废弃即表示该违法之瑕疵已经“治愈”，也即司法机关仍可以行使命令违法审查权，并不因命令内容事前事后曾经国会之“协力”而受到影响。

至于国会委员会是否可行使对命令内容的监督权，德国联邦宪法法院1955年7月7日的判决持否定态度，认为法律规范的制定权属国会全体大会，各委员会仅负责单纯准备事项，不能从事任何应“自行承担责任之决定”（BVerfGE 4，193，203）。但学界通说采折中看法，认为国会委员会的监督角色如何，不能一概而论，而应视监督种类而定。对于同意权或废弃请求权保留两种监督模式，因行政命令的生效与否或是否继续保持效力，取决于国会的决定，若此类监督权交由某一委员会单独行使，则不啻表示单单一个国会内部机构即可独自操纵行政命令之“命运”。且依宪法法理，法规的制定与废止权仅能属于国会全体大会和被授权的行政机关，而不包括国会内部委员会。因此，这两种监督权限也仅能属于“国会之全体”，不得移转于其内部的各委员会。反之，对于国会听证权的保留或单纯送置义务的课负两种监督模式，因为不涉及行政命令“命运”权之操纵，所以不妨允许依命令内容所涉及的专业知识领域交由各相关委员会行使，以避开国会全体大会议事规则的繁复不易，达成事倍功半的效果，毕竟委员会如果发现命令违法时，必须请求国会全体大会对行政部门施以政治压力或经由正式立法方能达成变更或废弃命令之目的。

四 启示

从德国学理与实务对税收授权立法所持谨慎肯定而严格监督的态度可以得出，单纯否定或单纯肯定税收领域的授权立法均非负责任也非符合现实的理性选择。中国当前的问题并非简单收回或撤销 1985 年“概括授权”的问题，而是立足现实，面向未来，仔细研讨如何落实授权明确性要求，以及如何监督授权及授权立法的问题。

启示一：税收领域的授权立法，应该有所为，有所不为。其中，明确“有所不为”是当务之急，最好能在修宪时明定税收法定主义——重要的税收构成要素（税收主体、客体、税基及税率）必须以形式意义的法律规定。暂时不能修宪，则严格解释我国《立法法》第 9 条允许授权立法的“部分事项”，仅限于重要税收构成要素之外的事项。即便此“部分事项”也须经受比例原则之考查（是否必须、是否合目的性及是否成比例）。

启示二：授权监督并非仅是对授权立法的监督，也包括对授权母法的监督，也即授权立法的泛滥，立法者自身不能脱免其责。通过授权明确性要求从源头监控授权立法，防止立法机关怠于行使职责而随意授权、概括授权。这一点，在我国尚有待立法机关组织与议事规则的改革，立法者自身也需要有所担当，努力自强。

启示三：立法机关除了明确授权以防立法权旁落之外，还得通过“事前协力”与“事后协力”加强对授权立法质量的监控。可根据委任事项的重要性由强至弱选择同意权保留、撤销权保留、听证权保留或单纯的送置义务。《立法法》对撤销权已有规定，对备案也有所要求，税收领域因涉及对人民基本权利的严重干预，可以广泛采用同意权保留，对于需要赋予行政机关较大灵活应变空间的事项则可适用温和的听证权。

启示四：德国授权立法之所以能在法治框架内有效运转，一个重要的保障是司法违宪审查及违法审查。在司法体制改革尚难一蹴而就的情况下，不妨借用立法机关内部各委员会的专业力量予以先行监督，发现问题及时汇报，由立法机关采取相应措施纠正。对于授权本身的违宪监督，在我国目前的体制下，可能的方案是设立专门的宪法委员会或立法审查委员会，监督宪法的实施以及授权违宪审查。

需要强调的是，德国的授权立法建立于比较成熟的宪制之上，尤其是权力区分与制衡的牢固框架之下，而我国的现实困境是行政权一支独大，立法权与司法权弱而劣。因此，要真正实现授权立法的功能与意旨，尚有待立法机关的成长、行政机关的谦抑以及司法机关的归位，也许这非短期内可以促成，但既然法治的号角已经吹响，我们将循此前行。

（本文原载于《税务研究》2013 年第 6 期）

国家治理视角下的财政预算法治化

肖　京*

一　引论

二十年，似乎又是一个轮回。2014 年 8 月 31 日，第十二届全国人民代表大会常务委员会第十次会议表决通过了《全国人大常委会关于修改〈预算法〉的决定》。历经四次审议，《预算法》的修改终于尘埃落定。至此，预算法立法完善问题总算暂告一段落。不可否认，本次《预算法》的修订实现了多处的创新和突破，并且也在一定程度上解决了我国预算管理中的一些问题。但是同样不应忽略的是，本次《预算法》的修改也留下了若干遗憾，仍有待于今后的进一步修改和完善。从这种意义上讲，财政预算法治化的推进“永远在路上”，① 本次《预算法》的修改也只能看作我国财政预算法治化进程中的一个新起点。

事实上，从国家治理现代化总体要求的角度来看，我国在财政预算法治化建设方面依然任重而道远。进一步推进我国财政预算法治化，仍然将是我国今后一段时间内的主攻方向。十八届三中全会明确指出，“全面深化改革的总目标是完善和发展中国特色社会主义制度，推进国家治理体系和治理能力现代化”，而“财政是国家治理的基础和重要支柱”。要实现国

---

* 肖京，男，1977 年生，河南泌阳人，现为中国社会科学院法学研究所经济法研究室助理研究员，研究方向为经济法。

① 本处借用王岐山多次提及的“反腐败斗争永远在路上”，意在说明财政法治化是一个连续的、不断推进、永无止境的过程。

家治理现代化，就必须“完善立法、明确事权、改革税制、稳定税负、透明预算、提高效率，建立现代财政制度，发挥中央和地方两个积极性”。而在整个财政制度中，预算法居于非常重要的地位，被称之为“经济宪法”。因此，财政预算法律制度的进一步完善无疑具有十分重要的意义。

此外，从法律与经济的关系来看，进一步深化预算法律制度的完善不仅是我国财税体制改革与完善的重要内容，同时也是促进我国经济发展方式转变的重要手段，具有制度建设与经济促进的双重功效。中央对此也高度重视，《中华人民共和国国民经济和社会发展第十二个五年规划纲要》中明确指出：“理顺各级政府间财政分配关系，健全公共财政体系，完善预算制度和税收制度，积极构建有利于转变经济发展方式的财税体制。”党的十八届三中全会进一步指出，“改进预算管理制度”，“实施全面规范、公开透明的预算制度”。这都表明，财政预算的法治化问题关系到经济发展的促进，因而更加需要进一步推进。

在整个财政预算法治化进程中，理论的研究具有十分重要的意义。前些年，伴随预算法的立法修改进程的逐步推进，预算法的修改与完善问题逐渐成为法学界重点关注的热点问题。虽然预算法的修改历经全国人大常委会四次审议才最终于 2014 年 8 月通过，但在这漫长的立法进程中，学界却得以有时间进行充分酝酿，并在酝酿的过程中涌现出了一批重要的优秀研究成果，这些成果已经成为我国预算法完善的重要理论基石。近些年的相关成果，不仅数量明显增多，而且质量明显提高；不仅关注预算法的具体内容，而且关注预算法的外在形式；不仅拓宽了预算法研究的范围，而且延展了预算法研究的深度。① 不可否认，这些研究成果从不同的角度和

① 这些研究成果包括但不限于：杨紫烜《应将〈预算法〉改为〈预算和决算法〉》，《法学》2011 年第 11 期；顾功耘《〈预算法〉的理念需要重塑》，《法学》2011 年第 11 期；徐孟洲《论公共财政框架下的〈预算法〉修订问题》，《法学家》2004 年第 5 期；朱大旗《从国家预算的特质论我国〈预算法〉的修订目的和原则》，《中国法学》2005 年第 1 期；王雍君《论〈预算法〉修订的核心原则》，《首都经贸大学学报》2008 年第 6 期；刘小川《构建〈预算法〉修订基本框架指导思想探析》，《上海财经大学学报》2010 年第 1 期；俞光远《我国预算法修订应遵循的基本原则和几个重点内容》，《地方财政研究》2012 年第 9 期；熊伟《在理想与现实之间：〈预算法〉修改的中庸之道》，《江西财经大学学报》2011 年第 4 期；蒋悟真《法理念视野下的预算法修改理路》，《法商研究》2011 年第 4 期；叶姗《前置性问题和核心规则体系研究——基于“中改”〈中华人民共和国预算法〉的思路》，《法商研究》2010 年第 4 期；蒋悟真《我国预算法修订的规范分（转下页注）

侧面，为我国预算法的修改与财政预算法治化的实现，提供了非常有益的思路，并在新修订的预算法中得到了不同程度的体现。

然而，遗憾的是，在以上学界的研究成果中，对预算法的双重法律属性进行集中研究，并由此上升到国家治理高度的成果并不多见。虽然有些学者在其研究成果中也会涉及预算法的宪法属性问题，但仍不少的学者在其研究成果中把预算法的法律属性自动默认为经济法，并在经济法框架体系之下开展相应的研究。固然，预算法是经济法的重要组成部分，从经济法的角度研究预算法也具有十分重要的意义。但是，如果仅仅在经济法框架之内研究预算法的完善问题，并不能对预算法的进一步完善提供科学完备的方案，也不能很好地解决我国当前预算法实际运行中存在的诸多问题，更不能从根本上对我国预算法进行完善。因为，许多影响预算法运行的现实问题，未必都是经济法本身能解决的。例如，预算民主与我国现行政治体制的张力问题，预算权的中央与地方分配所带来的宪法问题，这些已经远远超出了经济法的范围，很有必要上升到宪法的层面才能予以解决。

这似乎是一个两难困境，一方面，“不入虎穴，焉得虎子”，不纳入经济法的体系之中，很难对预算法进行有效的研究；另一方面，“不识庐山真面目，只缘身在此山中”，仅仅局限于经济法的范围，又很难全面系统地认识和理解预算法。从这种意义上讲，预算法既在经济法“之内”，又在经济法“之外”。这一困境的解决之道，在于从国家治理的角度重新审视预算法的双重法律属性，并在此基础上探寻财政预算法治化的基本路径。有鉴于此，本文拟对上述问题进行探析。

二　国家治理视角下的预算法之双重法律属性

国家治理不仅是传统政治学研究的对象，同时也是法学研究和关注的

（接上页注①）析》，《法学研究》2011 年第 2 期；邢会强《程序视角下的预算法——兼论〈中华人民共和国预算法〉之修订》，《法商研究》2004 年第 5 期；王雍君《〈预算法〉修订中的四个关键性问题探讨》，《地方财政研究》2011 年第 1 期；华国庆《〈预算法〉修改的重点》，《法学》2011 年第 11 期；俞光远《我国现行预算法修订的主要内容与对策建议》，《地方财政研究》2011 年第 1 期。

重要问题。这是因为，在当前依法治国逐步深入推进的背景下，依法治国已经成为当代中国国家治理现代化的必由之路，研究国家治理，离不开法学的视角。事实上，从以往法学研究的成果来看，国家治理相关问题也是宪法和行政法学界特别关注的重要问题。这不仅体现在宪法与行政法的基本内容大多与国家治理问题直接相关，同时也体现在若干宪法与行政法学理论的重大创新成果，其出发点和归结点也都是在紧紧围绕着国家治理。①

此外，从国家治理的内涵和基本内容来看，国家治理同样也和宪法和其他法律紧密相连。一般认为，国家治理就其基本内容来看，主要包括国家治理体系和国家治理能力。而“所谓的国家治理体系，是党领导人民管理国家的制度体系，包括经济、政治、文化、社会、生态文明和党的建设等各领域的体制、机制和法律法规安排，也就是一整套紧密相连、相互协调的国家制度”。② 所以，在整个国家治理体系中，法律制度是其基本内容，其适用范围涵盖多个领域。就国家治理能力而言，所谓的国家治理能力，是指“运用国家制度管理社会各方面事务的能力，包括改革发展稳定、内政外交国防、治党治国治军等各个方面的能力”，③ 其中法治水平的高低亦是决定国家治理能力的关键。

由此可见，国家治理与以宪法为核心的法律制度体系具有十分密切的联系，从国家治理的角度研究法律制度，与从法学的视角研究国家治理，都具有十分重要的意义。在整个国家治理的法律体系中，作为连接整个国家政治、经济、社会领域的关键制度财政预算法律制度，无疑是国家治理体系最为重要的组成部分之一，同时也是国家治理能力高低的重要体现。预算法从其基本内涵的角度来看，“是调整国家进行预算资金的筹集、分配、使用和管理过程中所发生的社会关系的法律规范的总称”。④ 从调整范

① 例如，著名宪法与行政法学专家罗豪才先生及其弟子宋功德教授等学者提出的“软法”理论，虽然属于行政法理论创新的范畴，但从其理论创新出发点和归结点的角度来看，这一理论是在力图解决国家治理中的刚柔相济问题，因而也可以归入以国家治理为中心的公共管理理论的创新范畴。（有关“软法”的基本理论，参见罗豪才、宋功德《软法亦法》，法律出版社，2009。）

② 江必新：《推进国家治理体系和治理能力现代化》，《光明日报》2013 年 11 月 15 日，第 1 版。

③ 江必新：《推进国家治理体系和治理能力现代化》，《光明日报》2013 年 11 月 15 日，第 1 版。

④ 张守文：《财税法学》，中国人民大学出版社，2010，第 57 页。

围来看，预算法广泛涉及预算权的分配、预算收支范围的界定、预算编审制度、预算执行制度、决算制度、预算监督以及预算法律责任承担等多个方面的内容。这些方面的内容不仅是宪法和经济法所共同关注的重点内容，同时也是现代国家治理的核心领域。因此，从国家治理的视角来审视预算法的宪法和经济法二元法律属性，对于推进财政预算的法治化，无疑具有十分重要的理论意义和实践意义。

预算法具有明显的宪法属性，这一点不仅可以从西方国家宪法发展历史得到印证，同样也可以从我国当前预算实践中的问题得到合理解释。首先，从西方国家宪法发展史来看，西方国家宪法的发展始终与财税危机中的预算问题紧密相连。无论是英国的光荣革命、法国的大革命还是美国的独立革命，财政预算都是其爆发的重要导火索，财政民主也都是革命的核心目标之一。在当今西方国家，财政预算在宪法上的意义更是非同小可，以至于在美国，“如果你想了解联邦政府在过去的一年都干了些什么，或者，在未来的一年里将要干些什么，那么，你只要看一下联邦政府财政预算就足够了”。[①] 从这种意义上讲，宪法的历史“可以说是现代预算制度的成立史和发展史”。[②] 其次，从我国当前预算法的实践来看，预算法同样具有十分突出的宪法属性。“宪法的实质是分权，即在国家与公民之间，在国家机关相互之间进行分权”，[③] 而预算法中最需要解决的重要问题恰恰是预算权的分配，这是典型的分权问题，预算法在此问题上体现出明显的宪法色彩。我国当前预算法实践中的执行力不足，实际上与我国当前的政治体制，以及人大机关与行政机关之间、行政机关相互之间的权力配置，有很大的关系。要想从根本上解决这一问题，必须在宪法层面有所突破。也正是因为如此，党的十八届三中全会把包含预算法在内的财政法制建设提到了国家治理得高度，明确指出：“财政是国家治理得基础和重要支柱，科学的财税体制是优化资源配置、维护市场统一、促进社会公平、实现国家长治久安的制度保障”。由此可见，从国家治理的视角认识预算法的宪法属性，对于在宪法层面实现财政预算的法治化具有十分重要的意义。

预算法同样具有突出的经济法属性，这一点可以从经济法的概念和特

---

① 〔美〕阿图·埃克斯坦：《公共财政学》，张愚山译，中国财政经济出版社，1983，第2页。

② 〔日〕井手文雄：《日本现代财政学》，陈秉良译，中国财政经济出版社，1990，第173页。

③ 张守文：《财税法疏议》，北京大学出版社，2005，第5页。

征中寻找到答案。首先，从经济法的概念来看，经济法是“调整在现代国家进行宏观调控和市场规制过程中发生的社会关系的法律规范的总称”,[①]而新修订后的《预算法》第 1 条明确规定，“为了规范政府收支行为，强化预算约束，加强对预算的管理和监督，建立健全全面规范、公开透明的预算制度，保障经济社会的健康发展，根据宪法，制定本法”。这表明，预算法以经济社会的健康发展为基本目标，具有明显的经济与社会功能，在这一点上与经济法的二元功能相契合。[②] 因此，从经济法的概念来看，预算法完全符合经济法概念范畴的外延，具有经济法的法律属性，是经济法的重要组成部分。其次，从经济法的特征来看，经济法具有经济性与规制性两大基本特征，这两大特征贯穿于经济法的各个领域。而从预算法的角度来看，预算本身就是对财政的预算，其经济性自不待言；同时，预算也意味着一种有计划的“节制”、“规制”，也是预算本身的应有之义。正是因为预算法与经济法有着如此密切的联系，法学界一般都认可预算法的经济法属性。也正是因为如此，法学界诸多学者对预算法的研究也多从经济法的视角，在经济法的框架之下展开。

值得注意的是，从国家治理的角度来看，预算法的双重法律属性并非完全对立，而是辩证统一。这种辩证统一的关系根源于宪法与经济法之间的密切联系，贯穿于国家治理现代化进程之中。就宪法与经济法的关系来看，二者的密切联系不仅体现在一般意义上的根本法与普通法关系，同样还体现在二者经由“经济性”这一纽带建立的特殊关系，而这种特殊关系却是其他法律部门与宪法之间所不具有或者说不完全具有的。这种特殊的密切关系体现在，一方面，有关经济的法律条文在宪法中占有很大的比例，以至于在当今世界，“一部现代的宪法同时也是一部经济宪法”;[③] 另一方面，经济法上的体制法，关系到公民与国家、国家机关之间的分权，从这种意义上讲，经济法又被称之为“经济宪法”。事实上，从我国宪法与经济法的发展历史也可以看出，宪法与经济法之间是相互促进而发展

① 张守文：《经济法总论》，中国人民大学出版社，2009，第 34 页。

② 关于经济法的经济与社会二元功能的相关分析，可参见拙文《经济法的经济社会二元功能之冲突与平衡》，《法学论坛》2012 年第 6 期，第 76—82 页。

③ 张守文：《经济法总论》，中国人民大学出版社，2009，第 59 页。

的，这表明，经济法与宪法是完全可以协调发展的。[①] 此外，从国家治理尤其是国家经济治理的角度来看，预算法作为国家治理法律体系的重要组成部分，不仅可以作为宪法和经济法“交叉”的典型“地带”而相对独立存在，同时又经由国家经济治理的实践反过来进一步加强和推动了宪法与经济法的联系。

因此，本文在此强调预算法的双重法律属性，并从国家治理的角度对预算法的双重法律属性予以审视，与其说是为了区分预算法的这两种法律属性，还不如说是为了更加深入地认识这两种法律属性之间的契合，以从更高的角度更加全面地把握预算法的二元法律属性特质。预算法这种二元法律属性在国家治理实践中的辩证统一，为国家财政预算法治化进程的推进指明了方向。

三　预算法的双重法律属性在财政预算法治化进程中的意义

以上从国家治理的角度对预算法的双重法律属性进行了具体阐释，这对当前的时代背景下法治建设具有重要的价值。在国家治理的框架体系和语境下，深入研究预算法的双重属性，不仅可以在法学理论上进一步深化对预算法的认识，同时还可以为财政预算法治化的制度完善提供有益的思路，从而在一定程度上推动我国财政法治化进程，具有理论研究和制度构建的双重功效。

如前所述，在当前国家治理现代化的背景下，财政预算法治化具有十分重要的意义。而要真正充分实现财政预算的法治化，就必须充分认识预算法的双重法律属性。预算法的这种双重法律属性具体体现在：一方面，预算法作为财税法的重要组成部分，具有明显的经济法属性；另一方面，预算法又与国家的政治体制紧密相连，具有明显的宪法属性。预算法具有经济法与宪法的双重法律属性，二者统一于当前的国家治理现代化进程之中。充分认识并把握预算法的这种双重法律属性，对于科学构建预算法理

---

① 有关宪法与经济法之间的关系及其协调发展相关问题，可参见张守文《论经济法与宪法的协调发展》，《现代法学》2013 年第 4 期，第 3—9 页。

论体系、合理安排我国预算法中的相关制度、妥善解决预算法实际运行中的各种实践问题，具有十分重要的意义。具体来讲，预算法的双重法律属性对我国财政法治化进程的促进作用，主要体现在以下三个方面。

首先，充分认识预算法的双重法律属性，有助于在宏观上把握财政预算法治化的基本思路。“法律的修改并不完全等同于法律条文的删废和改动，在更深层次上则是对传统法律价值、理念的重新定位和反省”，[①] 因此，任何一部法律的制定、修改、完善，其立法指导思想十分重要，预算法也不例外。基于预算法的双重法律属性，财政预算法治化进程中应该注意平衡协调预算法的双重法律属性，不仅要强调其经济法特质与功能，同时还要注意到其宪法特质和功能。[②] 事实上，在预算法修订之前，即有学者指出，修改后的《预算法》或新制定的《预算和决算法》，其第 1 条都应该规定为：“为了规范预算和决算行为，加强预算和决算调控，体现人民当家做主，使预算资金的收入和支出符合人民的根本利益，促进经济、社会和人的全面发展，根据宪法，制定本法”。[③] 此外，在财政预算法治化进程中，学者们提出的要加强预算民主性和透明度、加强人大的审查监督权等方面的完善建议，[④] 而这类完善建议则大体上可以归入预算法的宪法特质和功能之中，需要从宪法的视角予以审视。由此可见，只有充分认识预算法的这种双重属性，才能对于这类宏观方面的基本思路问题提供可能的解决方案。

其次，充分认识预算法的双重法律属性，有助于合理设计预算法律制度的具体内容。在正确的立法方向、理念和指导思想确立之后，预算法具体制度设计的科学合理与否，直接关系到预算法在实际生活中的运行顺畅

---

① 蒋悟真：《法理念视野下的预算法修改理路》，《法商研究》2011 年第 4 期，第 72 页。

② 例如，原《预算法》第 1 条规定，“为了强化预算的分配和监督职能，健全国家对预算的管理，加强国家宏观调控，保障经济和社会的健康发展，根据宪法，制定本法”。这主要是从宏观调控的角度强调了预算法的经济法功能，未能突出预算法的宪法功能，本次《预算法》的修改则对政府收支行为的规范与预算约束的强化、预算管理和监督的加强等具有宪法性质的内容进行了完善。

③ 杨紫烜：《应将〈预算法〉改为〈预算和决算法〉》，《法学》2011 年第 11 期，第 44—45 页。

④ 例如有学者提出的，要加强人大对预算的审查监督、加强对预算执行的审计监督、适当赋予地方省级人大举债权、强化法律责任等。（参见俞光远《我国预算法修订应遵循的基本原则和几个重点内容》，《地方财政研究》2012 年第 9 期，第 37—39、50 页。）

与否。因此，预算法具体制度的设计十分重要。基于预算法的双重属性，一方面，预算法具体制度的设计必须符合经济规律，以有利于预算法对经济的宏观调控；另一方面，预算法具体制度的设计必须符合民主的基本原则，以有利于预算法对政治民主的推动。学者们对预算法具体制度方面的修改意见，实际上大致可以归为两类：一是对预算法具体经济规则的设计，其技术性较强；二是对预算法相应宪法规则的设计，其政治性较强。正是基于预算法的这种双重属性，预算法具体规则的设计必须充分考虑这两种性质规则的充分结合和协调，以实现民主与科学的统一。当然，以上两种规则的划分仅仅是一种大致的归类，并非完全绝对，因为有些具体的规则很难分清到底是经济规则还是宪法规则。以预算年度的起始为例，一方面，预算年度的起始要考虑到与会计年度的协调，具有较强的经济性和技术性；另一方面，预算年度的起始又要与我国人大机关的会议制度相符合，因而又具有较强的政治性和民主性。无论是单一的技术问题还是政治问题，还是二者兼具的综合性问题，其解决的关键还是在于对预算法双重法律属性的平衡与协调。

最后，充分认识预算法的双重法律属性，有助于解决当前财政预算法律制度运行中存在的诸多问题。法律真正的意义在于其实际效果的实现，从这种意义上来讲，预算法的顺利实施应该是预算法立法的基本出发点和归宿。然而，“徒法不足以自行”，正确的立法指导思想和科学的具体制度设计，仅仅是预算法顺利实施的必要非充分条件，预算法的顺利实施还需要其他方面制度和因素的配合。但是从另一方面来看，预算法运行中诸多问题却又与预算法立法有着直接或间接的关系。基于预算法的双重法律属性分析，当前预算法运行中的诸多问题实际上同样可以大致分为两类，一类是经济性较强的问题，一类是宪法性较强的问题。当然，这同样是一种大致的分类，预算法运行中的许多问题实际上是兼有两个方面的性质，只是偏重点有所不同。如绩效预算管理问题，其经济意义大于政治意义；而预算信息公开、预算权的划分、人大机关对行政机关的预算监督等问题，其宪法意义则大于经济法意义。总之，预算法运行中的诸多问题的妥善解决，都和对预算法双重法律属性的认识与把握有着非常密切的关系。

由此可见，充分认识并把握预算法的双重法律属性，不仅有助于预算法本身的完善与实践问题的解决，同时对于促进整个财政预算的法治化进程也具有十分重要的意义，进而为国家治理体系和能力的现代化提供坚实的基础。事实上，正是基于预算法的双重法律属性这一复合性特质，预算法才能成为不同利益的交汇点和多方利益主体的博弈平台。从国家治理现代化的角度来看，聚合了多种利益的财政预算更迫切需要加快其法治化进程。这也是继提出国家治理现代化的十八届三中全会之后，又在十八届四中全会提出全面推进依法治国的原因之所在。因此，牢牢把握预算法的双重法律属性这一核心主线，在促进财政预算的法治化、实现国家治理的现代化等方面尤为必要。

四　国家治理视角下的财政预算法治化的基本路径

如前所述，财政预算是国家治理的重要组成部分，财政预算法治化是实现国家治理现代化的重要环节。因此，在国家治理现代化总体要求之下，探寻财政预算法治化的具体路径，就显得十分必要。事实上，财政法的相关基础理论研究中，公共财政理论一直是其研究的重要基础和视角。例如，有学者从公共财政与宪法关系的角度探讨了公共财政的核心价值，[①] 也有学者对财政立宪相关问题进行了研究，[②] 还有学者对公共财政的现代化路径进行了研究，[③] 另有学者从公共财政理念的角度对预算法的调整范围等相关问题进行了探讨。[④] 应当说，公共财政理论不仅其本身具有自己的逻辑体系，同时也为财政预算法的理论研究和制度完善提供了坚实的理论基础。

以上研究成果中有关公共财政的界定、公共财政与宪法之间的关系、公共财政的现代化路径等方面的研究成果，为财政预算法的相关理论研究提供了有益的思路，也充分体现了传统公共财政理论对于财政法理论研究的基础性影响。但也应当看到，由于学科视角的差异，法学与经济学、公

---

① 参见王世涛《公共财政的核心价值：财政权的控制与财产权的保障》，《法治论坛》2008年第3期，第71—76页。

② 参见童春林《财政立宪问题探析》，《法学杂志》2008年第2期，第155—157页。

③ 参见曹明星、刘剑文《公共财政的现代化路径之法律分析》，《社会科学》2008年第5期，第100—105页。

④ 参见刘剑文、王文婷《公共财政理念下的预算范围调控之法律进路》，《重庆大学学报》（社会科学版）2011年第3期，第102—108页。

共管理学在理论研究和制度建构等方面还是存在一定差异的。因此，法学界应当在借鉴公共财政理论的基础上进一步探索财政预算法治化的具体路径。此外，国家治理现代化问题是我们这个时代赋予的全新课题，因而，在国家治理体系下的财政预算法治化路径探索问题上，没有现成的经验可以复制，只能在深入探索中不断创新。总体来看，在国家治理现代化的视角下，财政预算法治化的基本路径应当包含以下几个方面。

首先，要进一步充实并完善财政预算法律制度的具体内容。财政预算法律制度的充实完善是实现国家治理现代化的重要内容。这是因为，“国家治理体系和治理能力的现代化，就是使国家治理体系制度化、科学化、规范化、程序化，使国家治理者善于运用法治思维和法律制度治理国家，从而把中国特色社会主义各方面的制度优势转化为治理国家的效能”,① 因此，国家治理体系下的财政预算法治化离不开相应的预算法律制度完善。当然，立法完善历来是推进法治化进程的重要路径，财政预算的法治化进程亦不例外。事实上，对于财政预算法律制度的完善问题，学界的相关研究成果已经提供了较为详细的建议。例如，在《预算法》修订的过程中，学者们分别从法律理念的角度、② 从规范分析的角度、③ 从宏观调控的角度、④ 从预算法律监督制度完善的角度、⑤ 从程序的角度,⑥ 对预算法的修改与完善提出了建议。以上建议有些在本次《预算法》修订中已经得到了体现，有些合理建议还有待于在今后的立法中予以完善。由此可见，立法完善与充实是促进我国财政预算法律制度最基本的路径。

其次，要从宪法的层面进一步推动财政预算的法治化。“国家治理的现代化，是公权力机关退位、归位和理性再定位的过程”,⑦ 而财政预算法治化所要解决的核心问题正是对于财政预算权力的限制问题。此外，财政

---

① 江必新：《推进国家治理体系和治理能力现代化》，《光明日报》2013 年 11 月 15 日，第 1 版。

② 参见顾功耘《〈预算法〉的理念需要重塑》，《法学》2011 年第 11 期，第 21—22 页。

③ 参见蒋悟真《我国预算法修订的规范分析》，《法学研究》2011 年第 2 期，第 146—159 页。

④ 参见王建敏等《市场经济与宏观调控法研究》，经济科学出版社，2005，第 150—151 页。

⑤ 参见王世涛《〈预算法〉的修改与预算监督法律制度的完善》，《财经问题研究》2005 年第 3 期，第 91—93 页。

⑥ 参见邢会强《程序视角下的预算法——兼论〈中华人民共和国预算法〉之修订》，《法商研究》2004 年第 5 期，第 25—32 页。

⑦ 江必新：《法治社会，从何“治”起》，《人民日报》2014 年 9 月 16 日，第 5 版。

预算中的人大监督权问题、财政预算的可诉性等相关问题，已经超越经济法的范畴，上升到国家机关之间的权力分配的层面，只能在宪法的层面予以根本解决。事实上，从宪法层面推动财政预算的法治化，也与预算法双重法律属性问题具有十分重要的关系。正是预算法的这种双重法律属性，才使得财政预算法治化路径必须和宪法紧密结合。党的十八届四中全会也明确提出，“坚持依法治国首先要坚持依宪治国，坚持依法执政首先要坚持依宪执政”，这充分体现了宪法在整个法治进程中的独特地位。由此可见，国家治理现代化中的财政预算法治化问题，在本质上是一个宪法问题，最终还必须在宪法的层面予以确认，唯有如此，才能真正实现财政预算的法治化，进而促进国家治理的现代化进程。

最后，要进一步加强相关配套法律制度的完善，确保财政预算行为的民主化、法治化。国家治理体系和治理能力现代化对我国各项制度提出了全方位的要求。正如有学者指出：“推进国家治理体系和治理能力现代化，势必要求对国家的行政制度、决策制度、司法制度、预算制度、监督制度等进行突破性的改革。”① 因此，从国家治理的角度来看，财政预算的法治化在整个国家治理中虽然地位重要，不仅需要相关法律制度予以配合，同时也需要行政制度、决策制度、司法制度、监督制度等一系列的相关制度予以配合，唯有如此，才能真正实现国家治理的现代化。就相关法律制度而言，主要体现在经济法与行政法领域。就经济法领域来看，国债法律制度、政府采购法律制度等相关制度很有必要进一步完善；就行政法领域来看，财政预算监督、公民的预算参与权等相关问题应当通过法律予以保障。由此可见，相关配套法律制度的完善是财政预算法治化路径的又一重要方面。

总体上看，以上关于财政预算法治化路径的探讨，主要是集中在立法领域。事实上，财政预算法治化的实现，不仅需要立法，还需要通过一系列的制度来保障财政预算法律制度的实施，这也应当成为实现国家治理现代化进程中财政预算法治化的重要路径。此处由于篇幅所限，就不再具体展开。

---

① 俞可平：《国家治理体系的内涵本质》，《理论导报》2014 年第 4 期，第 15—16 页。

五 小结

具有“经济宪法”之称的《预算法》，是约束和监督政府财政预算行为的基本规则，是实现财政预算法治化的基本手段，是当下我国政治与经济改革的重心之一，同时也是构建国家治理体系和实现国家治理能力现代化的关键环节。也正是因为如此，长期以来，《预算法》的修改与完善问题都是社会各界关注的焦点。然而，2014 年《预算法》修改的完成，并未降低人们对财政预算法治化的关注度。随着我国依法治国进程的全面推进，预算法在国家治理中的作用只会进一步加强。这是由预算法的双重法律属性所决定的。一方面，具有宪法属性的预算法在提升国家政府治理水平、完善民主政治等方面具有十分重要的作用；另一方面，具有经济法属性的预算法在推动国家经济治理、促进经济发展方式转变等方面同样具有十分重要的意义。此外，预算法的这种双重法律属性也使得财政预算的法治化进程不仅局限于《预算法》本身的修改与完善，同时还涉及宪法、经济法相关配套法律制度的完善问题。这也决定了财政预算法治化是一个关系到诸多具体法律制度的综合系统工程。因此，从立法的角度来看，在宪法和经济法的框架体系之内，构建国家治理现代化的财政预算法治化路径，应当是我国今后财政立法工作的努力方向。

（本文原载于《法学论坛》2015 年第 6 期）

“金融消费者”概念检讨

——基于理论与实践的双重坐标

姚　佳*

“金融消费者”概念①近年来在国内讨论日盛，初衷是以法律上的“消费者”的主体发展哲学和理念型塑金融领域中的自然人服务接受者，实现此类自然人的法律人格具象化和地位转换。从学术研究与实践来看，学术界将“金融消费者”这一概念引入、诠释和探讨法律技术设计等推向高潮，实务界也出台了政策文件并推动实践保护金融领域消费者，但事实上二者并不匹配甚至形同实异。学术界以英美金融领域消费者概念的出现以及大陆法系自然人—消费者理论为基本依据，论述中国应创设“金融消费者”概念及其制度体系，此种概念创设与体系构建虽似有一定依据和来源，但却在相当程度上忽视了中国消费者法自身的理论脉络和制定法体系。实务界主张以实践为导向构建金融领域消费者保护制度，但此种制度构建却因经济与社会实践发展规律之“固有性”而缺乏实质推动力。因此，无论是法学理论自身体系之内，还是社会实践自身体系之内以及理论与社会实践之间，在“金融消费者”概念创设及制度构建上都呈现出不同程度的无法协调甚至相互抵牾。为何会出现此种现象？到底是学术理论创新自身不够科学与实用，还是实践对理论的接纳与协调机制出现了问题？对此，本文拟从理论与实践两个坐标系对“金融消费者”这一概念的创设

* 姚佳，女，1979年生，黑龙江哈尔滨人，现为中国社会科学院法学研究所《环球法律评论》副编审，硕士生导师，研究方向为民法和经济法。

① 关于金融消费者主体界定的研究成果较多，通过对“中国知网”数据库的检索，截至2017年4月，以“金融消费者”为“篇名”的文章超过2000篇。

进行考察，通过对消费者法体系、金融领域消费者所处理论象限、制定法的态度以及司法实践等内容的分析，试图探讨学术研究系统的自我完善机制以及理论与实践之间的关系。

一 "金融消费者"概念在学术研究与政策文件中的貌合神离

对金融消费者概念的界定首先应当从消费者概念溯源。何为消费者?直观上判断，只要是参与到市场关系中，依据市场交换规则从事消费行为的主体均可谓消费者。在法学场域内，消费者是一个隶属于民法自然人主体脉系的特定概念，基于消费行为的"特定行为逻辑"与经营者与消费者实力不均衡的"社会场境"而被赋予特殊身份和地位。① 以大陆法系法律人格理论为基础，消费者主体理论也在此理论脉络上延伸与发展。日本著名学者星野英一先生关于私法主体的研究传入中国，对中国学术研究影响颇大，星野氏的研究思路是"人"—"人格"（自然法）—"法律人格"，星野氏也认为，以消费者为代表的民事主体的出现，使民法的理念出现了一定转向，被认为"强"而"智"的自然人具象化为"弱"而"愚"的消费者。② 金融消费者的理论与制度构建以消费者理论为基础，系消费者

---

① 对于消费者法是否属于特别民法素有争论，德国法律界也在讨论为了保护消费者，是否以不同于一般私法的社会模式为基础，发展出一个具有不同判断的特别私法分支；反对者认为这是对自由市场经济法律基础的破坏，他们希望保持传统合同法的完整性，并在现代消费社会尽力维护民法典起草者们所接受的一般观念：法律只要保障消费者能够获得充分信息进行理性选择即可。参见〔德〕莱因哈德·齐默曼《德国新债法：历史与比较的视角》，韩光明译，法律出版社，2012，第255页。国内学者对消费者法的性质也有一定争论，比如，有学者认为，在大陆法系国家，消费者法作为特别民法而产生，消费者也当然作为民法上之特别主体而始终备受关注。参见谢鸿飞《民法典与特别民法关系的建构》，《中国社会科学》2013年第2期。也有学者认为消费者保护应当成为普通民法的组成部分，应以合同法进行规制，即在债法的相应部分规定消费者合同的一般法律规则（列入合同法总则）及典型的消费者合同。参见苏号朋《民法典编纂与消费者保护——以德国债法改革为参照》，《法学杂志》2015年第10期，第49、52页。众所周知，德国于2002年颁布了《债法现代化法》并完成民法典改革，在《德国民法典》总则第13条中专门界定了"消费者"，使得消费者的地位更变得令人疑惑。但无论以何种起点进行研究，无论以特别民法或普通民法进行规定，消费者之于自然人的本质与法律人格的具象化演绎都在一定程度上具有共识。

② 〔日〕星野英一：《私法中的人》，中国法制出版社，2004，第39—52页。

理论在金融领域的具象化。

（一）“金融消费者”法学学术研究概况

从英美法系和大陆法系国家的理论与法律文本来看，事实上并不存在“金融消费者”这一概念，即便是在世界范围内被奉为在金融领域保护消费者典范的英国《金融服务与市场法》（Financial Services and Markets Act 2000）和美国《多德—弗兰克华尔街改革和消费者金融保护法案》（Dodd-Frank Wall Street Reform and Consumer Financial Protection Act 2010）之中，也并未见“金融消费者”[①] 的定义，唯一出现“金融消费者”（Financial Consumer）这一用法的是在国际经济合作组织（OECD）2011 年 10 月通过的《二十国集团金融消费者保护高层原则》（G20 High-level Principles on Financial Consumer Protection）[②] 之中。再考察大陆法系国家的法律文本，事实上也不存在这样“金融消费者”这样一种特定概念。确切地说，“金融消费者”并未出现在正式的法律文件或法律规则之中，实际上其是在金融实践中形成的一种笼统或概括称谓，称其为“概念”也比较牵强。

1. 学术成果量化分析

尽管“金融消费者”概念的科学性和来源可能会受到一定质疑，但这并不影响对金融领域的消费者或个体的研究，反而金融消费者却成为近年来一个重要的学术增长点，主要以 2008 年国际金融危机为时间上的“分水岭”。根据对中国知网期刊文章数据库的检索，本文分别统计了以“金融消费者”为“关键词”、“主题”的研究成果，并生成发文数量统计曲线图和关键词共现网络聚类分析图（见图 1、2、3、4）。[③] 发文数量统计曲线图意在呈现学术界对“金融消费者”概念及问题讨论的数量与规模，这也在一定程度上能够反映出学术界对此问题的追逐热度。关键词共现网络聚类分析图则比较直观地呈现与“金融消费者”相关的学术研究热点问

① 英美国家在正式的法案中更多地表达为“Consumer Financial Protection”，即消费者的金融（领域）保护。

② 该原则并非正式的法案或者法律规则，而是一种倡导性的法律文件。

③ 本文图 1、2、3、4 均由中国知网计量可视化分析生成，数据检索与分析图生成日期均为 2017 年 1 月 15 日。

题，能够反映出现有学术成果更多关注哪些问题，以及"问题"与"问题"之间的关系。据此，这两类图表能够为下文反思与讨论金融领域消费者的理论体系与实践体系提供一种客观研究基础与起点。再者，对在先研究成果的总结或许能够在一定程度上促成本文意欲实现的学术研究意义上的延展性或推进性。

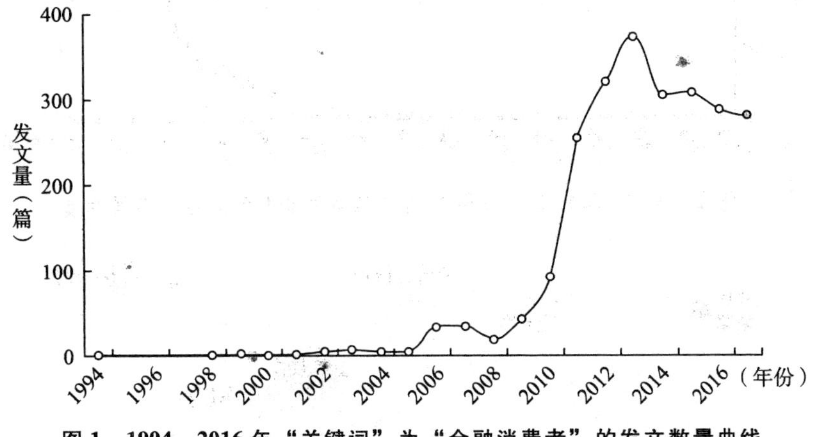

图 1　1994—2016 年"关键词"为"金融消费者"的发文数量曲线

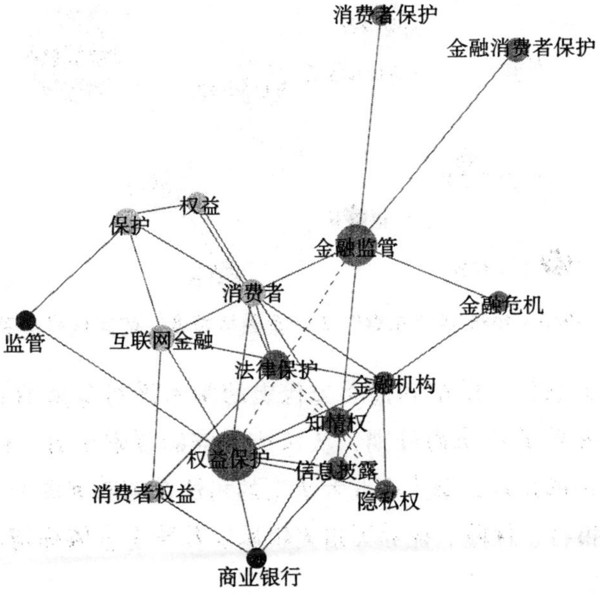

图 2　1994—2016 年"关键词"为"金融消费者"的共现网络聚类分析

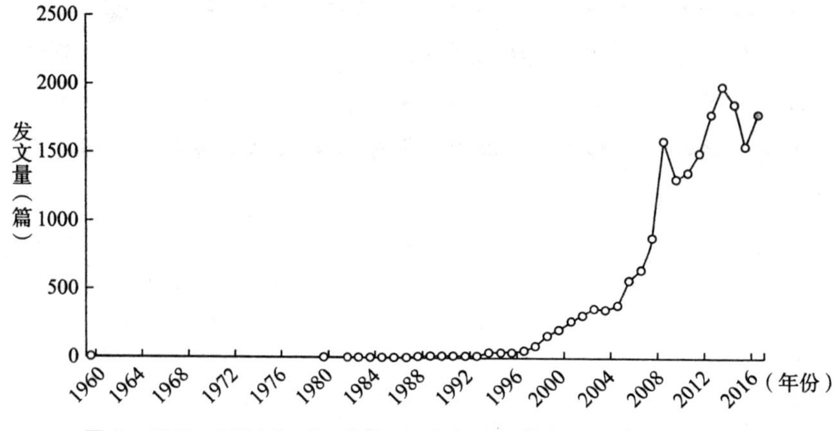

图3　1960—2016年“主题”为“金融消费者”的发文数量曲线

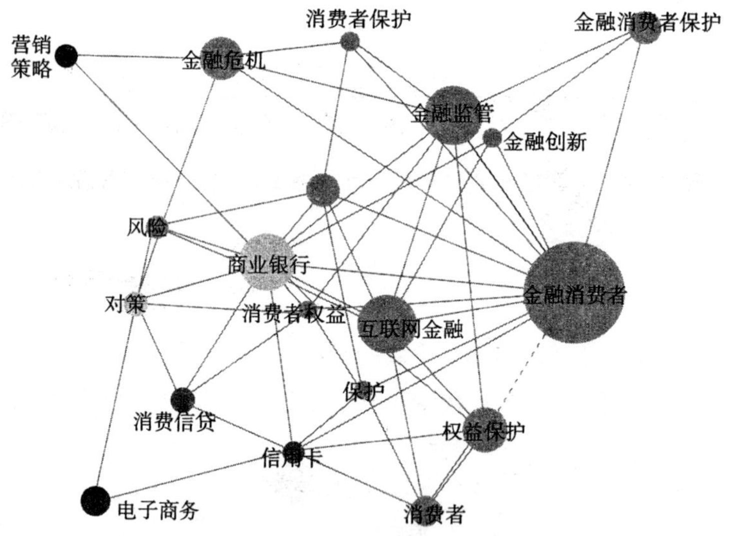

图4　1960—2016年“主题”为“金融消费者”的共现网络聚类分析

根据以上统计，以期刊论文为代表的学术界对金融消费者的研究在2009—2014年前后达至高峰期，从司法案例的搜索来看，以“金融消费者”为关键词的搜索，至少在北大法宝的司法案例数据库中并无一例，只能以传统的银行、保险、证券等相关领域以及特定主体称谓才能搜索出相关案例。

2. 理论分析范式

根据对上述“关键词”为“金融消费者”的2100余篇文章内容进行

总结，从"金融消费者"概念与"消费者"概念构成层次与结构来看，基本可以如下列表进行对比分析。

表 1　消费者与金融消费者概念解构

结构层次＼主体	消费者	金融消费者
第一层次：主体类型	自然人	自然人
第二层次：行为目的	为生活	为生活
第三层次：适用领域	全领域	金融领域
第四层次：权利内容	制定法中规定的各项权利（九大权利、个人信息权以及典型的三倍赔偿请求权等等）	制定法中的相关权利在金融领域之中的具象化（主要是九大权利以及个人信息权）

基于上述对消费者与金融消费者概念结构层次的分析，可见金融消费者基本上属于消费者的子概念，是消费者法在金融领域的适用与具象化。学术界意在塑造一个什么样的"金融消费者"理论？从目前已有学术成果来看，大致上可总结为三种理论。①

第一，主体（身份）转变论。此论基本是以 2008 年金融危机之后英美国家金融法的最新发展为依据，强调在金融交易日益复杂的背景下，将金融机构的交易相对人在法律上确认为金融消费者，实现一种身份转换，也即法律对消费者的保护必然比普通的自然人主体或投资者（或其他金融领域专业参与人）的保护更为有力。但是此论所依托的学术理论来源范式或论证模型却基本上是大陆法系的消费者法，主要遵循消费者从一般民事主体析出或分离的理论证成思路，以力证金融领域的主体身份转变。

第二，立法缺失论。此论主张（消费者法）的制定法未能涵盖金融领域，即便消费者法可以适用于金融领域，但由于金融领域的特殊性，此种一般法的适用对金融领域消费者的保护仍显不足，尤其是从英美通过专门立法实现对金融领域消费者保护的经验来看，我国宜创设金融消费者概念并构建相关法律制度。

---

① 因"金融消费者"相关研究成果甚多，本文也无法一一列举，选取所谓具有代表性的作品似乎也比较主观，因此本文并没有详细列举，研究的成果范围仍然与前述图表总结的范围相同。

第三，政策响应（突破）论。此论主张在学术界讨论金融消费者理论的同时，以金融监管部门为代表的实务界也意识到金融消费者保护的重要性，并积极以行业管理办法等形式确认“金融消费者”这一概念，并制定相关规则，这在金融领域的消费者保护上是一种突破性立法，监管机构通过加强对金融机构的约束，以实现对金融消费者的保护。

就上述观点而言，其中第一、二种观点更意在从学术理论角度发现与强调金融消费者的特殊性，创设特定概念（身份）与特别规则，成为学术界所倡导的主流或共识观点。

（二）政策文件中关于“金融消费者”的规定

学术界对“金融消费者”这一概念及其意义的研究如火如荼，但并没有直接证据表明政策文件中的“金融消费者”概念的引入与使用是受学术界影响，从学术界与金融监管机构颁布政策文件的大致情况来看，二者在时间上大致同步。

在监管实践中，首次使用“金融消费者”概念的是银监会于2006年12月颁布的《商业银行金融创新指引》，其后相关部门又陆续发布了与金融领域消费者相关的规范性文件，比如银监会于2012年发布了《中国银监会银行业消费者权益保护工作规划纲要（2012—2015）》，2013年发布了《银行业消费者权益保护工作指引》，国务院办公厅于2015年11月颁布了《国务院办公厅关于加强金融消费者权益保护工作的指导意见》以及中国人民银行于2016年11月发布了《中国人民银行金融消费者权益保护实施办法》等等（见表2）。这些法律规范并非成文法国家真正意义上的法律文本，但是我国金融业监管近些年已形成了规范性文件先行的治理特点，故此类规范性文件往往在实践中具有重要地位并发挥重要作用。自2011年开始，“金融三会”内部陆续成立了专门的消费者保护机构，保监会成立了保险消费者权益保护局，证监会成立了证券投资者保护局，银监会成立了银行业消费者权益保护局。这些部门的设立，意味着金融监管在以维护金融体系稳定和金融市场安全为基本目标的同时，也启动了从监管角度关注金融服务接受者保护的实践布局。从时间上可以判断，学术界对金融消费者的研究以及官方对消费者保护的政策与实施几乎是处于同一时期的，可以推测的是，社会事实中对金融领域消费者保护的需求是存在的，因此学术界与官方都予以一定回应。

表 2 与"金融消费者"相关的行业管理文件

文件名称	行业	发布时间	"金融消费者"表述	内容侧重
《商业银行金融创新指引》	银行业	2006 年 12 月 11 日	共出现 2 次	银行运行机制、客户利益保护、风险管理、监督管理等等
《关于做好保险消费者权益保护工作的通知》（保监发〔2012〕9 号）	保险业	2012 年 1 月 17 日	无	建立完善保险消费者权益保护工作制度和体制，加大信息披露，保障保险消费者的知情权，投诉渠道，调处机制等等
《中国银监会关于完善银行业金融机构客户投诉处理机制切实做好金融消费者保护工作的通知》（银监发〔2012〕年 13 号）	银行业	2012 年 3 月 23 日	共出现 16 次	从金融消费者保护观念、投诉等方面进行了原则性规定。第 8 条规定："银行业金融机构给金融消费者造成损失的，应根据有关法律规定或合同约定向金融消费者进行赔偿或补偿。"
《中国人民银行金融消费权益保护工作管理办法（试行）》（银办发〔2013〕107 号）	银行业	2013 年 5 月 8 日	共出现 46 次	金融消费者定义，金融消费者投诉的受理与处理，监督管理，金融消费者教育，等等
《银行业消费者权益保护工作指引》（银监发〔2013〕38 号）	银行业	2013 年 8 月 30 日	无	银行业消费者定义，尊重银行业消费者的知情权、自主选择权、公平交易权、个人金融信息安全权等等，银行业金融机构行为准则，制度保障、监督管理，等等
《中国保监会关于加强保险消费者权益保护工作的意见》（保监发〔2014〕89 号）	保险业	2014 年 11 月 14 日	无	强化保险公司主体责任、严厉查处损害消费者合法权益的行为、完善以投诉、纠纷调处机制为核心的消费者维权机制、开展消费者教育和风险提示、风险披露
《国务院办公厅关于加强金融消费者权益保护工作的指导意见》（国办发〔2015〕81 号）	各金融领域	2015 年 11 月 4 日	共出现 76 次	建立金融消费者适当性制度、保障金融消费者财产安全权、知情权、自主选择权、公平交易权、求偿权（投诉为主）、受教育权、受尊重权、信息安全权等，完善监督管理机制和保障机制

续表

文件名称	行业	发布时间	"金融消费者"表述	内容侧重
《中国人民银行金融消费者权益保护实施办法》（银发〔2016〕314号）	银行业	2016年12月14日	共出现107次	金融消费者定义，金融机构行为规范，个人金融信息保护，投诉受理与处理（向金融机构投诉），监督与管理机制等等

从上述文件来看，近年来金融行业监管部门对金融领域的消费者保护比较重视，"金融消费者"这一表述在上述代表性政策文件中的出现频次也呈渐增趋势，"金融消费者"表述字样最多的共出现107次。但细究文件内容，若从"权利—义务"、"义务—责任"、"权利—救济"等等这些最基本的法律范畴来看，似乎这些文件难以进入消费者保护的法律规则系统或制定法体系之中，它们与真正意义上的消费者保护法无论在性质还是内容上都相去甚远，将其归入消费者法体系也显得不伦不类。

一则，上述政策性文件体现出较为明显的行业管理文件特征，这些文件主要规定金融机构应如何加强自身约束从而保护消费者，从表达上看，基本上属于倡导性、自律性要求。那么，如若不颁行这些以"保护金融消费者"为名的文件，金融机构是否就无须履行这些义务？毫无疑问，回到制定法层面，金融机构作为金融服务提供者，理应依据相关法律履行相应义务，而政策文件的作用应当是进一步落实或加强这些义务，而非仅仅重申或强调这些被适用于具体领域或者被情境化的义务。细究文件的文字表达，这些文件中规定的对金融机构的约束并非法律规则中的"义务"，因而缺乏强制力，更多的是一种政策文件意义上的"软约束"，因而缺少"义务—责任"这一核心内容。

二则，上述政策性文件中，有的规定强调了消费者保护的原则和内容，有的还具体列举了金融消费者的具体权利，但这些权利基本上是《消费者权益保护法》中所列举的消费者权利在金融领域的具体化，几无任何新的突破。有权利必有救济，但是在这些文件中却几乎难觅"权利—救济"要素，在《中国银监会关于完善银行业金融机构客户投诉处理机制切实做好金融消费者保护工作的通知》中，第8条规定，"银行业金融机构给金融消费者造成损失的，应根据有关法律规定或合同约定向金融消费者进行赔偿或补偿”。这也就是说，即便规定了金融消费者这一特定主体，但是也并无特别规则予以保护，在消费者权利受到侵害之时，其依据仍然是相关制定法或者交易双方的合同，因此这些规范性法律文件的性质显而易见，其更多的只能是一些原则性规定或者是“软约束”。

（三）学术研究与政策文件之间的殊异

从上述学术研究与政策文件来看，“金融消费者”尽管在文字表达上相同，但是细究该概念在学术与政策两个领域中的表达，二者实则内涵迥异。

理论研究意在塑造一个什么样的金融消费者？理论界意欲通过消费者法理论在观念和身份上确认金融消费者，从而实现一种较为理想化的、相对模型化的金融消费者主体。在研究的方法论上，目前的研究试图通过一种“增量式”研究，通过创设新主体与构建新的法律制度，依托“概念化”中介，在立法上确认金融消费者、部门文件等行业政策中回应规定金融消费者，从而实现学术之目的，理论研究之任务即告罄。但毫无疑问，理论研究意在进行一种以金融消费者“保护”为进路的研究。

政策文件又塑造了一个什么样的金融消费者？从目前金融监管机构已颁布的文件内容来看，这些文件并非正面直接构建金融消费者保护制度，而是监管特征明显，以对金融机构的“约束”为进路，进而实现金融消费者保护。但颇为重要的是，由于文件对金融机构的约束缺乏强制力，因而这些文件的作用和力量也因“形强实弱”而有所消解。

可见，尽管是同样的“金融消费者”的表达，但学术研究与政策文件中的内容与意义却完全不同，如果说学术界还在尝试走一条“突进型”进路，那么政策文件就只能是一种“保守型”的路线。基于对现有研究与政策文件的梳理，可以发现二者确系形同实异、貌合神离，但恰恰是这种殊异与距离也带出一些基本问题与诘问。

一是，在理论上创设新主体和新的法律制度是否能解决新问题？既有理论是否真的供给不足，从而需要构建新理论，换言之，这种理论预设自身是否需要检讨。

二是，发现社会现象与上升为法律规则到底有多远的距离？理论系统的自我更新、制定法的体系化解释与社会现象的变动不居之间到底形成何种关系？

三是，从比较法的方法论意义上而言，学术界对域外制度引进或借鉴之时是否存在一定“理论错配”，从而导致产生一定误认？

二 金融领域消费者理论坐标检验

无论是主体转变论、立法缺失论还是实践响应论，他们基本上都认为现有法律制度在一定程度上供给不足，因此有必要创设有关“金融消费者”这一法律主体概念以及新的法律制度。这种“增量研究”思路未尝不可，但是如果此种研究未经理论系统和实践体系检验，可能其科学性就会受到质疑。因此，本文尝试从理论与实践两个坐标系检验这一概念及其理论产生的必要性。

（一）理论检验前提与基础

从理论坐标系考察，法学理论谱系和规则生成机制自成一统，立法论与解释论在法律规则创制的过程中角色不同，交相互动。一般而言，解释论意在为法律的解释适用及相关问题探寻出一套大致可循的章法，并以此来确保法律的适用具有统一性和可预测性，[①] 只有在运用甚至穷尽解释论之后仍无法解决当下问题之时，立法论才会隆重登场，法律规则创制才成为必要。回到金融消费者这一概念，如欲创设这一概念及其理论，首先就要直面一个问题：现行制定法通过适用解释论，是否无法解决金融领域消费者保护的问题，因而必须创设特定概念和规则来予以规制？如若是，那么创设这一概念就非常必要，如若否，那么之后的一系列理论研究可能就不具显著意义。

解释的起点是什么或者说应从哪一概念起点进行解释？这成为一个前提性问题。金融消费者概念在学术研究中成为“消费者法”和“金融业或金融法”所争夺的对象，换言之，到底是应当在金融领域讨论金融消费者的产生还是应当在消费者法的领域讨论金融消费者的产生，或者二者系同一问题，这本身就是一个需要思考的问题。有不少研究成果[②]从金融业特

① 参见韩世远《民法的解释论与方法论》，《人民法院报》2005 年 5 月 18 日，第 B1 版。

② 尤指金融学的很多研究成果，他们也讨论金融消费者及其权利。

殊性的角度讨论金融消费者，但他们并未过多论及金融消费者的权利，即便论及，也多是在现行消费者保护法制定法的框架内增加了"金融元素"，是一种"1+1=2"的推演方式。而法学界讨论金融消费者的权利与规则构建，则基本上都是以消费者法的范式或框架进行讨论。既然这个前提确定，那么就说明这种讨论殊途同归，可以集中于消费者法这一问题之上。

（二）制定法的基本态度

本文第一部分探讨了金融消费者的学术研究成果以及政策文件，但却一直没有提及一个重要问题——制定法。

尽管学术界对金融消费者讨论较为热烈，但近年来国内消费者权益保护法等制定法的反应却稍显冷淡，无论从立法论角度还是从解释论角度，均无意将金融消费者特别化或者给予特殊对待。① 从目前制定法的体系与规则来看，涉及金融行业的消费者权益保护在《消费者权益保护法》第18条、第28条以及《消费者权益保护法实施条例（征求意见稿）》第26条有所规定，包括银行的安全保障义务、金融机构的如实告知义务以及对金融服务行业经营者的特殊规范等等，这些规定多是在传统的经营者义务规则体系下列举适用于银行等金融机构。

制定法与学术界观点大致存在以下分歧：一是，不管制定法是否明确规定，消费者法的理论与规则均可直接适用于传统金融服务业②的服务接受者；二是，投资者是否是消费者或者是否应当转变为消费者（该问题将在第三部分讨论）。

对于第一个问题，本文尝试从消费者权益保护法自身修订完善路径和制定法解释的基本原理中寻求答案。考酌1993年《消费者权益保护法》的立法用语，基本上是为消费者与经营者之权利义务设定一系列基础规则，仅列举了邮购以及预收款两项特殊情形。2013年该法修订之时，所列举的行业增加了网络、电视、电话、证券、保险和银行等等，金融行业从以前的未明确列举到修订时明确列举，形式上确实发生了变化，但此种形

---

① 实际上，在2013年《消费者权益保护法》修订之前，学术界已掀起一阵主张以特别法的形式规定各种类型消费者的热潮，包括但不限于金融消费者、远程销售服务消费者、预付卡消费者等等。

② 此种金融服务业系指存取款、非投资类金融业务等等。

式上的变化是否意味着法律意义上的规则增加，仍不能急于下结论。换言之，行业列举是否是对金融行业适用消费者法的法定化，或者说，这种明确列举是否是对新行业设定新规则？对此，我们似乎可以从消费者权益保护法修改草案说明中找到答案。2013 年 4 月 28 日第十二届全国人大常委会公布《消费者权益保护法修正案（草案）条文及草案说明》，其中指出该次法律修改旨在适应社会变化，规范新问题，明确指出意在规范网络购物等新型消费方式，并设置了七日无理由退货等特别条款。立法说明对新型消费方式的表达非常明确，并进行解释和说明，明确指向网络购物等方式，而对金融行业并未提及。结合上述提到的《消费者权益保护法》第 18 条、第 28 条,[①] 可知修订该法之时对金融行业也并未设置特别规则。

我们尝试作一种反向推理，既然立法说明并未将金融领域视为新发展或新变化，那么这种列举可能并不意味着制定法的特别规制，而只是权利义务的具象化，而为什么要特别列举，目前并无直接或间接证据对此进行解释。但是有学者认为修订前的消费者权益保护法不适用于金融行业，而修订列举之后该法才适用于金融行业，这种判断可能是过于武断并且比较僵化的，此种说法似乎很难成立。诚如德国著名哲学家伽达默尔所言，法律文本，无论是法典、法规，还是判例、习惯，一旦确定下来，在时间上就会滞后于变动不居的社会情境和具体事态，把这些文本机械适用于已经变化的社会情境和具体事态，无疑会产生削足适履之谬。然而，频繁修改法律文本，又会削弱法律的稳定性和权威性。因此，通过法律解释,[②] 使法律文本的内容意义动态适应变化的社会情境和具体事态，便是法律发展的重要方式。由是观之，即便消费者法不进行修改，成文法实际上也可随

---

① 《消费者权益保护法》第 28 条规定："……提供证券、保险、银行等金融服务的经营者，应当向消费者提供经营地址、联系方式、商品或者服务的数量和质量、价款或者费用、履行期限和方式、安全注意事项和风险警示、售后服务、民事责任等信息。"很有意思的是，目前很多研究成果对此条的解释都认为该规定加强了金融产品信息披露义务，并且往往都是在讨论消费者与投资者、保险人等身份转换问题的时候以此进行论证。但细究该条规定所披露的内容，基于金融产品合同基本上均系格式合同的现实与商业习惯，这些内容都是合同中一些最为基本的内容，而且这些信息完全不足以判断金融风险，单纯从此条就断言投资者、保险人等金融交易主体转变为消费者，将会信息披露级别更高以及对金融交易主体保护更为有利，似乎过于武断。

② 张志铭：《法律解释操作分析》，中国政法大学出版社，1998，第 16 页；对法律解释概念的理解也具有多种角度与形式，参见本注张志铭书，第 12—15 页。

社会发展、时代变迁并通过制定法解释，而对适用领域进行覆盖和增补。

另外，《实施条例（征求意见稿）》第26条将金融领域经营者义务囊括其中也是在探讨解释论意义上的实施问题，而并非意在将金融领域的消费者独立。[①] 因此，金融领域消费者并非一种概念演绎，或者说它并不能成为一个概念，意图将金融消费者强制演绎成独立概念或规则体系可能会造成一种法律规则的"形式膨胀"，使当下法律文本体系不堪重负。在制定法及其实施条例层面，金融领域消费者理应在消费者法解释的射程之内，并无特殊。

（三）域外法学理论的借鉴是否存在偏差

1. 大陆法系与英美法系之差异

学术界探讨金融消费者产生的依据或路径之时，相对具有共识的或普遍的研究范式是套用或拣择大陆法系消费者法产生的理论，金融领域消费者的用法来源于英美法，进而推演至中国金融领域消费者的产生。

殊值注意的是，由于消费者被定位于市场活动主体，因此学界基本认为消费者法理论共通，兹可直接借鉴，但在一定程度上却忽视了大陆法系与英美法系消费者法理论自身的固有特性。在大陆法系与英美法系之间，"消费者"概念以及经醇化的"法律人像"及其理性预设实则存在较大差异，易言之，两大法系对"人"的认识并不相同。英美法系国家预设消费者是拥有一定相关知识，并且在自身知识基础之上能够作出一定判断的主体，他们实际上认为消费者是聪明的；而德语系等国家却认为消费者并不需要拥有一定知识，法律保护这些可能缺乏理性的主体，也即星野英一先生所描绘的消费者"弱"而"愚"的人像。[②]

大陆法系与英美法系对私法的研究逻辑迥异，大陆法系：抽象法律人格平等→（如若）具象法律人格不平等→法律规则校正；英美法系：财产平等→（如若）不平等→诉讼制度校正。某种程度上而言，消费者制度亦

① 很多文献中所讨论的金融消费者到底包括哪些形式的主体似乎范围与边界并不清晰，大多是金融业的全部金融服务接受者，通常文章对消费者的界定是极为笼统和概括的。

② Bencsik, András, The European Dimension of Consumer Protection, 152 Studia Iuridica Auctoritate Universitatis Pecs 27, 2014, p. 35. 该段原文为：盎格鲁—萨克逊国家会聚焦在敏感的、信息充分的消费者作出理性决定之时会基于其所享有的知识，然而德国语系国家则宁愿相信消费者会在各方面与经营者进行积极抗争（并不需要其享有一定知识）。

遵循此推演和规范逻辑。大陆法系国家消费者主体的产生与完善，始终附着于民事主体这一“主脉络”，同时兼及合同规则的发展与补给，而在大陆法系国家确实基本上不存在“金融消费者”这样一个被特别强调的主体，对这个问题也几乎未曾有比较集中讨论的成果。因此，我们基本可以推断，大陆法系国家之所以不存在过多讨论，主要是因为金融消费者并非新概念，而是在消费者项下适用相关系列规则即可。在英美法系国家，金融领域的消费者之所以被单独强调，主要是美国的法律制度系由丰富的财产制度所支撑，他们更加关注的是金融业的发展，同时通过财产法规则以及行业管制规则对消费者进行保护，因此他们更强调的是“金融领域”的消费者。但无论法价值存在何种殊异，从法技术的角度而言，大陆法系与英美法系殊途同归，都是在消费者项下讨论金融消费者。

2. 大陆法系理论与制度的自我更新

尽管大陆法系消费者法备受推崇，但是消费者法领域的理论也并非一成不变，20 世纪中叶经由私法成熟、法典化以及消费者运动而产生的大陆法系消费者法的理论与哲学已在过去的几十年间发生了一定“质变”，这些“质变”概括而言包括消费者“自我负责”的回复、债法理论的整合等等，因此，如若当下讨论金融消费者的产生而再以消费者法几十年前从民法析出的单向度逻辑为依据，则势必会产生理论偏差。

实际上，被认为消费者为弱势主体的观念近年来也有所转变。比如，日本 1968 年《消费者保护基本法》于 2004 年修改为《消费者基本法》，此种变化的最重要之处在于不再将消费者作为弱势主体看待，而是“为了使消费者能够自主且合理地行动，将支援消费者的自立作为基本任务”（第 2 条第 1 款）。消费者政策从对消费者的保护转向支援消费者自立，从而发生了根本性的改变。因为 1968 年《消费者保护基本法》的立法观念在于消费者是行政保护对象，规定有关“维护及促进消费者利益”的国家、地方公共团体以及经营者的责任和义务，保护的结果则反射性地维护消费者的利益。[①] 实际上，这是对消费者“买者自负”的一种恢复，并不完全认为消费者是“弱”而“愚”的“人像”。换言之，如此对消费者自

① 〔日〕井上匡子、町村泰贵、今井弘道、赵莉：《法哲学观点看日本消费者问题及立法之解决》，《金陵法律评论》2007 年第 2 期，第 158 页。

身能力的要求就越高。延伸至金融消费者，可以说，在日新月异的金融领域，成为金融消费者本身就是有“门槛”的，正如欧美所建立的合格投资者制度或投资者适当性制度，如果一再强调“买者自负”原则的突破，可能并不一定有利于消费者的主体成长与发展。

三　金融领域消费者实践坐标检验

（一）社会事实与法律概念

从实践坐标系考察，实践或曰社会事实，[①] 往往不在法律系统之中，社会、经济、政治与法律构成一个社会系统，因而其他领域的实践会引起法律主体概念的创设以及理论塑造，换言之，恰是因为存在这样一种社会事实，法律有必要进行回应。再来看金融消费者，持应创设金融消费者概念论者认为，金融领域存在消费者，因而法律必须予以回应，必须创制相应规则予以规制，他们实际上是在讨论一种经济与法律的互动。

对此可作两种假设和推理。第一，如果我们能回答上一个理论坐标系中的问题，解释论可以适用，就解决了法律文本中是否需要创设新制度与新概念的问题。第二，解释论可以解决教义学层面的问题，但实践中的问题仍需要再行探讨，对此，实际上我们可以转换为另一个问题，实践中到底是否需要此主体以及相应法律理论。换言之，即便实践中出现了相关主体表达，到底是一种概括性的说法还是一种需要概念化或教义化的主体理论。

也许在学术界有一个相对普遍的“共识”，那就是大陆法系的消费者保护理念以及消费者法理论是相对完善甚至是完美的，一旦市场交易主体转变或者被确认为消费者身份，适用消费者保护的法律规则就能达到消费

---

① “社会事实”一词是法国社会学的奠基人埃米尔·迪尔凯姆（Émile Durkheim）所使用的一个极为重要的概念，他认为：“一切行为方式，不论它是固定的还是不固定的，凡是能从外部给予个人以约束的，或者换一句话说，普遍存在于该社会各处并具有其固有存在的，不管其在个人身上的表现如何，都叫做社会事实。”参见 E. 迪尔凯姆《社会学方法的准则》，狄玉明译，商务印书馆，1995，第 34 页。

者保护之目的。它们似乎预设了一个前提，即一旦成为“消费者”，就直接将相关制度改造成倾斜于保护消费者的模式。诚然，消费者在法人制度产生、市场经济发展之后，其确实成为相对弱势的群体，但是在制度层面，消费者主体的产生和发展存在一些先决条件，无论是契约的改造、公权力的介入，都不应忽视与人的发展和社会发展密切相关的条件与基础，否则相应的路径依赖则会存在偏差，法律规范也难以实施，这一点也同样适用于金融消费者。

如果法律仅仅服从、基于对社会现象的一种简单反射或映射，就作出法律概念或理论上的变化，那么法律也就失去了其本来存在的价值与意义。因此，辨别与区分应当上升为法律概念的社会事实与无须上升为法律概念的社会现象，实为重要。但是如何判断二者之间的界限以及何者能够经由法律概念的创设过程而上升为法律概念？若将法律系统与社会事实系统进行连接，可上升为法律概念的社会事实必然是具有一般性的、现行法律系统无法适用的而必须创设的事实。因此，认清事实才可知概念创设是否具有必要性，这是一个基本前提。

（二）实践与理论之间关系的误认

1. 金融业发展≠金融消费者被概念化

学术界对金融领域消费者概念的阐释各有不同角度，笔者也并不否认此种尝试是学术界期望可以对实务界作出一定贡献。但不容忽视的是，学术界对金融领域消费者重要性的认识和期许可能与实践中的金融业发展、金融领域消费者的发展无法匹配。

近年来，中国金融业发展突飞猛进，银行、保险、证券、信托等等行业的发展与数字都在呈几何式增长，但是这些发展更多的是机构和大型公司的发展，并不代表着自然人投资者或金融服务接受者的发展。以证券市场为例，美国是以机构为主的证券交易市场，而中国是以散户为主的证券交易市场，从个体投资者保护的角度，由于数量、体量与素质差异，使得美国对投资者的保护相较中国对大批零散且欠缺金融知识的投资者保护更容易一些。而与金融业快速发展形成鲜明对比的是，金融领域消费者自身的发展却并不如人意。中国人民银行一项中国消费者金融素养调查报告显示，城镇消费者回答问题平均正确率为 60.5%，农村消费者的平均正确率为47%。[①] 可见，自然人金融服务接受者自身素质与中国快速发展的金融业之间形成了鲜明对比。因此，从社会事实与法律规范之间关系的这种基础性命题角度来看，金融业发展这一社会事实明显发展在先，金融消费者自身发展这一社会事实明显较为落后，几者发展并不在同一个水平线上，几者构成的张力可能要持续较长时间才能匹配，这也是金融领域消费者发展的现实瓶颈。

最为重要的是，从实践角度而言，金融各个领域已然形成各自特定主体概念及特定法律规范体系，比如银行、保险[②]、证券和信托等各自的法律规范群。在讨论法律适用之时，除适用相关一般法规定之时，基本适用各自领域的特别法。在实践坐标系上，由于金融领域消费者已散落于各具体金融行业，其保护也在各金融领域制定法与消费者法之间逡巡。换言之，现有法律规范群可以覆盖对金融领域消费者的保护，而并不会产生现行法律系统无法容纳或无法兼容的情形，因此，金融消费者并无概念化或教义化的必要，强制或生硬的概念化反而会破坏已有体系甚至产生额外负担。当然，本文并不否认金融领域消费者或金融消费者可以作一笼统或概括的称谓，以实现一种表达上的直接性与便利性，因此本文也并未过分拘泥于到底是"金融领域消费者"还是"金融消费者"，二者可能会混用或交替适用，因为此种表达只具有指代上的意义，并不具有概念化或体系化的意义。

2. 金融领域消费者保护≠依赖公权力

金融消费者属于消费者的子概念，其理论或制度可能存在的问题事实上与中国消费者保护问题密不可分，这就需要先了解中国消费者法产生的客观背景和存在的问题。

中国消费者权益保护法自产生之初就与西方发达国家的消费者法的路径不同，欧美国家消费者法的产生是建立在私权已然充分发展、私主体具有充分的权利意识的基础上，而中国消费者法产生在私主体并未充分发

① 《消费者金融素养调查报告》（《金融时报》2014年8月27日），http://bank.hexun.com/2014-08-27/167914070.html，访问时间：2016年10月25日。

② 有学者也对"保险消费者"这一概念进行质疑，参见任以顺《"保险消费者"概念质疑——以"保险相对人"概念取代"保险消费者"的合理性》，《法学论坛》2015年第6期，第91—96页。

育、私权并未得到充分发展的背景下，法律规则多是遵循“管制法”的路径，以行政管理为基本手段，保障消费者权益。从一个概括的私法史的视角而言，消费者运动权利大致在20世纪60年代前后产生，[①] 同一时期西方市民社会中的私法已基本形成，民事主体和基本权利已存在并已成熟发展，业已经历了较为完整的民事权利萌发与发展的阶段。因此，我们可以尝试作一个推测性的结论，实际上在西方发达国家，民事主体、民事主体权利已先于消费者运动、消费者权利而产生。之所以做这种对比，并非要将西方法律发展作为一个应然“标尺”，主要是意欲探究这背后所存在的理论演变的隐喻。在世界消费者运动以及中国打击假冒伪劣商品的背景下，我国消费者法在20世纪90年代产生，彼时正值社会主义市场经济发展初期，市场尚未发展成熟，当时的《消费者权益保护法》基本系以“管制法”的面貌出现，而在很大程度上忽略了它的私法本性，对消费者的保护也历史性地形成了对公权力管制的路径依赖，但近30年的实践表明，中国消费者保护的效果并不尽如人意。

事实上，对消费者保护以公权力介入甚至僭越至第一位，即便是在消费者保护首开先河的美国也持续受到质疑与批评。有学者指出，肯尼迪总统1962年第一次在国会强调消费者权利问题，在之后的几年间，美国通过了很多法律实施肯尼迪的消费者权利法案，这些法案既包括修改一些救济措施以及解决一些程序上的难题。[②] 但是这些建议设立的消费者保护组织实际上对消费者也是一种毁灭性的欺骗，因为这些组织本来就不打算透明化，是政府想要精致地建立自己的内部组织，扩大自己的官僚体系，他们试图采用的解决问题的方法并事实上不符合消费者的需求。他们认为政府并不是解决消费者问题的首要因素。[③] 过分强调政府形式上的作用的另一

---

① 在此必须要提到的是消费者运动对消费者权利产生的促进作用，世界范围内的消费者运动始于19世纪的英国，然后迅速波及西欧和北美，19世纪末至20世纪60年代这一阶段较为活跃。

② 这些法律包括食品与药品（11个法案）、汽车（5个法案）、香烟（4个法案）、包装和标签（4个法案）、安全（4个法案）、消费者信贷（3个法案）、担保和保证（3个法案）以及其他事项（4个法案）。

③ 参见“Consumer Protection Legislation：Another Consumer Fraud?”，60 *Georgetown Law Journal*，113，115（1971）。

个副作用就是导致政府各种分支机构的既得利益不断出现并且加强。[①] 在消费者保护方面，实际上最基础的关系仍然在销售者和买受人之间，而不是政府和消费者之间，政府仍然只能是第二位的。[②] 因此，所谓公权力对消费者保护的"神话"在西方发达国家也遭遇不少挑战，这也不得不让其他国家思考类似问题，而不能一味盲目效仿借鉴。

回到金融消费者理论与制度，似有同理，过于强调金融领域消费者的身份转变与行政保护，过于强调对"买者自负"的突破，可能与中国金融消费者自身的发展并不匹配，仅仅冠以"金融消费者"之名并非制度目的，真正能维护消费者利益才是制度实质与制度目标。

3. 金融领域消费者保护≠依靠金融业"软法"

由于金融领域消费者的提出晚于消费者而产生，因此在一定程度上，人们仍然以"金融领域消费者理论 = 理论基础 + 现实原因 + 金融业因素"这一公式模型来讨论金融领域消费者的产生和存在。这种思路是值得肯定的，但是由于中国的消费者主体与消费者法产生于社会主义市场经济初、中期，人们可能相对忽略了消费者法产生和发展的中国现实背景问题。金融领域消费者的概念、理论、制度构建与实践回应，实际上还是与消费者保护在中国的实践路径相类似，即依赖公权力。一提到金融领域消费者保护，人们往往首先想到的是林林总总的以"管制法"为核心的法律法规群，而在中国这一成文法国家，却在一定程度上忽视了从最基本的制定法入手，比如合同法、消费者权益保护法等等，而是直接跳过制定法援引以规范性文件面貌出现的指导意见、规划纲要等等，或寄希望于这些貌似效率较高的"短平快"文件。这些规范性文件群虽然在一定程度上能够反映公权力的保护力度，但实际上却并不能从根本上解决消费者保护的问题，依赖公权力和金融业"软法"保护消费者的思路必须突破，消费者保护应向旨在调整消费者与经营者二者之间利益平衡的方向寻求效果。

---

① 参见"Consumer Protection Legislation: Another Consumer Fraud?", 60 *Georgetown Law Journal*, 113, 118 (1971)。

② 参见"Consumer Protection Legislation: Another Consumer Fraud?", 60 *Georgetown Law Journal*, 113 - 115 (1971)。

（三）法律适用上的尴尬现实

投资者与消费者之间的界限问题，与其说是二者概念界分问题，不如说是考察二者在实践中的法律适用问题。

从目前制度构造和案例来看，将投资者转变为消费者在全世界范围内似乎都不太现实，二者存在严格界分。投资者必将因其对风险的选择而承担相应责任，在信息披露层面，对投资者的信息披露并不低于消费者，因此将投资者转变为消费者存在诸多矛盾与逻辑错配之处。在法律适用层面，以我国台湾地区为例，在有关雷曼兄弟连动债案件①中，并无“消费者保护法”之适用余地。② 从近年来世界各国和各地区的司法案例来看，在个案裁判中，在非专业投资人与金融机构之间的博弈标尺并没有向非专业投资人移动的迹象，突破“买方自负”原则的尝试并不成功。在司法实践中，涉及所谓的金融领域消费者的相关案件仍然是依据合同法或侵权法进行裁判。

在林娟诉中国工商银行股份有限公司南京下关支行财产损害赔偿纠纷③一案中，南京下关支行因违反投资者适当性说明和举证义务而承担相应侵权责任。由于《证券期货投资者适当性管理办法》系 2017 年 7 月 1 日起开始施行，因此该案判决时的法律依据仍是《侵权责任法》、《证券投资基金销售适用性指导意见》等法律法规，仍然坚持“投资者适当”原则，尽管判决中几处提到“金融消费者”这一表述，但根据上下文推断，判决书中既未提到消费者权益保护法，也没有像我国台湾地区一样讨论该自然人主体是否是金融消费者，而仅仅是一种所谓理念上的倡导，形式上却造成了“投资者”与“金融消费者”的概念并存，从专业的角度看，法官如此撰写判决书实则并不专业。另外，《证券期货投资者适当性管理办法》及其《起草说明》中，对“金融消费者”只字未提，可见立法上还是对二者进行严格界分，消费者仍享有消费者权利，而一旦转化为投资

① 该案中，法院认为投资人“投资”是为了生产金钱，不符合以消费为目的之规范。参见黄淳钰《以若干民事判决探讨“金融消费者保护法”》，《金融服务法评论》（第 5 卷），法律出版社，2013，第 303 页。

② 参见黄淳钰《以若干民事判决探讨“金融消费者保护法”》，《金融服务法评论》（第 5 卷），法律出版社，2013，第 303 页。

③ 参见江苏省南京市中级人民法院（2016）苏 01 民终 1563 号民事判决书。

者，就享有投资者权利和履行投资者义务，不存在所谓的消费者"身份豁免"。反言之，这也更加符合消费者法的初衷，随着经济社会发展与法人制度的出现，消费者处于经济劣势地位，从而需要法律进行校正，但此种校正必须具有一定限度，如若实力强大之自然人也受到"倾斜之法"的庇护，则必然对他人不公，有违消费者法之初衷。

四 结语

国内对金融消费者的学术研究如火如荼，但是冷静思考，就会发现此种以英美为样本、以大陆法为理论依据的论述并不具有显著意义，因此，反思国内研究的现状，尤其是方法论上的一些问题，当下尤具有重要意义。

在法学学术理论与制定法系统内考察，是否目前已有理论以及对制定法的解释论已无所作为，而必须要通过理论增量创新与创设新概念才能解决问题，如若并非如此，则"创设"新概念意义并不显著。而通过解释论，可以较为周延地解释出金融消费者系消费者的子概念。投资者等专业金融交易主体的身份仍不宜转变成消费者，此种转变，并非有利于投资者，而可能是对消费者理论与实践的一种误读。

本文并无批判当下"金融消费者"研究成果之意，在林林总总的法学研究成果中，囿于笔者研究范围与能力，暂时只能找到"金融消费者"这一研究范例。如果一个概念具有生命力，那么它将不会停留于一时的"虚假繁荣"，如果研究仅仅体现为一种学术 GDP，那么这样的研究可能少一些更为有益。综观当下的司法审判实践和金融领域实践，似乎这个概念并没有受到太多重视而持续不衰。因此，强调一般法或者夯实法教义学，避免一些意义不太显著的研究，可能才是当下研究的进路所在。

（本文原载于《法学》2017 年第 10 期）

五　企业法制

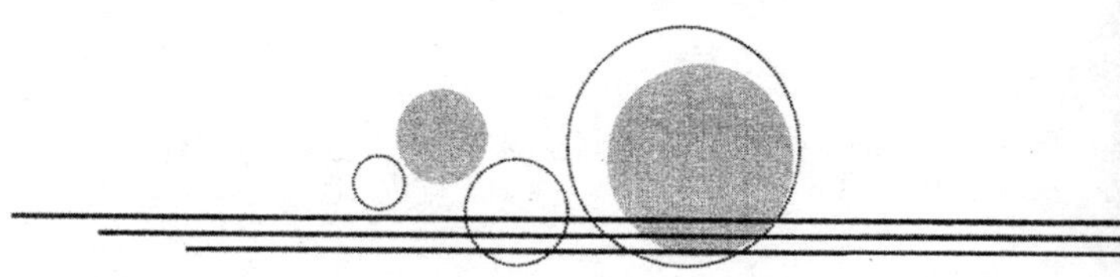

国有企业公司制改革中亟待解决的四个法律问题

刘俊海*

一 关于国有企业公司制改建中国有资产投资主体的确定问题

国有资产即国家所有或称人民所有的资产，由经营性资产、行政事业性资产和资源性资产三部分构成。其中的经营性资产，是指国家作为出资者在企业中依法拥有的资本及其权益。由于我国国有企业中的国有资产绝大多数表现为经营性资产，因此实现经营性资产的保值增值，既是我们搞活国有企业的主要目标追求，也是健全我国国有资产管理体制的重要指导思想。但由于我国的国有资产管理制度长期处于不健全的状态，致使国有企业的投资主体一直停留在“国家”、“全国人民”的抽象概念上，而没有哪一个机构真正对国有企业资产的保值增值问题负起责任，这就是人们通常所说的“全民企业人人都有份，人人都无份；人人都有权，人人都无权；人人都负责，没人去负责”的现象。而在国有企业进行公司制改革的实践中，如果仍然不落实国有资产的投资主体，则国家股东权必将因股东权行使主体的缺位而遭受不当甚至不法的侵害，已经出现的国有资产因国有企业公司制试点而惨遭流失的现象必将难以从根本上得到遏制和扭转。

---

* 刘俊海，男，1969年生，河北泊头人，1995—2006年在中国社会科学院法学研究所工作，现为中国人民大学法学院教授，博士生导师，研究方向为商法和经济法。

那么，应当如何确定国有企业公司制改建中的国有资产投资主体呢？我们认为，要解决这个问题，必须明确界定国有资产投资主体应当遵循的原则。

1. 政企角色重新定位的原则

必须彻底剪断政府与企业之间在计划经济体制下所形成的政企职责不分的脐带，真正实现政府不直接干预企业的商事行为，企业也不再是政府行政机构的附属物。

2. 政府的社会经济管理职能与国有资产所有者职能分开的原则

该原则是现代民商法与行政法体系中，政府的公法主体角色与私法主体角色互相区分这一伟大精神的必然逻辑引申。因此，根据政府的授权而成为国有资产投资主体的机构或部门，只能以私法主体的身份行使国家股东权，不能以公法主体的身份行使不应由其行使的国家行政权。

3. 国家股东权与企业法人财产权分开的原则

必须明确，股东权与公司法人财产权的分离与制衡是现代公司制度赖以存续和发挥重大作用的奥妙所在。正是由于这一点，决定了股东对公司债务的有限责任原则和股东们的投资热情；决定了公司可以作为独立的法人而以其所有的财产为其债权人提供总体担保；决定了现代公司法中的资本三原则；决定了公司制企业与合伙企业、自然人独资企业的根本区别。

4. 以追求公司盈利和国有资产保值增值为价值取向，适当兼顾公益性社会目标的原则

如同其他股东和投资者一样，国家出资设立国有企业或向公司投资参股甚至控股的主要目的是分享企业所分配的股利，并希望企业的盈利越多越好，作为股东所分取的股利越多越好。因此，国家作为公司股东的价值取向是营利性，而非社会公益性，否则国家投资作股东的根本目的也就无法达成，而营利性公司法人与公益性法人（如中国青少年发展基金会等慈善机构）的划分也就失去了意义。但在我们社会主义国家，国有资产的人民性和社会性决定了国家股东在追求股利最大化的同时，有必要也有可能适当顾及公益性社会目标，而不能把企业盈利和股东股利的获得建筑在侵害人民利益和社会利益的基础之上。作为代理行使国家股东权的国有资产投资机构必须恪守这一原则。

二　关于应否将国有独资公司作为国有企业改建的主要方向的问题

《公司法》第 64 条第 1 款将国有独资公司定义为国家授权投资的机构或者国家授权的部门单独投资设立的有限责任公司。第 2 款又规定："国务院确定的生产特殊产品的公司或者属于特定行业的公司，应当采取国有独资公司形式。"其中的"特殊产品"，包括货币、法定纪念币、邮票；预防性生物制品；具有军事用途的核心产品及关键部件；高品位的金银矿以及国务院规定的其他特殊产品。其中的"特定行业"可理解为包括自来水、煤气、供电、热力等城市公用事业；跨省电网；邮政业，广播电台（站）、电视台（含有线电视网络及发射台，转播台、站）；电影制片；新闻出版；军用武器生产；出口信用保险；放射性矿产及国务院规定的其他特定行业。特殊产品的生产及特定行业的经营，一般关系着整个国家的经济利益、政治利益、国防利益，如果允许国家之外的投资主体成为此类公司的股东，则根据资本多数决的原则，若国家股不占控股地位，则国家的利益和意志便有被压抑或限制之虞。尤为重要的是，即使国家占有控股地位，也会使得关系国家利益甚巨的国家秘密和商业秘密被其他股东泄露出去，也会使得不应有其他主体与国家分享的利益发生不当的流失，也会使得国家利益、社会公共利益和公序良俗受到威胁。因此，国务院确定的生产特殊产品的公司或者属于特定行业的公司，应当采取国有独资公司的形式，毋庸置疑。

但是，我们认为，除了国务院确定的特殊产品的生产及特定行业的经营采取国有独资公司之外，其余的国有企业均应改建为多元投资主体的公司形式（含有限责任公司与股份有限公司）。这样，既可以吸引国内外资金缓解我国某些经济活动领域特别是交通、能源、基础性设施建设资金严重缺乏的问题，也可以为广大人民群众的自由投资、实现共同富裕提供一条康庄大道，还可以利用多元股东之间的利益制衡机制，使得公司摆脱上级政府部门的不当行政干涉，彻底实现政企分开，以及公法关系与私法关系的分开。必须树立这样一种观念：国有独资公司并不是越多越好；衡量政府在市场经济条件下作用的大小，不能只看政府设立了多少个国有独资公司，而应看政府是否集中精力圆满地履行了应由其履行的引导、规范市场经济运行，弥补市场机制内在缺陷的神圣职责。

那么，除了应当改建为国有独资公司之外的广大国有企业，究竟应以有限责任公司作为改建的主要形式，还是应以股份有限公司作为改建的主要形式呢？应当说，股份有限公司作为现代市场经济中的典型法人形态，有着投资股份化、股份证券化、证券大众化的特点，有着集腋成裘、规模巨大、管理规范、竞争有力的优点。但在我国大范围地鼓励国有企业改建为股份有限公司，不能不受制于我国金融市场与证券市场的发展状况及其他宏观经济环境。而普通的有限责任公司既具有股份有限公司作为一般公司所拥有的优点，还具有筹资少、操作方便、易于过渡、不需发行股票、改建成本低的优点。因此，我们认力，应当将有限责任公司作为我国国有企业实行公司制改革的主要方向。改建后的有限责任公司经过一段时间的运营，如果已具备股份有限公司设立的法定条件，则可依据《公司法》第98条、第99条、第100条的规定，积极稳妥地变更为股份有限公司。但在国有企业直接改建为股份有限公司时，则应从严掌握，防止一哄而起，只有确实具备条件的少数国有企业才能改建为股份有限公司，至于上市的股份有限公司更应从严审批。只有这样才能最大限度地避免国有企业在改建为股份有限公司过程中所发生的消极问题。

将大多数国有企业改建为多元股东投资的有限责任公司，必须解决由国有企业的投资主体单一化转变为有限责任公司的投资主体多元化的问题。根据近几年的试点经验，我们认为，投资主体多元化的途径很多，既可以引导外资入股，也可以引导内资入股；既可以吸收企业外资金入股，也可以吸引企业内部职工通过规范化的职工持股投资入股；既可以吸引其他商事主体的财产所有权转化为股东权，也可以吸引原国有企业对其他商事主体所负的债务转化为该商事主体的股东权；既可以吸收企业的投资，也可以吸收非营利事业单位法人的投资；既可以采取投资入股的方式，也可采取兼并入股、股权转让的方式。至于国家持股在整个公司资本中所占的比例，则应视该公司在整个国民经济中所处的地位、该公司股东权的分散化程度以及国家的产业政策而个案确定，并且应当根据国家宏观调控政策及国有资产保值增值的政策的变化而作相应的调整。

三 关于严格按照《公司法》规范改建公司机关体系的问题

公司产权结构的清晰以及股东的有限责任原则是现代公司制度的重要组成部分，但并非全部内容，如果没有一个科学、高效的公司机关体系，公司产权再清晰，股东有限责任原则再明确，则公司要在激烈的市场竞争中站稳脚跟，占领更多的市场份额，创造更大的经营业绩，从而为股东创造满意的投资回报都将沦为空谈。道理很简单，公司是法人，而非自然人，公司的一切业务活动之推展无不借助一定的自然人或自然人的合议体，以公司的名义、为公司的计算而形成，执行公司的意思表示。可以说，任何一个经营业绩优秀的公司里面都镶嵌着一个科学、高效的公司机关体系。同理，国有企业改建为公司后，也必须塑造一个科学、高效的公司机关体系，否则，国有企业公司制改建的目标将难以达成。

但在国有企业改建为公司的试点中，"老三会"与"新三会"互相撞车的问题；国有企业负责人争权夺位的问题；原国有企业党委书记越过股东大会而根据上级主管部门任命或者本企业党委会决定而就任董事长的问题；股东大会、董事会、监事会、经理之间缺乏有效制衡的问题；董事会、监事会与经理班子中任人唯亲的问题；公司负责人背信离德、擅权营私的问题均已初露端倪。正视这些问题，并及早谋求解决问题的对策已经迫在眉睫。

首先，必须正确认识传统国有企业与现代公司之间在内部组织管理机构上的差异，积极地严格依照《公司法》的规定建立改建公司中的机关体系。根据《全民所有制工业企业法》第 7 条、第 8 条、第 10 条、第 47 条第 1 款之规定，传统的国有企业实行厂长（经理）负责制，厂长（经理）是企业的法定代表人；中国共产党在企业中的基层组织，对党和国家的方针、政策在本企业的贯彻执行实行保证监督；企业通过职工代表大会和其他形式，实行民主管理；企业管理委员会协助厂长（经理）决定企业的重大问题；此外，企业工会组织职工参加民主管理和民主监督。简言之，党委会处于核心地位，厂长（经理）处于中心地位，职代会处于重心地位。而《公司法》则规定股东会是公司的最高权力机关，董事会是公司的业务决策机关，经理是公司的业务执行机关，监事会是公司的监督机关，公司的法定代表人是董事长而非经理。凡是国有企业改建为公司后，必须根据《公司法》所规定的权力机关、决策机关、执行机关与监督机关互相分开、互相独立、互相制约、互相协调的原则，建立由股东会、董事会、经理和监事会所组成的现代公司机关体系。每一个公司机关的权限除接受另一公司机关根据《公司法》及其公司章程所赋予的监督与制约权限所为的监督与制约外，不受公司内外任何团体或个人的不当侵夺。

其次，除国有独资公司外，国有企业改建后，公司的负责人必须严格按照《公司法》规定的任职资格和产生程序予以选任。具体说来，公司的董事和监事必须也只能由股东（大）会选举产生，经理只能由董事会聘任和解聘。即使某人在原国有企业担任经理职务，为法定代表人，但若股东大会不选举其为董事，当然也就不能自封为董事长。原国有企业或改建后公司的党组织负责人可以通过《公司法》规定的程序进入董事会、监事会，也可以被公司董事会聘任为公司的经理或副经理。公司党组织可对董事会拟聘任的公司经理、经理提名的副经理、财务负责人的人选进行考察，提出建议，交由董事会按《公司法》和公司章程规定的董事会议事规则决定是否聘任。对于由经理聘任的负责管理人员（如部门经理），公司党组织也可以进行考察，提出建议，至于是否聘任亦由经理决定。至于董事和监事的人选亦可由公司党组织提出考察建议，但具体选举何人完全由股东（大）会根据资本多数决的原则予以确定。对于董事长、副董事长的选举亦应作类似解释。

最后，公司的董事、监事、经理必须认真履行其对公司所负的忠实义务与善管义务。公司的董事（含董事长、副董事长）、监事和经理（含副经理、财务负责人及其他管理人员）基于其与公司之间的委任契约关系，必须圆满地履行其对公司所应负担的忠实义务与善良管理人的注意义务，不得为自己的利益而与公司展开有利益冲突的交易活动，不得从事与公司争利的竞业活动，不得擅权营私，侵占公司的财产、营业机会与商业秘密。凡是公司董事和经理在执行公司职务过程中因过失给公司和广大股东造成利益损失的行为，监事会均应代表公司对其提起损害赔偿之诉；凡是公司监事在执行公司职务过程中因过失给公司和广大股东造成损失的行为，董事会均应决定由董事长代表公司对其提起损害赔偿之诉，若公司的董事会和监事会均怠于对侵害公司和广大股东利益的行为人提起诉讼，则持有一定持股比例的股东有权在履行必要的前置手续后提起代表诉讼。

四　关于顺应国有企业公司制改革工作，推动政府机构配套改变的问题

首先，要适应社会主义市场经济的要求，转变政府职能，实现政府经济管理角色的定位。我国国有企业公司制改革的成功，离不开政府的引导、规范与支持。在社会主义市场经济条件下，政府万能论固然应予摒弃，弱市场、强政府的时代固然应予结束，传统计划经济体制下铸就的政府职能固然应予转变，但政府的职能不容无限制地予以削弱，相反，政府的职能应顺乎社会主义市场经济的要求和我国的具体国情予以创造性的变革和发展。根据《中共中央关于制定国民经济和社会发展“九五”计划和2010年远景目标的建议》，政府的经济管理职能要真正转变到制定和执行宏观调控政策、搞好基础设施建设、创造良好的经济发展环境上来，把不应由政府行使的职能逐步转给企业、市场和社会中介组织。实现政府经济管理职能重新定位应当遵循的原则是，既不妨碍企业的自由公平竞争，又能为企业的竞争和发展提供必要的引导、规范与服务，而且政府履行经济管理职能所带来的效益应当大于至少不低于维持政府经济管理系统正常运行所需的成本。只有政府的经济管理职能改革到位，政府机构的改革才能具有可操作性。

其次，要按照精简、统一、效能的原则，改革和调整政府机构。具体说来，综合经济部门（如国家经贸委、国家计委、国家体改委等）应当适当合并，并逐渐建设成为职能统一、具有权威的宏观调控部门，以避免目前所存在的各综合经济部门由于着眼点、工作重点、部门利益等差异而导致的经济管理方案不统一、步调不一致、互相推诿、互相争权的不正常现象。就专业经济管理部门而言，则应更加彻底地沿着非政府组织化或非公权组织化方向推进机构改革。而专业经济管理部门的非政府组织化则有3种模式可供选择。一是改组为不具有政府职能的经济实体即纯粹的商事公司，但决不能搞成翻牌公司、行政公司。二是改组为国家授权经营国有资产的单位，使其成为代表国家行使股东权的国有资产投资主体。但为维护

公平自由的竞争法律秩序起见，在组建国家授权的国有资产经营公司时，必须坚决反对搞一家公司的全行业垄断。三是改组为自律性行业管理组织。此类组织作为非公权执掌者，通过对本行业商事主体的自我教育、自我监督和自我管理，可以自觉地维护该行业商事主体的合法权益，促进该行业内部的有效自由竞争，并提高该行业在国内市场乃至国际市场中的竞争力。值得注意的是，改组后的自律性行业管理组织与原先的专业经济管理部门相比，不仅仅是牌子和名称不同了，而且存在的宗旨和职能也不同了，因此改组后的自律性行业管理组织的工作人员必须尽快转变观念，并积极探索在新的市场经济环境下如何才能使自律性行业管理组织有所作为乃至于大有作为的工作方式。

五　结论

要推动我国当前波澜壮阔的国有企业公司制改革进一步向前发展，必须解决好公司制改建企业中国有资产投资主体的问题，以消除国家股东权行使主体的缺位现象；必须明确国有企业改建为公司的组织形式，避免无限制地把国有企业改建为国有独资公司；必须严格按照《公司法》规范改建公司的机关组织体系及其运作方式，避免原国有企业党委书记未履行《公司法》规定的程序摇身一变而为董事长甚至总经理等不良现象；必须顺应国有企业公司制改革的历史潮流，及时推动政府机构的配套改革，解决改革开放以来政府机构改革一直滞后于企业改革的老问题。要使我国国有企业的公司制改革取得成功，仅仅解决好以上四个大问题是远远不够的，还必须加快建立社会保险制度，切实减轻企业办社会的负担，妥善解决改建公司的富余人员分流问题，发展各类规范化的市场中介组织，通过完善股东权交易制度推动存量国有资产的优化配置和合理流动问题。限于篇幅，兹不赘述。

（本文原载于《法学》1996 年第 3 期）

论企业在经济法中的地位

崔勤之*

所谓企业在经济法中的主体地位，是指企业是经济法的主体，亦即企业是经济法律关系的主体。我们这里所说的企业，不仅包括公司、合作社等法人企业，而且包括合伙企业、私人独资企业、企业集团以及企业的分支机构等非法人企业。它们在经济法中是否都具有主体地位，关系到政府如何运用经济法律手段适度干预市场经济，以保证国民经济健康运行的问题。因此，对企业在经济法中的主体地位问题进行探讨很有必要。

一　市场经济中企业的角色与经济法的作用

马克思主义法学理论认为，法律作为上层建筑的重要组成部分，是建立在一定的经济基础之上，并决定于这个基础的。与此同时，作为上层建筑的法律，又通过经济基础的中介，反作用于生产力。而法律对经济的这种反作用，则是通过人的有意识的活动体现的。笔者认为，探讨企业在经济法中的主体地位问题时，首先应根据马克思主义关于法律与经济相互作用的理论①，就市场经济条件下企业的角色与经济法的作用问题进行阐述。

党的十四大明确提出，我国经济体制改革的目标是建立社会主义市场

* 崔勤之，女，1944年生，北京人，中国社会科学院法学研究所研究员，博士生导师，研究方向为商法和经济法。

① 孙国华：《法学基础理论》，法律出版社，1994，第61—62页。

经济体制。市场经济与计划经济不同，它是商品经济，是一种以交换为直接生产目的和联系方式的经济形态。[①] 构成市场内容的经济关系，不是计划分配和无偿调拨关系而是商品交换关系。要使商品交换得以进行，其前提是，应有商品生产者和经营者，也就是说，市场参加者的存在是市场经济发生的首要条件。企业是重要的市场参加者，它作为商品交换者和经营者是市场经济的基本要素。

纵观人类发展的历史，企业作为人们进行生产经营活动的一种组织形式，作为社会的基本经济单位，其本身就是商品经济发展的必然产物。在商品经济不发达的时代，商品生产的方式以手工劳动为主，因此，单个的商品生产者和经营者是落后生产力状态下占统治地位的经济形式。随着生产力水平的不断提高，机器代替了手工生产，商品经济得以迅速发展。特别是当人类进入了商品经济占统治地位的资本主义社会后，作为经济组织体的企业便成为现代社会的主宰。

首先，在市场经济条件下，企业是连续从事经营活动，以营利为目的的组织。企业作为一种组织体是由人的要素和物的要素所组成的。所谓人的要素即劳动者，而物的要素则是指劳动资料和劳动对象，即表现为企业的财产。企业通过一定的组织形式把两者有机地结合起来，其经营活动主要是从事商品生产或商品经营，以及提供劳务或服务。企业的经营活动以营利为目的，即以谋取超出资本的利益并分配给投资者为目的。因此，企业在其存续期间，按照登记注册的经营范围，独立自主、持续不断地从事经营活动。企业有效而充满活力的经营活动，构成市场经济发展的微观基础。

其次，市场经济是市场在资源配置中起基础性作用的经济。资源的配置是由市场机制调节，通过企业的有效活动来实现的。市场机制是价格机制、供给机制和竞争机制相互作用的总和。其中，竞争机制处于核心地位，但只有在企业参与市场活动，并具有独立地位和自身经济利益的条件下，竞争才会产生并发生作用。在市场竞争中，企业以营利为目的，按照自己的意志，根据市场的需求，自主决定自身的行为取向，决策生产要素

---

① 王俊岩、王保树：《市场经济法律导论》，中国民主法制出版社，1996，第4页。

的组合及经营运行，充分利用各种资源，节约物化劳动和活劳动，提高资源的使用和配置效率，力争以最少的劳动消耗取得最大的劳动成果，实现利润的最大化，以求得自身的生存和发展。如此相互竞争，优胜劣汰，从而推动整个资源配置的不断优化和使用效益的不断提高。

最后，我们所要建立的社会主义市场经济体制，是在社会主义国家宏观调控下，通过市场对资源配置起基础作用。市场经济较之高度集中的计划经济而言，在优化资源配置、促进国民经济发展方面具有显著的优越性。但市场并不是万能的，其自身也存在一定的缺陷和消极因素，这既不能靠市场自身的机制去克服，也不能指望受自身利益驱动的企业以自觉的行为来补救。为了克服和补救市场的缺陷和消极因素，维护公平的市场竞争秩序，保障国民经济供求总量的基本平衡，调节社会公共需求，节约社会资源，保护自然环境，以使国民经济健康发展，由政府代表国家对经济进行适度干预，建立和维护自由、公平的市场竞争秩序和宏观经济管理秩序是绝对必要的。

应当强调指出的是，市场经济条件下政府对经济的干预必须依法进行，这是因为，社会主义市场经济是法治经济。构成市场内容的商品交换关系，决定了市场经济不可能通过行政手段来组织，而是受法律的规范、引导、制约和保障的，是严格按照法律来运作的。所以，在市场经济下，政府干预经济的行为，直接表现为法律行为，其运作的手段为法律手段，这就是政府干预经济行为的法治化。而经济法就是确认和规范政府干预经济之法。经济法不仅确认政府干预经济行为的权力，同时制定制约政府干预经济权力的措施。主要是：规定政府管理经济的权限、行使权力的程序以及政府工作人员在管理中实施违法行为的处罚等。经济法作为对政府管理的必要规范，起到防止、制止和禁止政府对经济不适当和不必要干预的作用。而政府依照经济法对经济进行的干预，则是通过对企业行为进行引导、支持、保护或限制、禁止来实现的，以使企业行为做到有序化、合法化，从而推动和保障国民经济的健康发展。

上述情况表明：企业是市场经济的参加者，它的存在是市场经济发生的首要条件。企业的有效活动是市场得以发挥作用的途径。政府依照经济法规制企业的行为，以实现对经济的适度干预。可见，企业是社会主义市场经济的基本要素，是经济法规制的主要对象。

二 企业是经济法主体的法理分析

法的主体即法律关系主体是指法律关系的参加者，包括自然人和组织。同样道理，经济法主体即经济法律关系主体，是指参加经济法律关系的自然人和组织。一般来说，作为组织要成为法律关系的主体必须符合下列条件：（1）必须是社会上存在的，适于享有权利承担义务的组织体；（2）必须经过法律认可，具有权利能力和行为能力；（3）参加具体的法律关系，实施法律行为，取得权利和承担义务。基于此，企业要成为经济法律关系的主体，就必须由经济法律认可，具有经济权利能力和经济行为能力，并参与经济法律关系，取得权利和承担义务。下面就企业能否成为经济法律关系的主体，是否符合上述条件，作简要分析。

第一，法律作为上层建筑，其所作的规定，均来自社会经济生活的需要。所以，一个组织要成为经济法的主体，其首要前提是，这个组织在现实社会中客观地存在，同时这个组织适于享有权利和承担义务。前面已述及，企业是现代市场经济中存在的重要的经济组织。从一定意义上讲，没有企业的存在就没有市场经济。企业对外作为一个整体存在，而不是一个只能对其成员产生拘束力的内部单位。它作为组织体通常有资金、从业人员、组织机构和组织章程；企业的财产与投资者个人的财产相分离而存在；企业有自己的名称、固定的经营场所和住所。企业在市场经济中的有效经营活动，推动着整个资源的配置不断优化和使用效益不断提高。企业在市场经济中的地位和作用，客观上需要经济法律对其主体资格给予承认。

第二，在社会中，虽然有适于享有权利和承担义务的人存在，但要成为法律关系主体还须经法律的认可。例如：在奴隶社会，作为自然人的奴隶，法律不承认其具有主体资格，所以奴隶只能是奴隶主的财产，是奴隶主的“会说话的工具”。由此而知，作为市场经济中存在的、适于享有权利和承担义务的企业，要成为经济法律关系的主体，必须经过经济法律的认可。经济法律规定了企业的组织形式、设立原则、设立方式、设立条件和取得经济权利能力的程序。这表明，企业要想成为经济法的主体，必须具备以下几个条件。（1）采取经济法律规定的企业的组织形式。例如，《公司法》规定，公司的组织形式有两种，即有限责任公司和股份有限公司。如果你要设立一个公司，采取无限公司这种组织形式，是得不到法律承认的，当然也不能成为经济法的主体。（2）按照法定的设立原则和设立方式设立。如《公司法》规定，股份有限公司的设立，应采取准则设立原则以及发起设立方式或募集设立方式。（3）达到法定条件。如要设立一个合伙企业，应当按照《合伙企业法》的规定，具备下列条件：一是有两个以上合伙人，并且都是依法承担无限责任者；二是有书面合伙协议；三是有合伙人实际缴付的出资；四是有合伙企业的名称；五是有经营场所和从事合伙经营的必要条件。（4）进行设立登记。企业作为组织体，与有着血肉之躯和生命的自然人不同，不能靠母体自然发育出生即享有权利能力，它必须经由自然人创设。而组织体只有成立后才具有经济权利能力。经济权利能力是指，经济法律关系主体享有经济权利和承担经济义务的法律资格。经济法律规定，企业必须办理设立登记才能成立。《公司登记管理条例》就规定："经公司登记机关核准设立登记并发给企业法人营业执照，公司即告成立。"《合伙企业登记管理办法》第2条、第10条也规定，合伙企业经企业登记机关依法核准登记，领取营业执照，营业执照签发之日，为合伙企业的成立日期。可见，企业设立登记是法律赋予企业具有经济权利能力的必经程序。根据有关规定，目前我国工商行政管理部门，对企业的设立实行两种不同的登记制度，即法人企业登记和非法人企业营业登记。法人企业登记是具备法人条件的企业取得法人资格的一种法定程序，非法人企业登记则是指未取得法人资格而从事经营活动的企业应办理的登记。企业经设立登记领取了企业法人营业执照即告成立。也就是说，无论是法人企业还是非法人企业，都从其成立之日起，取得以自己的名义从事经营活动的资格。这标志着企业具有了经济权利能力。由于组织体的权利能力和行为能力是同时产生的，所以当企业成立之时，也就具备了经济行为能力。经济行为能力是指经济法律关系主体以自己的行为取得经济权利和承担经济义务的法律资格。

第三，依照经济法律规定创设的企业，经设立登记成立后，具有了经济权利能力和经济行为能力，这仅仅意味着法律赋予了企业经济法的主体资格。企业享有这一主体资格，并不等于就是经济法律关系的主体。对每个企业来说，只有以自己的名义实施法律行为，参加具体的经济法律关系，才能成为具体的经济法律关系的主体。

经济法律关系是由经济法律规范确认的，具有公共经济管理内容的权利义务关系。它可分为宏观经济管理法律关系和市场管理法律关系。前者是指，经济法所确认的，国家经济行政机关为实现社会总供给与总需求的总量平衡而采取调控措施，与企业或自然人之间缔结的经济法律关系。后者是指，经济法所确认的，国家经济行政机关为维护自由公平竞争的市场秩序而采取干预措施，与企业或自然人之间缔结的经济法律关系。这不难看出，经济法律关系具有社会公共经济管理的性质。在市场经济条件下，作为以营利为目的的企业，在从事经营活动时，必须接受政府的管理，必然要参加到经济法律关系中去。而具体到每个企业应参加哪些经济法律关系，则须视经济法律的规定。例如《企业所得税暂行条例》规定："中华人民共和国境内的企业，除外商投资企业和外国企业外，应当就其生产、经营所得和其他所得，依照本条例缴纳企业所得税。"根据此规定，除外商投资企业和外国企业外，其他中国境内的企业，均须参加该税收法律关系，为企业所得税的纳税义务人。又如，依照《反不正当竞争法》的规定，实施不正当竞争行为的企业，为市场管理法律关系的主体，要接受有关经济行政机关的检查和相应的处罚。

需要指出的是，在企业参加的经济法律关系中，经济行政机关和企业的地位是不平等的。经济行政机关作为管理者始终处于主导地位，它是权力主体，依法行使经济管理职权，而企业则作为被管理者始终处于接受管理的地位，企业是义务主体，依法履行义务。企业作为经济法的义务主体，依法应履行的经济义务主要分为两类。一类是履行接受宏观经济管理的义务。包括服从产业政策；合理利用资源，节约能源；遵守有关财务、统计、审计的规定，准确填报各项统计、会计报表，如实反映情况，接受财政、统计、审计等部门的监督；依法缴纳税金和其他应缴纳的费用等。另一类是履行接受市场管理的义务，包括严格执行统一技术要求的强制性标准；保证产品质量和服务质量，对用户和消费者负责；在市场交易中，服从市场管理部门依法实施的管理，不得采用不正当竞争手段损害竞争对手，不得实施限制竞争行为等。

当然，我们将企业视为经济法律关系的义务主体，并不意味着它只履行义务而不享有权利，如：企业享有平等竞争的权利；享有不履行超出法律规定义务的权利；享有不受违法管理和不当管理侵害的权利；等。但是，企业享有的经济权利，却始终不能离开它所承担的经济义务。

三 涉及非法人企业是经济法主体的几个问题探究

人们在谈及企业是经济法律关系主体的时候，对法人企业是经济法主体异议不大。但对非法人企业也是经济法主体，则存有不同的看法。为此，有必要对以下涉及非法人企业在经济法中主体地位的几个问题，进行探讨。

（一）企业的主体地位与法人资格

人们一提到企业在法律上的地位，很自然地就联想到企业的法人资格。所以，对企业的主体地位与企业是否具有法人资格的关系，很有必要作些分析。经济法主体是指具有经济权利能力和经济行为能力，参加经济法律关系，享有经济权利、承担经济义务的“人”。笔者认为，企业能否具有经济法主体地位，与企业是否具有法人资格之间，没有必然联系。换言之，企业能否成为经济法主体，不以其是否具有法人资格为前提条件。因为，谁作为经济法的主体，只是表明谁是经济法律关系的参加者，谁是经济权利和经济义务的直接承受者而已。所以，企业能否在经济法中处于主体地位，关键是看其是否有资格参加经济法律关系，直接承受经济权利和经济义务。这个资格不是以是否具有法人资格为标准，而是以经济法律规定并赋予其参加经济法律关系为标准。

企业作为社会经济组织，不可能也无必要毫无例外地都是法人企业。在现实经济生活中，非法人企业大量存在，不仅有合伙企业、私人独资企业、不具备法人资格的中外合作经营企业和外资企业，而且还有企业集团、企业的分支机构等。非法人企业都是依法成立，有相对独立的利益，有一定的财产，有自己的名称、组织机构和场所的组织体。经济法律赋予企业以主体资格的标志是营业执照，包括法人企业的企业法人营业执照和非法人企业的营业执照。企业法人营业执照具有确认企业法人资格和赋予法人企业合法经营权的双重法律效力，而营业执照只具有赋予非法人企业合法经营权的法律效力。但是，经济法律对领取企业法人营业执照的法人企业和领取营业执照的非法人企业的经营许可效力却是同等的。可见，非法人企业只要被颁发并领取了营业执照，就具有了经济权利能力和经济行为能力，就可以参加经济法律关系，以自己的名义直接享有经济权利和承担经济义务，成为经济法律关系的主体。如《合伙企业登记管理办法》第3条规定，合伙企业经企业登记机关依法核准登记，领取营业执照后，方可从事经营活动。又如《企业法人登记管理条例》第35条规定，企业法人设立不能独立承担民事责任的分支机构，由该企业法人申请登记，经登记主管机关核准，领取营业执照，在核准登记的经营范围内从事经营活动。笔者认为，国家通过经济立法，确认非法人企业的经济法主体地位，不仅是为了保护非法人企业的正当权益，而且是为了将其经营活动纳入法制轨道。如果经济法律无视非法人企业的存在，将这类企业排除在经济法调整范围之外，这必将是一个不完善和不符合社会主义市场经济要求的经济法律制度。实际上，政府和经济行政机关在实施经济管理时，也只考虑其依法管理的方便和公正性，并不着重区分法人企业与非法人企业。

当然，这并不意味着非法人企业与法人企业毫无区别。相反，同样作为经济法主体的法人企业与非法人企业，在承担财产责任方面却有所不同。法人企业是独立承担财产责任的，即以其全部资产对企业债务承担责任；而非法人企业，当其全部资产不能清偿债务时，要由该企业的设立人承担连带责任。

（二）程序法上的主体与实体法上的主体

人们对非法人企业可以作为程序法即诉讼法上的主体是没有疑问的。对此，我国的行政诉讼法和民事诉讼法已作了明确规定。《行政诉讼法》第24条规定：“依本法提起诉讼的公民、法人或其他组织是原告。”又如，《民事诉讼法》第49条规定：“公民、法人和其他组织可以作为民事诉讼的当事人。法人由其法定代表人进行诉讼。其他组织由其主要负责人进行诉讼。”对“其他组织”，最高人民法院《关于适用〈中华人民共和国民事诉讼法〉若干问题的意见》第40条解释为，指依法成立、有一定的组织机构和财产，但又不具备法人资格的组织，包括：（1）依法登记、领取营业执照的私营独资企业；（2）依法登记、领取营业执照的合伙型联营企业；（3）依法登记、领取我国营业执照的中外合作经营企业、外资企业；（4）经民政部门核准登记、领取社会团体登记证的社会团体；（5）法人依法设立并领取营业执照的分支机构；（6）中国人民银行、各专业银行设在各地的分支机构；（7）中国人民保险公司设在各地的分支机构；（8）经核准登记、领取营业执照的乡镇、街道、村办企业；（9）符合法律规定的其他组织。上述规定表明，其他组织包括非法人企业。我国诉讼法将包括非法人企业在内的其他组织，与公民（自然人）和包括法人企业在内的法人，并列规定为诉讼法上的主体。

那么，非法人企业在实体法即经济法上的地位如何呢？虽然前面已提到依照有关经济法律、法规的规定，非法人企业具备法定条件，经登记机关依法核准登记，领取营业执照后，具有经济权利能力和经济行为能力，可以成为经济法上的主体。但是，目前颁行的经济法律，却没有对企业的主体资格问题集中明确地作出规定，只是规定企业包括法人企业和非法人企业。如《公司法》规定，有限责任公司和股份有限公司是企业法人；《企业集团登记管理暂行规定》第 3 条规定，企业集团是指，以资本为主要联结纽带的母公司为主体，以集团章程为共同行为规范的母公司、子公司、参股公司及其他成员企业或机构，共同组成的具有一定规模的企业法人联合体。企业集团不具有企业法人资格。而法人企业和非法人企业是否具有主体资格，只能准用《民法通则》的规定。按照《民法通则》的规定，我国的法定主体只有公民（自然人）和法人两种。法人企业又称企业法人，属于法人的一种，当然具有主体资格。而非法人企业呢？《民法通则》只规定个人合伙企业和合伙型联营企业，分别是公民（自然人）和法人这两种主体的特殊形式，其余的非法人企业均未规定。实体法对非法人企业主体地位这样不完善和不一致的规定，势必导致诉讼法维护非法人企业正当权益的作用难以发挥。诉讼法作为程序法是保护实体权利的，[①] 其核心是司法救济，它赋予每一个实体权利以相应的诉权和诉讼程序，从而使得实体法和实体权利能进入司法程序，并通过司法程序保证它们得到强制性的实现。[②] 由此看来，非法人企业作为程序法主体，应是其作为实体法主体，为维护实体法赋予自己权利的保障。为此，笔者认为，既然法律已认定非法人企业是诉讼法主体，理所当然也应认定其是经济法主体。否

① 江平：《共同经营体法律地位初探》，《中国法学》1986 年第 1 期。

② 周小明：《法与市场秩序》，贵州人民出版社，1995，第 90 页。

则，诉讼法规定非法人企业主体地位，赋予其诉权，又有何价值呢?

（三）非法人企业主体地位的归属

当今，非法人企业在世界各国普遍存在。如何科学地解决非法人企业主体地位的归属，是各国企业立法共同面临的课题。

由于权利主体制度来源于民法，所以，要回答非法人企业主体地位的归属问题，需要借助民法关于权利主体的理论。民法关于权利主体的理论，有一个从单一主体到承认多元主体的发展过程。1804 年的法国民法典，只有关于自然人的规定，而不承认法人的主体地位。此后，各国民法反映市场经济的要求，确认法人为自然人之外的另一权利主体。① 然而，法律拟制了法人这种形式的权利主体，并不意味着法人就是社会组织作为权利主体存在的唯一形式，② 人们不能无视在社会生活中存在的未取得法人资格的组织体。这种未取得法人资格的组织体，在德国称为无权利能力社团，在日本称为非法人社团和非法人财团，在我国台湾称为非法人团体，在我国大陆则称为非法人团体或非法人组织。非法人团体，既然无法人资格，其在法律上的地位又如何呢?各国首先采用的办法，是准用关于合伙的规定。例如，《德国民法典》第 54 条规定："无权利能力之社团，是准用关于合伙之规定，以此种社团名义对第三人所为法律行为，由行为人自己负责。行为人有数人时，负连带债务人责任"。二战以后，民法关于非法人团体的认识已有重大发展，无论德国、日本，还是我国台湾的学说、判例，均承认非法人团体具有权利能力、行为能力和诉讼能力，亦即肯定非法人团体的主体性。③ 这里所说的非法人团体，当然包括非法人企业在内。

现在，西方国家对非法人企业主体地位归属的立法，主要采取两种方式。一种是扩大法人概念的外延，确认其为法人，但同时规定它与法人企业不同的特点。④ 法国、比利时等大陆法系国家就采用这种方式，《法国民法典》第 1842 条第 1 款规定："除本编第三章所规定的共同冒险外，合伙

---

① 梁慧星:《民法总论》，法律出版社，1996，第 135 页。

② 方流芳:《合伙的法律地位及其比较法研究》，《中国法学》1986 年第 1 期。

③ 梁慧星:《民法总论》，法律出版社，1996，第 135—136 页。

④ 方流芳:《合伙的法律地位及其比较法研究》，《中国法学》1986 年第 1 期。

自登记之日起享有法人资格。”比利时第 66－537 号法律第 10 条第 1 款规定：“合伙成员对合伙债务负无限连带责任，合伙章程违反这一规定的，对第三者无效。”另一种是赋予非法人企业独立的法律地位。这是英美法系国家采用的方式。因为英美法没有法典式的民事主体制度，对非法人企业的规定极为灵活。按照英美法的规定，非法人企业可享有权利和承担义务，具有主体资格，① 但仍与法人企业有所区别。如《美国统一合伙法》第 6 条、8 条、15 条规定：“合伙是两个或更多的人作为共有人为营利进行营业的团体。”“所有作为合伙人出资带进合伙的或以后通过购买或其他方式获得记入合伙账户上的财产，为合伙财产。”“全体合伙人关于第 13 条和第 14 条规定的应由合伙承担责任的一切事项承担连带责任。”

我国对非法人企业主体归属的立法，采取将其作为公民（自然人）或法人的特殊形式，这体现在《民法通则》中。该通则将个人合伙企业放在公民（自然人）一章中规定；将合伙型联营企业放在法人一章中规定。这表明，我国关于权利主体的立法，在形式上仍采取了权利主体二分法的大陆法系传统立法模式，即只规定公民和法人两种主体。同时又有所突破，即确认非法人企业的主体地位，但它不独立于公民和法人之外，而是从属又不完全等同于公民或法人的主体。

从各国对非法人企业主体地位归属的规定看，笔者对非法人企业有以下几点看法。其一，一些大陆法系国家立法，把非法人企业划归为法人的做法，虽然明确了非法人企业的主体地位，但非法人企业的设立人，对该企业债务承担连带责任。将其规定为法人的结果，便抽去了法人独立承担财产责任、与其设立人无关的基本属性，使法人概念的内涵变得含混不清。其二，我国立法将非法人企业作为从属于公民（自然人）和法人，但又不完全等同于二者的主体。这解决了非法人企业法律地位不明确的问题，却导致公民（自然人）及法人概念的混乱。因为，个人合伙企业不是自然人，它是组织体。《民法通则》本身就规定：“个人合伙是指两个以上公民按照协议，各自提供资金、实物、技术等，合伙经营、共同劳动。”“合伙人投入的财产，由合伙人统一管理和使用。”“个人合伙可以起字号，依法经核准登记，在核准登记的经营范围内从事经营。”同样，合伙型联

① 孔祥俊：《论非法人组织》，《江海学刊》1992 年第 3 期。

营企业也不是法人，不具有法人的全部特征。如法人独立承担财产责任，而合伙型联营企业则不然，《民法通则》第 52 条规定：“企业之间或者企业、事业单位之间联营，共同经营、不具备法人条件的，由联营各方按照出资比例或者协议的约定，以各自所有的或者经营管理的财产承担民事责任。依照法律的规定或者协议的约定负连带责任的，承担连带责任。”其三，英美法系国家立法，把非法人企业作为与法人企业并列的另一类法律主体加以规定，既可使非法人企业获得主体地位，有效地把它纳入法律规范的轨道，又可避免在立法中出现多标准法人，保持了法律体系的一致性。①

因此，我国有关权利主体的立法，应当借鉴英美法系国家的做法，将个人合伙和合伙型联营，分别从自然人主体与法人主体中分离出去，使包括非法人企业在内的非法人团体，成为与自然人和法人并列的第三主体。②这就意味着，在我国，非法人企业是与法人企业并列的另一类经济法主体。

（本文原载于《法学论坛》2000 年第 3 期）

① 方流芳：《合伙的法律地位及其比较法研究》，《中国法学》1986 年第 1 期。

② 对这个问题，一些学者如孔祥俊、贾桂茹、杨丽、薛荣革以及赵群等，或撰文或著书进行了阐述。作者同意将非法人团体作为第三主体的观点。

六　法经济学研究

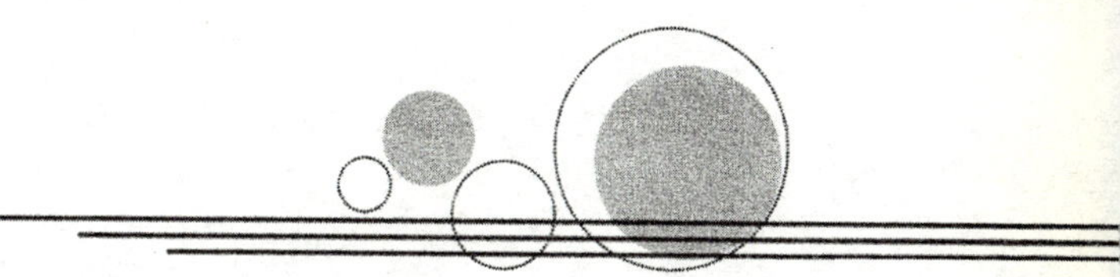

法律的经济分析工具

钱弘道*

一　法律市场假设

经济分析方法应用于法律等非市场问题研究的一个重要前提，是假设它们具有与市场问题相似的属性，假设存在一个与经济市场相似的法律市场。法律的经济分析理论就是把法律舞台模拟为一个经济学意义上的市场，用经济工具分析公民、企业以及立法、执法、司法机关在法律市场中的活动，并用效率作为价值评判标准。在法律经济学看来，法律市场同经济市场一样，存在理性人对收益最大化的追求，存在不同主体的竞争，存在资源分配、交换关系、交易成本，存在供给与需求、成本与收益的关系，存在效率价值目标取向。

（一）法律市场的基本特征

1.“经济人”假设

“经济人”是理性最大化者。貌似简单的经济人抽象实际上是经济市场得以成立和被分析的一个理论基石，也是法律市场假设的立足点。

在经济市场中，人是理性的；在法律市场中，人也是理性的。法律是理性的，法官、律师理应合理行事，并因为不合理的做法受到批评，普通

* 钱弘道，男，1964年生，浙江杭州人，1999—2006年在中国社会科学院法学研究所工作，现为浙江大学法学院教授，博士生导师，研究方向为法理学和法经济学。

公民一般以理性的方式对待法律规则或制度。如同经济市场一样，在法律市场中，法律程序的实行和管理也依靠受经济上的自利和成本—收益比较所推动的个人，而不是利他主义者或官员。是否参与诉讼，如何参与诉讼，都是由当事人和他的律师决定的。如同经济市场一样，法律市场也利用与机会成本相等的价格引导人们追求收益最大化。如在补偿赔偿金等于违反法律义务的补救的地方，责任的影响不是去强迫服从法律而是强迫违法者支付与违法的机会成本相等的价格。如果那个价格低于他从非法行为中得到的价值，那么如果他违法，收益得以最大化，法律制度就是在鼓励违法；如果价格高于他从非法行为中得到的价值，收益的衡量促使他不去违法，赔偿性补救提供了校正违法行为的刺激。法律制度使个人面对其行为的代价，但把是否引起和承担这种代价的决定留给他们自己。也许有人会提出批评，认为将经济人假设放置于法律领域过于简单和不切实际，认为将法官、诉讼当事人、父母、犯罪者和可能在法律的经济分析中遇见的人描述为理性的最大化者不可思议。然而，以其假设不符合现实而批评法律市场假设，是犯了一个基本方法论的错误。研究结果表明，这种“经济人”假设的运用是非经济市场研究取得卓越成就的主要前提。

以立法市场为例。立法市场如同经济市场，在很大程度上以经济人的自利为基础。立法市场以利益集团和其他人对立法活动的需求，以及自利的代言人对这些活动的供给为基础。这类市场有几个特性。第一，结果是预计而非确实的，所有政党都在过去经验引导下憧憬未来。第二，预期的结果对供求双方都有利，否则他们就不会追求这些结果。利益集团也许是指望获得某些东西，它们或许是利润，或许是消费者保护。立法者想通过击败竞争对手、服务公众或增加个人财富而获取利益。第三，结果是不确定的。集体选择是由一个以上的人作出的，而任何一个立法者只能试图影响结果。当然，有些人会比其他人更为成功地去影响该结果。第四，结果的生命力可能是短暂的，下一届立法机构就可以改变现在的决策。第五，立法活动的类型和重要性千差万别。让一个立法者倾听你对限制进口法案的呼吁并让他为之努力都是不错的结果，但后者比前者更重要。自利将导致立法者努力讨好选民，假定自利的立法者将试图最大化再次当选的情景，就像自利的企业试图最大化利润一样是现实的。

2. 竞争

众所周知，亚当·斯密认为市场“受着一只看不见的手的指导”。[1] 因此，要充分发挥市场的自由竞争、自由调节的作用。如同经济市场一样，法律市场也好像存在“看不见的手”，左右着法律市场主体的活动，法律市场也要发挥竞争的作用。例如，英美诉讼中的对抗制把法庭置于一个消费者的地位，被迫在两个强有力的、公开竞争的推销员的商品之间作出决定。固然，大部分案件是在法庭上决定的，但那些案件没有进入法律规则被创制和修改的程序，法律分配程序的关键阶段是由原告和被告为胜诉而展开的竞争所支配的。再如，在宪法领域，分权就是权力的竞争机制。

国家机关垄断法律市场的事实不能作为否定法律市场也应当自由竞争的理由。因为垄断法律市场结构导致法律市场的低效率。在法律市场里，信息不是一种免费的资料，而是一种代价昂贵的财富。而且，一项法律措施的受益人数一般要少于为该措施承担费用的人数。这样，一类人洞察法律决策奥秘，一类人由于收益可能小于成本而消极视之。大多数人因为无法承担巨额交易成本而望洋兴叹。法律成为一种名副其实的奢侈品。提高法律效率的办法当然是设计一个可行的竞争机制。法律市场低效率的一般道理，如同市场经济理论对垄断市场低效率的一般认识——主要表现为产量不足、价格偏高、市场障碍，以及资源浪费等。随着垄断的法律市场规模的扩大，市场低效率即法律成本大于收益的范围和后果将更大。因此，要提高法律市场的效率，就要进行成本—收益分析，降低法律成本，并引入竞争机制。

（二）法律市场解决的基本问题

经济市场解决的基本问题是：生产什么，如何生产，为谁生产。这三个基本问题均是由于经济资源稀缺性而产生的。法律资源也存在稀缺性，也存在类似经济市场的基本问题。

1. 生产什么

法律与普通市场物品具有相似性。法律和法规也可以被看作物品和服务，因为它们为人们创造效用或负效用。例如，要求所有汽车乘客使用安

---

① 〔英〕亚当·斯密：《国民财富的性质和原因的研究》下卷，郭大力、王亚南译，商务印书馆，1974，第27页。

全带的法律条款，就是一种商品服务。法律法规一旦被提供，就成了公共物品。也就是说，一旦作出了集体决策并通过立法得到实施，一定水平或一定数量的物品会提供给所有人，存在一个公共物品约束。面对法律资源的稀缺，国家作为法律的生产者，必须进行选择，生产这种法律还是生产那种法律，就好比一块土地是用来生产粮食还是用来修建高尔夫球场。法律资源的选择就是要决定用有限的资源去满足法律消费者的欲望。经济市场取决于消费者的货币投票，即由他们的日常购买决定。反过来，企业受到最大利润期望的驱动，它们被高利润吸引生产那些需求很大的商品，而由于同样原因，企业则放弃不赚钱的生产领域。法律市场同样取决于公民、企业这类消费者的购买，而国家则因为利益的驱动，生产那些适应法律市场需要的法律产品和服务。

2. 如何生产

“如何生产”，即由哪些人，使用哪种资源，利用哪种技术来生产物品。这些都取决于不同的生产者之间的竞争。生产者要对付价格竞争和把利润增加到最大程度的最好方法，就是采用效率最高的生产方法，使成本达到最低限度。经济市场中的“如何生产”就是要决定在若干种资源的组合方式中使用哪种方式效率最高。效率是经济市场和法律市场共同追求的目标。同经济市场一样，在法律市场中，效率是基本价值取向之一。

将效率作为法律市场追求的目标，就是将法律作为优化配置权利、义务等资源的函数变量，通过法律创新，满足法律市场主体（国家、组织、个人）的最大需要和利益。法律创新就是为了得到或尽可能得到因创新而产生的潜在利润，这种创新是通过法律选择的比较而优化现行规范。主体期望获取最大潜在利润是导致法律制定和改革的诱致因素。所以，诺斯说：“如果预期的净收益（即指潜在利润）超过预期的成本，一项制度安排就会被创新。只有当这一要求得到满足时，我们才可望发现在一个社会内改变现有制度和产权结构的企图。”①

法律市场的效率是通过权利的合理配置来实现的。美国法学家弗里德曼说：“权利是建造法律的基本材料。”② 权利是法律的基础，没有权利就

① 〔美〕诺斯：《制度创新的理论：描述、类推与说明》，刘守英等译，载《财产与权利制度的变迁》，上海三联书店、上海人民出版社，1994，第 274 页。

② 〔美〕弗里德曼：《法律制度》，李琼英、林欣译，中国政法大学出版社，1994，第 264 页。

没有法律。权利配置总是以相应的义务配置为代价。滥用权利就带来外部成本。如何处理个人理性和集体理性的冲突，如何配置个人权利与集体权利，将直接影响法律的效率目标，进而影响法律的公正目标。个人理性与集体理性的冲突，局部最优与整体最优的矛盾，其实质在于特定行为的私人（局部）成本收益与社会成本收益不一致。置个人理性、个人偏好于不顾的法律，将由于巨额成本而难以推行。新制度经济学倡导“激励相容”（Incentive Com-patibility）机制，在尊重、利用、满足个人利益最大化的理性选择基础上达到集体理性。

3. 为谁生产

“为谁生产”是生产出来的产品与劳务如何分配给社会各集团和个人。由于资源有限，每个社会集团与个人在有限的资源中不可能得到自己所想要的一切，所以，人类社会在谁占有多少资源的问题上就要作出选择。法律制度也是一种“配给制度”。[①] 如前所述，法律制度最重要的配给就是权利（力）的配给。比如，宪法有关民主党派地位的规定，就是对民主党派人士的政治权力的配给。与经济市场一样，法律市场要解决将权利（力）配给谁的问题。在法律市场中，公民、企业和政府之间的决策通过法律产品市场与要素市场得以协调。

（三）法律市场和经济市场之间的主要区别

法律市场和经济市场之间的主要区别在于，经济市场比法律市场更精确。与经济市场——物质产品市场价格的货币性特点相比，法律市场价格的最大特点在于非货币性和货币性并存。[②] 非货币性的价格不易度量。根据科斯定律，法律在现代市场交易过程中能够对商品的交换亦即资源的配置发挥重要的作用，所有法律对市场的介入，会影响到作为资源配置市场功能重要内容之一的价格功能的发挥。当法律作为价格宏观调控的经济政

---

① 〔美〕弗里德曼：《法律制度》，李琼英、林欣译，中国政法大学出版社，1994，第23页。

② 作为法律供给价格构成要素的有关立法、执法、司法者的工资及福利待遇，是可以用货币加以度量的，作为法律需求价格构成要素的有关守法者为获取立法、执法、司法产品而付出的代价或放弃的经济利益，也是可以用货币加以计量的。但是，无论是法律供给者还是法律需求者，他们在法律供给和需求过程中追求货币收益的同时，还追求非货币的收益，如立法者、执法者通过法律供给所获得的地位、职位的升迁，守法者通过消费法律这一文化产品所得到的某种心理上的满足等。

策手段而被依法运用时，法律就成为市场价格构成中的一个重要变量，从而当其他价格因素不变，法律的价格可以通过相关的市场价格亦即“影子价格”或“参照价格”得以被认识和度量。

法律市场假设，不仅使我们可以用经济分析的方法对法律运行过程中低效率的原因寻根究底，而且还让我们从另一个角度寻找解决法律运行中的弊端的办法。法律运行中的弊端就产生于法律市场的交易中。这种交易有可能浪费法律资源，有可能滥用法律资源。在这种交易中，法律有时成了谋取私利的交易工具，司法的不公正和腐败由此而产生。这种现象根源于法律资源的垄断和法律主体的单一、缺乏竞争制约力量。于是，消除垄断、主体多元化、将权利配置给最珍视它们的人、遵循供求规律、进行成本—收益分析、减少交易成本等等便成为可行的解决办法。

当然，在法律市场效率问题上，我们应持审慎和辩证的态度。法律市场毕竟是一种分析意义上的假设，效率作为法律经济学运动压倒一切的关怀，虽然是对传统的僵化研究方式的一种强有力挑战，但它毕竟无法完全替代正义、社会责任等价值。波斯纳之后，法律经济学家马老一（Robin Paul Malloy）另辟蹊径，提出一种不同于波斯纳的新思路。以波斯纳为代表的传统思维将效率和正义的冲突设置成法律与市场经济的首要的紧张状态，而马老一认为，真正的冲突存在于效率和创造力之间。“创造力”是一个发现的动态过程。这个过程通过社会责任的道德环境而得到增强。它是前摄性的和不断进化的。财富形成和社会繁荣的主要动力是创造力，因此，在法律和市场理论的研究中，效率不应该放在首要位置。我们应当更仔细地调查在社会中互相作用的网络和模式，而不是花费那么多注意力在效率上。效率在法律和市场理论中有一定作用，但不能充分选择创造力，因为创造力是不确定的。马老一指出，法律和市场经济的关系是一个动态和复杂的过程，它不仅仅是实证的、效率的、财富最大化的，或者是一个剥削的、压迫的、混乱的过程，在这些之外，还有更多的东西。我们应当拥有一个更宽广的视野。①

---

① Robin Paul Malloy, *Law and Market Economy*: *Reinterpreting the Values of Law and Economics* (Cambridge University Press2000), pp. 1 – 12. “Introduction”.

二　法律的供给—需求分析

既然法律的经济分析前提是假设一个法律市场的存在，那么，法律的经济分析工具当然主要就是供给—需求和成本—收益分析了。[①] 本文仅对法律的供给—需求和成本—收益分析作出一般的解释，试图为法律的经济分析描绘一个基本理论框架。

供给—需求分析是掌握和分析微观经济学各个部分的重要工具，正像萨缪尔森和诺德豪斯所说："供给和需求分析是经济学所提供的最有用的工具之一。它和瑞士的军刀一样几乎可以完成任何简单的任务。"[②] 供给—需求分析构成了对商品及其生产要素经济分析的基本内容。200 多年前，亚当·斯密发现了调节经济的看不见的手——价格。市场经济能有序运行，其关键正在价格，价格由市场上的供求决定，因此，抓住供给与需求这两个因素，对市场经济的运行就可以作出科学的解释。正因如此，美国两本流行的经济分析法学的教科书——波斯纳的《法律的经济分析》和考特·尤伦的《法和经济学》都将供求分析工具作为主要的法律经济分析工具。

（一）法律供给

1. 政府供给法律

古典经济学家说，政府是"守夜人"，这就是对于市场经济中政府作为一种外在强力约束个人经济投机行为功能的最经典的规定。对于秩序的管制，其内在的需要，就是要遏止每一个人依靠强制来损人利己的政治倾向，给经济提供一个良好的政治秩序，并倡导人们遵守经济互利的原则。现代民主政治的国家理论，都宣称政府服务于全社会的利益，除全民利益之外无任何特殊利益追求，政府官员是人民公仆，法律的制定、颁布和实施是为了人民的和平、安全和公众福利。政府为社会公众的利益制定并执

① 有关法律供给与需求以及成本与收益分析，参阅周林彬《法律经济学论纲》，北京大学出版社，1998。

② 〔美〕保罗·A. 萨缪尔森、威廉·D. 诺德豪斯：《经济学》下卷，高鸿业等译，中国发展出版社，1992，第 635 页。

行法律。这些理论作为法律道义权威性的基础，其经济学含义，可以概括为法律的生产者（即国家机关）与法律的消费者（即社会公众）之间效用函数的一致性。国家机关生产法律，不同于市场上的厂商以自身的营利为目的的生产活动，国家机关的收入不是像市场主体那样来自出售产品的价格收入，而是通过非市场渠道即来自税收等非价格性来源。①

政府和法律既可以提供市场前提和基础，又可能破坏和掠夺这一基础。政府与发展或衰退密切相关。法律供给不足，投资环境不佳，就会导致企业家转移他地投资。法律供给不足，人们就会转而依靠法律以外的力量的保护。对市场经济来说，政府对发展的最大贡献就是为市场供给制度基础，最大的损害则是对市场进行任意干预，进行不适当的管制。正如诺思所说，国家提供行为规范（博弈规则）有两个目的：一是界定形成产权结构的竞争与合作的基本规则，使统治者的租金最大化；二是在第一个目的的框架中降低交易成本以使社会产出最大化，促进经济增长，增加国家税收。两个目的之间存在持久的冲突，此消彼长，其结果是，国家既可能提供有效的经济体制，也可能破坏有效的经济体制，由此导致国家本身的不稳定性，即国家的兴衰，这被称之为“诺思悖论”。国家供给法律，国家决定产权结构，因而国家最终要对造成经济的增长、衰退或停滞的产权结构的效率负责。②

国家机关在使用强制力提供制度供给时有很大的规模经济的效用。③作为法律制度供给的垄断者，国家机关可以以比其他竞争性政治集团较低的费用提供法律制度服务，并可以降低供给成本。以公共选择为基础的法律供给，根据投票规则的不同，其强制性程度有所不同。按照一致同意规则通过的法律，反映了所有参加者的共同愿望，使每个人的偏好都达到了最大程度的满足，而不会使任何一个人的福利受损，即实现了帕雷托最优状态。按照非一致同意规则（包括多数投票规则，甚至少数投票规则）通过的法律，其供给具有明显的强制性。此时的法律只体现参与者中属于多

---

① 参见〔美〕沃尔夫《市场或政府》，谢旭译，发展出版社，1994，第45页以下。

② 参见〔美〕诺思《经济史中的结构与变迁》，陈郁等译，上海三联书店，1994，第24页以下。

③ 〔美〕科斯等《财产权利与制度变迁》，刘守英等译，上海三联书店、上海人民出版社，1994，第288页。

数派的利益，而属于少数派的利益被忽略了，因而不符合帕雷托最优状态。法律供给的强制性，使得法律常常具有“制度非中性”的属性，也就是说更有利于一部分人而不利于另一部分人，[①] 出现所谓“法律寻租”行为。“法律寻租”行为可以用立法供给理论来加以说明。

立法供给是以被选出的供给者对将来结果的承诺来界定的。集体选择分析家不再假设被选举出来的供给者会追求公众利益，而是假定他们有一选举目标，即试图最大化选举或再选举的概率。布雷顿（Breton）提出一个被选出的政治供给者可以用一个可定义的效用函数刻画其特征，这个函数变量包括：再选举（或选举）的概率、个人薪金收入、个人权势、自己的历史形象、对崇高个人理想的追求、对公共物品的个人看法以及政治家特有的其他东西。布雷顿模型是：

$$U_p = U_p(\pi, a_m)$$

其中，U_p是被选出的供给者效用，π 是当选或再当选的主观概率，而 a_m是布雷顿提到的其他变量。不少集体选择文献可见阐述此公式的术语。[②]

大企业比中小企业、公民有更大的激励发挥积极的政治作用。因为它们在经济上有更多的利害关系，并能对其他人形成更大的威胁，而且，行业内企业更少，它们作为一个集团能够比单个企业更有效地寻租。施蒂格勒指出：“规制由行业谋取，并主要根据其利益被设计和运作。”行业利用国家权力能够获取利益有两种主要途径：一是直接的货币补贴，但除非进入受到限制，否则这个办法注定要失败；二是控制新企业的进入，或者用更普通的术语，限制产出。每个有足够政治权力利用国家的行业或职位都力图控制进入。很多方法都可用来做到这一点，包括设立对贸易的保护性关税和非关税壁垒；要求职业许可，使进入更昂贵；限制新企业的产生，分割对价格有不同弹性的各个需求市场。施蒂格勒认为，生产者对立法过程的影响较之消费者有明显优势，这只是因为企业数量更少，因而更容易花较少的成本组织起来。由于企业数量少于消费者，它们的人均收入高于强加给消费者的人均损失，因而对行动的激励存在极大差

---

① 张宇燕：《经济发展与制度选择》，中国人民大学出版社，1993，第 292 页。

② 参见〔美〕乔·B. 史蒂文斯《集体选择经济学》，杨晓维等译，上海三联书店、上海人民出版社，1999，第 245 页。

异。[①] 按施蒂格勒的观点，如果被选出的供给者与生产者合作意味着政治支持、竞选捐款、未来的安排或者对一些人而言是贿赂的话，那他们往往就要这样做。作为自利的个人，被选出的供给者会对那些以最有力、最连贯的方式表现出来的需求作出反应，而这正是生产者的需求，于是生产者总是赢。

2. 影响法律供给的因素

法律供给受既存法律制度约束，受法律效用、法律的生产要素、法律意识、法律的生产技术水平等因素的影响。例如，宪法是法律供给的制度基础，当然直接影响其他部门法的供给。法律的供给受法律的生产要素影响。每一要素的稀缺程度及相应的价格都通过制约生产成本而影响着法律的供给。法律意识的提高不仅能简化法律供给中的决策过程，并因此减少法律供给中所耗费的时间和成本，特别是节约法律供给者认识规律和处理利益关系的费用。法律意识的提高，创造着市场对法律的需求，引导了消费，刺激了法律的供给。由于法律供给主体以国家机关为主，所以作为执政者的法律知识水平的提高，是法律供给量增加的关键。

由于法律各生产要素的相对稀缺程度不同、相对价格不同，各生产要素之间作为投入品存在一定程度的替代性，因此国家行为在追求降低成本的目标下，在不同历史时期根据实际情况，决定成本资源的不同配置。例如，西部开发作为国家在特殊背景条件下的一项历史性选择，不仅要求国家直接投入人财物进行开发，还要为开发积极提供各种倾斜性制度供给。如果开发的区域和空间边界不清，倾斜性制度供给就不可能足额到位，导致目标区内制度供给短缺，使大开发不能得到充分的制度保障，或者制度供给发生相对过剩，使非目标区得到倾斜性制度供给，最终扭曲制度效率，使资源配置的实际情况发生变形，大开发的预期目标难以真正实现。因为，国家的倾斜性制度供给无非是通过制度优惠以弥补市场机制的欠缺，有效发挥市场机制的作用，克服市场失灵对大开发的消极影响。

（二）法律需求

1. 需求规律和法律需求的理解

需求规律或称需求定理，是表明某物品的价格与其需求量之间的关

① 参见〔美〕乔·B. 史蒂文斯《集体选择经济学》，杨晓维等译，上海三联书店、上海人民出版社，1999，第270页。

系。其内容是：在其他条件不变的情况下，某种物品价格越高，则需求量越少。犯罪率取决于风险和收益的"威慑假说"，就是需求理论在刑事审判方面的运用。需求法则认为，由于价格和需求量成反比，需求曲线向下倾斜。运用于犯罪和刑罚问题，该理论意味着犯罪将随预期刑罚的上升而下降。以前的定罪与徒刑会促使这些危险性很高的潜在罪犯以后较少犯罪。被定罪和受监禁的概率越大，从监狱出来之后又再次被捕的人数越少，这就是所谓"威慑效应"。不是所有的犯罪都是能被刑罚威慑住的。如果存在一种意外触犯刑法（对任何涉及过失或严格责任因素的犯罪都存在）或法律错误的风险，那么非常严厉的刑罚将诱导人们处在犯罪活动的边缘时摒除社会所需要的行为。

法律需求属于制度需求的范畴，是一种非市场、非物质商品的需求。法律需求根源于主体期望获取最大的"潜在利润"。如果按照原有的制度安排或行为模式，社会资源的配置没有达到帕雷托最优状态，而改变资源的配置方式将更有效率，这时我们说原有的制度安排存在"潜在利润"。这种"潜在利润"存在于制度之中。当主体意识到通过法律改变行为模式或建立某种行为模式可以获取该"潜在利润"时，便产生了对法律的需要。也就是说，主体之所以选择适用法律，是因为适用的结果给他带来了利益，而不适用将丧失该利益。从制度需求理论上讲，通过法律使显露在现存制度安排结构之外的利润内在化，是法律需求产生的基本原因。①

法律需求具有不确定性，即人们对于法律的需求内容和需求量难以准确地把握。这种需求的不确定性除了法律"中间产品"、"非物质产品"的属性带来的度量困难外，还在于法律需求的显示是公共选择的过程。在需求显示的过程中，意识形态、社会舆论、政治活动投票规则的影响巨大，

---

① 〔美〕科斯等：《财产权利与制度变迁》，刘守英等译，上海三联书店、上海人民出版社，1994，第266页。不同的市场主体对法律的需求也不同，有的人更偏好公平，有的人可能更偏好效率；按照某些社会学的观点，较富有的人更多地需要有关不动产、遗嘱或继承等调整财产关系的法律。参见〔美〕布莱克《法律的运作行为》，唐越、苏力译，中国政法大学出版社，1994，第20页。在商品市场上，个人需求的加总，便可以得到全社会的需求。然而社会需求并不等于个人需求的简单加总，社会需求与个人需求可能相去甚远。社会对法律需求的形成过程是公共选择的过程，即把不同的个人需求按照过半数原则加以确立，这种个人偏好显示的非市场程序，决定了所有的个人都要无差别地消费某一数量的法律产品，而不问其自身愿望如何，因此个人或部分人对法律需求的大小无法反映和测度社会对法律需求的大小。

加大了主观需求和客观需求的差距。需求显示的结果可能严重偏离了以市场盈利为标准的客观需求，既有可能夸大了需求，也可能人为低估了需求。国家机关对法律的过分要求这一需求特点，不仅与法律这一资源的有限性和稀缺性有关，① 而且更多地与对市场缺陷日益加强的公共意识，公民参政权力、活动的增多，以及在政府干预过程中政府"政治报酬"的增长和政治角色的"高时间贴现率"有直接的关系。政府对市场过于敏感，对干预市场的法律过于自信，会导致"非市场"需求的扭曲。

2. 影响法律需求的因素

从微观经济学意义上讲，影响需求的因素主要是相关物品的价格、收入、预期的未来价格、人口以及偏好。以管制的经济理论为例。影响管制的需求有四个因素：每个购买者的消费者剩余、买者的数量、每个企业的生产者剩余以及企业的数量。每个购买者从管制中得到的消费者剩余越大，它也就会更需要管制。随着买者数量的增加，对管制的需求也增加。但是，仅仅是人数多还不一定能形成一种政治力量。买者人数越多，把他们组织起来的成本也越高。因此，对管制的需求与买者人数的增加不是同比例增加的。每个企业从某种管制中得到的生产者剩余越多，企业对管制的需求也就越大。随着从某种管制中得到利益的企业数量增加，对这项管制的需求也就越大。但是，与消费者的情况一样，数量多并不一定是一种有效的政治力量。企业数量越多，组织这些企业的成本也越高。

影响法律需求的因素有法律的效用、既存法律秩序、价格、消费者偏好、消费者收入、相关物品的价格等。例如，依边际效用递减规律，公众法律需求量有一定的限度，超过限度，法律对公众乃至整个社会就是一种负担。

一种物品的需求不仅取决于其本身的价格，还取决于相关物品的价格。这种相关物品可以分为两类：替代品和互补品。替代品是可以用来代替另一种物品的物品。法律规范之间存在替代关系。当具有替代关系的一种法律规范价格上升时，人们会扩大对另一种法律规范的需求。两种具有替代关系的方法选择，取决于彼此成本、价格的比较。法律规范与其他社会规范之间也存在替代关系。由于法律之外的其他社会规范约束力的下

---

① 〔美〕沃尔夫：《市场政府》，谢旭译，发展出版社，1993，第36页。

降，使得广义的失范行为上升，故而引起对法律总体需求的上升。一些法律社会学者将这种现象归结为“法律变化与其他社会控制成反比”。①

三 法律的成本——收益分析

要理解法律市场运作的过程，真正弄懂法律市场效率的形成，就必须把握法律经济分析的另一个主要工具，即成本—收益分析。

（一）法律成本

成本是竞争的供给曲线背后的关键因素。成本在经济学中的重要性有一个深刻的原因：厂商所决定的某种物品生产与销售的数量取决于该物品的价格与成本。更确切地说，供给取决于增加的或“边际”的成本。供给决策取决于成本，这不仅在完全竞争下是正确的，而且对垄断、寡头和不完全竞争等各种条件下的厂商也是正确的。所以，“如果一班学生能在经济学课程中真正理解成本以及成本的所有的各个方面，那么，这门课程便算取得了真正的成功”。②

法律成本是法律运作整个动态过程所付的代价。这种代价的描述，包括从静态的制度到动态的运作，从表层的设施到深层的心理。法律运作使用和耗费的资源，抽象地说都占用一定时间和空间，具体地说都是各种人力、物力和财力的耗费。以大家最熟悉的诉讼为例。从时间角度看，打官司一般要经过起诉、立案、调查或侦查、庭审、判决、履行以及执行等阶段，有一审、二审，有的还发回重审，申诉的话还可能再审，短则数月，长则经年，即便使用简易程序，少说也得数十天。从钱财角度看，除了要考虑案件受理费（刑事案件除外）、勘验费、公告费等直接支出外，证人、鉴定人、翻译人出庭的各种费用也要当事人负担。当事人常常“赢了官司输了钱”或者用钱换来一文不值的判决书（无法执行）。实在执行不了，有的法院就发给申请执行人一张债权凭证。③ 所以，有人说，穷人打不起

① 〔美〕布莱克：《法律的运作行为》，唐越、苏力译，中国政法大学出版社，1994，第7页。

② 〔美〕萨缪尔森等：《经济学》下卷，第二十一章成本分析引言（J. M. 克拉克），高鸿业等译，中国发展出版社，1992。

③ 参见钱弘道《执行改革的经济分析》，《中国司法评论》2002年夏卷。

官司。现实生活中，许多人不愿甚至怕打官司。①

用微观经济学概念替代传统法律的分析概念，就产生相应的法律的经济分析概念：法律成本，法律市场的交易成本，法律的社会成本，② 法律的机会成本，③ 法律的边际成本，法律的寻租成本等。如套用微观经济学边际成本概念，我们可以把法律的边际成本（Marginal Cost）理解为制定、实施最后一个单位的法律规范所支出的费用。这一概念反映的是随着法律制定和实施量的增加，法律成本与收益的相对变化情况。按照边际成本规律，法律的供给在达到社会需求饱和状态之前，每制定和实施一项新的法律时，由于法律规范的体系化及相互支持，其边际成本呈递减趋势。

各种法律成本概念在外延上的不确定性是由法律成本的变动性和难以计量性决定的。法律成本不确定，使得人们难以在法律制度中选择、发现成本最低收益最大、最符合效率原则的立法执法机制。例如，寻租成本的不易计量，给我们相应的分析以及实践中如何规制带来了难度。

法律的寻租成本（Rent Seeking Cost）可以根据经济学寻租理论得到解

---

① 据一项有价值的社会调查显示：尽管农民普遍认为诉讼解决纠纷获得的结果最为公正，但考虑到成本，90%的人还是倾向于公正性不尽人意却成本低廉的干部解决和私了等调解手段。参见郑永流等《中国农民法律意识的现实变迁》，《中国法学》1992 年第 1 期。

② 法律运行中全社会的总支出，称为法律的社会成本（Social Cost），它由私人成本（Private Cost）和外在成本（External Cost）两部分组成。私人成本是指直接由私人支付、容易为私人所计算和考虑的费用。外在成本是由社会或其他非受益者直接负担、不易被个人所考虑却最终分摊给个人的费用。社会成本 = 私人成本 + 外在成本。参见 D. C. North and R. P. Thomas, *The Rise of Western World*（Cambridge University Press, 1973）, p. 3。

③ 法律制度被制定出来，并不意味着就一定是最优规范或最优行为选择。因为当人们按法律要求安排自己的行动时，即“做什么”，“不做什么”，就意味着失去了某种机会收益，承担了相应的机会成本。法律的机会成本（Opportunity Cost），也叫选择成本。Posner, Economic Analysis of Law, Little Brown and Company, 1986, p. 6. 机会成本在法律的经济分析中最著名的运用是科斯定理。根据科斯定理，财产权的初始安排将不会决定财产的最终使用。法律机会成本的核心是法律的科学合理性问题，即法律的实然状态、实然价值与理想状态、应然价值状态的比较、“恶法”与“善法”的比较。这种比较在实践中，则通过全社会的守法成本收益与违法成本收益的对比表现出来。违法机会成本低而使违法成为更有利可图的选择，受害者对违法的究责成本太高则使“私了”的机会成本低于诉讼的机会成本，受害者可能更愿意选择私了，情愿放弃一切法定权利的行使。任意性规范具有较高的替代性，降低了机会成本；强制性规范缺少合法的“替代物品”，机会成本较高。

释。[1] 寻租活动包括院外游说、广告宣传、资助政治家竞选、贿赂政府官员等等。法律领域的寻租是寻租的一个方面。由于不平等的法律能够给主体带来额外的经济利润，所以主体就要努力追求这种不平等的法律，以获取竞争上的优势，为此他们不断采取贿赂的方式来拉拢立法者和执法者，让立法者和执法者的有关法律活动有利于他们获取竞争优势；而立法者和执法者，为了自身政治和经济利益，也通过不平等的法律活动为他们的利益关系人牟取不平等的竞争利益。于是，围绕有关法律活动的买卖关系就产生了。对该买卖法律关系的一个经济学解释，就是设租（卖法律）和寻租（买法律）关系，在这种设租和寻租关系中，因有关法律活动而产生的额外经济利益，以及为追求这些额外利益而向立法者和执法者支付的代价，经济学谓之租金（额外经济利益）和寻租成本（向立法者和执法者支付的代价），利用法律实施中私人成本与社会成本的差异，通过资助立法费用、参与起草等方式承担更多的立法成本（立法阶段其私人成本大于社会平均成本），以换取优惠政策，进而牟取部门利益，是立法寻租行为的根本动因。[2] 只要存在法律私人成本与社会成本间的差额，寻租活动或“钱权交易”或“以权谋私”的行为就不可能消失。为了获得政府的特殊法律保护，寻租者需要花费时间与精力进行游说，或者用礼品和金钱去疏通层层关系，以获取政府对寻租者的政策、法律“倾斜”，这种对寻租者极有效率的活动，对社会总体来说却没有任何效率，反而破坏了正常的平等交易秩序，引发市场混乱。

目前我们还没有找到真正好的寻租成本计算方法。也难怪寻租理论权威戈登·塔洛克说：“计算寻租成本是一件看似简单实则困难的工作，即使是在经济活动相对公开，统计资料来源丰富的西方国家也是如此。”[3]

---

① 政府对竞争的管制能够为私人企业带来垄断利润，因此，它们是私人企业所希望、需要的。事实上，正是私人企业提出了对这种政府管制的需求，政府才来管制。政府的“管制供给”，只是满足了私人企业对管制的需求。能够带来高额利润收益的垄断权力，本身可以被视为一种稀缺的，排他性的资产；而这一资产所能带来的垄断利润，事实上构成一种“租”（Rent），就同任何其他资产（如土地）能为其所有者带来“租”一样。因此，对垄断权力的追求，特别是对政府管制的需求，可以视为一种对“租”的需求；私人企业为获得政府管制保护的种种活动，就被称为“寻租”（Rent－seeking）活动。

② Buchanan，Janes M.，“*Rent Seeking and Profit Seeking*”，in Buchanan et eds.，*Toward a Theory of the Rent Seeking Society College Station*（Taxas A M University Press，1980）.

③ 〔美〕戈登·塔洛克：《对寻租活动的计算》，李政军译，西南财经大学出版社，1999，第94页。

用成本原理分析法律，各个领域都有自己的特色。这些特色为不同的领域开辟了新视野。我们以产权的经济分析为例。

依法清晰地界定产权，可以为各种产权的交易创造良好条件。权利界分清晰能使当事人自觉地依法办事、“定纷止争”。[①] 不同市场主体之间因产权的模糊不清而长期争吵，谈判本身就造成大量交易成本消耗。优化产权制度结构，就从微观上为每一个企业选择一种交易成本最低的产权结构，又从宏观上选择合适的产权制度形式，并确定不同形式占的比重，从而使总的交易成本趋于最低。

人们可以用私人的手段来保护产权，比如自己购置武器，每天到土地边界去巡逻，雇佣私人侦探防范破坏自己产权的行为，与强盗进行枪战以至牺牲自己的生命等。但是，既然产权概念本身是一个社会概念，是人与人之间才能划定的社会关系，那么就需要一种社会契约的方式——法律来保护。维护法律保护的费用，是这个社会支付的制度化的产权保护成本。界定产权的根本内容在于有效地保护产权。保护产权的行动包括，及时获得一切关于破坏产权行为的信息，对破坏产权行为进行有效的制裁等。这一切行动耗费的人力、物力，构成保护产权的成本。

谈判的三个过程，即确立风险值，确定合作的剩余和分享剩余的协议。其中任何一个阶段都很重要，都可能产生对合作的障碍。合作的障碍主要有三种成本：信息传递成本、监督成本、对策成本。[②] 法律的一个中心目的是消除私人谈判的障碍。在发展产权的经济分析理论方面，我们所能做的最重要的事情之一，就是要找出私人谈判的障碍，并表明法律规则

---

① Elizabeth Hoffman Matthew Spitzer, The Coase Theorem, Some Experimental Tests.

② 信息传递成本：谈判者的权力明确，他们合作的可能性就大，而谈判者的权力模糊，其合作的可能性就小。用比较正规的语言来说，如果风险点是公开的信息，风险值就容易确定。谈判博弈就易于解决。如果信息不公开，信息传递费用太高，风险值就不确定，谈判遇到障碍，谈判博弈就不容易解决。监督成本：在达成协议后，还有各方履行协议的成本。这里就有一个监督履行协议的成本。如果对协议的违反易于察觉，监督的成本就低。如果没有对合作的监督，合作的剩余分配就会遇到障碍。对策成本：谈判的实质是形成一个对策，并设法破译对方的动机，于是就有一个对策成本。要形成一个谈判对策，各方要力求预测对手会有多少让步。假如各方在估计对方的妥协点或风险点上犯了错误，而且每一方都采取强硬防线，那么每一方都将会惊奇地发现对方并不让步，其结果是各方以不能合作而告终。彼此熟悉会减少谈判破裂的可能性。各方如果彼此陌生而且关系短暂，战略上代价沉重的错误就可能发生，而如果各方彼此十分了解，并且他们渴望有一个长期持久的关系，就不可能犯战略上的错误。

如何能帮助克服这些障碍。这正是科斯的主张。

谈判理论可以用于分析产权经济中的一个根本问题：如果产权遭到非法干预，非法干预者应给予产权所有者什么赔偿？有两种保护产权的补救方法：其一是法律赔偿形式，其二是禁令形式。法律赔偿是指由被告向原告支付损失赔偿费。如果被告对损失负有责任，那么他就必须为他所导致的损失以货币形式补偿原告。假如他不能支付赔偿，他的财产就可能被没收并公开拍卖以补偿原告的赔偿金。禁令形式是指由法院明令禁止被告做某事。这两种法律补救办法的重要区别是：法律赔偿是向后看的，因为它是对一个业已蒙受的损失向原告提供补偿；而禁令形式通常是远瞩的或向前看的，因为它力求阻止被告在将来给原告造成损害。

上述两种补救办法，哪一种更为可取呢？根据科斯定理，我们可以遵循这样一个通则：当双方能够一起谈判并通过合作解决其争端时，无论法律的基本规则是什么，他们的行为都将是有效率的。因此，成功谈判所导致的私人协议将纠正法律对权利的无效率分配。假如成功的谈判可以矫正无效率的法律，那么法律的影响是什么呢？法律影响合作剩余的分配。一个合理的谈判就是要各方都得到他的风险值外加合作剩余的一个均等份额。谈判的每一方都会偏好能给他提供最大风险值的法律规则。明确地说，在产权纠纷上，原告的风险值在“禁令形式”下至少要和“损失赔偿形式”下一样大。所以，原告偏爱禁令形式，而被告则偏爱损失赔偿形式。

（二）法律收益

法律收益，是指通过法律对权利、义务和责任的确认、分配、救济，促进实现社会资源的最佳配置，满足法律主体的最大需要和利益，并促使社会公共生活更富效率的法律观念和法律原则的总和。[①] 法律收益的表现形式多种多样：有时表现为公民人身安全得到更好的保护；有时表现为居民新增收入、新增福利和就业机会的改善；有时表现为企业经营自主权的落实、劳动生产率和人均利润率的提高；有时表现为社会经济秩序的好转，社会供需矛盾的解决，资金流动的加快；有时还表现为环境污染的减少及所受侵害获得的相应补偿；等。广义的法律收益指立法、司法、执法

---

① Posner, *Economics of Justice* (Harvard University Press, 1983), p. 71.

和守法过程中创造的全部净增收入。[①] 法律收益不仅包括经济收益，还包括政治受益、社会收益、伦理收益等。[②] 法律的经济收益可通过物质生产领域的经济指标来考核；法律的社会收益、政治收益等可通过社会秩序、民主制度、法律意识、精神文明建设等社会诸方面进行考核。法律的经济收益较易量化，一般采用定量分析方法。而法律的社会收益、政治收益的分析方法主要用定性的基本方法辅之以一定限度的定量分析。

在经济市场上，边际收益是企业的目标。在法律市场上，边际收益同样是相关法律主体追求的目标。如人们想方设法地"钻法律的空子"，被视为一种运用法律获取边际收益最大化的艺术手段。法律适用是可伸缩的、有弹性空间的，社会生活中存在源于权利非均衡配置的获利机会，会诱使法律主体能动地趋于法律变通适用的行为。任何法律权利都是有边界的，权利的收缩使用和越界使用都将对原有法律规范内容产生影响。过分严厉的制裁或过分宽松的权利配置都会使法律本身在执法中发生扭曲和变形，进而使交易成本增加。根据边际效用递减规律，法律的收益是递减的。法律在最初实施时，由于立法和司法的针对性强，会产生规模效应，法律收益比较高，但久而久之，当边际收益达到与边际成本相等的点时，法律的收益就会转而减少，以至到后来，虽然法律存在，但其收益微乎其微，而产生法律规模不经济的现象。

同法律成本一样，如何确立法律的量化指标是主要问题和难点问题。如果一项法律是目标取向的，那么用一个或几个量化的指标来帮助进行法律的方案分析、采用、执行和评估就会很有助益。[③] 量化法律收益的方法

---

① 法律通过对资源的优化配置，促进人们对生产资料不断改进和完善，法律通过明晰的产权界定，促使人们有效地开发和使用现有各种资源，保护稀缺资源。法律调控资本市场、产品市场，维持快捷有序的市场秩序，给企业提供充分完全的信息，从而使企业生产预测准确、决策科学。法律还能武装新型劳动者，创造高素质的人力资本。这一切都会带来法律收益。

② 沈宗灵主编《法理学》，高等教育出版社，1994，第46页。

③ 如从企业法角度分析，衡量企业的标尺有工业企业综合评价指标体系、企业竞争力指标体系、企业家评价指标体系等。相关的企业经济收益指标是企业法律收益指标的重要"参照物"。法律最佳性的评定可以通过有关法律的目标指标、有根据性和合理性指标、有益性指标和经济性指标的实际状况来衡量。法律最佳性作用结果，是指法律的最后结果对于综合满足社会的多种需要来说，是最有益的，进而表明法律的实现活动和立法本身都是最有效的。参见周林彬《法律经济学论纲》，北京大学出版社，1998，第371页。

是提出法律收益指标和法律绩效标准。度量法律效率的基本标准，是“帕雷托改进”即最优资源配置原理。该理论意指最好的状态是不损害任何人的利益而又改善了某些人利益或命运的状态，实现这种效率观是非常紧缩的收益观，在现实生活中几乎无法实现，因为社会生活中的大多数权利和利益交换都会影响第三方。当一位经济学家在谈论自由贸易、竞争、污染控制或某些其他政策或关于世界状况有效率时，他十有八九说的是卡尔多—希克斯效率。这是“修正的效率观”，他认为，法律对不同的人产生不同得失，但只要第三方的总损失不超过交易的总收入，法律的配置就是有效率的。波斯纳在《法律的经济分析》中使用的就是不太苛刻的卡尔多—希克斯效率概念。卡尔多—希克斯效率概念也被示意性地称为潜在帕雷托优势，赢利者可以对损失者进行补偿，不论他们实际上是否这样做。

用成本有效性或有效程度（Effectiveness）作为衡量收益的标准是一种有意义的方法。有效程度是指目标完成的程度。其实质是分析为获得法律收益而支出的各种资源耗费（即法律的影子价格），具体说就是：对一个不易估计收益的既定法律目标，只需要计算能达到同一目标的各种法律方案的成本（边际成本），而让代表不同利益集团的立法者们通过相互辩论来决定应当选择哪一种法案或作出何种修改。成本有效性分析有多种方法。第一种是分析为达到完全有效的程度要用多少成本。第二种是成本有效性分析只考虑达到某一有效程度的成本。第三种是立法者要分析在不同有效程度的情况下成本的差异，即有成本高低不同的几种法律能够实现大小不同的法律收益，分行业、地区和人群制定不同的法律规范。第四种是在成本固定的情况下，立法者比较各种不同有效程度的法律。

成本—收益分析已被广泛应用于政府行为、法律制度、诉讼程序的分析中，并且成绩斐然。犯罪与刑罚的经济分析就非常典型。从犯罪与刑罚的经济分析中，我们可以得到有益的启示，并设计可行的法律的成本—收益分析模型。

犯罪率是由理性选择的经济模式所考虑的有关因素决定的，尤其是取决于危险（刑罚）和收益（报偿）这两个因素。① 经济学家利用机会成本

---

① 经济分析法学家提出一种对犯罪心理的经济解释。根据经济学理论，决策者都是具有理性的，这也包括罪犯在内。罪犯是一个理性计算者（Rationalcalculator）。理性罪犯的犯罪行为模型是：由于犯罪对他的预期收益超过其预期成本。所以某人才实施犯（转下页注）

原理来衡量成本。比如诈骗的机会成本包括显性成本和隐性成本。显性成本指进行诈骗行为所支付的费用。通常，诈骗行为人还要发生隐性成本。这其中最主要是进行诈骗必须花费一定的时间而带来的成本，因为在进行诈骗的同时，诈骗行为人不能同时以其他方式获得收入。也就是说，如果诈骗行为人在进行诈骗一系列行为中花费 10 天，那么这 10 天里诈骗行为人可能创造的价值即为其隐性成本。同样重要的是，诈骗行为人必须承担可能由逮捕而带来的隐性成本——丧失自由活动的权利。当然，被逮捕的成本是很难估计的。假设被逮捕后的惩罚后果非常严重或者说为无期徒刑，这可能是诈骗行为所带来的最为严重的隐性成本。但事实并非如此，因为严厉惩罚的存在是否会带来极大的隐性成本取决于诈骗犯被逮捕的风险有多大。如果逮捕的风险大，那么隐性成本因此也会增大。相反，如果被逮捕的风险很小或者根本就不存在，那么该隐性成本就会相应减少。最后，诈骗行为人的额外隐性成本是其社会地位的降低，诈骗行为人必须承受因其犯罪而带来的社会对他们的耻笑甚至侮辱。社会地位的降低必须计算在诈骗行为的成本之中。从这一点来看，诈骗所背负的骂名可以视为负的精神收入或者可以简单地认为是这种行为的精神成本。

一旦对潜在收入（包括货币收入和精神收入）和潜在成本（包括显性成本和隐性成本）尽可能精确的估计，进行诈骗的决定就变成了成本—收益分析的简单运用。如果有理由预期收入比成本高，那么个人可能通过诈骗来增加其本身的福利水平。如果相反，个人肯定会转寻其他工作来增加自己的利益。

（接上页注①）罪。犯罪收益是犯罪行为各种不同的有形或无形的满足。犯罪成本包括各种不同的现金支出（购置枪支、盗窃工具、面罩等）、罪犯的机会成本和刑事处罚的预期成本。作为一种行为模式，理性选择的经济模式对于刑法的研究是有价值的。当然理性选择的经济模式在市场中的运用和在刑事诉讼方面的运用之间是有差别的。经济学家研究市场时关心的是总体行为，统计上的奇异值——偏执的和古怪的行为被大多数普通人的加总行为冲抵了。而刑事诉讼主要着眼于个体行为，罪犯的独特性为常被视为统计学上的奇异值。从这一角度看，理性选择的经济模型似乎就不适用于刑法。但刑法涉及的不仅是对个人的指控，一般政策的制定必须着眼于它们的综合效果，诸如量刑标准之类的立法政策问题、如何将犯罪的社会成本降到最小的问题，这些问题无疑涉及对总体行为的预测。从研究的这一层次来说，理性选择的经济模型由于与统计学和经济计量学有密切联系，因而具有很高的价值。

基于上述逻辑前提，经济分析方法塑造了一种新型的刑事控制模式。通过制定严厉的刑罚来彻底根除犯罪是不可能的，一味地重刑和滥刑使刑罚在无形中贬值。我们只能把犯罪尽可能控制在社会可以容忍的限度内，即最优刑罚效率，建立一个以效率为导向的新型刑事控制模式。

从经济角度来看，法律救济的功能在于对违法者征收成本，因而违反合同而支付单纯的损害赔偿，就像因犯强奸罪而被监禁。区别在于，就前一情况而论，它的威慑目的是有条件的，要威慑的仅是这样一些违反合同者：受害人的成本大于违反合同者的利益。就后一种威慑而论，社会并不限于威慑那些罪行：被害者的痛苦大于罪犯从其罪行中所获得的满足，这也就是说，对犯罪行为不能仅限于单纯的损害赔偿，为了对犯罪进行有效的威慑，必须使犯罪活动的成本即社会对罪行的要价，大于这种活动对他们来说的价值。①

从效率角度讲，刑事审判制度都必须在威慑效应等量线上找出某一点。在这一点上，社会能以最低的成本实现确定程度的威慑效应。这种观点完全符合生产理论的一般要求，即高效率的工厂运用生产要素的组合，力求以最低成本生产出给定水平的产品。② 政策制定者需要确定威慑的总目标。最优化的威慑效应并不是铲除所有的犯罪。因为这样做的代价很高，而且社会收益会不断降低。政策制定者需要对有限资源加以配置，争取以最少的成本实现威慑目标；也就是说，力求有效率地实现这一目标。一个国家应怎样制定有关犯罪与刑罚的总目标，应怎样确定刑法的实施程度？从经济学的角度来看，我们可以把这一问题表述如下：由于犯罪给社会带来损失以及制止犯罪要消耗资源，所以，必须有一种“犯罪最优数

---

① 〔美〕波斯纳：《法律的经济分析》，蒋兆康译，中国大百科全书出版社，1997，第 357 页以下。根据成本—收益的分析方法，投入的刑罚量必须超过罪犯的犯罪收益是获取刑罚效率的刑罚量投入的最低限度。如果刑罚量的投入水平低于罪犯所得或其预期的犯罪收益，就存在刑罚量投入不足，而潜在的犯罪者在预期的犯罪收益的刺激下，经过其预期犯罪收益与预期的刑罚成本之间的对比关系的计算，必然产生实施犯罪的利益驱动，从而实施犯罪；对于已实施犯罪的罪犯来说，由于其实际获得的犯罪收益大于因犯罪而支付的刑罚成本，即得大于失，因此，罪犯并不会因受到刑罚惩罚而感到痛苦和受到威慑。

② 预期刑罚增加，犯罪数量则减少。但对沿着威慑效应等量线上的预期刑罚变动，对威慑效应不会产生任何影响。但有可能出现这么一种情况，即特定的威慑效应线上的有些点表示刑罚确定性及其严厉程度的低代价组合。从等量线上的高代价点向低代价点变动，意味着刑事审判制度既省钱而又不改变威慑效应。

量”（或最优化的威慑效应）。

刑罚量的投入水平要求一个最高限度，刑罚量的投入与刑罚收益之间并不存在一个正比例的关系。当刑罚量的投入达到一定程度后，再投入刑罚量时，则根本不会产生刑罚收益，反而促使不必要的代价产生并随之增长，造成国家支付的刑罚成本的总水平上升，所获得的刑罚收益相对减少。当所产生的不必要的代价超过所获得的刑罚收益时，从两者关系衡定来说，此时根本没有获取真正的刑罚收益。因此，刑罚量的最高投入应当控制在其所造成的不必要的代价等于所获得的刑罚收益的限度内。刑罚成本的昂贵性、刑罚资源的稀缺性要求我们遵守刑罚谦抑原则，把刑罚作为补充道德谴责、民事制裁和行政处罚适用的最后手段，要求我们严格控制刑罚资源投入的数量和规模，以不超过惩罚和预防犯罪所必要的尽可能少的刑罚投入和成本支出，最优地实现刑罚效率。①

从边际成本和边际收益的角度分析，投入刑罚量的边际成本等于其边际收益时，该投入量是最恰当的。刑罚量的投入位于其最低限度和最高限度之间，是其可以获得刑罚收益的最大区间。但是在这个区间里并非意味着任何一定的刑罚的投入量都可以获得最佳的刑罚收益。如果刑罚的投入量位于其最低限度，虽然其成本处于最低水平，但是其所获得的收益可能没有实现最大值，因而出现刑罚量的投入水平偏低，造成可预期的合理的刑罚收益丧失的情况。如果刑罚的投入量位于其最高限度，在相关条件给定的情况下，其刑罚收益可获得最大值，但是由于刑罚成本本身处于最大值，并由此导致其司法成本最大，不必要的代价存在，因而国家所支付的

---

① 刑罚轻缓或严刑峻罚，既影响公正，又影响刑罚效率。绝对必要、公正适度的刑罚才能保证刑罚的投入达致充分、必要的投入最佳临界点，实现刑罚的最低投入、最高产出、使刑罚资源配置最优化，使刑罚效率最大化。如果适用过重的刑罚，过量投入刑罚资源，虽然会在一定程度上，一定阶段产生刑罚的威慑效应，但却可能同时驱使罪犯产生对抗性的行为反应，增强罪犯及其亲属朋友与国家的离心力，模糊社会公正的标准，过度地消耗国家刑事司法力量。其结果，浪费资源，刑罚效率下降。如果刑罚投入不足，表面上节省了刑罚支出，实际上还是刑罚的浪费，不仅起不到刑罚的威慑效应，同时也模糊人们的社会公正观念，使人们觉得刑罚不公正，刑法不能有效保护公民的合法权益。也使公民丧失信心，失去公民对刑法实施的支持。一个得不到公众支持和拥护的刑法必然是低效率的刑法。边沁说过：“一个不足的刑罚比严厉的刑罚更坏，因为一个不足的刑罚是一个应该彻底抛弃的恶，从中得不到任何好处，对公众如此，因为这样的刑罚似乎意味着他们喜欢罪行；对罪犯如此，因为刑罚未使其变得更好。”〔英〕边沁：《立法理论——刑法典原理》，李贵方等译，中国人民公安大学出版社，1993，第68页。

刑罚成本的总体水平处于最大值，该刑罚的投入量偏高，所追求的刑罚收益水平是不合理的。① 当投入的边际刑罚量所获得的边际的刑罚收益大于边际刑罚成本时，表明仍需增加刑罚量以获取预期合理的刑罚收益，从而以期实现刑罚收益的最大值；当投入的边际刑罚量所获得的边际刑罚收益小于边际刑罚成本时，表明刑罚量的投入偏高，其后的边际刑罚量的投入没有产生净收益，因而得不偿失，因此，必须减少刑罚量的投入。②

成本—收益分析这个被广泛应用的经济学工具能帮助我们找到犯罪防范活动的最优支出水平，但这需要对这些犯罪防范活动的成本和收益进行非常准确的估计。对成本和收益进行仔细的分析表明，通过增加犯罪防范活动，社会福利将提高。

（本文原载于《法学研究》2004 年第 4 期）

① 由此可见，我们必须在刑罚量投人的限度区间里，寻找到一个平衡点，在这一点上，刑罚量的投人水平是最佳的，所预期合理的刑罚收益得到最充分的实现。刑罚量的投人不会造成不必要的代价是其最佳的投人水平，如果存在不必要的代价，必然说明刑罚量的投人偏低或偏高，处于非最佳的水平上。刑罚量投人的最佳水平就是位于其边际成本等于边际收益的时候。

② 波斯纳认为，要最有效地预防、惩治犯罪，关键在于设置最佳的刑罚体系。设置最佳的预期刑罚成本，既要注意刑罚严厉性和刑罚确定性的最佳组合，同时要注意刑种与犯罪性质、犯罪严重程度相适应，注意发挥最佳的刑罚边际威慑效果。波斯纳在谈及最佳刑罚设置问题时，还强调刑罚威慑对象的最高水平的范围应有所限制，即刑罚不应把偶尔会发生的，但预防成本又极昂贵、付出的代价又巨大的危害行为作为自己的威慑对象。否则，刑罚给社会及其成员所带来的负效果将大大超过刑罚威慑效果所带来的收益。这种刑罚设置将会导致社会资源的低收益的利用，从而有害于社会发展的不良后果。波斯纳这种观点的实质是，刑法的调控范围应有自己的最大范围限制，刑法的触角不应该伸人社会所有的领域尤其是那些无法适用刑法或适用刑法代价特别昂贵的领域。参见〔美〕波斯纳《法律的经济分析》，蒋兆康译，中国大百科全书出版社，1997，第 292 页以下。

后　记

今年是中国社会科学院法学研究所建所六十周年。在这个值得纪念的“甲子”年份，法学研究所专门成立项目组，由陈甦所长牵头负责，他多次召开项目推进会议，及时了解项目进展情况，指导大家克服各种困难，帮助大家解决实际问题，最终按照学科类别组织出版了这套学科发展献礼文集。由于项目本身意义重大，各学科负责人都十分重视，大家精神饱满，干劲十足，争先恐后，并全身心地投入资料的收集、整理与编写工作中。

我们经济法学科的发展历史在国内只有 40 年。这 40 年中，法学研究所的几代经济法学人不忘初心，薪火相传，一直是我国经济法学科建设发展的亲历者、见证者，同时也是经济法国内外学术交流的重要引领者、推动者。为了还原历史，我相继走访了马骧聪教授、王存学教授、崔勤之教授、王晓晔教授等已经离退休的老专家，了解了他们以及与他们同时代的人物故事，重新阅读了他们的作品。虽然也有一些老师，如史探径教授、王保树教授、文伯屏教授等，已经永远地离开了我们，但他们的精神和著作却永世长存，继续滋养着一代代学术后人。

在上一代“社科”法学人身上，我们从其字里行间和言谈举止中，不但看到了他们的思想火花、学术担当和人文情怀，更重要的是，我们发现了“正直精邃”所训所深深蕴藏的生命力、感召力和爆发力。他们精研学术，教书育人，笔耕不辍，著作等身，将自己的青春年华和毕生精力无私奉献给了法学研究所神圣的经济法学事业，为国家经济体制改革和经济法治建设作出了杰出贡献。我们为他们所取得的学术成就深深折服，虽然其间学科自身经历了研究室的数次分离以及人员调整，但有关经济法的学术研究却始终没有中断过，相关成果立足时代前沿，彰显了“社科”经济法学在不同发展时期的学术热点和研究实力。本文集专门辑录了40年间的论文类代表性成果，以期集中展示“社科”经济法学科的光辉发展历程。

本文集在编写过程中，我们当面或电话征询了作者的选稿意见。个别作者因为联系方式有变，我们只好根据其作品内容及其影响力自主进行了选择。对于已故老专家的作品，我们则将其代表性作品直接纳入本文集中。由于绝大多数论文只能从中国知网下载其PDF版本，因此需要借助人力和软件进行文字录入工作。中国社会科学院研究生院2016级法学硕士研究生席露同学，2016级法律（法学）硕士研究生刘志远同学，2017级法律（法学）硕士研究生张传兴同学，2017级法律（非法学）硕士研究生陈伟铭、陈柏澄、张梦璇、张智超、刘广等同学热情参与了本项目研究，承担了大量文字工作，并帮助录入了部分文稿。刘志远同学还帮我完成了导论中的论文分类统计和图表制作。在此，我们向收入作品的所有作者致以崇高敬意！向上述同学的辛勤付出表示由衷感谢！同时，也要对社会科学文献出版社的大力支持谨致谢忱！

由于不同年代、不同期刊的注释体例要求不完全相同，因此在论文辑录过程中，我们对部分论文的注释体例进行了必要调整，以符合当前的阅读习惯。但因有些论文时间久远，相关参考文献难以找到原始出处，因此个别注释只好保留原注释形式。加上时间仓促，书中不当、遗漏或错误之处在所难免，敬请广大读者批评指正！

“为天地立心，为生民立命，为往圣继绝学，为万世开太平。”谨以此文集纪念中国社会科学院法学研究所六秩华诞！祝愿法学研究所学术之树常青，学术大家辈出，学术思想永存！祝愿所有老师事业发达、阖家幸福、身体健康！

席月民于京

二〇一八年六月六日

图书在版编目(CIP)数据

经济法学的现代转型 / 席月民主编. -- 北京 : 社会科学文献出版社, 2018.10

（法学所60年学术精品选萃）

ISBN 978-7-5201-3766-9

Ⅰ. ①经… Ⅱ. ①席… Ⅲ. ①经济法-法的理论-中国-文集 Ⅳ. ①D922.290.1-53

中国版本图书馆CIP数据核字（2018）第238799号

法学所60年学术精品选萃

经济法学的现代转型

主　　编 / 席月民

出 版 人 / 谢寿光
项目统筹 / 芮素平
责任编辑 / 郭瑞萍　刘小云

出　　版 / 社会科学文献出版社 · 社会政法分社（010）59367156
地址：北京市北三环中路甲29号院华龙大厦　邮编：100029
网址：www.ssap.com.cn
发　　行 / 市场营销中心（010）59367081　59367083
印　　装 / 三河市尚艺印装有限公司

规　　格 / 开　本：787mm × 1092mm　1/16
印　张：38.75　字　数：625千字
版　　次 / 2018年10月第1版　2018年10月第1次印刷
书　　号 / ISBN 978-7-5201-3766-9
定　　价 / 159.00元

本书如有印装质量问题，请与读者服务中心（010-59367028）联系